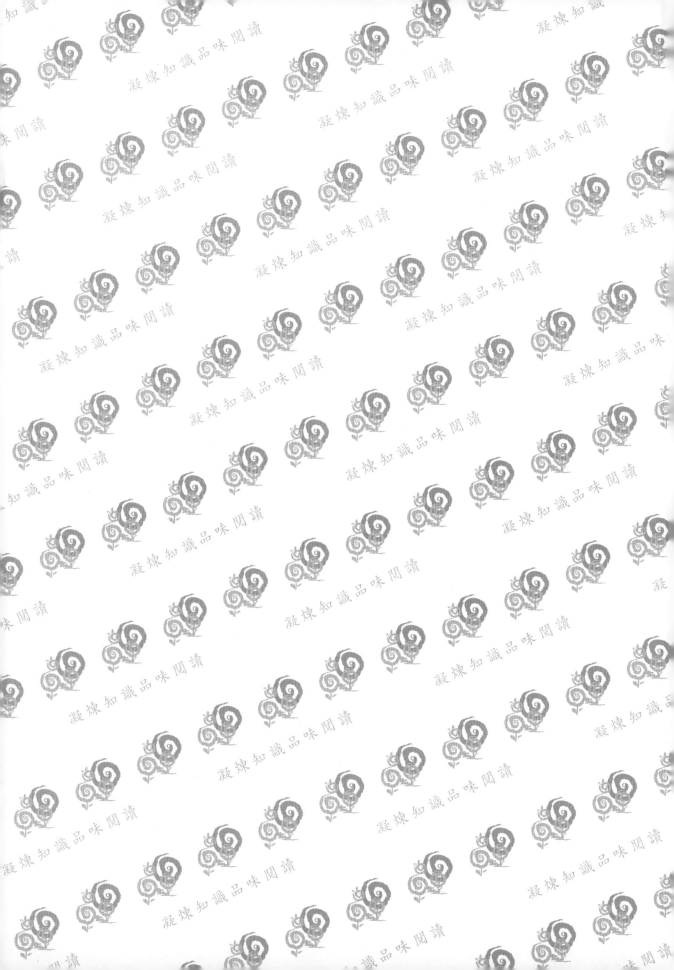

SPSS

操作與應用 第二版
問卷統計分析實務　吳明隆 著

SPSS Operation and Application—The Practice of Quantitative Analysis of Questionnaire Data

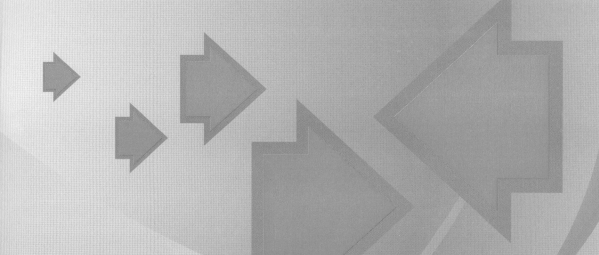

五南圖書出版公司 印行

序　言

　　本書是「SPSS 操作與應用」（SPSS Operation and Application）序列叢書之二，SPSS 統計分析軟體（Statistical Package for the Social Science）是一種親和性佳、操作簡易且普及化的統計軟體，在行為及社會科學領域的量化研究中，甚為多數研究者使用，SPSS 自 12.0 版後功能更為強大，雖然其不斷改版，但界面在統計分析的操作與報表大同小異。本書的視窗界面是以 SPSS14.0 中文版撰寫，其操作程序也適用於先前與之後的中英文版本。

　　本書的內容架構，在於完整介紹問卷調查法中的資料處理與其統計分析流程，統計分析技術以 SPSS 統計套裝軟體的操作界面與應用為主，內容除基本統計原理的解析外，著重的是 SPSS 統計套裝軟體於量化研究上的應用，內容包括問卷編碼、建檔與資料處理轉換、預試問卷之項目分析及信效度考驗、正式問卷常用的統計方法介紹，包括相關、複選題及卡方檢定、平均數的差異檢定、單因子多變量變異數分析、迴歸分析、主成分迴歸分析、邏輯斯迴歸分析、區別分析等。

　　本書以實務應用及使用者界面為導向，對於以 SPSS 統計套裝軟體來進行量化研究的使用者而言，實質上相信有不少助益，綜括本書的內容有五大特色：(1)完整的操作步驟與使用程序介紹，研究者只要依書籍步驟，即能完成資料統計分析工作；(2)操作畫面與說明以 SPSS14.0 中文版視窗界面為主，符合多數研究者的需求；(3)詳細的報表解析與說明，讓讀者真正了解各種輸出統計量的意義；(4)報表結果的統整歸納，「表格範例」可作為論文寫作的參考；(5)內容豐富而多元，兼顧基本統計與高等統計。

　　本書得以順利出版，首先要感謝五南圖書出版公司的鼎力支持與協助，尤其是張毓芬副總編輯的聯繫與行政支援，其次是感謝恩師高雄師範大學教育學系傅粹馨教授、長榮大學師資培育中心謝季宏副教授在統計方法的啓迪與教誨。由於筆者所學有限，拙作歷經一年多的琢磨，著述雖經校對再三，謬誤或疏漏之處在所難免，尚祈各方先進及學者專家不吝指正。

吳明隆

謹誌於 國立高雄師範大學師培中心

民國 97 年 6 月

目錄

CONTENTS

CONTENTS

PART 1

SPSS 操作與應用──問卷統計分析實務

SPSS基本操作與
問卷資料處理

第一章

視窗版SPSS之基本操作

在SPSS中文視窗版中，研究者主要利用圖形界面，就可以進行資料處理與進行各種統計分析，藉由圖形視窗界面簡易操作，達到統計分析的功能。

1-1 視窗版 SPSS 的界面介紹

SPSS 是「社會科學統計套裝軟體」（Statistical Package for the Social Science）的的簡稱。視窗界面的 SPSS 軟體，不像早期 PC 之 DOS 系統，要撰寫語法程式，才能統計出結果，如果語法有錯、拼字有誤或不符合其格式，則均會出現錯誤。視窗界面的改良，研究者的操作如同一般的套裝軟體一樣，只要將開啓資料檔，以點選滑鼠爲主，輔以鍵盤輸入，即可順利進行統計分析，而其操作過程，也可全部轉爲程式語法檔，加以儲存，以便日後編輯或執行相類似的統計分析。在資料檔的建立部分，可以以傳統文書處理之方式建檔，也可以資料庫或試算表方式建檔，視窗界面的SPSS軟體均能讀取，依目前微軟office軟體的使用率、普及率與其簡便特性，在資料建檔方面，建議以 Microsoft 公司開發之 Excel 應用軟體最爲方便，因爲在大筆資料中，Excel 應用軟體可以「凍結窗格」與「分割窗格」，對於資料的建檔甚爲方便。SPSS 對於資料處理的流程可以以圖 1-1 表示：

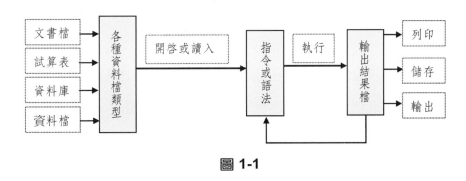

圖 1-1

用 SPSS 分析資料非常簡易，使用者所要進行的步驟可簡略分爲以下幾種：

㈠把資料檔讀入 SPSS

使用者可以開啓先前儲存的 SPSS 資料檔（副檔名爲*.sav）；讀取 Excel 試算表、資料庫（Dbase 所建立的資料庫檔案以及各種 SQL 格式檔）或一般文字資料檔（*.txt）或（*.dat）；或直接在「資料編輯視窗」中輸入資料。

(二)選取程序

選取功能表中的程序，以重新編碼（轉換資料檔）、進行數值運算、計算統計量、建立繪製各種圖表、篩選特定條件觀察值、分割資料檔、觀察值排序等。

(三)選取分析的變數

資料檔中的所有變數，會出現在各程序的對話方塊中，分析的變數選入程序方塊中，包含自變數（independent variable）、依變數（dependent variable）及可能干擾變因的共變數（covariate）等。在調查研究中，常將研究變項區分成解釋變項（explanatory variable）（自變項）、效果變項（outcome variable）（依變項）或被劃分成預測變項（predictor）（自變項）與效標變項（criterion）（依變項）。

(四)執行程序

執行程序後，可查看結果，結果會出現在「SPSS 瀏覽器」（SPSS Viewer）視窗中。執行程序在於資料的數值運算及選擇適當的統計方法。

(五)結果存檔或列印

結果檔可輸出為網頁檔、Word檔、Excel檔、文字檔、簡報檔等以繼續編輯修改、美化；或直接存成 SPSS 結果檔（*.spo），在「SPSS 瀏覽器」（SPSS Viewer）視窗之結果檔也可以直接列印，以便日後報表的整理。SPSS 14.0 中文版的輸出結果表格，可以直接「複製」、「貼上」於微軟 WORD 文書處理軟體文件中，中文字不會出現亂碼。

SPSS14.0 版後的新增功能部分與早期版本比較起來，以研究者操作觀點而言，比較密切者為以下幾個部分（*SPSS14.0 使用手冊*）：

(一)資料管理

SPSS14.0 版可同時開啓多個資料檔，可以讓使用者更簡易地將一個資料檔的資料或屬性複製到另一個資料檔中，每個資料檔都會有不同的「資料編輯程式」，每個開啓的資料檔均可以獨立進行資料處理與統計分析程序，只是其統計分析結果均輸出於「SPSS 瀏覽器」視窗中。可以讀取與寫入 Stata 格式的資料檔，SPSS14.0 版可以讀取 Stata 4 到 Stata 8 版的資料檔案，並寫入 Stata 5 到 Stata 8 版的資料檔案，此外也可從 OLE DB 的資料來

源中讀取資料，可定義描述性數值標記多達 120 個位元組（之前版本限制為 60 個位元組）。使用不受 SPSS 變數命名規則所限制的欄位名稱將資料寫入資料庫表格和其他格式中。

㈡直接存取 Excel 檔案

視窗版 SPSS10.0 以後的版本可直接存取 Excel5.0 或更新的試算表資料檔，之前的版本只能讀取 Excel4.0 之前的工作表。此部分對使用者而言甚為方便，研究者除了在「SPSS 資料編輯程式」視窗中增刪變數與鍵入資料外，也可以直接在微軟 Excel 試算表應用軟體之工作表視窗鍵入變數與資料，SPSS14.0 版可以直接存取與開啟，因 Excel 工作表界面與「SPSS 資料編輯程式」視窗界面甚為類似，操作上大同小異，其主要優點在於其變數的增刪與命名較為快速，因而建議使用者在建立資料檔時，以微軟 Excel 試算表應用軟體來操作，可能較為便利。

㈢圖表與統計量增強

使用新的「圖表建立器」界面（「統計圖」功能表），可從先定義的圖庫中，或從組成圖表的個別部分（如座標系統與長條圖）來建立圖表。「趨勢」選項中的新 Expert Modeler 可以自動為一個或多個時間數列識別與估計最適合的模型，不用透過嘗試與錯誤來識別適當的模型，新的「資料驗證」選項提供資料的快速視覺判別，並提供能套用識別無效資料值之驗證規則的功能。「表格」選項中改良的顯著性檢定功能，可讓使用者在小計與複選題集上立即執行顯著性檢定，定義複選題集為多重二分法時有更多彈性。

㈣結果輸出更為多元

在「樞軸表」輸出會提供基本模式系統中的「觀察值等級化」、「置換遺漏值」、「建立時間數列」與「聯合」選項中的所有程序。SPSS14.0 的版本統計分析結果可輸出為網頁檔（.htm）、Word 檔（.doc）、Excel 檔（.xls）、文字檔（.txt），簡報表（*.ppt）等檔案，對於報表的整理與美化更為方便。而資料檔另存新檔時可設定保留所有的變數或只選定某些變數存檔，存檔的方式更有彈性。

英文版的 SPSS 軟體可以選擇指定的語言形式，中文版直接選擇「繁體中文模式」（Traditional Chinese），報表的結果會直接以中文方式輸出，每

個表格可以直接以「複製」、「貼上」的方式拷貝至微軟的OFFICE應用軟體中使用，版本愈新與其他軟體的相容性愈高，尤其是變數長度的設定，大大的放寬；此外，其讀取的資料檔種類也較多，輸出的報表更爲簡易美觀，轉化也較爲簡易。

對使用者而言，三種SPSS的視窗界面是一般使用者最常使用到的：一爲「資料編輯視窗」（SPSS Data Editor）、二爲「語法編輯視窗」（SPSS Syntax Editor）、三爲「結果輸出視窗」（SPSS Viewer），三種視窗界面可相互切換，從功能列點選「視窗」指令即可。資料編輯視窗的操作與Microsoft Excel十分類似，可以建立、修改與編輯原始資料，此外在其「變數檢視」工作表視窗中，可以設定變數的名稱、類型、註解標記、位數或字元數、小數位數、使用者定義的遺漏值、直行寬度、變數測量量尺、資料的對齊等等。語法編輯視窗的功能與PC版的編輯視窗十分相似，可以編輯或修改SPSS視窗版程式檔。結果輸出視窗的操作與Microsoft作業系統中的檔案總管十分類似，採行樹狀圖的縮放方式，其結果可直接存成.spo的結果檔案，也可以輸出爲.htm（網頁檔）、.txt（文書檔）、.xls（Excel 檔）、.doc（Word 檔）等檔案。

SPSS 安裝完後，於「開始」→「程式集」中即可看到 SPSS 的目錄，依照標準安裝程序，SPSS 視窗版軟體會安裝於開機磁碟機（C:）的「PRO-GRAM FILES」／「SPSS」的次目錄下，啓動 SPSS 時會看到如圖 1-2 畫面（中文版視窗版界面）：

圖 **1-2**

一、SPSS 資料編輯視窗

圖 1-3

在「SPSS資料編輯」視窗（SPSS Data Editor）的最上面是十個功能表，包含「檔案(F)」、「編輯(E)」、「檢視(V)」、「資料(D)」、「轉換(T)」、「分析(A)」、「統計圖(G)」、「公用程式(U)」（Utilities）、「視窗(W)」、「輔助說明(H)」。在功能列上按一下滑鼠左鍵，會出現該功能列的下拉式選單。

資料編輯視窗的十個功能表所提供的功能，簡單說明如下：

(一)「檔案(F)」功能表

主要在於開啓或建立的新的資料庫視窗、語法視窗、瀏覽器結果視窗檔；存檔、最近開啓的資料檔或檔案；預覽列印或列印資料檔等，其選項內容包括開新檔案、開啓舊檔、開啓資料檔、讀取文字資料、儲存檔案、另存新檔、將檔案標示為唯讀、顯示資料資訊、快取資料、列印、預覽列印、最近使用的資料、最近使用的檔案等。「開啓舊檔」的次功能表選單包括「資料檔」、「語法檔」、「結果檔」、「程式檔」及「其他類」檔案等。

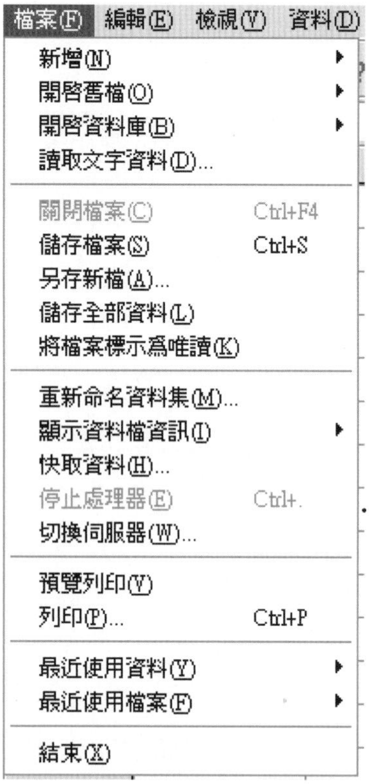

圖 1-4

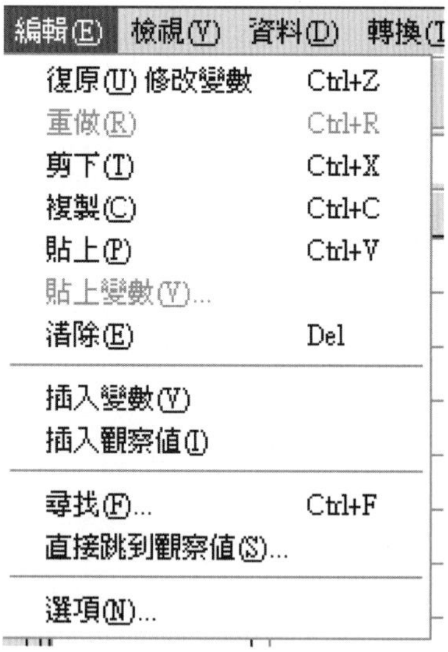

圖 1-5

(二)「編輯(E)」功能表

主要在於編輯資料檔或語法檔內容,其功能與一般應用軟體的類似,包括復原儲存數值的設定、重做剛剛程序(取消復原)、剪下、複製、貼上、貼上變數、清除、插入變數、插入觀察值、尋找變數內某一特定數值或字串(尋找選項)、直接跳到某個觀察值、選項(視窗系統基本設定)等。此功能表中的「插入變數(V)」可以於資料檔中新增變數名稱,「插入觀察值(I)」選項可以於「資料檢視」工作視窗中插入新的空白樣本觀察值列於資料檔內。

(三)「檢視(V)」功能表

主要在於視窗畫面呈現的設定,包含狀態列、工具列、字型、網格線、數值標記、變數視窗的開啓、關閉或呈現狀態的切換。其中字型可設定資料編輯視窗資料顯示的狀態,包括字型、字型樣式及字型大小等。網格線的功能可以設定「資料檢視」工作視窗或「變數檢視」工作視窗中儲存格的線條是否出現。為了資料檢視的方便性,「網格線(L)」選項最好勾選,

否則在「資料檢視」視窗與「變數檢視」視窗中均會看不到格線；如果資料編輯程式視窗是切換到「資料檢視」工作視窗，則「檢視」功能中的最下方選項會出現「變數」；若是切換到「變數檢視」工作視窗，則「檢視」功能中的最下方選項會出現「資料」，表示選取「資料」選項會切換到「資料檢視」工作視窗。

(四)「資料(D)」功能表

主要在觀察值資料檔的編修、整理與檢核，如選擇觀察值、合併檔案、分割資料檔、跳到某個觀察值、觀察值排序、觀察值加權等。其選項內容主要包括定義變項屬性、複製資料性質、定義日期、定義複選題集、觀察值排序、轉置、合併檔案、整合、複製資料庫、分割檔案、選擇觀察值、加權觀察值等。轉置可將資料檔內容的直行與橫列對調、合併檔案可將二個或多個資料檔合併、聚合觀察值可將一群觀察值聚合並視為單一綜合觀察值來處理。分割檔案可將原始資料檔依指定之類別變項各水準加以暫時分割成數個子資料檔，統計分析時各個子資料檔分別進行統計分析程序，其結果也會依子資料檔分別呈現，此部分的功能在進行多因子變異數分析之單純主要效果檢定時會使用到。

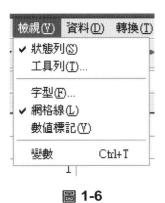

圖 1-6

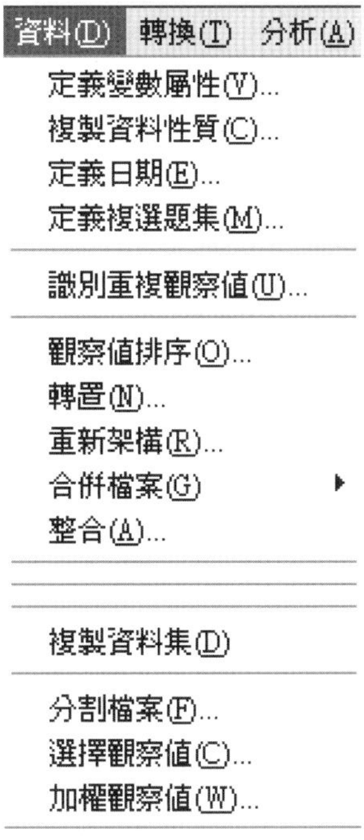

資料(D) 轉換(T) 分析(A)
定義變數屬性(V)...
複製資料性質(C)...
定義日期(E)...
定義複選題集(M)...
識別重複觀察值(U)...
觀察值排序(O)...
轉置(N)...
重新架構(R)...
合併檔案(G)　　　▶
整合(A)...
複製資料集(D)
分割檔案(F)...
選擇觀察值(C)...
加權觀察值(W)...

圖 1-7

㈤「轉換(T)」功能表

主要在於原始資料算術處理或編碼，如計算、重新編碼、計數、等級觀察值、自動重新編碼、建立時間數列、置換遺漏值、執行擱置的轉換等。其功能表選項內容包括計算、重新編碼、視覺化聚集器、計數、等級觀察值、自動重新編碼、建立時間數列、置換遺漏值、亂數產生器、執行擱置的轉換等。「計算」次功能表可以進行新變數的四則運算，經由原先變數的四則運算產生一個新變數，「重新編碼」與「視覺化聚集器」可以將原先變數重先編碼或分組，以產生另一變數，具有將連續變數轉化爲間斷變數的功能。此功能表選單中常用的選項有「計算(C)」、「重新編碼(R)」、「視覺化聚集器(B)」、「置換遺漏值(V)」等。

圖 1-8

圖 1-9

㈥「分析(A)」功能表

主要在於選取不同統計分析方法，分析功能表選單爲SPSS統計分析的核心。包括母數統計及無母數統計、單變量及多變量等。分析功能表選單內容主要包括報表、敘述統計、自訂表格、比較平均數法、一般線性模式、混合模式、相關、迴歸、分類、資料縮減、量尺或尺度、無母數檢定、存活分析、複選題分析等。分析功能表視安裝SPSS模組的不同，功能表的內容會有所不同，畫面中的分析選項內容爲安裝了SPSS基礎分析模組、SPSS

進階分析模組、SPSS 迴歸分析模組。

(七)「統計圖(G)」功能表

主要在於繪製各種不同的統計圖形，如條形圖、線形圖、圓餅圖、盒形圖、直方圖、序列圖等。統計圖功能表與Excel圖表繪製十分類似，其功能表的選項內容主要包括：圖表建立器、互動式、條形圖、立體長條圖、線形圖、區域圖、圓餅圖、股價圖、柏拉圖、控制圖、盒形圖、誤差長條圖、人口長條圖、散布圖／點狀圖、直方圖、P-P 圖、Q-Q 圖、序列圖、ROC 曲線圖、時間數列圖等。各圖形繪製完成後，圖形可以再編修，在圖表編輯程式中有編修圖檔的工具列。SPSS 14.0 版使用新的圖表建立器，在圖表的編修、美化與輸出方面更為簡便。

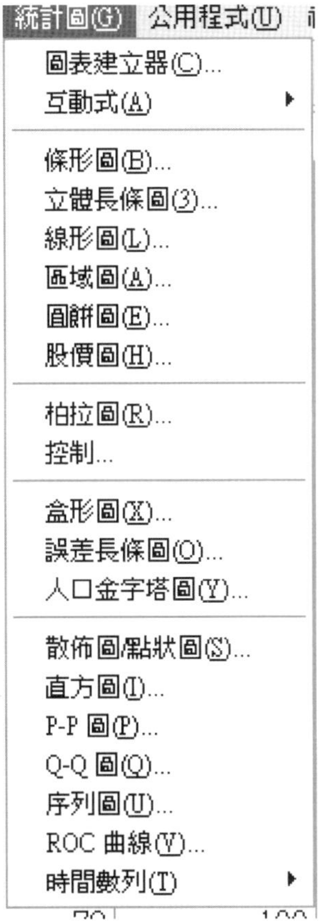

圖 1-10

圖 1-11

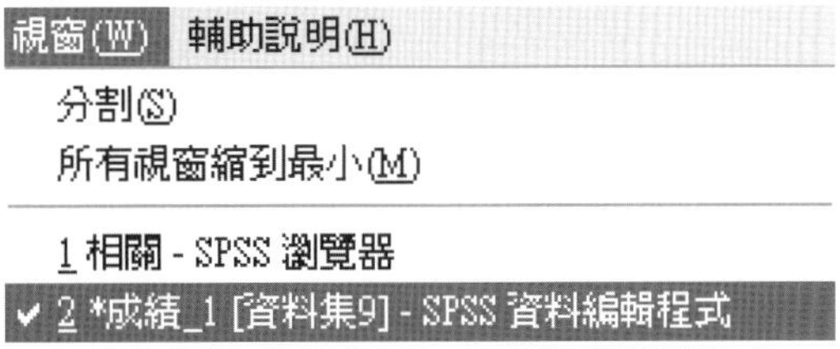

圖 1-12

(八)「公用程式(U)」功能表

主要在於設定或提供SPSS視窗版之界面與環境，如變數資訊、OME控制台、OME識別碼、資料檔案資訊、執行外部應用程式檔、功能表編輯程式的設定、定義集合、使用集合等。

(九)「視窗(W)」功能表

主要在於各種視窗的切換，主要為「資料編輯」視窗、「語法編輯」視窗、「SPSS瀏覽器」結果視窗，作用中的視窗可以分割，也可以將所有視窗縮到最小。SPSS14.0 中文版可以同時開啟數個資料檔，開啟的資料檔會依序以[資料集1]、[資料集2]……表示，之前的 SPSS 版本只能開啟一個資料檔，若是開啟不同的資料檔，則原先的資料檔會自動關閉。同時開啟多個資料檔的功能與微軟 WORD 文書處理軟體一樣，可以同時開啟數個文件檔，利用「視窗(W)」功能表可以切換到不同的文件檔視窗。

(十)「輔助說明(H)」功能表

主要提供各種不同的線上輔助說明及連到SPSS首頁等。中文版輔助說明功能表包括以下各選單：主題、輔導簡介、案例研究、Syntax Guide、統計教練、指令語法參考、演算法、SPSS首頁、關於、授權精靈、檢查更新、註冊產品等。

圖 1-13

「分析」（Analyze）功能表選單為SPSS統計分析的主軸，在其內的選項中如果有「▶」符號，表示後面還有次功能表，其中常用統計程序如：

1. 「報表(P)」次選單包括 OLAP 多維度報表、觀察值摘要、列的報表摘要、行的報表摘要等四個。表格次選單中包括：自訂表格、複選題分析集、基本表格、一般化表格、複選題分析表格、次數分配表等。

2. 「敘述統計(E)」／描述性統計（Descriptive Statistics）內包含以下幾個統計程序：次數分配表（Frequencies）、描述性統計量（Descriptives）、預檢資料（Explore）、交叉表（Crosstabs）、比率（Ratio）等。敘述統計可以求出各目標變數的統計量，包含集中量數、變異量數、偏態與峰度、相對量數與標準分數等，此外也可以進行資料檢核、常態性檢定與背景變項在目標變數之交叉表的統計量或次數統計。

3. 「比較平均數法(M)」（Compare Means）選單可進行平均數間的差異比較，在統計分析中常為一般研究者使用，選單內包含以下幾個統計程序：平均數（Means）、單一樣本 T 檢定（One-Sample T Test）、獨立樣本 T 檢定（Independent-Sample T Test）、成對樣本 T 檢定（Pair-Sample T Test）、單因子變異數分析（One-Way ANOVA）等。一般問卷調查中之平均數的差異檢定的程序，即在此選單中。

4. 「相關(C)」（Correlate）內包含以下幾個統計程序：雙變數（Bivariate）、偏相關（Partial）、距離（Distance）等。相關程序可求出變項間相對應的相關統計量數，偏相關之選單程序在於控制某個變項後，求出其餘變項間的淨相關係數。

5. 「一般線性模式(G)」（General Linear Model）內包含以下幾個統計程序：單變量（Univariate）、多變量（Multivariate）、重複量數（Repeated Measures）、變異成分（Variance Components）等。這些程序可以進行共變數、多變量、多因子變異數分析、相依樣本變異數分析等，此外也可求變異數分析中的關聯強度（效果值）與統計考驗力。在「混合模式」內中的次選單可進行線性之混合模式的分析。

6. 「無母數檢定(N)」（Nonparametric Tests）內包含以下幾個統計程序：卡方分配（Chi-Square）、二項式（Binomial）、連檢定（Runs）、單一樣本K-S統計（1-Sample K-S）、二個獨立樣本檢定（2 Independent Samples）、K個獨立樣本檢定（K Independent Samples）、二個相關樣本檢定（2 Related Samples）、K個相關樣本檢定（K Related Samples）等。當檢定的變數為間斷變數或次序變數，或樣本母群體違反常態分配的

假定，或取樣樣本數為小樣本時，最好以上述各種無母數統計法代替母數統計法。

7. 「分類(Y)」（Classify）選單內包含以下幾個統計程序：二步驟集群分析（Two Step Cluster）、K 平均數集群法（K-Means Cluster）、階層集群分析法（Hierarchical Cluster）、判別（區別分析）（Discriminant）。這些程序可以進行多變量分析中的集群分析及區別分析，「判別(D)」次選單可進行多變量之區別分析。

8. 「尺度／量尺法(A)」（Scale）選單內包含以下幾個統計程序：信度分析（Reliability Analysis）、多元尺度分析（Multidimensional Scaling）（PROXSCAL；ALSCAL）等，這些程序可進行量表或測驗的信度考驗及進行多元尺度分析（MDS）。

9. 「複選題分析(U)」程序可以進行問卷複選題項的分析，包含三個次選單：定義集合、次數分配表、交叉表。交叉表可以求出不同背景變項在複選題勾選的次數、百分比等數據結果。「存活分析選單」內包含以下幾個統計程序：生命表、Kapan-Meier 統計、Cox 迴歸、Cox ／含與時間相依共變量等。

10. 「迴歸分析(R)」（Regression）選單內包含以下幾個統計程序：線性（Linear）、曲線估計（Curve Estimation）、二元邏輯迴歸（Binary Logistic）、多項式邏輯迴歸（Multinomial Logistic）、次序的（Ordinal）、Probit 分析、非線性（Nonlinear）、加權估計（Weight Estimation）、二階最小平方法（2-Stage Least Square）等，這些程序可以進行各種迴歸統計分析等。「對數線性」選單內包含三個次選單：一般化、Logit 分析、模式選擇程序。

11. 「資料縮減(D)」（Data Reduction）選單內包含以下幾個統計程序：因子（Factor）、對應分析、最適尺度（Optional Scaling）等。其中「因子」次選單程序可以進行量表的因素分析，將題項分類成幾個構念或面向，以求出量表的建構效度。「因子(F)」次選單的功能所進行的因素分析屬於一種探索性因素分析，而非驗證性因素分析。

12. 「時間數列(I)」程序可以進行時間數列分析，選單內包含以下幾個統計程序：指數平滑化、自身迴歸、ARIMA 程序、週期性分解。

視窗界面除了十大功能表外，也呈現了十六個工具列，如果不知道工具列的功能，只要將滑鼠移到工具列上面，在工具列的下方，會出現該工具列圖示的簡要說明。十六個工具列的功能說明分別為：

開啟檔案　儲存檔案　列印　恢復對話方塊　復原　取消復原　尋找觀察值　顯示變項值　尋找　插入觀察值　插入變項值　分割檔案　加權觀察值　選擇觀察值　顯示數值標籤　使用設定

圖 1-14

1. ⊳：「開啟檔案」圖示鈕，按此鈕直接出現「開啟舊檔」對話盒，開啟的檔案包括：資料檔、語法檔「Syntax(*.sps)」、輸出檔「Viewer document(*.spo)」、程式檔、其他檔等。此工具列圖示鈕，相當於執行功能列「檔案(F)」→「開啟檔案(O)」的程序。SPSS可直接開啟的資料檔包括 SPSS 檔案（*.sav）、Excel 檔案（*.xls）、dBase 檔案（*.dbf）、Lotus 資料庫（*.w*）、SAS 資料檔（包括SAS中文視窗版所使用的長副檔名、SAS中文視窗版所使用的短副檔名、SAS中文視窗版、SAS 6 UNIX版、SAS傳輸檔）、Stata 檔案（*.dta）、文字檔（*.txt）、一般資料檔（*.dat）等。如果是試算表資料檔，也可以讀取某個儲存格範圍。

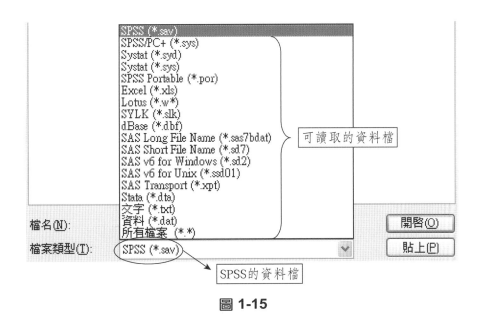

圖 1-15

2. ⊟：「儲存檔案」鈕，第一次按此鈕直接出現「儲存資料為」對話視窗，可將資料檔、語法檔、結果檔儲存起來。在功能列「檔案」（File）

17

的選項之內，相當於執行功能列「檔案(F)」→「儲存檔案(S)」程序。儲存的資料檔除了可以儲存成 SPSS 內建之「*.sav」檔、Excel 檔案（*.xls）、固定欄位之 ASCII 檔（*.dat）、dBASE 檔案（*.dbf）、1-2-3Rel 檔案（*.wk3）、SAS 資料檔、Stata（*.dta）檔案等。在儲存檔案時，也可以只挑選部分「變項」加以儲存，而不一定要儲存全部的變數。

圖 1-16

　　第一次執行功能列「檔案」→「儲存檔案」程序或執行功能列「檔案(F)」→「另存新檔(A)」程序中，會開啟「儲存資料為」的對話視窗，研究者若是只要儲存某些變數資料檔，按『變數(V)...』鈕，開啟「另存資料：變數」次對話視窗，方盒中第一欄中的符號若是標示☒符號者，表示此變數資料檔要儲存，在☒符號上按一下變成□符號，表示所對應的變數資料不儲存，範例中要儲存的變數只有三個：班級、性別、數學成就，數學效能八個題項變數不予儲存，在下方的提示中出現：「已選擇：3 變數的 11。」，表示原始資料檔有 11 個變數，選取要儲存的變數資料檔有 3 個→按『繼續』鈕，回到「儲存資料為」的對話視窗，輸入檔名→按『儲存』鈕。

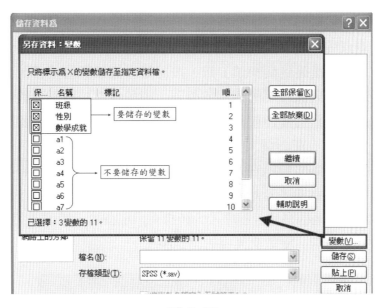

圖 1-17

3. 🖨 ：「列印檔案」鈕，直接將開啓視窗的檔案列印出來，按此圖示鈕時，對話盒的內容會隨著視窗型態，資料檔、語法檔、結果檔或圖形檔的不同而有所差異。按此工具列圖示相當於執行功能列「檔案(F)」→「列印(P)」程序。

4. 🎛 ：「叫回對話」鈕或「對話盒記憶」鈕，按此鈕在此工具列的下方會出現最近使用的對話盒或執行的「分析」程序有哪些，即最近操作過的程序。在選單中的選項點選滑鼠左鍵一下，可以快速開啓相對應對話視窗，如在「雙變數相關分析」選項上按一下，可以開啓「雙變數相關分析」對話視窗，以求出變項間的積差相關係數，此過程和執行功能列「分析(A)」／「相關(C)」／「雙變數(B)」的程序相同。

圖 1-18

5. ↩ ↪ ：復原（Undo）／取消復原（Redo）鈕，視窗操作程序或步

驟的復原或取消復原。如更改一個錯誤資料後，要還原成原來舊的資料，可以按「復原」鈕。

6. ：「直接跳到觀察值」鈕，按此鈕會直接開啟「移至觀察值」對話視窗，輸入欲移至的觀察值編號，指標會直接跳到此觀察值的所在列。此圖示鈕的操作相當執行功能列「編輯(E)」→「直接跳到觀察值(S)」的程序。在一個大型資料檔中，研究者可利用此工具列鈕，以快速移到目標觀察值所在列，至於直欄位置則以原先游標位置所在變數名稱的欄位為主，若是游標在「性別」變數名稱欄位上，則執行「直接跳到第三個觀察值」程序後，游標會出現在第三橫列（第三筆樣本）和直行「性別」變數交叉處的儲存格上。

圖 1-19

7. ：「變數」鈕，按此鈕可查詢選擇之變數資訊，包括變數的註解標記、數值標記、遺漏值、測量的性質等。按此鈕後，會出現「變數」對話視窗，視窗左邊會出現資料檔中所有變數名稱，選取一個變數名稱後，右邊「變數資訊」方盒中，會出現選取變數相關資訊，以圖示範例為例，變數名稱為「性別」，沒有標記註解，變數水準中遺漏值為 0、3-9999，測量水準類型為「名義的」，數值標記中 1 為男生、2 為女生。

圖 1-20

8. 🔍 ：「尋找」鈕，按此鈕會出現「在變數中找尋資料＋變數名稱」對話視窗，輸入欲尋找的觀察值數值內容，可快速找尋此觀察值所在儲存格。此鈕的功能在某一個變數欄位中，可找尋某一特定的數值內容，因而在「資料檢視」工作視窗中，必須選取一個變數欄位（縱行），然後按「尋找」鈕，開啓「在變數中找尋資料+變數名稱」對話視窗，於「尋找內容」右的方格中輸入要找尋的數字或文字串，按『找下一筆』鈕，若找到要找尋的數字或文字串，則游標會停留在資料檢視工作視窗中該筆數值儲存格上。此圖示鈕，相當於執行功能列「編輯(E)」→「尋找(F)」的程序。範例中的內容爲選取「數學成就」變數欄，然後尋找數學成就中數值爲「84」分的儲存格。

圖 1-21

9. 🔳 ：「插入觀察值」鈕，按此鈕可以快速於游標位置的上方，插入一筆新的觀察值（新增一橫列）。在功能表中，相當於「資料檢視」工作視窗中執行「編輯(E)」→「插入觀察值(I)」的程序。插入觀察值即在原資料檔中，新增一筆橫列資料，此資料可能爲一位受試者的實驗數據或一份受試者塡答的問卷或量表。範例中爲滑鼠游標停留於第二筆資料檔中，按下「插入觀察值 🔳 」鈕，會於第二筆資料的上方增列一個空白橫列，此橫列即爲一筆新的樣本觀察值。

	檔案(F) 編輯(E) 檢視(V) 資料(D) 轉換(T) 分析(A) 統計圖(G)			
	2:編號			
	編號	性別	數學成就	數學態度
1	1001	1	87	38
2			.	.
3	1002	1	84	42
4	1003	1	75	25
5	1004	1	78	33
6	1005	1	92	40

圖 1-22

10. 「插入變數」鈕，按此鈕可以快速於游標位置的左方欄，插入一個新的變數（新增一直行）。此圖示鈕相當執行功能列「編輯(E)」→「插入變數(V)」的程序。新增的變數欄位位於原游標位置的左方，變項名稱依序為「VAR00001」、「VAR00002」，研究者可於「變數檢視」對話視窗中，更改變數名稱及相關屬性，並移動變數的位置。「插入變數」鈕操作於「資料檢視」工作視窗中，新變數名稱會出現於游標處的左邊欄，若是於「變數檢視」工作視窗中，新變數名稱會出現於游標處的上方。

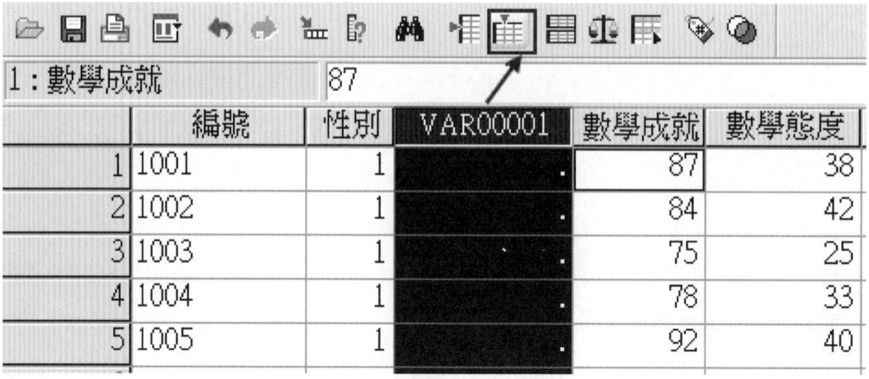

	編號	性別	VAR00001	數學成就	數學態度
	1:數學成就		87		
1	1001	1	.	87	38
2	1002	1	.	84	42
3	1003	1	.	75	25
4	1004	1	.	78	33
5	1005	1	.	92	40

圖 1-23

11. 「分割檔案」鈕，按此鈕可依據某個變項的內容將資料檔垂直分割，分割後的資料檔，會個別進行其統計分析工作，在變異數分析中如要進行單純主要效果考驗，要先根據因子進行檔案分割。在功能列「資料」的選項之內，相當於執行「資料(D)」→「分割檔案(E)」程

序。如依照性別（1為男生、2為女生）變數將資料檔分割後，之後的統計分析會依照男生群體、女生群體分開統計。

12. ⚖️：「加權觀察值」鈕，依據某個變數值來加權（大多用於次數已事先統計好之加權），觀察值加權用於次數已整理過數據，可能為二手資料，而非原始建檔數據。在功能列「資料」的選項之內，相當於執行「資料(D)」→「加權觀察值(W)」程序。以學生社經地位和學業成就的研究為例，其建檔的資料檔如下，資料檔中交叉表的人次已統計完成，在進行交叉表的卡方考驗及列聯相關之前，必須先將「人次」變數加權，加權觀察值的變項為「人次」，以告知電腦此變數是填答人次。

表 1-1

社經地位	學業成就	人次
1（高社經地位）	1（高學業成就）	84
1（高社經地位）	2（中學業成就）	54
1（高社經地位）	3（低學業成就）	12
2（中社經地位）	1（高學業成就）	42
2（中社經地位）	2（中學業成就）	50
2（中社經地位）	3（低學業成就）	18
3（低社經地位）	1（高學業成就）	10
3（低社經地位）	2（中學業成就）	13
3（低社經地位）	3（低學業成就）	62

以表 1-1 為例將「人次」變數設加權觀察值變項後，就是讓電腦知悉資料檔中高社經地位（社經地位變項水準數值為 1 者）、高學業成就（學業成就變項水準數值為 1 者）的樣本有 84 位；中社經地位（社經地位變項水準數值為 2 者）、高學業成就（學業成就變項水準數值為 1 者）的樣本有 42 位；低社經地位（社經地位變項水準數值為 3 者）、低學業成就（學業成就變項水準數值為 3 者）的樣本有 62 位。

13. 🔲：「選擇觀察值」鈕，按此鈕可選擇符合設定之條件的觀察值來進行統計分析工作，如研究者只想在挑選有自殺意念的填答者統計分析，或只是要挑選女生群體進行統計分析等。在功能列「資料」的選項之內，相當於執行「資料(D)」→「選擇觀察值(C)」程序。問卷編製時有些是跳題回答題項，此種題項在進行統計分析時，要利用「選擇觀察值(C)」程序，以挑選符合條件的樣本。

14. 🏷️：「數值標記」鈕，此鈕的功能在於讓數值標記設定內容是否呈

現，如性別變項中，有二個水準1、2，數值標記的設定1為男生、2為女生，按「數值標記」鈕，可讓性別變項的資料內容出現1、2或出現其數值註解「男生」、「女生」。在功能列「檢視」（View）的選項之內，相當於執行「檢視(V)」→「數值標記(V)」程序。「數值標記」鈕在於「資料檢視」工作視窗中，是否要呈現變項的水準數值或水準數值的標記說明。

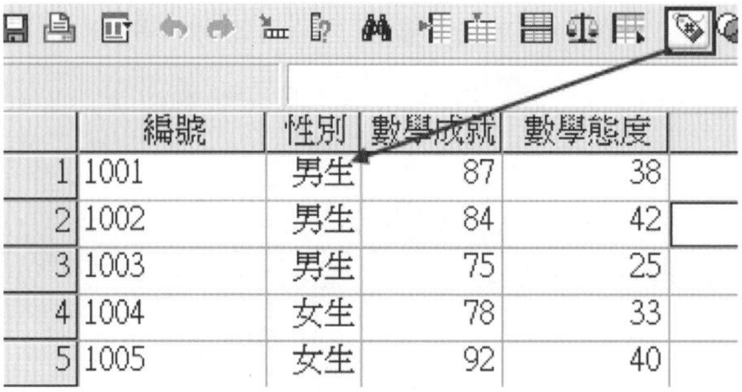

圖 1-24

15. ◐ ：使用集合（Use Sets），按此鈕可用來設定哪些變數要出現在統計分析的變數清單中。

二、SPSS 語法編輯視窗

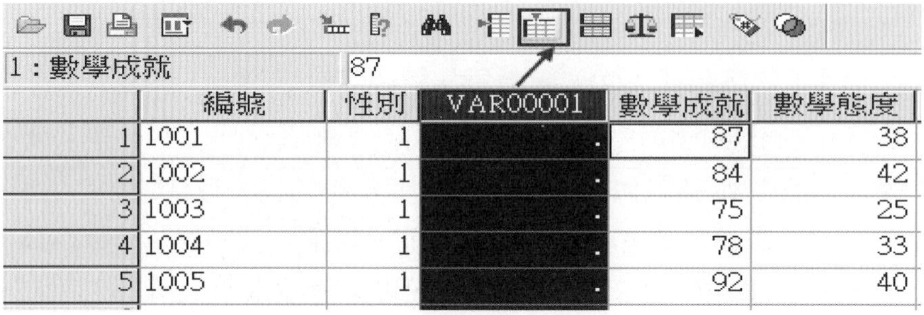

圖 1-25

語法編輯視窗（SPSS Syntax Editor）可儲存各程序，在執行功能列「資料(D)」、「轉換(T)」、「分析(A)」程序時，於各對話視窗中按下『貼上語法(P)』鈕，可將視窗界化的操作步驟轉換為程式語法檔──「語法(*.sps)」類型檔案，此功能與早期PC版之編輯視窗相近，不過在語法編輯視窗也提供下拉式的輔助功能表及其對話盒，供使用者操作。語法編輯視窗提供的功能表包括十一項：「檔案(F)」、「編輯(E)」、「檢視(V)」、「資料

（D)」、「轉換(T)」、「分析(A)」、「統計圖(G)」、「公用程式(U)」、「執行(R)」、「視窗(W)」、「輔助說明(H)」。與上述資料編輯視窗最大的差別在於增列「執行」（Run)功能表。執行功能表下拉式選單中，包括四個選單：「全部(A)」（執行全部的語法程式）、「選擇(S)」（只執行選取的語法程式）、「目前(C)」（執行游標所在列的語法程式）、「到結束(T)」（自游標所在列的語法程式開始執行，直到結束）。

當執行各程序時，按下『貼上語法(P)』鈕會直接將語法程式呈現語法編輯程式；此外，如要開啟舊的語法檔或建立新的語法檔視窗，可執行功能表：

表 1-2

檔案(F) →開新檔案(N) ——→語法(S)	檔案(F) →開啟舊檔(O) ——→語法(S)

在語法編輯視窗，也可以開啟資料檔或結果檔：「檔案(F)」／「開啟舊檔(O)」／「資料(A)」——SPSS 內定資料檔為「SPSS(*.sav)」或「檔案(F)」／「開啟舊檔(O)」／「輸出(O)」——SPSS 內定結果輸出檔為「瀏覽器文件(*.spo)」。

三、結果輸出檔

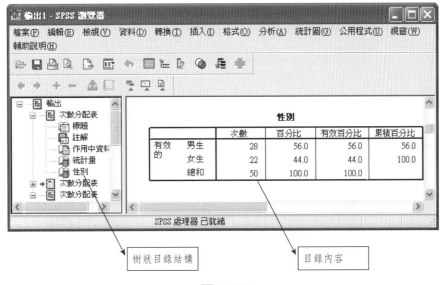

圖 1-26

當研究者執行「分析(A)」各項程序後，會直接將其結果呈現於結果輸出視窗（SPSS Viewer）中（中文版翻譯成輸出──SPSS 瀏覽器視窗），SPSS瀏覽器視窗可以列印、編修或儲存。SPSS瀏覽器視窗包括以下幾項功能：檔案、編輯、檢視、資料、轉換、插入、格式、分析、統計圖、公用程式、視窗及輔助說明等幾項。此部分的功能表與資料編輯視窗之功能表大同小異。

SPSS 瀏覽器視窗的畫面，劃分成二大部分，左半部為樹狀結構，其功能與操作很像微軟作業系統中的「檔案總管」，而右半部為樹狀結構項目的內容。SPSS 瀏覽器結果檔案存檔時可以直接存檔或設定密碼存檔，以密碼存檔時將來開啟檔案須鍵入正確的密碼才能開啟結果檔案，此操作功能與Excel的密碼（Password）存檔類似，SPSS瀏覽器結果檔案存檔的副檔名內為「*.spo」，存檔類型為「瀏覽器檔案（*.spo）」；此外，結果檔案也可以「輸出」（Export）方式將結果檔轉換成以下幾種檔案：「HTML 檔（*.htm）」、「文字檔（*.txt）」、「Excel 檔（*.xls）」、「Word/RTF 檔（*.doc）」、「PowerPoint 檔案(*.ppt）」等。

要將執行結果輸出，執行功能列「檔案」→「輸出」程序，會開啟「匯出輸出」對話視窗。「匯出檔案」下方格中選取檔案存放資料夾與檔案名稱、「輸出內容」方盒中有三個選項：所有物件、所有顯示的物件、選擇的物件，研究者須選取其中之一，在「檔案類型」下的方盒中選取一種檔案類型，之後再按『確定』鈕。

圖 1-27

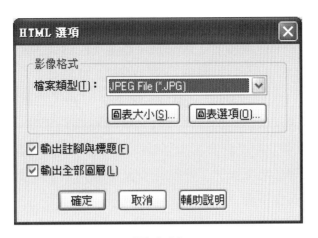

圖 1-28

在「匯出檔案」對話視窗中，按『選項(O)...』鈕，可開啟相對應的類型選項的次對話視窗，次對話視窗中包括匯出時的檔案類型種類的選擇，圖表大小及圖表選項的設定，是否輸出註腳與標題（內定為☑輸出註腳與標題）、是否輸出全部圖層（內定為☑輸出全部圖層）等，這二個選項最好勾選，以完整輸出相對應的表格內容。

SPSS 輸出瀏覽器中的預設工具列如下：

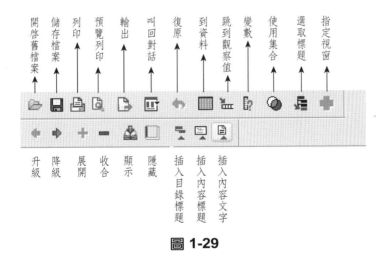

圖 1-29

1-2　資料檢視視窗

「SPSS 資料編輯程式」視窗工作表包括「資料檢視」（Data View）與「變數檢視」（Variable View）二個工作表次視窗。「資料檢視」工作表為

原始資料鍵入之視窗，「變數檢視」工作表為設定變數內容的視窗，包括變數名稱（Name）、變數類型（Type）、寬度（位數或字元數）（Width）、數值小數位數（Decimals）、變數註解或標記（Label）、數值標記或註解（Values）、遺漏值（Missing）、資料對齊（Align）、儲存格欄寬（Columns）、測量量尺（Measure）等。「SPSS 資料編輯程式」與 Excel 活頁簿類似，Excel 活頁簿中的工作表可以增刪，但「SPSS 資料編輯程式」中的二個工作視窗：「資料檢視」、「變數檢視」不能增刪，每個開啟的資料檔，均會包含此二個工作視窗。

　　「資料檢視」工作視窗的大部分功能與操作和 Excel 試算表大同小異，如：

㈠插入新的欄位（插入新的變數）

　　執行功能列「編輯(E)」／「插入新變數(V)」程序，會出現第一個新變數名稱，如「VAR00001」，第二次新變數名稱為「VAR00002」，第三次新變數名稱為「VAR00003」......，使用者可切換到「變數檢視」工作視窗，更改變數名稱及變數屬性；也可以於「變數檢視」工作視窗中，在「名稱」直欄中的空白儲存格連續按二下，以鍵入變數名稱（視窗版 SPSS12.0 版以後可直接選取變數儲存格修改變數儲存格的內容）。「插入新變數(V)」程序可於在「視窗檢視」工作視窗中界定，也可以於「變數檢視」工作視窗中操作。

㈡插入新的一橫列（插入新的觀察值）

　　執行功能列「編輯(E)」／「插入新觀察值(I)」程序，可於游標位置列的上方，新增一筆空白資料檔。插入新的觀察值操作必須切換至「資料檢視」工作視窗中，新的空白橫列樣本位於游標所在列的上方，於「變數檢視」工作視窗時，無法執行「插入新觀察值(I)」的程序。

㈢刪除橫列（觀察值）或直欄（變數）

　　選取橫列或直欄，執行功能列「編輯(E)」／「清除(E)」程序，可以刪除選取的橫列觀察值或直欄變數。如果選取多個間斷的變項或觀察值，在選取第二個變項或觀察值時，同時按下『Ctrl』鍵，若是選取一個連續的區塊，如多筆觀察值或多個變數，執行「編輯(E)」／「清除(E)」程序，可以一次刪除選取區塊資料。若要快速選取大區塊的橫列或直欄，在選取第二

個橫列或直欄時，要加按『Shift』鍵。

㈣直接跳到某觀察值

執行功能列「編輯(E)」／「直接跳到某觀察值(S)...」程序，出現「移至觀察值」對話視窗，在「觀察值編號」右的方格內輸入數值，如「20」，按『確定』鈕，即快速跳至第 20 位樣本觀察值處（第 20 份問卷或第 20 位受試者），此時游標會停留在原直欄變數與橫列觀察值的交叉的儲存格位置處。

㈤尋找儲存格中的數值（在變數中找尋資料）

選取直欄，執行「編輯(E)」／「尋找(F)」程序，出現「在變數中找尋資料」對話視窗，在「尋找內容」右邊的方格內輸入目標數值或字串，按『找下一筆』鈕，即可快速於選取變數清單中找到目標數值或文字串。

SPSS 資料編輯程式之「資料檢視」工作視窗和 Excel 試算表二者之間主要的差別在於以下幾點：

㈠「資料檢視」工作視窗無法刪除

「資料檢視」工作視窗與「變數檢視」工作視窗均無法刪除，無法移動工作表位置，工作表視窗的名稱也無法更改。

㈡列（橫的）的數值

代表觀察值，每一橫列代表一位受試者或觀察值，如一位問卷填答者資料。因而每份問卷或每位受試者填答的資料，須占一橫列。受試者資料與變項名稱位置如下表 1-3。

表 1-3

	變項名稱一	變項名稱二	變項名稱三	‧‧‧‧
1	受試者一（S1）	受試者一（S1）	受試者一（S1）	‧
2	受試者二（S2）	受試者二（S2）	受試者二（S2）	‧
3	受試者三（S3）	受試者三（S3）	受試者三（S3）	‧
4	受試者四（S4）	受試者四（S4）	受試者四（S4）	‧
5	受試者四（S5）	‧	‧	‧

㈢欄（直的）的變項

代表一個變項或一個要測量的特質，也就是變項名稱（每欄的第一個儲存格定要為變數名稱），如「編號」、「班級」、「性別」、「數學成就」、「數學態度」等，變項名稱的命名要與原問卷題項做有機的連接，尤其是背景變項或基本資料變項。不論是名義變項、次序變項或等距變項，如果是「單選題項」，每個「題項」即占一欄，亦即每個題項均單獨成一個變數名稱；如果是複選題或填入重要性程度的題項，每個「選項」均單獨為一個變數名稱，如果一個題項內有五個選項，則有五個變數名稱，如：

表 1-4

題項 1：您認為視導人員進行教室觀察時，應包含哪些內容？（請複選）

□1.教學計畫	□2.教室氣氛
□3.班級管理	□4.教學評量
□5.教學活動	□6.教具的使用
□7.師生互動	□8.情境布置

則題項 1 在變數命名上，包括八個變數名稱，如 a1_m1、a1_m2、a1_m3、a1_m4、a1_m5、a1_m6、a1_m7、a1_m8，「a1」表示第一題，「m?」表示第幾個選項，資料建檔時有勾選的選項鍵入「1」、沒有勾選的選項鍵入「0」，統計分析時可計算 1 的次數及百分比。

上述題項編碼及假設二筆資料如下表 1-5。

表 1-5

num	·	a1_m1	a1_m2	a1_m3	a1_m4	a1_m5	a1_m6	a1_m7	a1_m8	·
001		1	0	1	1	1	0	0	1	
002		0	1	0	0	1	1	1	0	

對於複選題的統計分析，SPSS 功能表中的「分析(A)」選單中有一個「複選題分析(U)」選單，上選單功能專門在處理複選題的題項，選單內包括三個次選單：「定義複選題集合(D)」、「次數分配表(F)、「交叉表(C)」，除可進行複選題的次數分配，也可以進行背景變項在複選題集的交叉表。

SPSS14.0 版之資料的建檔與變數名稱的命名與先前的版本差異不大，其中主要的差別，在於先前的版本只能讀取 Excel 試算表 4.0 之工作表，而

SPSS10.0版以後的版本可以讀取Excel5.0以後的試算表資料內容，SPSS14.0中文版字元型變數可長達32,767位元組。變數名稱必須符合下列規則（SPSS使用者指南）：

1. **以中英文字母作為變數起始字元**

名稱必須要以英文字母開頭（a-z），其餘的字母可以是任何字母、數字、句點或@、#、_或$符號。如果是以數字開頭，電腦會出現「變數名稱包含一個不合法的起始字元」（Variable name contains an illegal first character）警告視窗。如果直接以繁體中文作為變數名稱也可以，在背景變項或加總後的層面（構念）名稱，對某些研究者而言，直接以繁體中文作為變數名稱可能較為方便。

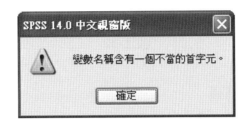

圖 1-30

2. **不能以句點「.」作為變數名稱結束符號**

變數名稱不可以用句點作為結束。應避免以底線作為變數名稱的結尾（以免跟某些程序自動建立的變數互相衝突）。如以「.」作為變數結束字元，則電腦會出現「變數名稱包含一個不合法的結束字元」（Variable name contains an illegal last character）警告視窗。

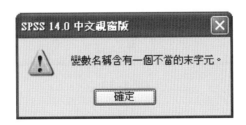

圖 1-31

3. **變數名稱不可超過 8 個字元數**

變數名稱的總長度不可超過8個字元（中文字元不可超過4個中文字），但SPSS12.0版的之後軟體變數名稱可超過64個字元，SPSS14.0中文版更放寬此一限制，其實變數名稱過長反而造成不便，此部分研究者加

以斟酌。

4.不能使用空格或特殊字元

變項名稱不可使用空格和特殊字元,如!、?、*。如果變數的名稱包含空格或不合規定的特殊字元,電腦會出現「變項名稱包含一個不合法的字元」(Variable name contains an illegal character)的提示視窗。

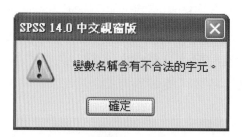

圖 1-32

5.變數名稱不可重複

每個變數名稱都必須是唯一的,不能有二個變數名稱一樣,亦即變數名稱不能重複。變數名不區分大小寫,如 STUsex、stuSEX、stusex 均視為一樣。如果新鍵入的變數名稱已存在,則電腦會出現「變數名稱和已有的變數名稱重複」(The variable name duplicates an existing variable name)警告視窗。

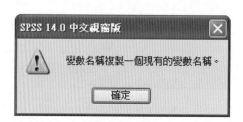

圖 1-33

6.不能以 SPSS 保留字作為變數名稱

SPSS 的保留字(reserved keywords)不能作為變數名稱,這些保留字如:ALL、NE、EQ、TO、LE、LT、BY、OR、GT、AND、NOT、GE、WITH 等,如果在鍵入變數名稱或更改變數名稱使用到這些保留字,電腦會出現「名稱是個保留字」(Name contains a reserved word)的警告訊息視窗。

圖 1-34

如果是直接寫入重要性等級的題項，如：

表 1-6

題項 11：您認為視導人員進行教室觀察時，優先的順序如何？（請填數字，1 為最重要、2 次要，依此類推）

□ 教學計畫	□ 教室氣氛
□ 班級管理	□ 教學評量
□ 教學活動	□ 教具的使用
□ 師生互動	□ 情境布置

　　此種題項的變數編碼與複選題相似，但變數數值內容不同。若是複選題，選項數值內容為 0 或 1，此種優先順序的編碼，因為有八個選項，題項組必須有八個變數選項，如：a11_m1、a11_m2、a11_m3、a11_m4、a11_m5、a11_m6、a11_m7、a11_m8。八個選項變數數值為 1 至 8，如果有受試者只填三個，則沒有填答部分可給予數值 4；如果受試者只填五個，則沒有填答部分可給予數值 6，將來統計分析時，執行功能列「分析(A)」／「敘述統計(E)」／「描述性統計量(D)」程序，察看八個變數名稱的等級平均數高低，依等級平均數高低排列，等級平均數最低者為全體受試者認為第一重要的項目；等級平均數次高者為全體受試者認為第二重要項目，從「等級平均數」的高低可以看出八個選項被選填的重要性程度。

　　另外一種為一個題項而有二種作答選項的量表，此種量表其實是二分子量的綜合，以「有效能的教師指標知覺與實踐程度量表」而言，研究者除想調查每位樣本教師對有效能教師指標的選項的看法外，也想知道每位樣本教師對指標選項的實踐程度情形。此種題項變數的編碼上相當於二個量表的編碼，一個「指標重要性知覺量表」、一為「指標選項實踐程度量表」，因而變數編碼上必須二個量表分別來編碼，假設此量表為問卷的第二部分量表（第一部分為樣本背景資料），教學效能指標題項有二十題，

則題項變數編碼先編「同意程度」二十題題項變數，再編「實踐程度」二十題題項變數，「同意程度」二十題題項變數的編碼如：A2_1、A2_2、A2_3、……、A2_19、A2_20，「實踐程度」二十題題項變數的編碼如：B2_1、B2_2、B2_3、……、B2_19、B2_20，此部分的題項變數排列如下表1-7。

表 1-7

編號	第一部分	A2_1	A2_2	……	A2_19	A2_20	B2_1	B2_2	……	B2_19	B2_20	第三部分
001	……	4	4	……	3	4	3	2	……	2	3	……
002	……	3	4	……	4	4	2	3	……	4	2	……

　　資料建檔時，每位樣本觀察值要先鍵入「同意程度」二十題後，再鍵入「實踐程度」二十題，即把「同意程度量表」勾選情形先鍵入，再把「實踐程度」勾選情形再鍵入，這樣，在層面的加總上與統計分析變項的處理上較為方便。研究者切勿逐題橫向輸入，即將第一題的重要程度與實踐程度二個勾選選項輸入完，依序鍵入樣本在第二題重要程度與實踐程度二個勾選選項，這樣的資料檔建檔並不算錯誤，但在層面加總與統計分析上甚為不便。在統計分析上除可探究背景變項在同意程度量表層面的差異情形、背景變項在實踐程度量表層面的差異情形外，也可以探究樣本在「同意程度量表」層面與「實踐程度量表」層面知覺的差異情形，此部分要採用成對樣本 t 檢定法（相依樣本 t 檢定），至於背景變項在二個量表的差異情形，可採用獨立樣本t檢定法、單因子變異數分析法或單因子多變量變異數分析法均可。

表 1-8

二、有效能的教師應該……	同意程度				實踐程度			
指標題項	非常同意	多數同意	少數同意	非常不同意	完全做到	多數做到	少數做到	完全沒做到
1.能確實做好常規管理。	☑	☐	☐	☐	☐	☑	☐	☐
2.能提升學生學習動機。	☐	☐	☐	☐	☐	☐	☐	☐
3.能使用多元評量方法。	☐	☐	☐	☐	☐	☐	☐	☐
4.能使學生有高成功率。	☐	☐	☐	☐	☐	☐	☐	☐
5.以身作則為學生表率。	☐	☐	☐	☐	☐	☐	☐	☐
6.……………………。	☐	☐	☐	☐	☐	☐	☐	☐
7.……………………。	☐	☐	☐	☐	☐	☐	☐	☐
……………………。	☐	☐	☐	☐	☐	☐	☐	☐
20.……………………。	☐	☐	☐	☐	☐	☐	☐	☐

㈣儲存格

　　代表每位觀察值在每個變數名稱所呈現的數值，除有效數值外，也可能是遺漏值。和試算表不同的是「資料檢視」中儲存格的內容是原始資料，不包含公式，如執行功能列「轉換(T)」／「計算(C)…」程序，求得的新變數也是一個數值資料，內容不會出現原始公式（即變成一個新資料），每個儲存格的數值可能是有效值也可能是無效值或遺漏值，變項儲存格的數值是否有正確值或合理值，必須經過資料檢核才能得知，此外在變數的「類型」設定中，通常設定為「數字」，少數因為有文字說明才設定為「字串」。

1-3 變數檢視視窗

　　在資料編輯視窗包含二個工作表視窗：「資料檢視」視窗與「變數檢視」視窗二個，「資料檢視」視窗與Excel試算表的工作表十分類似，二者的操作功能大同小異。「變數檢視」視窗則在於修改變數名稱、變數註解與遺漏值的設定，每個資料檔開啟後，均會有這二個視窗，且二個工作視窗是無法刪除的。

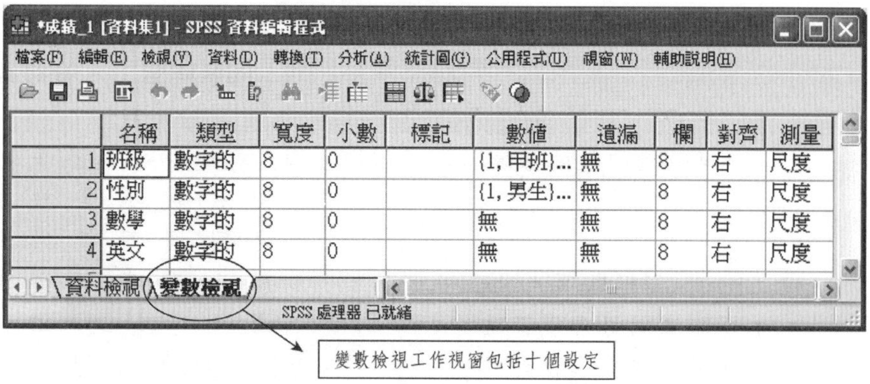

變數檢視工作視窗包括十個設定

圖 1-35

　　「變數檢視」工作表，在於增列新變數及變數屬性的設定，在問卷資料的建檔方面，研究者必須將背景變項及問卷包含量表的題項各設定相對應的變數，變數的增刪與位置移動多數在「變數檢視」工作視窗中完成。「變數檢視」工作視窗中包括以下各項：變數的「名稱」、「類型」、「標記」、「寬度」（位數或字元數）、「小數位數」、「數值」標記、使用者定義的「遺漏值」、「欄」（直行寬度）、資料的「對齊」、「測量量尺」的設定等十個。

(一)「名稱」（Name）

　　使用者自訂之變數名稱，如「班級」、「性別」、「數學」（數學成績）、「英文」（英文成績）等，變數名稱須符合變數名稱的命名規則。如直接在「SPSS 資料編輯程式」中執行功能列「編輯(E)」／「插入變數(V)」程序，可插入新的變數名稱，內定的變數名稱為 VAR00001、VAR00002、VAR00003 等。修改變項名稱時，直接於變數檢視工作視窗中，在「名稱」欄儲存格上按二下，可以編修變項名稱，SPSS14.0 可直接選取變項名稱加以更改或增列變數名稱。按各變數的「名稱」欄下的儲存格可以更改變數的名稱。

(二)「類型」

　　變數的類型，常見者為「數字(N)」或「字串(R)」。操作時在「類型」中要更改的儲存格內「數字的」右邊按一下，會出現『…』符號，按此符號鈕會出現定義變數類型對話視窗。定義「變數類型」視窗包含下列幾種形式：「數字」、「逗點」、「點」、「科學記號」、「日期」、「貨

幣」、「自訂貨幣」、「字串」。變數類型中，雖可將變數設定為「字串」，
但字串類型的變數不能進行統計分析，在資料檔中通常是作為受試者或問
卷的說明或註解而已，研究者在進行變數類型的設定時，最好以「數字」
的形式設定，以數字形式設定變數不僅可以進行統計分析，也可以以「數
值」的設定，對變數的各水準數值加上註解，這樣既不影響變數統計分析
的進行，又可增加輸出結果的可讀性。

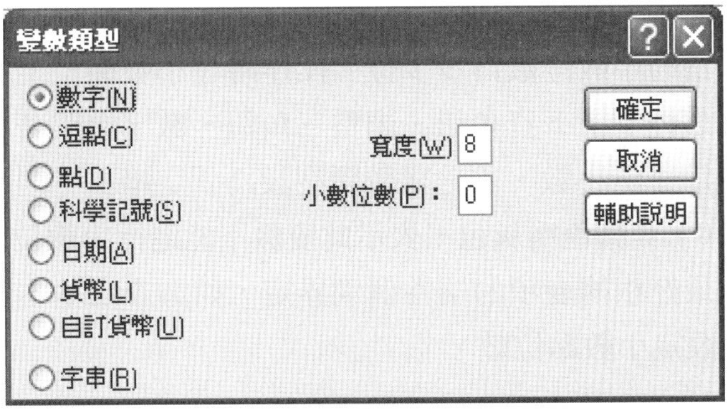

圖 1-36

　　研究者在問卷資料建檔設定時，最好將「變數類型」設成「數值(N)」，
對於數值，研究者可以輸入任何帶有小數點位數的值，且整個數值都會被
存入。「資料檢視」僅顯示小數位數的定義數字，並將超出位數的數值自
動四捨五入，實際計算時，仍以原始完整的數值為主（此功能與Excel小數
位數的增刪與計算相同）。如研究者將變數小數位數設定為小數二位，原
始儲存格數值為2.4678，呈現於儲存格中的數值為2.47，但實際點選此儲存
格時於工具列下的樣本編號右的方格中呈現的數值為原始數據2.4678。若是
於實驗法進行實驗，必須取到多位小數點，最好數值小數點的位數數值設
大些，以方便資料數據的輸入。

　　在實際的調查研究、相關研究或實驗研究中，所蒐集的資料除學業成
就等少數變項需要鍵入小數點外，其餘多數的資料如背景資料、複選題、
李克特量表測量均不需要使用小數點，如果研究者想要事前設定新變數的
寬度及小數點的位數，則可以執行以下程序：「編輯(E)」／「選項(N)」，
出現選項視窗，按『資料』次視窗，於「顯示新數值變項格式」的方盒中
設定新變數的寬度及小數點的位數，內定的寬度為8、二位小數點。「小數
位數(D)」後面的數字為小數點的位數，可以點選後面的▲上、▼下符號調

整或直接鍵入數字。如果將小數點的位數設為0，則將來設定鍵入資料，所有變數資料就不會出現小數點，此部分的設定可以參閱後面「其他系統化設定」一節的說明。

(三)「寬度」

自訂位數或字元數。內定的字元位數是8。

(四)「小數」

自訂儲存格的小數位數為多少位。操作時在小數欄位上按一下，會出現增減小數位之控制上下三角鈕，調整三角鈕，數字會跟著改變，內定選項的小數位數為二位小數。若是變數類型設為「字串」，則小數位數的設定會自動變為0，其顏色為灰色，表示此變數不能進行小數位數的設定。小數位數的設定最好根據變項的屬性個別界定，如調查之基本資料或背景資料變數就不用設定小數點位數。

(五)「標記」

標記為變數名稱的註解或說明，如變數「edu」的註解為「教育程度」、變數名稱「sex」的註解為「學生性別」、「數學」的註解為「數學成績」、「班級」的註解為「學生班別」。操作時直接在「標記」欄填入變數名稱的敘述性註解（中英文均可以），在儲存格上連按二下（按一下是選取儲存格，按二下可鍵入、增刪或修改儲存格的內容），SPSS14.0版在儲存格按一下（點選儲存格）可直接修改變數名稱。與變數名稱長度不同的是，變數名稱的長度通常較為簡短，但變數註解的長度可達 256 個字元，說明較為詳細。變數名稱如果加上標記註解，在統計分析程序或數值運算等變數清單中，會出現「標記 [變數名稱]」的表示符號，如「教育程度[edu]、「學生性別[sex]」、「數學成績[數學]」、「學生班別[班級]等。[ ]內的變項為變數名稱，[]前的註解為變數標記說明。其實，在實務應用上，變數標記的字元數並不需太多，因為過長的變數標記，讓變數清單中的變數顯得過於複雜，反而造成點選的不方便。

(六)「數值」

「數值」欄可以設定變數數值內容的註解，如學生性別變數之「性別」，原先的變數數值內容為 1、2，性別變項為一個二分變項，為了使輸

出報表解讀不會錯誤，有必要將原先數值內容的 1、2 加上註解。變數水準「數值」內容等於「1」時，數值註解為「男生」；「數值」內容等於「2」時，數值註解為「女生」。操作時在「變數」列要更改的儲存格內「數值」欄右邊按一下，會出現『…』符號，按此符號鈕會出現「數值標記」對話視窗。在「數值(U)」的右邊方格中鍵入數值「1」，在「標記(L)」的右邊方格中鍵入數值註解的說明：『男生』，按『新增』鈕，中間的方盒會出現「1=『男生』」的註解。繼續接著在「數值(U)」的右邊方格鍵入數值「2」，在「標記(L)」的右邊方格鍵入數值註解的說明：『女生』，按『新增』（Add)鈕，中間的方盒會出現「2=『女生』」的註解。

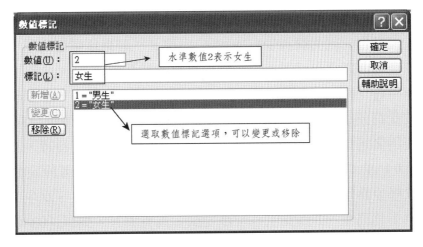

圖 1-37

設定變項「數值」欄的數值標記內容，其目的在於讓輸出表格易於判讀，對於統計分析結果均沒有影響。設定完後的水準數值與其標記內容可以再更改或刪除，操作時，選取中間方盒內已設定好的水準數值註解，進行數值標記的『變更』或『移除』設定，如要將原先設定錯誤的水準數值標記內容刪除，直接按『移除(R)』鈕即可。

數值標記或數值註解特別適用於背景變項及層面名稱的中英文說明，當背景變項的水準數大於 3 時，加數值標記後，輸出之報表結果會出現註解中英文說明，如婚姻狀態的編碼值中 1 表示「喪偶組」、2 表示「離異組」、3 表示「未婚組」、4 表示「已婚組」，加數值標記後，在多數結果會直接出現喪偶組、離異組、未婚組、已婚組，如果不界定其數值註解，則結果報表會直接出現 1、2、3、4 四個編碼值來代表喪偶組、離異組、未婚組、已婚組四個組別。在 SPSS 系統化設定中（執行功能列「編輯(E)」/

「選項(N)」程序，切換到「選項」標籤頁），可以設定輸出結果報表中同時輸出水準數值及水準數值標記，如「1 喪偶組」、「2 離異組」、「3 未婚組」、「4 已婚組」。

(七) 「遺漏值」

將資料值設定為使用者遺漏值。所謂的遺漏值是受試者未填答時，研究者自行鍵入的資料，如五點式李克特量表，受試者在第十五題未填答，則研究者在鍵入資料時，可鍵入為9，在統計分析時，十五題的9如設定為遺漏值，則分析時此題不會納入統計分析的資料之中，一般在遺漏值的設定上，常以「9」作為受試在李克特量表上未填答的資料（因為李克特量表法很少採用九點量表法），而以「999」作為學業成就上未填答的資料（學業成就或標準化成就測驗很少有 999 分出現）。若是單選題的選項個數超過九個類別，則通常以「99」設為題項變數的遺漏值。

操作時在「變數」列與「遺漏」欄的儲存格內按一下，會出現『…』符號，按此符號鈕會出現「遺漏值」的對話視窗。在『⊙離散遺漏值(D)』方盒中使用者可以設定三種個別獨立的遺漏值，如鍵入資料時，常將未填答者以『0』或『9』代替，在統計分析時此二個數值即可設定為「遺漏值」。以學生性別變項為例，性別變項有二個水準（男生、女生），其水準編碼中 1 為男生、2 為女生，若是受試者沒有填答，則以「0」代替，此時，在『⊙離散遺漏值(D)』選項中，第一個方格中可鍵入0，表示性別變項的數值中 0 為遺漏值。

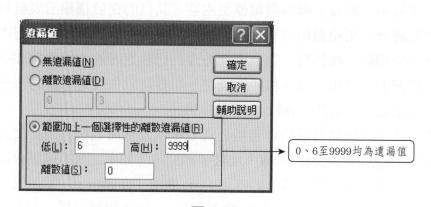

圖 1-38

在「遺漏值」對話視窗中，有三個設定：「⊙無遺漏值(N)」、「離散遺漏值(D)」、「範圍加上一個選擇性的離散遺漏值(R)」，其中「離散遺漏

值(D)」選項至多可設三個個別間斷的遺漏值,「範圍加上一個選擇性的離散遺漏值(R)」選項可設定一個範圍內的遺漏值,另外,可再加一個間斷的遺漏值(離散值)。

在『範圍加上一個選擇性的遺漏值』,可以設定一個範圍值為「遺漏值」,如學生性別數值內只有 1(男生)、2(女生),資料鍵入後執行「分析(A)」/「敘述統計(E)」/「次數分配表」程序,輸出結果中發現也有3、4、5、8,使用者可以將此四個數值設定為「遺漏值」,勾選『◉範圍加上一個選擇性的遺漏值(R)』,『低(L)』的右方鍵入『3』;『高(H)』的右方鍵入『5』,『離散值(S)』(個別值)鍵入『8』,上述設定表示性別變數中,水準數值 3 至 5 及水準數值 8 之樣本在性別變數中均為遺漏值。

以五點式李克特量表而言,五個選項:「非常同意」、「多數同意」、「普通」、「多數不同意」、「非常不同意」,水準數值內容編碼為5、4、3、2、1,未填答者以「0」代替,水準數值若大於 6 表示是鍵入錯誤的數值,因而在遺漏值範圍的設定中可以設定最低值為 6,至最高值 9999 均為遺漏值。

以五十位受試者的資料為例,在性別變數中,水準數值編碼中 1 為男生、2 為女生,研究者在資料輸入時誤打二筆資料,將性別水準輸入為3、4。若是研究者沒有將3、4設為遺漏值,則執行功能列「分析」/「敘述統計」/「次數分配表」程序後,性別變數的次數分配表輸出表格如下,表中的數據中性別水準數值為 1 者有 26 位、水準數值為 2 者有 22 位,水準數值為 3 者有 1 位、水準數值為 4 者有 1 位,其百分比分別為 52.0%、44.0%、2.0%、2.0%,四個數值水準均為有效百分比,因而有效百分比欄數字與百分比欄數字相同,因為有效的觀察值有 50 位,遺漏值 0 位。

表 1-9　次數分配表

統計量　性別

個數	有 效 的	50
	遺 漏 值	0

沒有設定遺漏值,因而輸出結果中遺漏值的個數為 0,所有樣本觀察值在性別變數上均為有效值。

表 1-10　性別

		次數	百分比	有效百分比	累積百分比
有效的	男生	26	52.0	52.0	52.0
	女生	22	44.0	44.0	96.0
	3	1	2.0	2.0	98.0
	4	1	2.0	2.0	100.0
	總和	50	100.0	100.0	

　　如果研究者將性別變數的水準數值 3、4 設為遺漏值，則執行功能列「分析(A)」／「敘述統計(E)」／「次數分配表」程序後，性別變數的次數分配表輸出表格中，會呈現有效的觀察值只有 48 位、遺漏值有 2 位。有效百分比欄觀察值的總數為 48，而不是 50，水準數值 1（男生）、水準數值 2（女生）觀察值的次數分別為 26、22，有效百分比分別為 54.2%（26÷48）、45.8%（22÷48）。

表 1-11　性別

個數	有效的	48
	遺漏值	2

　　將性別變項中的水準數值 3、4 均設為遺漏值，因而輸出結果中遺漏值的個數為 2，樣本觀察值在性別變數上的有效樣本只有 48 位。

表 1-12　性別

		次數	百分比	有效百分比	累積百分比
有效的	男生	26	52.0	54.2	54.2
	女生	22	44.0	45.8	100.0
	總和	48	96.0	100.0	
	3	1	2.0		
	4	1	2.0		
	總和	2	4.0		
總和		50	100.0		

　　遺漏值的個數有 2 位，有效樣本數只有 48 位。遺漏值列的數據為性別變數中遺漏值的水準數值，水準數值為 3 者有 1 位、水準數值為 4 者有 1 位。

(八)「欄」

直行寬度字元數的設定。直接在變數列對應之「欄」中的儲存格加以調整其數字大小或回到資料檢視視窗，直接拉曳變數右上方欄邊界也可以（同Excel調整欄的寬度一樣，直接拉曳欄右上方的邊界線）。直行格式只會影響資料編輯視窗中數值的顯示。因而雖然變更直行的欄寬度值，卻不會變更變數的定義寬度。

(九)「對齊」

設定資料檢視視窗中儲存格對齊的方式。對齊方式有『左、右、中』三種。「左」表示儲存格內的值向左對齊、「右」表示儲存格內的值靠右對齊，「中」表示儲存格內的值置中對齊。儲存格數值的對齊方式不會影響資料統計分析的結果。

(十)「測量」

定義變數的屬性，內有三種屬性，分別為『尺度』變數（等距變數或比率變數）、『次序的』變數、『名義的』變數。問卷內涵設定，使用者可以均將其設定為『尺度或量尺』，不會影響統計分析結果。基本資料的部分（背景變項）視其性質定義為名義的或次序的變數，如將其設為「尺度」測量屬性也可以，為便於統計分析工作，使用者可以針對變數的測量尺度，加以正確的設定，尤其是名義變項與尺度變數的區分，以獨立樣本t檢定與變異數分析而言，其自變數必須為名義或次序變數，而依變數必須為量尺尺度變數（等距變數或比率變數），研究者若是在測量屬性中對變數測量屬性加以界定清楚，則在之後的統計分析會更為簡便。

資料類型中不同的測量水準所代表的圖示均不相同，以數值變數而言，測量變數設為「尺度」，在變數清單中會以一枝尺規表示，設為「次序」變數，在變數清單中會長條圖表示，設為「名義」變數，在變數清單中會以三個圓形圖表示。在資料檔的處理方面，SPSS14.0 版與之前版本最大的差別在於SPSS14.0版可以同時開啟多個資料檔，執行功能列「視窗(W)」指令，可以切換到各資料檔，作用中的資料檔在最下方的「開始」列中會以符號 表示，已開啟的其他的資料檔會以符號 表示，以圖 1-39 為例，開啟的資料檔包括「A.sav」、「B.sav」、「C.sav」，其中作用中的資料檔視窗為「C.sav」，因此視窗中有一個加號。此外，使用者也可以開啟多個

「瀏覽器」視窗,輸出結果會傳送到指定的「瀏覽器」視窗,也可以開啓多個「語法編輯程式」視窗,則指令語法會貼進指定的「語法編輯程式」視窗,指定的視窗可由標題列中之圖示中的加號看出。

圖 1-39

1-4 其他資料檔案的匯入

研究者若是直接開啓 SPSS 套裝軟體進行變數的增列,則可以直接由「資料檢視」工作表中輸入問卷或受試者填答的數據,資料建檔完成則立即執行統計分析程序。如果研究者不是使用SPSS資料編輯工作視窗來建立變數與資料檔,而是利用其他的軟體來建立資料檔,則可以利用SPSS資料檔轉檔的方法將資料檔匯入於SPSS資料編輯視窗中。常見其他資料庫建檔軟體如微軟的 Excel 試算表、dBASE 資料庫處理軟體等,由於微軟 OFFICE 軟體的普及,因而多數電腦均有 Excel 試算表軟體,以 Excel 試算表建立資料檔的使用者非常普遍。

一、Excel 建檔範例

以一份數學效能研究問卷爲例,背景變項包括班級(1 爲甲班、2 爲乙班)、性別(1 爲男生、2 爲女生)、數學成就、八題數學效能題項,問卷格式如下表 1-13。

表 1-13

一、基本資料

1. 我的班級：□甲班　　□乙班

2. 我的性別：□男生　　□女生

3. 第二定期考查的數學成績：＿＿＿＿分

二、數學學習問卷

符合程度

低 ◄————► 高

1. 我會努力去面對具有挑戰性的數學題目......................□□□□□

2. 同學對我數學學習上的肯定，使我更喜歡數學...........□□□□□

3. 課堂上的數學題目我大多做得出來...............................□□□□□

4. 我喜愛參與數學課堂中的學習活動...............................□□□□□

5. 上數學課時我的精神特別好...□□□□□

6. 遇到較為困難的數學題目時，我不會逃避.......................□□□□□

7. 我有能力幫助同學解答相關的數學問題...........................□□□□□

8. 老師對我的數學學習能力與態度十分肯定.......................□□□□□

上述問卷格式的變數編碼如下表 1-14。

表 1-14

班級	性別	數學成就	a1	a2	a3	a4	a5	a5	a6	a7	a8
受試者 1											
受試者 2											
......											

　　上述編碼於Excel建檔如下：工作表視窗中第一橫列為變數名稱、第二橫列為第一位受試者的資料數據、第三橫列為第二位受試者的資料數據……。第二橫列開始為每位樣本觀察值的勾選的資料，每一直欄為題項變數名稱，八題數學效能知覺程度題項變數為 A1、A2、……、A8。

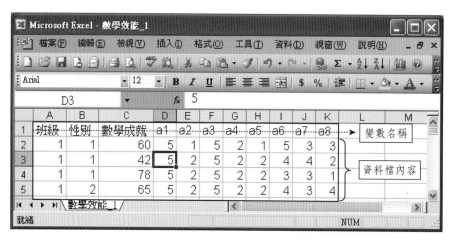

圖 1-40

二、讀取 Excel 檔案程序

(一)操作 1

　　執行功能列「檔案(F)」／「開啟舊檔(O)」／「資料(A)...」程序，開啟「開啟舊檔」對話視窗，在下方「檔案類型」的下拉式選單選取『Excel（*.xls）』，從上方「查詢」下拉式選單選取資料檔的資料夾，選取要開啟的資料檔→按『開啟』鈕。

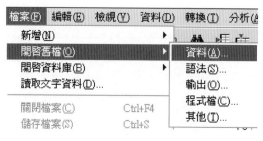

圖 1-41

選取試算表檔案類型

圖 1-42

(二)操作 2

　　按『開啟』鈕後會開啟「開啟 Excel 資料來源」的次對話視窗，勾選「☑從資料第一列開始讀取變數名稱」→按『確定』鈕。若是研究者沒有勾選「☑從資料第一列開始讀取變數名稱」則不會讀取變數名稱，此時，若於試算表活簿中工作表視窗的第一列有設定變數名稱，則讀取資料時會發生錯誤。

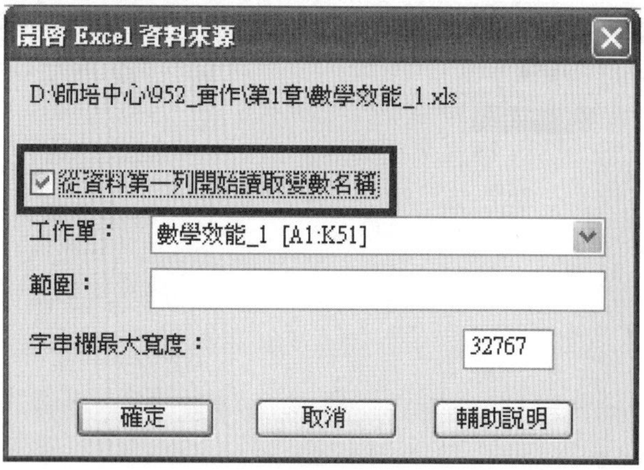

圖 1-43

㈢操作 3

資料檔的變數與資料內容匯入「SPSS 資料編輯程式」後，可利用「變數檢視」工作視窗，設定各變數的屬性，包括變數的標記、水準數值內容的註解、小數位數、遺漏值、變數欄位寬度及測量尺度類型等。

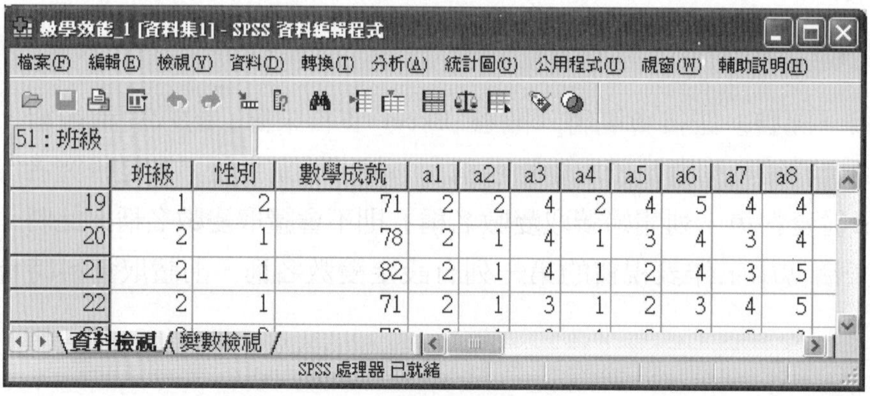

圖 1-44

三、文書檔建檔範例

如果研究者以試算表建檔，每一個變項須鍵入一欄，存檔後，SPSS14 中文版可以直接存取 Excel 建立的試算表檔案。不過，有些研究者喜愛以傳統的文書處理軟體來鍵入資料，這是受到傳統文書處理習慣的影響。根據筆者實際的經驗，如果研究者會將資料文字檔轉成 SPSS 可讀取的資料，則

以文書處理來鍵入資料的速度應該比較快，且比較簡便。文字檔的建檔時常應用的軟體如 PE2、漢書、記事本等等。

　　文字檔之資料檔在建檔時，要從第一列（橫的）開始，上面不能留空白列，內容第一行「不必增列」變項名稱，資料檔的前後不能有空白列，一個空白列在轉換時會被視為一個空的受試者，而出現「遺漏值」。資料檔在建檔時最好採用「固定欄位」方式，即每位受試者在某一個變項所占的欄位數是固定的，每個變項之所占的欄位數目是固定的，但不一定每個變項的欄位數均要相同，如「班級」變項的數值是 1 或 2，需要一個欄位，「性別」變項的數值是 1 或 2，需要一個欄位，「數學成就」變項數值從 0 分至 100 分，需要三個欄位數，八題數學效能因採用李克特五點量表之填答方式，其數值的範圍為 1～5，只占一個欄位數。在固定欄寬的建檔中，每位觀察值填答的內容占一橫列，每個變項間占的縱欄位置必須一樣，變項數值與變項數值可以留空白欄，但觀察值與觀察值間不能留有空白列。

　　資料檔的存檔類型最好選擇「*.txt」或「*.dat」，以存成標準 ASCII 文字格式，若是使用微軟 Word、WordPad 等軟體編輯，存檔時的檔案類型須選擇「純文字」或「文字文件」，以存成一般文字檔案。

圖 1-45

　　在讀入固定格式建檔的文字檔案時，視窗版的SPSS提供一個簡易的操作程序，範例中的文字資料檔存成的檔名為「數學效能_1.dat」，文字檔資料格式最好存成副檔名為「文字（*.txt）」或「資料（*.dat）」類型，讀取文字檔的操作程序如下：

(一)步驟 1

　　執行功能列「檔案(F)」／「讀取文字資料(D)...」程序，開啟「開啟檔

49

案」的對話視窗→在「檔案類型」的下拉式選單中選取「資料（*.dat）」，在「查詢」下拉式選單中點選至資料檔存檔的資料夾→選取目標檔案「數學效能_1.dat」，按『開啟(O)』鈕。

圖 1-46

(二)步驟 2

在「文字匯入精靈──步驟 6 之 1」對話視窗中，在「您的文字檔符合預先定義的格式嗎？」方盒中，有二個選項「是(Y)」、「否(O)」，一般而言，研究者所建立的資料檔通常不會符合預先定義的格式，因此，選取『否』選項→按『下一步』鈕。

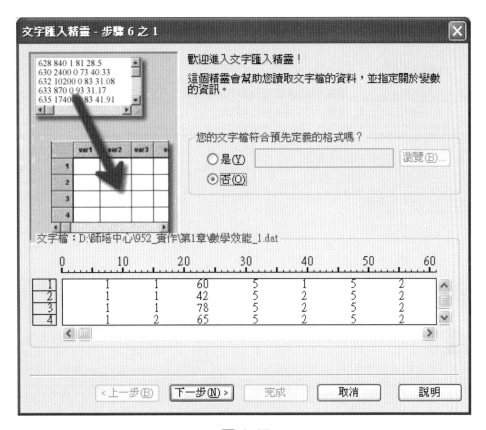

圖 1-47

(三)**步驟 3**

在「文字匯入精靈──步驟 6 之 2」對話視窗中，「您的變數如何排列？」方盒中有二個選項：「分隔(D)」、「固定寬度(F)」，文字檔中若以逗點、Tab 鍵或以空白欄位來分隔變數，可以選取「⊙分隔(D)」選項。一般文字檔的建檔採取固定欄位寬度的方式較為簡易，範例中的資料檔採取固定欄位寬度的方式，因而方盒中選取『⊙固定寬度(F)』選項，使用者以分隔方式建檔較為不便，建議最好不要採用。變數間以空白欄位來分隔變數，也可採用「固定寬度(F)」的方式。

「變數名稱包含在檔案的最上層嗎？」方盒中有二個選項：「是(Y)」、「否(O)」，建立資料檔時，若有把變項名稱輸入在第一橫列中，就點選「⊙是(Y)」選項。範例中的文字檔中沒有把變項名稱輸入在第一橫列中，因而勾選『⊙否(O)』選項→按『下一步』鈕。

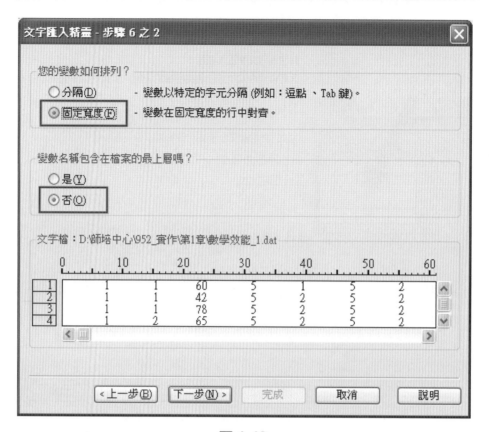

圖 1-48

(四)**步驟 4**

在「文字匯入精靈──固定寬度步驟 6 之 3」對話視窗中，「您要匯入多少個觀察值？」方盒中有三個選項：全部觀察值、前多少個觀察值、觀察值的百分比。「全部觀察值(A)」選項表示將讀入全部資料檔中的觀察值；「前(T)□個觀察值」選項表示讀入資料檔前多少筆的觀察值，內定數值為 1000，若是用者只要讀取前 200 筆觀察值的資料，則方格中的數字鍵入 200，如「前(T) 200 個觀察值」；「觀察值的百分比(P)」，後面的方格中可選取數值，內定為「10」%，表示讀入全部資料檔中 10%的觀察值，此部分的數值使用者可依實際所需加以更改。

在「資料的第一個觀察值要開始於哪一行？(F)」，可以點選相關的數值，內設的數值為「1」，表示資料的第一個觀察值從第一橫列開始，如果使用者在建檔時，有特殊考量或目的，資料檔並不是從第一橫列開始，則需要更改此選項後的數值。「多少行代表一個觀察值(L)」選項可以點選每筆觀察值占資料檔的幾行，如果原資料中的變數很多，有時會將資料檔以

二橫列的方式建檔，此時「多少行代表一個觀察值(L)」後面的數值應更改為 2。

範例中選取『⊙全部觀察值(A)』選項，「資料的第一個觀察值要開始於哪一行？(F)」後面的數值不用更改，選取內定的『1』；「多少行代表一個觀察值(L)？」，也不用更改，選取內定的數值『1』。在資料檔的建檔中，一筆觀察值（一位受試者）的資料最好鍵入在同一橫列中，這樣在資料檔的輸入、檢核與資料讀取方面較為方便→按『下一步』鈕。

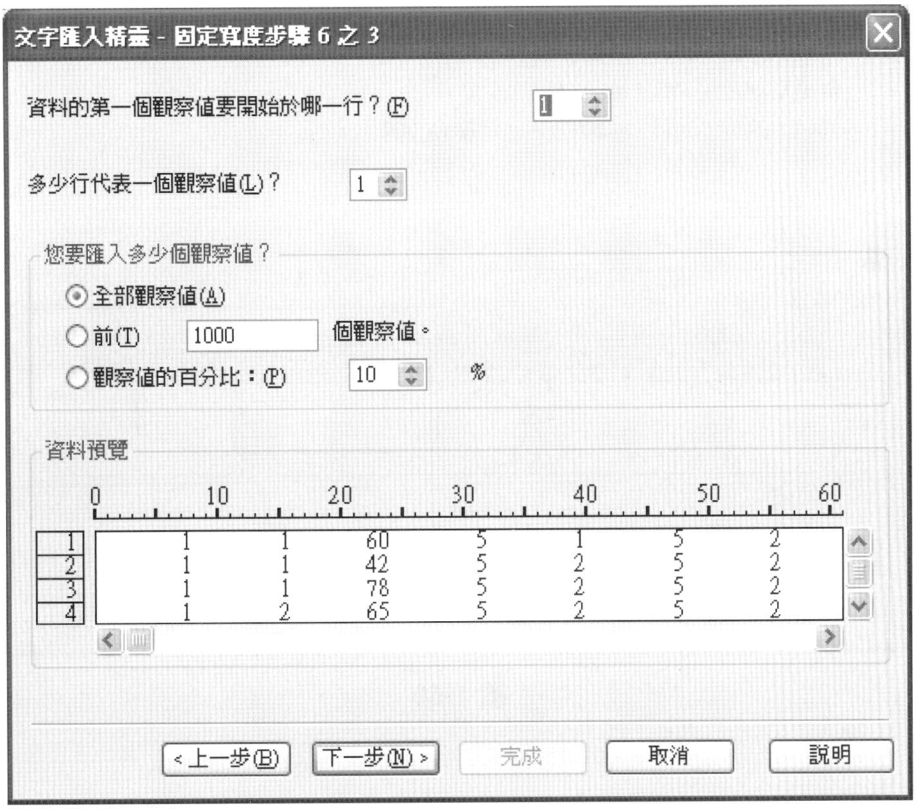

圖 1-49

㈤**步驟 5**

在「文字匯入精靈——固定寬度步驟 6 之 4」對話視窗中，依空白的位置分隔資料，因為採用固定寬度的格式，所以只要在對應的直行處按一下滑鼠鍵即可將資料分割，每個變項數值行必須分割出來，否則會與其他變項數值混在一起，造成資料讀取錯誤。下面為分割固定寬度資料的畫面，因為每個變數單獨占一直行，所以每個直行數值均要分割→按『下一步』鈕。

在分割資料時可以以滑鼠插入、移動及刪除分割線。插入分割線：滑鼠在固定寬度數字旁按一下左鍵即可，刪除分隔線：如要刪除分割線，選取分割線將其拖曳出資料預覽的區域，或在分割線的黑色箭頭符號上按一下。要移動分割線，直接拖曳線條至想要分割的位置。

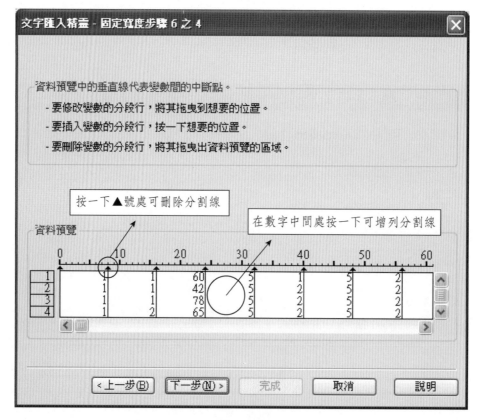

圖 1-50

(六)**步驟 6**

在「文字匯入精靈──步驟 6 之 5」視窗中，「資料預覽中所選的變數規格」方盒中有二個內容，一為「變數名稱(V)」，一為「資料格式」。由於範例中未於第一橫列中輸入各變項名稱，因而 SPSS 會依序以內定的變數：V1、V2、V3……分別標示出來，以此作為各變項的名稱，如果使用者要在此對話視窗中更改變項名稱，如將變項V1 更改為「班級」，於「資料預覽」方盒中，在原變項名稱暫存格上點選一下（按一下），「變數名稱(V)」下的方格中會出現原變項名稱 V1，變項的屬性會呈現於「資料格式(D)」中，在「變數名稱(V)」下的方格輸入新變項名稱「班級」，各變項的

「資料格式(D)」一般爲「數字」，依此程序逐一更改各變項名稱→按『下一步』鈕。

【備註】：各變項名稱與變數資料格式也可以在「變數檢視」工作視窗中加以更改。

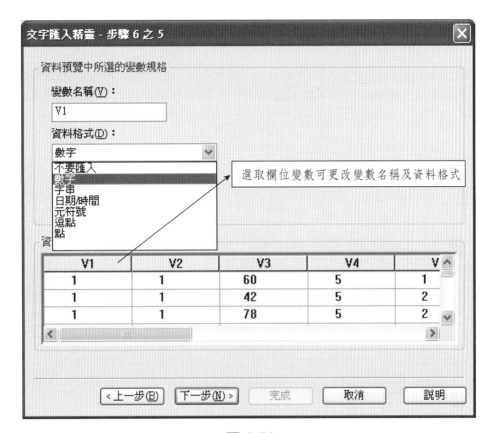

圖 1-51

㈦步驟 7

在「文字匯入精靈──固定寬度步驟6之6」對話視窗中，有二個條件方盒可以選取：「您要儲存此檔案格式以便日後使用嗎？」、「您要將語法貼上嗎？」，二個方盒均有二個選項「◉是(Y)」、『◉否(O)』鈕。範例中均勾選『◉否(O)』選項鈕。就研究者而言，每次資料檔變項內容各不相同，以上二個選項選「◉是(Y)」，存成格式檔或語法檔後，日後實際的應用性很低，因爲不可能二個資料檔的格式或語法檔會完成一樣。由於文字檔建檔時，第一列未事先輸入變項名稱，SPSS 會自動將變項名稱依序以 V1、V2、V3、V4……等分別標示出來。且內設所有變項都是數值，沒有遺漏值。實際在文字檔轉換時，也沒有必要在第一列設定變數名稱，否則變數

名稱占的欄數太多，造成資料對齊的困難，與資料檔輸入的不方便。如要更改變數名稱，可以在SPSS資料編輯視窗中，利用「變數檢視」工作視窗來修改更為方便與容易。若是使用者對語法視窗有興趣，在「您要將語法貼上嗎？」方盒中可選取「是(Y)」選項，則文字匯入精靈的程式檔語法會完整地輸出至語法視窗中→按『完成』鈕。

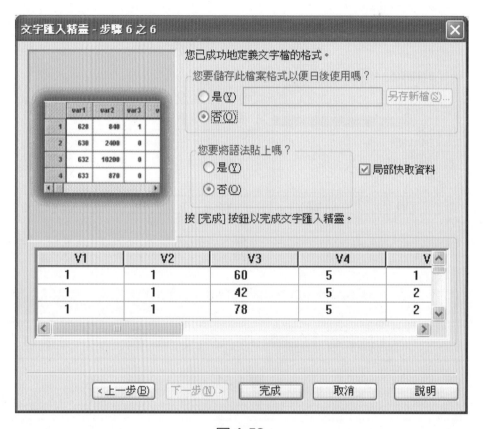

圖 1-52

在步驟 7 按下『完成』鈕後，SPSS 會讀取目標資料檔，並將讀取的結果輸出資料編輯視窗中，內定的變項名稱為 V1、V2、V3……，資料格式內定為數值，小數點的位數為 2 位。純文字 ASCII 碼資料檔讀入 SPSS 資料編輯視窗後，使用者可以切換到「變數檢視」工作視窗，再針對各變項的名稱做一更改、更改變項小數點的位數、設定遺漏值與欄寬、增列類別或次序變項各水準中的水準數值標記等。

圖 **1-53**

四、語法視窗讀入資料檔

　　以標準化 ASCII 格式建立資料檔時，資料檔中的變項數值間可以留空白欄、空白欄占多少直行均可以，上述資料檔「數學效能_1.dat」中的變項數值間即有空白欄位，留有空白欄位之資料檔在輸入資料時因為要多按『空白鍵』，因而建檔時須花費較多時間，但在「文字匯入精靈──固定寬度步驟 6 之 4」對話視窗中，因欄位間留有空白直行，分割每個數值變項欄位之操作較為方便。相對的，若是資料檔建檔時，變項數值間沒有空白欄位，則輸入資料時較為快速，但分割每個數值變項欄位之操作較為不便，二者各有優劣。一般而言，若是量表的題項很多，在建檔時為便於檢核，可以每十個變數或每五個變項數值間留一個空白直行。

　　在文字檔「數學效能_1_1.txt」中，變項間沒有留空白直行，資料檔的建檔格式如下：

表 **1-15**

1 2 3 4 5 6 7 8 9 0 1 2 3 4 5 6 7（直欄位置…）
1 1　6 0 5 1 5 2 1 5 3 3
1 2　6 5 5 2 5 2 2 4 3 4
2 1　9 9 4 1 2 2 4 5 3 4
2 1 1 0 0 4 1 2 2 3 5 3 3
2 2　8 4 4 1 1 2 3 5 3 3

　　上述資料檔中，每位受試者（觀察值）的數據占一橫列，第 1 直行為「班級」變項數值、第 2 直行為「性別」變項數值、第 3 直行至第 5 直行為「數學成就」變項數值，數學定期考查的成績數值為 0 分至 100 分，因為需

要三個欄位，第3直行為百位數、第4直行為十位數、第5直行為個位數，若受試者的成績是二位數，則數值資料要鍵入在第4直行至第5直行，百位數的第3直行留空白。第6直行至第13直行為八題數學效能題項變項數值，每個題項均占一個直欄。

執行功能列「檔案(F)」／「讀取文字資料(D)...」程序，開啟「開啟檔案」的對話視窗→在「檔案類型」的下拉式選單中選取「文字（*.txt）」，在「查詢」下拉式選單中點選至資料檔存檔的資料夾→選取目標檔案「數學效能_1_1.txt」，按『開啟(O)』鈕。

在「文字匯入精靈──固定寬度步驟6之4」對話視窗中，因為採用固定寬度的格式，「資料預覽」方盒會呈現以下結果，因為資料檔中沒有留空白欄位，因而資料變項順序依欄位由左至右順序排列，在分割變項欄位時，要根據上面變項置放的欄位加以分割，數值方格中上面的刻度為欄位數值，可作為使用者分割變項欄位的參考，分割時只要將滑鼠在方格中正確的位置點選一下即可，第1直行為班級變項，在第一欄數值與第二欄數值間點選一下，可將班級變項分割出來；第2直行為性別變項，在第二欄數值與第三欄數值間點選一下，可將性別變項分割出來；數學成就變項數值占第3直行至第5直行，在第五欄數值與第六欄數值間點選一下，可將數學成就變項分割出來。在變項數值分割過程中，若不小心點選錯誤欄，只要在原分割變項之黑色箭頭▲符號上點選一下，即可將原分割線刪除掉。

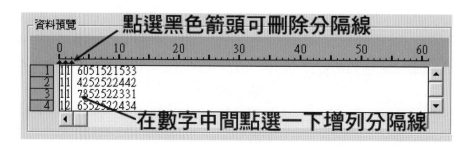

圖 1-54

分割後的數值欄位結果如下。

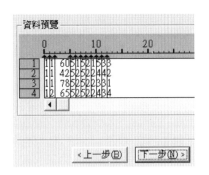

圖 1-55

在「文字匯入精靈——步驟6之5」對話視窗中，「資料預覽中所選的變數規格」方盒中逐一點選原先內定的變項名稱，於「變數名稱(V)」下的方格中將新變項名稱鍵入，原先變數名稱與修改後的變數名稱對照如下表1-16。

表 1-16

原先變項	V1	V2	V3	V4	V5	V6	V7	V8	V9	V10	V11
修改後變項	班級	性別	數學成就	A1	A2	A3	A4	A5	A6	A7	A8

在「文字匯入精靈——步驟6之6」對話視窗中，在「您要將語法貼上嗎？」方盒內選取「⊙是(Y)」選項，將讀取資料檔的程序轉為語法檔，按『完成』鈕後會開啟「語法編輯程式」視窗，呈現讀入文字資料檔「數學效能_1_1.txt」的語法程式。在「您要將語法貼上嗎？」方盒內若直接選取「⊙否(O)」選項，則SPSS會立即自動讀取資料，並將讀取結果輸出於資料編輯之「資料檢視」工作視窗中。

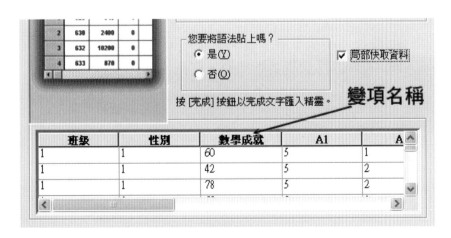

圖 1-56

上述操作程序，輸出於語法視窗中的內容如下：

```
GET DATA  /TYPE = TXT
 /FILE = 'D:\952_實作\第 1 章\數學效能_1_1.txt'
 /FIXCASE = 1
 /ARRANGEMENT = FIXED
 /FIRSTCASE = 1
 /IMPORTCASE = ALL
 /VARIABLES =
 /1  班級 0-0 F1.0
 性別 1-1 F1.0
 數學成就 2-4 F3.2
 A1 5-5 F1.0
 A2 6-6 F1.0
 A3 7-7 F1.0
 A4 8-8 F1.0
 A5 9-9 F1.0
 A6 10-10 F1.0
 A7 11-11 F1.0
 A8 12-12 F1.0
 .
CACHE.
EXECUTE.
```

上述語法由於將每個操作程序選項轉化為語法程式，因而顯得較為複雜，使用者若要使用語法視窗讀取文字資料檔可簡化如下，下列的語法乃結合早期 SPSS 程式語法與視窗版指令，在操作上比較簡易。

```
data list file ='D:\952_實作\第 1 章\數學效能_1_1.txt'
/班級 1 性別 2 數學成就 3-5 A1 6 A2 7
A3 8 A4 9 A5 10 A6 11 A7 12 A8 13.
Execute.
```

上述語法程式中，八題數學效能變項由於均占一個欄位，可以再改為以下指令：

```
data list file ='D:\952_實作\第 1 章\數學效能_1_1.txt'
/班級 1 性別 2 數學成就 3-5 A1 TO A8 6-13.
Execute.
```

使用者直接執行功能列「檔案(F)」／「開新檔案(N)」／「語法(S)」程序，即可開啟「語法？——SPSS 語法編輯程式」，在語法空白處輸入上列語法檔指令即可。要執行語法指令，在「語法？——SPSS 語法編輯程式」中執行語法視窗中的功能列「執行(R)」／「全部(A)」程序，或先選取語法程式，再執行語法視窗中的功能列「執行(R)」／「選擇(S)」程序，只要語法界定符合SPSS之格式內容，文字資料檔路徑設定正確，即可將原始文字資料檔正確地讀進資料編輯視窗中。

【語法檔的說明】

1. 「'D:\952_實作\第 1 章\數學效能_1_1.txt'」為文字檔存放的路徑與檔名，範例中的文字檔檔名為「數學效能_1_1.txt」，文字資料檔存放在 d 磁碟機中的「952_實作」資料夾中的子資料夾「第 1 章」內。「data list file='　'」為語法的關鍵字，表示存放資料檔案位在那裡，亦即要讀取的文字資料檔的路徑與檔名為何，此關鍵字不能鍵入錯誤。若是文字資料檔直接存放於 C 磁碟機的「問卷」資料夾下，文字資料檔名為「問卷數據.txt」，則第一列讀取資料檔的路徑為「data list file ='C:\問卷\問卷數據_1_1.txt'」。

2. 「班級 1」表示第 1 行所存放的變項資料為「班級」，將來文字檔轉成視窗版的資料檔時，第 1 行資料的變數名稱會以「班級」表示。變項與欄位的界定時，先界定變項名稱，再界定起始欄位與結束欄位，中間以「-」符號串連，「班級」變項的起始欄位為1，結束欄位為1，完整的表示為「班級 1-1」，由於起始欄位與結束欄位相同（變項只占一個直行），只要界定一個欄位即可。

3. 「性別 2」表示第 2 直行所存放的變項資料為「性別」，性別起始欄位與結束欄位相同，只界定一個欄位值即可。將來文字檔轉成視窗版的資料檔時，第 2 行資料的變數名稱會以「性別」表示。

4. 「數學成就 3-5」表示第 3 直行至第 5 直行所存放的變項資料為「數學成就」，數學成就的起始欄位在第 3 直行、結束欄位在第 5 直行，將來文字檔轉成視窗版的資料檔時，第 3 行至第 5 行的資料為變數名稱「數學成就」的數值內容。

5. 「A1 6 A2 7 A3 8 A4 9 A5 10 A6 11 A7 12 A8 13」表示數學效能量表八個題項數值所占的欄位，共有八個變項，每個變項占一直行，由於變項數字有順序性，可用關鍵字「TO」加以合併，簡寫為「A1 to A8」，八個變項各占一個欄位，總共占八個欄位，八個變項的起始欄位在第 6 直行，結束欄位在第 13 直行，八個變項所占的總欄位可以表示為「6-13」，欄位 6-13 共有 13-6+1=8 個直行，8 個直行中有 A1、A2……A8 等八個變項，每個變項平均占一個欄位（欄位數÷變項數）。

如果有五個變項各占二個直行，位置從第 10 行開始，則撰寫成：

「a1 10-11 a2 12-13 a3 14-15 a4 16-17 a5 18-19」，簡寫成：「a1 to a5 10-19」

6. 最後一行的關鍵字「Execute」指令，其作用在於要求將視窗版 SPSS 的執行結果輸出。少了這個指令，SPSS 也會執行前面的指令，但不會將結果輸出到資料編輯視窗中。

在撰述語法檔時，關鍵字後的最後面均要加上一個「.」點號，如「data list file」的最後面及「Execute」的最後面，少了結束符號「.」，執行時會出現錯誤訊息。變項名稱命名規則與視窗版變項名稱相同，中間不能留有空白字元，一些特殊字元如&、!、? 等不能使用，變數名稱最好以字母為開頭，再加上數字，形成有規則的排列，如 a1 至 a10、b1 至 b15、c1 至 c25，SPSS 系統中有一些保留字或關鍵字不能作為變數名稱，如 ALL、BY、AND、EQ、GE、GT、LE、LT、NE、NOT、OR、TO、WITH 等。

變項名稱的訂定重要的是要給予合理的變項名稱，及變項名稱所占的起始與結束直行，如 B1 12-15，表示 12 至 15 行的資料單獨成一個變數，此變數名稱為 B1，如果 B1 是一個字串變數，則可以設定為 B1 12-15(A)，其中字串變數不能進行四則運算與統計分析，資料轉換後，如果要更改變項資料的屬性，可以從「變數檢視」工作視窗中更改。若是變項數值較多，或量表所包含的題項較多，資料檔在輸入時也可以將每位觀察值分成二個橫列輸入，如果每位觀察值占二橫列資料，則語法程式要增列「RE-CORDS=2」，範例如：

```
data list file ='D:\952_實作\第 1 章\數學效能_1_1.txt'    RECORDS=2
/1 班級 1 性別 2 數學成就 3-5 A1 6 A2 7
/2 A3 8 A4 9 A5 10 A6 11 A7 12 A8 13.
Execute.
```

上述中每筆觀察值所占的橫列數以符號「/?」表示,符號「/1」表示第一橫列、符號「/2」表示第二橫列,橫列後要界定各變項及變項起始欄位與結束欄位。語法程式如果沒有界定錯誤,在「語法?──SPSS 語法編輯程式」中執行語法視窗中的功能列「執行(R)」/「全部(A)」程序後,於「輸出?──SPSS 瀏覽器」的結果視窗中會出現變數、變數欄位及變數格式(Format),變數格式中固定欄位寬度的次指令為FIXED,輸出結果會以F 表示。

```
Data List will read 1 records from D:\952_實作\第 1 章\數學效能_1_1.txt
```

Variable	Rec	Start	End	Format
班級	1	1	1	F1.0
性別	1	2	2	F1.0
數學成就	1	3	5	F3.0
A1	1	6	6	F1.0
A2	1	7	7	F1.0
A3	1	8	8	F1.0
A4	1	9	9	F1.0
A5	1	10	10	F1.0
A6	1	11	11	F1.0
A7	1	12	12	F1.0
A8	1	13	13	F1.0

1-5 統計分析的對話方塊

大部分「分析」的選擇項,均會開啟變數清單選擇的對話方塊,你可以使用對話方塊,來選取統計分析時要用到的變數名稱和選項。方塊中的左半部會出現原始全部的「來源變數清單」供使用者選擇;而右半部的方

盒中會出現一個以上方盒，放置使用者已選取的變數清單（目標變數），包括分析時的自變項、依變項或共變項。

　　每個分析方盒中均會出現五個基本按鈕：『確定』、『貼上語法(P)』、『重設(R)』、『取消』、『輔助說明』，此外還會根據統計分析的不同，出現數個子選單，如『選項』、『統計量』、『格式』鈕等。SPSS14.0 中文版會依據變數測量屬性的界定為「尺度」、「名義的」、「次序的」，而於各變數前面呈現相對應的圖形表示。下圖中的「班級」、「性別」變項的測量屬性設定為「名義的」，八個數學效能題項及數學成就變項的測量屬性設定為「尺度」。

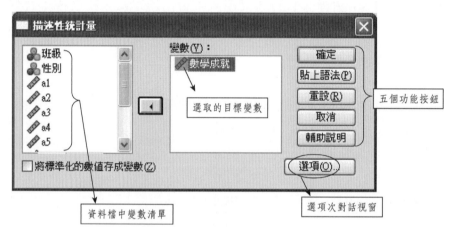

圖 1-57

㈠『確定』鈕

　　按『確定』鈕後，馬上進行選取之統計分析程序的執行工作，結果輸出檔會立即出現於「SPSS 瀏覽器」視窗中；如果有關觀察值的數值運算、排序或分割，則結果會新增變項或對觀察值重新排序，資料處理與轉換程序，如重新編碼、計數、計算等，因為不是執行功能表「分析」程序，因而不會呈現統計分析結果，但於「SPSS 瀏覽器」視窗中會呈現相對應的執行註解說明。

㈡『貼上語法(P)』鈕

　　在統計分析對話視窗中，按『貼上語法』鈕，會將統計分析執行程序，轉換成指令語法，貼到語法編輯程式視窗，此部分類似傳統DOS版之SPSS

的語法指令。如執行變數「數學成就」的描述性統計量，包含平均數、標準差、最小值、最大值，執行程序轉為語法如下，語法指令中有其關鍵字與次指令。

DESCRIPTIVES
    VARIABLES=數學成就
    /STATISTICS=MEAN STDEV MIN MAN.

圖 1-58

使用者可以執行功能列「視窗」／「SPSS 資料編輯程式」程序；「視窗」／「SPSS語法編輯程式」程序；「視窗」／「SPSS瀏覽器」程序來切換到資料檔視窗、語法檔視窗或執行結果檔視窗的畫面。

(三)『重設(R)』鈕

在各式對話視窗中按『重設』鈕，會取消所有選擇的變數清單及各種研究者點選的設定，並將對話方塊的所有按鈕（次對話方塊按鈕）中的設定，還原成原先的預設狀態或內定值（default），按下『重設(R)』鈕後不會關閉原先開啟的對話視窗，只是把所有先前所選擇的變數及各種選項還原。

(四)『取消』鈕

在各式對話視窗中按『取消』鈕，會取消對話方塊中的任何變更，對話方塊會保留上一次的變數清單與按鈕的設定（最後一次點選的設定值），按了『取消』鈕後會關閉開啟的對話視窗（按下『重設(R)』鈕後並不會關閉原先開啟的對話視窗）。

(五)『輔助說明』)鈕

在各式對話視窗中按『輔助說明』鈕，會開啟統計分析功能程序的輔

助功能視窗，此鈕功能可以查詢目前使用中對話視窗內各按鈕的用途及操作說明。

執行功能列「分析」程序後，在左邊原始的變數清單中，變數如有加註解標記會顯示變數標記及變數名稱，如果沒有註解只會顯示變數名稱。如「性別[sex]」，[sex]為原始變數名稱，而「性別」為變數標記；「第1題[a1]」，[a1]為變數名稱，而「第1題」為變數標記；「數學測驗成績[數學成就]」，[數學成就]為變數名稱，「數學測驗成績」為變數標記，各對話視窗中的變數清單內容呈現的格式為「變項標記[變數名稱]」。

變數選取時與一般視窗應用軟體甚為類似，選取單一變數時，只要在原始左邊變數清單上按一下，然後按一下方塊中間的右箭號▶即可；也可以連按二下要選取的變數，此變數即會從左邊原始變數清單移到右邊的目標變數清單中。

此外，使用者也可以配合鍵盤的功能鍵執行變數的多重選擇：

1. 選取多個連續變數：先選取第一個變數（按滑鼠左鍵一下），移到要選取的最後一個變數，先按住鍵盤的「Shift」鍵，然後再按一下最後一個變數。連續變數的選取與微軟應用軟體中選取連取區塊的操作相同。

2. 選取多個不連續變數：選取第一個變數，在選取第二個變數時，加按鍵盤的「Ctrl」鍵，依此類推，即可選取多個不連續變數。若是多個變項已被選取（呈現反白狀態），再次按下某個變項時，同時加按「Ctrl」鍵，可取消該變項的選取狀態。

1-6 資料檔的合併

資料檔的合併，包含觀察值的合併（垂直合併）與變項的合併（水平合併）。資料檔的合併中，二個資料檔所具有的共同變數稱為「配對變數」，若有部分的變數是另一個資料檔中所沒有的稱為「非配對變數」，先開啓的資料檔稱為「作用中的資料檔」，觀察值的合併程序在新增樣本觀察值於作用中的資料檔觀察值後面，因而變數必須是配對變數才可以。變項的合併中必須有一個共同的「關鍵變數」，此「關鍵變數」必須先經排序作用，新增的資料檔會根據「關鍵變數」（如編號、編碼值……）把新增橫列的變數加入，變項的合併是一種水平的合併，新合併的資料檔中觀察值個數不變但變數數目增加；而觀察值的合併是一種垂直合併，新合併的資料檔中變數不會增加，但觀察值個數會增加。

一、觀察值的合併

　　某研究者想探究學生的性別、數學成就與數學態度的關係，他採隨機取樣的方式，共抽取 500 位學生為樣本，為節省資料建檔的時間，此研究者將資料檔依二個檔案請人建檔，二個資料檔的檔名分別為「數學學習_1.sav」、「數學學習_2.sav」，二個資料檔有相同順序的變項名稱：編號、性別、數學成就、數學態度，在資料統計分析前須將二班的資料檔合併，以進行整體的分析。

　　下列二個資料檔中，第一個資料檔檔名為「數學學習_1.sav」、第二個資料檔檔名為「數學學習_2.sav」。

表 1-17

編號	性別	數學成就	數學態度
1001	1	87	38
1002	1	84	42
1003	1	75	25
1004	2	78	33
1005	2	92	40

表 1-18

編號	性別	數學成就	數學態度
1006	2	74	36
1007	2	94	34
1008	2	85	28
1009	1	68	30
1010	1	70	54

　　觀察值垂直合併的操作程序如下：

(一)操作 1

　　同時開啟資料檔「數學學習_1.sav」，「數學學習_2.sav」，執行功能列「視窗」程序，選取「數學學習_1.sav」資料檔，即將「數學學習_1.sav」資料檔作為作用中的資料檔→執行功能列「資料(D)」→「合併檔案(G)」→「新增觀察值(C)...」程序。

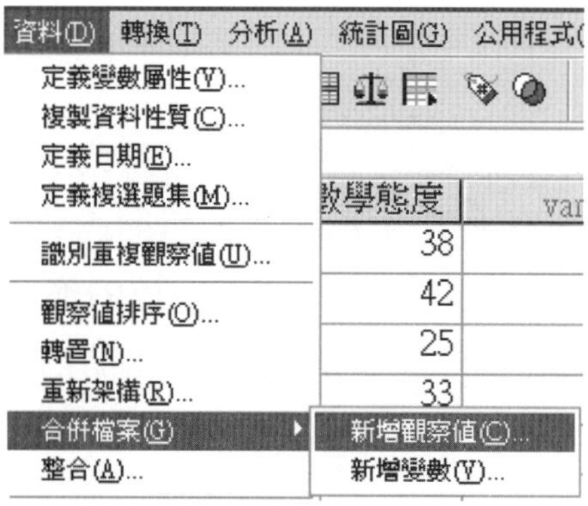

圖 1-59

(二)操作 2

開啓「新增觀察值至數學學習_1.sav[資料集X]」對話視窗,勾選「⊙開啓的資料集(O)」,此時其下方方盒中會出現所有其他已開啓的資料檔,選取「數學學習_2.sav[資料集X]」選項→按『繼續』鈕。

【備註】:如果要合併的新資料檔尚未開啓,此時必須選取「⊙外部SPSS資料檔(A)」選項,再按下方方格右邊的『瀏覽...』鈕去選取資料檔。

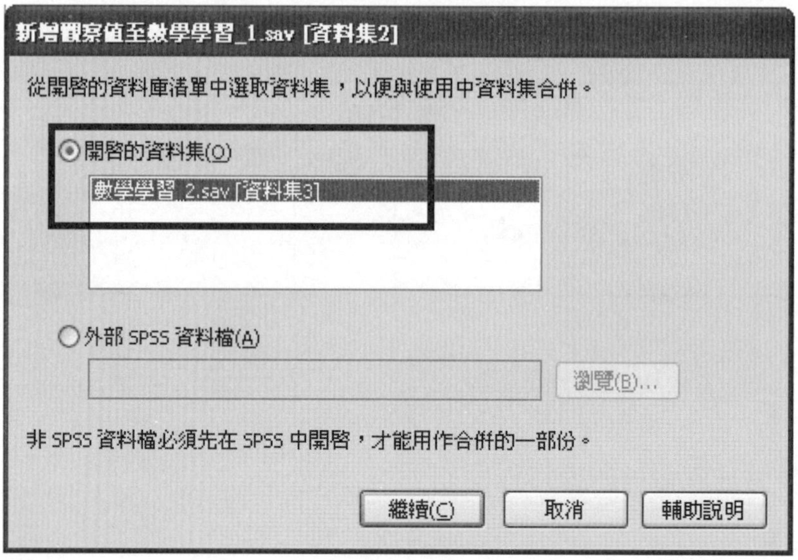

圖 1-60

(三)操作 3

開啓「從數學學習_2.sav[資料集 X]新增觀察值」,左邊方盒中的變數為「非配對的變數」(或要排除合併的變數),資料檔合併時會將之加以

排除，右邊「新作用中資料中變數」方盒為配對變數，若是某個配對變數在新資料檔中要加以排除，可將此變數選至左邊「非配對的變數」方盒中→按『確定』鈕。

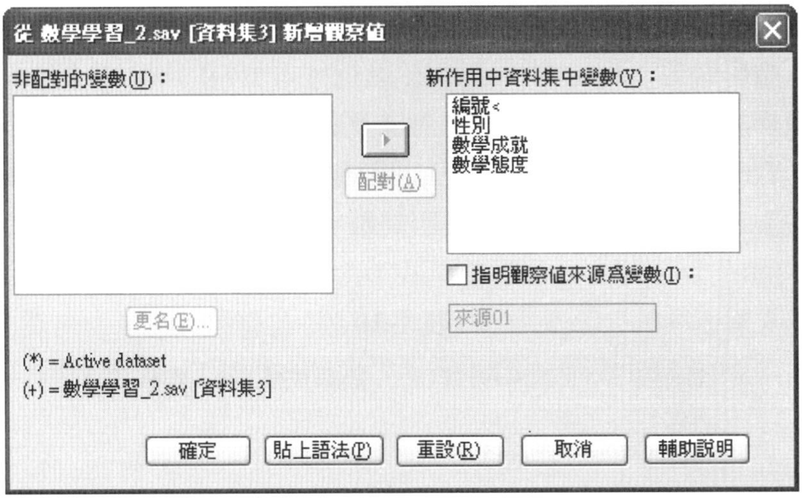

圖 1-61

在上述的操作中，如勾選「☑指明觀察值來源為變數」選項，則合併後的新資料檔會新增一個「指標」變數，此變數為二分名義變項，數值內容為 0、1，其值為 0 者表示該筆觀察值是來自開啟中的作用資料檔；其值為 1 者表示該筆觀察值是來自新增的（被合併的）檔案資料檔。

合併後的新資料檔如下，勾選「☑指明觀察值來源為變數」選項。

表 1-19

編號	性別	數學成就	數學態度	來源 01
1001	1	87	38	0
1002	1	84	42	0
1003	1	75	25	0
1004	2	78	33	0
1005	2	92	40	0
1006	2	74	36	1
1007	2	94	34	1
1008	2	85	28	1
1009	1	68	30	1
1010	1	70	54	1

二、變數的合併

在資料建檔上，上述研究者也蒐集了受試者在數學效能、數學焦慮、數學投入三個變數的知覺感受數據，資料檔儲存檔名為「數學學習_3.sav」，研究者想把此資料檔中的變數「數學效能」、「數學焦慮」合併至先前的資料檔「數學習習_1.sav」中，以便於進行樣本資料的統計分析，以便探究受試者數學成就、數學態度與數學焦慮及數學效能間的關係。

在「數學學習_3.sav」資料檔與「數學學習_1.sav」，共同的關鍵變數為「編號」，此「編號」變數已按照其數字大小做遞增排序。

表 1-20

編號	數學效能	數學焦慮	數學投入
1001	54	48	25
1002	32	38	40
1003	48	46	32
1004	42	41	19
1005	44	45	28

變項水平合併的操作程序如下：

㈠操作 1

開啟資料檔「數學學習_1.sav」，將「數學學習_1.sav」資料檔作為作用中的資料檔→執行功能列「資料」→「合併檔案」→「新增變數」程序。

㈡操作 2

開啟「新增觀察值至數學學習_1.sav[資料集 X]」對話視窗，選取「◉外部 SPSS 資料檔」選項→按方格右邊的『瀏覽...』鈕去選取資料檔「學習學習_3.sav」→按『繼續』鈕。

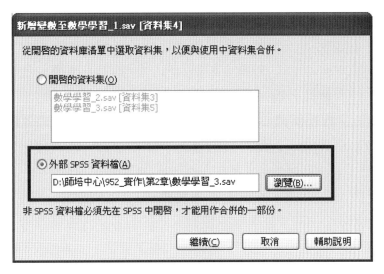

圖 1-62

㈢**操作 3**

　　開啓「從數學學習_3.sav 新增變數」對話視窗，左邊方盒中的變數為「被排除的變數」，由於二個資料檔中的關鍵變數為「編號」，因而資料檔「數學學習_3.sav」中的變數「編號<(+)」會自動納入「被排除的變數」方盒中，右邊「新作用中資料集」方盒中的變數為所有變數名稱，由於「數學投入」變數不納入合併的新資料檔中，因而將其選至左邊的方盒中→按『確定』鈕。

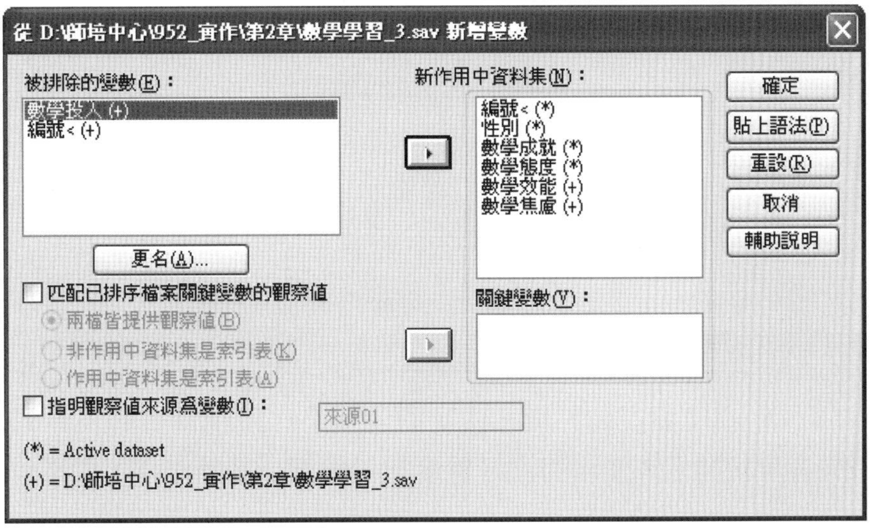

圖 1-63

在上述的對話視窗中，右邊「新作用中資料集」方盒中，變數的後面有星號符號「*」者，表示此變數是原先工作資料檔中的變數，作用中資料檔「數學學習_1.sav」中的變數有編號<(*)、性別(*)、數學成就(*)、數學態度(*)等四個。而變數名稱後面加上加號「＋」者，表示此變數是外部資料檔中的變數，「數學學習_3.sav」中的變數有編號<(+)、數學效能(+)、數學焦慮(+)、數學投入(+)等四個。變數編號有關鍵變數，在此變數的後面會增列「<」符號。

如果變數不想合併，可點選右邊變數清單中的變數，按中間「◄」符號，則變數會移往左邊「被排除的變數」下的方盒中。在進行變數合併時，工作資料檔與外部資料檔必須有共同的「關鍵變數」（Key Variables）才可以，二個資料檔合併前必項根據關鍵變數做「遞增」（由小到大）排序。在預設情況下，系統會排除第二個資料檔（其變數名稱與工作資料檔中的相同）中的變數名稱，因為「新增變數」選項，會假設這些變數包含重複的資訊。

為「數學學習_1.sav」與「數學學習_3.sav」二個資料檔案變數合併後的新資料檔如下表 1-21。

表 1-21

編號	性別	數學成就	數學態度	數學效能	數學焦慮
1001	1	87	38	54	48
1002	1	84	42	32	38
1003	1	75	25	48	46
1004	2	78	33	42	41
1005	2	92	40	44	45

1-7 SPSS 系統的設定

一、工具列的增刪

SPSS14.0 中文版安裝完後，內定的資料集作用視窗中的工具列有 16 個，研究者可根據個人使用的喜好程度加以增刪。其操作程序如下：

視窗版SPSS之基本操作

㈠操作 1

　　執行功能列「檢視」／「工具列」程序，開啟「顯示工具列」對話視窗→按『自訂...』鈕，開啟「自訂工具列」次對話視窗。

【備註】：在「顯示工具列」對話視窗中，下方有二個選項，「☑顯示工具提示」、「□大按鈕」，顯示工具提示選項可以選擇是否呈現資料集作用視窗中的工具列，若是使用者不想呈現工具列，可將顯示工具提示前的預設勾選值取消；勾選「☑大按鈕」選項，放大工具列的各圖示鈕。

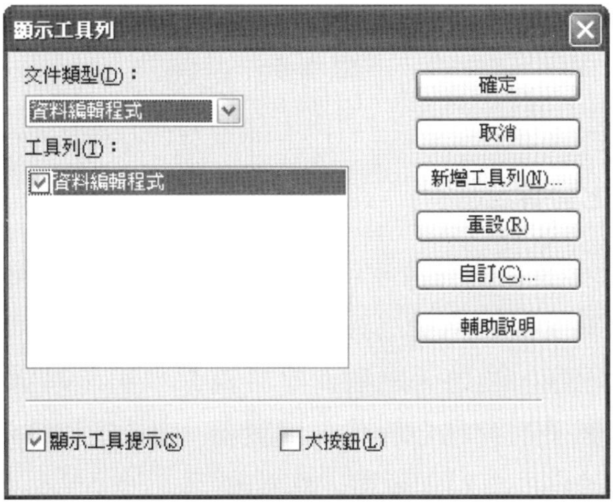

圖 1-64

㈡操作 2

　　在「自訂工具列」次對話視窗，在左邊「類別」方盒中選取一種類別，如「分析」，在右邊「項目」方盒中選取要增加的工具列，如「獨立樣本 T 檢定」，按住選取的項目不放，直接拉曳至下方「自訂工具列：資料編輯程式」長方形方塊中→按『確定』鈕。

㈢操作 3

　　研究者若要刪除某個工具列，在「自訂工具列」次對話視窗中，查詢工具列所在的「類別」，在「自訂工具列：資料編輯程式」長方形方塊中，按住要移出的工具列不放，直接拉曳至右邊「項目」方盒中。

【備註】：如果研究者要回復原先安裝時的系統模式，「自訂工具列」次對話視窗中按『重設工具列』鈕即可。

圖 1-65

二、其他系統化設定

　　SPSS 與微軟作業系統一樣，可以設定系統的各相關預設功能，研究者可以根據個人的喜愛與使用加以設定更定，其操作如下：執行功能列「編輯」／「選項」程序，開啟「選項」對話視窗。在「選項」對話視窗中有十個子視窗，十個子視窗為一般化、瀏覽器、草稿瀏覽器、輸出標記、圖表、互動式、樞軸表、資料、貨幣、程式檔等。

　　在「一般化」子視窗的設定中，提供 SPSS 最基本的系統環境，如變數清單、階段作業記檔、輸出、暫存目錄、最近使用的檔案清單，啟動時開啟語法視窗等。「階段作業記錄檔」會儲存使用者所有執行過的指令與語法，其儲存的檔案名稱內定為「spss.jnl」。如果勾選「☑啟動時開啟語法視窗」選項，則使用者啟動 SPSS 後會立即開啟空白的語法編輯視窗；為避免產生奇怪的數字，使用者在輸出方盒中，最好不要勾選「□表格中的較小數目沒有科學記號」選項；SPSS 啟動後預設最近使用的檔案清單有九個，使用者可在此選項後面的下拉式選單中調整檔案清單的數目。

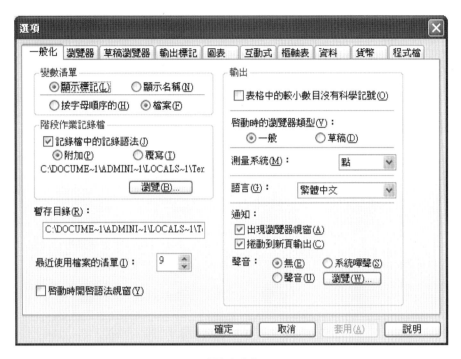

圖 1-66

「瀏覽器」子視窗主要設定輸出表格文字的格式與內容。包含初始輸出狀態的設定、標題字型、字型大小、樣式及顏色（預設值為粗體字、大小為14的新細明體字），文字輸出頁面大小的寬度（預設為80個字元之標準型寬度）與長度（預設為59行標準型長度），表格文字輸出的字型、大小、樣式及顏色（預設值為大小為 10 之細明體字）。「文字輸出頁面大小」方盒包括二個頁面的「寬度(W)」、「長度(L)」的設定，「寬度(W)」有三個選項：「⊙標準型（80字元）」、「寬型（132字元）」、「自訂寬度字元」；「長度(L)」有三個選項：「標準型（59行）」、「無限」、「自訂長度字元」。

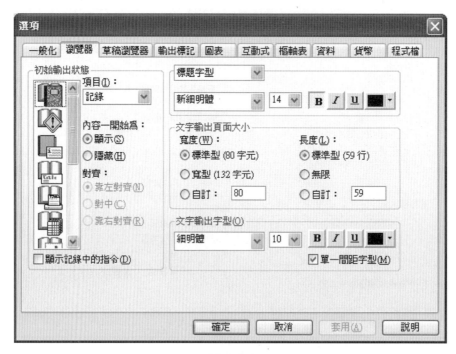

圖 1-67

「輸出標記」子視窗可以設定輸出的水準數值格式，視窗中有二個方盒：「概要標記」、「樞軸表標記」，前者包括二個選項：「項目標記中的變數顯示為(V)」「項目標記中的變數值顯示為(A)」；後者包括二個選項：「標記中的變數顯示為(B)」「標記中的變數值顯示為(E)」，四個選項中的下拉式選單有三個次選項：標記、數值、值與標記或名稱與標記，在輸出表格中若要同時出現變項名稱與變項的標記，在「標記中的變數顯示為(B)」的下拉式選單中要選取「名稱與標記」（預設值為變項），若要同時呈現變項各水準的數值及數值標記，在「標記中的變數值顯示為(E)」下拉式選單中要選取「值與標記」（預設值為標記）。以學生性別變項的次數分配表為例，樞軸表標記中同時呈現目標變數的變項名稱（性別）、變項標記（樣本學生性別），表中的變數水準中同時呈現水準數值與數值標記：「1 男生」、「2 女生」。

表 1-22　性別　樣本學生性別

		次數	百分比	有效百分比	累積百分比
有效的	1 男生	28	56.0	56.0	56.0
	2 女生	22	44.0	44.0	100.0
	總和	50	100.0	100.0	

圖 1-68

　　「資料檔」子視窗，主要為變數數值設定，包含轉換換與合併選項（內定選項為「⊙立即計算變數」），新數值變數的顯示格式，（預設變數數值的寬度為8、小數位數2），亂數產生器（預設值為「⊙與SPSS12及之前舊版相容」），設定2位數年份的世紀範圍等。

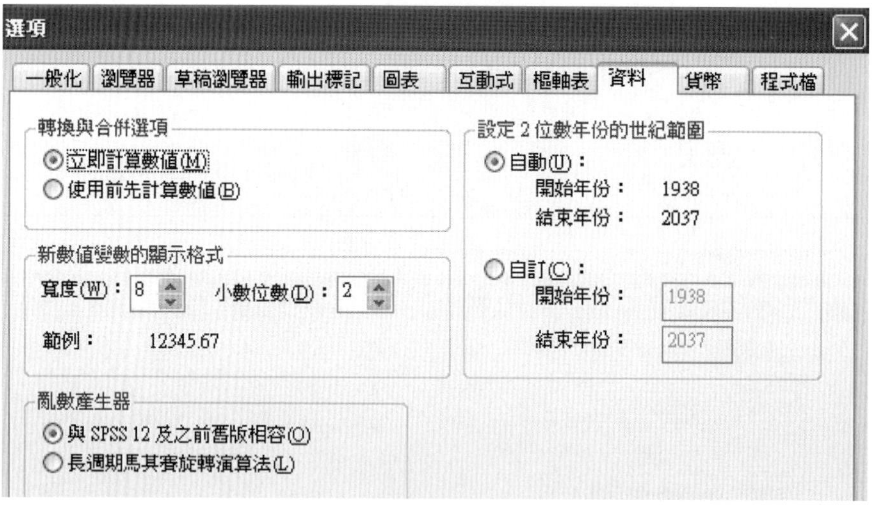

圖 1-69

　　「圖表」子視窗可以設定圖表的輸出的預設格式，包括圖表範本、圖表中的文字字型與樣式週期、圖面比（預設值為 1.25），開啟時是否啟動JVM、圖表加框的設定，預設值為內部加框、網格線（包括尺度軸、類別軸）的設定。樣式週期方盒包括四個樣式設定按鈕：『色彩(R)...』、『線形(N)...』、『標記(M)...』、『填滿(L)...』，點選每個按鈕，可再開啟相對應的次對話視窗。

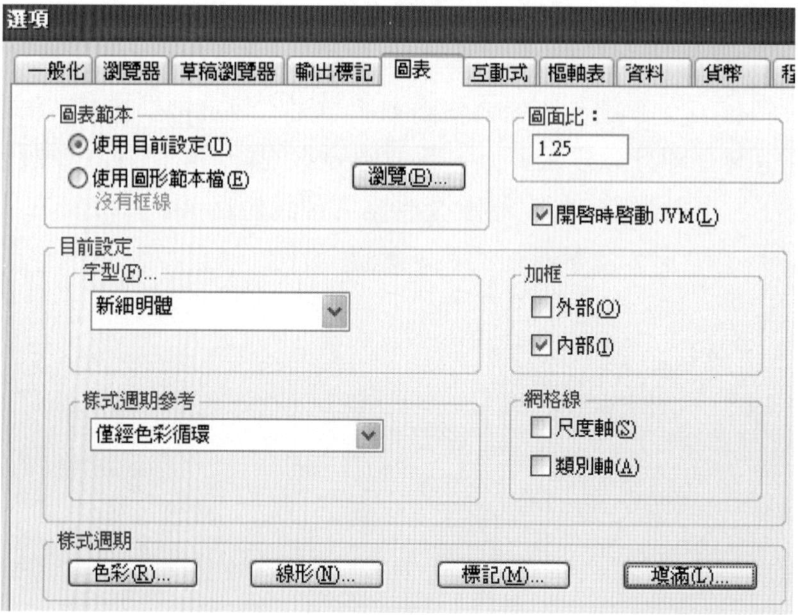

圖 1-70

「樞軸表」子視窗可以設定輸出表格的樣式，在「表格格式集」的下拉式選單中可以選取表格的格式，內定的表格格式為「taiwan.tlo」。在「調整直列寬度」方盒中可以點選「⊙依標記調整(L)」或「依標記與資料調整(D)」。

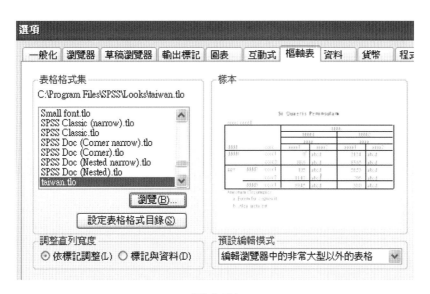

圖 1-71

1-8　問卷編碼範例

高中職學校行政主管時間管理現況及其策略運用調查問卷

親愛的教育先進：您好！

　　　　【說明】

　　　　　　　　研究生　○○○　敬上

一、基本資料

1. 性別：□(1)男　□(2)女

2. 年齡：□(1) 30 歲以下　□(2) 31-40 歲　□(3) 41-50 歲　□(4) 51-60 歲
　　　　□(5) 61 歲以上

3. 婚姻：□(1)未婚　□(2)已婚　□(3)離異　□(4)喪偶

4. 最高學歷：□(1)專科(含)以下　□(2)大學　□(3)研究所 40 學分班
　　　　　　□(4)碩士　□(5)博士

5.服務年資：□(1) 5 年以下　□(2) 6-10 年　□(3) 11-15 年
　　　　　　□(4) 16-20 年　□(5) 21-25 年　□(6) 26 年以上

6.學校屬性：□(1)公立　□(2)私立

7.學校類別：□(1)高中　□(2)高職

8.學校規模(日間部)：□(1) 24 班以下　□(2) 25-48 班　□(3) 49 班以上

二、時間管理認知

> 填答說明：請根據您的認知，在各題適當的□內打「✓」

	非常同意	同意	普通	不同意	非常不同意
01.我覺得時間管理是每個人應具備的一種技巧。………	□	□	□	□	□
02.我認為時間管理是減輕壓力的一項重要因素。………	□	□	□	□	□
03.對時間使用的覺察與反省是改善時間管理的必要步驟。	□	□	□	□	□
04.良好的時間管理者，會清楚自己的工作目標。………	□	□	□	□	□
05.我認為良好的時間管理，有助於提高生活品質。……	□	□	□	□	□
06.善於時間管理的人，其能力更加使人信賴。…………	□	□	□	□	□
07.善於時間管理的人，會更擅長於授權。……………	□	□	□	□	□
08.善於時間管理的人，更能掌握突發事件。…………	□	□	□	□	□
09.善於管理時間的人，會懂得運用人力資源。…………	□	□	□	□	□
10.做好時間管理，會更能有效地去完成目標。…………	□	□	□	□	□

三、時間分配

> 由下列項目中，排列出最能反應您平日工作時間分配的情況，請將數字依序填入□內，時間花費最多的填1，其次填2，以此類推……。

□組織發展　□行政領導　□事務管理　□教學視導　□學生輔導
□公共關係　□研習進修　□偶發事件　□其　　他

四、互動對象

> 除面對學生外，學校行政主管因為工作的關係，經常須與家長、社區民眾、長官或其他人士溝通。在下列項目中，請您依互動頻率多寡，將數字依序填入□內，互動頻率最高填1，其次填2，以此類推……。

□上級長官　　□校外夥伴　　□學校同事　　□學生家長　　□社區民眾

□民意代表　　□同學朋友　　□家人親戚　　□其　　　他

五、困擾因素

在工作上，時常會影響您對時間管理的困擾因素有哪些？（此題為複選題，至多選五項），請在□內打「✓」

□01 對許多事承諾太多無法拒絕。

□02.書面資料及公文處理費時。

□03.權責不清，不易做決定。

□04.經常缺乏計畫，手忙腳亂。

□05.工作經常拖延，無法依原訂進度執行。

□06.電話干擾不斷。

□07.不速之客造訪。

□08.與人溝通協調，占用太多時間。

□09.許多事須親自處理，授權不易。

□10.經常參加會議及各項活動。

□11.學校偶發事件處理。

□12.上級長官臨時交辦事項。

□13.同仁沒有時間管理觀念。

□14.家庭問題。

六、時間管理策略運用狀況

填答說明：請仔細閱讀下列敘述句後，根據您的意見，在各題適當的□內打「✓」

	完全符合	大部分符合	有一半符合	多數不符合	完全不符合
01.我會訂定明確的工作目標，並據此發展周詳的計畫。	□	□	□	□	□
02.我會以事情的輕重緩急來編排行事優先順序。	□	□	□	□	□
03.我會清楚列出每日的工作重點。	□	□	□	□	□

04.我會先行檢查一下明日的行程並預做準備。..................... ☐ ☐ ☐ ☐ ☐

05.我會利用行政團隊成員的優點，合作把工作完成。.......... ☐ ☐ ☐ ☐ ☐

06.我會隨時把握機會與工作成員做良好的溝通。............... ☐ ☐ ☐ ☐ ☐

07.我會事先做合適的時間分配，使工作都能如期完成。...... ☐ ☐ ☐ ☐ ☐

08.發展計畫時，我會思考可能的阻礙，事先做好因應的措施。.... ☐ ☐ ☐ ☐ ☐

09.我覺得自己是一個很會做時間管理的人。.................... ☐ ☐ ☐ ☐ ☐

10.我會善用記事本等工具，記錄每天重要的訊息和行程。... ☐ ☐ ☐ ☐ ☐

11.我會利用布告欄記載重要行事，讓同仁做好時間分布和管理。 ☐ ☐ ☐ ☐ ☐

12.我會使用電腦等工具，協助工作較有效率地完成。......... ☐ ☐ ☐ ☐ ☐

13.我會利用電腦網頁公布工作要項，使校務運作更順暢。... ☐ ☐ ☐ ☐ ☐

14.我會在文件的關鍵處加標記，以便加快重讀時的速度。.......... ☐ ☐ ☐ ☐ ☐

15.我會將工作上的困難、想法與心得記錄下來，以便未來查考。 ☐ ☐ ☐ ☐ ☐

表 1-23

原始題項	變項名稱	變項標記	數值範圍	水準數值標記
一、基本資料				
1	性別		1-2	1:男生　2:女生
2	年齡		1-5	1:30 歲以下　2:31--40 歲 3:41--50 歲　4:51--60 歲 5:61 歲以上
3	婚姻		1-4	1:未婚　2:已婚 3:離異　4:喪偶
4	學歷		1-5	1:專科以下　2:大學 3:40 學分班　4:碩士 5:博士
5	服務年資		1-6	1:5 年以下　2:6--10 年 3:11--15 歲　4:16--20 年 5:21--25 歲　6:26 年以上
6	學校屬性		1-2	1:公立　2:私立
7	學校類別		1-2	1:高中　2:高職
8	學校規模		1-3	1:24 班以下　2:25--8 班 3:49 班以上
二、時間管理認知				
01	A1		1-5	
02	A2		1-5	
03	A3		1-5	
04	A4		1-5	
05	A5		1-5	

表 1-23（續）

原始題項	變項名稱	變項標記	數值範圍	水準數值標記
06	A6		1-5	
07	A7		1-5	
08	A8		1-5	
09	A9		1-5	
10	A10		1-5	
三、時間分配				
	B3_1	組織發展	1-9	
	B3_2	行政領導	1-9	
	B3_3	事務管理	1-9	
	B3_4	教學視導	1-9	
	B3_5	學生輔導	1-9	
	B3_6	公共關係	1-9	
	B3_7	研習進修	1-9	
	B3_8	偶發事件	1-9	
	B3_9	其他	1-9	
四、互動對象				
	C4_1	上級長官	1-9	
	C4_2	校外夥伴	1-9	
	C4_3	學校同事	1-9	
	C4_4	學生家長	1-9	
	C4_5	社區民眾	1-9	
	C4_6	民意代表	1-9	
	C4_7	同學朋友	1-9	
	C4_8	家人親戚	1-9	
	C4_9	其　他	1-9	
五、困擾因素				
	D5_1		0-1	0:未勾選　1:勾選
	D5_2		0-1	0:未勾選　1:勾選
	D5_3		0-1	0:未勾選　1:勾選
	D5_4		0-1	0:未勾選　1:勾選
	D5_5		0-1	0:未勾選　1:勾選
	D5_6		0-1	0:未勾選　1:勾選
	D5_7		0-1	0:未勾選　1:勾選
	D5_8		0-1	0:未勾選　1:勾選
	D5_9		0-1	0:未勾選　1:勾選
	D5_10		0-1	0:未勾選　1:勾選
	D5_11		0-1	0:未勾選　1:勾選

表 1-23（續）

原始題項	變項名稱	變項標記	數值範圍	水準數值標記	
	D5_12		0-1	0:未勾選	1:勾選
	D5_13		0-1	0:未勾選	1:勾選
	D5_14		0-1	0:未勾選	1:勾選
六、時間策略運用					
01	E1		1-5		
02	E2		1-5		
03	E3		1-5		
04	E4		1-5		
05	E5		1-5		
06	E6		1-5		
07	E7		1-5		
08	E8		1-5		
09	E9		1-5		
10	E10		1-5		
11	E11		1-5		
12	E12		1-5		
13	E13		1-5		
14	E14		1-5		
15	E15		1-5		

在上述變項的編碼中，第二部分「時間管理認知」與第六部分「時間管理策略運用狀況」，若是研究者要增列變數題項標記與水準數值標記也可以，只是這樣好像沒有實質意義存在，徒浪費研究者鍵入資料檔的時間，因為此種態度或特質量表，將來不會逐題分析，而是要將其中層面加總，以加總後的層面變項作為目標變數，作為差異檢定的依變數或統計分析的自變數。此外，對於各部分的內容研究者最好以不同的英文名稱作為其變數代碼以資區別，如問卷中有四部分，第一部分為基本資料、第二部分至第四部分共包含三種不同量表，此時，第二部分至第四部分的題項變數即可分別以 A、B、C 或 B、C、D 為量表題項變數的起始字元。

1-9 抽樣調查的樣本數

在有限母群體時，樣本取樣的大小公式如下：

$$n \geq \frac{N}{\left(\frac{\alpha}{k}\right)^2 \frac{N-1}{P(1-P)}+1}$$，其中 k 為決定信賴係數時自動決定的常數，是對應

信賴係數的標準常態分配的%點；N 為母群體的樣本數，P 通常設為 0.50，因為設定 0.50 時可以得出最可信的樣本大小。

$$n \geq \left(\frac{k}{\alpha}\right)^2 P(1-P) \quad （內田治，2007）$$

信賴係數與顯著水準有關（level of significance），在行為與社會科學領域中，一般均將顯著水準設定為.05（α=.05），當統計量之顯著性 p 值小於或等於 α 時，則拒絕虛無假設，接受對立假設；當統計量之顯著性 p 值大於 α 時，則接受虛無假設，拒絕對立假設，變數間沒有顯著相關或組別平均數間的差異不顯著，表示「研究假設無法獲得支持」，顯著水準為.05 時，區間估計採用的信賴係數為 1-α=0.95，此時常數 k=1.96；當顯著水準為.01 時，區間估計採用的信賴係數為 1-α=0.99，此時常數 k=2.58。達到.05 顯著水準，通常會以「*」符號表示，達到.01 顯著水準，通常會以「**」符號表示，達到.001 顯著水準，通常會以「***」符號表示。

【取樣實例】

> 某研究者想以某一地區企業組織員工為研究對象，已知此地區中小型企業組織員工的母群體共有 5,000 人，則研究者在隨機取樣時至少要抽取多少位樣本，研究推論才是可靠？

上述 N 為有限母群體，N=5,000，顯著水準 α 設為 0.05，信賴係數為 1-0.05=0.95 時，k=1.96，P=0.5，取樣樣本數如下：

$$n \geq \frac{N}{\left(\frac{\alpha}{k}\right)^2 \frac{N-1}{P(1-P)}+1} = \frac{5,000}{\left(\frac{0.05}{1.96}\right)^2 \frac{5,000-1}{0.50(1-0.50)}} = \frac{5,000}{14.0125} = 356.516 \cong 357$$

研究者若採取隨機取樣的方法，樣本數最好在 357 位以上。

若是取樣的母群體 N=10,000，則最少取樣樣本數為：

$$n \geq \cfrac{N}{\left(\cfrac{\alpha}{k}\right)^2 \cfrac{N-1}{P(1-P)}+1} = \cfrac{10,000}{\left(\cfrac{0.05}{1.96}\right)^2 \cfrac{10,000-1}{0.50(1-0.50)}} = \cfrac{5,000}{27.0282} = 369.98 \cong 370$$

若是取樣的母群體 N=40,000，則最少取樣樣本數為：

$$n \geq \cfrac{N}{\left(\cfrac{\alpha}{k}\right)^2 \cfrac{N-1}{P(1-P)}+1} = \cfrac{40,000}{\left(\cfrac{0.05}{1.96}\right)^2 \cfrac{40,000-1}{0.50(1-0.50)}} = \cfrac{4,000}{105.1207} = 380.515 \cong 381$$

　　樣本取樣數與母群體人數並非成比例關係，以上述母群體人數 N=5,000 人、N=10,000 人、N=40,000 人時，最少的取樣樣本數分別為 n=357、n=370、n=381，當母群體人數變為 2 倍、8 倍時，研究者並不需要將取樣樣本數變為 2 倍、8 倍。

　　有些學者直接從問卷調查的屬性來界定正式樣本抽樣人數，如 Creswell（2002）認為一般的問卷調查研究中，正式抽樣樣本數最好在 350 人以上；Airasian 與 Gay（2003）認為問卷調查的正式樣本數至少要占其母群體的 10%，若是母群體的人數少於 500，則分析樣本數最好占母群體的 20%以上；Neuman（2003）主張若是母群體的人數較少，則分析樣本數最好占母群體的 30%以上，問卷調查法之抽樣樣本數的多寡，學者間並沒有一致相同的看法，若是一般的母群體的取樣，其抽樣樣本數可參考上述有限母群體取樣公式。

　　正式問卷調查中，取樣樣本數愈多時推論的效度愈可靠，但取樣的樣本性質必須能確實反應出母群體的屬性，因而研究者最好採取隨機取樣或分層隨機取樣方式，如此抽取的樣本數才能有效代表其所屬的母群體。在決定樣本數的大小除參考上述抽樣調查的推估公式外，研究者還應考量到時間、精力、財力等因素，因為研究者「抽取有代表的樣本來推估母群體，比抽取多數而代表性不高的樣本更具有外在效度」。

　　在組別平均數的差異比較方面，各組（各水準數值）最少的樣本數要為 20 人以上，較低的要求數為 15 人以上，較理想的人數為 30 人以上。在問卷調查法中，有時背景資料某些變項的組別人數（某一個水準數值的樣本數）會少於 20 人，此時，研究者可把部分的組別合併，變項的水準數值重新編碼，變項組別的合併與重新編碼的範例與操作在後面的章節中有詳細說明。

第二章

資料檔的管理與轉換

在資料檔進行統計分析程序前，常因統計分析所需，必須將原始資料檔加以進一步轉換，如進行問卷量表題項反向題的反向計分、量表各層面的加總、將某一連續變項分隔成不同區段組別、只選擇某些特定符合條件的觀察值、資料檢核與遺漏值的處理等。

2-1 選擇觀察值

在統計分析時，有時只要挑選某些特別屬性的觀察值加以分析，此時被選取的觀察值必須符合某種條件。以下列有四個變數的資料檔為例，「班級」變數為類別量尺，水準數值 1 為甲班、水準數值 2 為乙班；「性別」變數為類別量尺，水準數值 1 為男生、水準數值 2 為女生；「數學」變數與「英文」變數為尺度量尺，分別為觀察值在標準化數學成就測驗上之分數與在標準化英文成就測驗上之分數，資料檔的建檔範例如表 2-1。

表 2-1

班級	性別	數學	英文
1	2	92	93
1	2	75	85
1	1	55	54
1	1	64	51
2	1	82	85
2	1	71	60
2	2	70	38

一、選擇符合條件設定的觀察值

如果研究者想挑選甲班（班級變數水準數值等於 1）的受試者進行資料分析，其操作程序如下：要挑選出甲班的學生，即在選擇「班級＝1」的受試者。

(一)步驟 1

執行功能列「資料(D)」→「選擇觀察值(C)」程序，出現「選擇觀察值」對話視窗。選取「⊙如果滿足設定條件(C)」選項，按『若(I)...』鈕，出現「選擇觀察值:If」次對話視窗。

圖 2-1

(二)步驟 2

在「選擇觀察值:If」次對話視窗中,在左邊變數清單內選取目標變數「班級」至右邊方盒中,在「班級」的右邊鍵入設定條件「=1」,按『繼續』)鈕,回到「選擇觀察值」對話視窗。在「選擇觀察值」對話視窗下的「輸出」方盒勾選內定選項「⊙篩選出未選擇的觀察值項(F)」→按『確定』鈕。

完成條件設定後的結果,在『若...』按鈕的旁邊會出現設定條件,範例中為「班級=1」。若是研究者要取消選擇觀察值的指令,全部的資料檔要納入統計分析,在「選擇觀察值」對話視窗中,選取「選擇」方盒中第一個選項「⊙全部觀察值(A)」選項。

圖 2-2 為執行選擇觀察值指令後的資料編輯視窗,在資料變項的欄位中,會新增一個「filter_$」變項,此變項內的數值為「1」或「0」,「1」表示被選取的觀察值(合乎設定條件)、「0」表示未被選取的觀察值(不合乎設定條件),「filter_$」變項中,觀察值水準數值為 0 者,在最前面的觀察值數字編號會被加上一條右上到左下的斜線「/」,表示此觀察值已暫時被過濾,在之後的統計分析中,暫時不會被納入統計分析的範圍內。

篩選變數「filter_$」，其數值水準 0 的數值標記內定爲「[未被選擇] 1 [已選擇]」，數值水準 1 則未加數值標記。

圖 2-2

在選擇觀察值的操作時，於「選擇觀察值」對話視窗中，新資料檔的「輸出」方盒有三個選項：

1. 「篩選出未選擇的觀察值(F)」：此選項爲內定選項，在輸出方盒中若勾選此選項，則新資料檔中會新增一個過濾變數「filter_$」，「filter_$」變數的水準數值爲 0、1，水準數值爲 1 之觀察值表示符合篩選條件者，水準數值爲 0 之觀察值表示不符合篩選條件者，未被選擇的觀察值還保留在資料檔中，只是進行統計分析時會從資料中過濾掉，若是使用者將被過濾掉的觀察值還原，在「選擇觀察值」對話視窗中，「選擇」方盒內要選取「⊙全部觀察值(A)」選項。

2. 「複製已選擇觀察值至新資料集(O)」：此選項會把符合篩選條件的觀察值之原資料檔中複製至另一個新的資料檔，而原先舊的資料檔內容不會變更。勾選「⊙複製已選擇觀察值至新資料集」選項後，要在其下「資料集名稱(E)」右邊的方格中輸入新資料檔的檔名。

3. 「刪除未選擇觀察值(L)」：此選項會把未符合篩選條件的觀察值從原先資料檔中直接刪除，保留下來的觀察值全部爲符合篩選條件者，由於未被選取的觀察值已從原資料編輯視窗中被刪除掉，此時若是研究者不小心按工具列『儲存檔案』鈕，會把原始資料檔覆蓋，則未被選取的觀察值會從資料檔中消失，因而建議使用者在選取觀察值進行統計分析時，以選取前面二種選項較爲適合。

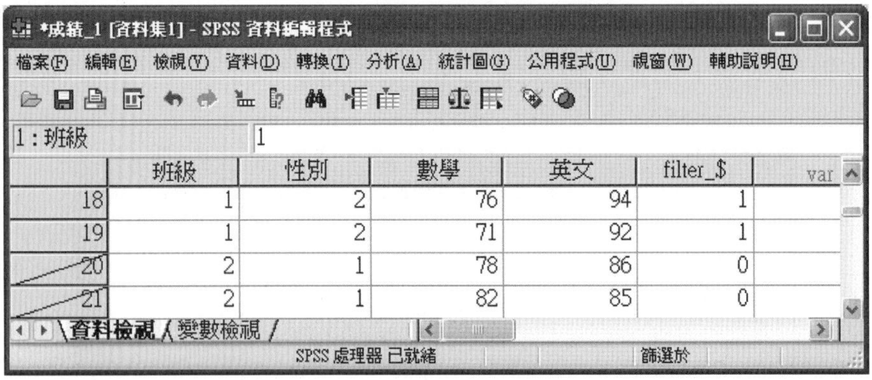

	班級	性別	數學	英文	filter_$	var
18	1	2	76	94	1	
19	1	2	71	92	1	
20	2	1	78	86	0	
21	2	1	82	85	0	

圖 2-3

於選擇觀察值操作程序中也可以設定二種以上條件，在「選擇觀察值：If」次對話視窗，中間的算術判別與邏輯符號均可使用，如「大於」（>）、「小於」（<）、「小於且等於」（<=）、「大於且等於」（>=）、「等於」（=）、「不等於」（~=）、「且」（&）、「或」（|）、「~」（非）；數學運算符號如：「+」（加）、「-」（減）、「*」（乘）、「/」（除）、……、「**」（乘冪）。

範例如：

1. 選擇全部的女生觀察值
   ⇒設定條件「性別=2」

2. 選擇甲班的女生觀察值
   ⇒設定條件「班級=1 & 性別=2」

3. 選擇乙班的男生觀察值
   ⇒設定條件「班級=2 & 性別=1」

4. 選擇數學或英文分數在 90 以上的觀察值
   ⇒設定條件「數學 >= 90 | 英文 >= 90」

5. 選擇數學及英文分數均低於 60 分的觀察值
   ⇒設定條件「數學<60 & 英文<60」

6. 選擇男生群體中，數學或英文有一科成績高於 80 分以上的觀察值
   ⇒設定條件「性別=1 &（數學 >= 80 | 英文 >= 80）」

7. 選擇數學與英文成績均高於 60 分的女生觀察值
   ⇒設定條件「性別=2 & 數學 >=60 & 英文 >=60」

8. 選擇男生群體中數學 90 分以上或英女群體中英文 90 以上的觀察值
   ⇒設定條件「（性別=1 & 數學 >=90）|（性別=2 & 英文 >=90）」

9. 選擇甲班學生在 80 分以上或全部樣本中英文高於 70 分的觀察值

⇒設定條件「（班級=1 & 數學 >= 80）| 英文 > 70）」

二、隨機樣本設定之觀察值

在「選擇觀察值」對話視窗中，勾選第三個選項：「◉觀察值的隨機樣本(D)」，按下『樣本(S)...』鈕，可開啟「選擇觀察值：隨機樣本式」次對話視窗，研究者自己設定條件從資料檔中隨機抽取比例或個數的樣本資料檔出來統計分析，「樣本大小」方盒中有二個選項：

1. 「◉近似於(A)□ % 全部觀察值」選項：在□方框中輸入數值，表示從資料檔中抽取該百分比數值之比率的觀察值，如輸入「10」，表示從原先資料檔中隨機抽取 10%的觀察值，如果原先資料檔有 1,200 位樣本，則電腦會隨機抽取 120 位作為統計分析的觀察值，其餘未被選取的觀察值即未被選擇的觀察值，未被選擇的觀察值可以篩選過濾或直接刪除掉，而被選擇的觀察值也可以複製到新資料集中。若於□方框中輸入 50，表示抽取隨機抽取 50%的樣本作為統計分析的資料檔。

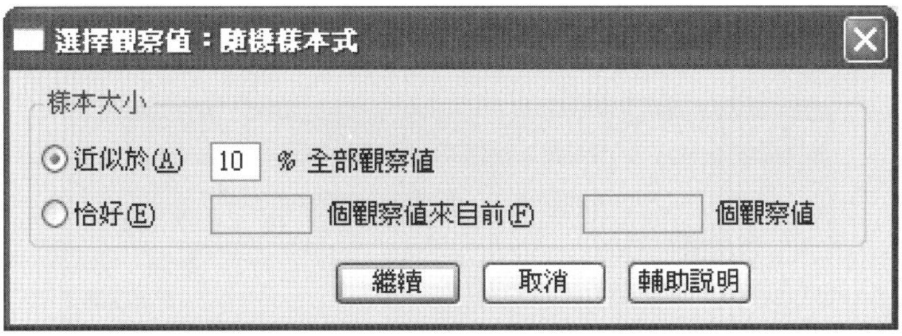

圖 2-4

2. 「◉恰好(E) □ 個觀察值來自目前(F) □ 個觀察值」選項：此選項使用者可以從某一個特定範圍中隨機抽取多少位觀察值，第一個選項為從全體觀察值中，依使用者自訂的百分比率隨機抽取觀察值，而第二個選項要明確界定從前面觀察值的數目，隨機抽取多少位樣本觀察值。如使用者想從前面 100 筆的觀察值中隨機抽取 50 位樣本觀察值，則選項數字為「◉恰好(E) 50 個觀察值來自目前(F) 100 個觀察值」；若是研究者想前面 300 筆資料中隨機抽取 100 筆樣本資料，則選項數字為「◉恰好(E) 100 個觀察值來自目前(F) 300 個觀察值」。「選擇觀察值：隨機樣本式」次對話視窗中的二個選項，由於樣本大小均是「隨機」取樣而得，因而每次選取的樣本觀察值均會有所不同。

圖 2-5

三、以時間或觀察值範圍為準

在「選擇觀察值」對話視窗中，勾選第四個選項：「◉以時間或觀察值範圍為準(B)」，按下『範圍(N)...』鈕，可開啟「選擇觀察值：界定範圍」次對話視窗，在此視窗中，使用者可以明確界定要選取觀察值的範圍，如使用者要選取第100個觀察值到第200個觀察值出來，在「第一個觀察值」下的方格中鍵入「100」，在「最後一個觀察值」下的方格中鍵入「200」，界定範圍選取觀察值並非是隨機取樣，因而界定的範圍如果相同，則每次選取的觀察值也會一樣。

圖 2-6

四、使用過濾變數

前面三種方法，若在輸出方盒中勾選「◉篩選出未選擇的觀察值」選項，則均會產生一個篩選變數「filter_$」，水準數值為0、1，數值水準0的數值標記內定為「[未被選擇] 1 [已選擇]」，數值水準1則未加數值標記，使用者也可以直接使用此篩選變數來選取觀察值。在「選擇觀察值」對話

視窗中，勾選第五個選項：「⊙使用過濾變數(U)」，將篩選變數「filter_$」選入選項中的方格中即可。

圖 2-7

2-2 分割檔案

若是使用者想依某個間斷變項的水準將資料檔分成不同的子檔案，以分別進行統計分析程序，則應使用「分割檔案」的功能，如在「班級」變項中，研究者想分別求出二個班級受試者數學與英文成績的描述性統計量，採用分割檔案的圖示如圖 2-8。

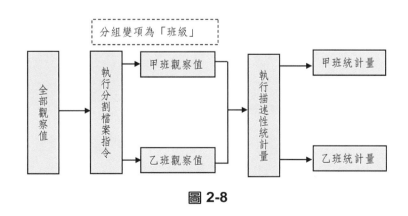

圖 2-8

一、分割檔案的操作

> 執行功能列「資料(D)」／「分割檔案(F)」程序，出現「分割檔案」對話視窗。
>
> →勾選「◉依群組組織輸出」或「◉比較群組」選項，將分組變項「班級」選入右方「依此群組(G)」下的方盒中，勾選內定「◉依分組變數排序檔案(S)」選項→按『確定』鈕。

【備註】：

1. 於「分割檔案」對話視窗中，下面有二個選項：「◉依分組變數排序檔案(S)」、「檔案已排序(F)」，研究者最好勾選內定「◉依分組變數排序檔案(S)」選項，此時資料檔如果沒有依照分組變數排序好，會先進行排序工作再將檔案分割。不論資料檔是否依分組變數排序，「◉依分組變數排序檔案(S)」選項均可適用；相對的，若是檔案已經依分組變數排序好，則使用者可勾選「◉檔案已排序(F)」選項。

2. 勾選「◉依群組組織輸出(O)」或「◉比較群組(C)」選項均可將資料檔依群組變數分成數個子檔案，均可達成分割檔案的功能，二者主要的差別在於輸出報表格式的不同而已。

3. 分割檔案後，在「資料檢視」工作視窗中，使用者看不出資料檔觀察值的分割情形，要執行統計分析程序時才能從報表中得知。

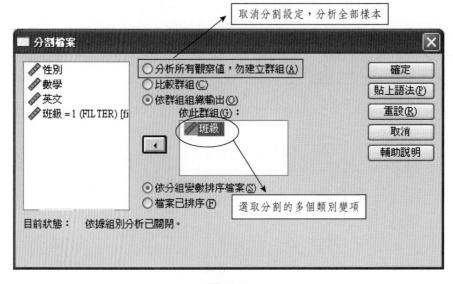

圖 2-9

在上述「分割檔案」對話視窗中，「依此群組(G)」下的方盒中最多可以指定八個分組變數，亦即使用者可以根據多個間斷變數（類別或次序變數）將資料檔加以分割成數個子資料檔。資料檔分割後，若是使用者要繼續進行所有樣本觀察值的統計分析程序，則需要將分割檔案的功能取消，其操作程序如下：

> 執行功能列「資料(D)」／「分割檔案(F)」程序，出現「分割檔案」對話視窗，勾選視窗中的第一個選項：「◉分析所有觀察值，勿建立群組(A)」→按『確定』鈕。

如果使用者依據要分別進行甲班男生、甲班女生、乙班男生、乙班女生數學、英文成績的描述性統計量，則設定分割的變數為：班級、性別，其「分割檔案」圖示如圖 2-10。

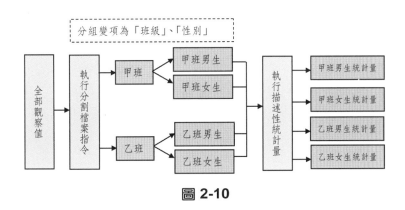

圖 2-10

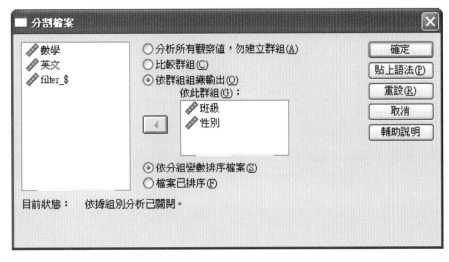

圖 2-11

圖 2-12

二、分割檔案輸出報表

執行功能列「分析(A)」／「敘述統計(E)」／「描述性統計量(D)」程序，可以求出各目標變數的描述性統計量。在「分割檔案」對話視窗中，點選至「依此群組(G)」方格中的變項為「班級」，表示依照班級的水準數值，將資料檔分割，原班級變項中的水準數有二，水準數值 1 為甲班、2 為乙班，因而會分別呈現甲班、乙班數學、英文測驗成績的描述性統計量。

1. 分割檔案時勾選「⊙依群組組織輸出(O)」

表 2-2 為「班級」變項中水準數值等於 1（1 為甲班）的樣本在數學、英文之描述性統計量。

班級 = 甲班

表 2-2　敘述統計(a)

	個數	最小值	最大值	平均數	標準差
數學	24	42	97	72.29	14.048
英文	24	41	100	77.58	17.146
有效的 N（完全排除）	24				

a　班級 = 甲班

表 2-3 為「班級」變項中水準數值等於 2（2 為乙班）的樣本在數學、英文之描述性統計量。

班級 = 乙班

表 2-3　敘述統計(a)

	個數	最小值	最大值	平均數	標準差
數學	26	55	100	79.00	13.339
英文	26	38	99	80.92	15.279
有效的 N（完全排除）	26				

a　班級＝乙班

2. 分割檔案時勾選「◉比較群組(C)」

表 2-4　敘述統計

班級		個數	最小值	最大值	平均數	標準差
甲班	數學	24	42	97	72.29	14.048
	英文	24	41	100	77.58	17.146
	有效的 N（完全排除）	24				
乙班	數學	26	55	100	79.00	13.339
	英文	26	38	99	80.92	15.279
	有效的 N（完全排除）	26				

　　分割檔案時，勾選「◉比較群組(C)」與勾選「◉依群組組織輸出(O)」二個選項，均可將資料檔分割，二者輸出的統計量均完全相同，唯一的差別是分割表格的呈現方式，勾選「◉依群組組織輸出(O)」選項時，執行統計分析程序會依分割變項的水準數而分別獨立每個分析表格；勾選「◉比較群組(C)」選項時，輸出的結果數據以一個表格方式呈現，但表格的統計量會以分割變項的水準數值依序呈現。分割後甲班觀察值有 24 位、乙班觀察值有 26 位。以選取「◉比較群組(C)」選項而言，描述性統計量以一個表格呈現，但表格中分別呈現甲班（班級水準數值=1）的數據，次呈現乙班（班級水準數值=2）的數據。

　　在「分割檔案」對話視窗中，點選至「依此群組(G)」方格中的變項為「班級」、「性別」，表示先依照「班級」變項的水準數值，將資料檔分割，次再根據「性別」變項的水準數值，將各班的資料檔分割。原班級變項中的水準數有二，水準數值 1 為甲班、2 為乙班，因而會先將資料檔分割為甲班、乙班，性別變項中的的水準數有二，水準數值 1 為男生、2 為女

生，分割後的資料檔爲甲班男生（班級=1＆性別=1）、甲班女生（班級=1＆性別=2）、乙班男生（班級=2＆性別=1）、乙班女生（班級=2＆性別=2）。

1. **分割檔案時勾選「⊙依群組組織輸出(O)」**

表 2-5 爲甲班男生（班級=1＆性別=1）在數學及英文成績之描述性統計量，甲班男生的樣本數有 13 位。

班級 = 甲班，性別 = 男生

表 2-5　敘述統計(a)

	個數	最小值	最大值	平均數	標準差
數學	13	42	97	67.77	14.635
英文	13	51	100	71.85	16.802
有效的 N（完全排除）	13				

a 班級 = 甲班，性別 = 男生

表 2-6 爲甲班女生（班級=1＆性別=2）在數學及英文成績之描述性統計量，甲班女生的樣本數有 11 位。

班級 = 甲班，性別 = 女生

表 2-6　敘述統計(a)

	個數	最小值	最大值	平均數	標準差
數學	11	57	94	77.64	11.784
英文	11	41	95	84.36	15.622
有效的 N（完全排除）	11				

a 班級 = 甲班，性別 = 女生

表 2-7 爲乙班男生（班級=2＆性別=1）在數學及英文成績之描述性統計量，乙班男生的樣本數有 15 位。

班級 = 乙班，性別 = 男生

表 2-7　敘述統計(a)

	個數	最小值	最大值	平均數	標準差
數學	15	71	100	86.47	9.523
英文	15	60	99	88.93	10.333
有效的 N（完全排除）	15				

a 班級 = 乙班，性別 = 男生

表 2-8 爲乙班女生（班級=2＆性別=2）在數學及英文成績之描述性統計量，乙班女生的樣本數有 11 位。

班級 = 乙班，性別 = 女生

表 2-8 敘述統計(a)

	個數	最小值	最大值	平均數	標準差
數學	11	55	87	68.82	10.962
英文	11	38	88	70.00	14.374
有效的 N（完全排除）	11				

a 班級 = 乙班，性別 = 女生

2.分割檔案時勾選「◉比較群組(C)」

表 2-9 敘述統計

班級	性別		個數	最小值	最大值	平均數	標準差
甲班	男生	數學	13	42	97	67.77	14.635
		英文	13	51	100	71.85	16.802
		有效的 N（完全排除）	13				
	女生	數學	11	57	94	77.64	11.784
		英文	11	41	95	84.36	15.622
		有效的 N（完全排除）	11				
乙班	男生	數學	15	71	100	86.47	9.523
		英文	15	60	99	88.93	10.333
		有效的 N（完全排除）	15				
	女生	數學	11	55	87	68.82	10.962
		英文	11	38	88	70.00	14.374
		有效的 N（完全排除）	11				

上述四個分割後子資料檔以班級的水準數值、性別的水準數值組合而成，班級變項水準數值有二個水準、性別變項水準數值有二個水準，形成 2×2 交叉表，交叉表有四個細格，因而會分割成四個子資料檔：「班級=1 ＆性別=1」、「班級=1＆性別=2」、「班級=2＆性別=1」、「班級=2＆性別=2」。分割後子資料檔樣本中，甲班男生的觀察值有 13 位、甲班女生的觀察值有 11 位，甲班共有 24 位觀察值；乙班男生的觀察值有 15 位、乙班女生的觀察值有 11 位，乙班共有 26 位觀察值，原資料檔中的全體樣本數爲 50。

如果第一個分割變項有三個水準，水準數值爲 1、2、3，第二個分割變項有 2 個水準，水準數值爲 1、2，第三個分割變項有二個水準，水準數值

為 1、2，則分割後的子資料檔共有 3×2×2=12 個，假設三個變數的變項名稱分別為 A、B、C，則分割的十二個子資料檔如表 2-10。

表 2-10

變項 A	變項 B	變項 C	備註
A=1	B=1	C=1	A=1 & B=1 & C=1
A=1	B=1	C=2	A=1 & B=1 & C=2
A=1	B=2	C=1	A=1 & B=2 & C=1
A=1	B=2	C=2	A=1 & B=2 & C=2
A=2	B=1	C=1	A=2 & B=1 & C=1
A=2	B=1	C=2	A=2 & B=1 & C=2
A=2	B=2	C=1	A=2 & B=2 & C=1
A=2	B=2	C=2	A=2 & B=2 & C=2
A=3	B=1	C=1	A=3 & B=1 & C=1
A=3	B=1	C=2	A=3 & B=1 & C=2
A=3	B=2	C=1	A=3 & B=2 & C=1
A=3	B=2	C=2	A=3 & B=2 & C=2

2-3 觀察值變數轉換等級

等級觀察值的功能主要將連續變項的數值轉換為等級（次序變項）、百分等級等其他類型的分數。在測驗編製方面，常模的數據中要求將受試樣本原始分數轉換成百分等級，即可利用等級觀察值來完成。此外，在一個測驗成績的排序方面，也可以利用等級觀察值的操作程序加以求得。

一、自動重新編碼

表 2-11

編號	A	B	C	D	E	F	G	H	I	J	K	L
數學成就	65	84	84	78	76	75	94	92	91	51	92	98
名次	9	5	5	6	7	8	2	3	4	10	3	1

以上述十二名學生的數學成就測驗成績為例，如果要快速求出其名次，可利用「自動重新編碼」的功能。其操作程序如下：

㈠步驟 1

執行功能列「轉換(T)」／「自動重新編碼(A)」程序，開啓「自動重新編碼」對話視窗。

㈡步驟 2

在左邊變數清單中將目標變項「數學成就」選入右邊方盒中，在右邊「新名稱(N):」右方的方格中鍵入新變數的名稱，如「名次」，按『新增名稱(A)』鈕，於「變數-->新名稱(V)」方盒中會從「數學成就-->????????」變爲「數學成就-->名次」。

㈢步驟 3

在「重新編碼起始值」的方盒中，選取一個選項，勾選起始值爲「◉最低值(L)」，表示將分數值最小值設爲 1，勾選起始值爲「◉最高值(H)」，表示將分數值最大值設爲 1→按『確定』鈕。在一般的名次轉換中，會將重新編碼起始值設爲「◉最高值(H)」選項，但在無母數統計分析中，會將測量值最低分者的名次等級設定爲 1。

圖 2-13

二、等級觀察值

在將連續變項轉換為次序變項時，也可以使用「等級觀察值」的程序，其實等級觀察值操作程序較自動新編碼更具彈性，其選項功能也較多，操作程序如下：

(一)步驟 1

執行功能列「轉換(T)」／「等級觀察值(K)」程序，開啟「等級觀察值」對話視窗。

(二)步驟 2

在左邊變數清單中將目標變數「數學成就」選入右邊「變數」下的方盒中，「等級 1 指定給」方盒中有二個選項：「最小值(S)」選項，變數中最小數值的等級設定為 1；「最大值(L)」選項，變數中最大數值的等級設定為 1（最高分者為第一名）→按『確定』鈕。

【備註】：「等級觀察值」對話視窗的左下角方盒「等級 1 指定給」中有二個選項：「最小值」、「最大值」，勾選「◉最小值(S)」選項表示等級 1 指定給數值最小的觀察值，即樣本觀察值在依變項測量值最低分者的等級為 1，在求百分等級時，須勾選此選項，勾選「◉最大值(L)」選項表示等級 1 指定給數值最大的觀察值，一般的成績排名次，即是將樣本在依變項測量值最高分者的等級設為 1。

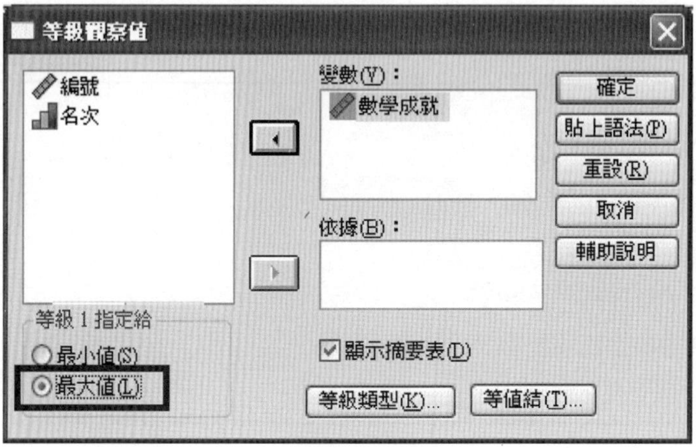

圖 2-14

在「等級觀察值」對話視窗中，按『等級類型(K)...』鈕，有八種不同等級化的方式選項：

1. 「等級(R)」：依變數數值高低排名次，可將數值等級 1 設定為最高分觀察值或最低分觀察值。

2. 「Savage 等級分數(S)」：依變數數值高低轉換為指數等級分數。

3. 「分數等級(F)」：依變數數值轉換後的等級除以有效樣本數所得之分數值，以四位小數表示由 0 至 1 的百分比。

4. 「分數等級以%表示（%）」：將分數等級以%符號形式表示，此即為百分等級。

5. 「觀察值加權數總和(C)」：計算有效樣本觀察值的累積個數。

6. 「自訂 N 個等分(N)」：讓使用者自訂將原始資料分成 1 至 9 個等級，內定的數值為 4，表示將原始資料平均分為四個等級。

7. 「比例估計公式(E)」：依某種特殊等級化比例估計公式來估計資料的常態化累積百分比。

8. 「常態分數(O)」：將由比例估計公式求得之常態化累積百分比轉換為 Z 分數。

在比例估計與常態分數選項中，SPSS 提供四種比例估計與轉為 Z 分數的公式：Bloom 法（B）、Tukey 法（T）、Rankit 法（K）、Van der Waerden 法（V）。

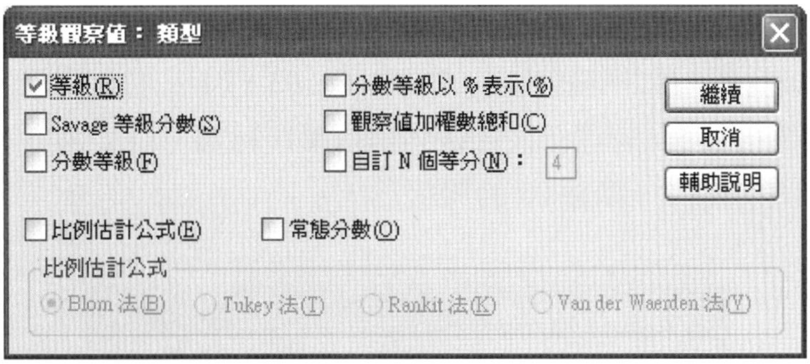

圖 2-15

在下述的數據中，將等級 1 指定給最小值、自訂 4 個等分、比例估計公式採用 Bloom 法，不同類型形式的等級所產生的結果不同。在「自訂 4 個等分」選項中，由於樣本數較小，故只能平均分為三個等級。

表 2-12

原始分數	比例估計 Bloom 法	常態分數 Bloom 法	等級	指數等級	自訂 4 個等分	分數等級	百分等級	加權數總和
數學	P 數學	N 數學	R 數學	S 數學	NTI001	RFR001	PER001	N001
65	0.1327	-1.1139	2	-0.8258	1	0.1667	16.67	12
84	0.3776	-0.3119	5	-0.3389	2	0.4167	41.67	12
84	0.3776	-0.3119	5	-0.3389	2	0.4167	41.67	12
78	0.2959	-0.5362	4	-0.6146	2	0.3333	33.33	12
84	0.3776	-0.3119	5	-0.3389	2	0.4167	41.67	12
75	0.2143	-0.7916	3	-0.7258	1	0.2500	25.00	12
94	0.6224	0.3119	8	1.1032	3	0.6667	66.67	12
92	0.5408	0.1025	7	0.4365	3	0.5833	58.33	12
91	0.4592	-0.1025	6	0.0199	2	0.5000	50.00	12
51	0.0510	-1.6350	1	-0.9167	1	0.0833	8.33	12
92	0.5408	0.1025	7	0.4365	3	0.5833	58.33	12
98	0.7041	0.5362	9	2.1032	3	0.7500	75.00	12

在「等級觀察值」對話視窗中，按『等級結(T)...』鈕，可開啟「等級觀察值：同分時」次對話視窗，在「指定同分的等級」方盒中有四個選項供使用者選擇，四個選項代表變數數值同分時，等級不同的處理方式。以五位觀察值而言，第一名為編號01（等級1），第二名至第四名為編號02、03、04三名觀察值，第五名為編號05（等級5），2、3、4三個等級中，平均等級為（2+3+4）÷3=3，編號02、03、04三名觀察值的等級均為3，編號05等級為5；最低等級為2，編號02、03、04三名觀察值的等級均為2，編號05等級為5；最高等級為4，編號02、03、04三名觀察值的等級均為2，編號05等級為5；勾選「同分觀察值依順序給唯一值」選項，編號02、03、04的等級均為2，編號05的等級為3。

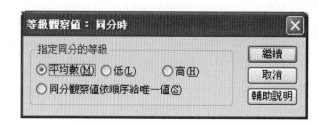

圖 2-16

觀察值同分時，『等值結(T)...』鈕中四種不種的等級處理方式結果。

表 2-13

編號	數學	平均數（M）	低（L）	高（H）	依順序給唯一值（S）
A	65.0	11.0	11.0	11.0	8.0
B	84.0	7.0	6.0	8.0	5.0
C	84.0	7.0	6.0	8.0	5.0
D	78.0	9.0	9.0	9.0	6.0
E	84.0	7.0	6.0	8.0	5.0
F	75.0	10.0	10.0	10.0	7.0
G	94.0	2.0	2.0	2.0	2.0
H	92.0	3.5	3.0	4.0	3.0
I	91.0	5.0	5.0	5.0	4.0
J	51.0	12.0	12.0	12.0	9.0
K	92.0	3.5	3.0	4.0	3.0
L	98.0	1.0	1.0	1.0	1.0

三、重新編碼

重新編碼可將原來變項的水準或數值重新加以設定，如將題項反向題重新計分，將一個連續變數的數值分為數個等級或等第，將背景變項的水準數值重新合併等。以上述二班測得的數學成績為例，若是使用者要將受試者測得的數學成績歸類為下列五個等第：90 分以上為一等、80-89 分為二等、70-79 分為三等、60-69 分為四等、59 分以下為五等，之後再計算各等第的人次，其中將連續變數「數學」轉化為五個等第（次序變數）的操作方法有二種，一為將變數數值重新編碼，二為利用視覺化聚集器的功能。重新編碼的操作程序如下：

㈠步驟 1

執行功能列「轉換(T)」／「重新編碼(R)」／「成不同變數(D)」的程序，出現「重新編碼成不同變數」對話視窗。

【備註】：重新編碼選單中有二個次選單：「成同一變數(S)」、「成不同變數(D)」，重新編碼成同一變數時，新編碼後數據資料會取代原先變數中的原始資料，重新編碼成不同變數則會保留原始變項內的數據資料，新編碼後的數據資料會新增一個變數名稱。

圖 2-17

(二)步驟 2

　　將左邊變數清單的目標變數「數學」點選至右邊「數值變數-->輸出變數」下的方格中→在「輸出之新變數」方盒中「名稱(N)」下的方格鍵入新分組變數名稱「數學等第」→按『變更』鈕，於中間「數值變數(V)-->輸出變數」下的方格中，文字會由「數學-->?」變更為「數學-->數學等第」→按『舊值與新值(O)...』鈕，開啓「重新編碼成不同變數：舊值與新值」次對話視窗。

【備註】：「輸出之新變數」方盒中「標記(L)」下的方格中可鍵入新分組變數的變數標記，如「數學成績等第」，此變數標記也可以於「變數檢視」視窗中設定更改。

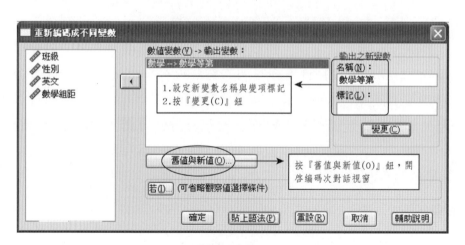

圖 2-18

(三)步驟 3

　　左邊「舊值」方盒中點選第六個選項『◉範圍，值到 HIGHEST(E)』，在其下的方格中輸入臨界值「90」，表示數值範圍爲 90 分至最高分→右邊「新值爲」方盒中，點選『◉數值(L)』，在其右邊的方格中鍵入

「1」→按『新增(A)』鈕，「舊值-->新值(D)」下的方盒中會出現「90 thru Highest-->1」的訊息。

→左邊「舊值」方盒中點選第五個選項『◉範圍(N))』，在其下的第一個方格中輸入臨界值「80」，「到(T)」後面的方格中輸入臨界值「89」，表示數值範圍為 80 至 89 分→右邊「新值為」方盒中，點選『◉數值(L)』，在其右邊的方格中鍵入「2」→按『新增(A)』鈕，「舊值-->新值(D)」下的方盒中會出現「80 thru 89-->2」的訊息。

→左邊「舊值」方盒中點選第五個選項『◉範圍(N))』，在其下的第一個方格中輸入臨界值「70」，「到(T)」後面的方格中輸入臨界值「79」，表示數值範圍為 70 至 79 分→右邊「新值為」方盒中，點選『◉數值(L)』，在其右邊的方格中鍵入「3」→按『新增(A)』鈕，「舊值-->新值(D)」下的方盒中會出現「70 thru 79-->3」的訊息。

→左邊「舊值」方盒中點選第五個選項『◉範圍(N))』，在其下的第一個方格中輸入臨界值「60」，「到(T)」後面的方格中輸入臨界值「69」，表示數值範圍為 60 至 69 分→右邊「新值為」方盒中，點選『◉數值(L)』，在其右邊的方格中鍵入「4」→按『新增(A)』鈕，「舊值-->新值(D)」下的方盒中會出現「60 thru 69-->2」的訊息。

→左邊「舊值」方盒中點選第四個選項『◉範圍，LOWEST 到值(G)』，在其下的方格中輸入臨界值「59」，表示數值範圍為最低分到 59 分→右邊「新值為」方盒中，點選『◉數值(L)』，在其右邊的方格中鍵入「5」→按『新增(A)』鈕，「舊值-->新值(D)」下的方盒中會出現「Lowest thru 59 -->5」的訊息。

【備註】：操作 3 步驟順序可以顛倒，不論次序為何，臨界值的數值不能重複出現。若是某個編碼數值鍵入錯誤，在「舊值-->新值(D)」方盒中選取要重新編碼的數值選項修改錯誤之處→按『變更』鈕，或直接按『刪除』鈕刪除原先的編碼，之後再重新鍵入即可。

圖 2-19

上述「舊值-->新值(D)」方盒中出現的設定提示語符號之說明如表2-14：

表 2-14

90 thru Higtest-->1	90 分以上至最高分的水準數值設為 1
80 thru 89 -->2	80 分至 89 分的水準數值設為 2
70 thru 79 -->3	70 分至 79 分的水準數值設為 3
60 thru 69 -->4	60 分至 69 分的水準數值設為 4
Lowest thru 59-->5	最低分至 59 分的水準數值設為 5

四、視覺化聚集器

「視覺化聚集器」（Visual Bander）為SPSS12.0版以後新增的功能，可將連續的數值資料依數值由小至大的關係，將數值資料加以分組（測量值由最低分至最高分分組），因而可將等距或比率變數轉換為間斷變數，其功能在於將連續數值資料分割為幾個區段，區段的編碼中最低分至第一個臨界值的水準數值為 1（第一個區段）、第二個區段的水準數值為 2、第三個區段的水準數值為 3……等。重新編碼的操作程序中，各區段的水準數值可以由小至大，也可以由大至小，但視覺化聚集器的操作程序中，第一個區段一定是測量值中的最低分的一個區段，其水準數值內定為 1。

上述五十位同學的數學成績，要轉換為五個等第，利用「視覺化聚集

器」的操作中 90 分以上區段之水準數值為 5、80-89 分區段之水準數值為 4、70-79 分區段之水準數值為 3、60-69 分區段之水準數值為 2、59 分以下區段之水準數值為 1，因而新分組變項中，水準數值為 1 者表示是數學成績最低的一個組別。

視覺化聚集器的操作程序如下：

（一）步驟 1

執行功能列「轉換(T)」／「視覺化聚集器(B)」程序，開啟「Visual Bander」第一層對話視窗→在左邊「變數」下的空格中選取要建立新組別的連續變數「數學[數學]」至右邊「帶狀變數」下的空格中→按『繼續』鈕，開啟「Visual Bander」第二層對話視窗。

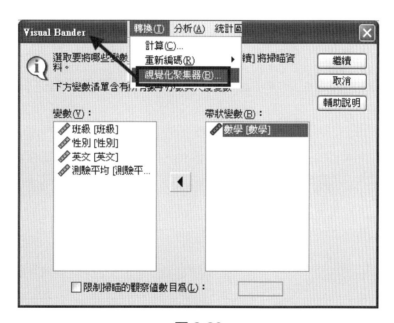

圖 2-20

（二）步驟 2

點選左邊「變數」下的目標變數「數學[數學]」變項，點選完後 SPSS 會自動將「數學[數學]」移往「目前變數」右的方格中，在「註解」下的第二個方格會出現「數學（帶狀）」的變數標記→在「帶狀變數(B):」右的方格中輸入新分組變項名稱，範例為「數學等第_1」。

(三)步驟 3

　　在右邊「上端點」方盒中選取內定選項「◉包括(I)（<=）」→在下方「網格(G):」每列的方盒中輸入分組的臨界點，範例中在「數值」下第一列的空格中輸入「59」、在「數值」下第二列的空格中輸入「69」、在「數值」下第三列的空格中輸入「79」、在「數值」下第四列的空格中輸入「89」，在「數值」下第五列不用輸入數值，會自動出現「高」→按『製作標記(A)』鈕，在「註解」欄會依次出現「<=59」、「60-69」、「70-79」、「80-89」、「90+」→按『確定』鈕。

【備註】：在「上端點」的方盒中二個選項「◉包括(I)（<=）」、「　排除(E)（<）」，前者表示有包括該臨界點數值，數學表示式即「小於等於」該數值；後者表示沒有包括該臨界點數值，數學表示式即「小於」該數值。選取「上端點」方盒中不同的選項，各區段臨界值的設定便會有所不同，但最後分組後的樣本，各區段所呈現的數據結果應是相同的。

　　上面的臨界點數值與水準註解如表 2-15，上端點選取的選項為「◉包括(I)（<=）」。

表 2-15

水準數值	臨界點數值	水準數值標記	說明（變項名稱為數學等第─1）
1	59	<=59	59 分（包含 59 分）以下
2	69	60-69	60 分至 69 分（包含 69 分）
3	79	70-79	70 分至 79 分（包含 79 分）
4	89	80-89	80 分至 89 分（包含 89 分）
5	90+	90+	90 分以上（包含 90 分）

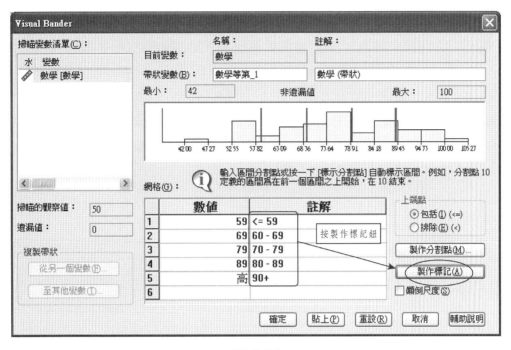

圖 2-21

（四）步驟 4

按下『確定』鈕後，會出現新增一個新變數的提示視窗，視窗的標題為SPSS版本的說明：「SPSS 14.0 中文視窗版」，對話視窗的內容為「帶狀規格將建立 1 變數」→按『確定』鈕。如果新增列的分組變數名稱在原資料檔中已存在，則SPSS會出現是否置換現有變數的提示語「確定要置換現有變數？」的對話視窗，按下『確定』鈕，新分組數據會置換原變項內的資料。

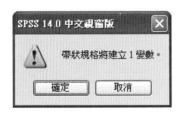

圖 2-22

圖 2-23

在步驟 3 中的操作程序中，「上端點」的方盒選單中，若是使用者選取「⊙排除(E)（＜）」選項，在下方「網格(G):」每列的方盒中輸入分組的臨界點與選取「⊙包括(I)（＜=）」選項不同，範例中在「數值」下第一列的

113

空格中輸入「60」、在「數值」下第二列的空格中輸入「70」、在「數值」下第三列的空格中輸入「80」、在「數值」下第四列的空格中輸入「90」，在「數值」下第五列不用輸入數值，會自動出現「高」→按『製作標記(A)』鈕，在「註解」欄會依次出現「<60」、「60-69」、「70-79」、「80-89」、「90+」→按『確定』鈕。

上面的臨界點數值與水準數值註解說明如下，上端點選取「◉排除(E)（<）」選項。

表 2-16

水準數值	臨界點數值	水準數值標記	說明
1	60	<60	60 分（包含 60 分）以下
2	70	60-69	60 分至 70 分以下（包含 70 分）
3	80	70-79	70 分至 80 分以下（包含 80 分）
4	90	80-89	80 分至 89 分以下（包含 90 分）
5	90+	90+	90 分以上

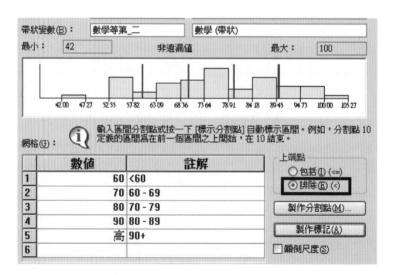

圖 2-24

【輸出表格】

利用重新編碼與二種不同視覺化聚集器操作程序將數學成績轉換為五個等第後，利用功能表「分析(A)」／「敘述統計(E)」／「次數分配表(F)」程序，求出五個等第的人數如下：

114

表 2-17 為執行重新編碼成不同變數後的等第劃分，新的等第為五分類別變項，水準 1 的數值標記為「90>=」、水準 2 的數值標記為「80-89」、水準 3 的數值標記為「70-79」、水準 4 的數值標記為「60-69」、水準 5 的數值標記為「<=59」，數學成績為 1 等者有 9 人、數學成績為 2 等者有 10 人、數學成績為 3 等者有 16 人、數學成績為 4 等者有 7 人、數學成績為 5 等者有 8 人。各水準的數值標記利用「變數檢視」工作視窗由使用者自行鍵入。執行重新編碼程序時，可以把高分區段的樣本之變項的水準數值可以編碼為最小值，也可以將其水準數值編碼為最大值，相對的低分區段的樣本之變項的水準數值可以編碼為最小值，也可以將其水準數值編碼為最大值，至於採取何種方式，研究者可自行決定。

表 2-17　統計量

		次數	百分比	有效百分比	累積百分比
有效的	90>=	9	18.0	18.0	18.0
	80-89	10	20.0	20.0	38.0
	70-79	16	32.0	32.0	70.0
	60-69	7	14.0	14.0	84.0
	<=59	8	16.0	16.0	100.0
	總和	50	100.0	100.0	

　　表 2-18 為執行視覺化聚集器後的等第劃分，在「上端點」的方盒中選取「◉包括(I)（<=）」選項，新的等第為五分類別變項，五個數值水準中，水準 1 的數值標記為「<=59」、水準 2 的數值標記為「60-69」、水準 3 的數值標記為「70-79」、水準 4 的數值標記為「80-89」、水準 5 的數值標記為「90+」，數學成績為 1 等者有 9 人（數值水準編碼為 5）、數學成績為 2 等者有 10 人（數值水準編碼為 4）、數學成績為 3 等者有 16 人（數值水準

表 2-18　數學（帶狀）

		次數	百分比	有效百分比	累積百分比
有效的	<= 59	8	16.0	16.0	16.0
	60 - 69	7	14.0	14.0	30.0
	70 - 79	16	32.0	32.0	62.0
	80 - 89	10	20.0	20.0	82.0
	90+	9	18.0	18.0	100.0
	總和	50	100.0	100.0	

編碼為 3）、數學成績為 4 等者有 7 人（數值水準編碼為 2）、數學成績為 5 等者有 8 人（數值水準編碼為 1）。利用視覺化聚集器轉換為五個等第的新變數，其水準標記所代表的意義與利用重新編碼成不同變數的方式剛好相反，此乃因為視覺化聚集器分成不同區段時，成績最低的區段，其水準數值編碼為 1，而利用重新編碼成不同變數的操作程序，可將成績最低區段的水準數值重新編碼為 1 或將成績最高區段的水準數值重新編碼為 1，如果在之前的操作中，執行重新編碼成不同變數的操作程序，將成績最低區段的水準數值重新編碼為 1，而將數學成績 90 分以上的觀察值重新編碼為 5，則其數值出現的次序與報表會與視覺化聚集器的結果相同。

表 2-19 為執行視覺化聚集器後的等第劃分，在「上端點」的方盒中選取「◉排除(E)（<）」選項，其結果與選取「◉包括(I)（<=）」選項相同，唯一的差別在水準 1 的數值標記內容，一個為「<60」、一個為「<=59」，二者所代表的意義完全相同：60 分以下者有 8 人（水準數值編碼為 1）、60 至 69 分者有 7 人（水準數值編碼為 2）、70 至 79 分者有 16 人（水準數值編碼為 3）、80 至 89 分者有 10 人（水準數值編碼為 4）、90 分以上者有 9 人（水準數值編碼為 5）。

表 2-19　數學（帶狀）

		次數	百分比	有效百分比	累積百分比
有效的	<60	8	16.0	16.0	16.0
	60 - 69	7	14.0	14.0	30.0
	70 - 79	16	32.0	32.0	62.0
	80 - 89	10	20.0	20.0	82.0
	90+	9	18.0	18.0	100.0
	總和	50	100.0	100.0	

在第二層「Visual Bander」的對話視窗中，右下角有個『製作分割點(M)...』的按鈕，按下此鈕，可以開啟「製作分割點」的對話視窗，此對話視窗中，SPSS 提供三種將觀察值快速分組的方法：

1. 「◉相等寬區間」

在「區間──填入至少兩個欄位」方盒中包括三個方框欄位：「第一個分割點位置(F)」、「分割點數目(N)」、「寬度(W)」。若研究者事先知道最小組之分割點的臨界值或想要自訂第一個分割數值，可以選取此項，在「第一個分割點位置(F)」後面的方格格中輸入最小的分割

點數值，並在「分割點數目(N)」後的空格中鍵入分割點的數目，分割點數目加 1 為分割的組數，如分割點數為 2，表示觀察值區分為三組，在「寬度(W)」後面的方格中可鍵入區段的組距大小。在上述三個方格中，區間的分割至少要填少二個欄位方格，第三個方格使用者若是未加以鍵入，電腦會依據資料檔的全距及其餘二個欄位方框，幫使用者估計第三個欄位方格的數值。

2. 「◉以掃瞄的觀察值為基礎的相等百分比位數(U)」

在「區間——填入兩個欄位中的任一個」方盒中有二個方框欄位：「分割點數目(N)」、「寬度（%）(W)」。若是使用者不知分割臨界點數值，可以直接選取此選項功能，在此選項中只要輸入分割點個數即可（此種方法應用較為普遍）。在「分割點數目」後面的方格中輸入要分割臨界點數目（幾個區段或劃分為多少組別），則SPSS會依分割臨界點數目自動將自變項變數加以分組或分為幾個區段，各分組受試者的比例會呈現於「寬度（%）(W)」後的方格中。

如研究者要根據「數學」測驗成績之分數高低，讓電腦自動將其分別為二組，則「分割點數目(N)」後面的方格中鍵入「1」（二組只有一個分割點），下方「寬度（%）(W)」後的方格中會出現「50.00」；讓電腦自動將其分別為三組，則「分割點數目(N)」後面的方格中鍵入「2」（三組有二個分割點），下方「寬度（%）(W)」後的方格中會出現「33.33」；讓電腦自動將其區分為四組，則「分割點數目(N)」後面的方格中鍵入「3」（四組有三個分割點），下方「寬度（%）(W)」後的方格中會出現「25.00」；讓電腦自動將其區分為五組，則「分割點數目(N)」後面的方格中鍵入「4」（五組有四個分割點），下方「寬度（%）(W)」後的方格中會出現「20.00」。「區間－填入兩個欄位中的任一個」方盒中的二個方框欄位使用者可以任填一個，如要將數值變數分成四個區段，每個區段觀察值人數約占全部觀察值的 25%；相對的，在「寬度（%）(W)」欄位方框中鍵入「25」，「分割點數目(N)」後的欄位方框會自動出現「3」，表示將數值資料分成四個組距（四個區段）。在實務使用上以填入「分割點數目(N)」較為簡易。

在二個連續變數關係的探究方面，使用者可以採用積差相關方面，探究二個變項間的相關情形，此外，研究者也可以將一個連續變數依樣本在變項測量值分數的高低，將其分為「高分組」、「中分組」、「低分組」，以進行三個組別在另一變項的差異比較分析，為了讓三個組別的樣本數接近，研究者可勾選「◉以掃瞄的觀察值為基礎的相等百分

比位數(U)」選項功能，讓電腦快速將變項依其測量值高低分為三個區段，此選項功能所分成的三個組別人數大致相等，執行變異數分析時更能符合其假定，而得到更精確的結果。

3. 「⦿以掃瞄的觀察值為基礎的平均值與所選標準差的分割點(C)」

研究者希望根據分組變項的平均數與標準差來分割受試者，可以選取此選項，進一步選取 1、2 或 3 個標準差，內有三個次選項可以勾選：「□+/-1 標準差」、「□+/-2 標準差」、「□+/-3 標準差」。使用者若勾選「□+/-1 標準差」，則區段為四分類別變數，第二個區段（水準2）臨界值數值為平均數、第一個區段臨界值數值為平均數減一個標準差，第三個區段（水準3）臨界值數值為平均數加一標準差之數值，高於平均數加一個標準差數值為第四個區段（水準4）。

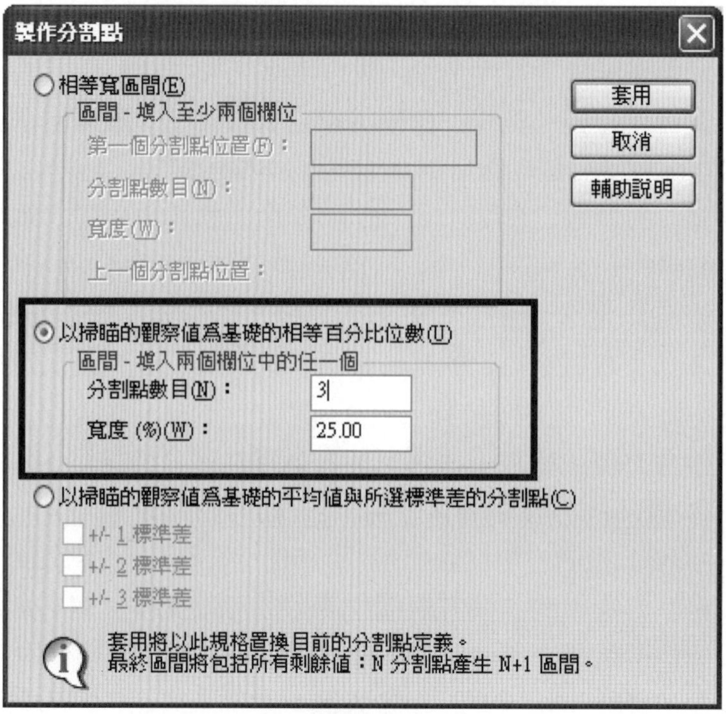

圖 2-25

（一）製作分割點——「⦿相等寬區間」選項

選取「⦿相等寬區間」選項，在「區間——填入至少兩個欄位」方盒中三個方框欄位：「第一個點分割點位置」、「分割點數目」、「寬度」如分別鍵入 65、3、12。表示區段為四個，區段組距為12，第一個區段的臨界數值為65，四個區段的水準數值與註解如表 2-20：

表 2-20

65 以下	第一個分割點為 65，表示水準數值 1 組別為測量值 65 以下
66 至 77	組距為 12，第二個分割點為 65+12=77，區段二表示 66 至 77
78 至 89	組距為 12，第三個分割點為 77+12=89，區段三表示 78 至 89
90 以上	區段四為測量值 90 以上

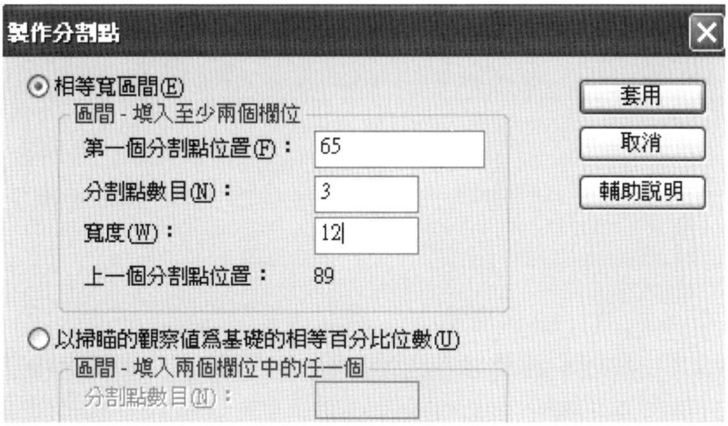

圖 2-26

圖 2-27 為設定三個分割點、區段寬度為 12，第一個分割點設為 65，上端點方盒中選取「⦿包括(I)（<=）」選項，按下『製作標記(A)』鈕後的分割點數值與數值註解，三個分割點為 65、77、89，各分割點的數值註解為「<=65」、「66-77」、「78-89」、「90 分以上」，因為選取的分割點有包含等號，所以分組變數四個水準數值分別表示 65 分以下、66 分至 77 分、78 分至 89 分、90 分以上。

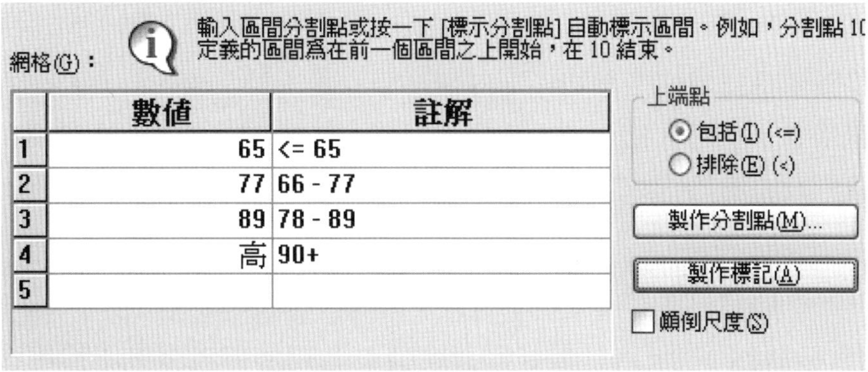

圖 2-27

若是上端點方盒中選取「⦿排除(E)（<）」選項，則「網格(G)」表中的

數值與註解如表 2-21：

表 2-21

	數值	註解	說　明
1	65	<65	65 分以下（不包含 65 分）
2	77	65-76	65 分至 76 分，65 分的水準數值編碼為 2
3	89	77-88	77 分至 88 分，77 分的水準數值編碼為 3
4	高	89+	89 分以上，89 分的水準數值編碼為 4

⊜製作分割點──「◉以掃瞄的觀察值為基礎的相等百分比位數(U)」選項

在「製作分割點」對話視窗中，選取「◉以掃瞄的觀察值為基礎的相等百分比位數(U)」選項，將樣本數學成績依其得分平均分為四個區段，「分割點數目(N)」後面的方格中鍵入 3。

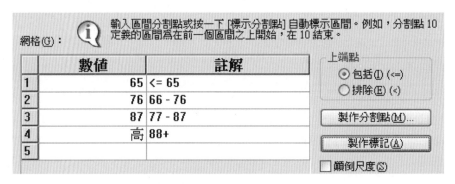

圖 2-28

將數值資料分成四個組距（四個區段）後，於「製作分割點」的次對話視窗中按『套用』鈕，回到第二層「Visual Bander」的對話視窗中，在「網格」方盒中的「數值」欄會出現四個區段臨界值分數：65、76、87、高，按『製作標記(A)』會出現各水準數值的註解，分別為「<=65」、「66-76」、「77-87」、「88+」（88 分以上）。

⊜製作分割點──「◉以掃瞄的觀察值為基礎的平均值與所選標準差的分割點」選項

在「製作分割點」對話視窗中，選取「◉以掃瞄的觀察值為基礎的平均

值與所選標準差的分割點」選項後，使用者必須在「□+/-1 標準差」、「□+/-2 標準差」、「□+/-3 標準差」三個選項中勾選一個，範例中為勾選「☑+/-1 標準差」選項。「☑+/-1 標準差」選項表示前三個分割點數值分別為「平均數以下一個標準差」、「平均數」、「平均數以上一個標準差」。

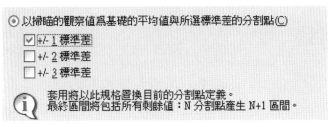

圖 2-29

於「製作分割點」的次對話視窗中按『套用』鈕，回到第二層「Visual Bander」的對話視窗中，在「網格」方盒中的「數值」欄會出現四個區段臨界值分數：62、76、90、高，按『製作標記(A)』會出現各水準數值的註解，四個區段水準數值分別為「<=62」、「63-76」、「77-90」、「91+」（91分以）。

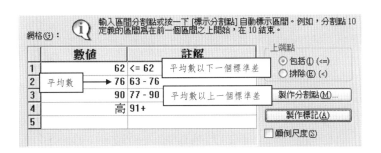

圖 2-30

數學測驗成績的描述性統計量中平均數為 75.78、標準差為 13.96，平均數上一個標準差值=75.78+13.960=89.74≒90，第三個區段分割點數值為 90；平均數下一個標準差值=75.78−13.960=61.82≒62，第一個區段分割點數值為 62，平均數 75.78≒76，第二個區段分割點數值為 76，第四個區段分割點數值為「高」，表示 90 分以上。四個組距分數為數學分數 62 分以下為第一組、63 分至 76 分為第二組、77 分至 90 分為第三組、91 分以上為第四組。

表 2-22　敘述統計

	個數	最小值	最大值	平均數	標準差
數學	50	42	100	75.78	13.960
有效的 N（完全排除）	50				

2-4　計算

「計算」（compute）的功能在於資料變數間的四則運算，並將四則運算新數值儲存為一個新變數，執行計算程序會增列一個新變項於資料檔中。在層面題項的加總方面，更需要使用「計算」程序，因為態度、心理特質或某種知覺感受的探究，逐題分析的意義不大，因而可能會以層面或構念（或稱向度）來作為統計分析的變項（自變項或依變項），一份問卷可能包含數個量表，每個量表又包含數個層面，量表層面均包含數個題項，樣本在數個題項得分的加總，即為各層面的得分。

以學生的數學、英文測驗成績為例，若要求出每位樣本觀察值二科的平均成績，則需要利用「計算」功能，其操作程序如下：

㈠步驟 1

執行功能列「轉換(T)」／「計算(C)」的程序，開啟「計算變數」對話視窗。

㈡步驟 2

在左邊「目標變數(T)」下的方格中輸入新變數的變項名稱如「測驗平均」，如要加註新變數的類型與變數標記，可按『類型＆標記(L)...』鈕，開啟「計算變數：類型與標記」次對話視窗，內有二個方盒：「標記」方盒與「類型」方盒，標記方盒可對新變數加上變數標記註解，類型方盒中包括「數值型」與「字串型」二個選項，變數的類型與標記也可以切換到「變數檢視」工作視窗中加以增列更改。在右邊的「數值運算式(E)」下的大方格中鍵入新變數來源的四則運算式，如「（數學＋英文）/2」，四則運算式中的資料檔舊變數名稱若是較長，最好以滑鼠點選方式操作→按『確定』鈕。

【備註】：在計算變數對話視窗中，中間的算術運算式、關係運算式與邏輯運算式小算盤符號如表 2-23：

表 2-23

算術運算式符號	關係運算式符號	邏輯運算式
＋：加　號	＜：小　於	＆：AND（且），前後二個關係式均 True，結果才會真
－：減　號	＞：大　於	
＊：乘　號	<=：小於且等於（不大於）	｜：OR（或），前後二個關係式只要有一個為 True，結果就會真
／：除　法	>=：大於且等於（不小於）	
＊＊：次　方	＝：等　於	
（）：括　號	~=：不等於	─（非）：True 或 False 的相反

　　小算盤中的『刪除』鍵，可刪除「數值運算式」中的運算式，操作時先選取原先中的各式運算式，再按『刪除』鍵。『刪除』鍵之上也包括 0 至 9 的數字及小數點「.」符號。中間小算盤的各種運算式及數字也可以以鍵盤直接輸入。若平均測驗的分數加成比例不同，如數學成績占 60%、英文成績占 40%，則「數值運算式」的公式為：「數學*.6+英文*.4」；若是要將每位受試者的數學成績開根號乘以 10，則「數值運算式」的公式為：「SQRT（數學）＊10」或「數學＊＊（1/2）＊10」。在上述算術運算式符號中「＊＊」表示次方，如要求數學成績的二次方（數學成績×數學成績），「數學運算式」的公式為「數學＊＊2」。

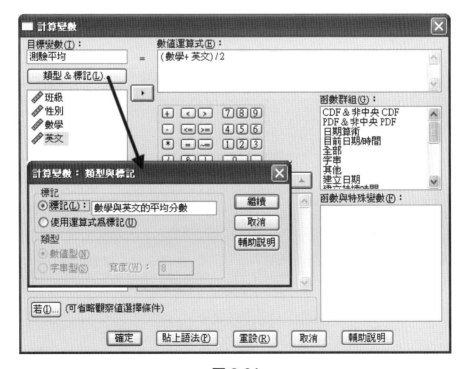

圖 2-31

　　在「計算變數」對話視窗的左下角有個『若(I)...』鈕，可以只選擇某些特定的觀察值進行計算功能的執行，按下此鈕後可開啓「計算變數：觀察值選擇條件」次對話視窗，此對話視窗界面與執行「資料(D)／選擇觀察值(C)」程序甚爲相似，內定的選項爲「◉包含全部觀察值(A)」，若是使用者在執行計算程序時，只針對某些特定的觀察值，應改選「◉包含滿足條件時的觀察值(I)」，如測驗平均變數的求得，只適用於甲班觀察值，選取「◉包含滿足條件時的觀察值」選項後，將「班級」變數點選至右邊方格中，其後利用小算盤點選「=1」，即完成甲班觀察值的選取，設定觀察值選擇條件後，計算變數對話視窗的功能只適用於符合條件的樣本觀察值，未符合條件的樣本觀察值，不會進行「計算」的程序。

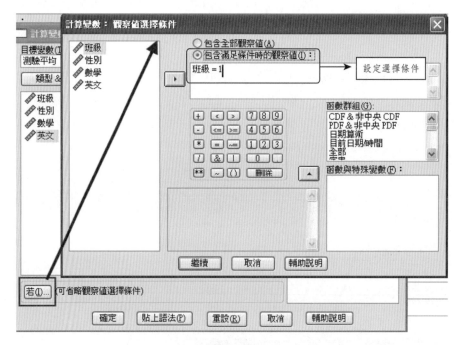

圖 2-32

圖 2-33

在「計算變數」對話視窗中，右邊方盒中有個「函數群組(G)」，函數群組為不同的函數種類，如統計函數群組、字串函數群組、日期與時間函數群組、統計分配函數群組、PDF &非中央 PDF 函數群組、CDF &非中央CDF 函數群組……等等，每個函數群組中所包含的函數會出現於「函數與特殊變數(F)」方格中，SPSS 提供的函數操作與試算表 EXCEL 中的函數甚為類似。範例中選取「統計」函數群組，此函數群組包括Cfar、Max、Mean、Min、Sd、Sum、Variance 等七個函數，選取「Mean」函數後，此函數的功能與使用說明會呈現於中間的方格中，「Mean」函數的功能在於求得變數間的算術平均數，其語法為「MEAN（numexpr, numexpr[,..]）」，按中間 ▲ 向上鈕，於「數值運算式(E)」方格中會出現「MEAN（?,?）」，將目標變數分別點選至「?」處，點選完後會變為「MEAN（數學,英文）」，表示以函數「Mean」求數學與英文二科的算術平均數。

若是變項間有遺漏值，以函數求得的新變數與使用中間小算盤求得的新變數並不相同，此乃二者對於遺漏值的處理方式有所不同，題項變數加總函數「Sum」的語法為：「Sum（numexpr, numexpr[,..]）」-->「Sum（數值表示式,數值表示式,..）」。以下列五個變數而言，五個變數加總的二種不同計算方法表示式如下：

Y1_加法=X1+X2+X3+X4+X5
Y2_SUM=Sum（X1,X2,X3,X4,X5）

以四則運算式求得的新變數「Y1_加法」中，在目標變數中只要有一個變項是遺漏值，則計算後的結果仍為遺漏值；但採用加總函數 SUM，只有當五個目標變數均為遺漏值時（全部加總的題項變數均為遺漏值時），其傳回結果才會是遺漏值。

八位樣本觀察值在 X1、X2、X3、X4、X5 五個變數加總的比較如表 2-24。

表 2-24

NUM	X1	X2	X3	X4	X5	Y1_加法	Y2_SUM	說　明
1	6	2	4	3	.	.	15	有一個遺漏值，變數「Y1_加法」為遺漏值
2	8	3	3	2	6	22	22	均無遺漏值，變數「Y1_加法」為有效值
3	9	6	2	.	8	.	25	有一個遺漏值，變數「Y1_加法」為遺漏值
4	5	8	.	.	7	.	20	有二個遺漏值，變數「Y1_加法」為遺漏值
5	8	6	4	5	1	24	24	
6	.	.	.	.	.	.	.	五個均為遺漏值，變數「Y1_SUM」為遺漏值，變數「Y1_加法」也為遺漏值
7	2	8	6	.	5	.	21	有二個遺漏值，變數「Y1_加法」為遺漏值
8	3	5	2	4	6	20	20	

在「函數群組(G)」選取「PDF & 非中央 PDF」函數群，可以求出各分配的機率密度，如要求出常態分配的機率密度，其函數與語法為：「PDF. NORMAL（數值、平均數、標準差）」，點選或鍵入相關的數據，則新變數會傳回指定平均數、標準差在某一數值的常態分配機率密度。

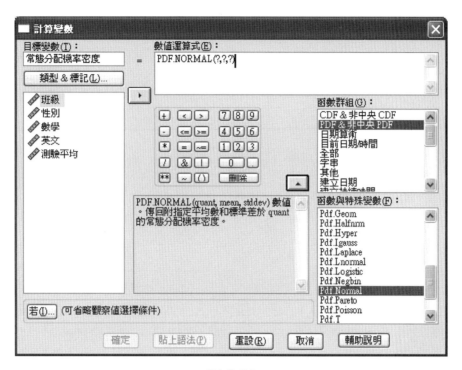

圖 2-34

2-5 計數

「計數」（count）的功能在於計算每位觀察值在一組變項中，符合設定變項的次數有幾個。如企業員工在一份組織滿意度的調查問卷中，十個選項採用李克特四點量表法：(1)非常不滿意；(2)不滿意；(3)滿意；(4)非常滿意。使用者要統計每位員工在十個題項中有多少個題項是勾選「(4)非常滿意」，多少個題項是勾選「(2)不滿意」等。「計數」對話視窗與「計算」（compute）對話視窗的操作界面非常類似。

【範例1】

範例1為學生在五個科目的考試成績，五個科目分別為國文、英文、數學、物理、化學，以各科目的名稱作為變數名稱。研究者想要知道每位學生在五個不同科目中，有幾個科目不及格，則可使用「計數」功能求得。範例1中研究者想得知哪些樣本在「國文」一科的成績不及格。

表 2-25

編號	國文	英文	數學	物理	化學	不及格_1	不及格_2
A	58	59	65	54	78	1	3
B	65	65	56	87	65	0	1
C	87	88	89	84	54	0	1
D	54	58	65	68	78	1	2
E	52	56	58	90	65	1	3
F	78	76	85	95	100	0	0
G	45	50	57	56	52	1	5
H	94	95	98	96	85	0	0
I	87	95	50	88	90	0	1
J	54	56	87	88	65	1	2

上述變項中「不及格_1」表示國文科不及格的觀察值，水準數值 1 表示不及格者，水準數值 0 表示未符合條件觀察值，因而是觀察值之國文科及格者。變數「不及格_2」為觀察值在五個科目中，有多少科不及格，水準數值介於 0 至 5，若數值為 0 表示觀察值五個科目全部及格，數值為 1 表示觀察值有一個科目不及格，數值為 5 表示觀察值有五個科目不及格。

一、求出國文不及格的學生

研究者只想得知國文一科不及格的觀察值，「計數」之新變項名稱為「不及格_1」。其操作程序如下：

(一)步驟 1

執行功能列「轉換(T)」／「計數(O)」程序，開啟「觀察值內數值出現次數」對話視窗→在「目標變數(T)」下的方格中輸入新變項名稱「不及格_1」，若使用者想對新變數加變項註解，可於右邊「目標變數的標記(L)」下的方格中鍵入新變項的註解，如「國文科不及格者」→在左邊變數清單中將目標變數「國文」點選至右邊「數值變數(V)」下的方格中→按『定義數值(D)...』鈕，開啟「觀察值間數值的個數：欲計數的數值」次對話視窗。

圖 2-35

(二)步驟 2

在「觀察值間數值的個數：欲計數的數值」次對話視窗中，於「數值」方盒中選取「⊙範圍，LOWEST 到值(G)」選項，在其下方格中鍵入「59」，按『新增』鈕，在右邊「欲計數的數值(O)」方格中會出現「Lowest thru 59」的條件說明，表示國文科最低分至 59 分的觀察值新變數的計數為 1，不符合此條件之觀察值新變數的計數為 0→按『繼續』鈕，回到「觀察值內數值出現次數」對話視窗→按『確定』鈕。

圖 2-36

二、求出每位觀察值五科中有幾科不及格

(一)操作 1

執行功能列「轉換(T)」／「計數(O)」程序,開啟「觀察值內數值出現次數」對話視窗→在「目標變數(T)」下的方格中輸入新變項名稱「不及格_2」,若使用者想對新變數加變項註解,可於右邊「目標變數的標記(L)」下的方格中鍵入新變項的註解,如「不及格的科目數」→在左邊變數清單中將目標變數「國文」、「英文」、「數學」、「物理」、「化學」點選至右邊「數值變數(V)」下的方格中→按『定義數值(D)...』鈕,開啟「觀察值間數值的個數:欲計數的數值」次對話視窗。

圖 2-37

(二)操作 2

在「觀察值間數值的個數:欲計數的數值」次對話視窗中,於「數值」方盒中選取「⊙範圍,LOWEST 到值(G)」選項,在其下方格中鍵入「59」,按『新增』鈕,在右邊「欲計數的數值(O)」方格中會出現「Lowest thru 59」的條件說明,表示五個科目變數中有多少個科目變數符合此條件→按『繼續』鈕,回到「觀察值內數值出現次數」對話視窗→按『確定』鈕。

【範例 2】

範例 2 為某統計系學生在一份有十個題項的作答情形,資料檔的建檔中 1 為答對、0 為答錯,研究者因要進行試題分析,每個題項變數只鍵入 1 或 0,若是研究者想知道每位學生答對的題數,則可使用「計數」功能。

表 2-26

V1	V2	V3	V4	V5	V6	V7	V8	V9	V10	題數
1	1	1	1	1	1	1	1	0	0	8
0	0	0	0	0	0	0	0	1	1	2
1	1	1	1	1	1	1	1	1	1	10
0	1	0	1	0	1	0	1	0	1	5
1	1	1	0	0	0	1	1	1	1	7

【備註】：「題數」變項欄表示執行「計數」程序後的結果，變項內的數值為每位觀察值答對的總題數，如果每題配分相同，則可以執行「轉換(T)」／「計算(C)」程序，算出每位觀察值的分數，如每題配分 10 分，則觀察值的得分之「數值運算式」公式＝「題數*10」。

三、求出每位觀察值答對的題數

(一)操作 1

執行功能列「轉換(T)」／「計數(O)」程序，開啓「觀察值內數值出現次數」對話視窗→在「目標變數(T)」下的方格中輸入新變項名稱「題數」，於右邊「目標變數的標記(L)」下的方格中鍵入新變項的註解：「答對題數」→在左邊變數清單中將目標變數 V1、V2...V9、V10 點選至右邊「數值變數(V)」下的方格中→按『定義數值(D)...』鈕，開啓「觀察值間數值的個數：欲計數的數值」次對話視窗。

圖 2-38

(一)操作 2

在「觀察值間數值的個數：欲計數的數值」次對話視窗中，於「數值」方盒中選取「◉數值(V)」選項，在其下方格中鍵入「1」，在右邊「欲計數的數值(O)」方格中會出現「1」的條件說明，表示選入的十個題項變數中，其變數數值內容等於 1 者有多少個→按『新增』鈕→按『繼續』鈕，回到「觀察值內數值出現次數」對話視窗→按『確定』鈕。

圖 2-39

2-6 排序與特定分組

一、觀察值排序

在統計分析時，有時使用者必須根據觀察值在某些變項的數值大小，進行遞增（由小至大排列）或遞減（由大至小排列），如在資料檔合併檔案的操作時，就必須依據某一共同變項（關鍵變數）加以排序；在問卷或量表進行項目分析時，必須根據量表的總分加以排序，以求得前 27%、後 27%觀察值的臨界分數；在平均數的差異檢定時（如t檢定或變異數分析），有時想將某一連續變數（強變項）轉化為間斷變數（弱變數），以探討不同組別在檢定變項上的差異，此時也需要將目標變數加以排序，以求得前後 30%觀察值的臨界分數。

資料檔排序時可依據單一變數或多個變數，以上述求得的測驗平均變項為例，研究者想將全部的觀察值依數學與英文二科平均數的高低，將觀察值測驗成就分為三組：高分組（水準數值 1）、中分組（水準數值 2）、低分組（水準數值 3），則必須依「測驗平均」變項加以排序，以求得各分組臨界分數。

依「測驗平均」變項加以排序的操作程序如下：

執行功能列「資料(D)」／「觀察值排序(O)...」程序，開啓「觀察值排序」對話視窗→在左邊變數清單中將目標變數「測驗平均」選入右邊「排序依據(S)」下的方格中，在下方「排序順序」方盒中選取「◉遞增(A)」或「◉遞減(D)」選項，若選取「◉遞增(A)」選項，則「排序依據(S)」下的方格會出現「測驗平均——遞增」→按『確定』鈕。

【備註】：第二次若要將測驗平均變項依「遞減」方式排列，重新開啓「觀察值排序」對話視窗，在「排序順序」方盒中選取「◉遞減(A)」選項，選完後於「排序依據(S)」下的方格會出現「測驗平均——遞減」→按『確定』鈕。

圖 2-40

　　若是觀察值的資料檔要先依「測驗平均」變數遞增，觀察值測驗平均的分數相同時，再以「數學」變數遞增，則操作程序如下：開啓「觀察值排序」對話視窗→在左邊變數清單中將目標變數「測驗平均」選入右邊「排序依據(S)」下的方格中，在下方「排序順序」方盒中選取「◉遞增(A)」→再於左邊變數清單中將目標變數「數學」選入右邊「排序依據(S)」下的方格中，在下方「排序順序」方盒中選取「◉遞增(A)」→按『確定』鈕。上述操作程序中，「測驗平均」變數要先點選，次再點選「數學」變數，「排序依據(S)」下的方格中變數上下的次序不同，資料檔的排序情形也會不同。最上面的變數為第一個排序的依據，若上面變項的測量值相同，再依第二個變項進行排序。

圖 2-41

二、將「測驗平均」變數轉換為三個組別

在統計分析中，有時會將某個具連續變數屬性之自變項轉換為研究者自訂的組別，如工作壓力與工作滿意的相關研究中，二個變數間的關係可採用積差相關的方法，以求出相關係數統計量及相關係數的顯著性考驗，若相關達到顯著，可以再求出其決定係數（=積差相關係數的平方）；此外，研究者也可以採用變異數分析方法，將工作壓力變項依測量值的高低，將觀察值分為高工作壓力組、中工作壓力組、低工作壓力組，進而探討三個工作壓力組在工作滿意度知覺的差異比較。為避免三個組別的人數差距過大，在高、中、低三個組別的分組上，通常是測量值分數的前 30%為高分組、後 30%為低分組、中間40%為中分組。以 50 位樣本觀察值而言，若依觀察值在「測驗平均」變項測量值分數排序，則 30%臨界值的觀察值為第 15 位（50×30%=15）。

若是研究者想讓工作壓力高分組、中分組、低分組的人數各約占全體樣本的三分之，則利用「視覺化聚集器」的操作程序更為簡便，於「Visual Bander」對話視窗中，按『製作分割點(M)...』，開啟「製作分割點」次對話視窗，選取「以掃瞄的觀察值為基礎的相等百分比位數(U)」選項，於「分割點數目(N)」的右方格中鍵入「2」即可。有些研究者會以觀察值在變項測量值的前 27%的高分組，以觀察值在變項測量值的後 27%的低分組，如此劃分結果，中分組的受試者變成占全部樣本的 46%，中分組的觀察值人數會較高分組或低分組人數多出約 19%，此種分組方法將造成三組人數差距過大，雖較為不適宜但沒有錯誤。前後 27%的分類法通常用於量表的項目分析或試題分析之中，在變項差異比較分析程序中，三組人數較為接近的分組方法較不會違反變異數分析的假定。

(一)求出前後 30%觀察值的測量值

「測驗平均」變項先依「遞增」排序後,第15位觀察值的數值為69.00,後 30%的觀察值為測驗平均分數在 69.00 分以下者。

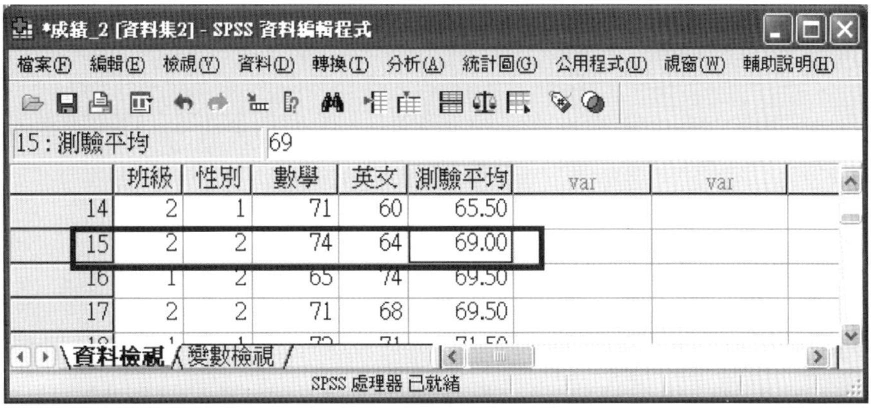

圖 2-42

「測驗平均」變項次依「遞減」排序後,第15位觀察值的數值為87.50,前 30%的觀察值為測驗平均分數在 87.50 分以上者。中間 40%的受試者為得分在 69.01 至 87.49 分之間。

圖 2-43

(二)繪出各臨界點分數

經由資料檔排序結果,「測驗平均」變數之數值內容在 87.50 分以上者為高分組、在 69.00 分以下者為低分組,介於 69.01 至 87.49 分者為中分組。

在水準數值的編碼上，將高分組編碼為 1 或將低分組編碼為 3，最後的統計結果解釋會相同。以下增列分組變項時，將高分組水準數值編碼為 1（>=87.50）、中分組水準數值編碼為 2（69.01～87.49）、高分組水準數值編碼為 3（<=69.00）。

圖 2-44

㈢增列分組變項

1. **步驟 1**

執行功能列「轉換(T)」／「重新編碼(R)」／「成不同變數(D)」的程序，出現「重新編碼成不同變數」對話視窗。

2. **步驟 2**

將左邊變數清單的目標變數「測驗平均」點選至右邊「數值變數(V)-->輸出變數」下的方格中→在「輸出之新變數」方盒中「名稱(N)」下的方格鍵入新分組變數名稱「平均組別」→按『變更』鈕，於「數值變數-->輸出變數」下的方格中，文字由「測驗平均-->?」變更為「測驗平均-->平均組別」→按『舊值與新值(O)...』鈕，開啟「重新編碼成不同變數：舊值與新值」次對話視窗。

3. **步驟 3**

左邊「舊值」方盒中點選第六個選項『◉範圍，值到 HIGHEST(E)』，在其下的方格中輸入臨界值「87.5」，表示數值範圍為 87.5 分至最高分→右邊「新值為」方盒中，點選『◉數值(L)』，在其右邊的方格中鍵入「1」→按『新增(A)』鈕，「舊值-->新值(D)」下的方盒中會出現「87.5 thru Highest-->1」的訊息。

→左邊「舊值」方盒中點選第四個選項『◉範圍(N)』，在其下的第一個方格中輸入臨界值「69.01」，「到(T)」後面的方格中輸入臨界值「87.49」，表示數值範圍為 69.01 至 87.49 分→右邊「新值為」方盒中，點選『◉數值(L)』，在其右邊的方格中鍵入「2」→按『新增(A)』鈕，「舊值-->新值(D)」下的方盒中會出現「69.01 thru 87.49-->2」的訊息。

→左邊「舊值」方盒中點選第五個選項『◉範圍，LOWEST 到值(G)』，
在其下的方格中輸入臨界值「69」，表示數值範圍為最低分到 69 分→
右邊「新值為」方盒中，點選『◉數值(L)』，在其右邊的方格中鍵入
「3」→按『新增(A)』鈕，「舊值-->新值(D)」下的方盒中會出現「Low-
est thru 69 -->3」的訊息。

圖 2-45

重新編碼成不同變數程序中，「舊值-->新值(D)」方盒內會出現三個設
定訊息，其意義如下：「Lowest thru 69-->3」表示「測驗平均」變項測量值
最低分至 69 分的觀察值，其分組變數編碼為 3（低分組）；「87.5 thru Hig-
hest-->1」表示「測驗平均」變項測量值分數 87.5 分至最高分的觀察值，其
分組變數編碼為 1（高分組）；「69.01 thru 87.49-->2」表示「測驗平均」變
項測量值分數介於 69.01 至 87.49 間的觀察值，其分組變數編碼為 2（中分
組）。

執行功能列「分析(A)」／「敘述統計(E)」／「次數分配表(F)」程序，
求出目標變數「平均組別」中各水準的人次、百分比與累積百分比。由次
數分配表中可以看出高分組人次有 15 人、中分組人次有 20 人、低分組人次
有 15 人，各占全體觀察值的 30.0%、40.0%、30.0%。在問卷調查或實驗研
究中，通常分組臨界點處會有同分的觀察值，因而前後 30%的人數可能會
比理論次數還稍微多出一些，此種情形在資料檔愈大，或是目標變數的全
距愈小時愈會發生。

表 2-27　平均組別

		次數	百分比	有效百分比	累積百分比
有效的	1.00	15	30.0	30.0	30.0
	2.00	20	40.0	40.0	70.0
	3.00	15	30.0	30.0	100.0
	總和	50	100.0	100.0	

2-7　置換遺漏值

所謂「遺漏值」（missing value）就是受試者沒有填答的題項或變數中遺漏掉之觀察值的數據，遺漏值的型態有二種，一為系統自訂之遺漏值，此種儲存格的型態會以「.」符號表示，二為使用者自訂之遺漏值，使用者自訂之遺漏值通常是資料檔鍵入時有誤。變數數據中若有遺漏值，在統計分析中的各種分析功能視窗中，均有一個『選項』鈕，選項鈕的次對話視窗的方盒內會有對遺漏值的處理方法，預設方式為排除有遺漏值之觀察值，其選項的勾選內容為「依分析排除觀察值(A)」、「依檢定排除觀察值(T)」、「成對方式排除觀察值(P)」、「完全排除遺漏值(L)」等。在系統自訂之遺漏值中，使用者也可採用SPSS之遺漏值置換功能來處理遺漏值的細格，此種方法不會更動資料庫的其他變數數據內容，資料庫中各觀察值的數據資料會完整呈現。

以十位大學修「統計學」課程的學生而言，學期末的統計成績與在「課堂焦慮量表」測得的數據如下，在「統計成績」變數方面，編號 04 觀察值的數據為遺漏值，在「課堂焦慮」變數方面，編號 01、02、07 號同學的數值資料均為遺漏值。

表 2-28

編號	統計成績	課堂焦慮	統計成績_1	統計成績_2	課堂焦慮_1
01	65	.	65.00	65.00	.
02	78	.	78.00	78.00	.
03	72	34	72.00	72.00	34.00
04	.	39	75.22	75.31	39.00
05	84	50	84.00	84.00	50.00
06	85	34	85.00	85.00	34.00
07	87	.	87.00	87.00	37.00
08	65	40	65.00	65.00	40.00
09	74	36	74.00	74.00	36.00
10	67	45	67.00	67.00	45.00

【備註】：「統計成績_1」、「統計成績_2」、「課堂焦慮_1」三個變數為執行置換遺漏值程序後新增列的變數名稱，其中「統計成績_1」變項欄置換遺漏值的方法採用「數列平均數」法，「統計成績_2」變項欄置換遺漏值的方法採用「點上的線性趨勢法」、「課堂焦慮_1」變項欄置換遺漏值的方法採用「附近點的平均數法」，附近點變數設為 1。

置換遺漏值的操作程序如下：

㈠步驟 1

執行功能列「轉換(T)」／「置換遺漏值(V)」的程序，開啓「置換遺漏值）對話視窗。

㈡步驟 2

在左邊變數清單中將目標變數「統計成績」選入右邊「新變數」下的方格中→在「名稱與方法」方盒中之「名稱(A)」右邊的方格中鍵入新變數的名稱「統計成績_1」→在「方法(M)」右邊的下拉式選單中選取「數列平均數」，按『變更(H)』鈕，「新變數」下的方格中會出現「統計成績_1＝SMEAN（統計成績）」→按『確定』鈕。

【備註】：「新變數(N)」下的大方格中至少要選取一個目標變數，若有多個變數要同時置換遺漏值，可同時將這些目標變數點選至「新變數(N)」下的方格中。在遺漏值的置換方法上，SPSS 提供五種方式：⑴數列平均數：以有效觀察值之平均數作為遺漏值的數值；⑵附近點的平均數：以遺漏值前後的觀察值數值的平均數作為遺漏值的數值，如將「數目(U)」設定為 1，表示以遺漏值前後的一個觀察值數值的平均數作為遺漏值的數值，「數目(U)」設定

爲 2，表示以遺漏值前後的二個觀察值數值的平均數作爲遺漏值的數值；(3)附近點的中位數：以遺漏值前後的觀察值數值的中位數作爲遺漏值的數值，如將「數目(U)」設定爲 1，表示以遺漏值前後的一個觀察值數值的中位數作爲遺漏值的數值，「數目(U)」設定爲 3，表示以遺漏值前後的三個觀察值數值的中位數作爲遺漏值的數值；(4)線性內插法：置換原理與附近二點平均數的原理相同，會以遺漏值前後二筆觀察值數值的平均數來作爲遺漏值的數值；(5)點上線性趨勢：採用簡單線性迴歸方程原理，以資料的編號爲自變項，而以目標變數爲依變項，估計出迴歸預測值作爲遺漏值的數值。

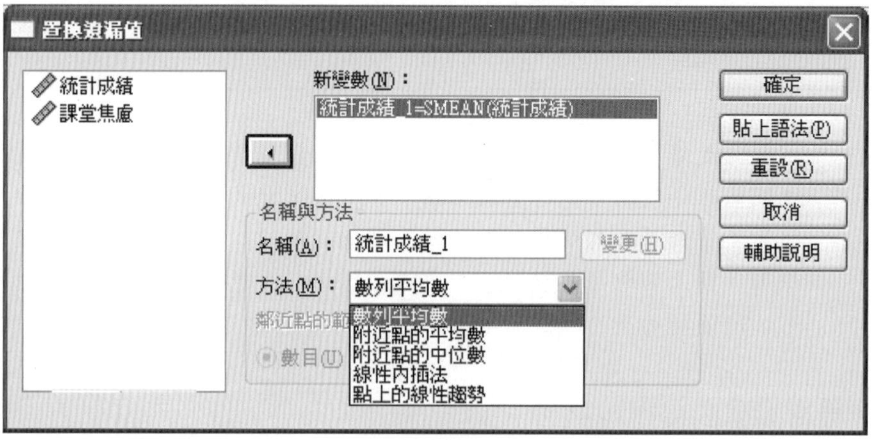

圖 2-46

在「名稱與方法」方盒中，採用置換遺漏值的方法爲「點上的線性趨勢」，新變數的「名稱」爲「統計成績_2」，按『變更(H)』鈕後，「新變數」下的方格中會出現「統計成績_2＝TREND（統計成績）」。採用「數列平均數」方法，九個有效觀察值在「統計成績」變數的敘述統計量，平均數爲 75.22，以數列平均數 75.22 作爲編號 04 在「統計成績_1」變項上的分數；採用點上的線性趨勢法，求得的預測值爲 75.31，編號 04 在「統計成績_2」變項上的分數爲 75.31。

圖 2-47

「課堂焦慮」遺漏值的置換方法，採用附近點的平均數，開啟「置換遺漏值」對話視窗，在左邊變數清單中將目標變數「課堂焦慮」選入右邊「新變數」下的方格中→在「名稱與方法」方盒中之「名稱(A)」右邊的方格中鍵入新變數的名稱「課堂焦慮_1」→在「方法(M)」右邊的下拉式選單中選取「附近點的平均數」，按『變更(H)』鈕，「新變數」下的方格中會出現「課堂焦慮_1=MEAN（課堂焦慮 1）」→按『確定』鈕。

圖 2-48

以編號 07 的觀察值而言，其上下一位觀察值（編號 06、編號 08）在「課堂焦慮」變數的測量值為 34、40，二者的平均數=（34+40）÷2=37，編號 07 觀察值鄰近點 1 個範圍數目觀察值的平均數為 37，因而編號 07 在新變數「課堂焦慮_1」的測量值為 37.00。採用「附近點的平均數」來置換

遺漏值，目標編號前後有一個觀察值也爲遺漏值，則置換遺漏值的功能會失效，就編號 02 觀察值而言，其上一個觀察值（編號 01）爲遺漏值、下一個觀察值（編號 03）的測量值爲 34，由於上下觀察值中有一個觀察值爲遺漏值，故新變數「課堂焦慮_1」的測量值也爲遺漏值。

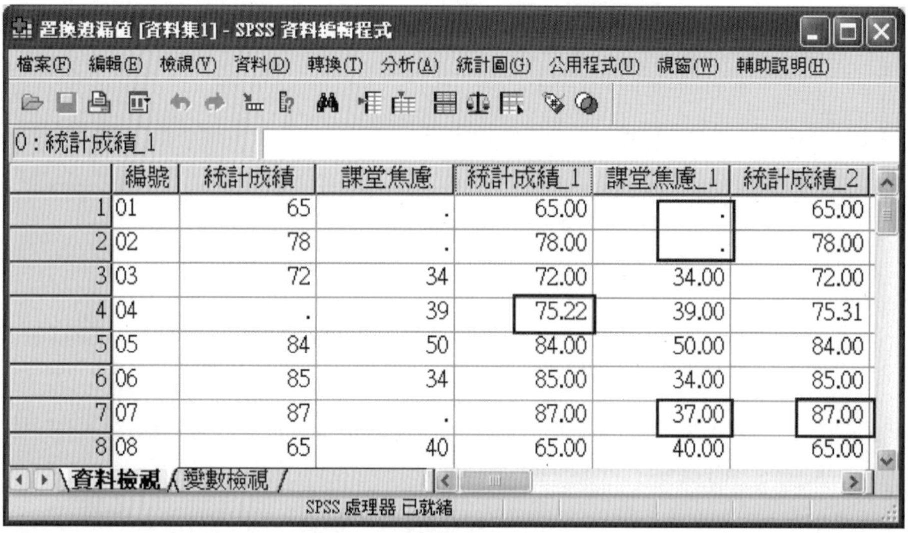

	編號	統計成績	課堂焦慮	統計成績_1	課堂焦慮_1	統計成績_2
1	01	65	.	65.00	.	65.00
2	02	78	.	78.00	.	78.00
3	03	72	34	72.00	34.00	72.00
4	04	.	39	75.22	39.00	75.31
5	05	84	50	84.00	50.00	84.00
6	06	85	34	85.00	34.00	85.00
7	07	87	.	87.00	37.00	87.00
8	08	65	40	65.00	40.00	65.00

圖 2-49

置換遺漏值的方法是當樣本觀察值在少數幾個題項上沒有作答或遺漏，將這些樣本觀察值的問卷作爲無效問卷可能會浪費許多有用的資訊，因而可採用置換遺漏值的方法，將其在少數幾個沒有作答的題項置換成較有可靠性的數據。若是某一樣本觀察值在問卷上有許多題項沒有作答或遺漏，則此份問卷最好將之視爲「無效卷」處理，而不要採用置換遺漏值的方法，將其在變項空缺的數據補上，因爲這樣的操作，可能會使統計分析結果有所偏誤。樣本塡答之問卷是否爲有效卷，在資料鍵入之前，研究者要加以判斷篩選，若是偏向於單一式的固定塡答或多數題項沒有塡答，則最好將之視爲無效問卷。

2-8 資料整合

「資料整合」（aggregate）可以將一個或多個類別變項的觀察值在其他變項上進行加總的工作，此功能有結合分割檔案與其他統計分析的操作程序。以下述資料檔變數爲例，在一個教師工作壓力、工作滿意與組織承諾

關係的研究中，背景變項有三個：教師性別，變數名稱為「性別」，水準數值1為男生、2為女生；服務學校規模的大小，變數名稱為「學校規模」，水準數值1為大型學校、2為中型學校、3為小型學校，教師的年齡，變數名稱為「年齡」，三個量表測得的分數變項名稱分別為「工作壓力」、「工作滿意」、「組織承諾」。資料檔格式如表2-29：

表 2-29

性別	學校規模	年齡	工作壓力	工作滿意	組織承諾
1	3	35	39	24	68
1	3	24	26	15	65
2	1	25	25	12	35

在原始資料檔中，研究者要依不同教師性別與服務學校規模的教師，分別統計年齡在30歲以下人次百分比、觀察值在工作壓力量表得分在28分以上人次百分比、觀察值在工作滿意量表得分的平均數、觀察值在組織承諾量表得分之標準差，其操作程序如下：

一、操作說明

(一)步驟1

執行功能列「資料(D)」／「整合(A)...」程序，開啟「整合資料」對話視窗→在左邊變數清單中將二個目標類別變數「性別」、「學校規模」點選至右邊「分段變數(B)」下的方格中→在左邊變數清單中將要進行總計的四個變數：年齡、工作壓力、工作滿意、組織承諾點選至右邊「變數摘要(S)」下的方格中。

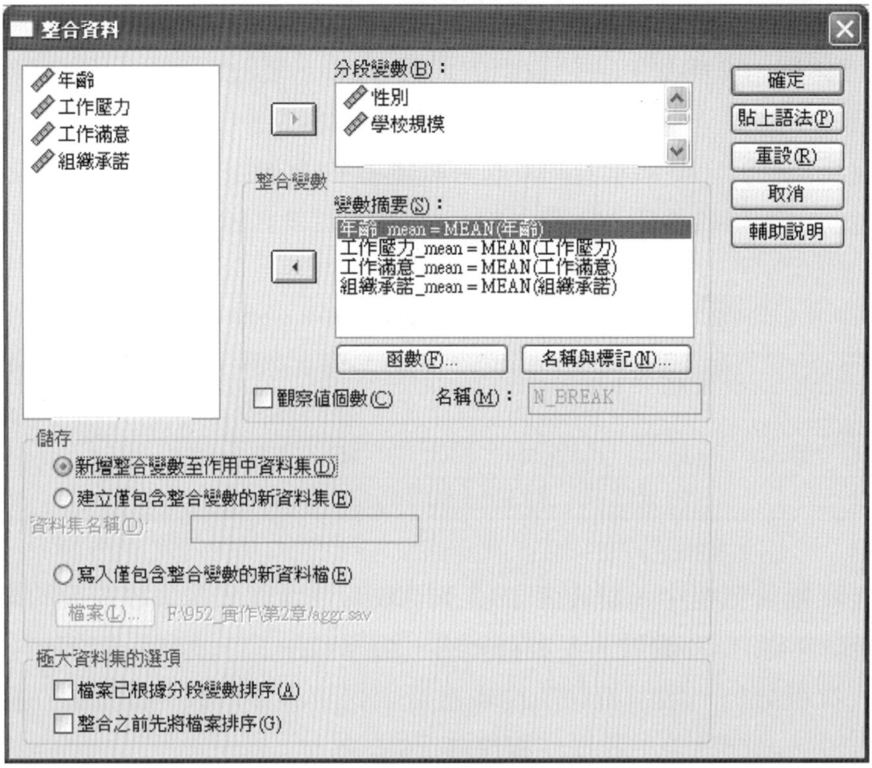

圖 2-50

（二）步驟 2

在右邊「變數摘要(S)」下的方格中，選取「年齡_mean=MEAN（年齡）」選項，按『函數(F)...』鈕，開啟「整合資料：整合函數」次對話視窗，在「百分比」方盒中選取「◉下(B)」，右邊「數值(V)」之右方格中鍵入 30，表示年齡在 30 歲以下的百分比→按『繼續』鈕，回到「整合資料」對話視窗。

在右邊「變數摘要(S)」下的方格中，選取「工作壓力_mean=MEAN（工作壓力）」選項，按『函數(F)...』鈕，開啟「整合資料：整合函數」次對話視窗，在「百分比」方盒中選取「◉上(B)」，右邊「數值(V)」之右方格中鍵入 28，表示工作壓力測量值在 28 分以上的百分比→按『繼續』鈕，回到「整合資料」對話視窗。

在右邊「變數摘要(S)」下的方格中，選取「組織承諾_mean=MEAN（組織承諾）」選項，按『函數(F)...』鈕，開啟「整合資料：整合函數」次對話視窗，在「摘要統計量」方盒中選取「◉標準差(S)」→按『繼續』鈕，回到「整合資料」對話視窗。

資料檔的管理與轉換

【備註】：在整合函數的內定函數中為「平均數」，所以四個整合變數的統計函數均為「MEAN」，新的總計變數為原來變數加底線再加函數名稱，四個預設的總計變項名稱均為計算原始變項的平均數，其初始變項與設定為：「年齡_mean=MEAN（年齡）」、「工作壓力_mean=MEAN（工作壓力）」、「工作滿意_mean=MEAN（工作滿意）」、「組織承諾_mean=MEAN（組織承諾）」。

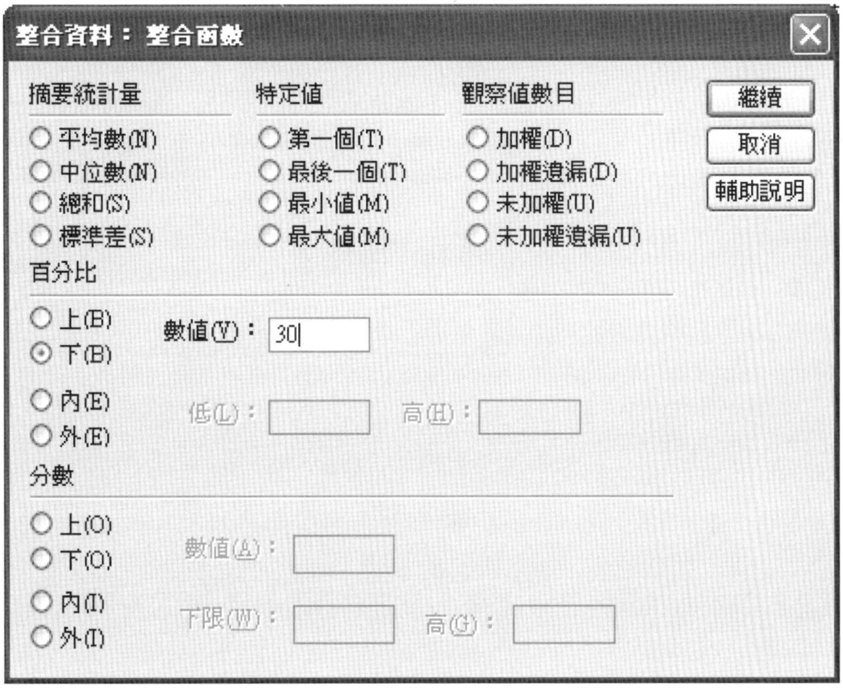

整合資料：整合函數

摘要統計量
- 平均數(N)
- 中位數(N)
- 總和(S)
- 標準差(S)

特定值
- 第一個(T)
- 最後一個(T)
- 最小值(M)
- 最大值(M)

觀察值數目
- 加權(D)
- 加權遺漏(D)
- 未加權(U)
- 未加權遺漏(U)

繼續
取消
輔助說明

百分比
- 上(B)
- 下(B)   數值(V)：30
- 內(E)   低(L)：   高(H)：
- 外(E)

分數
- 上(O)
- 下(O)   數值(A)：
- 內(I)   下限(W)：   高(G)：
- 外(I)

圖 2-51

(三)步驟 3

　　「變數摘要」中的新變數名稱，會根據選取的函數不同而命名，若是使用者要重新命名各新變數名稱，可選取各選項，按『名稱與標記(N)...』鈕，開啟「整合資料：變數名稱與標記」次對話視窗，在此對話視窗，可以重新設定總計變項的變項名稱與變項標記說明→勾選「☑觀察值個數(C)」，在「名稱(M)」方格中鍵入個數的變項名稱：「人次」（內定的變數名稱為 N_BREAK），此功能可總計各區段內觀察值的個數總和。

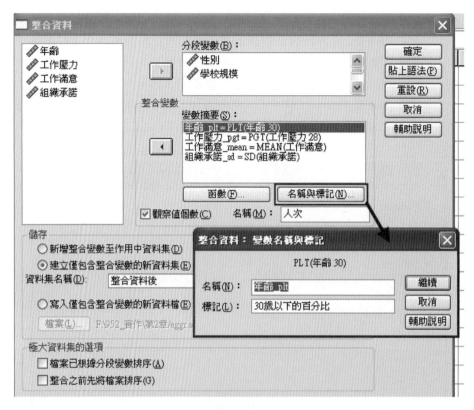

圖 2-52

上述四個變項的函數設定完後，呈現各函數相對應的符號如表 2-30：

表 2-30

變數摘要（S）	新變數	變數函數條件說明
年齡_plt=PLT（年齡 30）	年齡_plt	PLT（年齡 30）→年齡變項 30 以下的百分比
工作壓力_pgt=PGT（工作壓力 28）	工作壓力_pgt	PGT（工作壓力 28）→工作壓力變項數值 28 以上的百分比
工作滿意_mean=MEAN（工作滿意）	工作滿意_mean	MEAN（工作滿意）→求工作滿意的平均數
組織承諾_sd=SD（組織承諾）	組織承諾_sd	SD（組織承諾）→求組織承諾的標準差

㈣操作 4

在下方「儲存」方盒中，選取「⊙建立僅包含整合變數的新資料集(E)」，在「資料集名稱(D)」後的方格中鍵入總計後的新資料檔名稱，如「整合資

料後」→按『確定』鈕。

【備註】：「儲存」方盒中提供三個總計變數儲存的選項：「◎新增整合變數至作用中資料集(D)」：總計的新變數直接增列於原始資料檔的後面；「◎建立僅包含整合變數的新資料集(E)」：總計的新變數會另存於一個新資料集中，新的資料檔檔名研究中可以自訂；「◎寫入僅包含整合變數的新資料檔(E)」：總計的新變數會另存於一個新資料集中，新資料檔預設的檔名為「aggr.sav」。若是資料檔觀察值很大，在「極大資料集的選項」方盒中提供二個選項供使用者勾選：「檔案已根據分段變數排序(A)」、「整合之前先將檔案排序(G)」，在實務應用上，使用者最好勾選「◎整合之前先將檔案排序(G)」，此選項不論原資料檔是否已根據分段類別變數排序好，大型資料檔皆可快速執行總計工作。

二、輸出結果

原始資料檔進行總計後，產生一個包括七個變項的資料檔。以第一筆觀察值為例：在樣本觀察值中，性別為男生（水準數值1）、服務於大型學校的教師（水準數值1）的人次共有15位。在這15位教師中，年齡在30齡以下的人數占73.3%、工作壓力測量值得分在28分以上者占33.3%，工作滿意量表的平均數為20.13、組織承諾量表的標準差為9.91。以第四筆觀察值為例：在樣本觀察值中，性別為女生（水準數值1）、服務於大型學校的教師（水準數值1）的人次共有17位。在這17位教師中，年齡在30齡以下的人數占23.5%、工作壓力測量值得分在28分以上者占88.2%，工作滿意量表的平均數為22.53、組織承諾量表的標準差為10.29。

表 2-31

性別	學校規模	年齡_plt	工作壓力_pgt_1	工作滿意_mean_1	組織承諾_sd	人次
1	1	73.3	33.3	20.13	9.91	15
1	2	13.3	53.3	19.87	8.79	15
1	3	7.1	71.4	26.71	10.42	14
2	1	23.5	88.2	22.53	10.29	17
2	2	0.0	42.9	19.36	8.59	14
2	3	6.7	53.3	25.80	9.02	15

第三章

資料檢核與轉換範例

3-1 知識管理調查問卷

在一份企業組織知識管理調查問卷中，基本資料的變項有三個：「性別」變項，水準數值1為男生、水準數值2為女生；「教育程度」變項，水準數值1為國小、水準數值2為國中、水準數值3為高中職、水準數值4為專科大學、水準數值5為研究所；「服務年資」變項，水準數值1為5年以下、水準數值2為6-10年、水準數值3為11-15年、水準數值4為16-20年、水準數值5為21年以上。知識管理量表經預試效度分析，建構效度包含二個層面（構念），因素一包含題項1至題項6，因素命名為「知識獲取」；因素二包含題項7至題項10，因素命名為「知識流通」，題項1至題項10所測量的特質，共同因素稱為「知識管理」。十題知識管理量表題項中有二題反向題：第6題與第9題。

表 3-1

企業組織知識管理調查問卷

一、基本資料

1. 我的性別：□男生　　□女生
2. 我的教育程度：□國小　□國中　□高中職　□專科大學　□研究所
3. 我的服務年資：□5年以下　□6-10年　□11-15年　□16-20年　□21年以上

二、知識管理

	非常不同意 ← → 非常同意
1. 我覺得公司常請專家學者來授課或派員到外界接受訓練。	□ □ □ □ □
2. 我覺得公司有設置各種知識庫或書面資料等供員工學習。	□ □ □ □ □
3. 我覺得公司常透過教育訓練方式傳授工作的知能與技術。	□ □ □ □ □
4. 我覺得公司員工常會把經驗心得用口語、書面、實做表達。	□ □ □ □ □
5. 我覺得公司會注重資料的蒐集、分析與分類並加予儲存。	□ □ □ □ □
6. 我覺得公司員工不善用資訊科技尋找工作相關知識。	□ □ □ □ □
7. 我覺得公司員工常會將所獲得的知識在工作中嘗試。	□ □ □ □ □
8. 我覺得公司員工常用電腦設備與網路系統傳遞內部資訊。	□ □ □ □ □
9. 我覺得公司未建置多元溝通管道來與員工或外界傳遞資訊。	□ □ □ □ □
10. 我覺得公司經常採用各種不同的方法改善工作的流程。	□ □ □ □ □

上述知識管理調查問卷包含二大部分，第一部分為樣本的基本資料，第二部分為包含十個題項的知識管理量表。資料檔的變項編碼如表 3-2：

表 3-2

編號	性別	教育程度	服務年資	a1	a2	a3	a4	a5	a6	a7	a8	a9	a10
01													
02													

一、基本資料的檢核

執行功能列「分析(A)」／「敘述統計(E)」／「次數分配表(F)」程序，開啟「次數分配表」對話視窗，在左邊變數清單中將三個背景變項：性別、教育程度、服務年資選入右邊「變數(V)」下的方格中→按『確定』鈕。

進行背景變項的次數分配表統計分析程序後，其輸出結果如下：

表 3-3　統計量

		性別	教育程度	服務年資
個數	有效的	55	55	55
	遺漏值	0	0	0

三個背景變項：性別、教育程度、服務年資的統計量中，有效觀察值樣本均為 55 個、遺漏值 0 個，原始資料檔中沒有遺漏值出現。次數分配表中所輸出的統計量摘要中沒有遺漏值，並不表示研究者輸入資料檔的數值是正確的，背景變項中沒有遺漏值表示所有樣本在三個背景變項上均有一個相對應的數值或文字，此數值或文字是否正確必須經過檢核歷程。如樣本在性別變項的直欄中，其正確的數值應是 1（男生）或 2（女生），此時若是將某樣本在性別變項直欄中鍵入 33，此數值雖是錯誤的，但原始統計量摘要表中呈現之「有效的」列的數據也為 55。

次數分配表

表 3-4　性別

		次數	百分比	有效百分比	累積百分比
有效的	男生	33	60.0	60.0	60.0
	女生	20	36.4	36.4	96.4
	3	2	3.6	3.6	100.0
	總和	55	100.0	100.0	

在上述性別變項的次數分配表中，性別變項的水準數值與標記中，水準數值 1 為男生、水準數值 2 為女生，在系統設定中，「輸出標記」次對話視窗內預設標記中的變數值顯示為「標記」，因而水準數值會出現男生、女生，但水準數值 3 並未設定標記，因而直接呈現水準數值。由於性別變項的水準數值中沒有 3 選項，而 3 又未被設成遺漏值，表示 2 筆觀察值中的性別變項數值有輸入錯誤，這二筆輸入錯誤的觀察值的處理方式有二：一為找出相對應的問卷編號，更改為正確的數值；二為將鍵入錯誤的數值設為遺漏值，若是資料檔樣本觀察值較多，則直接將少數鍵入錯誤數值之觀察值設定為遺漏值較為方便。

表 3-5　教育程度

		次數	百分比	有效百分比	累積百分比
有效的	國小	2	3.6	3.6	3.6
	國中	14	25.5	25.5	29.1
	高中職	17	30.9	30.9	60.0
	專科大學	21	38.2	38.2	98.2
	研究所	1	1.8	1.8	100.0
	總和	55	100.0	100.0	

從教育程度變項的次數分配中得知並沒有鍵入錯誤的資料，水準數值範圍介於 1 至 5 間，由於各水準數值均有設定標記（水準數值的註解），因而輸出表格會以水準數值標記代替水準數值。從次數分配中可以看出，樣本觀察值中教育程度為國小的觀察值只有二筆、而教育程度為研究所的觀察值只有一筆，在之後的變異數分析中，如要探究不同教育程度在知識管理知覺上的差異，因為各組樣本數差距較大，可能造成統計分析結果的偏誤，此時最好將組別合併。範例中可將國小組與國中組合併，專科大學組

與研究所組合併,教育程度由原先五分類別變項,合併為三分類別變項:
國中以下、高中職、專科大學以上(或大專以上)。

表 3-6　服務年資

		次數	百分比	有效百分比	累積百分比
有效的	5 年以下	12	21.8	21.8	21.8
	6-10 年	13	23.6	23.6	45.5
	11-15 年	15	27.3	27.3	72.7
	16-20 年	13	23.6	23.6	96.4
	21 年以上	2	3.6	3.6	100.0
	總和	55	100.0	100.0	

從服務年資變項的次數分配中得知並沒有鍵入錯誤的資料,水準數值
範圍介於 1 至 5 間,由於各水準數值均有設定標記(水準數值的註解),因
而輸出表格會以水準數值標記代替水準數值。從次數分配中可以看出,樣
本觀察值中服務年資在 21 年以上的觀察值只有二筆,若要探究不同服務年
資在知識管理知覺上的差異比較,服務年資合併為四組較為適切,將「16-20
年」組與「21 年以上」組合併,合併後的四個服務年資水準數值與標記為:
水準數值 1 為「5 年以下」、水準數值 2 為「6-10 年」、水準數值 3 為「11-15
年」、水準數值 4 為「16 年以上」。

二、基本資料的轉換

在問卷基本資料檢核後,研究者要對樣本在基本資料的輸出結果加以
校正,背景變項的校正工作包括二個部分,一為更正各背景變項鍵入錯誤
數值,二為將背景變項中某些變項組別人數較少的水準加以合併,不要讓
組別間的差異過度懸殊,若是類別變項水準數值的樣本觀察值差距過大,
在進行相關母數統計檢定中會造成結果偏誤。

(一)性別變項的處理

由於性別變項的水準數值中出現 3,因而可將水準數值 3 設為遺漏值。
在資料編輯視窗中,切換到「變數檢視」工作視窗,在「性別」變項列之
「遺漏」值欄儲存格「右邊」上按一下,會出現「　…　」符號,同時開啟
「遺漏值」對話視窗,選取「◉離散遺漏值」選項,在第一個方格中輸入
「3」→按『確定』鈕。

【備註】：在「性別」變項列之「遺漏」值欄儲存格中按一下，只會出現「⋯」符號，並不會立即開啟「遺漏值」對話視窗，此時，只要在「⋯」符號上按一下，即可開啟「遺漏值」對話視窗。

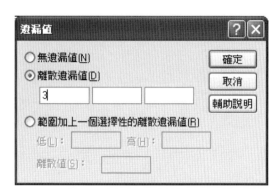

圖 3-1

㈡教育程度組別的合併

教育程度變項的合併由原先的五組變為三組，變項數值水準的轉換為如表 3-7。

表 3-7

原先數值水準	水準數值標記	新數值水準	新水準數值標記
1	國小	1	
2	國中	1	國中以下
3	高中職	2	高中職
4	專科大學	3	
5	研究所	3	專科大學以上

在背景基本資料變項的處理上，研究者最好能保留舊的變項，以便日後研究之用，此時在變項轉換上可採用重新編碼成不同變數，而不要將其編碼成同一變數，因為在樣本觀察值背景變項的呈現上，研究者除呈現原始隨機取樣調查之結果外，也要呈現變項某些水準數值合併後的新結果。但若是量表題項反向題的反向計分程序，題項變數轉換上採用重新編碼成同一變數反而較為方便。教育程度水準數值重新編碼的操作程序如下：

1. **步驟 1**

   執行功能列「轉換(T)」／「重新編碼(R)」／「成不同變數(D)」的程序，出現「重新編碼成不同變數」對話視窗。

2. **步驟 2**

   將左邊變數清單的目標變數「教育程度」點選至右邊「數值變數(V)-->輸出變數」下的方格中→在「輸出之新變數」方盒中「名稱(N)」下的方格鍵入新分組變數名稱「newedu」、「標記(L)」下的方格中輸入變數的標記「教育程度重編」→按『變更(C)』鈕，於「數值變數(V)-->輸出變數」下的方格中，文字由「教育程度-->?」變更為「教育程度-->newedu」→按『舊值與新值(O)...』鈕，開啟「重新編碼成不同變數：舊值與新值」次對話視窗。

3. **步驟 3**

   左邊「舊值」方盒中點選第一個選項『◉數值(V)』，在其下的方格中輸入原資料檔中的水準數值「1」→右邊「新值為」方盒中，點選『◉數值(L)』，在其右邊的方格中鍵入「1」→按『新增(A)』鈕，「舊值-->新值(D)」下的方盒中會出現「1--> 1」的訊息。

   →左邊「舊值」方盒中點選第一個選項『◉數值(V)』，在其下的方格中輸入原資料檔中的水準數值「2」→右邊「新值為」方盒中，點選『◉數值(L)』，在其右邊的方格中鍵入「1」→按『新增(A)』鈕，「舊值-->新值(D)」下的方盒中會出現「2--> 1」的訊息。

   →左邊「舊值」方盒中點選第一個選項『◉數值(V)』，在其下的方格中輸入原資料檔中的水準數值「3」→右邊「新值為」方盒中，點選『◉數值(L)』，在其右邊的方格中鍵入「2」→按『新增(A)』鈕，「舊值-->新值(D)」下的方盒中會出現「3--> 2」的訊息。

   →左邊「舊值」方盒中點選第一個選項『◉數值(V)』，在其下的方格中輸入原資料檔中的水準數值「4」→右邊「新值為」方盒中，點選『◉數值(L)』，在其右邊的方格中鍵入「3」→按『新增(A)』鈕，「舊值-->新值(D)」下的方盒中會出現「4--> 3」的訊息。

   →左邊「舊值」方盒中點選第一個選項『◉數值(V)』，在其下的方格中輸入原資料檔中的水準數值「5」→右邊「新值為」方盒中，點選『◉數值(L)』，在其右邊的方格中鍵入「3」→按『新增(A)』鈕，「舊值-->新值(D)」下的方盒中會出現「5--> 3」的訊息→按『繼續』鈕→按『確定』鈕。

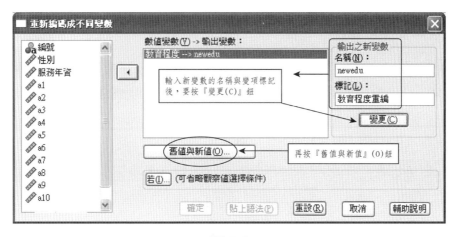

圖 **3-2**

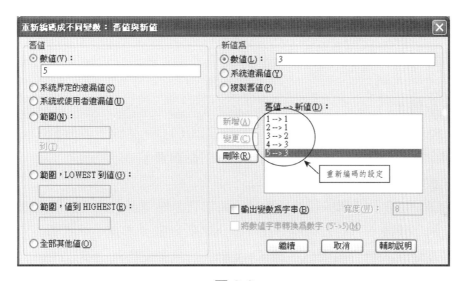

圖 **3-3**

「舊值-->新值(D)」下的方盒中所進行重新編碼的設定說明如表 3-8。

表 **3-8**

重新編碼設定	編碼界定意義說明
1-->1	變項原始水準數值為 1 者轉換為水準數值為 1
2-->1	變項原始水準數值為 2 者轉換為水準數值為 1
3-->2	變項原始水準數值為 3 者轉換為水準數值為 2
4-->3	變項原始水準數值為 4 者轉換為水準數值為 3
5-->3	變項原始水準數值為 5 者轉換為水準數值為 3
轉號符號表示=>	舊變項的數值水準-->新變項的數值水準

㈢服務年資變項組別的合併

服務年資變項的合併由原先的五組變為四組,變項數值水準的轉換為如表 3-9。

表 3-9

原先數值水準	水準數值標記	新數值水準	新水準數值標記
1	5 年以下	1	5 年以下
2	6-10 年	2	6-10 年
3	11-15 年	3	11-15 年
4	16-20 年	4	16 年以上
5	21 年以上	4	

服務年資變項重新編碼的操作程序如下:

1. **步驟 1**

   執行功能列「轉換(T)」/「重新編碼(R)」/「成不同變數(D)」的程序,出現「重新編碼成不同變數」對話視窗。

2. **步驟 2**

   將左邊變數清單的目標變數「服務年資」點選至右邊「數值變數(V)-->輸出變數」下的方格中→在「輸出之新變數」方盒中「名稱(N)」下的方格鍵入新分組變數名稱「newser」、「標記(L)」下的方格中輸入變數的標記「服務年資重編」→按『變更(C)』鈕,於「數值變數(V)-->輸出變數」下的方格中,文字由「服務年資-->?」變更為「服務年資-->newser」→按『舊值與新值(O)...』鈕,開啟「重新編碼成不同變數:舊值與新值」次對話視窗。

3. **步驟 3**

   左邊「舊值」方盒中點選第一個選項『⊙數值(V)』,在其下的方格中輸入原資料檔中的水準數值「1」→右邊「新值為」方盒中,點選『⊙數值(L)』,在其右邊的方格中鍵入「1」→按『新增(A)』鈕,「舊值-->新值(D)」下的方盒中會出現「1--> 1」的訊息。

   →左邊「舊值」方盒中點選第一個選項『⊙數值(V)』,在其下的方格中輸入原資料檔中的水準數值「2」→右邊「新值為」方盒中,點選『⊙

數值(L)』，在其右邊的方格中鍵入「2」→按『新增(A)』鈕，「舊值--
>新值(D)」下的方盒中會出現「2-->2」的訊息。

→左邊「舊值」方盒中點選第一個選項『◉數值(V)』，在其下的方格中
輸入原資料檔中的水準數值「3」→右邊「新值為」方盒中，點選『◉
數值(L)』，在其右邊的方格中鍵入「3」→按『新增(A)』鈕，「舊值--
>新值(D)」下的方盒中會出現「3-->3」的訊息。

→左邊「舊值」方盒中點選第一個選項『◉數值(V)』，在其下的方格中
輸入原資料檔中的水準數值「4」→右邊「新值為」方盒中，點選『◉
數值(L)』，在其右邊的方格中鍵入「4」→按『新增(A)』鈕，「舊值--
>新值(D)」下的方盒中會出現「4-->4」的訊息。

→左邊「舊值」方盒中點選第一個選項『◉數值(V)』，在其下的方格中
輸入原資料檔中的水準數值「5」→右邊「新值為」方盒中，點選『◉
數值(L)』，在其右邊的方格中鍵入「4」→按『新增(A)』鈕，「舊值--
>新值(D)」下的方盒中會出現「5-->4」的訊息。

→按『繼續』鈕，回到「重新編碼成不同變數」對話視窗→按『確定』
鈕。

圖 3-4

「舊值-->新值(D)」下的方盒中所進行重新編碼的設定說明如表 3-10：

表 3-10

重新編碼設定	編碼界定意義說明
1-->1	變項原始水準數值為 1 者轉換為水準數值為 1
2-->2	變項原始水準數值為 2 者轉換為水準數值為 2
3-->3	變項原始水準數值為 3 者轉換為水準數值為 3
4-->4	變項原始水準數值為 4 者轉換為水準數值為 4
5-->4	變項原始水準數值為 5 者轉換為水準數值為 4

在上述「3.步驟 3」的操作中，若是舊的水準數值與新的水準數值相同，「新值為」的方盒中也可以直接選取『◉複製舊值(P)』選項，表示新的水準數值直接複製舊的水準數值。此步驟的操作程序也可以使用以下的方式：

> →左邊「舊值」方盒中點選第一個選項『◉數值(V)』，在其下的方格中輸入原資料檔中的水準數值「5」→右邊「新值為」方盒中，點選『◉數值(L)』，在其右邊的方格中鍵入「4」→按『新增(A)』鈕，「舊值-->新值」下的方盒中會出現「5-->4」的訊息。

> →左邊「舊值」方盒中點選第一個選項『◉數值(V)』，在其下的方格中輸入原資料檔中的水準數值「1」→右邊「新值為」方盒中，點選『◉複製舊值(P)』選項→按『新增(A)』鈕，「舊值-->新值」下的方盒中會出現「1--> Copy」的訊息。

> →左邊「舊值」方盒中點選第一個選項『◉數值(V)』，在其下的方格中輸入原資料檔中的水準數值「2」→右邊「新值為」方盒中，點選『◉複製舊值(P)』選項→按『新增(A)』鈕，「舊值-->新值」下的方盒中會出現「2--> Copy」的訊息。

> →左邊「舊值」方盒中點選第一個選項『◉數值(V)』，在其下的方格中輸入原資料檔中的水準數值「3」→右邊「新值為」方盒中，點選『◉複製舊值(P)』選項→按『新增(A)』鈕，「舊值-->新值」下的方盒中會出現「3--> Copy」的訊息。

> →左邊「舊值」方盒中點選第一個選項『◉數值(V)』，在其下的方格中輸入原資料檔中的水準數值「4」→右邊「新值為」方盒中，點選『◉複製舊值(P)』選項→按『新增(A)』鈕，「舊值-->新值」下的方盒中會出現「4--> Copy」的訊息。

→按『繼續』鈕，回到「重新編碼成不同變數」對話視窗→按『確定』
鈕。

圖 **3-5**

「舊值-->新值(D)」下的方盒中所進行重新編碼的設定說明如表 3-11。

表 **3-11**

重新編碼設定	編碼界定意義說明
5-->4	變項原始水準數值為 5 者轉換為水準數值為 4
1-->Copy	變項原始水準數值為 1 者轉換為水準數值為 1
2-->Copy	變項原始水準數值為 2 者轉換為水準數值為 2
3-->Copy	變項原始水準數值為 3 者轉換為水準數值為 3
4-->Copy	變項原始水準數值為 4 者轉換為水準數值為 4
【備註】：Copy 的意義表示新變項水準數值直接複製舊變項的水準數值，在重新編碼成不同變數的操作中，新變項部分水準數值直接複製舊變項的水準數值，其轉換操作程序也要設定，否則這些沒有設定轉換的水準數值之觀察值會變為遺漏值。	

重新執行背景變項：性別、newedu（變項標記為教育程度重編）、newser
（變項標記為服務年資重編）的次數分配表如表 3-12。

表 **3-12** 性別

		次數	百分比	有效百分比	累積百分比
有效的	男生	33	60.0	62.3	62.3
	女生	20	36.4	37.7	100.0
	總和	53	96.4	100.0	
遺漏值	3	2	3.6		
總和		55	100.0		

在性別變項中，水準數值 3 已設為遺漏值，全部有效樣本觀察值為 53

個，男生有 33 位、女生 20 位，其有效百分比分別為 62.3%、37.7%。性別變項水準數值等於 3 的錯誤觀察值有二筆，占全部樣本觀察值（=55）的 3..6%，因為這二筆觀察值是遺漏值，所以沒有呈現在「有效百分比」欄中。

表 3-13　教育程度重編

		次數	百分比	有效百分比	累積百分比
有效的	國中以下	16	29.1	29.1	29.1
	高中職	17	30.9	30.9	60.0
	專科大學以上	22	40.0	40.0	100.0
	總和	55	100.0	100.0	

在重新編碼後的教育程度變項（變項名稱為 newedu、變項標記為教育程度重編）有三個水準，水準數值 1 為國中以下組，為原先國小組與國中組樣本觀察值的合併（=2+14=16），水準數值 2 為高中職的樣本觀察值，水準數值 3 為專科大學以上，為原先專科大學組與研究所組樣本觀察值的合併（=21+1=22）。

表 3-14　服務年資重編

		次數	百分比	有效百分比	累積百分比
有效的	5 年以下	12	21.8	21.8	21.8
	6-10 年	13	23.6	23.6	45.5
	11-15 年	15	27.3	27.3	72.7
	16 年以上	15	27.3	27.3	100.0
	總和	55	100.0	100.0	

在重新編碼後的服務年資變項（變項名稱為 newser、變項標記為服務年資重編）有四個水準，水準數值 4 為 16 年以上組，此水準數值的觀察值為原先 16-20 年組及 21 年以上組樣本觀察值的合併（=13+2=15），重新編碼後的服務年資變項為四分類別變項，四個水準組別的樣本觀察值人數差異較小。

三、知識管理量表的檢核

(一)問卷題項的檢核

由於知識管理問卷題項採用的是李克特五點量表法，各題項的水準數值介於 1-5 間，最大值不能超過 5，最小值數值要在 1 以上、5 以下。因而如果題項的最大值大於 5，表示資料檔有鍵入錯誤。

要檢核各題項的最小值、最大值等統計量，最簡易的方法是執行描述性統計量程序：執行功能列「分析(A)」／「敘述統計(E)」／「描述性統計量(D)」程序，開啟「描述性統計量」對話視窗，在左邊變數清單中將目標變數a1、a2、……、a9、a10 十個題項選入右邊「變數(V)」下的方格中，採用內定「選項(O)」格式（包含平均數、標準差、最小值、最大值四個選項）→按『確定』鈕。

表 3-15　敘述統計

	個數	最小值	最大值	平均數	標準差
a1	55	1	5	3.53	1.289
a2	55	1	5	2.11	1.100
a3	55	1	5	3.56	1.167
a4	55	1	5	2.25	1.190
a5	55	1	5	2.73	1.209
a6	55	1	5	2.18	.964
a7	55	1	5	3.24	1.053
a8	55	1	6	4.07	1.260
a9	55	1	5	2.80	1.471
a10	55	1	5	3.16	1.475
有效的 N（完全排除）	55				

上表 3-15 為執行描述性統計量的輸出報表，其中除題項第八題（a8）外，其餘九個題項的最小值為 1，最大值為 5，最大值數值沒有大於 5 以上者，表示這九個題項資料鍵入的數值無誤。由於受試者知覺感受的不同，因而雖然採用李克特五點量表作答，但或許全部觀察值在某個題項均沒有勾選「非常不同意」的選項，因而最小值在理論上為 1，但實際於統計分析時可能大於 1，至於最大值的數值不能超過 5，若是某個題項變數最大值數值超過 5，表示此題項的觀察值中有輸入錯誤的資料。如題項第八題（變項

163

名稱a8）數值的最大值為6，顯示第八題題項的資料鍵入中至少有一筆觀察值有錯誤，至於有幾筆觀察值的數值輸入錯誤，此時無法得知，因而需再配合「次數分配表」的執行結果，查看有多少筆的資料錯輸入錯誤。若是研究者的態度或特質量表採用的是李克特六點量表法，則每個題項變數的數值的最小值不能小於1、最大值不能大於6。

表 3-16　a8

		次數	百分比	有效百分比	累積百分比
有效的	1	2	3.6	3.6	3.6
	2	6	10.9	10.9	14.5
	3	9	16.4	16.4	30.9
	4	9	16.4	16.4	47.3
	5	27	49.1	49.1	96.4
	6	2	3.6	3.6	100.0
	總和	55	100.0	100.0	

在次數分配表中，變項 a8 的數據中，水準數值為 6 者出現二次，表示有二筆觀察值資料有錯誤。若研究者不想將這二筆樣本觀察值設為遺漏值，可以利用「尋找」工具鈕功能，找出變項 a8 的數值內容為 6 的儲存格，並尋找出相對應的編號問卷加以更改。操作程序如下：

1. **步驟 1**

   在「資料檢視」工作視窗中，將滑鼠移向變項 a8 的儲存格上，此時滑鼠游標會變為「⬇」符號，在變項 a8 的儲存格上按一下以選取變項 a8 直行的所有數值內容。

2. **步驟 2**

   按「尋找」 🔍 工具鈕，或執行功能列「編輯(E)」／「尋找(F)」程序，開啟「在變數中找尋資料 a8」對話視窗，在「尋找內容」右邊的方格內輸入目標數值「6」→按『找下一筆』鈕，如找到數值內容 6，則該儲存格會由黑底框變為白底框，記下相對應的問卷編號，此時若將滑鼠在「資料檢視」工作視窗之白底框上按一下，可直接更改數值為 6 的儲存格內容→再按『找下一筆』鈕，以尋找數值為 6 的第二筆觀察值。

【備註】：範例資料檔中，變項a8二筆數值為6的觀察值編號分別06、10，假設查詢相對應的原始問卷編號，二筆觀察值勾選的選項為第二個□，因而更改後的數據均為 2。在原始資料檔的建檔中，先不用管題項是否為反向題，研

究者先將全部題項作為正向題來鍵入資料檔，之後，若有反向題再進行反向計分的程序，SPSS對於題項反向計分也提供「重新編碼」的功能，此選單的對話視窗可以簡易進行反向題的反向計分。

圖 3-6

(二)反向題的反向計分

知識管理問卷十個題項中，有二個題項為反向題，分別為第六題與第九題：「06.我覺得公司員工<u>不善用</u>資訊科技尋找工作相關知識」、「09.我覺得公司<u>未建置</u>多元溝通管道來與員工或外界傳遞資訊」，在進行層面加總與總分加總之前，必須將這二題反向題反向計分。由於量表填答採用李克特五點量表格式：「非常不同意」←———→「非常同意」，五個勾選□選項的計分分別給予 1、2、3、4、5，反向計分的結果分別轉換為 5、4、3、2、1，相對的數值轉換為：「1-->5」、「2-->4」、「3-->3」、「4-->2」、「5-->1」。反向題反向計分的操作如下：

1. **步驟 1**

   執行功能列「轉換(T)」／「重新編碼(R)」／「成同一變數(S)」的程序，開啟「重新編碼成同一變數」對話視窗。

2. **步驟 2**

   將左邊變數清單的目標變數「a6」、「a9」點選至右邊「數值變數(V)」下的方格中→按『舊值與新值(O)...』鈕，開啟「重新編碼成同一變數：舊值與新值」次對話視窗。

圖 3-7

3. 步驟 3

左邊「舊值」方盒中點選第一個選項『⊙數值(V)』，在其下的方格中輸入原資料檔中的水準數值「1」→右邊「新值爲」方盒中，點選『⊙數值(L)』，在其右邊的方格中鍵入「5」→按『新增(A)』鈕，「舊值-->新值(D)」下的方盒中會出現「1--> 5」的訊息。

→左邊「舊值」方盒中點選第一個選項『⊙數值(V)』，在其下的方格中輸入原資料檔中的水準數值「2」→右邊「新值爲」方盒中，點選『⊙數值(L)』，在其右邊的方格中鍵入「4」→按『新增(A)』鈕，「舊值-->新值(D)」下的方盒中會出現「2--> 4」的訊息。

→左邊「舊值」方盒中點選第一個選項『⊙數值(V)』，在其下的方格中輸入原資料檔中的水準數值「3」→右邊「新值爲」方盒中，點選『⊙數值(L)』，在其右邊的方格中鍵入「3」→按『新增(A)』鈕，「舊值-->新值(D)」下的方盒中會出現「3--> 3」的訊息。

→左邊「舊值」方盒中點選第一個選項『⊙數值(V)』，在其下的方格中輸入原資料檔中的水準數值「4」→右邊「新值爲」方盒中，點選『⊙數值(L)』，在其右邊的方格中鍵入「2」→按『新增(A)』鈕，「舊值-->新值(D)」下的方盒中會出現「4--> 2」的訊息。

→左邊「舊值」方盒中點選第一個選項『⊙數值(V)』，在其下的方格中輸入原資料檔中的水準數值「5」→右邊「新值爲」方盒中，點選『⊙數值(L)』，在其右邊的方格中鍵入「1」→按『新增(A)』鈕，「舊值-->新值(D)」下的方盒中會出現「5--> 1」的訊息。

→按『繼續』鈕，回到「重新編碼成不同變數」對話視窗→按『確定』鈕。

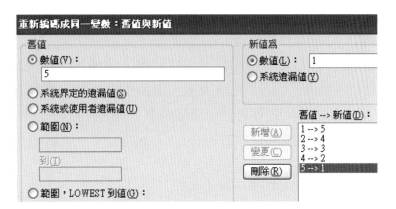

圖 3-8

「舊值-->新值(D)」下的方盒中所進行重新編碼的設定說明如表 3-17。

表 3-17

重新編碼設定	編碼界定意義說明
1-->5	變項原始水準數值為 1 者，轉換為水準數值為 5
2-->4	變項原始水準數值為 2 者，轉換為水準數值為 4
3-->3	變項原始水準數值為 3 者，轉換為水準數值為 3
4-->2	變項原始水準數值為 4 者，轉換為水準數值為 2
5-->1	變項原始水準數值為 5 者，轉換為水準數值為 1

若是量表型態為六點量表，「舊值-->新值(D)」下的方盒中所進行重新編碼的設定如表 3-18。

表 3-18

重新編碼設定	編碼界定意義說明
1-->6	變項原始水準數值為 1 者，轉換為水準數值為 6
2-->5	變項原始水準數值為 2 者，轉換為水準數值為 5
3-->4	變項原始水準數值為 3 者，轉換為水準數值為 4
4-->3	變項原始水準數值為 4 者，轉換為水準數值為 3
5-->2	變項原始水準數值為 5 者，轉換為水準數值為 2
6-->1	變項原始水準數值為 6 者，轉換為水準數值為 1

四、知識管理量表層面的加總

問卷調查中，若是某種特質、態度、行為或心理知覺等潛在構念的調查，在分析時不能逐題分析，因為單一題項所要測量的不足以代表某一潛在特質或構念，此種潛在特質或構念的測量通常包含數個題項，這些屬性相似的題項所要測量的共同特質稱為建構效度，建構效度中的層面測量值是數個題項的加總分數。以「知識獲取」層面而言，此層面構念共包含六個題項，而「知識流通」層面則包含四個題項，在進行相關統計分析之前，要先進行層面題項的加總。

㈠「知識獲取」層面的加總

「知識獲取」層面為題項變數 a1、a2、a3、a4、a5、a6 六題的加總。

1. 步驟 1

執行功能列「轉換(T)」／「計算(C)」的程序，開啟「計算變數」對話視窗。

2. 步驟 2

在左邊「目標變數(T)」下的方格中輸入新變數的變項名稱「知識獲取」，在右邊的「數值運算式(E)」下的大方格中鍵入知識管理量表中六個題項的加總：「a1+a2+a3+a4+a5+a6」→按『確定』鈕。

【備註】：題項的加總除可用數學四則運算符號中的「+」號串聯變項外，也可以使用 SPSS 內定函數「SUM」，「SUM」的加總語法為「SUM（?,?,?,....）」，?號為變項名稱，上述「知識獲取」層面六個題項的加總以函數「SUM」表示為：「SUM a1,a2,a3,a4,a5,a6）」。如果題項的編碼是有次序性，所謂有次序性的變項前面的變項名稱相同，後面為連續性的數字，如 ACT1、ACT2、ACT3、……或 LIKE1、LIKE2、LIKE3、……，或 B1、B2、B3……，或 A01、A02、A03……，或 A1_1、A1_2、A1_3……，或 Mana_1、Mana_2、Mana_3……。在總分加總方面若使用「SUM」函數，可以簡化為以下語法表示式：「SUM（起始變項 TO 結束變項）」，其中括號內的關鍵字「TO」大小寫均可，起始變項與關鍵字 TO 間至少要空一格，關鍵字 TO 與結束變項間至少也要空一格。「SUM」函數之關鍵字大小寫均可以，關鍵字「TO」大小寫均可，但均不可以使用全形字。

因而「知識獲取」層面的加總的數值運算式也可以簡化為：「SUM（a1 TO a6）」。

SUM 函數與算術四則運算也可以合併使用，如一份有 30 個題項的「生活壓力量表」，其中第 1 題至第 5 題、第 7 題、第 8 題、第 10 題為「學業壓

力」層面，在學業壓力層面總分的加總方面，其數值運算式可以表示為：

數值運算式一：「A01+A02+A03+A04+A05+A07+A08+A10」

數值運算式二：「SUM（A01 TO A05）+A07+A08+A10」

數值運算式三：「SUM（A01 TO A10）-A06-A09」

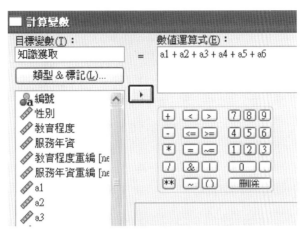

圖 3-9

㈡「知識流通」層面的加總

「知識流通」層面為題項變數 a7、a8、a9、a10 四題的加總。

1. **步驟 1**

執行功能列「轉換(T)」／「計算(C)」的程序，開啟「計算變數」對話視窗。

2. **步驟 2**

在左邊「目標變數(T)」下的方格中輸入新變數的變項名稱「知識流通」，在右邊的「數值運算式(E)」下的大方格中鍵入知識管理量表四個題項的加總：「SUM（a7,a8,a9,a10）」→按『確定』鈕。

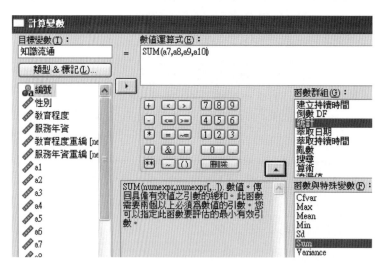

圖 **3-10**

㈢「知識管理」總量表的加總

　　「知識管理」總量表為題項變數a1、a2、a3、a4、a5、a6、a7、a8、a9、a10十題的加總。在知識管理總量表的加總方面也可以使用之前加總後的二個層面變數，數值運算式直接使用二個層面變數的加總：「知識獲取」＋「知識流通」。

1. **步驟 1**

　　執行功能列「轉換(T)」／「計算(C)」的程序，開啟「計算變數」對話視窗。

2. **步驟 2**

　　在左邊「目標變數(T)」下的方格中輸入新變數的變項名稱「知識管理」，在右邊的「數值運算式(E)」下的大方格中鍵入知識管理量表四個題項的加總：「SUM（a1 TO a10）」→按『確定』鈕。

圖 3-11

五、計算層面單題的平均

㈠求「知識獲取」層面單題平均

在統計分析中，研究者若要探究觀察值在每個層面單題平均的得分，要以各層面變數除以層面包含的題項數，層面單題的平均得分可以看出觀察值對構念特質的知覺感受到何種程度，以「工作滿意」層面而言，採用李克特五點量表法，五個選項為「非常同意」、「多數同意」、「一半同意」、「少數同意」、「非常不同意」，若是層面單題平均得分為 4.30，表示樣本觀察值勾選的選項介於「非常同意」、「多數同意」之間，取樣樣本平均有較高的工作滿意度；如果層面單題平均得分為 1.25，表示樣本觀察值勾選的選項介於「少數同意」、「非常不同意」，取樣樣本平均工作滿意度偏低。

1. **步驟 1**

   執行功能列「轉換(T)」／「計算(C)」的程序，開啟「計算變數」對話視窗。

2. **步驟 2**

   在左邊「目標變數(T)」下的方格中輸入新變數的變項名稱「獲取平均」，在右邊的「數值運算式(E)」下的大方格中鍵入知識獲取層面的單題平均之算術式：「知識獲取/ 6」，操作時在左邊變數清單將目標變數「知識獲取」變項點選至右邊「數值運算式(E)」下的方格中，在變項後面利用小算盤點選「/6」→按『確定』鈕。

圖 3-12

㈡求「知識流通」層面單題平均

1. 步驟 1

執行功能列「轉換(T)」／「計算(C)」的程序，開啟「計算變數」對話視窗。

2. 步驟 2

在左邊「目標變數(T)」下的方格中輸入新變數的變項名稱「流通平均」，在右邊的「數值運算式(E)」下的大方格中鍵入知識流通層面的單題平均之算術式：「知識流通／4」→按『確定』鈕。

圖 3-13

㈢求「知識管理」量表單題平均

1. 步驟 1

執行功能列「轉換(T)」／「計算(C)」的程序，開啟「計算變數」對話視窗。

2. **步驟 2**

在左邊「目標變數(T)」下的方格中輸入新變數的變項名稱「管理平均」，在右邊的「數值運算式(E)」下的大方格中鍵入知識管理量表的單題平均之算術式：「知識管理/ 10」→按『確定』鈕。

圖 3-14

六、求出知識管理量表的描述性統計量

求出變項描述性統計量步驟：執行功能列「分析(A)」／「敘述統計(E)」／「描述性統計量(D)」程序，開啟「描述性統計量」對話視窗，在左邊變數清單中將目標變數「知識獲取」、「知識流通」、「知識管理」、「獲取平均」、「流通平均」、「管理平均」等六個選入右邊「變數(V)」下的方格中，採用內定「選項(O)」格式（包含平均數、標準差、最小值、最大值四個選項）→按『確定』鈕。

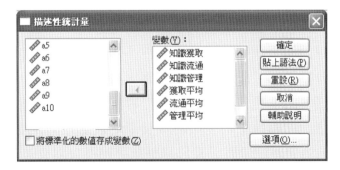

圖 3-15

表 3-19　敘述統計

	個數	最小值	最大值	平均數	標準差
知識獲取	55	10	25	16.36	3.556
知識流通	55	9	18	13.27	2.256
知識管理	55	22.00	41.00	29.6364	4.73507
獲取平均	55	1.67	4.17	2.7273	.59262
流通平均	55	2.25	4.50	3.3182	.56408
管理平均	55	2.20	4.10	2.9636	.47351
有效的 N（完全排除）	55				

　　由於「知識獲取」與「知識流通」層面所包含的題項數不相同，因而若要進行層面間的比較，無法從層面（構念）所呈現的平均數加以比較，在上述之描述性統計量輸出結果摘要表中，「知識獲取」層面的平均數為 16.36，樣本觀察值得分的最小值為 10、最大值為 25、標準差為 3.556；「知識流通」層面的平均數為 13.27，樣本觀察值得分的最小值為 9、最大值為 18、標準差為 2.256，「知識獲取」層面的平均數高於「知識流通」層面的平均數，但此種比較毫無意義，因為「知識獲取」層面包含的題項數有 6 題，「知識流通」層面包含的題項數只有 4 題，多數觀察值在 6 題測量值的總和會比在 4 題的測量值的總和還大，因而全體觀察值在「知識獲取」層面得分之平均數值自然會較高。

　　若要進行層面間的比較，或查看樣本觀察值在知識管理量表知覺的填答情形，可以求出樣本觀察值在層面或總量表得分之平均單題的描述性統計量。以上表為例，55 位樣本觀察值在「知識獲取」層面的單題平均得分為 2.7273、在「知識流通」層面的單題平均得分為 3.3182，樣本觀察值在「知識流通」層面的單題平均得分高於在「知識獲取」層面的單題平均得分，至於二個分數間的差異是否達到顯著，必須加以檢定，採用的方法為「相依／成對樣本的 t 檢定」，如果研究者沒有針對平均數的差異加以檢定，無法得知層面間單題平均變數的二個平均數之差異是否達到統計上的顯著水準。就知識管理總量表而言，其單題平均得分為 2.9636，介於選項 2 至 3 之間，換成百分等級為（2.9636-1）÷（5-1）=.4909=49.09%，表示樣本觀察值對每個題項所描述的情形，平均同意的百分比約為 50%。

3-2 求測驗成績百分等級

在測驗成績的轉換上，有時研究者會使用到相對地位量數，二種常用的相對地位量數一為百分等級與百分位數，二為標準分數。百分等級（percentile rank）係指觀察值在某個測量變項上的測量值或分數在團體中所占的等級為多少，亦即在 100 個人的群體中，該測量值或分數是排在第幾個等級，百分等級通常以 PR 表示，若是觀察值數學成績的 PR=80，表示在 100 個人的群體，樣本觀察值的分數可以贏過 90 個人，PR=50，表示在 100 個人的群體，樣本觀察值的分數可以贏過 50 個人，此時樣本觀察值的分數也就是中位數。

百分位數（percentile point）指的是在群體中居某一個百分等級時的分數或測量值，以符號 P_P 表示，如 P_{80}=75，表示樣本觀察值的百分等級為 PR=80，在 100 個人的群體中他想贏過 80 人，數學測驗成績必須考 75 分，P_{80}=75 也表示第 80 個百分位數的分數是 75 分。百分等級變項屬於「次序變項」，單位並不相等，因而不能進行四則運算，百分等級 PR 最高數值為 PR=99，而非 PR=100，因為當 PR=99 時，表示樣本觀察值的分數或測量值在 100 個人贏過 99 人，包含自己剛好 100 人，此時樣本觀察值的名次為第一名。

【研究問題】

在之前隨機抽取二班五十位學生，求出每位樣本之數學成績的百分等級。

一、操作程序一──等級觀察值的操作

執行功能列「轉換(T)」／「等級觀察值(K)」程序，開啟「等級觀察值」對話視窗，在左邊變數清單中將目標變數「數學」選入右邊「變數(V)」下的方格中，左下角「等級 1 指定給」方盒中選取「⊙最小值」選項→按『等級類型(K)...』鈕，開啟「等級觀察值：類型」次對話視窗，勾選「☑分數等級以%表示（%）」選項→按『繼續』鈕→按『確定』鈕。

圖 3-16

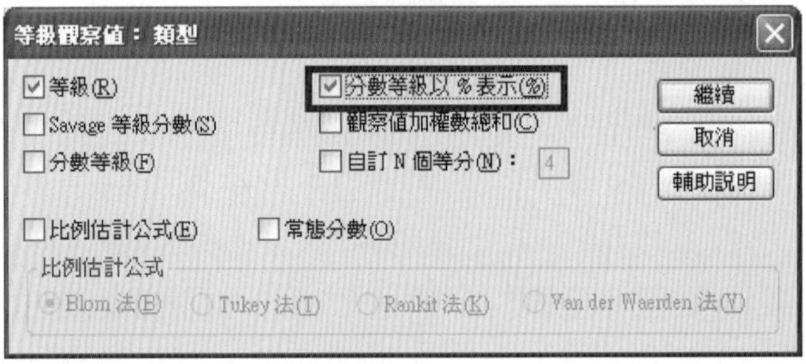

圖 3-17

二、輸出結果——等級觀察值

執行等級觀察值程序後，變數「數學」的百分等級轉換過程的輸出結果直接增列於原始資料檔中。在資料檔會以「R 變數名稱」作為新等級變數，而以「P變數名稱」作為百分等級變數，以第一位樣本觀察值而言，數學原始分數為 60 分，等級變項為 9，表示名次為倒數第 9 名，百分等級 PR=18，以第二位樣本觀察值而言，數學原始分數為 42 分，等級變項為 1，表示名次為群體中的最後一名，百分等級 PR=2。

圖 3-18

三、操作程序二——次數分配表的操作

執行功能表「分析(A)」／「敘述統計(E)」／「次數分配表(F)」程序，
開啓「次數分配表」對話視窗，在左邊變數清單中將目標變數「數學」選
入右邊「變數(V)」下的方格中→按『統計量(S)...』鈕，開啓「次數分配表：
統計量」次對話視窗，勾選「☑百分位數(P)」選項，在其後的方格中輸入
100，按『新增(A)』鈕→按『繼續』鈕→按『確定』鈕。

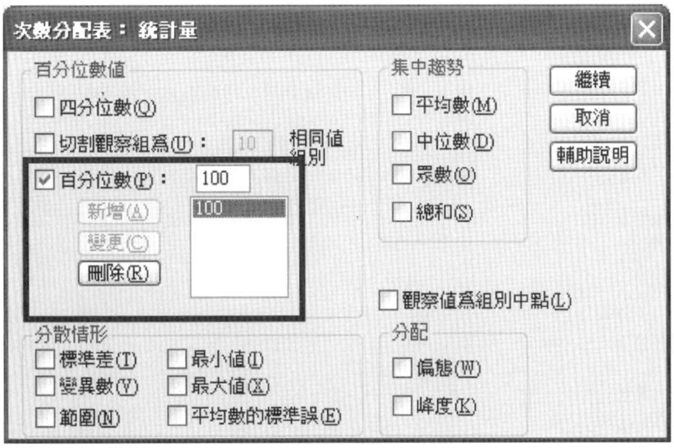

圖 3-19

四、輸出結果──次數分配表

表 3-20　數學

		次數	百分比	有效百分比	累積百分比
有效的	42	1	2.0	2.0	2.0
	55	3	6.0	6.0	8.0
	56	1	2.0	2.0	10.0
	57	3	6.0	6.0	16.0
	60	1	2.0	2.0	18.0
	62	1	2.0	2.0	20.0
	64	1	2.0	2.0	22.0
	65	2	4.0	4.0	26.0
	67	1	2.0	2.0	28.0
	68	1	2.0	2.0	30.0
	70	1	2.0	2.0	32.0
	71	4	8.0	8.0	40.0
	72	1	2.0	2.0	42.0
	74	1	2.0	2.0	44.0
	75	3	6.0	6.0	50.0
	76	2	4.0	4.0	54.0
	78	4	8.0	8.0	62.0
	82	1	2.0	2.0	64.0
	84	2	4.0	4.0	68.0
	85	2	4.0	4.0	72.0
	87	4	8.0	8.0	80.0
	89	1	2.0	2.0	82.0
	91	1	2.0	2.0	84.0
	92	2	4.0	4.0	88.0
	94	1	2.0	2.0	90.0
	95	1	2.0	2.0	92.0
	97	1	2.0	2.0	94.0
	98	1	2.0	2.0	96.0
	99	1	2.0	2.0	98.0
	100	1	2.0	2.0	100.0
	總和	50	100.0	100.0	

　　上表 3-20 為執行次數分配表所輸出的百分等級摘要表，和等級觀察值輸出結果的差別在於執行等級觀察值程序後之結果會增列變數於原始資料

檔中，而執行次數分配表程序的結果會輸出於「SPSS 瀏覽器」視窗中，其中最後一欄「累積百分比」爲各分數的百分等級，以測量値爲 42 分的觀察値而言，其百分等級 PR=2，而測量値爲 60 分的觀察値而言，其百分等級 PR=18，結果和執行等級觀察値程序相同。

如果要產生百分等級分數，在「次數分配表：統計量」次對話視窗中，要勾選「☑切割觀察値(U)」選項，後面的空格中輸入 100 即可。

3－3 「計算」與「重新編碼」綜合應用

【研究問題】

某位心理學者想探究高中生的人格特質與其生活壓力之關係，對隨機抽取的樣本施予人格特質量表與生活壓力量表，在原始人格特質量表的計分方面，四種人格特質類型題項分別加總計分，每種人格特質類型構念原始分數爲 1 至 9 分。在統計分析時，必須比較受試者在四種人格特質傾向的得分，而將每位受試者歸之於一類的人格類型，最後人格類型的歸類爲受試者在原始四種人格特質傾向的得分最高者。四種人格特質傾向分爲 A、B、C、D，四個原始人格特質傾向變項名稱爲「人格 A」、「人格 B」、「人格 C」、「人格 D」，合併後的人格特質變項名稱爲「人格類型」，其水準數值介於 1 至 4 之間，水準數值 1 者的數值標記爲「A 人格特質」、水準數值 2 者的數值標記爲「B 人格特質」、水準數值 3 者的數值標記爲「C 人格特質」、水準數值 4 者的數值標記爲「D 人格特質」。若是原始四個人格特質傾向變項有同分者，則此受試者爲多重人格特質者，在「人格類型」變項中歸於遺漏值。

表 3-21 數據爲前面六名受試者在原始四個人格特質傾向變項的分數及轉換設定增列的變項。

表 3-21

人格 A	人格 B	人格 C	人格 D	人格 A_0	人格 B_0	人格 C_0	人格 D_0	人格類型
8	2	5	6	1	0	0	0	1
5	3	6	7	0	0	0	4	4
6	9	6	8	0	2	0	0	2
7	5	9	5	0	0	3	0	3
8	7	6	9	0	0	0	4	4
9	8	7	8	1	0	0	0	1

一、增列人格類型四個暫時變項

㈠增列符合「人格類型 A」的觀察值

執行功能列「轉換」／「計算(C)」的程序,開啓「計算變數」對話視窗。
→在左邊「目標變數(T)」下的方格中輸入符合人格類型 A 條件的變項
名稱:「人格A_0」,在右邊的「數值運算式(E)」下的方格中鍵入新變
數條件設定:
「(人格 A>人格 B)&(人格 A>人格 C)&(人格 A>人格 D)」。
→按『繼續』鈕→按『確定』鈕。

【備註】:上述計算程序表示觀察值符合(人格 A>人格 B)&(人格 A>
人格 C)&(人格 A>人格 D)條件者,變數「人格 A_0」的數
值爲 1,否則爲 0,變數「人格 A_0」爲二分類別變項,水準數
值爲 0、1。

圖 3-20

㈡增列符合「人格類型 B」的觀察值

執行功能列「轉換」／「計算(C)」的程序,開啓「計算變數」對話視窗。
→在左邊「目標變數(T)」下的方格中輸入符合人格類型 B 條件的變項
名稱:「人格B_0」,在右邊的「數值運算式(E)」下的方格中鍵入新變
數條件設定:
「(人格 B>人格 A)&(人格 B>人格 C)&(人格 B>人格 D)」。
→按『繼續』鈕→按『確定』鈕。

【備註】:上述計算程序表示觀察值符合(人格 B>人格 A)&(人格 B>
人格 C)&(人格 B>人格 D)條件者,變數「人格 B_0」的數
值爲 1,否則爲 0,變數「人格 B_0」爲二分類別變項,水準數
值爲 0、1。

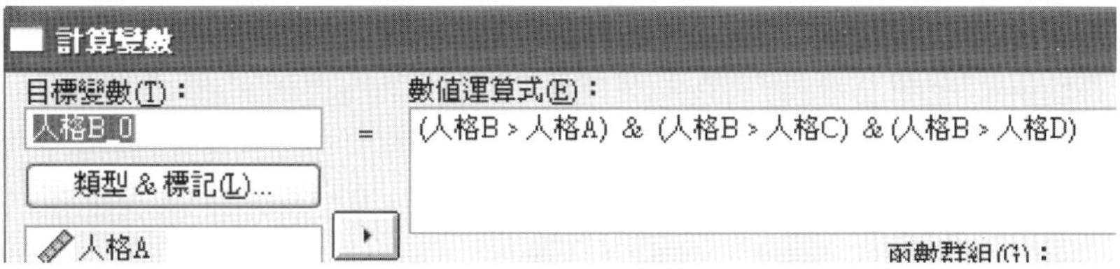

圖 3-21

㈢增列符合「人格類型 C」的觀察值

執行功能列「轉換」／「計算(C)」的程序,開啓「計算變數」對話視窗。
→在左邊「目標變數(T)」下的方格中輸入符合人格類型 C 條件的變項
名稱:「人格C_0」,在右邊的「數值運算式(E)」下的方格中鍵入新變
數條件設定:

「(人格 C>人格 A) & (人格 C>人格 B) & (人格 C>人格 D)」。

→按『繼續』鈕→按『確定』鈕。

【備註】:上述計算程序表示觀察值符合(人格 C > 人格 A) & (人格 C >
人格 B) & (人格 C > 人格 D)條件者,變數「人格 C_0」的數
值爲 1,否則爲 0,變數「人格 C_0」爲二分類別變項,水準數
值爲 0、1。

■ 計算變數

目標變數(T):　　　　數值運算式(E):

人格C_0　　＝　(人格C > 人格A) & (人格C > 人格B) & (人格C > 人格D)

類型 & 標記(L)...

圖 3-22

㈣增列符合「人格類型 D」的觀察值

執行功能列「轉換」／「計算(C)」的程序,開啓「計算變數」對話視窗。
→在左邊「目標變數(T)」下的方格中輸入符合人格類型 D 條件的變項
名稱:「人格D_0」,在右邊的「數值運算式(E)」下的方格中鍵入新變
數條件設定:

「(人格 D>人格 A) & (人格 D>人格 B) & (人格 D>人格 C)」。

→按『繼續』鈕→按『確定』鈕。

【備註】：上述計算程序表示觀察值符合（人格 D > 人格 A）&（人格 D > 人格 B）&（人格 D > 人格 C）條件者，變數「人格 D_0」的數值為 1，否則為 0，變數「人格 D_0」為二分類別變項，水準數值為 0、1。

圖 3-23

二、將變數「人格 B_0」、「人格 C_0」、「人格 D_0」重新編碼

㈠將變數「人格 B_0」重新編碼，水準數值由 1 編碼為 2

→執行功能列「轉換(T)」／「重新編碼(R)」／「成同一變數(S)」的程序，開啟「重新編碼成同一變數」對話視窗。

→將左邊變數清單的目標變數「人格 B_0」點選至右邊「數值變數(V)」下的方格中→按『舊值與新值(O)...』鈕，開啟「重新編碼成同一變數：舊值與新值」次對話視窗。

—→左邊「舊值」方盒中點選第一個選項『◉數值(V)』，在其下的方格中輸入原資料檔中的水準數值「1」→右邊「新值為」方盒中，點選『◉數值(L)』，在其右邊的方格中鍵入「2」→按『新增(A)』鈕，「舊值-->新值(D)」下的方盒中會出現「1-->2」的訊息→按『繼續』鈕→按『確定』鈕。

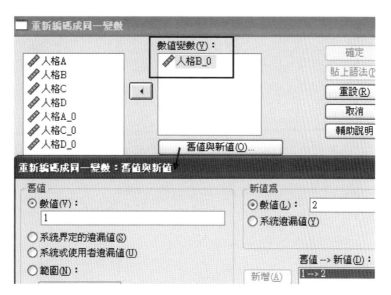

圖 3-24

㈡將變數「人格 C_0」重新編碼，水準數值由 1 編碼為 3

→執行功能列「轉換(T)」／「重新編碼(R)」／「成同一變數(S)」的程序，開啟「重新編碼成同一變數」對話視窗。

→將左邊變數清單的目標變數「人格 C_0」點選至右邊「數值變數(V)」下的方格中→按『舊值與新值(O)...』鈕，開啟「重新編碼成同一變數：舊值與新值」次對話視窗。

一→左邊「舊值」方盒中點選第一個選項『◉數值(V)』，在其下的方格中輸入原資料檔中的水準數值「1」→右邊「新值為」方盒中，點選『◉數值(L)』，在其右邊的方格中鍵入「3」→按『新增(A)』鈕，「舊值-->新值(D)」下的方盒中會出現「1-->3」的訊息→按『繼續』鈕→按『確定』鈕。

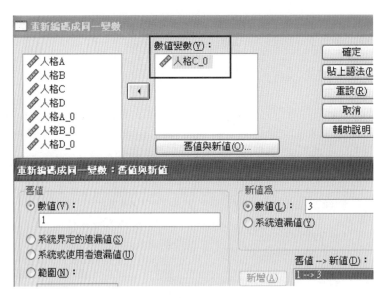

圖 3-25

㈢將變數「人格 D_0」重新編碼，水準數值由 1 編碼為 4

→執行功能列「轉換(T)」／「重新編碼(R)」／「成同一變數(S)」的程序，開啟「重新編碼成同一變數」對話視窗。

→將左邊變數清單的目標變數「人格 D_0」點選至右邊「數值變數(V)」下的方格中→按『舊值與新值(O)...』鈕，開啟「重新編碼成同一變數：舊值與新值」次對話視窗。

─→左邊「舊值」方盒中點選第一個選項『◉數值(V)』，在其下的方格中輸入原資料檔中的水準數值「1」→右邊「新值為」方盒中，點選『◉數值(L)』，在其右邊的方格中鍵入「4」→按『新增(A)』鈕，「舊值-->新值(D)」下的方盒中會出現「1-->4」的訊息→按『繼續』鈕→按『確定』鈕。

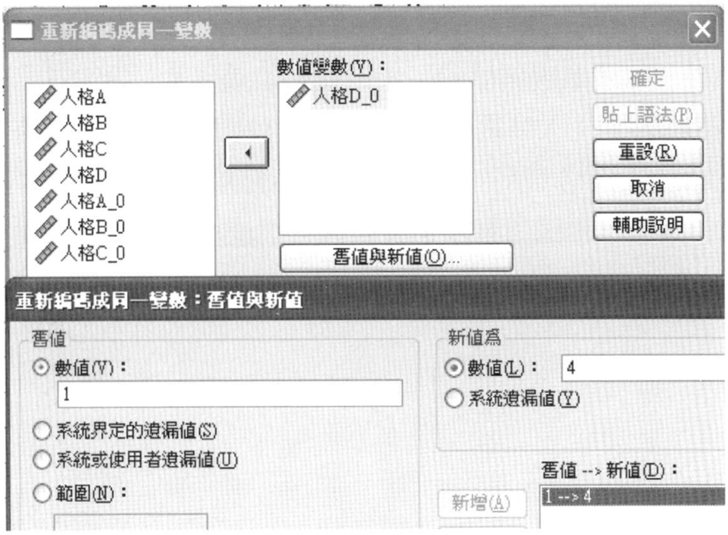

圖 **3-26**

三、將四個增列編碼的變數加總

> 執行功能列「轉換」／「計算(C)」的程序，開啟「計算變數」對話視窗。
> →在左邊「目標變數(T)」下的方格中輸入人格類型的變項名稱：「人格類型」，在右邊的「數值運算式(E)」下的方格中鍵入新變數的組合條件：「人格 A_0＋人格 B_0＋人格 C_0＋人格 D_0」。
> →按『繼續』鈕→按『確定』鈕。

圖 **3-27**

四、刪除增列的四個暫時條件變項

上述操作後，在資料檔會新增五個變項：「人格 A_0」、「人格 B_0」、「人格 C_0」「人格 D_0」、「人格類型」，前四個變項在統計分析程序中不會使用到，研究者可將之刪除，在「SPSS 資料編輯程式」視窗中，切換到「變數檢視」工作視窗，選取「人格 A_0」、「人格 B_0」、「人格 C_0」

「人格 D_0」四個變項，執行功能表「編輯(E)」/「清除(E)」程序。之後設定「人格類型」的水準數值標記：水準數值 1 為「A 人格特質」、水準數值 2 為「B 人格特質」、水準數值 3 為「C 人格特質」、水準數值 4 為「D 人格特質」，由於「人格類型」屬於四分名義變項，在探究樣本人格特質在生活壓力的差異時，可採用單因子變異數分析或單因子多變量變異數分析。

第四章

敘述統計量

敘述統計可以將蒐集的原始資料（raw data）經整理後變成有意義的資訊或統計量，資料處理的方法包括以次數分配表呈現、以圖示表示、以資料的各項統計量表示等，不同的變項尺度有不同的呈現方式，量表、分數等連續變項（等距或比率變數）通常會以統計量或圖示表示；而類別變項或次序變項通常會以次數分配表或圖示表示。

4-1 次數分配表

【探究問題】

求出數學成績五個等第各組的人數，並以長條圖及直方圖表示，等第變項名稱為「等第_1」，水準數值1為「>=90」、水準數值2為「80-89」、水準數值3為「70-79」、水準數值4為「60-69」、水準數值5為「<=59」，相關的數據資料如本章【附錄】。

一、操作程序

(一)步驟1

執行功能列「分析(A)」／「敘述統計(E)」／「次數分配表(F)」程序，開啟「次數分配表」對話視窗。

(二)步驟2

在左邊變數清單中將目標變項「等第_1」選入右邊「變數(V)」下的方格中，勾選左下角「☑顯示次數分配表」→按『確定』鈕。

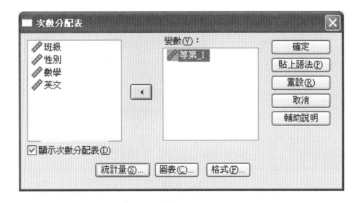

圖 4-1

在「次數分配表」對話視窗下方有三個按鈕次指令：『統計量(S)...』、『圖表(C)...』、「格式(F)...」，點選後可開啓次數分配表的次對話視窗。

1. 『統計量(S)...』鈕

按下此鈕後，可開啓「次數分配表：統計量」次對話視窗，視窗中的統計量包括百分位數值（四分位數或自訂百分位數）、集中趨勢（平均數、中位數、眾數、總和）、分散情形（標準差、變異數、範圍—全距、最小值、最大值、平均數的標準誤）、分配（偏態、峰度）等。在常態分配（對稱）的情況下，平均數=中位數=眾數，此時偏態係數等於0。偏態係指大部分的數值落在平均數的某一邊，係數指的是變項分配的對稱程度，如果偏態係數小於0，則稱爲負偏態（或稱左偏態分配）（negatively skewed）；相反的，若是偏態係數大於0，則稱爲正偏態（或稱右偏態分配）（positively skewed），負偏態分配中分數多集中在高數值方面，此時，平均數<中位數<眾數，正偏態分配中分數多集中在低數值方面，此時，平均數>中位數>眾數。峰度表示的是次數分配表中分配是平坦或陡峭程度，在常態分配（對稱）的情況下，峰度係數等於0，多數數值會集中在眾數附近，呈現的是對稱單峰鐘形曲線，如果峰度係數大於0，集中在眾數附近的數值更多，分散在兩側的數值個數較少，形成的分配稱爲「高狹峰」（leptokurtic）；相反的，分散在兩側的數值個數較多，而集中在眾數附近的數值反而較少，形成的分配稱爲「低闊峰」（mesokurtic）。

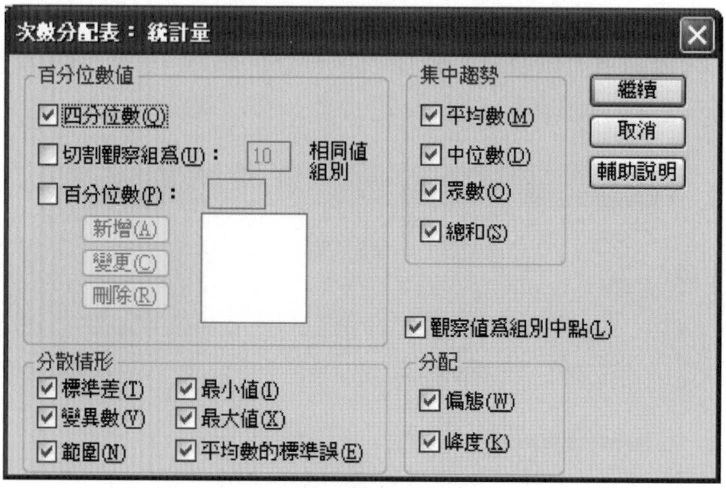

圖 4-2

2.『圖表(C)...』鈕

按下此鈕後，可開啓「次數分配表：圖表」次對話視窗，視窗中可以界定要輸出的圖表類型，及圖表值的設定。圖表類型方盒中有三種統計圖選項：「長條圖(B)」、「圓餅圖(P)」、「直方圖(H)」，若是選取「直方圖(H)」選項，還可界定是否要輸出常態分配曲線，若要輸出常態分配曲線，要勾選「☑附上常態曲線(W)」選項；如果選取「長條圖(B)」、「圓餅圖(P)」二個選項，圖形數值的呈現可以選取「次數分配表(F)」或「百分比(C)」。

在實務應用上，長條圖與圓餅圖通常用於間斷變項（類別變項或次序變項），而可附上常態分配曲線的直方圖則適用於連續變項，直方圖與長條圖在輸出圖表上差異為直方圖中的直方形與直方形間沒有間隔，表示數值為連續的；而長條圖中的每一長條與每一長條間有間隔，表示數值為間斷的。由於直方圖適用於連續變數（等距或比率變數），因而才能呈現樣本在測量值分配常態分配曲線圖；如果變項是名義或次序變項，就不用分析樣本在測量值的分配是否為常態分配。

圖 4-3

3.『格式(F)...』鈕

按下此鈕後，可開啓「次數分配表：格式」次對話視窗，內有二個方盒：方盒一為「順序依據」，其功能可以設定次數分配表的呈現方式，方盒內包括四個選項：「⊙依觀察值遞增排序(A)」、「依觀察值遞減排序(D)」、「依個數遞增排序(E)」、「依個數遞減排序(N)」，內定的選項為「⊙依觀察值遞增排序(A)」。在上述選項中如果勾選「依個數遞增排序(E)」或「依個數遞減排序(N)」選項，則次數分配表輸出表格

中，會依各水準數值中觀察值最少或最多的順序依次呈現，而不會依照變項水準數值的大小呈現。方盒二為「多重變數」，其功能可以設定多個變項的輸出方式，方盒內有二個選項：「⊙比較變數(C)」、「依變數組織輸出(O)」，前者在輸出次數分配表是多個變項並列，為SPSS預設選項，後者在輸出次數分配表是各個變項分別處理，二個選項輸出的報表結果差異不大。

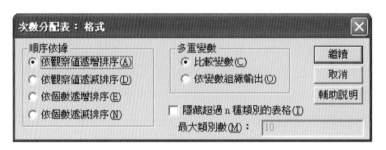

圖 4-4

二、輸出結果

表 4-1　等第_1

		次數	百分比	有效百分比	累積百分比
有效的	90>=	9	18.0	18.0	18.0
	80-89	10	20.0	20.0	38.0
	70-79	16	32.0	32.0	70.0
	60-69	7	14.0	14.0	84.0
	<=59	8	16.0	16.0	100.0
	總和	50	100.0	100.0	

在次數分配中，第一欄為水準數值（1、2、3、4、5），若是水準數值有設定數值標記會呈現水準數值標記、第二欄為各水準數值出現次數、第三欄（百分比）為第二欄中次數占全部樣本觀察值的百分比、第四欄（有效百分比）為第二欄中次數占有效樣本觀察值（全部樣本觀察值扣除遺漏值的總次數）的百分比、第五欄（累積百分比）為第四欄有效百分比的累積值。以第二橫列為例，在 50 位樣本觀察值中，數學成績界於 80-89 分者有 10 位、有效百分比為 20.0%（=10÷50=.20）、累積百分比為 38.0，表示 80 分以上（80-100 分）者共占 38.0%。

圖 4-5 為 50 名樣本觀察值在五個等第分配的直方圖，垂直軸的左邊數字為次數，長方形中的數字為設定的資料值標籤，表中的資料值標籤為個數，五個水準數值中的次數分別為 9、10、16、7、8。

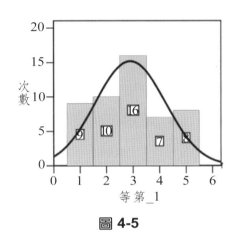

圖 4-5

　　圖 4-6 長條圖的圖形之圖表編輯器，SPSS 圖表的編輯與試算表 EXCEL 中的圖表編輯相似，只要選取圖表，然後連按滑鼠二下，即可開啟圖表編

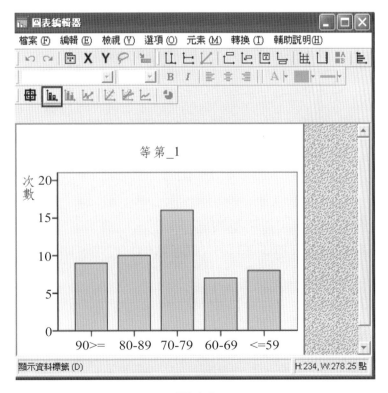

圖 4-6

輯器。圖表編輯器中按工具列『顯示資料標籤』鈕，可開啟「內容」次對話視窗，此視窗中包括七個次選項：「填滿與邊界」、「數字格式」、「資料值標記」、「變數」、「圖表大小」、「文字配置」、「文字設定」等。這些設定包括長條圖的顏色與邊界的粗細及顏色、長條圖中要呈現的數值：次數或百分比，長條圖中數值的大小、字型、樣式與顏色、圖表大小的等。使用者切換到不同的標籤頁，可開啟相對應的次對話視窗，每個次對話視窗中，可以進行圖表的編輯與數值的增列。

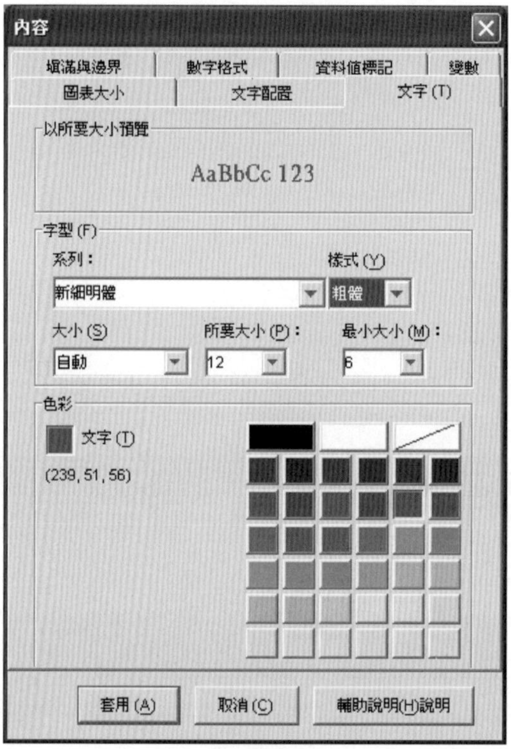

圖 4-7

圖表編輯完成後，可以將圖表儲存、匯出或關閉，若要關閉圖表編輯器視窗，執行功能列「檔案(F)」／「關閉(C)」程序，即可回到「輸出？-SPSS 瀏覽器」結果輸出視窗。

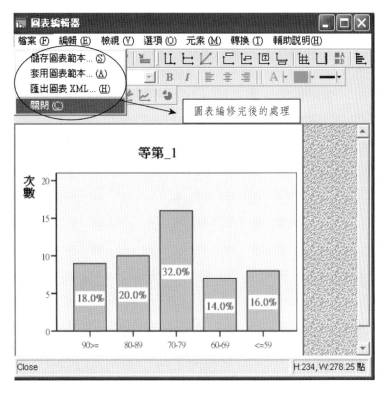

圖 4-8

　　圖 4-9 為「等第_1」變項的輸出的圖餅圖，各扇形上的次數、百分比及水準數值標記乃利用圖表編輯器工具列之『顯示資料標籤』鈕製作，各扇形的面積乃根據各水準數值次數的百分比繪製而成，全部的面積等於 100%=1。各扇形中方格數字中最下面一列為水準數值標記，中間列數字為水準數值個數占全部樣本的次數百分比，最上面一列數字為水準數值的次數，以水準數值 1 的等第而言，其水準數值標記為「>=90」，數學成績大於等於 90 分的樣本數共有 9 位，占全部樣本數的 18.0%。

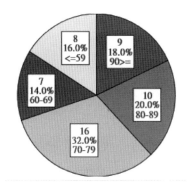

圖 4-9

在「次數分配表」對話視窗中，若是選入右邊「變數(V)」下的方格之目標變項為連續變數，則可點選『統計量(S)...』鈕，開啟「次數分配表：統計量」次對話視窗，勾選各統計量中選項以求出目標變數的各種統計量，下表為「數學」變項執行次數分配表程序，所輸出的統計量報表。

表 4-2　統計量

數學

個數	有效的	50
	遺漏值	0
平均數		75.78
平均數的標準誤		1.974
中位數		75.60(a)
眾數		71(b)
標準差		13.960
變異數		194.869
偏態		-.174
偏態的標準誤		.337
峰度		-.651
峰度的標準誤		.662
範圍		58
最小值		42
最大值		100
總和		3789
百分位數	25	65.67(c)
	50	75.60
	75	86.67

a 自組別資料中計算。

b 存在多個眾數，顯示的為最小值。

c 自組別資料中計算百分位數。

上述統計量中的標準差與變異數係以不偏估計值求得，分母為N-1，而不是N。平均數等於 75.78、中位數=75.60、眾數=71.00，這三個集中量數統計量數值大小為：平均數>中位數>眾數，但其中平均數與中位數的數值大約相等，因而正偏態分配不明顯。偏態係數為-.174，從偏態係數統計量判別，樣本數學成績稍偏向於負偏態分配，峰度係數為-.651，稍微呈現低濶峰型態，在SPSS輸出的統計量中，提供了偏態係數的標準誤（=.337）、峰

度係數的標準誤（=.662），將偏態係數或峰度係數數值除以其標準誤，可以求出臨界比值（t檢定值），根據臨界比值的大小可以考驗偏度是否顯著不等於 0 或峰度是否顯著不等於 0。至於樣本觀察值數學成績的分布是否為常態分配，也需要加以考驗，在 SPSS 分析程序中提供二種常態性檢定的統計量：「Kolmogorov-Smirnov」統計量、「Shapiro-Wilk」統計量，如果統計量顯著性機率值>.05，未達.05 顯著水準，則樣本觀察值在目標變項分布上呈現常態分配。數學成績的最小值為 42、最大值為 100、全距（範圍）等於=最大值-最小值=100-42=58。四分位數（Quartile）所包含的統計量有三個：第一四分位數 Q_1=25 百分位數、Q_2=50 百分位數，即中位數、Q_3=75 百分位數，四分位數的三個分割點數值：25 百分位數=65.67、50 百分位數=75.60（=中位數）、75 百分位數=86.67。將第三四分位數－第一四分位數=$Q_3 - Q_1$=86.67－65.67=21.00，此數值稱為四分全距（Interquartile Range; IQR），四分全距的一半稱為四分位差（semi-interquartile range; QR），四分位差指在一個次數分配中，中間 50%的次數之距離的一半，這個差異量數能夠反應出變項分配中間 50%變項的分布情況，四分位差以符號表示如下：

$$QR = \frac{Q_3 - Q_1}{2} = \frac{第\ 3\ 四分位數 － 第\ 1\ 四分位數}{2}$$

4-2 描述性統計量

如果變項尺度為連續變項，要求出各變項的敘述統計，較佳的操作步驟為執行描述性統計量程序。

【研究問題】

求出樣本觀察值在數學、英文測驗成績的各描述性統計量。

一、操作程序

(一)步驟 1

執行功能列「分析(A)」／「敘述統計(E)」／「描述性統計量(D)」程序，開啟「描述性統計量」對話視窗。

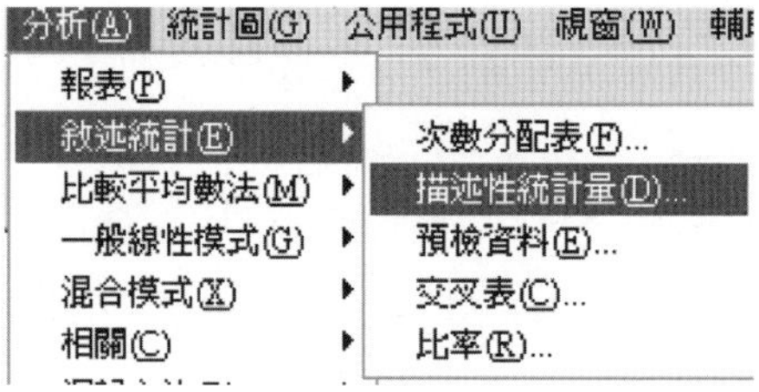

分析(A) 統計圖(G) 公用程式(U) 視窗(W) 輔助

報表(P)　　　▶
敘述統計(E)　▶　　次數分配表(F)...
比較平均數法(M)▶　　描述性統計量(D)...
一般線性模式(G)▶　　預檢資料(E)...
混合模式(X)　▶　　交叉表(C)...
相關(C)　　　▶　　比率(R)...

圖 4-10

(二)步驟 2

在左邊變數清單中將目標變項「數學」、「英文」選入右邊「變數(V)」下的方格中→按『選項(O)...』鈕。

【備註】：在「描述性統計量」對話視窗的下方有個選項：「□將標準化的數值存成變數」，若是將此選項勾選可以求出變項的標準分數──Z分數，新變項名稱為「Z變項」，如「Z數學」、「Z英文」，全體樣本觀察值在某一變項的Z分數之平均數等於0、標準差等於1，標準分數的求法為各樣本原始分數減去總平均數，所得的差值再除以樣本在變項的標準差，以公式表示如下：

$Z=\dfrac{X-\bar{X}}{SD}$ 或 $Z=\dfrac{X-\mu}{\sigma}$，Z分數為負數，表示觀察值測量分數落在平均數以下，Z 分數為正數，表示觀察值測量分數落在平均數以上，Z 分數的絕對值愈大，表示觀察值測量分數離總平均數愈遠，Z分數只是將原始測量值進行線性轉換，並未改變個別觀察值在群體的相對關係與排序，因而原始測量分數的分配如為偏態，經轉換為Z分數後的分配還是偏態。利用求出的Z分數可以求出T分數，T分數=50+10*Z，T分數的平均數為 50、標準差為 10，求出觀察值在數學測驗成績上的 T 分數之操作程序如下：

(1)步驟 1

執行功能列「轉換」／「計算(C)」的程序，開啟「計算變數」對話視窗。

(2)步驟 2

在左邊「目標變數(T)」下的方格中輸入新變數的變項名稱如「數學 T 分數」，在右邊的「數值運算式(E)」下的大方格中鍵入 T 分數的轉換公式：「50+10*Z 數學」→按『確定』鈕。

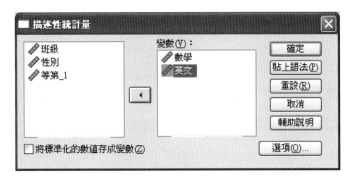

圖 4-11

(三) 步驟 3

開啟「描述性統計量：選項」次對話視窗，視窗中的統計量包括：平均數(M)、總和(S)、標準差(T)、變異數(V)、範圍(R)、最小值(N)、最大值(X)、平均數的標準誤(E)、峰度(K)、偏態(W)，勾選要呈現的統計量→按『繼續』鈕→回到「描述性統計量」對話視窗→按『確定』鈕。

【備註】：在「描述性統計量：選項」次對話視窗中有一個「顯示順序」方盒，此方盒可以界定多個變項輸出的順序，方盒內有四個選項：「◉變數清單(B)」——根據依變項被選入的順序排列，此項為 SPSS 內定的選項、「按字母順序的(A)」——根據變項的字母順序排列、「依平均數遞增排序(C)」——根據各變項平均數的高低排列，第一個變項為平均數最低者、「依平均數遞減排序(D)」——根據各變項平均數的高低排列，第一個變項為平均數最高者。

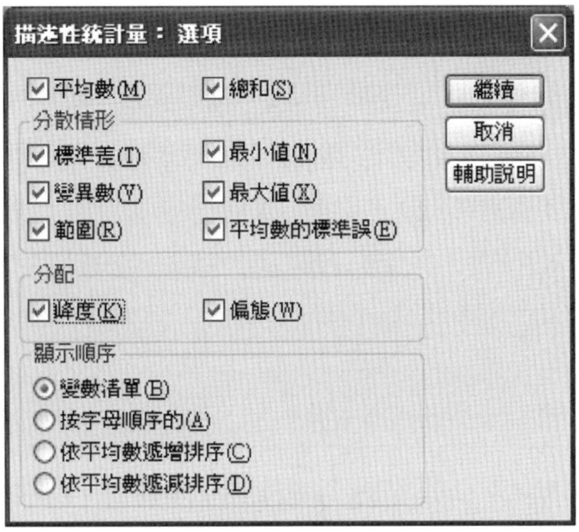

圖 4-12

二、輸出結果

表 4-3　敘述統計

	個數	範圍	最小值	最大值	總和	平均數	
	統計量	統計量	統計量	統計量	統計量	統計量	標準誤
數學	50	58	42	100	3789	75.78	1.974
英文	50	62	38	100	3966	79.32	2.280
有效的 N（完全排除）	50						

表 4-4

	標準差	變異數	偏態		平均數	
	統計量	統計量	統計量	標準誤	統計量	標準誤
數學	13.960	194.869	-.174	.337	-.651	.662
英文	16.123	259.936	-.725	.337	-.355	.662
有效的 N（完全排除）						

在描述性統計量輸出表格中，輸出的變項是依變項被選入的順序，在「顯示方盒」選取內定選項「變數清單(B)」，在㈡步驟 2 的操作中，於「變數(O)」方盒內被選入的變數順序為「數學」、「英文」，輸出結果會依數學、英文變數的順序排列，第一列為數學變數的描述性統計量，第二列為英文變數的描述性統計量。以數學變項而言，有效觀察值個數有 50 位、最小值為 42、最大值為 100、全距為 58、總和為 3,789、平均數等於 75.78、平均數的標準誤為 1.974，標準差等於 13.960、變異數為 194.869、偏態係數等於-.174、偏態係數標準誤為.337、峰度係數等於-.651、峰度係數標準誤為.662。上述統計量數據與先前執行次數分配表的結果相同，唯一的差別是描述性統計量選項中沒有中位數、眾數與百分位數統計量；此外，二者輸出報表的排序格式也不相同，次數分配表的統計量直欄式逐一排列，而描述統計量程序的各統計量則以一橫列的方式逐一呈現。

【研究問題】

求出樣本觀察值在數學、英文測驗成績的各描述性統計量，並檢定數學變項、英文變項的分配是否為常態分配？

一、操作程序

(一)步驟 1

執行功能列「分析(A)」／「敘述統計(E)」／「預檢資料(E)」程序，開啓「預檢資料」對話視窗。

(二)步驟 2

在左邊變數清單中將目標變項「數學」、「英文」選入右邊「依變數清單(D)」下的方格中→按『統計量(S)...』鈕。

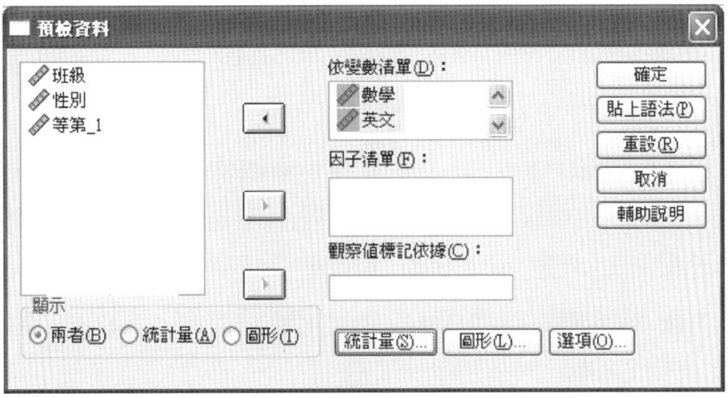

圖 **4-13**

(三)步驟 3

在「預檢資料：統計量」對話視窗中，有四個選項：「☑描述性統計量」、「□M估計值」、「□偏離值」、「□百分位數」，「偏離值」的選項可以檢核變項數值是否有極端值存在，勾選「☑描述性統計量」可以輸出變項的各項描述性統計量。此步驟勾選「☑描述性統計量」→按『繼續』鈕。

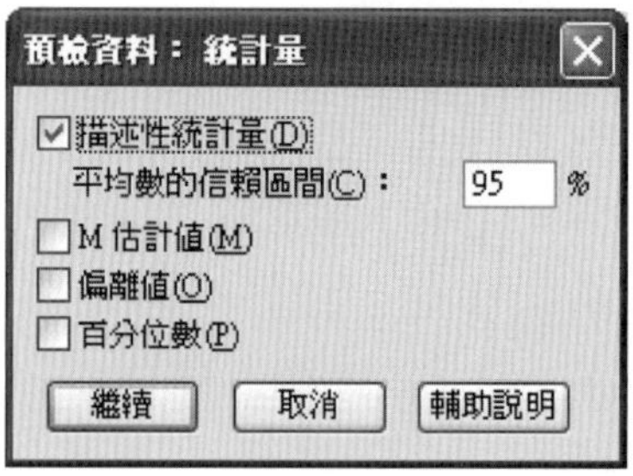

圖 4-14

㈣**步驟 4**

　　在「預檢資料」對話視窗中，按『圖形(L)...』鈕，可開啟「預檢資料：圖形」次對話視窗中，在此視窗中有三個方盒選項：⑴是否呈現盒形圖方盒，方盒內有三個次選項：「結合因子水準(F)」、「結合依變數(D)」、「無(N)」（不要呈現）；⑵描述性統計量方盒，方盒內有二個次選項：「莖葉圖(S)」、「直方圖(H)」；⑶「常態機率圖附檢定(O)」。「☑常態機率圖附檢定(O)」選項可以檢核樣本觀察值在變項上是否符合常態分配，即進行變項「常態性假定」考驗。在此對話視窗中勾選「☑無(N)」、「☑莖葉圖(S)」、「☑常態機率圖附檢定(O)」→按『繼續』鈕，回到「預檢資料」對話視窗→按『完成』鈕

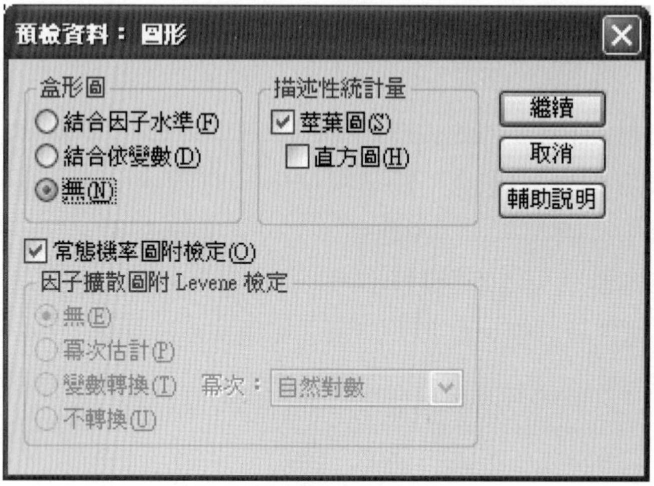

圖 4-15

二、輸出結果

表 4-5　觀察值處理摘要

	觀察值					
	有效的		遺漏值		總和	
	個數	百分比	個數	百分比	個數	百分比
數學	50	100.0%	0	.0%	50	100.0%
英文	50	100.0%	0	.0%	50	100.0%

表 4-6　敘述統計

			統計量	標準誤
數學	平均數		75.78	1.974
	平均數的 95% 信賴區間	下限	71.81	
		上限	79.75	
	刪除兩極端各 5% 觀察值之平均數		75.92	
	中位數		75.50	
	變異數		194.869	
	標準差		13.960	
	最小值		42	
	最大值		100	
	範圍		58	
	四分位全距		22	
	偏態		-.174	.337
	峰度		-.651	.662
英文	平均數		79.32	2.280
	平均數的 95% 信賴區間	下限	74.74	
		上限	83.90	
	刪除兩極端各 5% 觀察值之平均數		80.30	
	中位數		85.00	
	變異數		259.936	
	標準差		16.123	
	最小值		38	
	最大值		100	
	範圍		62	
	四分位全距		26	
	偏態		-.725	.337
	峰度		-.355	.662

　　觀察值處理摘要表中包括各變項之有效樣本觀察值個數與百分比、遺漏值個數與百分比，總和個數與百分比，總和觀察值個數等於有效欄個數加上遺漏值個數。從觀察值處理摘要表中可以得知各變項遺漏值的狀況，若是遺漏值所占的比率偏高，要檢核是否資料檔輸入錯誤，若是資料檔輸入沒有錯誤，則在分析結果的詮釋上要格外謹慎些。

　　預檢資料的描述統計量會依變項被選入的順序依次呈現，各變項的統計量包括平均數、平均數的 95%信賴區間、刪除兩端各 5%觀察值之平均數（修正後平均數）、中位數、變異數、標準差、最小值、最大值、範圍、四分位全距、偏態係數、峰度係數、平均數的標準誤、偏態係數的標準誤、峰度係數的標準誤等。以英文變項而言，平均數為 79.32、平均數的 95%信賴區間為〔74.74，83.90〕、刪除兩端各 5%觀察值之平均數（修正後平均數）為 80.30、中位數等於 85.00、變異數等於 259.936、標準差等於 16.123、最小值等於 38、最大值等於 100、範圍等於 62、四分位全距等於 26、偏態係數為-.725、峰度係數為-.355、平均數的標準誤等於 2.280、偏態係數的標準誤為.337、峰度係數的標準誤為.662。

　　上述數學、英文變項的偏態係數分別為-.174、-.725，從偏態係數統計量的正負值來看，觀察值在二個變項的分配均呈負偏態，然而此種偏態情形是否達到統計上的顯著水準（$p<\alpha=.05$），必須進一步加以檢定才能得知，若是檢定結果的顯著性 p>.05，表示變項還是符合常態分配，偏態係數之所以呈現負數乃是取樣誤差所造成的。

　　表 4-7 為目標變項的資料分配是否為常態分配之檢定統計量。常態分配檢定的虛無假設為 H_0：變項機率分配＝常態分配，對立假設為 H_1：變項機率分配≠常態分配。就數學變項而言，「Kolmogorov-Smirnov」統計量為.082，顯著性機率值 p＝.200>.05，接受虛無假設，表示數學變項之測量分數為常態分配。就英文變項而言，「Kolmogorov-Smirnov」統計量為.178，顯

表 4-7　常態檢定

	Kolmogorov-Smirnov 檢定(a)			Shapiro-Wilk 常態性檢定		
	統計量	自由度	顯著性	統計量	自由度	顯著性
數學	.082	50	.200(*)	.974	50	.340
英文	.178	50	.000	.913	50	.001

* 此為真顯著性的下限。

a Lilliefors 顯著性校正。

著性機率值 p =.000<.05，拒絕虛無假設，表示測量分數的分配不是常態分配，即全體樣本觀察值在變項英文成績的機率分配確實違反常態性的假定。在常態性假定的檢驗中，如果樣本觀察值的總數小於 50，則應採用「Shapiro-Wilk」統計量檢定，就數學變項而言，「Shapiro-Wilk」統計量為.974，顯著性機率值 p =.340>.05，接受虛無假設，表示測量分數為常態分配；就英文變項而言，「Shapiro-Wilk」統計量為.913，顯著性機率值 p =.001<.05，拒絕虛無假設，表示英文測量分數的分布確實未呈現常態分配。

表 4-8 為觀察值在數學測量值的莖葉圖，由於數學變項數值的最小值為42、最大值為 100，因而在製作莖葉圖時以組距 5 較為適宜（此部分 SPSS 會根據全距的數值大小，參考最小值與最大值自動判別），莖（Stem）的部分代表十位數（Stem width:10）、葉（Leaf）的部分為個位數，一個個位數代表一位觀察值（Each leaf:1 cases），第一欄為組距個數的次數，以第五橫列的數字為例，莖的數字為 6、葉的數字分別為 0、2、4，表示此組距的三個觀察值數值分別為 60、62、64，組距的次數共有三筆。

表 4-8

數學 Stem-and-Leaf Plot		
Frequency	Stem &	Leaf
1.00	4 .	2
.00	4 .	
.00	5 .	
7.00	5 .	5556777
3.00	6 .	024
4.00	6 .	5578
7.00	7 .	0111124
9.00	7 .	555668888
3.00	8 .	244
7.00	8 .	5577779
4.00	9 .	1224
4.00	9 .	5789
1.00	10 .	0
Stem width:	10	
Each leaf:	1 case(s)	

圖 4-16 為常態機率分布圖（normal probability plot），為檢驗測量值是否為常態性的另一種方法，其方法乃是將觀察值依小至大加以排序，然後將每一個數值與其常態分配的期望值配對，若是樣本觀察值為一常態分配，則圖中圈圈所構成的實際累積機率分配會分布在理論常態累積機率直線圖上，即常態機率分布圖為一直線時，則資料呈現常態分配。圖中觀察值之圓圈所構成的圖形大致呈直線分布，顯示資料分配接近常態分配，此結果和上述採用「Kolmogorov-Smirnov」統計量之常態性檢定結果相同。

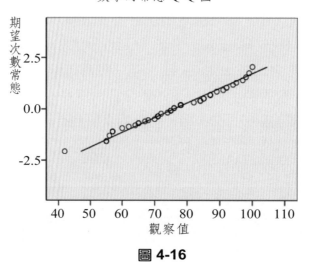

圖 4-16

圖 4-17 為常態分配機率圖，多數觀察值樣本點累積機率值偏離常態分配理論累積機率分配線，樣本觀察值之圓圈所構成的圖形分布偏離直線，

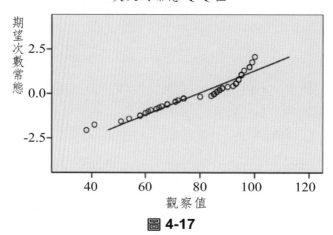

圖 4-17

顯示資料分配違反常態性假定，此結果和上述採用「Kolmogorov-Smirnov」統計量之常態性檢定結果相符合，均顯示測量值的分配可能不是常態分配。

三、因子清單選單

在「預檢資料」的對話視窗中，右邊中間有個「因子清單(F)」，因子清單的方格可選入多個類別變項，輸出結果會依類別變項的水準數值組合分別呈現依變數清單中目標變項的統計量。

【研究問題】

分別求出甲班、乙班樣本觀察值在數學、英文測驗成績的各描述性統計量，並檢定其數學變項、英文變項的分配是否為常態分配？

在上述「㈡步驟 2」程序中，開啟「預檢資料」對話視窗，在左邊變數清單中將目標變項「數學」、「英文」選入右邊「依變數清單(D)」下的方格中，將分類變項「班級」選入右邊「因子清單(F)」下的方格中，其餘操作同上。

圖 4-18

【備註】：將「班級」變項選入「因子清單(F)」方盒中，再分別依班級變項的水準數值分別執行依變數之預檢資料程序，此操作類似先依「班級」變項執行檔案分割，再執行依變數之預檢資料程序，分割檔案的組別變數為「班級」。

表 4-9 常態檢定

班級		Kolmogorov-Smirnov 檢定(a)			Shapiro-Wilk 常態性檢定		
		統計量	自由度	顯著性	統計量	自由度	顯著性
數學	甲班	.089	24	.200(*)	.981	24	.908
	乙班	.110	26	.200(*)	.961	26	.411
英文	甲班	.146	24	.200(*)	.926	24	.080
	乙班	.221	26	.002	.891	26	.010

* 此為真顯著性的下限。

a Lilliefors 顯著性校正

在常態性檢定中各變項會依分類變項的水準數值順序依次呈現，描述性統計量、莖葉圖、直方圖、盒形圖均會依分類變項的水準數值分開呈現。此部分的操作類似先將全體觀察值依分類變項將資料檔分割，再執行預檢資料的程序，輸出結果省略，上表中只呈現常態性檢定結果數據，在常態性假定的檢驗中，因為各組別樣本觀察值的總數小於 50，採用「Shapiro-Wilk」統計量檢定，甲班數學成績、乙班數學成績、甲班英文成績之「Shapiro-Wilk 常態性檢定」統計量分別為.981、.961、.926，相對應的顯著性機率值 p 均大於.05，接受虛無假設，表示三個組別測量分數的分配均為常態分配；就乙班英文成績而言，「Shapiro-Wilk 常態性檢定」統計量為.891，顯著性機率值 p =.010<.05，拒絕虛無假設，表示乙班觀察值的英文測量分數的分布不是呈常態分配。

四、盒形圖的意義

在「預檢資料：圖形」次對話視窗中，有一個「盒形圖」方盒，此方盒可以界定依變項的數值是否增列盒形圖（box plot）的形式輸出。根據盒形圖也可以檢視資料的性質，盒形圖圖示中所代表的統計量如下：

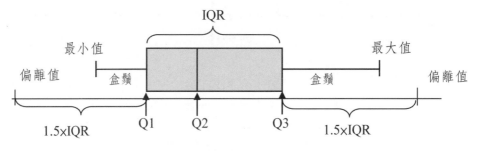

圖 4-19

在盒形圖中箱形的左右兩邊分別為第一四分位數Q_1、第三四分位數Q_3，箱形包含了中間 50% 的數據，箱形中的垂直線條為中位數 Q_2，中位數的線條將箱形中的資料分成二部分。如果中位數在箱形中間，而左、右二條的盒鬚線長度大約相等，表示資料分布為常態分配，如果中位數偏向右邊第三四分位數 Q_3 處，且右邊（上限）的盒鬚線長度較左邊（下限）盒鬚線長度為短，表示資料分布為負偏態，觀察值的分數集中在高分處；相反的中位數偏向左邊第一四分位數 Q_1 處，且右邊（上限）的盒鬚線長度較左邊（下限）盒鬚線長度為長，表示資料分布為正偏態，觀察值的分數集中在低分處。觀察值的位置點若位於盒長之 1.5 倍以上（1.5×四分位距）則稱為偏離值（outlier），偏離值會以小圓圈點符號表示，觀察值的位置點若位於盒長之 3 倍以上（3×四分位距）則稱為極端值（extreme value），極端值會以小*符號表示。

表 4-10 以 100 位觀察值在變項 X1、X2 測量值的數據為例，說明統計量、直方圖與盒形圖的關係。

表 4-10　統計量

		X1	X2
個數	有效的	100	100
	遺漏值	0	0
平均數		45.36	66.14
中位數		42.00	68.00
眾數		35	75
偏態		.871	-.656
偏態的標準誤		.241	.241
峰度		.440	.126
峰度的標準誤		.478	.478

在變項 X1 的統計量中，平均數等於 45.36、中位數等於 42.00、眾數等於 35.00，三者大小關係為平均數>中位數>眾數，顯示 X1 變項具有明顯的正偏態現象，從偏態係數來看，X1 變項測量值的偏態係數等於.871，呈現正偏態分布，此種判別和以集中量數數據所得結果相同。變項X2 的統計量中，平均數等於 66.14、中位數等於 68.00、眾數等於 75.00，三者大小關係為平均數<中位數<眾數，顯示X2 變項具有明顯的負偏態現象，從偏態係數來看，X2 變項測量值的偏態係數等於-.656，呈現負偏態分布，此種判別和

以集中量數數據所得結果相同。

圖4-20為變項X1測量值的直方圖，眾數偏向於左邊，平均數偏向於右邊，中位數介於二者之間，因而平均數>中位數>眾數，分配的次數較多集中在低分值上，變項X1數值分布呈現正偏態分配／右偏態分配，表示變項X1數值低分者觀察值較多。

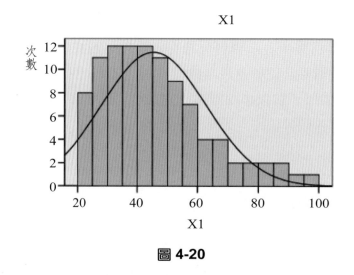

圖 4-20

圖4-21為變項X1測量值的盒形圖，圖中箱形方格之中粗直線為第二四分位數（中位數），相對應的統計數為42.00，由於中位數並不是在箱形方格的中間位置，而是偏向於第一四分位數處（或偏向於較低分的一邊），且上限盒鬚的長度較下限盒鬚的長度為長，顯示變項X1測量值呈現一種正偏態分布。其中標示為圓圈○符號者，表示變項X1之觀察值可能是偏離值

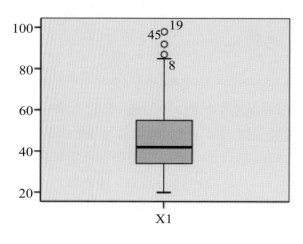

圖 4-21

（距離盒長 1.5 倍以上），如果圖示中標示有*符號者，表示樣本觀察值可能是極端值（距離盒長 3 倍以上）。

圖 4-22 為變項 X2 測量值的直方圖，眾數偏向於右邊，平均數偏向於左邊，中位數介於二者之間，因而平均數<中位數<眾數，分配的次數較多集中在高分值上，變項 X2 數值分布呈現一種負偏態分配／左偏態分配，表示，表示變項 X2 數值高分者觀察值較多。

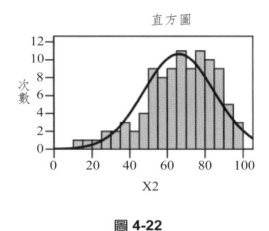

圖 **4-22**

圖 4-23 為變項 X2 測量值的盒形圖，圖中箱形方格之中粗直線為第二四分位數（中位數），相對應的統計數為 68.00，上限盒鬚的長度較下限盒鬚的長度為短，顯示變項 X2 測量值呈現一種負偏態分布。

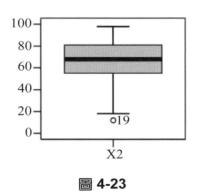

圖 **4-23**

表 4-11　常態檢定

	Kolmogorov-Smirnov 檢定(a)			Shapiro-Wilk 常態性檢定		
	統計量	自由度	顯著性	統計量	自由度	顯著性
X1	.125	100	.001	.940	100	.000
X2	.083	100	.086	.965	100	.010

　　變項X1、X2 的分配情形採用盒形圖與直方圖的判別結果相同，觀察值在變項 X1 測量值的分配呈現正偏態、觀察值在變項 X2 測量值的分配呈現負偏態，經預檢資料常態性檢定結果，正偏態統計量達到顯著水準（K-S=.125，p=.001<.05），但負偏態統計量未達到顯著水準（K-S=.125，p=.001<.05），因而觀察值在變項X2 測量值的分配亦呈常態分配，偏態係數之所以呈現負數，只是取樣誤差所造成的結果。在推論統計分析中，統計量的數值或平均數差異比較，均要經考驗或檢定，根據統計量檢定的顯著性結果，判別是否拒絕虛無假設。

4-3　交叉表

　　交叉表的分析程序適合適合二個皆是間斷變項關係的探討，除可以求出二個變項細格交叉構成的細格次數、橫列百分比、縱行百分比與全體百分比外，也可以進行卡方獨立性考驗、Φ相關（2×2 方形交叉表））、列聯相關（3×3 以上之正方形交叉表）、Cramer's V 相關（長方形交叉表）、Kappa 統計量數、McNemar 檢定等。

【研究問題】

求出班級變項與性別變項的交叉細格人次。

一、操作程序

(一)步驟 1

　　執行功能列「分析(A)」／「敘述統計(E)」／「交叉表(C)」程序，開啓「交叉表」對話視窗。

(二)步驟 2

在左邊變數清單中將第一個變項「班級」選入右邊「列(O)」下的方格中，將第二個變項「性別」選入右邊「欄(C)」下的方格中；或將第一個變項「班級」選入右邊「欄(C)」下的方格中，將第二個變項「性別」選入右邊「列(O)」下的方格中，二個變項置放的順序交換也可以→按『統計量(S)...』鈕，開啟「交叉表：統計量」次對話視窗。

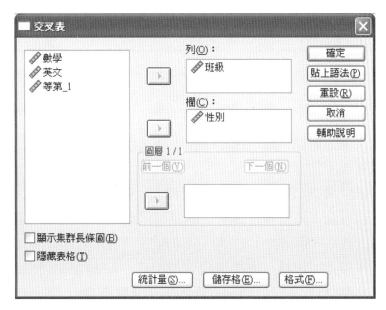

圖 4-24

(三)步驟 3

在「交叉表：統計量」次對話視窗，可以勾選卡方統計量檢定值與各相關統計量，若是二個變項均為類別變項，依變項的水準數不同可以勾選「列聯係數(O)」（3×3 以上正方形列聯表）、「Phi 相關」（2×2 正方形列聯表）、Cramer's V 係數（長方形列聯表）、「Lambda 值(L)」、「不確定係數(U)」。如果二個變數均為次序變項，其相關統計量方盒包括「Gamma 參數(G)」、「Somers'd 值(S)」、「Kendall's tau-b 統計量數(B)」、「Kendall's tau-c 統計量數(C)」。卡方統計量可以進行適合度檢定、百分比同質性考驗、變項獨立性考驗、改變的顯著性檢定等。

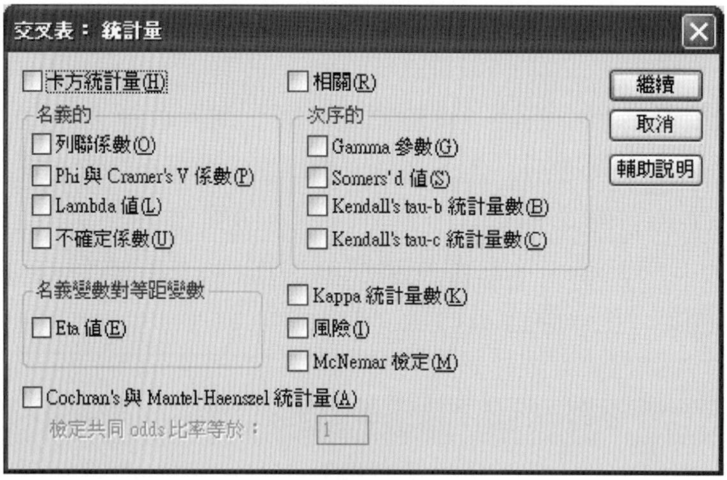

圖 4-25

(四)**步驟 4**

在「交叉表」對話視窗中按『格(E)...』鈕,可以開啟「交叉表:統計量」次對話視窗。

→按『統計量(S)...』鈕,開啟「交叉表:儲存格」次對話視窗,對話視窗中有四個方盒:方盒一「個數」包括「☑觀察值(O)」、「期望值(E)」二個選項、方盒二「百分比」包括「列(R)」、「行(C)」、「總和(T)三個選項、方盒三「殘差」包括「未標準化殘差(U)」、「標準化殘差(S)」、「調整後標準化殘差(A)」三個選項、方盒四為「非整數權重」,此方盒選項在統計分析中較少使用。在下面交叉表的輸出結果中此視窗勾選「☑觀察值(O)」、「☑期望值(E)」、「☑列(R)」、「☑行(C)」、「☑總和(T)」五個選項。

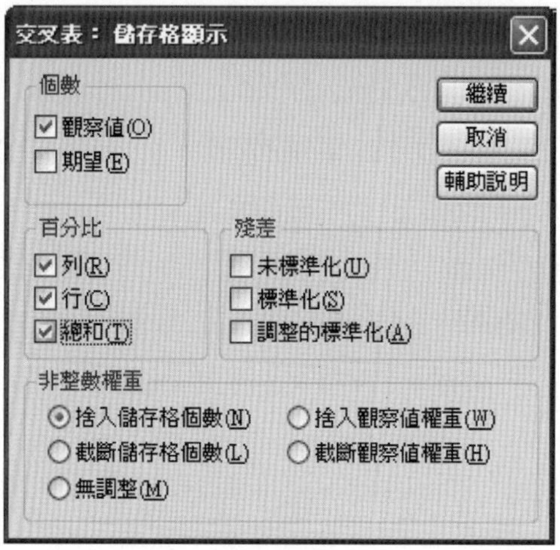

圖 4-26

二、輸出結果

表 4-12　班級 * 性別 交叉表

			性別		總和
			1　男生	2　女生	
班級	1　甲班	個數	13	11	24
		期望個數	13.4	10.6	24.0
		班級內的 %	54.2%	45.8%	100.0%
		性別內的 %	46.4%	50.0%	48.0%
		總和的 %	26.0%	22.0%	48.0%
	2　乙班	個數	15	11	26
		期望個數	14.6	11.4	26.0
		班級內的 %	57.7%	42.3%	100.0%
		性別內的 %	53.6%	50.0%	52.0%
		總和的 %	30.0%	22.0%	52.0%
總和		個數	28	22	50
		期望個數	28.0	22.0	50.0
		班級內的 %	56.0%	44.0%	100.0%
		性別內的 %	100.0%	100.0%	100.0%
		總和的 %	56.0%	44.0%	100.0%

在上述交叉表的數據中，由於班級變項有二個水準、性別變項有二個水準，因而構成一個 2×2 的列聯表，細格中的第一個數字為個數、第二個數字為細格的期望個數、第三個數字為橫列百分比、第四個數字為縱欄百分比、第五個數字為細格占全體觀察值的百分比。以第一個細格為例，甲班男生的觀察值有 13 位、此細格理論的期望個數等於細格所在二個邊緣平均數個數相乘再除以總數=24×28÷50=13.44，表示當總樣本等於 50，細格所在之橫列的總數為 24、直行之總數為 28 時，理論上此細格應有 13.44 位的個數，13.44 數值即為細格期望值。第三個註解「班級內的%」，其數字等於 54.2%，表示細格人數占橫列邊緣平均數人數的百分比=13÷24=54.2%，代表此一細格人數（甲班男生觀察值）占甲班總人數（=24）的 54.2%。第四個註解「性別內的%」，其數字等於 46.4%，表示細格人數占直行邊緣平均數人數（男生）的百分比=13÷28=46.4%，代表此一細格人數（甲班男生觀察值）占全部男生總人數（=28）的 46.4%。第五個註解「總和的%」，其數字等於 26.0%，表示此細格的人次占總樣本數的百分比=13÷50=26%。

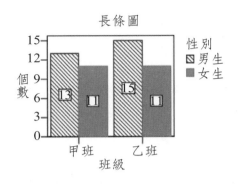

圖 4-27

　　在「交叉表」對話視窗中，若勾選左下角「☑顯示集群長條圖」選項，則可以繪出列聯表細格之長條圖。若要對長條圖進一步加以編輯美化、增列數值標籤，選取圖形，連按二下可開啟圖表編輯器對話視窗，內有各項設定與編輯圖表的工具鈕或功能列。在上述集群長條圖中，甲班男生觀察值有 13 位、甲班女生觀察值有 11 位、乙班男生觀察值有 15 位、乙班女生觀察值有 11 位，全部樣本觀察值有 50 位。

4-4 「平均數」操作

　　進行不同類別變項在依變項的描述性統計量或平均數間的差異檢定，也可以執行「平均數」的程序。在獨立樣本t檢定中，若是二個組別在依變項平均數的差異檢定達到顯著，研究者可以利用功能表「比較平均數法」選單中的「平均數」次選單求出效果值的大小，效果值（eta 平方）表示的是自變項可以解釋依變項多少的變異量。

【研究問題一】

求出不同班級的樣本觀察值在數學、英文測驗成績之描述性統計量，操作程序如下：

一、操作程序

㈠步驟 1

執行功能列「分析(A)」╱「比較平均數法(M)」╱「平均數(M)」程序，

開啓「平均數」對話視窗。

(二)步驟 2

在左邊變數清單中將目標變項「數學」、「英文」選入右邊「依變數清單(D)」下的方格中，將類別變項「班級」選入右邊「自變數清單(I)」下的方格中→按『選項(O)...』鈕，開啓「平均數：選項」次對話視窗。

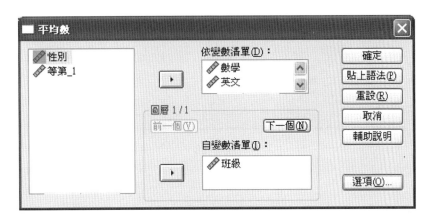

圖 4-28

(三)步驟 3

在左邊「統計量(S)」方盒中包括的統計量數有平均數、觀察值個數、標準差、中位數、最小值、最大值、全距、偏態、峰度、組別中位數、平均數的標準誤、總和、第一、最後一個、變異數、峰度標準誤、偏態標準誤、調和平均數、幾何平均數、總和百分比、N 總和百分比。若要輸出相關統計量，只要將左邊呈現的統計量選項點選至右邊「格統計量(C)」下的方格中即可。在下方「第一層統計量」方盒中若勾選「☑Anova 表格與 eta 值」可以呈現變異數分析摘要表，與平均數差異檢定的效果值（eta 與 eta 平方值）。

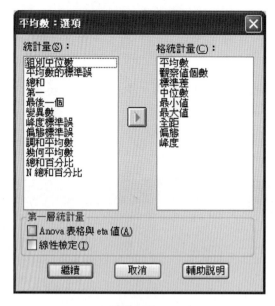

圖 4-29

二、輸出結果

　　表 4-13 中為不同班級觀察值在數學、英文變項的描述性統計量，在「格統計量(C)」的方盒中的統計量有平均數、觀察值個數、標準差。表格中會依自變數清單「班級」變項的水準數值分別呈現依變數清單中的數學、英文變項的描述性統計量。

表 4-13　報表

班級		數學	英文
甲班	平均數	72.29	77.58
	個數	24	24
	標準差	14.048	17.146
乙班	平均數	79.00	80.92
	個數	26	26
	標準差	13.339	15.279
總和	平均數	75.78	79.32
	個數	50	50
	標準差	13.960	16.123

【研究問題二】

求出不同班級、不同性別樣本觀察值在數學、英文測驗成績之描述性統計量（平均數、標準差）。

一、操作程序

(一)步驟 1

執行功能列「分析(A)」／「比較平均數法(M)」／「平均數(M)」程序，開啓「平均數」對話視窗。

(二)步驟 2

在左邊變數清單中將目標變項「數學」、「英文」選入右邊「依變數清單(D)」下的方格中，將第一層類別變項「班級」選入右邊「自變數清單(I)」下的方格中→按『下一個(N)』鈕，在圖層 2/2 方盒中，第二層類別變項「性別」選入右邊「自變數清單(I)」下的方格中→按『選項(O)...』鈕，開啓「平均數：選項」次對話視窗。

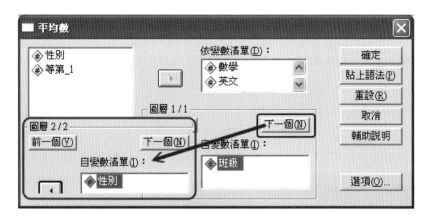

圖 4-30

(三)步驟 3

在左邊變「統計量(S)」選單中將平均數、標準差點選至右邊「格統計量(C)」下的方格中，在下方「第一層統計量」方盒中勾選「☑Anova 表格

與 eta 值」→按『繼續』鈕，回到開啓「平均數」對話視窗→按『確定』鈕。

二、輸出結果

表 4-14　報表

班級	性別		數學	英文
1 甲班	男生	平均數	67.77	71.85
		標準差	14.635	16.802
	女生	平均數	77.64	84.36
		標準差	11.784	15.622
	總和	平均數	72.29	77.58
		標準差	14.048	17.146
2 乙班	男生	平均數	86.47	88.93
		標準差	9.523	10.333
	女生	平均數	68.82	70.00
		標準差	10.962	14.374
	總和	平均數	79.00	80.92
		標準差	13.339	15.279
總和	男生	平均數	77.79	81.00
		標準差	15.245	16.005
	女生	平均數	73.23	77.18
		標準差	11.988	16.390
	總和	平均數	75.78	79.32
		標準差	13.960	16.123

　　上述表 4-14 爲不同班級、不同性別二個自變項在數學、英文依變項之描述性統計量，報表中的第一欄（班級）爲「圖層 1/1」方格中點選的自變項、報表中的第二欄（性別）爲「圖層 2/2」方格中點選的自變項，由於班級有二個水準、性別有二個水準，交叉構成的報表有四個細格，全部樣本觀察值在數學變項的平均數爲 75.78、標準差爲 13.960、在英文變項的平均數爲 79.32、標準差爲 16.123；就全體女生觀察值而言，在數學變項的平均數爲 73.23、標準差爲 11.988、在英文變項的平均數爲 77.18、標準差爲 16.390；就乙班女生觀察值而言，在數學變項的平均數爲 68.82、標準差爲 10.962、在英文變項的平均數爲 70.00、標準差爲 14.374。

表 4-15　ANOVA 摘要表

		平方和	自由度	平均平方和	F 檢定	Sig.
數學 *	組間（組合）	561.622	1	561.622	3.000	.090
班級	組內	8986.958	48	187.228		
	總和	9548.580	49			
英文 *	組間（組合）	139.201	1	139.201	.530	.470
班級	組內	12597.679	48	262.452		
	總和	12736.880	49			

表 4-16　關聯量數

	Eta	Eta 平方
數學 * 班級	.243	.059
英文 * 班級	.105	.011

　　由於在「平均數：選項」次對話視窗中，勾選下方「第一層統計量」方盒中的「☑Anova 表格與 eta 值」選項，因而會輸出第一層自變項在依變項平均數差異的變異數分析摘要表（ANOVA 摘要表）及關聯量數。範例中「圖層 1/1」方格中點選的自變項為「班級」，因而進行的檢定為不同班級學生的數學成就是否有顯著的不同？不同班級學生的英文成就是否有顯著的不同？表中平均數差異檢定的 F 統計量值分別為 3.000、.530，顯著性機率值 p 分別=.090、p=.470，均大於.050，接受虛無假設，表示不同班級學生的數學成就間沒有顯著的不同，而甲乙二班學生的英文成就也沒有顯著差異。關聯量數即效果值或關聯強度值，此值表示自變項可以解釋依變項多少的變異量百分比，「Eta 平方」欄的數值只有在自變項在依變項差異檢定達到顯著時（p≤.05）才會有意義。

【附錄】甲乙二班之數學、英文成績及數學成績等第（變項名稱為等第_1）數據

班級	性別	數學	英文	等第_1
1	1	60	66	4
1	1	42	58	5
1	1	78	95	3
1	2	65	74	4
1	2	68	84	4
1	1	57	58	5
1	1	55	68	5
1	1	97	80	1
1	2	87	93	2
1	2	92	93	1
1	2	75	85	3
1	1	55	54	5
1	1	64	51	4
1	1	71	98	3
1	1	78	100	3
1	2	84	87	2
1	2	85	95	2
1	2	76	94	3
1	2	71	92	3
2	1	78	86	3
2	1	82	85	2
2	1	71	60	3
2	2	70	38	3
2	2	74	64	3
2	2	56	72	5
2	2	57	65	5
2	2	55	68	5
2	1	87	95	2
2	1	87	93	2
2	1	91	94	1
2	1	75	85	3
2	1	75	93	3
2	1	78	94	3
2	1	95	95	1
2	1	99	87	1
2	1	100	74	1

班級	性別	數學	英文	等第—1
2	2	84	71	2
2	2	71	68	3
2	2	62	62	4
2	2	65	88	4
1	1	67	61	4
1	1	72	71	3
1	1	85	74	2
1	2	94	90	1
1	2	57	41	5
2	1	98	99	1
2	1	92	98	1
2	1	89	96	2
2	2	87	88	2
2	2	76	86	3

PART 2

SPSS 操作與應用──問卷統計分析實務

預試問卷分析流程與操作

第五章

量表項目分析

　　項目分析的主要目的在於檢核編製之量表或測驗個別題項適切或可靠程度，其和信度考驗的差異在於信度考驗是檢核整份量表或包含數個題項之層面或構念可靠程度。

　　預試問卷施測完後，要進行預試問卷項目分析、效度考驗、信度檢定，以作爲編製正式問卷的依據。在項目分析的考驗方面就是探究高低分的受試者在每個題項的差異比較或進行題項間同質性檢核，根據項目分析結果可作爲個別題項篩選或修改的依據。

5-1 項目分析基本理念

　　在教師自編測驗中，爲了得知測驗的可行性與適切性，常會分析測驗的難度（difficulty）、鑑別度（discrimination）與誘答力（distraction）。在試題分析時，會將測驗總得分前 25%至 33%設爲高分組；測驗總得分後 25%至 33%設爲低分組，然後算出高低二組在每個試題答對人數的百分比，根據高低分組在每個試題答對人數之百分比算出試題的難度與鑑別度。

> 難度公式爲 $P = (P_H + P_L) \div 2$
> 鑑別度指數爲 $D = P_H - P_L$

　　其中 P 爲試題的總難度，P_H 代表高分組在某個題項答對人數的百分比；P_L 代表低分組在某個題項答對人數的百分比，D 爲鑑別度指數，每個試題的難度指標是高分組答對人數百分比加上低分組答對百分比的平均數。P 值（難度指標）愈大（愈高）表示題目愈容易，有愈多的受試者答對該試題；相對的，P 值愈低或愈小表示題目愈困難，答對該試題的受試者愈少，難度指標值介於 0 至 1 之間，愈接近 0 表示個別試題的難度愈高，愈接近 1 表示個別試題愈簡單，當難度指標值爲 0.50 時，表示答對與答錯的人數各占受試者的一半，表示該試題難易適中，一份較佳的成就測驗應是大部分的試題之 P 值介於 0.2 至 0.8 之間。難度指標值是以答對百分比來表示，因而變項性質屬於次序量尺（ordinal scale），難度指標值不能進行四則運算。

　　鑑別度表示的是高分組答對的百分比與低分組答對百分比的差異值，分析試題鑑別度指標值的主要目的在於判別試題是否具有區別受試者能力高低的功能，一份具鑑別度的測驗，其個別題項所顯示的是測驗得分高分組在該試題答對的百分比要高於低分組在該試題答對的百分比，鑑別度指

標值介於-1.00 至 1.00 之間，當鑑別度指標值為負數值，表示個別試題不具鑑別度；當鑑別度指標值為正值，且其數值愈大，代表題項的鑑別度愈高，較佳試題的鑑別度，其 D 值最好在 0.3 以上。當受試者測驗得分分配為正偏態時，多數受試者的得分會偏低，表示測驗試題題項的難度較高；相對的，當受試者測驗得分分配為負偏態時，多數受試者的得分會偏高，表示測驗試題題項的難度較低，此二種情形所求出的題項鑑別度均不高，具有較佳鑑別度的試題，其難度指標值大約是.50，即難易適中的題項，其鑑別度最高。

高低二組在題項答對的百分比可藉用「分析(A)」／「敘述統計(E)」／「次數分配表(F)」程序來分析，分析時先將測驗總分加總，再依其得分高低排序，選前 27%為高分組；後 27%為低分組；利用重新編碼程序，將高分組受試者編成 1，低分組受試者編成 2，之後執行「資料(D)」／「選擇觀察值(C)」程序，先挑選高分組的受試者，進行題項的次數分配表；再挑選低分組，分析題項的次數分配表，就可以找出高低分組標準答案的選項百分比，也就是高低二組在每個試題答對人數的百分比，依公式求出每個試題的難度與鑑別度。此外，高低分組重新編碼後，也可以以新編碼變數將資料檔分割，再執行次數分配表的程序也可以。

項目分析的判別指標中，最常用的是臨界比值法（critical ration），此法又稱為極端值法，主要目的在求出問卷個別題項的決斷值——CR 值，CR 值又稱臨界比，量表臨界比的理念與測驗編製中鑑別度的觀念類似，它是根據測驗總分區分出高分組受試者與低分組受試者後，再求高、低二組在每個題項的平均數差異的顯著性，其原理與獨立樣本的 t 檢定相同。項目分析後再將未達顯著水準的題項刪除，其主要操作步驟可以細分如下：

1. 量表題項的反向計分：有些量表之題項間均有包括數題的反向題，反向題計分剛好與正向題題項相反，如果未將反向題重新編碼，則分數加總會不正確。以下列幼稚園組織承諾量表為例：

> ⑴我願意付出額外的努力，以協助本園的發展。
> ⑵我會主動配合園方各項措施或活動。
> ⑶我覺得留在本園服務顯然是件錯誤的抉擇（反向題）。
> ⑷我能以本園服務為榮。
> ⑸我對本園的忠誠度低（反向題）。

其中回答選項為非常符合、多數符合、少數符合、非常不符合，選項計分分別給序 4、3、2、1，受試者在量表的得分愈高，表示組織承諾感愈高。上述量表中的第三題及第五題是反向題，因為如果受試者勾選非常不符合 1，表示對其服務的幼稚園組織承諾愈高，計分時應是 4 分，而非 1 分；相對的，如果樣本在此二題勾選的選項為「非常符合」，表示受試者組織承諾感愈低，其計分時應是 1 分而非 4 分，受試者在這二個反向題項項勾選「非常符合」選項，相當於在正向題中勾選「非常不符合」選項，在二個反向題項項勾選「非常不符合」選項，相當於在正向題中勾選「非常符合」選項勾選，在量表計分時，若是研究者未將反向題重新編碼計分，則題項加總的總分會出現錯誤。

2. 求出量表的總分：就是將量表中所有各受試者在填答的題項加總，以求出各受試者在量表上的總分多少。

3. 量表總分高低排列：根據受試者在量表的總得分加以排序，遞增或遞減均可，以求出高低分組的臨界點。

4. 找出高低分組上下 27% 處的分數：依上述量表加總後各受試者的總得分排序結果，找出前（高分組）27% 之受試者的得分，及後（低分組）27% 之受試者的得分，如 200 位受試者，第 54 位受試者即為高分組的得分。

5. 依臨界分數將量表得分分成二組：依高低分組受試者之臨界點分數，將屬於高分組之受試者新增一變數碼為 1，低分組新增一變數碼為 2。

6. 以 t 檢定考驗高低組在每個題項的差異：求出高低二組之受試者在各試題平均數的差異顯著性，採用的方法為獨立樣本 T 檢定法。

7. 將 t 檢定結果未達顯著性的題項刪除：最後根據平均數差異顯著性，刪除未達顯著性的題項，如果題項均達顯著，研究者覺得題項太多會影響受試者填答意願，則可以根據臨界比的某一標準作為題項刪除的準則，在臨界比值的判別方面，為提高題項鑑別的功能，可以以臨界比值大於 3.00 作為題目篩選的依據。

在上述高低分組的分組中，27% 分組法理念是來自測驗編製之鑑別度分析方法，在常模參照測驗中，若是測驗分數值呈常態分配，以 27% 作為分組時所得到之鑑別度的可靠性最大，在量表極端組考驗中，採用 25% 至 33% 的分組法均可，若是預試樣本數較大，可以選取大於 27% 的分組法；如果預試樣本數較少，則可以採用小於 27% 的分組法，因為預試樣本數較少，

採用 27%的分組法，原屬得分中間組的受試者也會被納入組別中，會影響分析時的鑑別力。

在項目分析中，此可採用極端組法外，也可採用同質性檢驗法。同質性檢驗法包括題項與量表總分的相關，題項在量表共同因素的因素負荷量，或整份量表的內部一致性信度考驗值。若是量表的所有題項是在測量相同的構念或某種潛在特質，則個別題項與此潛在特質間應有中高程度的相關，此部分的分析可採用積差相關法，求出量表總分與量表每個題項的相關，若是相關係數小於.400，表示個別題項與量表構念只是一種低度關係，題項與量表構念間的關係不是十分密切，此量表題項可以考慮刪除。量表的潛在特質表示題項間具有某種共同因素，此共同因素之特質能有效反應每個個別的題項，即量表所要測得的共同因素能有效解釋量表個別題項的變異，每個題項在共同因素上應具有某種程度的因素負荷量，若是量表個別題項在共同因素的因素負荷量小於.450，表示共同因素能解釋個別題項的解釋變異小於 20%（此數值為共同性），則此題項也可考慮刪除。

5-2 項目分析實例

一、研究問題

某成人教育學者想探究退休公教人員退休後的社會參與與其生活滿意度的關係。其中「社會參與量表」經專家效度審核後，保留 19 題，進行問卷預試時，以隨機取樣抽取退休公教人員填答「退休後生活感受問卷」，此問卷包含「社會參與量表」19 題、「生活滿意度量表」30 題，問卷回收後經刪除無效問卷後，有效問卷 200 份。請問如何進行項目析，以檢核「社會參與量表」19 個題項的適切性。

表 5-1

【社會參與量表】	非常同意	大部分同意	大部分不同意	非常不同意

	非常同意	大部分同意	一半同意	大部分不同意	非常不同意
01.我常會喜歡宗教活動中的一些儀式	□	□	□	□	□
02.我不覺得參加社會服務工作很有意義	□	□	□	□	□
03.我常會選擇自己喜歡的社團活動來參與	□	□	□	□	□
04.我常會參加各種進修學習活動	□	□	□	□	□
05.我常會主動地參加一些休閒娛樂活動	□	□	□	□	□
06.我常會參加一些宗教活動	□	□	□	□	□
07.我覺得參加社會服務工作之後使我的生活更加充實	□	□	□	□	□
08.我參與社團活動時我會積極地投入	□	□	□	□	□
09.我參加學習活動時，常會受到老師和同儕的肯定	□	□	□	□	□
10.我現在常會邀請家人或親友一起從事運動休閒	□	□	□	□	□
11.我常會鼓勵親朋好友一起參加宗教活動	□	□	□	□	□
12.我很願意奉獻自己的專長和經驗來服務別人	□	□	□	□	□
13.我常會做些適合我的運動來增進健康	□	□	□	□	□
14.我參加學習活動時心情都很愉快	□	□	□	□	□
15.我不覺得從事適當的休閒運動後能讓生活更充實	□	□	□	□	□
16.參加宗教活動之後讓我的心靈更為充實	□	□	□	□	□
17.我常會利用時間參加各種社會服務工作	□	□	□	□	□
18.我不覺得我能從社團活動的參與過程中獲得滿足感	□	□	□	□	□
19.我會主動和別人分享進修學習的心得	□	□	□	□	□

上述表 5-1「社會參與量表」中的第 2 題、第 15 題及第 18 題為反向題，三題反向題題項如下：「02.我不覺得參加社會服務工作很有意義」、「15.我不覺得從事適當的休閒運動後能讓生活更充實」、「18.我不覺得我能從社團活動的參與過程中獲得滿足感」。在 SPSS 資料檔中，「社會參與量表」十九題題項的變數分別以 b1、b2、b3、……、b18、b19 表示，資料檔範例如下：

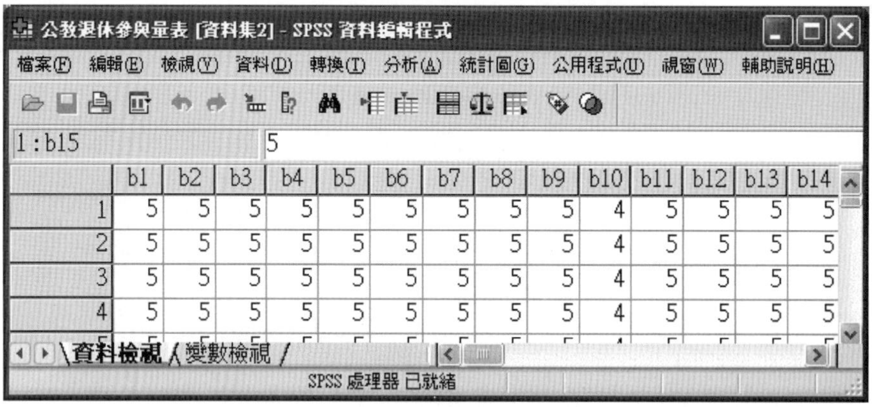

圖 5-1

二、檢查鍵入資料有無極端值或錯誤值

在進行項目分析或統計分析之前，要先檢核輸入的資料檔有無錯誤，此部分的檢核方式有二種：一為執行次數分配表程序，看每個題項被勾選的數值有無錯誤值，如「社會參與量表」採用李克特五點量表式填答，每個題項的資料只有五個水準：1、2、3、4、5，小於 1 或大於 5 的數據資料均為遺漏值或錯誤值，這些數據資料（小於 1 或大於 5 的數據資料）最好均設定為「遺漏值」（missing）或重新檢核原始問卷資料，看是否鍵入錯誤；二為執行描述性統計量，從各題的描述性統計量中，查看數據的最小值與最大值是否超出 1、5 二個極端值，如果最小值小於 1 或最大值大於 5，表示資料鍵入有錯誤。

(一)執行次數分配表的程序如下

從功能表執行「分析(A)」→「敘述統計(E)」→「次數分配表(F)」程序，開啟「次數分配表」對話視窗。

→將左邊變數清單中的目標變數 b1 至 b19 點選至右邊「變數(V)」下的方格中。
→勾選左下方『☑顯示次數分配表』選項。
→按『確定』鈕。

(二)執行描述性統計量的程序如下

從功能表執行「分析(A)」→「敘述統計(E)」→「描述性統計量(D)」程序，開啓「描述性統計量」對話視窗。

→將左邊變數清單中的目標變數 b1 至 b19 點選至右邊「變數(V)」下的方格中。

→按右下角『選項(O)...』鈕，開啓「描述性統計量：選項」次對話視窗。

──→勾選「☑平均數(M)」、「☑標準差(T)」、「☑最小值(N)、「☑最大值(X)等選項→按『繼續』鈕，回到「描述性統計量」的對話視窗→按『OK』（確定）鈕。

圖 5-2

　　表 5-2 爲執行描述性統計量的執行結果，每個題項的最小值（Minimum）沒有小於 1 者、題項的最大值（Maximum）爲 5，19 個題項的資料檔沒有出現小於 1 或大於 5 的錯誤值。由於「社會參與量表」爲五點量表，變項測量值的編碼爲 1 至 5，若是在最大值欄中出現的數值超過 5，表示題項有鍵入錯誤的資料檔。爲避免人爲輸入資料的錯誤，在「變數檢視」視窗中的「遺漏值」（Missing）欄，可以設定 6 以上的數字均爲遺漏值。在「遺漏值」對話視窗中，勾選「⊙範圍加上一個選擇性的離散遺漏值(R)」選項，「低(L):」後的方格輸入 6、「高(H):」後的方格輸入 999，表示變項水準數值中 6 以上至 999 均爲遺漏值；「離散值(S)」後的方格輸入 0，表示水準數值的 0 也是遺漏值。

(三)輸出結果

表 5-2　敘述統計

	個數	最小值	最大值	平均數	標準差
b1	200	2	5	4.68	.499
b2	200	3	5	4.60	.541
b3	200	3	5	3.83	.619
b4	200	2	5	4.38	.630
b5	200	4	5	4.73	.448
b6	200	3	5	4.56	.546
b7	200	3	5	4.56	.546
b8	200	3	5	4.58	.525
b9	200	3	5	4.70	.470
b10	200	3	5	4.12	.455
b11	200	2	5	4.66	.527
b12	200	4	5	4.76	.431
b13	200	3	5	4.61	.510
b14	200	3	5	4.62	.517
b15	200	3	5	4.50	.601
b16	200	3	5	4.24	.542
b17	200	3	5	4.66	.487
b18	200	4	5	4.59	.493
b19	200	3	5	4.58	.524
有效的 N（完全排除）	200				

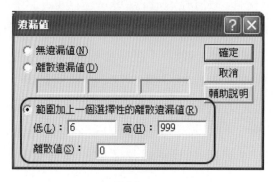

圖 5-3

　　以下述情緒態度的調查問卷題項而言，受試者勾選採用七點量表法，因而題項離散遺漏值的設定為：於「⊙範圍加上一個選擇性的離散遺漏值(R)」選項中「低(L):」後的方格輸入 8、「高(H):」後的方格輸入 999。

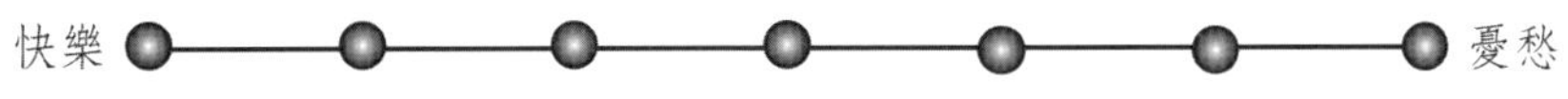

快樂 ●────●────●────●────●────●────● 憂愁

圖 5-4

三、反向題反向計分

　　若是分析的預試量表中沒有反向題，則此操作程序可以省略。量表或問卷題中如果有反向題，則在進行題項加總之前，必須將反向題反向計分，否則測量分數所表示的意義剛好相反。如果是四點量表，反向題重向編碼計分爲（舊值----〉新值）：1-->4、2-->3、3-->2、4-->1；如果是五點量表，反向題重向編碼計分爲（舊值----〉新值）：1-->5、2-->4、3-->3、4-->2、5-->1；如果是六點量表，反向題重向編碼計分爲（舊值----〉新值）：1-->6、2-->5、3-->4、4-->3、5-->2、6-->1。

表 5-3

【工作壓力量表──得分愈高，工作壓力愈大】	非常同意	同意	不同意	非常不同意
01.我覺得我的工作負擔太重了。	☐	☐	☐	☐
02.我覺得工作要輪調，感到恐懼。	☐	☐	☐	☐
03.我的工作輕鬆自在（反向題）。	☐	☐	☐	☐
04.我覺得我的工作壓力很大。	☐	☐	☐	☐

　　以上述工作壓力量表爲例，第1、第2、第4題勾選「非常同意」選項，表示樣本知覺的工作壓力感愈高；但第 3 題受試樣本如勾選「非常同意」選項，表示其知覺的工作壓力感愈低，此題勾選「非常同意」選項（編碼值爲4）的感受，相當於在其餘三題中勾選「非常不同意」選項（編碼值爲1）的感受（工作壓力較低）；相對的，第3題如勾選「非常不同意」（編碼值爲1）選項的感受，相當於在其餘三題中勾選「非常同意」選項（編碼值爲4）的感受（工作壓力感較高），爲了讓整個量表測量分數代表的意義相同，統計分析時要把第 3 題的作答資料反向計分。一個量表中最好能編製一至三題的反向題，以測知受試者的填答的效度，以上述量表中的題項<3.我的工作輕鬆自在>及<4.我覺得我的工作壓力很大>爲例，若是受試者填答

均為「非常同意」或均為「非常不同意」，表示受試者填答此份量表的可靠性值得懷疑。每份量表的反向題的題項不要太多，過多的反向題在進行因素分析程序時，可能會被單獨萃取成一個共同因素，造成建構效度分析時，因素萃取的混淆。

「社會參與量表」中有三題為反向題：b2（第二題）、b15（第十五題）、b18（第十八題），反向計分的操作程序如下：

(一)步驟 1

執行功能列「轉換(T)」／「重新編碼(R)」／「成同一變數(S)」的程序，開啟「重新編碼成同一變數」對話視窗。

(二)步驟 2

將左邊變數清單的目標變數「b2」、「b15」、「b18」點選至右邊「數值變數(V)」下的方格中→按『舊值與新值(O)...』鈕，開啟「重新編碼成同一變數：舊值與新值」次對話視窗。

(三)步驟 3

> 左邊「舊值」方盒中點選第一個選項『◉數值(V)』，在其下的方格中輸入原資料檔中的水準數值「1」→右邊「新值為」方盒中，點選『◉數值(L)』，在其右邊的方格中鍵入「5」→按『新增(A)』鈕，「舊值-->新值(D)」下的方盒中會出現「1--> 5」的訊息。

> →左邊「舊值」方盒中點選第一個選項『◉數值(V)』，在其下的方格中輸入原資料檔中的水準數值「2」→右邊「新值為」方盒中，點選『◉數值(L)』，在其右邊的方格中鍵入「4」→按『新增(A)』鈕，「舊值-->新值(D)」下的方盒中會出現「2--> 4」的訊息。

> →左邊「舊值」方盒中點選第一個選項『◉數值(V)』，在其下的方格中輸入原資料檔中的水準數值「3」→右邊「新值為」方盒中，點選『◉數值(L)』，在其右邊的方格中鍵入「3」→按『新增(A)』鈕，「舊值-->新值(D)」下的方盒中會出現「3--> 3」的訊息。

→左邊「舊值」方盒中點選第一個選項『◉數值(V)』，在其下的方格中輸入原資料檔中的水準數值「4」→右邊「新值為」方盒中，點選『◉數值(L)』，在其右邊的方格中鍵入「2」→按『新增(A)』鈕，「舊值-->新值(D)」下的方盒中會出現「4-->2」的訊息。

→左邊「舊值」方盒中點選第一個選項『◉數值(V)』，在其下的方格中輸入原資料檔中的水準數值「5」→右邊「新值為」方盒中，點選『◉數值(L)』，在其右邊的方格中鍵入「1」→按『新增(A)』鈕，「舊值-->新值(D)」下的方盒中會出現「5-->1」的訊息。

→按『繼續』鈕，回到「重新編碼成不同變數」對話視窗→按『確定』鈕。

圖 5-5

四、量表題項的加總

社會參與量表 19 題題項總分的變數名稱設為「參與_總分」，量表題項加總的目的在於求出觀察值在量表題項總得分情形，以便進行觀察值的高低分組。

(1)步驟 1
執行功能列「轉換(T)」／「計算(C)」的程序，開啟「計算變數」對話視窗。

(2)步驟 2

在左邊「目標變數(T)」下的方格中輸入新變數的變項名稱「參與_總分」，在右邊的「數值運算式(E)」下的大方格中鍵入社會參與量表十九個題項的加總：「sum（b1 to b19）」→按『確定』鈕。

【備註】：按下『確定』鈕後，資料檔中會新增一個加總變項名稱「參與_總分」，變項內的數值內容為社會參與量表 19 題題項的加總測量值。

右邊加總運算式也可以傳統數學運算式表示，在「數值運算式(E)」下的方格中點選及輸入下列加法運算式：

「b1+b2+b3+b4+b5+b6+b7+b8+b9+b10+b11+b12+b13+b14+b15+b16+b17+b18+b19」

圖 5-6

五、求高低分組的臨界分數以便分組

執行功能列「資料(D)」／「觀察值排序(O)」程序，開啟「觀察值排序」對話視窗→在左邊變數清單中將目標變數「參與_總分」選入右邊「排序依據(S)」下的方格中，在下方「排序順序」方盒中選取「◉遞增(A)」選項，右邊「排序依據(S)」下的方格會出現「參與_總分--遞增」→按『確定』鈕。

【備註】：按下『確定』鈕後，資料檔會依總分變數「參與_總分」由小至大排序，此時記下第 54 位受試者的分數（81）（全部受試者有200 位，27%的受試者等於200×.27=54），如果預試有效樣本數的 27%的臨界值不是整數，研究者可以取其數據的四捨五入為臨界點的觀察值，如預試有效樣本數 116 位，27%的觀察值=116×.27=31.32≒31，研究者可以以觀察值在量表題項加總後排序的第31 位樣本觀察值，為前後 27%的高低臨界點的分割點。

執行功能列「資料(D)」／「觀察值排序」程序，開啓「觀察值排序」對話視窗→在右邊「排序依據(S)」下的方格中點選「參與_總分--遞減」選項，在下方「排序順序」方盒中選取「⊙遞減(D)」選項，則「排序依據(S)」下的方格中的排序資訊會變成「參與_總分--遞減」→按『確定』鈕。

【備註】：按下『確定』鈕後，資料檔會依總分變數「參與_總分」由大至小排序，此時第 54 位受試者的分數爲 91。上述高低分組的臨界值分別爲 91、81，表示社會參與量表總分在 91 分以上者爲「高分組」、社會參與量表總分在 81 分以下者爲「低分組」。

圖 5-7

圖 5-8

六、進行高低分組

以上述求得的臨界分數 81、91，重新編碼成不同變數，81 分以下爲低分組（第 2 組）、91 分以上爲高分組（第 1 組），新增組別的變數爲「參與_組別」，變數水準分別爲 1、2，水準數值 1 註解爲「高分組」、2 爲「低分組」。

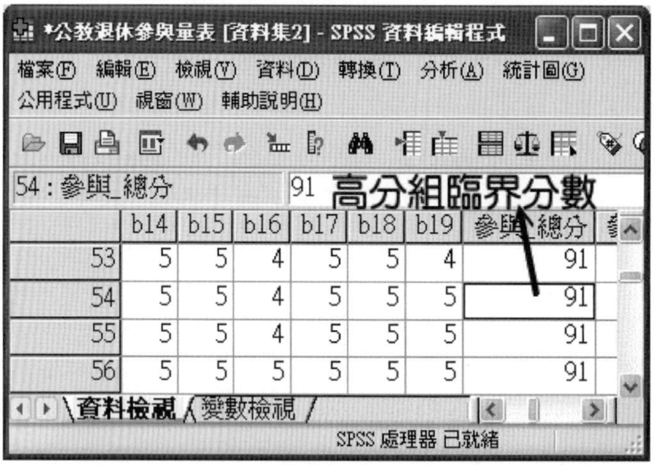

圖 5-9

圖 5-10

(一)第一種分組方法

第一種分組方法以「重新編碼」程序增列高低組別變數，由於中分組（量表得分在 82 分至 90 分）間在進行臨界比分析時，不會使用到，因而在重新編碼時可以不用進行中分組樣本的組別編碼，若是研究者也要將中間組加以編碼也可以，此時三個水準數值分別：水準數值 1 為 91 分以上的觀察值、水準數值 2 為 82 分至 90 分的觀察值，水準數值 3 為 81 分以下的觀察值，在下述範例中只進行高低二組的編碼：水準數值 1 為 91 分以上的觀察值，水準數值標記為「高分組」；水準數值 2 為 81 分以下的觀察值，水準數值標記為「低分組」。

量表項目分析

1. **步驟 1**

執行功能列「轉換(T)」／「重新編碼(R)」／「成不同變數(D)」的程序，出現「重新編碼成不同變數」對話視窗。

2. **步驟 2**

將左邊變數清單的目標變數「參與_總分」點選至右邊「數值變數-->輸出變數」下的方格中→在「輸出之新變數」方盒中「名稱(N)」下的方格鍵入新分組變數名稱「參與_組別」→按『變更』鈕，於「數值變數---->輸出變數」下的方格中，文字由「參與_總分-->?」變更為「參與_總分-->參與_組別」→按『舊值與新值(O)...』鈕，開啟「重新編碼成不同變數：舊值與新值」次對話視窗。

3. **步驟 3**

左邊「舊值」方盒中點選第六個選項『⊙範圍，值到 HIGHEST(E)』，在其下的方格中輸入臨界值「91」，表示數值範圍為91分至最高分（包含 91 分）→右邊「新值為」方盒中，點選『⊙數值(L)』，在其右邊的方格中鍵入「1」→按『新增(A)』鈕，「舊值-->新值(D)」下的方盒中會出現「91 thru Highest-->1」的訊息。

→左邊「舊值」方盒中點選第五個選項『⊙範圍，LOWEST 到值(G)』，在其下的方格中輸入臨界值「81」，表示數值範圍為最低分到 81 分→右邊「新值為」方盒中，點選『⊙數值(L)』，在其右邊的方格中鍵入「2」→按『新增(A)』鈕，「舊值-->新值(D)」下的方盒中會出現「Lowest thru 81 -->2」的訊息。

→按『繼續』鈕，回到出現「重新編碼成不同變數」對話視窗→按『確定』鈕。

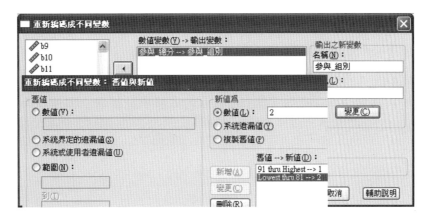

圖 5-11

高低分組之比較差異圖示如圖 5-12（極端組獨立樣本 T 檢定法）：

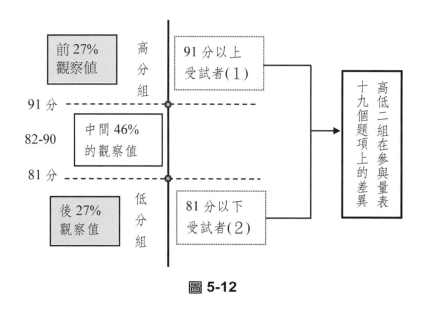

圖 5-12

㈡第二種分組方法

第二種分組方法為執行「「視覺化聚集器(B)」區段分組的程序。

1. 步驟 1

執行功能列「轉換(T)」／「視覺化聚集器(B)」程序，開啟「Visual Bander」第一層對話視窗→在左邊「變數」下的空格中選取要建立新組別的連續變數「參與_總分[參與_總分]」至右邊「帶狀變數(B)」下的空格中→按『繼續』鈕，開啟「Visual Bander」第二層對話視窗。

→點選左邊「變數」下的目標變數「參與_總分[參與_總分]」變項，點選完後 SPSS 會自動將「參與_總分[參與_總分]」移往「目前變數」右的方格中，在「註解」下的第二個方格會出現「數學_總分（帶狀）」的變數標記→在「帶狀變數(B):」右的方格中輸入新分組變項名稱，範例為「參與_組別_1」。

圖 5-13

2.步驟 2

在右邊「上端點」方盒中選取內定選項「⊙包括(I)（<=）」→在下方「網格(G):」每列的方盒中輸入分組的臨界點，範例中在「數值」下第一列的空格中輸入「81」、在「數值」下第二列的空格中輸入「90」、在「數值」下第三列不用輸入數值，會自動出現「高」→按『製作標記(A)』鈕，在「註解」欄會依次出現「<=81」、「82-90」、「91+」→按『確定』鈕。

【備註】：上述三個臨界點「81」、「90」、「高」，表示「參與_組別_1」變項中的水準數值 1 為 81 分以下組、水準數值 3 為 91 分以上組、水準數值 2 為 82 分至 90 分。之後在進行極端組比較時，只要進行水準數值 1（低分組）、水準數值 3（高分組）二組在參與量表十九題題項平均數的差異檢定。在視覺化聚集器的程序中，量表得分的後 27%（低分組）的水準數值只能編碼為 1，即得分在 81 分以下的觀察值在分組變數「參與_組別_1」中的水準數值只能編碼為 1，中間組的水準數值只能編碼為 2，91 分以上高分組的水準數值只能編碼為 3。

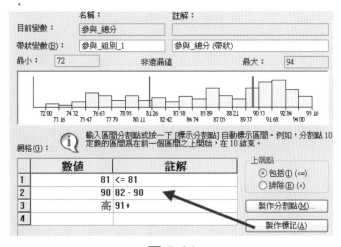

圖 5-14

在 2. 步驟 2 的程序中也可改為以下的操作：

> 在右邊「上端點」方盒中選取第二個選項「⊙排除(E)（<）」→在下方「網格(G):」每列的方盒中輸入分組的臨界點，範例中在「數值」下第一列的空格中輸入「82」、在「數值」下第二列的空格中輸入「91」、在「數值」下第三列不用輸入數值，會自動出現「高」→按『製作標記(A)』鈕，在「註解」欄會依次出現「<82」、「82-90」、「91+」→按『確定』鈕。

【備註】：上述三個臨界點「81」、「90」、「高」，表示「參與_組別_1」變項中的水準數值 1 為「<82」，若以等號表示為「<=81」，表示 81 分以下組、水準數值 3 為 91 分以上組，若以等號表示為「>=91」、水準數值 2 為 82 分至 90 分。各組所代表的組距和選取選項「⊙包括(I)（<=）」相同。

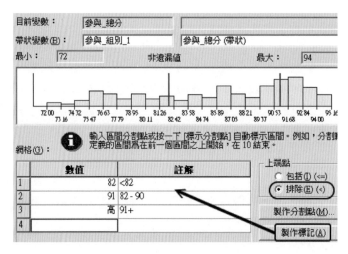

圖 5-15

3. 步驟 3

按下『確定』鈕後，會出現新增一個新變數的提示視窗，視窗的標題為 SPSS 版本的說明：「SPSS 14.0 中文視窗版」，對話視窗的內容為「帶狀規格將建立 1 變數」→按『確定』鈕。

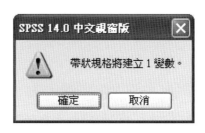

圖 5-16

二種分組方法所產生的相對應的次數分配表結果如下：

表 5-4　參與_組別

		次數	百分比	有效百分比	累積百分比
有效的	高分組	68	34.0	55.7	55.7
	低分組	54	27.0	44.3	100.0
	總和	122	61.0	100.0	
遺漏值	系統界定的遺漏	78	39.0		
總和		200	100.0		

　　第一種分類中（執行重新編碼程序），量表測量值總分在 91 分以上者（水準數值編碼為 1）有 68 位、量表測量值總分在 81 分以下者（水準數值編碼為 2）有 54 位。遺漏值 78 位為測量值總分介於 82 至 90 間的觀察值，範例由於中間組沒有設定才會轉為遺漏值，若是在重新編碼時也將中間組（82 分至 90 分）觀察值加以轉換成相對應的水準數值，則不會出現遺漏值。

表 5-5　參與_組別_1

		次數	百分比	有效百分比	累積百分比
有效的	<= 81	54	27.0	27.0	27.0
	82 － 90	78	39.0	39.0	66.0
	91+	68	34.0	34.0	100.0
	總和	200	100.0	100.0	

　　第二種分類中（執行視覺化聚集器程序），「上端點」方盒中選取內定選項「⊙包括(I)（<=）」，測量值總分小於或等於 81 分（水準數值編碼為 1）有 54 位，大於或等於 91 分者（水準數值編碼為 3）有 68 位，介於 82-90 之間者（水準數值編碼為 2）有 78 位，結果與上表相同。視覺化聚集

器程序中低分組的水準數值編碼為 1、中間組的水準數值編碼為 2、高分組的水準數值編碼為 3。

表 5-6　參與_組別_1

		次數	百分比	有效百分比	累積百分比
有效的	<82	54	27.0	27.0	27.0
	82 - 90	78	39.0	39.0	66.0
	91+	68	34.0	34.0	100.0
	總和	200	100.0	100.0	

第二種分類中（執行視覺化聚集器程序），「上端點」方盒中選取第二個選項「⊙排除(E)（<）」，測量值總分小於 82 分觀察值有 54 位，小於 82 分即小於或等於 81 分（水準數值編碼為 1），大於或等於 91 分者（水準數值編碼為 3）有 68 位，介於 82-90 之間者（水準數值編碼為 2）有 78 位，三組組距人數分類結果與上表相同。

視覺化聚集器的操作程序中新變項分組的水準數值數值 1 為測量值的最低分至後 27%臨界值區段，而水準數值最大值為組距分數最高分的一組區段，若將觀察值分為三組，水準數值 1 者為低分組、水準數值 2 者為中間組、水準數值 3 者為高分組；在重新編碼的操作程序中則不受此限制，其對話視窗組距的界定可以將高分組界定為水準數值 1 或水準數值 3。在極端值的分組中通常將新變項總分組別中之高分組的水準數值界定為 1，而將低分組的水準數值界定為 2、或 3。

七、求決斷值──臨界比

㈠操作程序 1

在新變項組別的分組中，若組別變項的水準數只有二個水準，觀察值在參與量表總分大於或等於 91 分者為「高分組」，小於或等於 81 分者為「低分組」，前者的水準數值為 1、後者的水準數值為 2，臨界比的執行圖示如下：

圖 5-17

極端組比較法的操作如下：

1. 步驟 1

從功能列執行「分析(A)」／「比較平均數法(M)」／「獨立樣本 T 檢定(T)...」，開啟「獨立樣本 T 檢定」對話視窗。

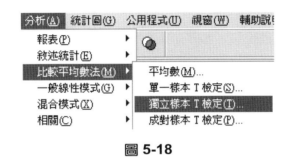

圖 5-18

2. 步驟 2

在左邊變數清單中將目標變數「社會參與量表」十九個題項 b1 至 b19 變項點選至右邊「檢定變數(T)」下的方盒中。

→在左邊變數清單中將自變項「參與_組別」點選至右邊「分組變數(G)」方盒中，此時「分組變數(G)」方盒中會出現「參與_組別（??）」，點選「參與_組別（??）」選項，按『定義組別(D)...』，開啟「定義組別」次對話視窗。

──→選取「⊙使用指定的數值(U)」選項，在「組別1(1)」的右方空格中鍵入第1組（高分組）的數值編碼1。

──→在「組別2(2)」的右方空格中鍵入第2組（低分組）的數值編碼2。

──→按『繼續』鈕，回到「獨立樣本 T 檢定」對話視窗，「分組變數(G)」方盒中的變項會由「參與_組別(??)」轉為「參與_組別(1 2)」。

→按『確定』鈕。

【備註】：在「定義組別」的次對話視窗中，第二個選項為「◎分割點(C)」，「◎分割點(C)」選項適用於自變項為等距變項或比率變項，如探討不同學生生活壓力組學生在自殺意念知覺感受的差異比較，由於生活壓力自變項為連續變項，沒有分組組別，無法進行獨立樣本 T 檢定，此時可以選取「◎分割點(C)」選項，在後面的方格中輸入分組的臨界分數（通常為平均數或中位數），如 30，則生活壓力得分「>=30」分的觀察值為高分組（水準數值編碼為 1）、生活壓力得分「<30」分的觀察值為低分組（水準數值編碼為 2），獨立樣本T檢定即在考驗、探究高低生活壓力組觀察值在自殺意念平均數的差異檢定。

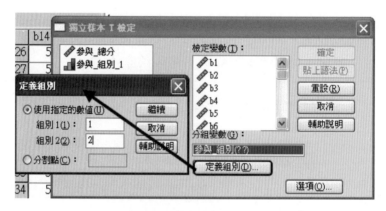

圖 5-19

在「獨立樣本 T 檢定」對話視窗中，按右下角『選項(O)...』鈕，可開啟「獨立樣本 T 檢定：選項」次對話視窗，此視窗的功能在於界定信賴區間估計值及遺漏值的處理方式，信賴區間預設值為 95%，「遺漏值」的方盒有二個選項：「◎依分析排除觀察值(A)」（此為預設選項）、「完全排除觀察值(L)」。

圖 5-20

(二)操作程序 2

　　若是採用視覺化聚集器將觀察值依其在「參與量表」得分的高低分成三組：水準數值1（小於或等於81分者）為「低分組」、水準數值3（大於或等於91分者）為「高分組」、水準數值2（分數介於82分至90分）為「中分組」，中分組的水準數值編碼為 2 而非設為遺漏值，因而在進行獨立樣本 T 檢定時，進行高分組與低分組在題項平均數的差異考驗，二個比較的組別水準為1、3，而非1、2（因為此時2為中分組）。臨界比的執行圖示如下：

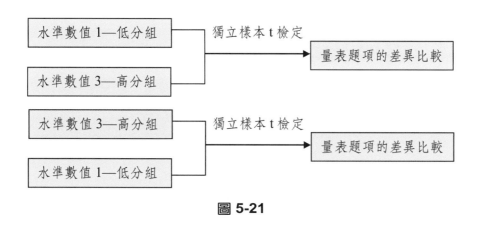

圖 5-21

執行視覺化聚集器程序之分組，極端組比較法的操作如下：

1. 步驟 1

從功能列執行「分析(A)」／「比較平均數法(M)」／「獨立樣本T檢定(T)...」，開啟「獨立樣本 T 檢定」對話視窗。

2. 步驟 2

在左邊變數清單中將目標變數「社會參與量表」十九個題項 b1 至 b19 變項點選至右邊「檢定變數(T)」下的方盒中。
→在左邊變數清單中將自變項「參與_組別_1」點選至右邊「分組變數(G)」方盒中，此時「分組變數(G)」方盒中會出現「參與_組別_1(??)」，點選「參與_組別_1(? ?)」選項，按『定義組別(D)...』，開啟「定義組別」次對話視窗。

⎯⎯→選取「◉使用指定的數值(U)」選項，在「組別1(1)」的右方空格中鍵入第1組（低分組）的數值編碼1。

⎯⎯→在「組別2(2)」的右方空格中鍵入第2組（高分組）的水準數值編碼3。

⎯⎯→按『繼續』鈕，回到「獨立樣本 T 檢定」對話視窗，「分組變數(G)」方盒中的變項會由「參與_組別_1(??)」轉為「參與_組別_1(1 3)」。

⎯→按『確定』鈕。

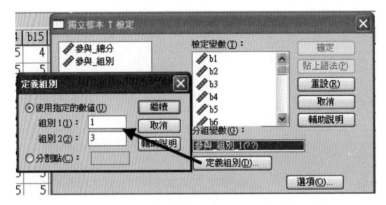

圖 5-22

(三)操作程序 1 輸出結果

表 5-7 為高低分組的組別統計量，每題包括高、低分組的個數（N）、平均數（Mean）、標準差（Std. Deviation）、平均數的估計標準誤（Std. Error Mean）。獨立樣本的 t 檢定即在考驗高分組、低分組在每個題項測量值之平均數的差異值是否達到顯著（$p < .05$），以了解樣本在社會參與量表各題項平均數高低是否因組別（高分組、低分組）之不同而有差異。以題項 b1（第一題而言），高分組的平均數為 5.00、標準差為 .000，低分組的平均數為 4.31、標準差為 .469，二組的平均數差異愈大，其差異值愈有可能達到顯著。高分組的觀察值有 68 位、低分組的觀察值有 54 位，在組別人數的分組上，雖然高分組與低分組人數各占有效預試樣本人數的 27%，理論上二組的個數應該相等，但由於分割點同分的人數不相同，因而會形成二組個數不相同的情形，在進行項目分析之臨界比統計量的程序中，二組個數不會剛好相等的情形比較普遍。

T 檢定

表 5-7　組別統計量

參與—組別		個數	平均數	標準差	平均數的標準誤
b1	高分組	68	5.00	.000	.000
	低分組	54	4.31	.469	.064
b2	高分組	68	4.91	.334	.040
	低分組	54	4.20	.528	.072
b3	高分組	68	3.96	.679	.082
	低分組	54	3.80	.562	.077
b4	高分組	68	4.87	.341	.041
	低分組	54	3.85	.492	.067
b5	高分組	68	4.99	.121	.015
	低分組	54	4.26	.442	.060
b6	高分組	68	4.96	.207	.025
	低分組	54	3.98	.363	.049
b7	高分組	68	4.97	.170	.021
	低分組	54	3.96	.272	.037
b8	高分組	68	4.96	.207	.025
	低分組	54	3.98	.237	.032
b9	高分組	68	5.00	.000	.000
	低分組	54	4.11	.372	.051
b10	高分組	68	4.21	.505	.061
	低分組	54	4.00	.336	.046
b11	高分組	68	4.91	.286	.035
	低分組	54	4.24	.512	.070
b12	高分組	68	5.00	.000	.000
	低分組	54	4.26	.442	.060
b13	高分組	68	4.96	.207	.025
	低分組	54	4.04	.334	.046
b14	高分組	68	5.00	.000	.000
	低分組	54	4.06	.408	.056
b15	高分組	68	4.93	.263	.032
	低分組	54	3.96	.474	.065
b16	高分組	68	4.60	.493	.060
	低分組	54	3.98	.363	.049
b17	高分組	68	5.00	.000	.000
	低分組	54	4.13	.391	.053
b18	高分組	68	5.00	.000	.000
	低分組	54	4.06	.231	.031
b19	高分組	68	4.97	.170	.021
	低分組	54	4.04	.272	.037

　　表 5-8 為獨立樣本 t 檢定的統計量，在 t 統計量的判別上，研究者要先判別二組的變異數是否相等，若是二個群體的變異數相等，則看「假設變異數相等」列的 t 值數據；相對的，如果二個群體的變異數不相等，則看「不假設變異數相等」列的 t 值數據，二個數據列均包括 t 值統計量、自由度、顯著性（雙尾）、平均差異、標準誤差異、差異的 95% 信賴區間。

　　「變異數相等的 Levene 檢定」欄為考驗變異數是否相等的 Levene 檢定法，Levene 檢定用於考驗二組變異數是否同質，以 b1（第 1 題）依變項而言，經 Levene 法的 F 值考驗結果，F 統計量等於 420.708，$p = .000 < .05$，達到 .05 的顯著水準，應拒絕虛無假設：$H_0 : \sigma^2_{x1} = \sigma^2_{x2}$，接受對立假設：$H_1 : \sigma^2_{x1} \neq \sigma^2_{x2}$，表示二組的變異數不相等，此時 t 檢定數據要看第二列「不假設變異數相等」中的數值，t 值統計量為 10.740，顯著性機率值 $p = .000 < .05$，達到 .05 顯著水準，表示此題項的臨界比值達到顯著。以 b3（第 3 題）依變項而言，Levene 法的 F 值考驗結果，F 統計量等於 .212，$p = .646 > .05$，未達到 .05 的顯著水準，應接受虛無假設：$H_0 : \sigma^2_{x1} = \sigma^2_{x2}$，拒絕對立假設：$H_1 : \sigma^2_{x1} \neq \sigma^2_{x2}$，表示二組的變異數相等，此時 t 檢定數據要看第一列「假設變異數相等」列中的數值，t 值統計量為 1.390，顯著性機率值 $p = .167 > .05$，未達到 .05 顯著水準，表示此題項的臨界比值未達到顯著。

　　在上述 t 檢定的統計量中，除第 3 題考驗的 t 值未達顯著外（$t = 1.390$，$p = .167 > .05$），其餘 18 題高低分組平均數差異考驗的 t 檢定均達 .01 的顯著水準，其中第 10 題的 t 值雖達顯著，但其檢定統計量甚低（$t = 2.691$，$p = .008$）。如單從決斷值的指標來判別，「社會參與量表」的第 3 題必須刪除（因未達顯著水準），至於第 10 題研究者可根據題項的總數加以取捨，若是題項總數不多，則第 10 題可以保留，如果研究者想要再刪除，可考慮刪除決斷值較小的題項。在量表項目分析，若採用極端值之臨界比，一般將臨界比值之 t 統計量的標準值設為 3.000，若是題項高低分組差異的 t 統計量小於 3.000，則表示題項的鑑別度較差，可以考慮將之刪除。

表 5-8　獨立樣本檢定

		變異數相等的 Levene 檢定		平均數相等的 t 檢定						
		F 檢定	顯著性	t	自由度	顯著性（雙尾）	平均差異	標準誤差異	差異的 95% 信賴區間	
									下界	上界
b1	假設變異數相等	420.708	.000	12.065	120	.000	.685	.057	.573	.798
	不假設變異數相等			10.740	53.000	.000	.685	.064	.557	.813
b2	假設變異數相等	20.047	.000	9.025	120	.000	.708	.078	.553	.863
	不假設變異數相等			8.589	85.245	.000	.708	.082	.544	.872
b3	假設變異數相等	.212	.646	1.390	120	.167	.160	.115	-.068	.387
	不假設變異數相等			1.420	119.766	.158	.160	.112	-.063	.382
b4	假設變異數相等	2.625	.108	13.443	120	.000	1.016	.076	.866	1.165
	不假設變異數相等			12.909	90.815	.000	1.016	.079	.859	1.172
b5	假設變異數相等	136.679	.000	12.948	120	.000	.726	.056	.615	.837
	不假設變異數相等			11.717	59.348	.000	.726	.062	.602	.850
b6	假設變異數相等	1.638	.203	18.660	120	.000	.974	.052	.871	1.078
	不假設變異數相等			17.590	79.683	.000	.974	.055	.864	1.085
b7	假設變異數相等	1.789	.184	25.001	120	.000	1.008	.040	.928	1.087
	不假設變異數相等			23.764	84.582	.000	1.008	.042	.923	1.092
b8	假設變異數相等	.096	.757	24.213	120	.000	.974	.040	.895	1.054
	不假設變異數相等			23.836	105.831	.000	.974	.041	.893	1.055
b9	假設變異數相等	42.956	.000	19.727	120	.000	.889	.045	.800	.978
	不假設變異數相等			17.560	53.000	.000	.889	.051	.787	.990
b10	假設變異數相等	25.176	.000	2.573	120	.011	.206	.080	.047	.364
	不假設變異數相等			2.691	116.699	.008	.206	.077	.054	.357
b11	假設變異數相等	30.840	.000	9.170	120	.000	.671	.073	.526	.816
	不假設變異數相等			8.629	78.695	.000	.671	.078	.516	.826
b12	假設變異數相等	221.632	.000	13.824	120	.000	.741	.054	.635	.847
	不假設變異數相等			12.306	53.000	.000	.741	.060	.620	.861
b13	假設變異數相等	1.704	.194	18.622	120	.000	.919	.049	.821	1.017
	不假設變異數相等			17.683	83.981	.000	.919	.052	.816	1.022
b14	假設變異數相等	24.648	.000	19.097	120	.000	.944	.049	.847	1.042
	不假設變異數相等			17.000	53.000	.000	.944	.056	.833	1.056
b15	假設變異數相等	3.894	.051	14.230	120	.000	.964	.068	.829	1.098
	不假設變異數相等			13.382	78.331	.000	.964	.072	.820	1.107
b16	假設變異數相等	61.483	.000	7.744	120	.000	.621	.080	.463	.780
	不假設變異數相等			8.015	119.374	.000	.621	.078	.468	.775
b17	假設變異數相等	53.364	.000	18.387	120	.000	.870	.047	.777	.964
	不假設變異數相等			16.368	53.000	.000	.870	.053	.764	.977
b18	假設變異數相等	17.766	.000	33.720	120	.000	.944	.028	.889	1.000
	不假設變異數相等			30.017	53.000	.000	.944	.031	.881	1.008
b19	假設變異數相等	1.789	.184	23.163	120	.000	.934	.040	.854	1.013
	不假設變異數相等			22.017	84.582	.000	.934	.042	.849	1.018

　　表 5-9 為高低二組在依變項測量值的描述性統計量。其中自變項水準數值 1 為低分組（<=81）、水準數值 3 為高分組（91+），呈現的描述性統計量為低分組與高分組二組在 b1 至 b19 的測量值。由於在之前的 t 檢定操作中，「定義組別」次對話視窗選項「⊙使用指定的數值(U)」選項中，「組別 1(1)」、「組別 2(2)」右空格的水準數值分別鍵入 1、3，進行的是低分組（水準數值 1）與高分組（水準數值 3）在題項平均數的差異比較，因而在組別統計量表中，各題項中先呈現低分組水準數值標記及其描述性統計量，再呈現高分組水準數值標記及其描述性統計量，以題項 b1 而言，低分組的平均數為 4.31、標準差為.469，高分組的平均數為 5.00、標準差為.000，低分組的觀察值有 54 位，高分組的觀察值有 68 位，「參與_組別_1」變項在 19 題題項的描述性統計量與「參與_組別」變項在 19 題題項的描述性統計量數值均相同。

　　上述獨立樣本 t 檢定的統計量數值與第一種方法統計結果均一樣，唯一不同的是 t 值的正負號剛好相反，在第一種統計程序中，高分組水準數值編碼為 1、低分組水準數值編碼為 2；在第二種統計程序中，高分組水準數值編碼為 3、低分組水準數值編碼為 1，由於高低分組水準數值編碼相反，因而統計量 t 值的正負號剛好相反，但 t 值絕對值與顯著性機率值均一樣。t 統計量為正表示第一組的平均數高於第二組，t 統計量為負表示第一組的平均數低於第二組，以視覺化聚集器的編碼中，低分組的水準數值為 1、高分組的水準數值為 3，題項平均數的差異值為低分組－高分組，其臨界比值應為負數；相對的，在重新編碼的程序中，高分組的水準數值為 1、低分組的水準數值為 2，題項平均數的差異數為高分組－低分組，其臨界比值應為正數。在臨界比值的數據中，t 統計量最好以正數表示，因為在鑑度指標中，負的鑑度指標值，表示題項的沒有鑑別度。

　　若研究者採用視覺化聚集器的編碼程序，要進行高分組與低分組的差異比較（水準數值 3 與水準數值 1 的比較），其操作程序如下：

開啟「定義組別」次對話視窗。
──→選取「⊙使用指定的數值(U)」選項，在「組別 1(1)」的右方空格中鍵入第 3 組（高分組）的數值編碼 3。
──→在「組別 2(2)」的右方空格中鍵入第 1 組（低分組）的水準數值編碼 1。
──→按『繼續』鈕，回到「獨立樣本 T 檢定」對話視窗，「分組變數(G)」方盒中的變項會由「參與_組別_1(??)」轉為「參與_組別_1(3 1)」。

量表項目分析

T 檢定

表 5-9　組別統計量

	參與_組別	個數	平均數	標準差	平均數的標準誤
b1	<= 81	54	4.31	.469	.064
	91+	68	5.00	.000	.000
b2	<= 81	54	4.20	.528	.072
	91+	68	4.91	.334	.040
b3	<= 81	54	3.80	.562	.077
	91+	68	3.96	.679	.082
b4	<= 81	54	3.85	.492	.067
	91+	68	4.87	.341	.041
b5	<= 81	54	4.26	.442	.060
	91+	68	4.99	.121	.015
b6	<= 81	54	3.98	.363	.049
	91+	68	4.96	.207	.025
b7	<= 81	54	3.96	.272	.037
	91+	68	4.97	.170	.021
b8	<= 81	54	3.98	.237	.032
	91+	68	4.96	.207	.025
b9	<= 81	54	4.11	.372	.051
	91+	68	5.00	.000	.000
b10	<= 81	54	4.00	.336	.046
	91+	68	4.21	.505	.061
b11	<= 81	54	4.24	.512	.070
	91+	68	4.91	.286	.035
b12	<= 81	54	4.26	.442	.060
	91+	68	5.00	.000	.000
b13	<= 81	54	4.04	.334	.046
	91+	68	4.96	.207	.025
b14	<= 81	54	4.06	.408	.056
	91+	68	5.00	.000	.000
b15	<= 81	54	3.96	.474	.065
	91+	68	4.93	.263	.032
b16	<= 81	54	3.98	.363	.049
	91+	68	4.60	.493	.060
b17	<= 81	54	4.13	.391	.053
	91+	68	5.00	.000	.000
b18	<= 81	54	4.06	.231	.031
	91+	68	5.00	.000	.000
b19	<= 81	54	4.04	.272	.037
	91+	68	4.97	.170	.021

表 5-10　獨立樣本檢定

| | | 變異數相等的 Levene 檢定 | | 平均數相等的 t 檢定 | | | | | | |
		F 檢定	顯著性	t	自由度	顯著性（雙尾）	平均差異	標準誤差異	差異的 95% 信賴區間 下界	差異的 95% 信賴區間 上界
b1	假設變異數相等	420.708	.000	-12.065	120	.000	-.685	.057	-.798	-.573
	不假設變異數相等			-10.740	53.000	.000	-.685	.064	-.813	-.557
b2	假設變異數相等	20.047	.000	-9.025	120	.000	-.708	.078	-.863	-.553
	不假設變異數相等			-8.589	85.245	.000	-.708	.082	-.872	-.544
b3	假設變異數相等	.212	.646	-1.390	120	.167	-.160	.115	-.387	.068
	不假設變異數相等			-1.420	119.766	.158	-.160	.112	-.382	.063
b4	假設變異數相等	2.625	.108	-13.443	120	.000	-1.016	.076	-1.165	-.866
	不假設變異數相等			-12.909	90.815	.000	-1.016	.079	-1.172	-.859
b5	假設變異數相等	136.679	.000	-12.948	120	.000	-.726	.056	-837	-.615
	不假設變異數相等			-11.717	59.348	.000	-726	.062	-.850	-.602
b6	假設變異數相等	1.638	.203	-18.660	120	.000	-.974	.052	-1.078	-.871
	不假設變異數相等			-17.590	79.683	.000	-.974	.055	-1.085	-.864
b7	假設變異數相等	1.789	.184	-25.001	120	.000	-1.008	.040	-1.087	-.928
	不假設變異數相等			-23.764	84.582	.000	-1.008	.042	-1.092	-.923
b8	假設變異數相等	.096	.757	-24.213	120	.000	-.974	.040	-1.054	-.895
	不假設變異數相等			-23.836	105.831	.000	-.974	.041	-1.055	-.893
b9	假設變異數相等	42.956	.000	-19.727	120	.000	-.889	.045	-.978	-.800
	不假設變異數相等			-17.560	53.000	.000	-.889	.051	-.990	-.787
b10	假設變異數相等	25.176	.000	-2.573	120	.011	-.206	.080	-.364	-.047
	不假設變異數相等			-2.691	116.699	.008	-.206	.077	-.357	-.054
b11	假設變異數相等	30.840	.000	-9.170	120	.000	-.671	.073	-.816	-.526
	不假設變異數相等			-8.629	78.695	.000	-.671	.078	-.826	-.516
b12	假設變異數相等	221.632	.000	-13.824	120	.000	-.741	.054	-.847	-.635
	不假設變異數相等			-12.306	53.000	.000	-.741	.060	-.861	-.620
b13	假設變異數相等	1.704	.194	-18.622	120	.000	-.919	.049	-1.017	-.821
	不假設變異數相等			-17.683	83.981	.000	-.919	.052	-1.022	-.816
b14	假設變異數相等	24.648	.000	-19.097	120	.000	-.944	.049	-1.042	-.847
	不假設變異數相等			-17.000	53.000	.000	-.944	.056	-1.056	-.833
b15	假設變異數相等	3.894	.051	-14.230	120	.000	-.964	.068	-1.098	-.829
	不假設變異數相等			-13.382	78.331	.000	-.964	.072	-1.107	-.820
b16	假設變異數相等	61.483	.000	-7.744	120	.000	-.621	.080	-.780	-.463
	不假設變異數相等			-8.015	119.374	.000	-6.21	.078	-.775	-.468
b17	假設變異數相等	53.364	.000	-18.387	120	.000	-.870	.047	-.964	-.777
	不假設變異數相等			-16.368	53.000	.000	-.870	.053	-.977	-.764
b18	假設變異數相等	17.766	.000	-33.720	120	.000	-.944	.028	-1.000	-.889
	不假設變異數相等			-30.017	53.000	.000	-.944	.031	-1.008	-.881
b19	假設變異數相等	1.789	.184	-23.163	120	.000	-.934	.040	-1.013	-.854
	不假設變異數相等			-22.017	84.582	.000	-.934	.042	-1.018	-.849

上面水準數值 3＆水準數值 1 差異比較的結果會與採用重新編碼之輸出結果相同。

八、求參與量表題項與總分的相關

項目分析中以量表總得分前 27%和後 27%的差異比較，稱爲二個極端組比較，極端組比較結果的差異值即稱爲決斷值或稱臨界比（Critical Ratio；簡稱CR），決斷值考驗未達顯著的題項（顯著性考驗機率 p 值大於.05）最好刪除，因爲一個較佳的態度量表題項，其高分組與低分組在此題上得分的平均數差異最好顯著（以成就測驗而言，高分組與低分組在題項答對百分比的差異值愈大愈好，差異值愈大表示此題的鑑別度愈佳），平均數差異值的考驗與獨立樣本 t 檢定操作程序相同，因此可根據二個獨立樣本 t 考驗求得的 t 值作爲決斷值或臨界比數值，t 值愈高表示題目的鑑別度愈高。

除了以極端組作爲項目分析的指標外，也可以採用「同質性考驗」作爲個別題項篩選的另一指標，如果個別題項與總分的相關愈高，表示題項與整體量表的同質性愈高，所要測量的心理特質或潛在行爲更爲接近。個別題項與總分的相關係數未達顯著的題項，或二者相關爲低度相關（相關係數小於.400），表示題項與整體量表的同質性不高，最好刪除。一個決斷值低的題項，其題項與總分的相關也可能較低。同質性考驗即在求出個別題項與總分的積差相關係數。

(一)操作程序

> 從功能列執行「分析(A)」／「相關(C)」／「雙變數(E)」開啓「雙變數相關分析」對話視窗。

> ⇒將目標變數社會參與量表題項 b1 至 b19 及加總變項「參與_總分」點選至右邊「變數(V)」下的方盒中。
> →在下方「相關係數」方盒中勾選『☑Pearson 相關係數(N)』選項。
> →勾選最下方的「☑相關顯著性訊號(F)」選項→按『確定』鈕。

> 【備註】：勾選最下方的「☑相關顯著性訊號(F)」選項，於相關係數矩陣的下方會出現下列提示語：
> 「** 在顯著水準爲 0.01 時（雙尾），相關顯著。」
> 「* 在顯著水準爲 0.05 時（雙尾），相關顯著。」
> 提示語在告知研究者，若相關係數的顯著性機率值 p 小於.01，會於相關係數的旁邊加註(**)符號，若相關係數的顯著性機率值 p 小於.05，會於相關係數的旁邊加註(*)符號。

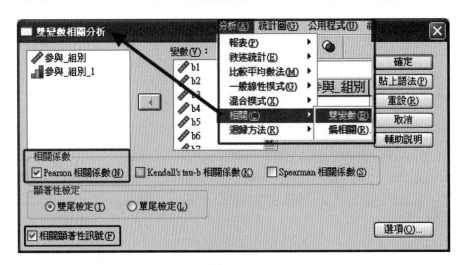

圖 5-23

(二)報表結果

　　表 5-11 為「參與量表總分」與個別題項的相關係數矩陣，相關矩陣的對角線為題項變數與題項變數本身的相關，因而其相關係數等於 1。對角線數值 1 右上三角矩陣的數據與左下方三角矩陣的數據相同，各細格中的第一列「Pearson 相關」為積差相關係數、第二列為顯著性機率值、第三列為個數，若是顯著性（雙尾）p 的數值小於.05，表示二個變項間的積差相關達到顯著。在量表同質性考驗方面，題項與總分的相關不僅要達到顯著，二者間的相關要呈現中高度關係，即相關係數至少要在.400 以上。

　　在相關矩陣統計量中，第 3 題（b3）與參與量表總分的相關係數為.122，p =.086>.05，未達顯著水準；第 10 題（b10）與參與量表總分的相關係數為.185， p =.009<.05，雖達顯著水準，但二者的相關係數卻很低，二者只是低度相關（相關係數絕對值小於.400）。因而如果從題項與量表總分的相關係數值來檢核，第 3 題（b3）與第 10 題（b10）二個題項與量表總分的相關係數值很低，這二個題項可以考慮刪除，除這二題外，其餘題項與量表總分的相關係數均在.500 以上。

表 5-11　相關

		b1	b2	b3	‥	b16	b17	b18	b19	參與—總分
b1	Pearson 相關	1	.393	.083	‥	.285	.474	.465	.387	.605
	顯著性（雙尾）		.000	.241	‥	.000	.000	.000	.000	.000
	個數	200	200	200	‥	200	200	200	200	200
b2	Pearson 相關	.393	1	-.087	‥	.248	.421	.430	.390	.545
	顯著性（雙尾）	.000		.223	‥	.000	.000	.000	.000	.000
	個數	200	200	200	‥	200	200	200	200	200
b3	Pearson 相關	.083	-.087	1	‥	.062	.055	.017	.089	.122
	顯著性（雙尾）	.241	.223		‥	.381	.443	.806	.212	.086
	個數	200	200	200	‥	200	200	200	200	200
b4	Pearson 相關	.288	.375	.087	‥	.339	.391	.449	.327	.601
	顯著性（雙尾）	.000	.000	.220	‥	.000	.000	.000	.000	.000
	個數	200	200	200	‥	200	200	200	200	200
b5	Pearson 相關	.504	.430	.084	‥	.315	.531	.511	.405	.713
	顯著性（雙尾）	.000	.000	.235	‥	.000	.000	.000	.000	.000
	個數	200	200	200	‥	200	200	200	200	200
b6	Pearson 相關	.366	.330	-.059	‥	.291	.428	.447	.422	.725
	顯著性（雙尾）	.000	.000	.407	‥	.000	.000	.000	.000	.000
	個數	200	200	200	‥	200	200	200	200	200
b7	Pearson 相關	.292	.279	.001	‥	.325	.504	.540	.475	.771
	顯著性（雙尾）	.000	.000	.993	‥	.000	.000	.000	.000	.000
	個數	200	200	200	‥	200	200	200	200	200
b8	Pearson 相關	.322	.293	-.038	‥	.378	.505	.546	.480	.757
	顯著性（雙尾）	.000	.000	.594	‥	.000	.000	.000	.000	.000
	個數	200	200	200	‥	200	200	200	200	200
b9	Pearson 相關	.488	.330	.014	‥	.363	.599	.572	.485	.790
	顯著性（雙尾）	.000	.000	.846	‥	.000	.000	.000	.000	.000
	個數	200	200	200	‥	200	200	200	200	200
b10	Pearson 相關	.082	.015	.001	‥	-.036	.097	.131	.023	.185
	顯著性（雙尾）	.251	.836	.984	‥	.614	.171	.065	.749	.009
	個數	200	200	200	‥	200	200	200	200	200
b11	Pearson 相關	.381	.319	-.088	‥	.186	.415	.343	.401	.561
	顯著性（雙尾）	.000	.000	.214	‥	.008	.000	.000	.000	.000
	個數	200	200	200	‥	200	200	200	200	200
b12	Pearson 相關	.381	.370	-.025	‥	.253	.505	.518	.454	.730
	顯著性（雙尾）	.000	.000	.725	‥	.000	.000	.000	.000	.000
	個數	200	200	200	‥	200	200	200	200	200
b13	Pearson 相關	.409	.364	.025	‥	.254	.440	.532	.485	.745
	顯著性（雙尾）	.000	.000	.725	‥	.000	.000	.000	.000	.000
	個數	200	200	200	‥	200	200	200	200	200

表 5-11 相關（續）

		b1	b2	b3	‥	b16	b17	b18	b19	參與_總分
b14	Pearson 相關	.286	.400	-.014	‥	.291	.475	.549	.428	.720
	顯著性（雙尾）	.000	.000	.839	‥	.000	.000	.000	.000	.000
	個數	200	200	200	‥	200	200	200	200	200
b15	Pearson 相關	.413	.249	.052	‥	.343	.517	.501	.423	.690
	顯著性（雙尾）	.000	.000	.467	‥	.000	.000	.000	.000	.000
	個數	200	200	200	‥	200	200	200	200	200
b16	Pearson 相關	.285	.248	.062	‥	1	.429	.464	.286	.512
	顯著性（雙尾）	.000	.000	.381	‥		.000	.000	.000	.000
	個數	200	200	200	‥	200	200	200	200	200
b17	Pearson 相關	.474	.421	.055	‥	.429	1	.789	.571	.758
	顯著性（雙尾）	.000	.000	.443	‥	.000		.000	.000	.000
	個數	200	200	200	‥	200	200	200	200	200
b18	Pearson 相關	.465	.430	.017	‥	.464	.789	1	.613	.782
	顯著性（雙尾）	.000	.000	.806	‥	.000	.000		.000	.000
	個數	200	200	200	‥	200	200	200	200	200
b19	Pearson 相關	.387	.390	.089	‥	.286	.571	.613	1	.679
	顯著性（雙尾）	.000	.000	.212	‥	.000	.000	.000		.000
	個數	200	200	200	‥	200	200	200	200	200
參與_總分	Pearson 相關	.605	.545	.122	‥	.512	.758	.782	.679	1
	顯著性（雙尾）	.000	.000	.086	‥	.000	.000	.000	.000	
	個數	200	200	200	‥	200	200	200	200	200

九、同質性檢驗───信度檢核

　　信度（reliability）代表量表的一致性或穩定性，信度係數在項目分析中，也可作為同質性檢核指標之一，信度可定義為真實分數（true score）的變異數占測量分數變異數的比例，通常一份量表或測驗若是在測得相同的特質或潛在構念時，則題項數愈多時，量表或測驗的信度會愈高，在社會科學領域中有關類似李克特量表的信度估計，採用最多者為柯隆巴哈α（Cronbach α）係數，柯隆巴哈α係數又稱為內部一致性α係數。信度檢核旨在檢視題項刪除後，整體量表的信度係數變化情形，如果題項刪除後的量表整體信度係數比原先的信度係數（內部一致性α係數）高出許多，則此題項與其餘題項所要測量的屬性或心理特質可能不相同，代表此題項與其他題項的同質性不高，在項目分析時可考慮將此題項刪除。

(一)求量表內部一致性α係數的操作程序如下

從功能列執行「分析」／「尺度(A)」／「信度分析(R)」開啓「信度分析」對話視窗。

→在左邊變數清單中將目標變數社會參與量表題項 b1 至 b19 變項點選至右邊「項目(I)」下的方盒中。

→在下方「模式(M)」右邊的下拉式選單選取內定『Alpha 值』選項。

→按右下方的『統計量(S)...』鈕，開啓「信度分析：統計量」次對話視窗。

──在「敘述統計量對象」方盒中勾選「☑刪除項目後的量尺摘要(A)」選項。

──按『繼續』鈕，回到「信度分析」對話視窗

→按『確定』（OK）鈕。

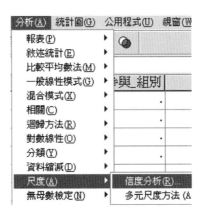

圖 5-24

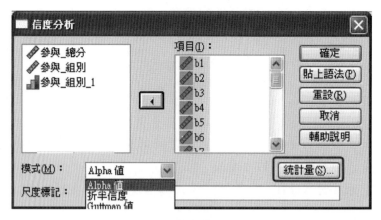

圖 5-25

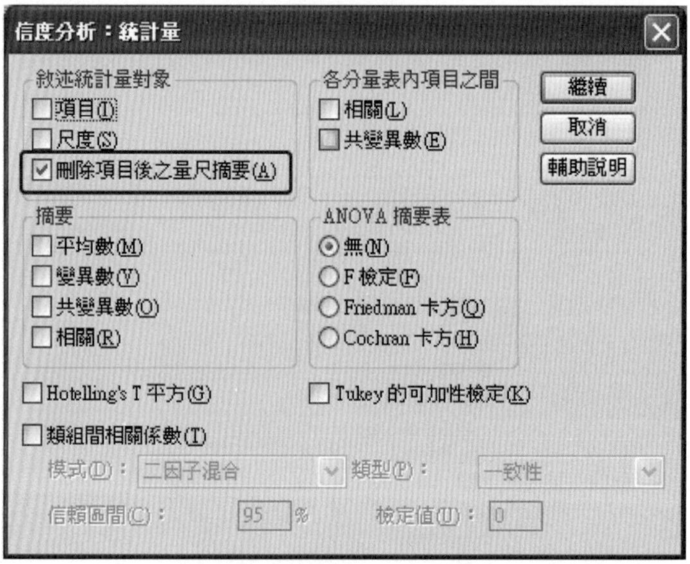

圖 5-26

(二)輸出結果

尺度: **ALL VARIABLES**

表 5-12 為觀察值處理摘要表,進行信度分析時有效觀察值有 200 位,被排除的觀察值 0 位,全部觀察值為 200 位。

表 5-12　觀察值處理摘要

		個數	%
觀 察 值	有 效	200	100.0
	排除(a)	0	.0
	總 計	200	100.0

a 根據程序中的所有變數刪除全部遺漏值。

表 5-13 為「社會參與量表」19 題內部一致性α係數，其數值等於.912，表示社會參與量表 19 題的內部一致性佳。一份信度理想的量表，其總量表的內部一致性α係數至少要在.800 以上，一份好的量表或測驗除了要有良好的效度外，其信度係數必須達到最基本的指標值，若是量表α係數值愈高，表示其信度愈高，測量誤差值愈小。

表 5-13　可靠性統計量

Cronbach's Alpha 值	項目的個數
.912	19

表 5-14　尺度統計量

平均數	變異數	標準差	項目的個數
85.92	38.510	6.206	19

在「信度分析：統計量」次對話視窗中的「敘述統計量對象」方盒中勾選「尺度(S)」，會呈現量表的總平均數、標準差與變異數，社會參與量表十九個題項的平均數為 85.92、變異數為 38.510、標準差為 6.206，量表項目的個數為 19，19 個項目表示量表的題項變數總共有 19 題。

表 5-15　項目統計量

	平均數	標準差	個數
b1	4.68	.499	200
b2	4.60	.541	200
b3	3.83	.619	200
b4	4.38	.630	200
b5	4.73	.448	200
b6	4.56	.546	200
b7	4.56	.546	200
b8	4.58	.525	200
b9	4.70	.470	200
b10	4.12	.455	200
b11	4.66	.527	200
b12	4.76	.431	200
b13	4.61	.510	200
b14	4.62	.517	200
b15	4.50	.601	200
b16	4.24	.542	200
b17	4.66	.487	200
b18	4.59	.493	200
b19	4.58	.524	200

在「信度分析：統計量」次對話視窗中的「敘述統計量對象」方盒中勾選「項目(I)」，會呈現各題項的平均數、標準差與觀察值個數，從各題平均數的高低可以檢視觀察值在李克特量表選項中的勾選情形，標準差的大小可以顯示觀察值對題項看法的差異，若是較小的標準差表示觀察值勾選的同質性較高，相對的，一個標準差或變異數較大數值的題項，表示預試樣本勾選反應間的態度差異較大。題項描述性統計量所提供的平均數、標準差（變異數）所提供的量數，只能作為預試樣本對量表試題的反應或知覺現況，最好不要作為項目分析或題項篩選的判別指標之一。

表 5-16　項目整體統計量

	項目刪除時的 尺度平均數	項目刪除時的 尺度變異數	修正的項目 總相關	項目刪除時的 Cronbach's Alpha 值
b1	81.24	35.015	.550	.908
b2	81.32	35.143	.480	.910
b3	82.09	37.958	.022	.924
b4	81.54	34.209	.530	.909
b5	81.19	34.748	.675	.906
b6	81.36	33.898	.679	.905
b7	81.36	33.587	.731	.904
b8	81.34	33.854	.717	.904
b9	81.22	34.119	.759	.904
b10	81.80	37.671	.113	.918
b11	81.26	35.118	.499	.910
b12	81.16	34.788	.695	.906
b13	81.31	34.054	.705	.905
b14	81.30	34.159	.676	.905
b15	81.42	33.722	.634	.906
b16	81.68	35.356	.444	.911
b17	81.26	34.163	.722	.904
b18	81.33	33.969	.748	.904
b19	81.34	34.365	.630	.906

在「信度分析：統計量」次對話視窗中的「敘述統計量對象」方盒中勾選「☑刪除項目後的量尺摘要(A)」選項時會呈現「項目整體統計量」摘要表。第一欄為題項的變數名稱，共有 19 個題項；第二欄「項目刪除時的尺度平均數」為該題刪除後量表的平均數；第三欄「項目刪除時的尺度變

異數」為刪除該題後量表的變異數；第四欄「修正的項目總相關」為校正題項與題項總分的相關係數，此係數是每一個題項與其他題項加總後（不包含原題項）的相關係數，如果校正題項與總分的相關係數太低，表示題項與其餘題項的關聯性不高，即題項與其餘題項的同質性不高；第五欄「項目刪除時的 Cronbach's Alpha 值」為刪除該題後，量表的內部一致性α係數改變值的大小。

「修正的項目總相關」欄表示的是該題題項與其餘 18 題題項加總後的積差相關，以題項 b1 橫列而言，題項 b1 與其餘 18 題題項加總分數（b2+b3+……+b18+b19）的積差相關係數為.550，呈現中度關係，表示題項b1 與其餘十八題項所測量的心理特質同質性頗高，若是「修正的項目總相關」欄呈現的數值小於.400，表示該題項與其餘題項的相關為低度關係，該題項與其餘題項所要測量的心理或潛在特質同質性不高。

「項目刪除時的 Cronbach's Alpha 值」表示的是該題刪除後，整個量表的α係數改變情形，Cronbach α係數與庫李信度皆屬於內部一致性係數，因而若是同一份量表各題項所欲測量的行為特質愈接近，則其內部一致性α係數會愈高；相對的，若是同一份量表各題項所欲測量的行為特質差異較大，則其內部一致性α係數會偏低，此時量表所包含的層面或構念的內涵可能並不同質。內部一致性α係數的公式如下：$\alpha = \frac{K}{K-1}(1 - \frac{\Sigma S_i^2}{S^2})$，其中 K 為量表的題項數、$\Sigma S_i^2$ 為量表題項的變異數總和、S^2 為量表總分的變異數。從公式中可以發現量表的題項數愈多時，$\frac{K}{K-1}$ 的值愈接近 1、$\frac{\Sigma S_i^2}{S^2}$ 的值愈接近 0，因而內部一致性α係數也會接近 1。因而如果量表所包含的題項數愈多，內部一致性α係數一般而言會愈高，刪除某一題題項後，量表的內部一致性α係數相對的會變小，若是刪除某個題項後，量表的內部一致性α係數反而變大，則此題所欲測量的行為或心理特質與其餘量表所欲測量的行為或心理特質並不同質，因而此題可考慮刪除。

從校正題項與總分的相關可以看出，第 3 題題項（b3）與其餘題項總分的相關係數為.022、第 10 題題項（b10）與其餘題項總分的相關係數為.113，相關係數均非常低；而從題項刪除後量表的內部一致性α係數值改變值來看，第 3 題題項（b3）刪除後，社會參與量表的α係數從.912 變成為.924、第 10 題題項（b10）刪除後，社會參與量表的α係數從.912 變成為.918，其餘 17 個題項，題項刪除後量表的係數均比.912 小。從校正題項與總分的相關表可以看出，第 3 題與第 10 題與其餘題項的同質性不高，可考慮將之刪除。

在採用內部一致性α係數作為項目分析的判斷指標時，有一點必須特別注意，若是量表或測驗所包含的因素構念是二種以上不同的面向，這些面向的加總分數並沒有實質的意義，如此，量表的內部一致性α係數要以各不同的因素構念作為子量表分別計算，而不能估計整份量表的信度係數。如一份校長領導量表中，量表分為二個不同的面向：「權威取向」、「關懷取向」，此時量表加總後的測量值並無法反應全部題項所要測得的構念，估計量表整體的信度反而沒有實質意義存在，對於量表全部題項是否加總，要看第一階因素構念能否再合併為一個二階的因素構念而定。

十、同質性檢二──共同性與因素負荷量

「共同性」（communalities）表示題項能解釋共同特質或屬性的變異量，如將社會參與量表限定為一個因素時，表示只有一個心理特質，因而共同性的數值愈高，表示能測量到此心理特質的程度愈多；相反的，如果題項的共同性愈低，表示此題項能測量到的心理特質之程度愈少，共同性較低的題項與量表的同質性較少，因而題項可考慮刪除。至於「因素負荷量」（factor loading）則表示題項與因素（心理特質）關係的程度，題項在共同因素的因素負荷量愈高，表示題項與共同因素（總量表）的關係愈密切，亦即其同質性愈高；相對的，題項在共同因素的因素負荷量愈低，表示題項與共同因素（總量表）的關係愈不密切，亦即其同質性愈低。

(一)求量表題項的共同性與因素負荷量的程序如下

從功能列執行「分析(A)」／「資料縮減(D)」／「因子(F)...」程序，開啟「因子分析」對話視窗。

→在左邊變數清單中將目標變數社會參與量表題項 b1 至 b19 點選至右邊「變數(V)」下的方盒中。

→按左下方『萃取(E)...』()鈕，開啟「因子分析：萃取）次對話視窗。
──→在「萃取」方盒中點選『◉因子個數(N)』選項，在其後的空格中鍵入 1（限定抽取一個共同因素）。
──→在「方法(M)」右邊的下拉式選單中選取內定的「主成分」分析法。
──→按『繼續』鈕回到「因子分析」對話視窗。

→按『確定』鈕。

量表項目分析

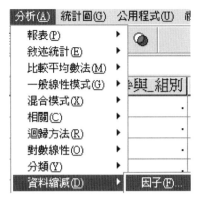

圖 **5-27**

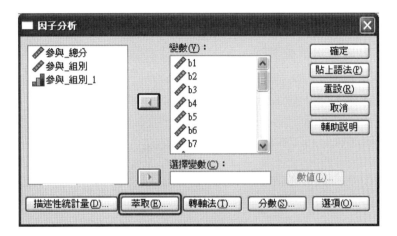

圖 **5-28**

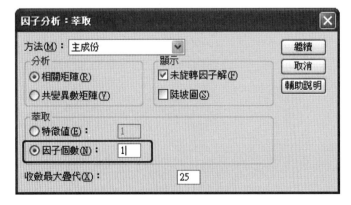

圖 **5-29**

(二)輸出結果

　　表 5-17 為共同性萃取值，採取主成分分析抽取共同因素時，初始的共同性估計值均為 1，根據最後共同性萃取值的大小，可以了解題項所欲測量共同特質（因素）的高低。共同性為各題項在共同因素之因素負荷量的平方加總，反應的是共同因素對各題項的解釋變異量，這個值是個別題項與共同因素間多元相關係數的平方，相當於迴歸分析中的 R^2。因為只抽取一個共同因素，因而共同性可說是共同因素對於各題題項的解釋變異量，如果題項的共同性愈大，表示測得之行為或心理特質的共同因素與題項的關係愈密切；相對的，若是題項的共同性值愈小，表示題項與共同因素間的關係愈弱。一般而言，共同性值若低於.20（此時因素負荷量小於.45），表示題項與共同因素間的關係不密切，此時，此題項可考慮刪除。從上表的萃取值可發現：第 3 題、第 10 題的共同性分別為.001、.020，這二個題項與共同因素「社會參與特質」的程度關係微弱，依此指標準則可考慮將此二題刪除。

表 5-17　共同性

	初始	萃取
b1	1.000	.352
b2	1.000	.293
b3	1.000	.001
b4	1.000	.337
b5	1.000	.517
b6	1.000	.548
b7	1.000	.621
b8	1.000	.601
b9	1.000	.650
b10	1.000	.020
b11	1.000	.323
b12	1.000	.562
b13	1.000	.571
b14	1.000	.535
b15	1.000	.473
b16	1.000	.243
b17	1.000	.585
b18	1.000	.623
b19	1.000	.463

萃取法：主成分分析。

表 5-18 解說總變異量摘要表為抽取的共同因素，特徵值大於 1 的共同因素雖有四個，但因為限制因素抽取的數目為 1，因而只抽取一個共同因素，此共同因素的特徵值為 8.316、可以解釋量表變項的變異量為 43.771%。

表 5-18　解說總變異量

成分	初始特徵值			平方和負荷量萃取		
	總和	變異數的%	累積%	總和	變異數的%	累積%
1	8.316	43.771	43.771	8.316	43.771	43.771
2	1.291	6.797	50.568			
3	1.121	5.900	56.468			
4	1.034	5.443	61.911			

萃取法：主成分分析。

表 5-19 為成分矩陣（Component Matrix），成分矩陣中的第一欄為變項名稱、第二欄為因素負荷量，因素負荷量相當迴歸分析中的迴歸權數，因素負荷量的值愈大，表示題項與共同因素間的關係愈密切，由於限定萃取一個共同因素，因而題項在共同因素之因素負荷量的平方值即為共同性。在進行項目分析時，若是題項的因素負荷量小於.45，題項可考慮將之刪除。從成分矩陣中可以發現：第 3 題（b3）、第 10 題（b10）的因素負荷量分別為.024、.140，除這二題外，其餘 17 題的因素負荷量均在.450 以上，這顯示第 3 題（b3）、第 10 題（b10）與共同特質（社會參與）的關係不是很密切。

把因素萃取的因素限定為 1 時，其數學分析的模式與題項及量表總分間的相關非常類似，萃取的共同因素類似於量表的總分，成分矩陣中的因素負荷量類似於相關矩陣中的積差相關係數，而題項的共同性類似決定係數，不同的是總分計算的方式，若是所有題項所測量的潛在特質相似，則二個統計量最後呈現的結果應大致相同。

表 5-19　成分矩陣(a)

	成分
	1
b1	.593
b2	.541
b3	.024
b4	.581
b5	.719
b6	.740
b7	.788
b8	.775
b9	.806
b10	.140
b11	.568
b12	.750
b13	.755
b14	.731
b15	.688
b16	.493
b17	.765
b18	.790
b19	.680

萃取方法：主成分分析。

a 萃取了 1 個成分。

【表格範例】

「社會參與量表」項目分析各項統計量整理如表 5-20 所列。

表 5-20 為社會參與量表從極端組比較、題項與總分相關、同質性檢驗的統計量結果，從題項決斷值、題項與總分相關、校正題項與總分相關、題項刪除後的α值改變、題項的共同性與因素負荷量等指標來看，第 3 題與第 10 題在以上六個指標的統計量均不理想，因而經項目分析綜合評鑑後，19 題的社會參與量表決定刪除第 3 題和第 10 題，保留 17 題。

在項目分析的判別指標方面，若是採用決斷值或CR值，一般的判別準則為 CR 值必須≥3.00，較嚴格的判別標準為 CR 值≥3.50；在題項與總分的相關方面，二者的相關程度必須有中度關係，即積差相關係數值必須≥0.400，

表 5-20 「社會參與量表」項目分析摘要表

題項	極端組比較	題項與總分相關		同質性檢驗			未達標準指標數	備註
	決斷值	題項與總分相關	校正題項與總分相關	題項刪除後的α值	共同性	因素負荷量		
b1	10.740***	.605***	.550	.908	.352	.593	0	保留
b2	8.589***	.545***	.480	.910	.293	.541	0	保留
b3	#1.390n.s.	#.122n.s.	#.022	#.924	#.001	#.024	6	
b4	13.443***	.601***	.530	.909	.337	.581	0	保留
b5	11.717***	.713***	.675	.906	.517	.719	0	保留
b6	18.660***	.725***	.679	.905	.548	.740	0	保留
b7	25.001***	.771***	.731	.904	.621	.788	0	保留
b8	24.213***	.757***	.717	.904	.601	.775	0	保留
b9	17.560***	.790***	.759	.904	.650	.806	0	保留
b10	#2.691*	#.185**	#.113	#.918	#.020	#.140	6	刪除
b11	8.629***	.561***	.499	.910	.323	.568	0	保留
b12	12.306***	.730***	.695	.906	.562	.750	0	保留
b13	18.622***	.745***	.705	.905	.571	.755	0	保留
b14	17.000***	.720***	.676	.905	.535	.731	0	保留
b15	14.230***	.690***	.634	.906	.473	.688	0	保留
b16	8.015***	.512***	.444	.911	.243	.493	0	保留
b17	16.368***	.758***	.722	.904	.585	.765	0	保留
b18	30.017***	.782***	.748	.904	.623	.790	0	保留
b19	23.163***	.679***	.630	.906	.463	.680	0	保留
判標準則	≥3.000	≥.400	≥.400	≤.912（註）	≥.200	≥.450		

註：.912 為社會參與量表的內部一致性α係數。#未達指標值

校正題項──總分相關係數值必須≥0.400，若相關係數小於.400，題項與總分間的相關只呈現低度關係，上述CR值或相關係數均必須達到顯著（顯著性 p<.05）；至於因素負荷 7 量的判別法中，題項在萃取共同因素的因素負荷量必須≥0.450，此時題項的共同性為.2025，萃取因素可以解釋題項 20%以上的變異量。項目分析時一般的判標準則摘要表 5-21 如下：

表 5-21

題項	極端組比較	題項與總分相關		同質性檢驗	
	決斷值	題項與總分相關	校正題項與總分相關	題項刪除後的α值	共同性	因素負荷量
判斷標準準則	≥3.000	≥.400	≥.400	≤量表信度值	≥.200	≥.450

表 5-22

【社會參與量表】

	非常同意	大部分同意	一半同意	大部分不同意	非常不同意	
01.我常會喜歡宗教活動中的一些儀式	□	□	□	□	□	✔
02.我不覺得參加社會服務工作很有意義	□	□	□	□	□	✔
03.我常會選擇自己喜歡的社團活動來參與	□	□	□	□	□	✘
04.我常會參加各種進修學習活動	□	□	□	□	□	✔
05.我常會主動地參加一些休閒娛樂活動	□	□	□	□	□	✔
06.我常會參加一些宗教活動	□	□	□	□	□	✔
07.我覺得參加社會服務工作之後使我的生活更加充實	□	□	□	□	□	✔
08.我參與社團活動時我會積極的投入	□	□	□	□	□	✔
09.我參加學習活動時，常會受到老師和同儕的肯定	□	□	□	□	□	✔
10.我現在常會邀請家人或親友一起從事運動休閒	□	□	□	□	□	✘
11.我常會鼓勵親朋好友一起參加宗教活動	□	□	□	□	□	✔
12.我很願意奉獻自己的專長和經驗來服務別人	□	□	□	□	□	✔
13.我常會做些適合我的運動來增進健康	□	□	□	□	□	✔
14.我參加學習活動時心情都很愉快	□	□	□	□	□	✔
15.我不覺得從事適當的休閒運動後能讓生活更充實	□	□	□	□	□	✔
16.參加宗教活動之後讓我的心靈更為充實	□	□	□	□	□	✔
17.我常會利用時間參加各種社會服務工作	□	□	□	□	□	✔
18.我不覺得我能從社團活動的參與過程中獲得滿足感	□	□	□	□	□	✔
19.我會主動和別人分享進修學習的心得	□	□	□	□	□	✔

✔：題項保留　　✘：題項刪除

「社會參與量表」正式問卷十七題題項如表 5-23（題項重新編號）：

表 5-23

	非常同意	大部分同意	大部分一半同意	大部分不同意	非常不同意	
01.我常會喜歡宗教活動中的一些儀式	☐	☐	☐	☐	☐	✔
02.我不覺得參加社會服務工作很有意義	☐	☐	☐	☐	☐	✔
03.我常會參加各種進修學習活動	☐	☐	☐	☐	☐	✔
04.我常會主動的參加一些休閒娛樂活動	☐	☐	☐	☐	☐	✔
05.我常會參加一些宗教活動	☐	☐	☐	☐	☐	✔
06.我覺得參加社會服務工作之後使我的生活更加充實	☐	☐	☐	☐	☐	✔
07.我參與社團活動時我會積極地投入	☐	☐	☐	☐	☐	✔
08.我參加學習活動時，常會受到老師和同儕的肯定	☐	☐	☐	☐	☐	✔
09.我常會鼓勵親朋好友一起參加宗教活動	☐	☐	☐	☐	☐	✔
10.我很願意奉獻自己的專長和經驗來服務別人	☐	☐	☐	☐	☐	✔
11.我常會做些適合我的運動來增進健康	☐	☐	☐	☐	☐	✔
12.我參加學習活動時心情都很愉快	☐	☐	☐	☐	☐	✔
13.我不覺得從事適當的休閒運動後能讓生活更充實	☐	☐	☐	☐	☐	✔
14.參加宗教活動之後讓我的心靈更為充實	☐	☐	☐	☐	☐	✔
15.我常會利用時間參加各種社會服務工作	☐	☐	☐	☐	☐	✔
16.我不覺得我能從社團活動的參與過程中獲得滿足感	☐	☐	☐	☐	☐	✔
17.我會主動和別人分享進修學習的心得	☐	☐	☐	☐	☐	✔

第六章

因素分析

項目分析完後，為考驗量表的「建構效度」（construct validity），應進行因素分析（或稱共同因素分析 common factor analysis；CFA）。所謂建構效度係指態度量表能測量理論的概念或特質之程度。因素分析目的即在找出量表潛在的結構，減少題項的數目，使之變為一組較少而彼此相關較大的變項，此種因素分析方法，是一種「探索性的因素分析」（exploratory factor analysis）。

6-1 效度的基本概念

因素分析在求出量表的建構效度。在測驗上，所謂效度（validity）是指一個測驗能夠測到該測驗所欲測（研究者所設計的）心理或行為特質到何種的程度。研究的效度包括內在效度（internal validity）與外在效度（external validity）兩種，內在效度指研究敘述的正確性與真實性；外在效度則研究推論的正確性。在研究歷程中，實驗研究中想提高研究的內在效度，在研究設計時可把握：(1)理論正確解釋清楚：概念要具有明確性，解釋要信而可徵；(2)操作忠實以減少誤差：概念及變項能夠依其理論建構或特定內容而給予操作型的定義，進而設計有效度的評量工具或測驗；(3)樣本合宜且預防流失：樣本取樣要注意不同組別人數的相等性，重視研究情境的適當性與問卷調查的回收率；(4)正本清源，排除無關變因：認清並排除足以混淆或威脅結論的無關干擾變項，儘可能予減少。而在提高外在效度方面則可以朝下列幾個方向努力：(1)解釋分析應具普遍性、客觀性、中立性、合理性與真實性；(2)以操作型定義代表概念性意義，取樣應有足夠的代表性，研究的情境要適切，最好能與未來實際要應用或推論的情境類似；(3)觀察具普遍性，資料蒐集來源要多元性並且要客觀；(4)儘可能排除無關的干擾變項，並慎防實驗者效應發生（林生傳，民91）。

基本上，效度具有以下的性質（*Gronlund & Linn, 1990*；王保進，2002）：

1. 效度是指「測驗結果」之正確性或可靠性，而非指測驗工具本身。
2. 效度並非全有或全無，只是程度上有高低不同之差別。
3. 效度有其目標功能性，是針對某一特殊功能或某種特殊用途而言，未具有普遍性，一份具高效度的測驗工具施測於不同的受試者，可能會導致測驗結果的不正確。
4. 效度並無法實際測量，只能從現有資訊做邏輯推論或從實徵資料做統

計考驗分析。

　　測驗或量表所能正確測量的特質程度，一般就是效度。效度具有目標導向，每種測驗或量表均其有特殊目的與功能，因而我們說一份測驗或量表的效度高指的是其特殊的用途，而非一般的推論，因而此份測驗或量表不能適用於所有不同的群體或所有的社會科學領域。一份高效度的量表有其適用的特定群體及特殊的目的存在。根據《教育與心理測驗的標準》（*Standards for Educational and Psychology Testing*）一書的說法（*1985, p. 9*）：「在測驗評鑑中效度是最重要的考量因素，效度概念指的是特定測驗結果之推論的適當的、有意義的及有用的情況，測驗是否有效的歷程，在於累積證據以支持上述推論的過程」。而其對效度的分類包括以下三種：

1. 內容效度

內容效度（content validity）指測驗或量表內容或題目的適切性與代表性，即測驗內容能反應所要測量的心理特質，能否達到測量到所要測驗的目的或行為構念。內容效度的檢核通常會透過雙向細目表，以檢視測驗內容的效度，內容效度常以題目分布的合理性來判斷，屬於一種命題之邏輯分析，因而內容效度也稱為「邏輯效度」（logical validity）。

2. 效標關聯效度

效標關聯效度（criterion-related validity）指測驗與外在效標間關係的程度，如果測驗與外在效標間的相關愈高，表示此測驗的效標關聯效度愈高。作為外在效標的工具，本身必須具備良好的信度與效度，如標準化的學業成就、智力測驗、常模建立的人格量表、態度量表、實務的工作表現等。效標關聯效度依其使用時間間隔之長短又分為「預測效度」（predictive validity）與「同時效度」（concurrent validity），前者指測驗分數與將來的效標之間關係的程度；後者指測驗分數與目前效標資料之間關係的程度。效標關聯效度通常求實際測驗分數與效標間的關係，屬於實徵之統計分析，因而效標關聯效度又稱為「實徵性效度」（empirical validity）。

3. 建構效度

建構效度（construct validity）係指測驗能夠測量出理論的特質或概念的程度，亦即實際之測驗分數能解釋某一心理特質有多少。建構是用來

解釋個體行為之假設性的理論架構心理特質，因而建構效度就是「測驗能夠測量到理論上之建構心理特質之程度」（王保進，2002）。如我們根據理論的假設架構，編製一份量表或測驗，經實際測試結果，受試者所得之實際分數，經統計考驗結果能有效解釋受試者的心理特質，則此測驗或量表即具有良好的建構效度。

建構效度由於有理論的邏輯分為基礎，同時又根據實際所得的資料來檢驗理論的正確性，因此是一種相當嚴謹的效度考驗方法（王保進，2002），建構效度考驗步驟通常包括：(1)根據文獻探討、前人研究結果、實務經驗等建立假設性理論建構；(2)根據建構之假設性理論編製適切的測驗工具；(3)選取適當的受試者進行施測；(4)以統計檢定之實徵方法去考驗此份測驗工具是否能有效解釋所欲建構的心理特質。統計學上，考驗建構效度的最常用的方法即是因素分析，研究者如果以因素分析去檢定測驗工具的效度，並有效地抽取共同因素，此共同因素與理論架構之心理特質甚為接近，則可說此測驗工具或量表具有「建構效度」。因而研究者常會描述「將項目分析完後的題項，做因素分析，以求得量表的建構效度。」

除了以上三種效度外，在社會科學領域中，近年來也倡導專家效度，而「德懷術」的分析方法，就是專家效度的應用具體實例。在研究者根據理論假設編製測驗或量表後，如果無法編製雙向細目表進行內容效度檢核，可以將編製好的量表請相關的學者專家加以檢視，學者專家包括有實務工作者、有此相關研究經驗者、有學術背景之學者等等均可，學者專家會根據各構念所包括的題項逐一檢視，看題項內容是否能真正測出構念所代表的心理特質或所包括的內涵，看詞句是否適切並提供修正意見。研究者再根據專家學者的意見，統計分析適合的題項與不適合的題項，並修正若干不適切的詞句，爾後再編製成預試問卷，以考驗測驗或量表的信度效，經此一步驟，則量表可增列具有「專家效度」一項。

6-2 因素分析的基本原理

在社會科學研究中，研究變項的減縮（reduction）與量表的編製常用的方法常用「主成分分析法」（principal component analysis；簡稱為 PCA）與「共同因素分析」（common factor analysis）二種方法抽取成分或因素。主成分分析是假設所分析之變項不含誤差，樣本之相關係數矩陣即代表母群

之相關係數矩陣。N 個變項經主成分分析會產生 N 個成分，一般而言，研究者會從 N 個成分中選取前面數個變異量較大之重要成分，而忽略變異量較小而不重要之成分（*Gorsuch, 1988*）。於主成分分析中，可將 m 個變項加以轉換，使所得線性組合而得 P 個成分的變異數變為最大（P<m），且成分間彼此無關，這特性也讓研究者將其用在多元迴歸分析中，解決預測變項間的多元共線性問題和在多變項變異數分析中，太多的依變項間具高相關情況下，利用 PCA 使變項變為無關的數個成分分數，以利後續的統計分析（傅粹馨，*2002*）。

　　量表進行項目分析完後，接著所要進行的是量表的因素分析，因素分析的目的在於求得量表的「建構效度」（或稱構念效度）（construct validity）。採用因素分析可以抽取變項間的共同因素（common factor），以較少的構念代表原來較複雜的資料結構。所謂效度（validity）是指測驗分數的正確性；易言之，是指一個測驗能夠測量到它所想要測量的心理特質的程度，美國心理學會將效度分為內容效度、效標關聯效度與構念效度。內容效度（content validity）是指測驗內容的代表性或取樣的適切性；效標關聯效度（criterion-related validity）是以經驗性的方法，研究測驗分數與外在效標間的關係，故又稱為經驗效度（empirical validity）或統計效度（statistical validity）；構念效度是指測驗或量表能測量到理論上的構念或特質的程度（*Anastiasi, 1988*）。學者 Judd 等人（*1991*）指出：妥切賦予變項操作型定義的程度就是建構效度。可見，建構效度就是測驗分數能夠依據某種心理學的理論構念加以解釋的程度，凡是根據心理學的構念（construct），對測驗分數的意義所做的分析和解釋，即為建構效度。「構念」是心理學上的一種理論構想或特質，它是觀察不到的，但心理學假設它是存在的，以便能解釋一些個人的行為。行為及社會科學研究領域中，在建構效度的考驗上，最常為研究者及學者使用的方法為「因素分析」（factor analysis），因為因素分析主要的目的是用以認定心理學上的特質，藉著共同因素的發現而確定觀念的結構成分，根據量表或測驗所抽取的共同因素，可以知悉測驗或量表有效測量的特質或態度為何（郭生玉，*1988*）。

　　在多變項關係中，變項間線性組合對表現或解釋每個層面變異數非常有用。主成分分析主要目的即在此。變項的第一個線性組合可以解釋最大的變異量，排除前述層面外，第二個線性組合可以解釋次大的變異量，最後一個成分所能解釋總變異量的部分會較小。主成分資料分析中，以較少成分解釋原始變項變異量較大部分。成分變異量通常以「特徵值」

（eigenvalues）表示，有時也稱「特性本質」（characteristic roots）或「潛在本質」（latent roots），因素分析時共用因素的抽取時，最常用的方法即為主成分分析法。成分分析模式（component analysis model）包含了常用的主成分分析（principal component analysis；PCA）和映象成分分析（image component analysis）二種，因而有主成分分數和映像成分分數。主成分分析是由 Pearson 所創用，而由 Hotelling 再加以發展的一種統計方法（林清山，2003）。

主成分分析與共同因素分析的意涵並不相同，某些行為統計學家視因素分析為「相關（或共同變數）取向」（correlation or covariance oriented），視主成分分析為「變異數取向」（variance oriented）。因素分析之目的在於再製變項的相關係數矩陣，而主成分分析之目的在再製變項的總變異量。換言之，主成分分析的重點在解釋資料的變異量；而因素分析之重點在解釋變項間的相關。於主成分分析中，全部的成分都要用到，才能再製原來的相關矩陣，成分是觀察變項的線性組合（linear combination）；在因素分析時，只要少數幾個因素即可再製原來的相關矩陣，觀察變項為各因素之線性組合加上「誤差」（傅粹馨，2002）。主成分分析是種變異數導向的統計方向，著重在解釋資料的變異數，而因素分析是共變異數導向的統計方法，著重在解釋指標的關係（Sharma, 1996）。

因素分析是一種潛在結構分析法，其模式理論中，假定每個指標（外在變項或稱題項、觀察值、問卷問題）均由二個部分所構成，一為「共同因素」（common factor）、一為「唯一因素」或「獨特因素」（unique factor）。共同因素的數目會比指標數（原始變項數）還少，而每個指標或原始變項皆有一個唯一因素，亦即一份量表共有 n 個題項數，則也會有 n 個唯一因素，至於共同因素的數目通常少於變數的數目。唯一因素性質有二個假定（Kleinbaum et al., 1988）：

1. 所有的唯一因素間彼此沒有相關。
2. 所有的唯一因素與所有的共同因素間也沒有相關。

至於所有共同因素間彼此的關係，可能有相關或可能皆沒有相關。在直交轉軸狀態下，所有的共同因素間彼此沒有相關；在斜交轉軸情況下，所有的共同因素間彼此就有相關。因素分析最常用的理論模式如下：

$$Z_j = a_{j1}F_1 + a_{j2}F_2 + a_{j3}F_3 + \ldots\ldots + a_{jm}F_m + U_j$$

其中的符號意義分別表示如下：

1. Z_j 為第 j 個變項的標準化分數。
2. F_i 為共同因素。
3. m 為所有變項共同因素的數目。
4. U_j 為變項 Z_j 的唯一因素。
5. a_{ji} 為因素負荷量或組型負荷量（pattern loading），表示第 i 個共同因素對 j 個變項變異量之貢獻，組型負荷量是一種因素加權值（factor loading）。

因素分析的理想情況，在於個別因素負荷量 a_{ji} 不是很大就是很小，這樣每個變項才能與較少的共同因素產生密切關聯，如果想要以最少的共同因素數來解釋變項間的關係程度，則 U_j 彼此間或與共同因素間就不能有關聯存在。

所謂的因素負荷量為因素結構中，原始變項與因素分析時抽取出共同因素的相關；而因素與變項之間的相關係數，也稱為「結構負荷量」（structure loading），當各因素之間的相關為 0 時，變項與共同因素之間的相關等於該變項在因素上的組型負荷量，組型負荷量與結構負荷量都稱為「因素負荷量」（Harman, 1976），若因素間相關為 0 時，組型負荷量與結構負荷量相同，但如果因素間相關不為 0 時，組型負荷量與結構負荷量則不相同。在因素分析中，有二個重要指標一為「共同性」（communality）、二為「特徵值」（eigenvalue）。為便於說明，以三個變項抽取二個共同因素為例，三個變項的線性組合分別為：

$$Z_1 = a_{11}F_1 + a_{12}F_2 + U_1$$
$$Z_2 = a_{21}F_1 + a_{22}F_2 + U_2$$
$$Z_3 = a_{31}F_1 + a_{32}F_2 + U_3$$

轉換成因素矩陣如表 6-1：

表 6-1

變項	F_1（共同因素一）	F_2（共同因素二）	共同性 h^2	唯一因素 d^2
X_1	a_{11}	a_{12}	$a_{11}^2 + a_{12}^2$	$1 - h_1^2$
X_2	a_{21}	a_{22}	$a_{21}^2 + a_{22}^2$	$1 - h_2^2$
X_3	a_{31}	a_{32}	$a_{31}^2 + a_{32}^2$	$1 - h_3^2$
特徵值	$a_{11}^2 + a_{21}^2 + a_{31}^2$	$a_{12}^2 + a_{22}^2 + a_{32}^2$		
解釋量	$(a_{11}^2 + a_{21}^2 + a_{31}^2) \div 3$	$(a_{12}^2 + a_{22}^2 + a_{32}^2) \div 3$		
解釋量為特徵值除以題項總數				

所謂的共同性，就是每個變項在每個共同因素之負荷量的平方總和（一橫列中所有因素負荷量的平方和），也就是個別變項可以被共同因素解釋的變異量百分比，這個值是個別變項與共同因素間多元相關的平方，共同性 所代表的是所有共同因素對 j 個變項變異量所能解釋的部分，假定各因素之間沒有相關時，共同性即為各「組型負荷量」（因素負荷量）的平方和。從共同性的大小可以判斷這個原始變項與共同因素間之關係程度。而各變項的唯一因素大小就是 1 減掉該變項共同性的值（在主成分分析中，有多少個原始變項便有多少個「component」成分，所以共同性會等於 1，沒有唯一因素）。

至於特徵值是每個變項在某一共同因素之因素負荷量的平方總和（一直行所有因素負荷量的平方和）。在因素分析之共同因素抽取中，特徵值最大的共同因素會最先被抽取，其次是次大者，最後抽取的共同因素之特徵值最小，通常會接近 0（在主成分分析中，有幾個題項，便有幾個成分，因而特徵值的總和剛好等於變項的總數）。將每個共同因素的特徵值除以總題數，為此共同因素可以解釋的變異量，因素分析的目的，即在因素結構的簡單化，希望以最少的共同因素，能對總變異量做最大的解釋，因而抽取的因素愈少愈好，但抽取因素之累積解釋的變異量則愈大愈好。

社會科學中，因素分析通常應用在三個層面：

1. 顯示變項間因素分析的組型（pattern）。
2. 偵測變項間之群組（clusters），每個群組所包括的變項彼此間相關很高，同質性較大，亦即將關係密切的個別變項合併為一個子群。
3. 減少大量變項數目，使之成為一組涵括變項較少的統計自變項（稱為因素），每個因素與原始變項間有某種線性關係存在，而以較少數個

因素層面來代表多數、個別、獨立的變項。

因素分析具有簡化資料變項的功能，以較少的層面來表示原來的資料結構，它根據變項間彼此的相關，找出變項間潛在的關係結構，變項間簡單的結構關係稱為「成分」（components）或「因素」（factors）。

因素分析的主要方式，可簡述成以下幾個步驟：

(一)計算變項間相關矩陣或共變數矩陣

如果一個變項與其他變項間相關很低，在次一個分析步驟中可考慮剔除此一變項，但實際排除與否，還要考量到變項的「共同性」（communality）與「因素負荷量」（factor loadings）。如以原始資料作為因素分析之數據時，電腦通常會自動先轉化為相關矩陣的方式，進行因素分析。

(二)估計因素負荷量

決定因素抽取的方法，有「主成分分析法」（principal components analysis）、主軸法、一般化最小平方法、未加權最小平方法、最大概似法、Alpha 因素抽取法與映象因素抽取法等。使用者最常使用者為主成分分析法與主軸法，其中，又以主成分分析法的使用最為普遍，在 SPSS 使用手冊中，也建議研究者多採用主成分分析法來估計因素負荷量。

1. 主成分分析法

主成分分析法，是以線性方程式將所有變項加以合併，計算所有變項共同解釋的變異量，該線性組合稱為主要成分。第一次線性組合所解釋的變異量最大，分離此變異量所利剩餘的變異量，經第二個方程式的線性組合，可以抽離出第二個主成分，其所包含的變異量即屬於第二個主成分的變異量，依此類推，每一成分的解釋變異量依次遞減。主成分分析適用於單純為簡化大量變項為較少數的成分時，以及作為因素分析的先前預備歷程。以主成分分析法來進行因素分析時，變項共同性起始估計值設為 1，假設要萃取全部的共同因素，最後的共同性估計值則依據所萃取後的共同因素數目而決定。

2. 主軸因素法

主軸因素法是分析變項間的共同變異量而非全體變異量，其計算方式是將相關矩陣中的對角線，由原來的 1.00 改用共同性來取代，其目的

在抽出一系列互相獨立的因素。第一個因素解釋最多的原來變項間共同變異量；第二個因素解釋剩餘共同變異量的最大變異。此法符合因素分析模式的假設，亦即分析變項間共同變異，而非分析變項的總變異，且因素的內容較易了解（邱皓政，2000）。主軸因素法（principal axis factoring；簡稱 PAF）是一種利用反覆計算以估計共同性及其解值的方法，此一方法前半段的估計與主成分法類似，也是先設定變項的共同性的起始值均為 1，然後再以指標間的相關係數矩陣，應用主成分估計法獲取結果之後，經綜合判斷所需萃取的共同因素個數，再根據相關數據估計各指標的共同性。主軸法與主成分分析法不同的是，主軸法估計沒有就此結束，而是要再利用估計所得的結果進行下一回合估計，不斷反覆估計，直到共同性收斂到一個數值為止（林師模、陳苑欽，2006）。

3. 最大概率法

最大概率抽取法（maximum likelihood factoring）能以最大概似法從抽取觀察樣本的相關矩陣中估算母群體的因素負荷量模式，因素顯著性的檢定能反應母體的因素模式，由於最大概率法之因素數目須先行估計決定，因而此法特別適用驗證性因素分析（confirmatory factor analysis）（Tabachnick & Fidell, 2007）。最大概率法假定資料是多變量常態分配，理論和模擬研究發現當資料違反多變量常態分配的假定會使卡方統計值和參數估計值的標準誤產生偏差，但參數估計值本身則不受影響（Sharma, 1996）。最大概率法不需先估計共同性，而是先假定共同因素之數目，而後依此假設導出因素和共同性，最大概率法由於先估計因素數目，因而較適宜於驗證性因素分析研究之用，不過也可用在探索性研究。此法進行時其共同性最初以 1 代入，經反覆抽取因素負荷量後，共同性與因素負荷量同時解出，由於此法是以常態分配之概率函數為基礎推演而得，統計基礎較其他因素分析法穩固，但計算過程較為複雜，且不一定能達到收斂，因而此法較適用於樣本觀察值較多時使用（黃俊英，2004）。

因素負荷量類似於迴歸分析中迴歸係數的權數，反應了題項變數對各共同因素的關聯強度，若以結構方程模式中潛在變項與觀察變項的觀點來看，因素負荷量即是各共同因素對各題項變數的解釋程度。若是把題項因素負荷量相乘取其平方值，則此數值表示的是各共同因素可以解釋各題項

變數的解釋變異量。因而根據各共同因素可解釋題項變異的大小可以決定題項是否納入於共同因素之中。

　　至於因素負荷量值要多大，才能將題項變數納入共同因素之中，對此，學者 Hari 等人（1998）認為要同時考量到因素分析時樣本的大小，若是樣本數較少，則因素負荷量的選取標準要較高；相對的，若是樣本數較多，則因素負荷量的選取標準可以較低。樣本大小與因素負荷量選取的標準如表 6-2（陳順宇，2005）：

表 6-2

樣本大小	因素負荷量選取標準值
50	0.750
60	0.700
70	0.650
85	0.600
100	0.550
120	0.500
150	0.450
200	0.400
250	0.350
350	0.300

　　此外，學者 Tabachnick 與 Fidell（2007, p. 649）從個別共同因素可以解釋題項變數的解異程度，提出因素負荷量選取的指標準則。從結構方程模式的測量模式檢定觀點來看，指標變項要能有效反應潛在因素，其信度指標值至少要達.500 以上，因素負荷量愈大，變項能測量到的共同因素特質愈多，亦即標準化係數值（因素負荷量）若大於.71，則共同因素可以解釋指標變項 50%的變異量（因素負荷量的平方），此時因素負荷量的狀況甚為理想；若是因素負荷量大於.63，則共同因素可以解釋指標變項 40%的變異量，此時因素負荷量的狀況為理想；若是因素負荷量小於.32，則共同因素可以解釋指標變項的變異量不到10%，此時因素負荷量的狀況甚為不理想，在此種狀況下，測量題項變數無法有效反應其共同因素，因而題項可以考慮刪除。因素負荷量、解釋變異百分比及選取準則判斷標準如表 6-3：

表 6-3

因素負荷量	因素負荷量^2（解釋變異量）	題項變數狀況
.71	50%	甚為理想（excellent）
.63	40%	非常好（very good）
.55	30%	好（good）
.45	20%	普通（fair）
.32	10%	不好（poor）
<.32	<10%	捨棄

依上述對照表，在因素分析程序中，因素負荷量的挑選準則最好在.400以上，此時共同因素可以解釋題項變數的百分比為 16%。

(三)決定轉軸方法（rotation）

轉軸法使得因素負荷量易於解釋。轉軸以後，使得變項在每個因素的負荷量不是變大就是變得更小，而非如轉軸前在每個因素的負荷量大小均差不多。在因素抽取上，通常最初因素抽取後，對因素無法做有效的解釋，轉軸目的在於改變題項在各因素之負荷量的大小，轉軸時根據題項與因素結構關係的密切程度，調整各因素負荷量的大小，轉軸後，大部分的題項在每個共同因素中有一個差異較大的的因素負荷量。轉軸後，每個共同因素的特徵值會改變，與轉軸前不一樣，但每個變項的共同性不會改變。在下述有 50 位樣本、四個變數的因素分析而言，未轉軸前四個變數在共同因素一的因素負荷量均大於在共同因素二的因素負荷量，因而無法查看變項與其所歸屬的成分，經轉軸後的成分矩陣，可以很明確地看出，變項 X1、X2 在成分 1 的因素負荷量明顯高於在成分 2 的因素負荷量，而變項 X3、X4 在成分 2 的因素負荷量反而明顯高於在成分 1 的因素負荷量。因而變項 X1、X2 可歸屬於共同因素一，變項 X3、X4 可歸屬於共同因素二。

表 6-4 採用主成分分析法配合直交轉軸時未轉軸前與轉軸後的成分矩陣對照表

	未轉軸前成分矩陣			轉軸後的成分矩陣		
	成分 1	成分 2	共同性	成分 1	成分 2	共同性
X2	.842	-.477	0.936	.941	.225	.0936
X1	.841	-.484	0.942	.945	.219	0.942
X3	.811	.469	0.878	.273	.896	0.878
X4	.757	.566	0.893	.167	.930	0.893
特徵值	2.647	1.002		1.881	1.766	

　　常用的轉軸方法，有最大變異法（Varimax）、四次方最大值法（Quartimax）、相等最大值法（Equamax）、直接斜交轉軸法（Direct Oblimin）、Promax 轉軸法（最優轉軸法），其中前三者屬「直交轉軸」法（orthogonal rotations），在直交轉軸法中，因素（成分）與因素（成分）間沒有相關，亦即其相關為 0，因素軸間的夾角等於 90 度；而後二者（直接斜交轉軸、Promax 轉軸法）屬「斜交轉軸」（oblique rotations），採用斜交轉軸法，表示因素與因素間彼此有某種程度的相關，亦即因素軸間的夾角不是 90 度。

　　在直交轉軸法中最常用的是最大變異法四方最大法。最大變異轉軸法主要目的，是要簡化因素矩陣的直行，即要使因素矩陣同一直行（共同因素）的結構簡單化，為達此目的，它先將因素矩陣中的各負荷量平方，再使同一因素上各平方值的變異數最大，其分析程序中會將原始因素負荷矩陣乘上一個正交矩陣 T 後，使每一變數僅在單一因素具有很高的負荷量，而在其餘因素的負荷量則趨近於 0；此外，最大變異法也希望每一直欄的因素負荷量平方的變異量能夠最大，讓因素負荷量平方值介於 0 至 1 之間，為了使平方值的變異數能夠最大，必須設法使該欄部分的數值趨近 0，部分的數值趨近 1，以達因素結構簡單化的目標。四方最大法的轉軸準則與最大變異法剛好相反，此法轉軸準則是要簡化因素矩陣的橫列，使因素矩陣同一橫列（題項變數）上高負荷量和低負荷量因素數目儘量多，而中等負荷量的數目儘量減少，以符合簡單結構的原則，為達到此目的，此法必須先將因素矩陣中的各負荷量予以平方，以使同一題項變數上平方值的變異數為最大（林師模、陳苑欽，2006；黃俊英，2004）。

　　以四個題項變數而言，轉軸前的因素負荷圖與轉軸後的因素負荷圖如圖 6-1、6-2（*Tabachnkck & Fidell, 2007, p. 641*），從此二個圖示中可以發現，轉軸前的因素負荷圖中四個題項變數與其歸屬之目標因素（target factor）不容

因素分析

易區別出來；轉軸後的因素負荷圖中四個題項變數與其歸屬之目標因素很容易區別，變數 X1、變數 X2 與共同因素一關係較爲密切，而變數 X3、變數 X4 與共同因素二關係較爲密切。

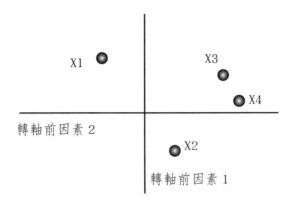

圖 6-1　轉軸前因素負荷圖

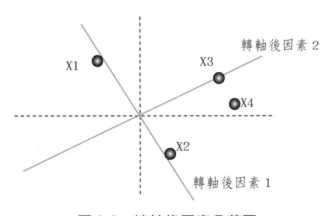

圖 6-2　轉軸後因素負荷圖

　　直交轉軸的優點是因素間提供的資訊不會重疊，觀察體在某一個因素的分數與在其他因素的分數，彼此獨立不相關；而其缺點是研究者迫使因素間不相關，但在實際生活情境中，它們彼此有相關的可能性很高。因而直交轉軸方法偏向較多人爲操控方式，不需要正確回應現實世界中自然發生的事件（*Bryman & Cramer, 1997*）。因素分析的步驟大致分爲：主成分分析→選取特徵值大於 1 的因素→轉軸。轉軸之主要目的爲協助因素更具心理意義的解釋，亦即達成「簡單結構」（simple structure）的原則，最常使用的方法爲「正交轉軸」，部分原因爲它是多數統計軟體中的內設選項，部分原因爲正交轉軸之結果簡單，易於解釋，認爲因素間是沒有相關的，「斜交轉軸」之結果會產生三種矩陣：因素結構矩陣（factor structure matrix）、因素樣式矩陣（factor pattern matrix）和因素相關矩陣（factor correlation matrix），在結果解釋上不若正交轉軸之簡易。然而有些研究者主張因素分析轉軸法的選取時應多使用斜交轉軸法，因爲斜交轉軸理念較能反映眞實的心理現象，提供的訊息較有價值。

學者 Nunnally 與 Bernstein（1994）認爲當因素間的相關係數在.30 以上時，最好採用斜交轉軸法，若是因素間的相關係數小於.30，則使用直交轉軸法較爲適宜，因爲當因素間的相關很低或沒有相關時，因素組型（factor pattern）與因素結構（factor structure）的簡單結果會大致相同，此時如採用直交轉軸法可簡化因素分析的解釋；此外，學者 Kieffer（1998）則建議研究者在進行因素分析時，同時使用斜交轉軸法與直交轉軸法，並進行二者之間的比較，若是因素數目及因素所包含的變項內容差不多，則直接採用直交轉軸法之結果，但若是二種轉軸法的差異結果較大，則最好採用斜交轉軸法結果去解釋（Finch, 2006）。

表 6-5　斜交轉軸與直交轉軸法之因素負荷量的比較摘要表

	主軸法抽取──進行斜交轉軸				直交轉軸最大變異法	
	樣式矩陣		結構矩陣		轉軸後成分矩陣	
	因子 1	因子 2	因子 1	因子 2	成分 1	成分 2
X1	.965	-.014	.958	.461	.945	.219
X2	.910	.018	.918	.466	.941	.225
X4	-.044	.891	.478	.883	.273	.896
X3	.057	.855	.395	.869	.167	.930
特徵值			2.145	1.965	1.881	1.766

在實際應用上，研究者在進行因素分析時，最好同時進行正交轉軸及斜交轉軸，從因素負荷量及因素包含題項的合理性加以綜合判斷，以求出最符合簡單結構的目標。若是採用斜交轉軸法，應同時呈現因素樣式矩陣與因素結構矩陣。由於採用斜交轉軸法後會輸出結構「樣式矩陣」（或稱組型矩陣）與「結構矩陣」，有學者認爲要以「樣式矩陣」（或稱組型矩陣）來解釋因素分析之變項與因素間的關係（Sharma, 1996），但也有學者認爲以「結構矩陣」來解釋因素分析之變項與因素間的關係較爲適切（Stevens, 2002）。樣式矩陣中的數值性質上類似多元迴歸分析中的標準化迴歸係數，可反應題項變數在因素間相對的重要性，而因素結構矩陣中的數值性質表示的是變項與因素間的簡單相關，其數值也就是因素負荷量，較適合因素

的命名的決定（*Stevens, 2002*）。其實二個矩陣中的數值大小相差不大，因素與所包含的題項變數多數會一樣，研究者最佳的表現方式是同時呈現二個樣式矩陣與結構矩陣。

在因素解釋變異量的解釋方面，採用直交轉軸法與斜交轉軸法也有所不同，由於斜交轉軸法假定因素成分間有某種程度的相關，無法估計個別因素的解釋量，因而不用解釋個別因素能解釋全體變項的變異，只需要呈現所萃取的共同因素共同的解釋變異量即可。

㈣決定因素與命名

轉軸後，要決定因素數目，選取較少因素層面，獲得較大的解釋量。在因素命名與結果解釋上，必要時可將因素計算後之分數儲存，作為其他程序分析之輸入變項。以萃取二個共同因素而言，在SPSS因素分析程序，第一次儲存之因素分數的變項名稱為「FAC1_1」、「FCA2_1」，第二次儲存之因素分數的變項名稱為「FAC2_1」、「FCA2_2」，第三次儲存之因素分數的變項名稱為「FAC3_1」、「FCA3_2」，依次類推。

在多變項關係中，變項間線性組合對表現或解釋每個層面變異數非常有用。主成分分析主要目的即在此。變項的第一個線性組合可以解釋最大的變異量，排除前述層面外，第二個線性組合可以解釋次大的變異量，最後一個成分所能解釋總變異量的部分會較小。主成分資料分析中，以較少成分解釋原始變項變異量較大部分。成分變異量通常以「特徵值」（eigenvalues）表示，有時也稱「特性本質」（characteristic roots）或「潛在本質」（latent roots）。

在因素分析時，一項重要工作是要保留多少個共同因素，在探索性因素分析中，常用的篩選原則有以下幾種：

㈠Kaiser 的特徵值大於 1 的方法

根據Kaiser（*1960*）的觀點，保留特徵值（eigenvalue）大於 1 的因素，但此方法，題項如果太多，可能會抽出較多的共同因素。避免抽出過多的共同因素，研究者也可限定因素抽取的數目，但此方面通常多用於「驗證性因素分析」上面。特徵值大於 1 之方法原是為分析「母群相關矩陣」（population correlation matrix）主對角線為 1 而設計，且保留特徵值大於或等於 1 之成分。然而，此特徵值大於 1 之方法卻被用分析樣本相關矩陣以決

定保留共同因素數目，因而，在共同因素模式和「樣本資料」（sample data）情境下，通常造成高估（overestimate）或偶爾低估（underestimate）因素數目之情形（*Cliff, 1988*）。

相關研究證實，如果變項（題項）數目介於 10 至 40 之間，採用特徵值大於 1 的方法萃取的因素是可靠的，當變項數目超過 40 或共同性低於.40 時，採用特徵值大於 1 的方法會造成高估因素數目的情形，當變項數介於 10 至 15 或適中的數目（介於 20 至 30），且共同性大於.70 以上時，採用特徵值大於 1 的方法來萃取因素最可正確（*Stevens, 2002*）。一般而言，當變項數目（題項數）介於 20 至 50 之間，以特徵值 1 作為因素萃取的準則最為可靠，當如果變項數目超過 50 時，以特徵值 1 作為因素萃取的準則可能會萃取過多的共同因素。

(二)陡坡圖考驗法（scree plot test）

根據陡坡圖（scree plot）因素變異量遞減情形來決定，陡坡圖的繪製，乃以因素變異量（特徵值）為縱軸，因素數目為橫軸。在陡坡圖中，如果因素變異量圖形呈現由斜坡轉為平坦，平坦狀態以後的共同因素可以去掉。假定有四個因素的變異量在陡坡圖上由高至低的速度下降很快，幾乎成鉛垂直線狀態，第五個因素以後的下降趨緩，幾成為平坦狀態，則研究者可考慮抽取四個共同因素為宜。陡坡圖之形成乃是將未轉軸前之特徵值畫在 Y 軸，而因素數目依序畫在 X 軸，再以研究者主觀的判斷決定該圖之決斷點，此點以上的因素表示共同因素，以下的因素則是唯一（unique）的因素，不予採用。陡坡圖考驗法可以配合上述潛在根法（latent root）萃取的因素數目進行綜合判斷，以決定因素數目。相關研究證實，如同潛在根法一樣，當樣本觀察值數大於 250，變項的共同性大於等於.60 以上，且因素數目與變項數目的比值小於.30，使用陡坡圖考驗法與 Kaiser 準則法才能產生精確的因素數目，如果變項的平均共同性只有.30，且因素數目與變項數目的比值大於.30，則不論採用陡坡圖考驗法與 Kaiser 準則法，所產生的結果皆不是十分精確（*Stevens, 2002*）。

(三)變異數百分比決定法

此方法乃是當所萃取的共同因素所能解釋全體變項的累積變異量達到某一預設標準值後就停止繼續抽取共同因素，之後的因素就不予保留。根據 Hair 等人（*1998*）的觀點，在自然科學相關領域的研究中，由於較重視

精確度，因而所萃取的共同因素的累積解釋變異量至少要達 95%以上，若是之後抽取的共同因素之解釋變異小於 5%，可捨棄不用；至於在社會科學領域中，由於其精確度不若自然科學那樣高，因而所萃取的共同因素累積解釋變異量能達 60%以上，表示共同因素是可靠的，若是共同因素累積解釋變異量在 50%以上，因素分析結果也可以接受。

㈣事先決定準則法

若是研究者在問卷或量表編製或修訂時，已參考相關理論或文獻，而相關理論文獻已有很明確的因素構念，則在因素數目的決定時可參考之前的因素構念數，此種事先決定準則法也可以適合驗證或複製之前量表的因素結構，因而也可採用「驗證性因素分析」。

學者 Harman（1960）強調，在共同因素數目的選取上，統計上的考驗必須與實用上的意義同時加以考慮。有時，在統計上發現有意義的共同因素，在實際應用上卻無意義性可言。例如，某一研究者用統計考驗的結果發現第三個共同因素的λ值達顯著水準，但研究者卻無法賦予第三個共同因素某種意義（因素無法命名或命名的因素名稱無法包括第三個共同因素題項的內容），或不能合理予以解釋，所以抽取此共同因素反而是一件困擾的事。但有時情形正好與此相反，亦即未達到顯著水準（λ值小於 1）的某一共同因素反而具有實用上的意義。因而研究者在因素分析時，應根據研究的實際所需與統計分析的適切性，選取共同因素，才不致失去因素分析的真正意義（林清山，2003）。

此外，在因素分析中，研究者尚應考量到以下幾個方面（Bryman & Cramer, 1997）：

1. 可從相關矩陣中篩選題項

題項間如果沒有顯著的相關，或相關太小，則題項間抽取的因素與研究者初始建構的層面可能差距很大。相對的題項間如果有極顯著的正／負相關，則因素分析較易建構成有意義的內容。因素分析前，研究者可從題項間相關矩陣分布情形，簡扼看出哪些題項間較有密切關係。

表 6-6　相關矩陣(a)

		X1	X2	X3	X4
相關	X1	1.000			
	X2	.879*	1.000		
	X3	.462*	.436*	1.000	
	X4	.356*	.388*	.765*	1.000

以上述樣本等於 50 的四個變項而言，四個變項兩兩的相關係數均達顯著，其中變項X1 與變項X2 呈現高度相關（r=.879），而與其他二個變項呈現中低度相關；變項X3 與變項X4 呈現高度相關（r=.765），而與其他二個變項呈現中度相關，符合因素分析變項間相關屬性條件界定，在因素分析中，如要萃取適合的因素數目，則某個變項（題項）與數個變項間要呈現中高度相關，而與其他變項間要呈現中低度相關，甚至沒有相關，若是所有變項（題項）間皆有很高的相關，也無法萃取適合的共同因素數。因而從變項間的相關矩陣可以大約看出哪些變項較不適合進行因素分析。

此外，在SPSS輸出之反映像矩陣中的下半部為反映像相關矩陣，此矩陣的對角線提供一個變項（題項）取樣適切性量數（measures of sampling adequacy；簡稱 MSA），當某一變項與其他變項間的相關係數多數未達顯著水準時，表示此變項可能不適合進行因素分析，此時，其相對應的MSA 值會較小。當變項的MSA 值愈接近 1，表示此題項愈適合投入因素分析的程序中；相反的，如果變項的 MSA 值愈接近 0，表示此題項愈不適合投入因素分析的程序中，一般判別的指標值為.60 以上，當MSA 值大於 0.80 時，表示題項變數與其他變數間有共同因素存在，當MSA 值小於 0.50 時，則題項變數是不適合進行因素分析的，此時，此題項變數可考慮從因素分析程序中刪除，MSA 值只是診斷個別題項變數是否適合投入因素分析程序中，它和因素分析時抽取共同因素的個數沒有關係。

表 6-7　反映像矩陣

		X1	X2	X3	X4
反映像相關	X1	.582(a)	-.853	-.227	.142
	X2	-.853	.594(a)	.074	-.169
	X3	-.227	.074	.629(a)	-.725
	X4	.142	-.169	-.725	.600(a)

a 取樣適切性量數（MSA）。

2.樣本大小

因素分析的可靠性除與預試樣本的抽樣有關外，與樣本數的多少更有密切關係。進行因素分析時，預試樣本應該多少才能使結果最為可靠，學者間沒有一致的結論，然而多數學者均贊同「因素分析要有可靠的結果，受試樣本數要比量表題項數還多」，如果一個分量表有 40 個預試題項，則因素分析時，樣本數不得少於 40 人。如要進行因素分析，則預試樣本數最好為量表題項數的 5 倍，即比例為 5：1；如果預試樣本數與量表題項數的比例為 1：10，則結果會更有穩定性，若是題項間的相關愈小，或是題項數愈多，則所需的預試樣本數要愈多，一般因素分析進行時，要建構精確的效度其樣本數最好在 150 位以上。其中量表的題項數非問卷的總題數，而是問卷中包含題項數最多的一份量表。此外，在進行因素分析時，學者 Gorsuch（1983）的觀點可作為參考：

(1)題項與受試者的比例最好為 1：5。

(2)受試總樣本總數不得少於 100 人。如果研究主要目的在找出變項群中含括何種因素，樣本數要儘量大，才能確保因素分析結果的可靠性。

學者 Stevens（2002）對於因素分析程序之樣本大小與因素可靠性間的關係提出以下看法：樣本大小視分析變項數目而定，一般的標準是每個變項（題項）所需的樣本數要介於 2 位至 20 位之間，但研究者要獲得可靠的因素結構，每個變項最少的樣本觀察值要有五位，因而一份有 40 題的量表（不是問卷，一份問卷可能包含數種量表），要進行因素分析時，其樣本數最小的需求要有 40×5=200 位。如從因素數目與因素負荷量同時考量來看，一個有四個因素，每個因素包含題項的因素負荷量絕對值在.60 以上者，此時不論樣本數多寡，建構效度是個可靠的因素；如果因素成分有 10 個，每個因素包含題項的因素負荷量絕對值在.40 以上時，樣本觀察值必須超過 150 位，建構效度才會是個可靠的因素。

學者 Comrey 與 Lee（1992）對於因素分析時所需的樣本大小有以下論點：樣本數少於 50 是非常不佳的（very poor）、樣本數少於 100 是不佳的（poor）、樣本數在 200 附近是普通的（fair）、樣本數在 300 附近是好的（good）、樣本數在 500 附近是非常好的（very good）、樣本數在 1,000 附近是相當理想的（excellent）。在社會及行為科學領域中一般的準則是進行因素分析時，樣本數至少要在 300 以上，上述觀點較為嚴苛，若是變項的因素負荷量較高，進行因素分析時不需要那麼多

樣本數，若是變項數較少，則樣本數 150 已經足夠，在某些特殊情境下，因素分析時樣本介於50至100間也可以，如果變項間的相關較高、因素間的相關不高，則因素分析時小樣本也是適當的（*Tabachnick & Fidell, 2007*）。

3. 因素數目的挑選

進行因素分析，因素數目考量與挑選標準，常用的準則有二種：一是學者Kaiser所提的準則標準：選取特徵值大於一的因素，Kaiser準則判斷應用時，因素分析的題項數最好不要超過 30 題，題項平均共同性最好在.70 以上，如果受試樣本數大於 250 位，則平均共同性應在.60 以上（*Stevens, 1992*），如果題項數在 50 題以上，有可能抽取過多的共同因素（此時研究者可限定因素抽取的數目）；二為Cattell（*1966*）所倡導的特徵值圖形的陡坡考驗（scree test），此圖根據最初抽取因素所能解釋的變異量高低繪製而成。

在多數的因素分析中，根據 Kaiser 選取的標準，通常會抽取過多的共同因素，因而陡坡圖是一個重要的選取準則。在因素數目準則挑選上，除參考以上二大主要判斷標準外，還要考量到受試者多少、題項數、變項共同性的大小等。除外，題項間是否適合進行因素，依據 Kaiser（*1974*）的觀點，可從取樣適切性量數（Kaiser-Meyer-Olkin measure of sampling adequacy; KMO）值的大小來判別，KMO統計量的基本原理是依據變項間淨相關（partial correlations）係數值而得，當變項間具有關聯時，其簡單相關會很高，但變項間的淨相關係數會較小，若是二變項間的淨相關係數愈小（愈接近0），表示變項間愈具有共同因素，在因素分析程序中，若是各變項的淨相關係數愈大表示變項間的共同因素愈少，題項變數資料檔愈不適合進行因素分析。變項間的淨相關與簡單相關統計量，可以提供變項層次之資料結構關係、成對變項的關係、全部變項的關係結構屬性等。KMO 指標值介於 0 至 1 之間，當KMO值小於 0.50 時，表示題項變數間不適合進行因素分析；相對的，若是所有題項變數所呈現的 KMO 指標值大於.80，表示題項變數間的關係是「良好的」（meritorious），題項變數間適合進行因素分析，KMO 指標值大於.90，表示題項變數間的關係是「極佳的」（marvelous），題項變數間非常適合進行因素分析（*Spicer, 2005*）。

依據 Kaiser（*1974*）的觀點，執行因素分析程序時，KMO 指標值的判斷準則如表 6-8：

表 6-8

ＫＭＯ統計量值	判別說明	因素分析適切性
.90 以上	極適合進行因素分析（marvelous）	極佳的（Perfect）
.80 以上	適合進行因素分析（meritorious）	良好的（Meritorious）
.70 以上	尚可進行因素分析（middling）	適中的（Middling）
.60 以上	勉強可進行因素分析（mediocre）	普通的（Mediocre）
.50 以上	不適合進行因素分析（miserable）	欠佳的（Miserable）
.50 以下	非常不適合進行因素分析（unacceptable）	無法接受的（Unacceptable）

　　進行因素分析的統計程序不難，但根據實際資料進行探索性因素分析結果，往往會出現共同因素所包含的題項過於紛歧，共同因素無法命名的情形（此種情形的出現率很高）；其次是依據特徵值大於 1 的原則，抽取過多的共同因素，與研究文獻與相關理論的探討相差甚大。對於後者，研究者可根據問卷編製的理論架構加以限制因素抽取的數目，以符合原先編製的架構；對於前者，研究者可能要經多次的探索，逐一刪除較不適切的題項，進行多次探索性因素分析，以求出最佳的建構效度，重要的是共同因素所包含的題項同質性要高，共同因素要能命名。

　　在統計分析中，因素層面是否加以限制，或由電腦自行抽取，研究者均要自行考量，如果早先在題項編製時，研究者已確定量表的層面數，在統計分析時可限定因素抽取的數目，以和文獻理論相互配合。在實際教育研究中，量表效度建構有時需要進行二至三次因素分析，因為部分量表在第一次因素分析時，因素層面所含括的題項內容差異太大，納入同一層面，解釋較不合理，因而可能需要刪除部分題項，由於刪除了題項，量表的效度要再重新建構。如果量表不採用建構效度考驗方法，研究者亦可考慮採用其他效度分析法，如「內容效度」（content validity）、「專家效度」、「效標關聯效度」等。

6-3 操作程序

【研究問題】

某研究者在一項「國民中學學校知識管理與學校效能關係之研究中」，自編一份「學校知識管理量表」，此量表原有 20 題，其中第 11 題為反向題，為探究量表的信效度及題項的適切性，此研究者隨機抽取 200 位國中教師作為預試對象，經項目分析程序後刪除第 20 題，保留 19 題，試求此 19 題的建構效度為何？

表 6-9

學校知識管理量表

題項	完全不符合	多數不符合	半數不符合	多數符合	完全符合
01.本校常鼓勵教師創新教學或工作創新。	□	□	□	□	□
02.本校教師會積極尋求班級經營上的創新。	□	□	□	□	□
03.教師會積極的在其負責的行政工作上創新展現。	□	□	□	□	□
04.本校教師會應用研習心得於教育品質的提升。	□	□	□	□	□
05.本校會激勵教師以創新理念提升學生學習成效。	□	□	□	□	□
06.本校鼓勵教師以創新有效方法激勵學生學習動機。	□	□	□	□	□
07.校長會積極鼓勵同仁，分享研習吸取的新知能。	□	□	□	□	□
08.本校教師會將班級經營的有效策略，與其他教師分享。	□	□	□	□	□
09.本校教師會在相關會議中提供意見供其他教師分享。	□	□	□	□	□
10.本校行政事務處理流程有完整紀錄，以供同仁分享參考。	□	□	□	□	□
11.本校教師很少於教學研討會上，分享其教學經驗。	□	□	□	□	□
12.本校同仁會於朝會上分享其研習的心得與知能。	□	□	□	□	□
13.本校教師會於同仁會議中分享其處理學生問題的策略。	□	□	□	□	□
14.學校鼓勵同仁參訪標竿學校以獲取教學及行政知能。	□	□	□	□	□
15.學校會鼓勵教師透過教學觀摩，以獲取專業知能。	□	□	□	□	□
16.學校積極鼓勵教師參與研習活動，以獲取專業知能。	□	□	□	□	□
17.學校鼓勵教師透過教師社群活動，以獲取專業知能。	□	□	□	□	□
18.學校鼓勵教師透過數化位資料來獲取新知識。	□	□	□	□	□
19.學校會影印相關教育新知給教師，以增師知能。	□	□	□	□	□

6-4 因素分析操作程序

　　「學校知識管理量表」在編製時，雖然依三大面向：「知識創新」、「知識分享」、「知識獲得」來編製題項，為進一步求出量表的建構效度，乃進行因素分析，其中第 11 題<11.本校教師很少於教學研討會上，分享其教學經驗>為反向題，在之前進行項目分析時已反向計分，因而在進行因素分析建構效度考驗時不用再進行反向計分程序。在變數名稱編碼上，19 題的題項變數名稱依序為 c_1、c_2、c_3、……、c_{18}、c_{19}。

一、操作程序

　　執行功能列「分析(A)」／「資料縮減(D)」／「因子(F)」程序，開啟「因子分析」對話視窗。

　　在左邊變數清單中將「學校知識管理量表」題項 c_1 至 c_{19} 選入右邊「變數(V)：」下的空盒中。

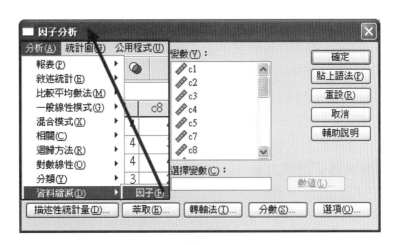

圖 6-3

　　在「因子分析」對話視窗下面列中共有五個按鈕：『描述性統計量(D)...』、『萃取(E)...』、『轉軸法(T)...』、『分數(S)...』、『選項(O)...』。五個按鈕的次對話視窗的功能如下：

　　其中五個按鈕內的圖示意義如下：

㈠『描述性統計量(D)...』鈕

於「因子分析」對話視窗中，點選『描述性統計量(D)...』鈕可以開啟「因子分析：描述性統計量」次對話視窗。

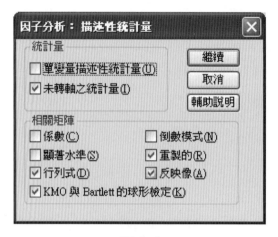

圖 6-4

1.「統計量」選項方盒

(1)「□單變量描述性統計量(U)」：輸出每一題項的變項名稱、平均數、標準差與有效觀察值個數。

(2)「□未轉軸之統計量(I)」：輸出因素分析未轉軸前之共同性（communality）、特徵值（eigenvalues）、因素個別解釋的變異數百分比及所有共同因素累積解釋百分比。

2.「相關係數」選項方盒

(1)「□係數(C)」：輸出題項變項間的相關係數矩陣。

(2)「□顯著水準(S)」：輸出前述相關係數矩陣的顯著水準。

(3)「□行列式(D)」：輸出前述相關矩陣的行列式值。

(4)「□KMO 與 Bartlett 的球形檢定(K)」：輸出 KMO 抽樣適當性參數與 Bartlett's 的球形檢定，此選項數據可判斷量表是否進行因素分析。

(5)「□倒數模式(N)」：求出相關矩陣的反矩陣。

(6)「□重製的(R)」：輸出重製相關矩陣，上三角形矩陣代表殘差值；而主對角線及下三角形代表相關係數。

(7)「□反映像(A)」：輸出反映像的共變數及相關矩陣。反映像相關矩陣的對角線數值，代表每一個變項的取樣適當性量數（MSA），此量數數據可作為個別題項變數是否進行因素分析的判斷依據。

在「因子分析：描述性統計量」對話視窗中，選取「☑未轉軸之統計量
(I)」、「☑重製的(R)」、「☑反應像(A)」、「☑KMO與Bartlett的球形
檢定(K)」、「☑行列式(D)」選項，→按『繼續』鈕，回到「因子分析」
對話視窗。

(二)『萃取(E)...』鈕

於「因子分析」對話視窗中，點選『萃取(E)...』鈕可以開啓「因子分
析：萃取」次對話視窗。

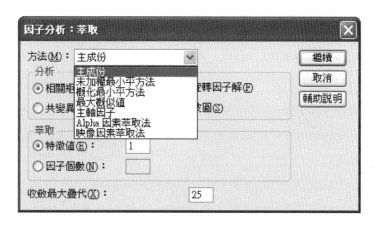

圖 6-5

1.「方法(M)」選項方盒：下拉式選項內有七種抽取因素的方法

(1)「主成分」（Principal components）分析法：主成分分析法抽取因
素，此為SPSS內定方法。

(2)「未加權最小平方法」（Unweighted least squares）法。

(3)「概化最小平方」法或「一般化最小平方法」（Generalized least
square）。

(4)「最大概似值法」（Maximum likelihood）。

(5)「主軸因子或主軸法」（Principal-axis factoring）。

(6)「Alpha因素抽取法」或「α因素抽取法」（Alpha factoring）。

(7)「映象因素萃取法」（Image factoring）。

2.「分析」選項方盒

(1)「◉相關矩陣(R)」：以相關矩陣（Correlation matrix）來抽取因素，
選擇此選項才能輸出標準化後的特徵值，此為SPSS預設選項。一般

使用者在執行因素分析程序時，均使用原始資料檔，而非是變項間共變異數矩陣，因而「分析」方盒中直接選用內定的「⊙相關矩陣(R)」即可。

(2)「○共變異數矩陣(V)」：以共變數矩陣（Covariance matrix）來抽取因素。共變異數矩陣的對角線為變項的變異數，而相關矩陣的對角線為變項與變項自身的相關係數，其數值為1.00。

3.「顯示」選項方盒

(1)「☑未轉軸因子解(F)」：輸出未轉軸時因素負荷量（組型負荷量）、特徵值及共同性，此為SPSS預設選項，「未轉軸因子解」選項可以與「轉軸後因子解」的結果做一比較，一般在研究論文中均呈現轉軸後的結果數據，此選項也可以不用勾選。

(2)「□陡坡圖」(S)：輸出陡坡圖（Screet plot），陡坡圖也可以作為判別共同因素數目的依據。

4.「萃取」選項方盒

(1)「⊙特徵值(E)」：後面的空格內定為1，表示因素抽取時，只抽取特徵值大於1者，使用者可隨意輸入0至變項總數之間的值，在因素分析時此數值通常不要隨意更改，此為SPSS預設選項。研究者若要萃取特徵值大於某一數值指標值的共同因素，此特徵值數值的界定必須要有相關的理論或文獻支持，或要經驗法則支持。

(2)「○因子個數(N)」；選取此項時，後面的空格內輸入限定之因素個數。如果研究者在編製問卷時，依照四個層面編製，希望因素分析時也能抽取四個因素，那在「因子個數」後面的數字就應填入「4」，表示強迫電腦進行因素分析時，抽取四個因素。

最下面一列「收斂最大疊代(X)」（Maximum Iterations for Convergence）為抽取共同因素時，收斂最大的疊代次數（運算程序最大的次數），內定值為25。一般在進行因素分析時，此數值通常不用更改。

> 在「因子分析：萃取」對話視窗中，抽取因素方法選「主成分」，選取「⊙相關矩陣」、並勾選「☑未旋轉因子解」、「☑陡坡圖」等項，在抽取因素時限定為特徵值大於1者，於「⊙特徵值：」後面的空格內選取內定數值「1」→按『繼續』鈕，回到「因子分析」對話視窗。

(三)『**轉軸法(T)...**』鈕

於「因子分析」對話視窗中，點選『轉軸法(T)...』鈕可以開啟「因子分析：轉軸法」次對話視窗。

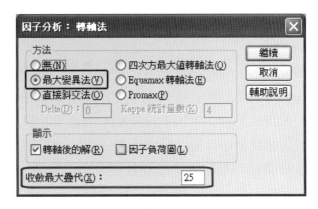

圖 **6-6**

1.「**方法**」選項方盒內有六種因素轉軸方法

⑴「○無(N)」：不須要進行轉軸。

⑵「○最大變異法(V)」：最大變異法，屬正交（或稱直交）轉軸法之一。

⑶「○四次方最大值轉軸法(O)」：四次方最大值法（或稱四分變異法），屬正交轉軸法之一。

⑷「○Equamax 轉軸法(E)」：相等最大值法（或稱均等變異法），屬正交轉軸法之一。

⑸「○直接斜交法(O)」：直接斜交轉軸法，屬斜交轉軸法之一。選取「◉直接斜交法(O)」法時，必須在其下方「Delta(D)」的右方格中鍵入一個小於或等於 0.80 的數值，當δ的數值為負數，且其絕對值愈大，則表示因素間的斜交情形愈不明顯（愈接近直交）；當δ的數值等於-4，表示因素間的相關為 0，此時即變為直交轉軸；當δ的數值愈接近 0.80，表示因素間的相關愈高。SPSS 內定的δ數值為 0。

⑹「○Promax(P)」：最優轉軸法，屬斜交轉軸法之一。選取「◉Promax(P)」選項，下方「Kappa 統計量數(K)」會出現作用狀態，此時必須在其右邊的方格中鍵入一個數值，內定的數值為 4，表示因素負荷量取 4 次方以產生接近 0 但不為 0 的值，以估算出因素間的相關，並簡化因素。

如果研究者根據理論基礎或文獻探討結果，認為因子之間沒有相關，就應採取正交／直交轉軸法，正交轉軸法中最常使用者為「最大變異法」。如果研究者認為因子之間有相關存在，就應採用斜交轉軸法，斜交轉軸法中較常使用者為「直接斜交法」或最優轉軸法，在進行因素分析之轉軸法選取時，最常為研究者使用者的為「◉最大變異法(V)」或「◉直接斜交法(O)」二種，前者為直交轉軸法，後者為斜交轉轉法。

2. 「顯示」選項方盒

(1)「□轉軸後的解」：輸出轉軸後的相關資訊，正交轉軸印出因素組型（pattern）矩陣及因素轉換矩陣；斜交轉軸則輸出因素組型矩陣（或稱因素樣式矩陣）、因素結構矩陣與因素相關矩陣。

(2)「□因子負荷圖(L)」：繪出因素的散布圖，顯示因子的負荷與集中圖。因子負荷圖可以顯示題項變數與共同因素間的關係，若是抽取的共同因素有三個以上，則預設值會輸出前三個共同因素的 3D 立體圖，從圖中可以看出各共同因素所包含的題項；如果只抽出二個共同因素，則輸出 2D 平面圖。

3. 「收斂最大疊代(X)」

轉軸時執行的疊代（iterations）最多次數，後面內定的數字 25（演算法執行轉軸時，執行步驟的次數上限），若是題項變數較多，內定的收斂最大疊代數 25 無法進行因素轉軸時，可以將「收斂最大疊代(X)」後的數字更改為大一些，如 50 或 100。

在「因子分析：轉軸法」對話視窗中，選取「◉最大變異法」、「☑轉軸後的解(R)」等選項→按『繼續』鈕，回到「因子分析」對話視窗。

㈣『分數(S)…』鈕

於「因子分析」對話視窗中，點選『分數(S)…』可以開啟「因子分析：產生因素分數」次對話視窗。

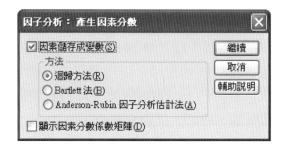

圖 6-7

1. 「☑**因素儲存成變數(S)**」方盒

勾選時可將新建立的因素分數儲存至資料檔中,並產生新的變數名稱,第一次新建立的因素分數內定為 FAC1_1、FAC2_1、FAC3_1、FAC4_1...,第二次新建立的因素分數為 FAC1_2、FAC2_2、FAC3_2、FAC4_2...。這個選項會替最後解中的每個因子,分別建立一個新變數,計算因子分數的方式包括「方法」盒中所列的三種。

在「方法」方盒中表示計算因素分數的方法有三種:

(1)「○迴歸方法(R)」:使用迴歸法。

(2)「○Bartlett(B)」:使用 Bartlette 法

(3)「○Anderson-Robin因子分析估計法(A)」:使用 Anderson-Robin法。

2. 「□**顯示因素分數係數矩陣(D)**」選項

勾選時可輸出因素分數係數矩陣。

㈤『**選項(O)…**』鈕

於「因子分析」對話視窗中,點選『選項(O)…』可以開啟「因子分析:選項」次對話視窗。

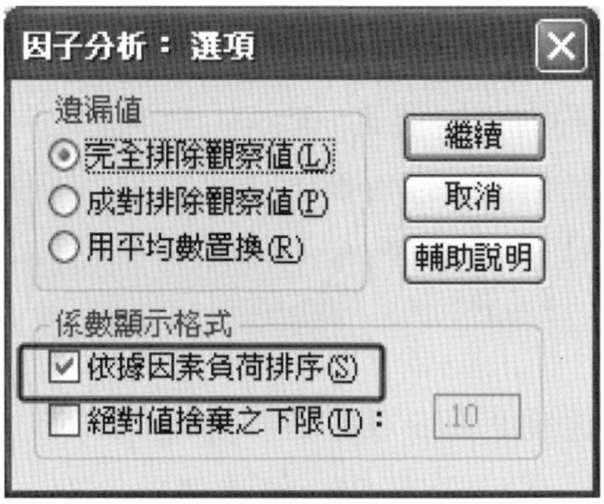

圖 6-8

1. **「遺漏值」方盒選項：遺漏值的處理方式。**

    (1)「◉完全排除遺漏值(L)」：觀察值在所有變數中沒有遺漏值才加以分析，此選項為SPSS內定值。以一個有二十題變項的資料檔為例，每筆觀察值必須在二十個題項變數上均沒有遺漏值或缺失值，才會視為有效觀察值，而納入因素分析程序之中。

    (2)「○成對方式排除(P)」：在成對相關分析中出現遺漏值的觀察值捨棄。

    (3)「○用平均數置換(R)」：以變數平均值取代遺漏值。

    在因素分析資料檔中若有許多觀察值在少數幾個題項變項上有遺漏值，則這些觀察值在因素分析程序中均會被排除，因而可能會有許多筆觀察值只因一題或二題為缺失值而被視為無效值，此時可能會造成有效樣本數過少的問題，造成因素分析的效度不夠穩定，此時，在「遺漏值」方盒中可改選為「◉用平均數置換(R)」選項，觀察值在某個題項的遺漏值會以所有有效樣本在此題項的平均數取代。但是若是觀察值在題項遺漏值的變項數很多，選取「◉用平均數置換(R)」選項反而可能會造成分析結果的偏誤，因而是否選取「◉完全排除遺漏值(L)」選項或選取「◉用平均數置換(R)」選項，研究者要根據每筆觀察值遺漏值的題項變數數目多寡自行判別。

2. **「係數顯示格式」方盒選項：因素負荷量出現的格式。**

    (1)「□依據因素負荷排序(S)」：每一因素層面根據因素負荷量的大小排序，若沒有勾選此選項，則轉軸後的因素負荷量摘要表會根據被選入的題項變數順序呈現，此時，在進行共同因素的題項歸類時較為不方便，因而建議使用者在進行因素分析時最好勾選此選項。

    (2)「□絕對值捨棄之下限(U)」：因素負荷量小於後面數字者不被輸出，內定的值為 0.10，一般在選取題項時因素負荷量最好在.45 以上，此時共同因素解釋題項的變異量為 20%，為便於輸出報表的檢視，使用者勾選「☑絕對值捨棄之下限(U)」選項後，後面的數字可輸入.45。在因素分析最後統整的報表中，應該呈現完整的資訊，因而「□絕對值捨棄之下限」選項最好不要勾選，此外，為了使研究者檢視因子的題項，最好勾選「□依據因素負荷排序」選項。

> 在「因子分析：選項」對話視窗中，勾選「◉完全排除遺漏值」、「☑依據因素負荷排序(S)」等選項→按『繼續』鈕，回到「因子分析」對話視窗→按『確定』鈕。

二、第一次因素分析結果

㈠因素抽取方法──主成分分析＆轉軸法──最大變異法

最大變異法（Varimax）屬於直交轉軸法一種，假定共同因素之間沒有相關或相關很低。

表 6-10　相關矩陣(a)

		c1	c2	c3	c4	c5	c6	c7	c8	c9
相關	c1	1.000	.535	.614	.338	.302	.288	.150	.207	.149
	c2	.535	1.000	.784	.461	.455	.307	.170	.200	.165
	c3	.614	.784	1.000	.579	.514	.394	.154	.228	.189
	c4	.338	.461	.579	1.000	.575	.277	.076	.182	.153
	c5	.302	.455	.514	.575	1.000	.300	.267	.246	.153
	c6	.288	.307	.394	.277	.300	1.000	.194	.241	.147
	c7					<以下數據省略>				
		c10	c11	c12	c13	c14	c15	c16	c17	c18	c19
相關	c1	.120	.242	.152	.149	.108	.137	.186	.121	.128	.093
	c2	.098	.201	.018	.164	.215	.190	.204	.170	.224	.104
	c3	.067	.212	-.005	.178	.178	.211	.220	.189	.251	.139
	c4	.053	.201	.041	.150	.078	.119	.196	.099	.239	.100
	c5	.096	.224	-.007	.150	.203	.173	.256	.126	.297	.128
	c6	.127	.289	-.026	.144	.210	.246	.233	.211	.291	.128
	c7					<以下數據省略>					

a 行列式 = 1.069E-07

上表 6-10 爲 19 個變項的相關係數矩陣及顯著水準（略），最下方一列的數據爲相關矩陣的行列式值（Determinant），數值等於 1.069×10^{-7}，行列式值可以用來計算 Bartlett 的球形檢定，二個變項間如出現完全線性重合的情形，則相關矩陣的行列式值會變爲 0，如果行列式值爲 0，則無法求出相關矩陣的反矩陣（inverse matrices），亦即無法計算特徵值，在此種情況下無法進行因素分析。在相關矩陣中，上半部爲變項間相關係數矩陣，下半部爲相關係數的顯著性考驗（此部分報表略），在相關矩陣中如果某個變項與其他變項的相關係數間多數均未達顯著，或相關係數均很低，表示此變項與其餘變項所欲測出之心理特質的同質性不高，可以考慮將此變項刪除。

在相關矩陣中，變項間的相關最好不要完全低度相關或全部高度相關，若變項間的相關太低，則變項間很難抽出共同因素層面，但變項間的相關如果全部皆很高，則可能只抽出一個共同因素而已，因而變項間如要抽出多個因素層面，題項變數間應該呈現某些高度相關、某些呈現低度相關或相關不顯著。在「學校知識管理量表」相關係數矩陣中，正好符合此項性質，如題項變數c1 至c6 間的相關較高，但與其他變項間的相關很低；題項變數c7 至c13 間的相關較高（c12 除外），但與其他變項間的相關很低；題項變數c14 至c19 間的相關較高，但與其他變項間的相關很低。這些相關較高的題項可能有共同因素存在。

表 6-11　KMO 與 Bartlett 檢定

Kaiser-Meyer-Olkin 取樣適切性量數。		.855
Bartlett 球形檢定	近似卡方分配	3079.151
	自由度	171
	顯著性	.000

KMO是Kaiser-Meyer-Olkin的取樣適當性量數（其值介於 0 至 1 之間），當KMO值愈大時（愈接近 1 時），表示變項間的共同因素愈多，變項間的淨相關係數愈低，愈適合進行因素分析，根據學者Kaiser（*1974*）觀點，如果 KMO 的值小於 0.5 時，較不宜進行因素分析，進行因素分析之普通的（mediocre）準則至少在.60 以上，此處的 KMO 值為.855，指標統計量大於.80，呈現的性質為「良好的」標準，表示變項間具有共同因素存在，變項適合進行因素分析。

此外，從Bartlett's 球形考驗的χ^2 值為 3079.151（自由度為 171）達到.05顯著水準，可拒絕虛無假設，即拒絕變項間的淨相關矩陣不是單元矩陣的假設，所謂單元矩陣表示的淨相關矩陣中的非對角線數值（此數值為淨相關係數）均為 0，若 Bartlett's 球形考驗結果，未達.05 顯著水準，則應接受虛無假設，表示淨相關係數矩陣不是單元矩陣，若是淨相關係數矩陣是單元矩陣表示變項間的淨相關係數均為 0，變項資料檔適合進行因素分析。此處的顯著性機率值p=.000<.05，拒絕虛無假設，拒絕淨相關矩陣不是單元矩陣的假設，接受淨相關矩陣是單元矩陣的假設，代表母群體的相關矩陣間有共同因素存在，適合進行因素分析。

表 6-12 為反映像矩陣（Anti-image Matrices），表的上半部為反映像共

變數矩陣（Anti-image Covariance），下半部為反映像相關係數矩陣（Anti-image Correlation）。若以第 n 個題項變項為依變項（效標變項），其餘各題項變項為預測變項，進行多元迴歸分析，此第 n 個效標變項能被預測變項預測的部分稱為 P_n，不能被預測變項預測部分稱為 E_n，P_n 即為該變項的影像，E_n 即為該變項的反影像。根據每個變項的反影像 E_n 即可求得各變項反影像共變數矩陣及反影像相關矩陣（陳正昌等，2005）。下半部反映像相關係數矩陣，在性質上與淨相關係數矩陣類似，只是二者正負號正好相反，即變項間的淨相關係數取其負數值即得反映像相關係數矩陣，反映像相關係數愈小，表示變項間愈有共有因素，變項愈適合進行因素分析；相反的，反映像相關係數值愈大，表示共同因素愈少，愈不適合進行因素分析。

反映像相關矩陣的對角線數值代表每一個變項「取樣適當性量數」（Measures of Sampling Adequacy；簡稱 MSA），「取樣適當性量數」數值大小的右邊會加註「(a)」的標示。MSA 值類似 KMO 值，KMO 值愈接近 1，表示整體資料（整個量表）愈適合進行因素分析，而個別題項的 MSA 值愈接近 1，則表示此個別題項愈適合投入於因素分析程序中，因而研究者可先由 KMO 值來判別量表是否適合進行因素分析，次則判別個別題項的 MSA 值，以初步決定哪些變項不適合投入因素分析程序中，一般而言，如果個別題項的 MSA 值小於 0.50，表示該題項（變項）不適合進行因素分析，在進行因素分析時可考慮將之刪除。上述表格中，題項變數 c12 的 MSA 值等於.455，表示此題項不適合進行因素分析，其餘 18 題的 MSA 值都在.771 以上，表示除題項 c12 外，餘題項變數都適合進行因素分析。為便於後續報表的對照，在第一次因素分析中題項 c12 也納入因素分析程序中，第二次因素分析時會將題項 c12 刪除。

表 6-13 為每個變項的初始（initial）共同性以及以主成分分析法（principal component analysis）抽取主成分後的共同性（最後的共同性）。共同性愈低，表示該變項不適合投入主成分分析之中，共同性愈高，表示該變項與其他變項可測量的共同特質愈多，亦即該變項愈有影響力。採用主成分分析法抽取共同因素時，初步的共同性估計值均為 1，若是研究者採用主軸法來抽取共同因素，則題項初始共同性值不會等於 1，主軸法的題項初始共同性值是以該題項為效標變項，其餘變項為預測變項，進行多元迴歸時所得的決定係數值（R^2）值。共同性估計值的高低也可作為項目分析時，篩選題項是否合適（保留）的指標之一，若是題項的共同性低於.20 可考慮將題項刪除。

表 6-12 反映像矩陣

		c1	c2	c3	c4	c5	c6	c7	c8	c9
反	c1	.567	-.049	-.137	.017	.018	-.040	-.019	.008	.005
映	c2	-.049	.361	-.181	-.005	-.041	.024	-.013	.016	.006
像	c3	-.137	-.181	.259	-.095	-.040	-.065	.015	-.018	-.008
共	c4	.017	-.005	-.095	.514	-.211	-.014	.090	-.011	-.002
變	c5	.018	-.041	-.040	-.211	.555	-.046	-.079	-.023	.001
數	c6	<以下部分數據省略>								
反	c1	.857(a)	-.109	-.356	.032	.033	-.061	-.041	.019	.040
映	c2	-.109	.809(a)	-.592	-.011	-.091	.047	-.035	.049	.056
像	c3	-.356	-.592	.776(a)	-.259	-.107	-.148	.047	-.065	-.091
相	c4	.032	-.011	-.259	.802(a)	-.395	-.023	.204	-.029	-.016
關	c5	.033	-.091	-.107	-.395	.866(a)	-.071	-.172	-.057	.009
	c6	-.061	.047	-.148	-.023	-.071	.886(a)	.014	-.004	-.058
	c7	-.041	-.035	.047	.204	-.172	.014	.888(a)	-.231	-.051
	c8	.019	.049	-.065	-.029	-.057	-.004	-.231	.884(a)	-.188
	c9	.040	.056	-.091	-.016	.009	-.058	-.051	-.188	.771(a)

a 取樣適切性量數 (MSA)

表 6-12 反映像矩陣（續）

反	c10	.963(a)	-.122	.049	-.093	-.005	.047	.043	-.086	-.015	-.013
映	c11	-.122	.836(a)	-.146	-.218	-.063	.204	-.200	-.136	-.131	-.015
像	c12	.049	-.146	.455(a)	.060	.014	.104	.006	-.071	.090	-.034
相	c13	-.093	-.218	.060	.778(a)	.031	-.147	.067	.131	-.120	.053
關	c14	-.005	-.063	.014	.031	.963(a)	-.333	-.180	.195	-.082	-.030
	c15	.047	.204	.104	-.147	-.333	.932(a)	-.196	-.616	-.082	-.354
	c16	.043	-.200	.006	.067	-.180	-.196	.827(a)	-.017	-.117	.080
	c17	-.086	-.136	-.071	.131	.195	-.616	-.017	.942(a)	-.065	-.399
	c18	-.015	-.131	.090	-.120	-.082	-.082	-.117	-.065	.835(a)	.069
	c19	-.013	-.015	-.034	.053	-.030	-.354	.080	-.399	.069	.899(a)

a 取樣適切性量數 (MSA)

表 6-13　共同性

	初始	萃取
c1	1.000	.606
c2	1.000	.678
c3	1.000	.805
c4	1.000	.560
c5	1.000	.565
c6	1.000	.311
c7	1.000	.618
c8	1.000	.735
c9	1.000	.808
c10	1.000	.692
c11	1.000	.629
c12	1.000	.755
c13	1.000	.820
c14	1.000	.655
c15	1.000	.945
c16	1.000	.616
c17	1.000	.903
c18	1.000	.591
c19	1.000	.866

萃取法：主成分分析。

　　表 6-14 為採主成分分析法抽取主成分的結果，轉軸方法為直交轉軸之最大變異法。表格中共有四大欄，第一部分為「成分」（Factor）、第二部分為「初始特徵值」第三部分為「平方和負荷量萃取」、第四部分為「轉軸平方和負荷量」。「初始特徵值」中的「總和」（Total）直行的數字為每一主成分的特徵值，特徵值愈大表示該主成分在解釋 19 個變項的變異量時愈重要；第二直行「變異數的%」（% of Variance）為每一個抽取因素可解釋變項的變異量；第三直行「累積%」（Cumulative %）為解釋變項的變異量的累積百分比。

表 6-14　解說總變異量

成分	初始特徵值			平方和負荷量萃取			轉軸平方和負荷量		
	總和	變異數的%	累積%	總和	變異數的%	累積%	總和	變異數的%	累積%
1	7.208	37.936	37.936	7.208	37.936	37.936	4.590	24.159	24.159
2	2.834	14.914	52.850	2.834	14.914	52.850	3.992	21.012	45.171
3	2.041	10.744	63.594	2.041	10.744	63.594	3.443	18.123	63.294
4	1.075	5.659	69.253	1.075	5.659	69.253	1.132	5.960	69.253
5	.887	4.670	73.923						
6	.824	4.335	78.258						
7	.707	3.721	81.978						
8	.548	2.887	84.865						
9	.486	2.556	87.421						
10	.464	2.441	89.862						
11	.431	2.266	92.128						
12	.339	1.785	93.913						
13	.321	1.692	95.605						
14	.302	1.587	97.192						
15	.200	1.054	98.246						
16	.172	.908	99.154						
17	.092	.483	99.637						
18	.053	.281	99.918						
19	.016	.082	100.000						

萃取法：主成分分析。

　　在上述整體解釋變異量的報表中共分三大部分：初始特徵值（Initial Eigenvalues）（初步抽取共同因素的結果）、平方和負荷量萃取（Extraction Sums of Squared Loadings）（轉軸前的特徵值、解釋變異量及累積解釋變異量，此部分只保留特徵值大於 1 的因素）、轉軸平方和負苛量（Rotation Sums of Squared Loadings）（轉軸後的特徵值、解釋變異量及累積解釋變異量）。「初始特徵值」項中左邊 19 個成分因素的特徵值（Total 縱行）總和等於 19（19 即為題項數）。解釋變異量為特徵值除以題項數，如第一個特徵值的解釋變異量為 7.208÷19 ＝ 37.936%；第二個特徵值的解釋變異量為 2.834÷19=14.914%。累積百分比欄是將每個因素成分所能解釋的變異百分比累積相加而得，當抽取的因素數目等於變項的題項數時，累加的變異百分比等於 100%。

　　把左邊 19 個成分之特徵值大於一者列於中間，即是平方和負荷量萃取

（Extraction Sums of Squared Loadings）項的資料。因 SPSS 內設值是以特徵值大於一以上的主成分，作為主成分保留的標準，上表中特徵值大於一者共有四個，這也是因素分析時所抽出之共同因素個數。由於特徵值是由大至小排列，所以第一個共同因素的解釋變異量通常是最大者，其次是第二個，再來是第三個……。四個共同因素共可解釋 69.253% 的變異量。採用主成分分析時，「初始特徵值欄」中的特徵值會等於「平方和負荷量萃取欄」中的特徵值，但若是採用主軸法抽取共同因素時，「初始特徵值」中的特徵值與「平方和負荷量萃取」中的特徵值會有所差異。

最後一大項「轉軸平方和負荷量」（Rotation Sums of Squared Loadings）為採用最大變異法之直交轉軸後的數據。轉軸後各共同因素之特徵值會改變，與轉軸前不同，轉軸前四個共同因素的特徵值分別為 7.208、2.834、2.041、1.075，特徵值總和為 13.158；轉軸後四個共同因素的特徵值分別為 4.590、3.992、3.443、1.132，特徵值總和為 13.158，因而轉軸後個別共同因素的特徵值會改變，但所有共同因素的總特徵值不變，轉軸前四個被抽取因素的特徵值間差異較大，轉軸後四個被抽取因素的特徵值間差異較小。此外，每個題項之共同性也不會改變，但每個題項在每個共同因素之因素負荷量會改變。轉軸後，被所有共同因素解釋的總變異量不變（特徵值總和不變），範例中，轉軸前四個共同因素可以解釋的總變異量為 69.253%，轉軸後四個共同因素可以解釋的總變異量亦為 69.253%。

SPSS 內設保留特徵值大於 1 以上的因素作為最後的共同因素，因此學校知識管理量表共抽取四個共同因素。由於 SPSS 共同因素抽取方面，預設值為保留特徵值大於或等於 1 以上的因素，此種方面雖然很容易的得出共同因素，但在實際應用上有其限制，如共同因素所包含的題項是否與原先研究者編製的差不多？共同因素所包含的題項間所要測量的心理或行為特質是否差異很大，共同因素是否可以命名？共同因素所包含的題項數是否在三個題項以上等等。因而單單根據特徵值大於 1 以上的因素作為最後的共同因素有時是欠缺嚴謹的，研究者還須參考陡坡圖及轉軸後的因素結構等來綜合判斷共同因素是否保留，其中一個重要的因素是共同因素所包含的題項的同質性，同一共同因素之題項所要測量的特質是否相同，如此，因素的命名才有實質意義。

圖 6-9 為陡坡圖考驗的結果，陡坡圖考驗可以幫助研究者決定因素的數目。陡坡圖係將每一主成分的特徵值由高至低依序排序所繪製而成的一條坡線，愈向右邊的特徵值愈小，圖中的橫座標是因素數目（題項變數數

目）、縱座標是特徵值。陡坡圖考驗的判斷準則取坡線突然劇升的因素，若是坡線為平坦的因素則可以將之刪除。從圖中可以看出從第四個因素以後，坡度線甚為平坦，表示無特殊因素值得抽取，因而以保留三個因素較為適宜。在「解說總變異量」輸出結果中，抽取四個共同因素，但由陡坡圖中，第四個共同因素似乎可以刪除，至於是保留三個因素或四個因素，研究者還須參考抽取的共同因素是否有其「合理性」而定。因素的合理性有二個內涵，一為共同因素包含的題項變數最少在三題以上，二為題項變數所要測量的潛在特質類似，因素可以命名。

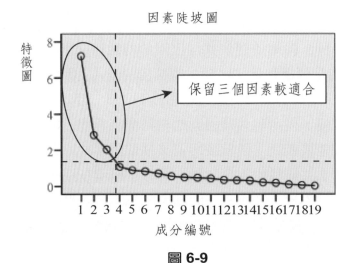

圖 6-9

表 6-15 為 19 變項在四個因素上之未轉軸的因素矩陣（即原始因素負荷量矩陣），因素矩陣中的數值為各題項變數在共同因素的組型負荷量，因素負荷量類似迴歸分析中的迴歸係數權數，因素負荷量數值愈大表示題項變數與共同因素間的關聯愈大。由此矩陣，可以計算每一變項的共同性，每個因素（主成分）的特徵值及再製相關矩陣。

共同性為每個變項在各主成分上的負荷量的平方加總，如第 6 題（a6）的共同性等於：

$$= .761^2 + (-.209)^2 + (-.176)^2 + (-.034)^2 = .655$$

特徵值是將所有變項在某一因素上的負荷量的平方相加而得，如：

轉軸前因素一的特徵值 $7.208 = .761^2 + 753^2 + 751^2 + \ldots\ldots + .403^2 + .010^2$

表 6-15　　成分矩陣(a)

	成分			
	1	2	3	4
c14	.761	-.209	-.176	-.034
c15	.753	-.209	-.567	.112
c9	.751	-.198	.450	-.046
c13	.750	-.201	.461	-.061
c8	.743	-.082	.419	.030
c16	.743	-.101	-.232	-.017
c7	.725	-.159	.203	-.163
c17	.714	-.228	-.549	.198
c18	.708	-.036	-.153	-.255
c19	.688	-.273	-.529	.195
c10	.685	-.275	.385	-.015
c11	.678	-.013	.397	.110
c6	.385	.381	-.070	-.111
c3	.434	.782	-.073	.021
c2	.405	.714	-.053	.043
c4	.336	.659	-.014	-.112
c1	.343	.610	.053	.338
c5	.403	.585	-.029	-.245
c12	.010	.076	.277	.820

萃取方法：主成分分析。

a 萃取了 4 個成分。

　　在「成分矩陣」的表格中，第一直行並非按題項變數次序呈現，而是根據其在第一個共同因素中的因素負荷量數值高低呈現，之後再根據其在第二個共同因素中的因素負荷量高低依次呈現。之所以呈現此輸出結果，乃是在進行因素分析程序時，在「因子分析：選項」次對話視窗之「係數顯示格式」方盒中勾選「☑依據因素負荷排序(S)」選項。從成分矩陣中可以看出，大部分的題項變數均歸屬於成分 1，少部分歸屬於成分 2。

　　表 6-16 為轉軸後的因素矩陣，採用最大變異法（Varimax）進行直交轉軸，轉軸時採用內定之 Kaiser 常態化方式處理，轉軸時共需要進行五次疊代（iterations）換算。題項在其所屬之因素層面順序，乃按照因素負荷量的高低排列，轉軸主要目的，在於重新安排題項在每個共同因素的因素負荷量，轉軸後，使原先轉軸前較大因素負荷量變得更大，而使轉軸前較小的因素負荷量變得更小；轉軸後題項在每個共同因素之因素負荷量的平方總

和不變（題項　后性在轉軸前後均一樣）。由於是直交轉軸，故表中係數可視爲變項與因素之相關係數矩陣，即因素結構矩陣，也可以視爲是因素的加權矩陣（即因素組型矩陣），轉軸後的因素矩陣是由未轉軸前的因素矩陣乘以成分轉換矩陣（Factor Transformation Matrix）而來。從轉軸後的成分矩陣中可以發現：共同因素一包含 c7、c8、c9、c10、c11、c13 六題，共同因素二包含 c14、c15、c16、c17、c18、c19 六題，共同因素三包含 c1、c2、c3、c4、c5、c6 六題，共同因素四只包含題項 c12，由於共同因素四只包含一題，無法顯示共同因素所代表的意涵，層面所包含的題項數太少，因而此共同因素應該刪除較爲適宜。在先前的反影像相關矩陣中，題項c12的 MSA 值等於.455 小於.50，個別題項不適合進行因素分析，刪除共同因素四即刪除題項c12。

表 6-16　轉軸後的成分矩陣(a)

	成分			
	1	2	3	4
c13	.886	.173	.075	.001
c9	.877	.182	.077	.013
c8	.814	.181	.178	.092
c10	.803	.216	-.016	.024
c11	.728	.153	.212	.174
c7	.696	.313	.127	-.147
c15	.189	.945	.116	-.037
c17	.170	.930	.077	.049
c19	.177	.912	.024	.046
c16	.391	.645	.202	-.086
c14	.469	.643	.107	-.101
c18	.425	.505	.261	-.295
c3	.056	.101	.887	.076
c2	.063	.093	.810	.094
c4	.071	.009	.743	-.053
c5	.139	.058	.711	-.194
c1	.088	.063	.663	.394
c6	.137	.157	.509	-.092
c12	.091	-.062	-.003	.862

萃取方法：主成分分析。

旋轉方法：旋轉方法：含 Kaiser 常態化的 Varimax 法。

a 轉軸收斂於 5 個疊代。

前三個共同因素與原先研究者編製的構念及題項符合，共同因素一的構念命名為「知識分享」、共同因素二的構念命名為「知識獲取」、共同因素三的構念命名為「知識創新」。在因素分析中共同因素所包含的題項數最少為三題較為適合，亦即一個構念或層面所包含的題項變數最少在三題以上。轉軸的目的在於獲取「簡單結構」（simple structure），其目的在於使個一個因素很清楚地被一組變項數所界定，使每一個題項變數能歸屬於一個明確的「主因素」（home factor）（*Spicer, 2005*）。因素負荷量的選取標準若以.400 來檢核，題項 c14、c18 雖歸屬於共同因素二，但其與共同因素一的因素負荷量分別為.469、.425，表示題項c14、c18 雖歸屬於共同因素二，但其與共同因素一仍有很密切的關聯。此種結果顯示，以直交轉軸之最大變異法來進行因素轉軸，並未完全符合簡單結構的要求。

表 6-17 為因素轉換矩陣，利用轉軸前的因素矩陣×此處的因素轉換矩陣可得轉軸後的因素矩陣。

表 6-17　成分轉換矩陣

成分	1	2	3	4
1	.697	.610	.377	-.017
2	-.251	-.280	.921	.098
3	.665	-.718	-.059	.200
4	-.099	.186	-.074	.975

萃取方法：主成分分析。

旋轉方法：旋轉方法：含 Kaiser 常態化的 Varimax 法。

「學校知識管理量表」第一次因素分析時，特徵值大於一的因素共有四個，第四個因素只包含一個題項c12，層面所涵蓋的題項內容太少，將之刪除似乎較為適宜。因為這是一個探索性的因素分析，題項刪除後的因素結構也會改變，因而須再進行一次因素分析，以驗證量表的建構效度，第二次因素分析時，所包括的題項為篩選後的 18 個題項（不包括第 12 題）。

圖 6-10 為根據「轉軸後的成分矩陣」所繪出的成分圖，成分圖只能繪出前三個共同因素及其包含題項的 3D 立體圖，成分 1、成分 2、成分 3 表示前三個共同因素。

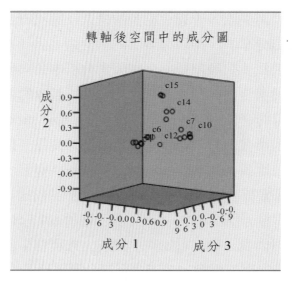

圖 6-10

(二)因素抽取方法──主軸法、轉軸法──直接斜交法

　　以下報表之因素分析轉軸方法乃採用直接斜交轉軸法（Direct Obimin），因素抽取方法為主軸法。主軸法是以變數間的共同變異量為分析對象，而主成分分析法是以全體變數的變異量為分析對象。斜交轉軸法與直交轉軸法的基本假定不同，斜交轉軸假定因素之間有相關，其夾角不等於直角；而直交轉軸法假定共同因素間的相關為 0，表示因素間是相互獨立的。斜交轉軸的報表與直交轉軸的報表中，除轉軸後的矩陣與直交轉軸不同外，其餘量數大都一樣，主要的差別在於斜交轉軸時會產生組型矩陣或稱樣式矩陣（pattern matrix）與結構矩陣（structure matrix）；此外，斜交轉軸法轉軸後的特徵值與直交轉軸法的個別特徵值也不相同。

　　主軸法之共同性估計是採內定格式的 SMC 法（squared multiple correlations），此方法能產生最佳的重製矩陣，得到最小的殘差值。SMC 估計法的特性是估計某一個變項的起始共同性時，是以此變項為效標變項，而以其他變項為預測變項進行多元迴歸分析所獲得的決定係數值。「萃取」（Extraction）欄的共同性是以後面「因子矩陣」中的因素負荷量數值重新計算而得，其計算方法是題項在每個共同因素之因素負荷量平方的總和，如題項 c_1 的共同性為.402，其求法如下：

$$(.316)^2 + (.530)^2 + (.014)^2 + (.146)^2 = 402$$

表 6-18　共同性

	初始	萃取
c1	.433	.402
c2	.639	.628
c3	.741	.898
c4	.486	.425
c5	.445	.445
c6	.268	.230
c7	.624	.628
c8	.700	.663
c9	.969	.886
c10	.593	.613
c11	.637	.524
c12	.109	.029
c13	.969	.886
c14	.629	.595
c15	.923	.976
c16	.585	.597
c17	.905	.910
c18	.564	.601
c19	.856	.852

萃取法：主軸因子萃取法。

　　題項變數共同性愈高愈適合進行因素分析，題項變數共同性愈低，愈不適合進行因素分析，研究者可考慮將之刪除。以題項c12而言，其萃取後的共同性只有.029<.200，共同性甚低，在進行之後的因素分析時可優先考慮將之刪除。

　　表6-19為採用主軸法及斜交轉軸法抽取共同因素之解釋總變異量（Total Variance Explained）摘要表。以主軸法抽取共同因素，其「初始特徵值」與「平方和負荷量萃取」（抽取共同因素後）二欄中的特徵值不相同，轉軸後之「轉軸平方和負荷量」欄只呈現抽取後共同因素的特徵值，沒有呈現個別共同因素的解釋變異量，此乃因斜交轉軸的假定與直交轉軸不同，斜交轉軸法假定因素間並非獨立，因素之間有相關，因而無法估算個別因素的解釋變異量。在執行因素分析程序中，若是研究者採用斜交轉軸法，無須說明個別因素的解釋變異，只須說明萃取後的共同因素共可解釋全量表題項變數的總變異量即可（範例中四個因素共可解釋全量表62.053%的變異量）。

表 6-19 解說總變異量

因子	初始特徵值			平方和負荷量萃取			轉軸平方和負荷量(a)
	總和	變異數的%	累積%	總和	變異數的%	累積%	總和
1	7.208	37.936	37.936	6.920	36.419	36.419	5.364
2	2.834	14.914	52.850	2.456	12.924	49.343	3.670
3	2.041	10.744	63.594	1.843	9.703	59.045	4.539
4	1.075	5.659	69.253	.571	3.008	62.053	1.599
5	.887	4.670	73.923				
6	.824	4.335	78.258				
7	.707	3.721	81.978				
8	.548	2.887	84.865				
9	.486	2.556	87.421				
10	.464	2.441	89.862				
11	.431	2.266	92.128				
12	.339	1.785	93.913				
13	.321	1.692	95.605				
14	.302	1.587	97.192				
15	.200	1.054	98.246				
16	.172	.908	99.154				
17	.092	.483	99.637				
18	.053	.281	99.918				
19	.016	.082	100.000				

萃取法：主軸因子萃取法。

a 當因子產生相關時，無法加入平方和負荷量 以取得總變異數。

　　圖 6-11 為 Cattell 之因素陡坡圖，和直交轉軸唯一的差別在於橫軸座標上的名稱，直交轉軸法橫軸座標的因素個數稱為「成分編號」（Component Number），而斜交轉軸法橫軸座標的因素個數稱為「因素數」（Factor Number），從此圖可以發現從第四個因素以後，陡坡線呈現平坦的曲線，左邊三個因素呈現陡峭的曲線，因而保留三個共同因素較為適宜。其中第四個萃取的因素是否保留，研究者最好再根據其包含的題項變數及因素合理性再綜合判斷。

　　表 6-20 的「因子矩陣」類似直交轉軸法中的「成分矩陣」，為非轉軸前的題項變數在四個因素上的因素負荷量，題項變數的排列次序先根據其在第一個共同因素之因素負荷量值的高低順序呈現，次依據其在第二個共

322

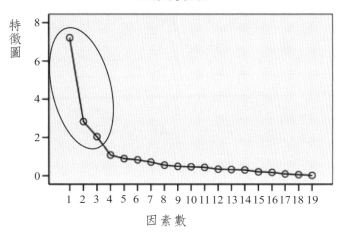

因素陡坡圖

特徵圖

因素數

圖 **6-11**

表 **6-20**　因子矩陣(a)

	因子			
	1	2	3	4
c15	.771	-.219	-.573	.067
c9	.756	-.173	.477	.240
c13	.755	-.176	.487	.217
c14	.735	-.175	-.126	-.089
c17	.725	-.235	-.544	.182
c8	.721	-.050	.374	-.019
c16	.716	-.080	-.180	-.211
c7	.701	-.123	.198	-.287
c19	.694	-.277	-.506	.195
c18	.681	-.018	-.106	-.354
c10	.662	-.229	.347	.042
c11	.643	.010	.322	-.078
c6	.348	.307	-.051	-.111
c3	.431	.823	-.091	.164
c2	.387	.681	-.062	.110
c4	.311	.571	-.022	-.047
c1	.316	.530	.014	.146
c5	.375	.513	-.027	-.203
c12	.008	.055	.142	.078

萃取方法：主軸因子。

a 萃取了 4 個成分。需要 9 個疊代。

同因素之因素負荷量值的高低依序呈現。根據因子矩陣可以計算每個題項變數萃取後共同性與特徵值。題項變數萃取後共同性等於變數在各因素之因素負荷量平方的總和，以題項c15為例，萃取後的共同性為.976，其數值求法如下：

$$(.771)^2 + (-.219)^2 + (-.573)^2 + (.067)^2 = .976$$

從因子矩陣中可以看出，大部分的題項變數均歸屬於因素一，少部分歸屬於因素二。

表 6-21　樣式矩陣(a)

	因子			
	1	2	3	4
c13	.933	-.044	-.087	.162
c9	.924	-.038	-.107	.186
c10	.768	-.109	-.098	-.023
c8	.766	.079	-.014	-.086
c11	.653	.124	.025	-.140
c7	.616	.014	-.049	-.382
c12	.112	.037	.098	.090
c3	-.087	.964	-.085	.160
c2	-.043	.801	-.060	.102
c4	-.023	.656	.049	-.060
c1	.032	.621	-.030	.145
c5	.023	.607	.072	-.238
c6	.057	.403	-.048	-.145
c17	.043	.058	-.957	.087
c15	.035	.084	-.943	-.042
c19	.072	.002	-.931	.104
c14	.380	.036	-.455	-.187
c16	.287	.129	-.402	-.314
c18	.304	.162	-.234	-.458

萃取方法：主軸因子。

旋轉方法：旋轉方法：含 Kaiser 常態化的 Oblimin 法。

a 轉軸收斂於 12 個疊代。

在斜交轉軸法中，較常用的方法為直接斜交法（direct oblimin）或最優

斜交法（promax），此二種方法 SPSS 均有提供。採用斜交轉軸法後會產生二個轉軸後的矩陣：因素樣式矩陣或稱因素組型矩陣（factor pattern matrix）、因素結構矩陣（factor structure matrix）。樣式矩陣中的數值性質上類似多元迴歸分析中的標準化迴歸係數，可反應題項變數在因素間相對的重要性，即和其他變項同時比較之下，樣式矩陣的數值高低可反應出變項在某個因素的重要程度；而因素結構矩陣中的數值性質表示的是變項與因素間的簡單相關，其數值也就是因素負荷量（Stevens, 2002）。

從上述樣式矩陣中可以看出，題項 c13、c9、c10、c8、c11、c7 對因素一而言有較重要的影響力；題項 c3、c2、c4、c1、c5、c6 對因素二而言有較重要的影響力；題項 c17、c15、c19、c14、c16 對因素三而言有較重要的影響力，與其他題項變數相較之下，題項 c18 對因素四的重要性較大。至於題項 c12 與其他變數相較之下，對四個因素的影響程度均很低，表示此題項無法看出對四個因素中個別因素的重要性，可考慮將之刪除。

表 6-22 為結構矩陣，此矩陣的意義與直交轉軸法中轉軸後的成分矩陣（Rotated Component Matrix）相似。由於因素結構矩陣中的數值表示的是因素負荷量，數值高低可反應變項與個別因素之關係，因而可從個別因素包含的題項變數內容，作為共同因素（構念或層面）的命名。因素一包含 c7、c8、c9、c10、c11、c13 六題，此因素可命名為「知識分享」，因素二包含 c1、c2、c3、c4、c5、c6 六題，此因素可命名為「知識創新」、因素三包含 c14、c15、c16、c17、c19 五題，可命名為「知識獲取」，至於因素四只包含題項 c18，無法代表因素構念的內涵，因素四必須刪除；此外，題項 c12 無法歸屬於那個因素，因而第二次因素分析時也必須將之刪除。

在進行第二次因素分析時，研究者不要一次同時刪除許多變數，要逐次刪除最不適切的題項，以上述結構矩陣數據而言，題項 c18 在因素三的因素負荷量也達 -.526，表示此題項也與因素三有密切關係，研究者可以先刪除題項 c12 後，再看因素分析結果，因為題項刪除後整個量表的因素組型均會改變。

表 6-23 為因素間相關矩陣，若是因子間的相關係數較高（絕對值 >0.300），表示因素與因素間有某種程度關係，因素間並非獨立，此時最好採用斜交轉軸法；相對的，如果因子間的相關係數較低（絕對值 <0.300），表示因素與因素間的相關不高，此時最好採用直交轉軸法。範例中因素間相關矩陣的相關係數絕對值並不大，採用直交轉軸法可能較為適宜。

表 6-22 結構矩陣

	因子			
	1	2	3	4
c13	.927	.231	-.323	.013
c9	.923	.235	-.332	.031
c8	.805	.320	-.306	-.200
c10	.770	.139	-.339	-.147
c11	.700	.331	-.257	-.229
c7	.685	.248	-.392	-.481
c3	.209	.932	-.138	.036
c2	.203	.786	-.125	-.001
c4	.166	.649	-.062	-.110
c5	.213	.629	-.113	-.280
c1	.209	.619	-.077	.063
c6	.212	.443	-.179	-.214
c15	.371	.237	-.982	-.406
c17	.359	.202	-.948	-.280
c19	.360	.149	-.916	-.251
c14	.563	.237	-.652	-.409
c16	.497	.308	-.630	-.514
c18	.488	.337	-.526	-.602
c12	.080	.047	.090	.108

萃取方法：主軸因子。

旋轉方法：旋轉方法：含 Kaiser 常態化的 Oblimin 法。

表 6-23 因子相關矩陣

成分	1	2	3	4
1	1.000	.300	-.324	-.130
2	.300	1.000	-.146	-.108
3	-.324	-.146	1.000	.371
4	-.130	-.108	.371	1.000

萃取方法：主軸因子。

旋轉方法：旋轉方法：含 Kaiser 常態化的 Oblimin 法。

圖 6-12 為轉軸後因素空間內的因素圖，因素圖只能繪出前三個共同因素及其包含題項的 3D 立體圖，因素 1、因素 2、因素 3 表示前三個共同因素。

轉軸後因素空間內的因素圖

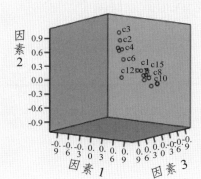

圖 6-12

三、第二次因素分析結果

在第一次因素分析中，第四個因素只包含題項c12，因素構念無法命名且包含的題項變數少於 3 題，因而在第二次因素分析時必須把此題項刪除。當選入因素分析中的題項變數不同，因素結構會改變，因而必須再執行功能列「分析(A)」／「資料縮減(D)」／「因子(F)」程序。學校知識管理量表第二次納入因素分析的題項變數共有 18 題，題項 c12 被排除在因素分析的程序中。

以下因素分析的輸出報表只摘錄與論文撰述時較為密切的部分。

㈠因素抽取方法──主軸法＆轉軸法──直交轉軸之最大變異法

表 6-24 為採用「主軸因子」萃取法所得之初始及萃取後的共同性。題項變數的共同性數值愈大，表示該題項變數與其他題項變數所欲測量的心理或行為之共同特質愈多。

表 6-25 為解說總變異量摘要表，刪除題項變數 c12 後，採用主軸因子萃取法共抽取三個共同因素，三個因素的轉軸前的特徵值分別為 6.878、2.425、1.789，轉軸後的特徵值分別為 4.257、3.796、3.039，三個因素構念個別的解釋變異量分別為23.648%、21.091%、16.884%，聯合解釋變異量為61.623%。因素分析時，由於以少數的因素構念來解釋所有觀察變項總變異量，加上行為及社會科學領域的測量未若自然科學領域精確，因而萃取後保留的因素聯合解釋變異量若能達到 60%以上，表示萃取後保留的因素相當理想，如果萃取後的因素能聯合解釋所有變項 50%以上的變異量，則萃

取的因素也可以接受。上述中保留的三個因素聯合解釋變異量為 61.623%，已達到 60%的標準，表示保留的三個因素是適切的。

表 6-24　共同性

	初始	萃取
c1	.417	.374
c2	.639	.618
c3	.738	.854
c4	.484	.427
c5	.444	.396
c6	.267	.219
c7	.622	.532
c8	.700	.670
c9	.969	.800
c10	.592	.621
c11	.629	.517
c13	.969	.818
c14	.629	.589
c15	.922	.986
c16	.585	.545
c17	.904	.868
c18	.561	.456
c19	.856	.802

萃取法：主軸因子萃取法。

表 6-25　解說總變異量

成分	初始特徵值			平方和負荷量萃取			轉軸平方和負荷量		
	總和	變異數的%	累積%	總和	變異數的%	累積%	總和	變異數的%	累積%
1	7.208	40.043	40.043	6.878	38.211	38.211	4.257	23.648	23.648
2	2.830	15.722	55.766	2.425	13.473	51.684	3.796	21.091	44.739
3	2.001	11.119	66.885	1.789	9.939	61.623	3.039	16.884	61.623
4	.931	5.173	72.058						
5	<以下數據省略>								

萃取法：主軸因子萃取法。

表 6-26　轉軸後的因子矩陣(a)

	因子		
	1	2	3
c13	.884	.171	.088
c9	.871	.180	.092
c8	.772	.191	.195
c10	.755	.225	.009
c11	.663	.166	.224
c7	.639	.325	.133
c15	.189	.967	.122
c17	.184	.909	.089
c19	.199	.873	.037
c14	.466	.598	.119
c16	.392	.592	.204
c18	.405	.485	.240
c3	.051	.084	.919
c2	.070	.080	.779
c4	.070	.036	.649
c5	.127	.095	.609
c1	.102	.035	.602
c6	.138	.158	.418

萃取方法：主軸因子。

旋轉方法：旋轉方法：含 Kaiser 常態化的 Varimax 法。

a 轉軸收斂於 5 個疊代。

　　從「轉軸後的因子矩陣」表中可以發現：因素一包含 c7、c8、c9、c10、c11、c13 六題，因素二包含 c14、c15、c16、c17、c18、c19 六題，因素三包含 c1、c2、c3、c4、c5、c6 六題，三個因素構念與原先研究者編製的構念及題項符合，根據各因素構念包含的題項變數特性，因素一的構念命名為「知識分享」、因素二的構念命名為「知識獲取」、因素三的構念命名為「知識創新」。

(二)因素抽取方法──主成分分析法＆轉軸法──斜交轉軸之直接斜交法

　　表 6-27 為採用「主成分分析法」萃取法所得之初始共同性及萃取後的共同性。題項變數的共同性數值愈大，表示該題項變數與其他題項變數所欲測量的心理或行為之共同特質愈多。主成分分析法與主軸法分析時，題項變數初始共同性的設定不同，主成分分析法時題項變數初始共同性值均界定為 1。

表 6-27　共同性

	初始	萃取
c1	1.000	.485
c2	1.000	.676
c3	1.000	.806
c4	1.000	.548
c5	1.000	.507
c6	1.000	.299
c7	1.000	.594
c8	1.000	.732
c9	1.000	.813
c10	1.000	.696
c11	1.000	.605
c13	1.000	.824
c14	1.000	.653
c15	1.000	.939
c16	1.000	.618
c17	1.000	.880
c18	1.000	.521
c19	1.000	.844

萃取法：主成分分析。

　　表 6-28 為「解說總異量」摘要表，刪除題項變數 c12 後，採用主成分分析萃取法共抽取三個共同因素，三個因素的轉軸前的特徵值分別為 7.208、2.830、2.001，使用直接斜交法轉軸後的特徵值分別為 5.840、4.041、5.470，三個因素構念聯合解釋變異量為 66.885%，大於 60%，表示保留萃取的三個因素其建構效度良好。

表 6-28　解說總變異量

成分	初始特徵值			平方和負荷量萃取			轉軸平方和負荷量
	總和	變異數的%	累積%	總和	變異數的%	累積%	總和
1	7.208	40.043	40.043	7.208	40.043	40.043	5.840
2	2.830	15.722	55.766	2.830	15.722	55.766	4.041
3	2.001	11.119	66.885	2.001	11.119	66.885	5.470
4	.931	5.173	72.058				
5	<以下數據省略>						

萃取法：主成分分析。

a 當成分產生相關時，無法加入平方和負荷量 以取得總變異數。

表 6-29　轉軸後的因子矩陣(a)

	因子		
	1	2	3
c13	.907	.209	.406
c9	.901	.212	.412
c8	.852	.307	.401
c10	.825	.114	.414
c11	.767	.330	.349
c7	.750	.240	.515
c3	.192	.896	.197
c2	.188	.822	.182
c4	.158	.738	.119
c5	.226	.711	.195
c1	.194	.694	.114
c6	.228	.530	.252
c15	.407	.237	.966
c17	.382	.199	.935
c19	.378	.146	.914
c14	.607	.229	.760
c16	.541	.312	.752
c18	.545	.348	.656

萃取方法：主成分分析。

旋轉方法：旋轉方法：含 Kaiser 常態化的 Oblimin 法。

　　從「結構矩陣」表中可以發現：因素一包含c7、c8、c9、c10、c11、c13六題，因素三包含 c14、c15、c16、c17、c18、c19 六題，因素二包含 c1、c2、c3、c4、c5、c6六題，三個因素構念與原先研究者編製的構念及題項符合，根據各因素構念包含的題項變數特性，因素一的構念命名為「知識分享」、因素二的構念命名為「知識創新」、因素三的構念命名為「知識獲取」。

四、【表格範例】

　　上述學校知識管理量表第二次因素分析結果，共萃取三個因素，三個因素均可合理命名，茲將因素分析輸出結果統整如下：

表 6-30 「學校知識管理量表」因素分析結果摘要表一

題項變數及題目	最大變異法直交轉軸後之因素負荷量			共同性
	知識分享	知識獲取	知識創新	
c13.本校教師會於同仁會議中分享其處理學生問題的策略。	.884	.171	.088	.818
c9.本校教師會在相關會議中提供意見供其他教師分享。	.871	.180	.092	.800
c8.本校教師會將班級經營的有效策略，與其他教師分享。	.772	.191	.195	.670
c10.本校行政事務處理流程有完整紀錄，以供同仁分享參考。	.755	.225	.009	.621
c11.本校教師很少於教學研討會上，分享其教學經驗。	.663	.166	.224	.517
c7.校長會積極鼓勵同仁，分享研習吸取的新知能。	.639	.325	.133	.532
c15.學校會鼓勵教師透過教學觀摩，以獲取專業知能。	.189	.967	.122	.986
c17.學校鼓勵教師透過教師社群活動，以獲取專業知能。	.184	.909	.089	.868
c19.學校會影印相關教育新知給教師，以增進教師知能。	.199	.873	.037	.802
c14.學校鼓勵同仁參訪標竿學校以獲取教學及行政知能。	.466	.598	.119	.589
c16.學校積極鼓勵教師參與研習活動，以獲取專業知能。	.392	.592	.204	.545
c18.學校鼓勵教師透過數化位資料來獲取新知識。	.405	.485	.240	.456
c3.教師會積極地在其負責的行政工作上創新展現。	.051	.084	.919	.854
c2.本校教師會積極尋求班級經營上的創新。	.070	.080	.779	.618
c4.本校教師會應用研習心得於教育品質的提升。	.070	.036	.649	.427
c5.本校會激勵教師以創新理念提升學生學習成效。	.127	.095	.609	.396
c1.本校常鼓勵教師創新教學或工作創新。	.102	.035	.602	.374
c6.本校鼓勵教師以創新有效方法激勵學生學習動機。	.138	.158	.418	.219
特徵值	4.257	3.796	3.039	11.092
解釋變異量%	23.648	21.091	16.884	61.623
累積解釋變異量%	23.648	44.739	61.623	

因素分析

表 6-31　「學校知識管理量表」因素分析結果摘要表二

題項變數及題目	直接斜交法斜交轉軸後之結構矩陣			共同性
	知識分享	知識獲取	知識創新	
c13.本校教師會於同仁會議中分享其處理學生問題的策略。	.907	.209	.406	.824
c9.本校教師會在相關會議中提供意見供其他教師分享。	.901	.212	.412	.813
c8.本校教師會將班級經營的有效策略，與其他教師分享。	.852	.307	.401	.732
c10.本校行政事務處理流程有完整記錄，以供同仁分享參考。	.825	.114	.414	.696
c11.本校教師很少於教學研討會上，分享其教學經驗。	.767	.330	.349	.605
c7.校長會積極鼓勵同仁，分享研習吸取的新知能。	.750	.240	.515	.594
c3.教師會積極的在其負責的行政工作上創新展現。	.192	.896	.197	.806
c2.本校教師會積極尋求班級經營上的創新。	.188	.822	.182	.676
c4.本校教師會應用研習心得於教育品質的提升。	.158	.738	.119	.548
c5.本校會激勵教師以創新理念提升學生學習成效。	.226	.711	.195	.507
c1.本校常鼓勵教師創新教學或工作創新。	.194	.694	.114	.485
c6.本校鼓勵教師以創新有效方法激勵學生學習動機。	.228	.530	.252	.299
c15.學校會鼓勵教師透過教學觀摩，以獲取專業知能。	.407	.237	.966	.939
c17.學校鼓勵教師透過教師社群活動，以獲取專業知能。	.382	.199	.935	.880
c19.學校會影印相關教育新知給教師，以增進教師知能。	.378	.146	.914	.844
c14.學校鼓勵同仁參訪標竿學校以獲取教學及行政知能。	.607	.229	.760	.653
c16.學校積極鼓勵教師參與研習活動，以獲取專業知能。	.541	.312	.752	.618
c18.學校鼓勵教師透過數化位資料來獲取新知識。	.545	.348	.656	.521
累積解釋變異量%				66.885

第七章

量表的信度

信度是指測驗或量表工具所測得結果的穩定性（stability）及一致性（consistency），量表的信度愈大，則其測量標準誤愈小。

7-1 信度的基本內涵

　　因素分析完後，繼續要進行分析的是量表各層面與總量表的信度考驗。所謂信度（reliability），就是量表的可靠性或穩定性，在態度量表法常用考驗信度的方法為 L. J. Cronbach 所創的α係數，其公式為：

$$\alpha = \frac{K}{K-1}(1-\frac{\Sigma S_i^2}{S^2})$$

其中 K 為量表所包括的總題數。

ΣS_i^2 為量表題項的變異數總和、S^2 為量表題項加總後變異數。

　　α係數值界於 0 至 1 之間，α出現 0 或 1 兩個極端值的機率甚低（但也有可能），究竟α係數要多大，才算有高的信度，不同的方法論學者對此看法，也未盡相同。學者 Nunnally（1978）認為α係數值等於.70 是一個較低，但可以接受的量表邊界值，學者 DeVellis（1991）也提出以下觀點，α係數值如果在.60 至.65 之間最好不要；α係數值界於.65 至.70 間是最小可接受值；α係數值界於在.70 至.80 之間相當好；α係數值界於在.80 至.90 之間非常好。另外，亦可求出量表的折半信度（split-half reliability），所謂折半信度是將量表的題目分成兩半計分，根據受試者在兩半題項上所得的分數，計算二者的相關係數。

　　信度係指根據測驗工具所得到結果的一致性或穩定性。一般而言，二次或二個測驗之結果愈是一致，則誤差愈小，所得之信度愈高，它具有以下幾個特性（王保進，2002）：

1. 信度是指測驗所得到結果之一致性或穩定性，而非指測驗或量表本身，因而信度指的是評量工具獲致的結果而非工具本身。
2. 信度值是指在某一特定類型下之一致性，非泛指一般之一致性，信度係數可能因不同時間、不同受試者或不同評分者而出現不同的結果。
3. 信度是效度的必要條件，非充分條件，信度低效度一定低，但信度高未必表示效度也高。
4. 信度考驗完全依據統計方法，不管採用「信度係數」或「測量標準誤」

為測驗信度的指標，它們完全是一種統計量，因而信度主要是藉由統計方法而取得，如重測信度、折半信度等均是由相關方法求出其信度值。

信度（reliability）可界定為真實分數（true score）的變異數與觀察分數（observed score）的變異數之比例。信度是指測驗分數的特性或測量的結果，而非指測驗或測量工具本身，因此，某測驗或量表是可信賴的說法（test reliable）是不正確的，應該說是此測驗分數是可信賴的（scores are reliable），由此可知，「信度適用於測驗分數而非測驗本身」（傅粹馨，1998）。信度亦可解釋為某一群特定受試者之測驗分數的特性，分數會因受試對象之不同而有所不同，所以多數學者認為每次施測量表後，應估計分數的特性，而不是只報告前人在信度研究之數值或測驗指導手冊上之數值（傅粹馨，2002）。可見，在研究過程中，即使使用前人編製或修訂過的量表，最好還是經預試的工作，以重新考驗其信度，因為受試對象會因時間或外在等干擾因素對量表內涵產生不同的知覺與感受。如可以的話，研究者除提供目前研究所得分數之信度係數外，最好能提供信度係數之信賴區間（confidence interval for reliablity corfficient）（Fan & Thompson, 2001）。

在因素分析完後，為進一步了解問卷的可靠性與有效性，要做信度考驗。在李克特態度量表法中常用的信度考驗方法為「Cronbach α」係數及「折半信度」（Split-half reliabilty）。如果一個量表的信度愈高，代表量表愈穩定（stability）。以「再測信度」（test-retest reliability）而言，其代表的是受試者在不同時間得分的一致性（consistence），因而又稱「穩定係數」（coefficient of stability）。Crocker 和 Algina（1986）指出：α係數是估計信度的最低限度（lower bound），是為所有可能的折半係數之平均數，估計內部一致性係數，用α係數優於折半法，因為任何長度的測驗有許多種的折半方式，相同資料，不同的折半方式求得的數據，便會產生不同的估計值。

α係數於編製測驗或量表時，常作為測量分數信度之一的數據，在社會科學的研究領域或其相關期刊中，α係數的使用率甚高。α係數是內部一致性之函數，也是試題間相互關聯程度的函數，一組試題之間或許有相當的關聯性且是多向度的。測驗或量表之內部一致性是表示題目間的關聯性（interrelatedness），但不必然是指試題所包括的向度（dimensionality）。因而一個量表具有單一向度，則具有內部一致性；但反之則不然，也就是說一個量表具有內部一致性，有高α值，但不盡然具有單一向度的特性（傅粹馨，2002；Gardner, 1995）。

　　信度的涵義即是經由多次複本測驗測量所得結果間的一致性或穩定性，或估計測量誤差有多少，以實際反應出眞實量數程度的一種指標。當測驗分數中測量誤差所占的比率降低時，則眞實特質部分所占的比率就相對提高，因而信度係數值就會增高；相對的，當測量誤差所占的比率部分增加時，則眞實特質部分所占的比率便相對降低，因而，信度係數值便會降低（余民寧，2002）。一般而言，一份優良的教育測驗至少應該具有.80 以上的信度係數值，才比較具有使用的教育價值（Camines & Zeller, 1979）。

　　信度有「外在信度」（external reliability）與「內在信度」（internal reliability）二大類。外在信度通常指不同時間測量時，量表一致性的程度，再測信度即是外在信度最常使用的考驗法。在「多選項量表」（multipleitem scales）中，內在信度特別重要，所謂內在信度指的是每一個量表是否測量單一概念（idea），同時，組成量表題項的內在一致性程度如何。如果內在信度49.係數在.80 以上（Bryman & Cramer, 1997），表示量表有高的信度，因素分析完後每個構念層面的內在信度α 係數通常會較總量表之信度值低，內在信度最常使用的方法是 Cronbach's alpha 係數。

　　常用量表49.係數信度係數其實是內部一致性信度之一種而已，內部一致性信度係數除 Cronbach α 係數外，還包括折半信度（split-half reliability）、庫李信度、Hoyt 的變異係數。庫李信度由學者 G. F. Kuder 和 M. W. Richardson 所發展提出，簡稱「K － R 信度係數」，此係數值適用於「對或錯」之是非題，亦即爲二元化計分的測驗資料方面。庫李信度估計值最常用者爲庫李 20 號公式：

$$KR_{20} = (\frac{k}{k-1})(1 - \frac{\Sigma pq}{S^2})$$

　　上述公式中 k 爲整個測驗的題數，p 爲每題答對百分比、q 爲爲每題答錯百分比，Σpq 爲整個測驗中每個題項答對百分比與答錯百分比相乘積的總和，S^2 爲測驗總分的變異量。如果一份測驗中題項難度值相差不大，或是平均難度值接近於.50 時（表示整體測驗試題的難易適中），此時可採用一個較 KR_{20} 更簡便的公式，稱爲庫李 21 號信度係數，以 KR_{21} 表示，KR_{21} 信度係數的公式爲：

$$KR_{21}\text{ 信度係數} = \frac{k}{k-1}[1 - \frac{\overline{X}(k-\overline{X})}{k(S^2)}]$$

上式信度係數中 k 為測驗的總題數、$\bar{X}$ 為測驗分數的平均數、S^2 為測驗總分的變異數，若是每個試題間難度指標值的差異較大，則使用 KR_{20} 與 KR_{21} 二個公式所估計而得的信度係數值差距也會較大，一般而言，KR_{20} 所估計的信度係數值會較 KR_{21} 所估計的信度係數值為大。此外，在多評定者給予的看法或分類中，為探究評定者或觀察者間看法的一致性如何，可採用「評分者間一致性」（agreement）信度係數，如二位評分者對 50 件作品分別給予 5、4、3、2、1 分五個評定級分分數，分數愈高表示作品愈優，二位評定者給予相同 5 分的作品有 6 件、給予相同 4 分的作品 5 件、給予相同 3 分的作品有 4 件、給予相同 2 分的作品有 3 件、給予相同 1 分的作品有 4 件，則其評分者間一致性信度係數為：

完全一致看法百分比 $= (6+5+4+2+4) \div 50 = .42 = 42\%$。

Cronbach's alpha 係數是屬內部一致性信度的一種，最常適用於李克特式量表法，此法由 Cronbach（*1951*）年創用，他以 α 係數來代表量表的內部一致性信度，α 係數愈高，代表量表的內部一致性愈佳。折半信度即將一份測驗或量表依奇數題或偶數項分割成二個次量表或次測驗，或依題項數的排序將前半部題項與後半部題項分割成二個部分，然後再求出二個次量表的相關係數，此係數即為折半信度係數，由於折半信度只是使用半份測驗的信度而已，它通常會降低原來試題長度的測驗信度，因此，為了能夠評估原來量表試題長度的信度，必須使用斯布校正公式（Spearman-Brown formula）加以校正，將折半信度加以還原估計。斯布校正公式有個基本假設，那就是兩半測驗的變異數必須相等，亦即要滿足變異數同質性的假設，若違反這個假設，就會導致高估測驗的信度（*Cronbach, 1951*），所估計出來的信度係數值將會比其他內部一致性方法所估計出的信度係數值還高。因此，為了避免此種嚴謹的假設在現實測驗情境中無法被滿足，於是福樂蘭根（Flanagan）提出另一種的校正公式。另一種用來估計折半信度的方法，則為盧隆（Rulon）所創的校正公式，其算法較為簡便。以上三種校正折半信度的方法，其計算公式均符合信度理論的依據，亦即，它們都是在計算真實分數變異數占實得分數總變數之比率，若以實際資料來計算，它們的結果差異不大（*余民寧，2002*）。

斯布校正之折半信度的公式求法為：

$$整個測驗得分的信度 = \frac{二個半份測驗間的相關係數 \times 2}{二個半份測驗間的相關係數 + 1}$$

Cortina（1993）歸納有關國外α係數研究的觀點，發現以下四項特性：(1)α係數是所有可能的折半係數之平均數；(2)α係數是估計信度的最低限度；(3)α係數是表示第一個因素飽和度的量數（a measure of first-factor saturation）；(4)當試題計分為二分名義變數時（答案登錄為 1 或 0），則α係數之值與 KR20 之值是相同的。於 SPSS 統計軟體中，會同時呈現α係數與標準化之α係數（standardized item alpha），這二個α值略微不同（參見下面的實例操作部分結果），究竟這二個α值之適用時機為何？當研究者採用試題之標準分數之總和作為量表分數時，此情況宜選用標準化α係數；當研究者用試題之原始分數總和作為量表分數時，則不宜選用標準化α係數；此外，如測驗題目之同質性高，則α係數與折半信度所估計的值近似，若題目之異質性高，則α係數會低於折半信度所估計的值，故α係數常被稱為估計信度的最低限度（傳粹馨，2002）。

從教育測驗與計量觀點而言，內部一致性所關注的誤差包括內容取樣和內容異質性。不過，通常在半時會儘可能將評量工具分成對等的兩半，因此，採用折半法對內容異質性較不敏感。學者 Anastasi（1988）認為以折半法估計信度會高於 alpha 係數，而兩者間的差異可作為評量工具內容異質性的一項粗略指標。Cronbach（1951）明確指出：alpha 係數是各種可能折半方式所得的信度係數之平均值，內部一致性係數的主要限制為不能估計速度測驗的信度。受測者若速度過慢，則無法完成排列在後的題目，若採用內部一致性係數，則會高估信度，因為用折半時，折半後的兩個測驗分數會有高相關，若用 alpha 係數，則排列在前面及後面的題目變異趨近於零，信度係數會偏高（張郁雯，2000）。

內部一致性α係數的公式如下：$\alpha = \frac{K}{K-1}\left(1 - \frac{\Sigma S_i^2}{S^2}\right)$，其中 K 為量表的題項數、$\Sigma S_i^2$ 為量表題項的變異數總和、S^2 為量表總分的變異數。從公式中可以發現量表的題項數愈多時，$\frac{K}{K-1}$ 的值愈接近 1、$\frac{\Sigma S_i^2}{S^2}$ 的值愈接近 0，因而內部一致性α係數也會接近 1，因而當量表題項數 k 愈多時，內部一致性α係數值也會愈大；此外，題目間的相關係數值愈大時，α係數值也會愈大。如果題項的正反題沒有轉換為一致的計分方向，則可能出現部分題項與其他題項的相關係數為負數，此時，題項的各變異數總和 ΣS_i^2 會大於加總層面的

變異數 S^2，使得 $(1-\frac{\Sigma S_i^2}{S^2})$ 值呈現負值，求得的α係數也是負值，當層面的α係數出現負值時，表示層面間某些題項所欲測得的特質或潛在構念與其他題項不同，造成題項間的相關很低，或是題項反向題沒有進行反向計分。

內部一致性α係數的求法，以一份有 8 個題項的量表為例，8 個題項均為正向題，受試對象的樣本數有六位，量表採用李克特五點量表法填答，每個題項數值介於 1-5 之間，資料檔如表 7-1。

表 7-1

樣本 \ 題號	量表試題								總分
	01	02	03	04	05	06	07	08	總分
A	5	1	2	5	2	5	4	3	27
B	5	1	2	4	3	5	5	2	27
C	5	2	2	5	3	5	5	2	29
D	5	1	2	5	3	5	5	3	29
E	5	1	2	5	3	5	5	2	28
F	4	1	1	5	3	4	4	2	24

以敘述統計量求出各題項的描述性統計量並檢核資料檔有無鍵入錯誤，8 個題項及加總後的描述性統計量及變異數如表 7-2：

表 7-2

題號	敘述統計					
題號	個數	最小值	最大值	平均數	標準差	變異數
A1	6	4	5	4.833	0.408	0.167
A2	6	1	2	1.167	0.408	0.167
A3	6	1	2	1.833	0.408	0.167
A4	6	4	5	4.833	0.408	0.167
A5	6	2	3	2.833	0.408	0.167
A6	6	4	5	4.833	0.408	0.167
A7	6	4	5	4.667	0.516	0.267
A8	6	2	3	2.333	0.516	0.267
ΣS_i^2						1.533
總分	6	24	29	27.333	1.862	3.467

從表 7-2 中得知 8 個題項的變異數總和為 1.533＝ΣS_i^2，8 題加總後量表

總分的變異數為 3.467＝S2，k＝8，α係數為：

$$\alpha = \frac{K}{K-1}(1-\frac{\Sigma S_i^2}{S^2}) = \frac{8}{8-1}(1-\frac{1.533}{3.467}) = \frac{8}{7}(0.558) = 0.637$$

　　若是將每位受試者在題項的資料轉換為標準化分數——Z分數，則每個題項新的平均數為 0、標準差均為 1，此時再計算量表的信度，此種信度稱為標準化信度此信度值在SPSS信度分析的輸出報表中以「以標準化項目為準的 Cronbach's Alpha 值」表示，原始未標準化資料所求得的信度稱為原始信度（raw reliability），原始信度在SPSS信度分析的輸出報表中以「Cronbach's Alpha 值」表示。

　　執行敘述統計之描述性統計量可以求得各題項的 Z 分數，在「描述性統計量」的對話視窗中，勾選「☑將標準化的數值存成變數(Z)」即可。量表 8 個試題的轉換後的標準分數如表 7-3：

表 7-3

樣本＼題號	量表試題								
	ZA1	ZA2	ZA3	ZA4	ZA5	ZA6	ZA7	ZA8	Z 總分
A	0.408	-0.408	0.408	0.408	-2.041	0.408	-1.291	1.291	-0.816
B	0.408	-0.408	0.408	-2.041	0.408	0.408	0.645	-0.645	-0.816
C	0.408	2.041	0.408	0.408	0.408	0.408	0.645	-0.645	0.408
D	0.408	-0.408	0.408	0.408	0.408	0.408	0.645	1.291	3.569
E	0.408	-0.408	0.408	0.408	0.408	0.408	0.645	-0.645	1.633
F	-2.041	-0.408	-2.041	0.408	0.408	-2.041	-1.291	-0.645	-7.652

　　執行描述性統計量，8 個標準分數題項與加總後的描述性統計量及變異數如表 7-4：

表 7-4

	個數	最小值	最大值	平均數	標準差	變異數
ZA1	6	-2.041	.408	.00000	1.000000	1.000
ZA2	6	-.408	2.041	.00000	1.000000	1.000
ZA3	6	-2.041	.408	.00000	1.000000	1.000
ZA4	6	-2.041	.408	.00000	1.000000	1.000
ZA5	6	-2.041	.408	.00000	1.000000	1.000
ZA6	6	-2.041	.408	.00000	1.000000	1.000
ZA7	6	-1.291	.645	.00000	1.000000	1.000
ZA8	6	-.645	1.291	.00000	1.000000	1.000
Z 總分	6	-7.652	4.082	.00000	4.288601	18.392

從表 7-4 中得知 8 個題項的變異數總和為 $8=\Sigma S_i^2$（標準分數的標準差為 1、變異數也為 1），8 題加總後量表總分的變異數為 $18.392=S^2$，k=8，α係數為：

$$\alpha = \frac{K}{K-1}\left(1-\frac{\Sigma S_i^2}{S^2}\right)=\frac{8}{8-1}\left(1-\frac{8}{18.392}\right)=\frac{8}{7}(0.565)=0.646$$

表 7-5 為執行 SPSS 信度考驗結果，「Cronbach's Alpha 值」欄的數值為原始信度，原始內部一致性α係數為.637、「以標準化項目為準的 Cronbach's Alpha 值」欄的數值為標準化信度，標準化信度的α係數為.646。

表 7-5

Cronbach's Alpha 值	以標準化項目為準的 Cronbach's Alpha 值	項目的個數
.637	.646	8

若要求出上述量表的折半信度係數，則須將量表分成二個子量表，SPSS 的信度分析程序中，會依變項選入的順序將量表或層面分成二個子量表或子層面，再求出二者的相關及折信度係數。範例中八個題項之前 4 題的分數加總變項稱為「前半部」、後 4 題的分數加總變項稱為「後半部」，二者之間的積差相關係數.625。

表 7-6

	A1	A2	A3	A4	前半部	A5	A6	A7	A8	後半部
A	5	1	2	5	13	2	5	4	3	14
B	5	1	2	4	12	3	5	5	2	15
C	5	2	2	5	14	3	5	5	2	15
D	5	1	2	5	13	3	5	5	3	16
E	5	1	2	5	13	3	5	5	2	15
F	4	1	1	5	11	3	4	4	2	13

表 7-7 相關

		前半部	後半部
前半部	Pearson 相關	1	.625
	顯著性（雙尾）		.185
	個數	6	6
後半部	Pearson 相關	.625	1
	顯著性（雙尾）	.185	
	個數	6	6

執行功能列「分析(A)」／「相關(C)」／「雙變數(B)」程序，可以求出二個子量表間的相關係數，根據求得的相關係數可以求出斯布校正折半信度係數：

$$斯布校正折半信度係數 = \frac{二個半份測驗間的相關係數 \times 2}{二個半份測驗間的相關係數 + 1} = \frac{.625 \times 2}{.625 + 1} = .769$$

表 7-8 的信度統計量為執行 SPSS 信度分析程序求出的折半信度係數，量表二個部分（二半）間的相關為.625（形式間相關列數據），斯布校正公式列的折半信度係數為.769。

表 7-8　信度統計量

Cronbach's Alpha 值	第 1 部分	數值	.500
		項目的個數	4(a)
	第 2 部分	數值	.250
		項目的個數	4(b)
	項目的總個數		8
形式間相關			.625
Spearman-Brown 係數	等長		.769
	不等長		.769
Guttman Split-Half 係數			.769

a 項目爲\：A1, A2, A3, A4.
b 項目爲\：A5, A6, A7, A8.

　　內部一致性係數要多大，才表示測驗的分數是可靠的，根據 Henson（2001）的觀點，認爲這與研究目的與測驗分數的運用有關，如研究者目的在於編製預測問卷或測驗（predictor tests）或測量某構念之先導性研究，信度係數在.50 至.60 已足夠。當以基礎研究爲目的時，信度係數最好在.80 以上。當測驗分數是用來作爲截斷分數（cutoff score）之用而扮演重要的角色，如篩選、分組、接受特受教育等，則信度係數最好在.90 以上，而.95 是最適宜的標準。如果以發展測量工具爲目的時，信度係數應在.70 以上。Log（2001）從近年來之「諮商發展與測量與評估」期刊的探究中發現，對於一般性的研究而言，內部一致性估計值普遍可接受數值爲.80，當標準化測驗分數作爲重要的臨床或教育決策時，則係數至少爲.90 以上。學者 Nunnally（1967）認爲探索性研究與驗證性研究或應用性研究，在信度的判別標準應有所區隔，在一般探索性研究中，信度係數最低的要求標準是係數值在.50 以上，.60 以上較佳，但在應用性與驗證性的研究中，信度係數值最好在.80 以上，.90 以上更佳。

　　根據學者 Gay（1992）觀點，任何測驗或量表的信度係數如果在.90 以上，表示測信或量表的信度甚佳。在社會科學領域中，可接受的最小信度係數值爲何，是多數研究者最爲關注的，不過，此一方面學者間看法也未盡一致，有些學者則定在.80 以上，如學者 Gay（1992）等人即是，而有些學者則認爲在.70 以上是可接受的最小信度值，如學者 DeVellis（1991）、Nunnally（1978）等人。如果研究者編製之研究工具的信度過低如在.60 以下，應以重新修訂研究工具或重新編製較爲適宜。

正常狀況下，α係數受到題數多少的影響，試題間相關係數平均數愈低，則其影響愈大，題數愈大，相對的α係數也會提高。在一般社會科學領域研究中，α係數受到測驗或量表中的題項、試題間的相關係數之平均數與向度數目等三個因素所影響：

1. 即使試題間相關低和量表具有多向度的特性，該量表仍有個高的α係數。
2. 試題間相關係數之平均數增加，α係數亦會增加。
3. 當量表之向度愈多，則α係數會變小（傅粹馨，2002）。

由於在社會科學研究領域中，每份量表包含分層面（構面），因而研究者除提供總量表的信度係數外，也應提供各層面的信度係數，綜合上述各學者的觀點，可以發現，以研究者觀點出發，研究並非篩選或作為入學、分組的參考，只是一般的態度或心理知覺量表，一份信度係數佳的量表或問卷，其總量表的信度係數最好在.80 以上，如果在.70 至.80 之間，還算是可以接受的範圍；如果是分量表，其信度係數最好在.70 以上，如果是在.60至.70 之間，還可以接受使用，如果分量表（層面）的內部一致性α係數在.60以下或總量表的信度係數在.80 以下，應考量重新修訂量表或增刪題項。綜合多位學者的看法，內部一致性信度係數指標判斷原則如下，其中分層面最低的內部一致性信度係數要在.50 以上，最好能高於.60，而整份量表最低的內部一致性信度係數要在.70 以上，最好能高於.80。

表 7-9

內部一致性信度係數值	層面或構念	整個量表
α係數<.50	不理想，捨棄不用	非常不理想，捨棄不用
.50≤α係數<.60	可以接受，增列題項或修改語句	不理想，重新編製或修訂
.60≤α係數<.70	尚佳	勉強接受，最好增列題項或修改語句
.70≤α係數<.80	佳（信度高）	可以接受
.80≤α係數<.90	理想（甚佳，信度很高）	佳（信度高）
α係數≥.90	非常理想（信度非常好）	非常理想（甚佳，信度很高）

此外，在研究者呈現的統計資料中，不應只是呈現信度係數值的大小，還應該說明測驗或量表適用的群體，以提供有價值而可比對的資訊，供未

來測驗發展者或其他研究者繼續研究發展的參考。如果一個測驗或量表，包含了數個小測驗或構念層面，則每個小量表或構念層面的信度也要考驗，不能只呈現總量表的信度係數。因為信度是測驗題項數的函數，子測驗或構念層面所含括的題項數較少，因而多數子測驗或構念層面的信度係數值，通常會低於總測驗或總量表的信度係數值；但如果子測驗或構念層面間的差異性太大，亦即總量表的同質性不高，則構念層面的信度係數則反而高於總量表的信度，但此種情形較少發生，在研究報告中出現的機率也較小。

【研究問題】

> 之前「學校知識管理量表」經因素分析結果，共萃取三個因素構念：「知識創新」、「知識分享」、「知識獲取」，三個因素構念所包括的題項變數分別如下，「學校知識管理量表」三個因素構念的信度及總量表的信度如何？

「知識創新」：包括 c1、c2、c3、c4、c5、c6 六題。

「知識分享」：包括 c7、c8、c9、c10、c11、c13 六題。

「知識獲取」：包括 c14、c15、c16、c17、c18、c19 六題。

7-2 操作程序與結果輸出

一、「知識創新」層面的信度

(一)操作程序

1. 步驟 1

執行功能列「分析(A)」／「尺度(A)」／「信度分析(R)」程序，開啟「信度分析」對話視窗。

圖 7-1

2. **步驟 2**

在左邊變數清單中將「知識創新」層面包含的題項變數「c1、c2、c3、c4、c5、c6」選入右邊「項目(I)」下的方盒內。

在「模式(M)」右邊下拉式選單中選取「Alpha 值」（內部一致性α係數考驗，此為 SPSS 預設選項）。

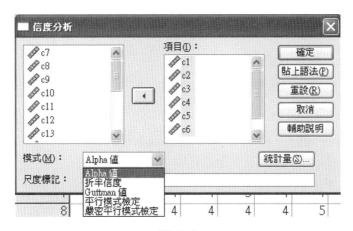

圖 7-2

【備註】：在「信度分析」對話視窗中，左下方「模式(M)」右側的下拉式選單共有五種信度考驗的方法：

1. 「Alpha 值」：即計算 Cronbach α係數值，α係數亦即各層面或量表的內部一致性係數。如果是二分資料，此係數相當於 KR20 係數。

2. 「折半信度」（Split-half）：計算量表的折半信度，折半信度的計算乃將一個量表分成二個子量表，如量表的題項數為奇數題，則題項較多者為前半部題項（子量表一）、題項較少者為後半部題項（子量表二）；若是量表的題項數為偶數題，則分割成二部分的題項數會相等，SPSS 會

估算二個子量表的相關係數、Guttman 折半信度、史布（Spearman-Brown）等長度係數或不等長的校正係數。

3.「Guttman 值」：為 Guttman 最低下限眞實信度法，信度係數從 lambda1 到 lambda6。

4.「平行模式檢定」（Parallel）：在計算量表信度時，會假設所有變數均有相等的變異數及相等的誤差變異數。

5.「嚴密平行模式檢定」（Strict parallel）：表示各題目平均數與變異數均同質時的最大概率信度。

3. **步驟 3**

按『統計量(S)…』鈕，出現「信度分析：統計量」次對話視窗→在「敘述統計量對象」方盒中勾選「☑項目(I)」、「☑尺度(S)」、「☑刪除項目後之量尺摘要」三個選項，在「各分量表內項目之間(A)」方盒中勾選「☑相關(L)」、「☑共變異數(E)」二個選項→按『繼續』鈕，回到「信度分析」對話視窗→按『確定』鈕。

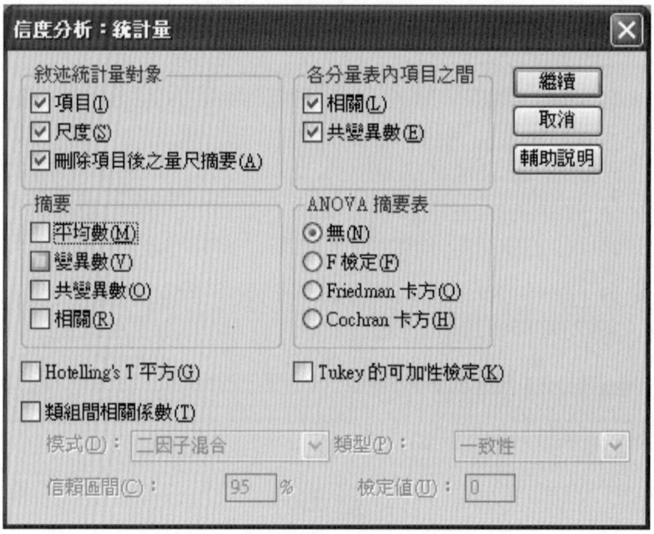

圖 7-3

【備註】：在「信度分析：統計量」次對話視窗中，有關的主要統計量數分別為：

1. 「敘述統計量對象」方盒，包括三個選項：

(1)「□項目(I)」：呈現各題項的描述統計量，包括平均數、標準差、有效觀察值個數。

(2)「□尺度(S)」：呈現整個量表或構念層面之描述統計量，平均數、標準差、變異數、有效觀察值個數。

(3)「☑刪除項目後之量尺摘要(A)」：輸出題項刪除後相關統計量的變化，包括項目刪除時的尺度平均數、項目刪除時的尺度變異數、修正的項目總相關、項目刪除時的 Cronbach's Alpha 值。此選項在進行量表的信度考驗時必須勾選，使用頻率較高。

2. 「各分量表內項目之間」方盒，包括二個選項：

(1)「□相關(L)」：輸出各題項變數間的相關係數矩陣，相關矩陣的對角線數值均為 1，對角線的數值為變項與變項本身的相關係數，對角線以上之上三角矩陣與對角線以下之下三角矩陣的數值相同。

(2)「□共變異數(E)」：輸出各題項間的變異數─共變數矩陣，共變異數矩陣的對角線為題項變項的變異數。

3. 「摘要」方盒，包括四個選項：

(1)「□平均數(M)」：輸出觀察值在分量表或層面題項的單題平均得分之平均數的統計量，即平均單題平均數的描述性統計量，包含新變數的平均數、最大值、最小值、全距、變異數。

(2)「□變異數(V)」：功能和前述相同，但使用觀察值平均單題得分的變異數作為目標變數，稱為項目變異數。

(3)「□共變異數(O)」：輸出項目間共變異數的描述性統計量。統計量中的最小值表示題項共變數矩陣中共變數係數最小者、最大值表示題項共變數矩陣中共變數係數最大者，全距表示題項變數共變數矩陣中最大者與最小者相減數值。

(4)「□相關(R)」：輸出項目間相關的描述性統計量，統計量中的最小值表示題項相關矩陣中相關係數最小者、最大值表示題項相關矩陣中相關係數最大者，全距表示題項變數間相關係數最大者與最小者相減數值。

4. 「ANOVA 摘要表」方盒，包括四個選項：「ANOVA 摘要表」選項可進行題項變數平均數相等的檢定。

(1)「○無(N)」：不輸出平均數檢定的資訊。

(2)「○F 檢定(F)」：輸出單因子相依樣本考驗的變異數分析摘要表。

(3)「○Friedman 卡方(O)」：輸出 Friedman 卡方和 Kendall 和諧係數。在 ANOVA 摘要表中會以 Friedman 卡方統計量來取代 F 統計量。

(4)「○Cochran 卡方(H)」：進行 Cochran's 考驗，在 ANOVA 摘要表中會以 Cochran's Q 檢定統計量來取代 F 統計量，此選項適用於二分水準的資料。

5. 「□Hotelling's T^2 考驗(G)」：進行二個獨立樣本的多變量平均數考驗。

6. 「□Tukey 的可加性檢定(K)」：進行題項間有無相乘性交互作用的考驗，此選項在實務應用上甚少。

7. 「□類組間相關係數(T)」：輸出觀察值間數值組內相關係數摘要表。「模式」選項包括「二因子混合」、「二因子隨機」、「單因子隨機」三種，「變數類型」選項包括「一致性」、「絕對協定」二種。

(二)輸出結果

信度

尺度：ALL VARIABLES

表 7-10　觀察值處理摘要

		個數	％
觀察值	有效	200	100.0
	排除(a)	0	.0
	總計	200	100.0

a 根據程序中的所有變數刪除全部遺漏值。

　　觀察值處理摘要表中會輸出有效觀察值個數、遺漏值個數及全部觀察值個數。範例中有效觀察值個數為 200，沒有遺漏值個數。

表 7-11　可靠性統計量

Cronbach's Alpha 值	以標準化項目為準的 Cronbach's Alpha 值	項目的個數
.832	.830	6

　　可靠性統計量為層面構念（分量表）6 個題項變數的內部一致性α係數，α係數值愈高，表示分量表的內部一致性愈高，分量表的信度愈佳。在行為及社會科學領域中，分量表的信度指標值最少要在.60 以上，若低於.50 則分量表的信度指標欠佳，此時分量表應重新修改題項內容並增列題項，或是將此分量表刪除。範例中「知識創新」層面構念的α係數值為.832，表示此一分量表的內部一致性信度甚佳。第二欄「以標準化項目為準的 Cronbach's Alpha 值」中的數值，乃是將樣本觀察值在各題項變數的得分化為標準分數（Z 分數）後，再計算分量表的信度，此α係數簡稱為「標準化α係數」。一般而言，題項變數非標準化的α係數值與標準化的α係數值的差異不大，在實務應用上，由於各量表（非問卷）編製上多數會採用相同的測量單位（範例中為李克特五點量表），量表中題項變數的測量單位均相同，因而採用非標準化的α係數作為信度指標值較為多見；相對的，如果一份量表中題項變數的測量單位不相同，有些題項採用李克特七點量表、有些題項採用五點量表，則分量表的信度指標值要採「標準化α係數」較為適當。分量表信度指標值的判別準則如表 7-12：

表 7-12

內部一致性α係數值	分量表信度
.900 以上	非常理想
.800 至 .899	甚佳
.700 至 .799	佳
.600 至 .699	尚可
.500 至 .599	可但偏低
.500 以下	欠佳最好刪除

表 7-13　項目統計量

	平均數	標準差	個數
c1	4.07	.654	200
c2	3.86	.719	200
c3	3.91	.717	200
c4	3.75	.648	200
c5	3.55	.721	200
c6	4.17	.658	200

項目統計量摘要為「知識創新」分量表中個別題項變數（6個題項）的描述性統計量，包括平均數、標準差、個數。SPSS 信度分析程序中，「項目」（Item）代表個別題項變數資訊，而「尺度」（Scale）表示分量表或量表的資訊。以題項變數 c1 而言，有效樣本觀察值有 200 位，其平均數為 4.07、標準差為 .654。

表 7-14　項目間相關矩陣

	c1	c2	c3	c4	c5	c6
c1	1.000	.535	.614	.338	.302	.288
c2	.535	1.000	.784	.461	.455	.307
c3	.614	.784	1.000	.579	.514	.394
c4	.338	.461	.579	1.000	.575	.277
c5	.302	.455	.514	.575	1.000	.300
c6	.288	.307	.394	.277	.300	1.000

「項目間相關矩陣」為「知識創新」分量表六個題項變數間的相關係數矩陣，題項變數間的相關係數愈高，則分量表的內部一致性愈高；相對的，題項變數間的相關係數愈低，則分量表的內部一致性愈低。在相關矩

陣中，若相關係數值有些正相關、有些負相關，表示分量表部分題項的反向計分有問題，此時研究者最好檢核問卷題項敘述與資料檔的反向計分程序有無遺漏。相關矩陣中對角線的數值為題項變數與題項變數間的積差相關，故其相關係數均為 1.000。

表 7-15　項目間相關矩陣

	c1	c2	c3	c4	c5	c6
c1	.427	.251	.288	.143	.142	.124
c2	.251	.517	.404	.215	.236	.145
c3	.288	.404	.514	.269	.266	.186
c4	.143	.215	.269	.420	.269	.118
c5	.142	.236	.266	.269	.520	.142
c6	.124	.145	.186	.118	.142	.433

「項目間共變量矩陣」為分量表題項變數間的變異數共變量矩陣，矩陣中的上三角或下三角數值為題項變數與題項變數間的共變數，矩陣中的對角線為各題項變數的變異數（標準差的平方值）。以題項變數 c1 而言，其與題項變數 c2 間的共變異數為.251，題項本身的變異數為.427，而題項變數 c2 的變異數為.517。

表 7-16　摘要項目統計量

	平均數	最小值	最大值	範圍	最大值 / 最小值	變異數	項目的個數
項目平均數	3.884	3.550	4.170	.620	1.175	.049	6
項目變異數	.472	.420	.520	.101	1.240	.002	6
項目間共變異數	.213	.118	.404	.286	3.421	.006	6
項目間相關	.448	.277	.784	.507	2.829	.022	6

在「摘要」方盒選項中勾選「☑平均數(M)」、「☑變異數(M)」、「☑共變異數(M)」、「☑相關(M)」四個選項會分別呈現項目平均數、項目變異數、項目間共變異數、項目間相關四列數據。項目平均數為分量表 6 個題項的單題平均數，觀察值中在「知識創新」分量表單題平均數為 3.884，平均單題得分最低者為 3.550（題項變數 c5）、最高者為 4.170（題項變數 c6）。「項目間共變異數」列呈現的是題項共變數間的資訊，最小的共變數為.118（題項變數 c4 ＆題項變數 c6 間的共變數值）、最大的共變數為.404

（題項變數 c2 ＆題項變數 c3 間的共變數值），共變數的平均值為.213，此列的數據研究者可和「項目間共變量矩陣」中的資訊相互對照。「項目間相關」列呈現的是題項相關矩陣間的資訊，最小的相關係數為.277、最大的相關係數為.784，相關係數值的平均值為.448。此列的數據研究者可和「項目間相關矩陣」中的資訊相互對照。

表 7-17 尺度統計量

平均數	變異數	標準差	項目的個數
23.31	9.228	3.038	6

在「信度分析：統計量」次對話視窗中於「敘述統計量對象」方盒中勾選「☑尺度(S)」選項，可以輸出分量表或量表的統計量，包括平均數、變異數、標準差與題項變項數目。由表中可知，樣本觀察值在「知識創新」六個題項加總的平均數為 23.31、變異數為 9.228、標準差為 3.028，「項目的個數」欄表示的是題項變數數目，「知識創新」層面包含的題項有 6 題。

表 7-18 項目整體統計量

	項目刪除時的尺度平均數	項目刪除時的尺度變異數	修正的項目總相關	複相關平方	項目刪除時的 Cronbach's Alpha 值
c1	19.24	6.904	.552	.388	.815
c2	19.45	6.209	.699	.623	.784
c3	19.40	5.888	.812	.727	.758
c4	19.56	6.781	.601	.441	.805
c5	19.76	6.598	.570	.394	.812
c6	19.14	7.364	.401	.173	.843

在「信度分析：統計量」次對話視窗中於「敘述統計量對象」方盒中勾選，「☑刪除項目後之量尺摘要(A)」選項會出現「項目整體統計量」，此統計量摘要表包括五大部分：

1. 「項目刪除時的尺度平均數」欄

此欄數據為刪除該題項變數後，分量表其餘題項加總的新平均數。以變項 c6 而言，刪除此題後，樣本觀察值在其餘五題得分的平均數為 19.14，而分量表六個題項的平均數為 23.31，刪除題項 c6 後平均數下降 4.17，4.17 即為樣本在題項 c6 得分的平均數。

2. 「項目刪除時的尺度變異數」欄

此欄數據為刪除該題項變數後，樣本在分量表其餘題項（5 題）加總後的新變異數。以變項 c6 而言，未刪除此題時，樣本在 6 個題項得分的平均數為 23.31、變異數為 9.228，刪除此題後，樣本觀察值在其餘 5 題得分的平均數為 19.14，而變異數變為 7.364。

3. 「修正的項目總相關」欄

為該題與其餘 5 題總分的積差相關係數，此係數值愈高，表示該題項與其餘題項的內部一致性愈高；係數值愈低，表示該題項與其餘題項的內部一致性愈低。以變項 c6 為例，此題與其餘五題總分的相關係數為 .401，此數值的高低也可作為題項再刪除或保留的指標之一。

4. 「複相關平方」欄

此欄為多元相關係數平方，其數值為多元迴歸分析中的決定係數，此係數的求法為以該題為效標變項，而以其餘題項為預測變項，進行多元迴歸分析所得到的 R 平方值。複相關係數平方值愈高，表示該題項與其他題項的內部一致性愈高，此數值的高低也可作為題項再刪除或保留的指標之一。

5. 「項目刪除時的 Cronbach's Alpha 值」欄

此欄表示的是該題刪除後，其餘題項變數構成之分量表的內部一致性 α 係數改變情形。以變項 c6 而言，未刪除此題時，包含 6 個題項之分量表的 α 係數為 .832，刪除題項 c6 後，其餘 5 題之 α 係數變為 .843，刪除題項 c6 後，整體信度係數值反而變大。一般而言，題項愈多，內部一致性 α 係數會愈高，若是題項的內部一致性佳，則刪除某個題項後的新 α 係數會較原來的為低，若是剛好相反，當刪除某個題項變數後的新 α 係數較原來的為高，表示該題項與其餘題項的內部一致性較差。以「知識創新」分量表而言，除題項 c6 外，餘題項刪除後的新 α 係數均較原來的 α 係數（＝.832）為低，此時，研究者若是要再刪除題項，可考慮將題項 c6 刪除。

在實務應用上，刪除題項意義不大，因為包含題項 c6 的分量表，其內部一致性 α 係數為 .832，信度指標值已達甚佳程度，刪除題項 c6 雖可提高「知識創新」分量表的 α 係數，但新的 α 係數為 .843 與原先的 .832 差異不大，而且均大於 .80。如果分量表的信度指標值已達理想程度，沒有必要再刪除題項，因為題項刪除後，量表的因素結構又會改變，先前的因素分析程序

必須再重新執行。此部分的指標值可作為項目分析題項變數篩選或保留的參考。

表 7-19 為在「ANOVA 摘要表」方盒中選取「⊙F 檢定(P)」選項的輸出結果，由於樣本觀察值同時接受六個題項變數的測量值，因而考驗的是相依樣本變異數分析的顯著性檢定，考驗結果若是達到顯著，表示樣本的看法差異很大，當樣本對題項的反應愈不一致，則量表的信度會愈高。

表 7-19　變異數分析

		平方和	df	平均平方和	F	Sig
人間		306.066	199	1.538		
人內	項目間	49.484	5	9.897	38.265	.000
	殘差(a)	257.349	995	.259		
	總計	306.833	1000	.307		
總計		612.899	1199	.511		

總平均數 = 3.88

a 未定義二分資料的 Tukey's 非加性檢定。

若要求出層面的折半信度，開啟「信度分析」對話視窗後，於「模式(M)」右邊的下拉式選單中選取「折半信度」選項即可。

表 7-20　可靠性統計量

Cronbach's Alpha 值	第 1 部分	數值	.846
		項目的個數	3(a)
	第 2 部分	數值	.653
		項目的個數	3(b)
	項目的總個數		6
	形式間相關		.605
Spearman-Brown 係數	等長		.754
	不等長		.754
Guttman Split-Half 係數			.748

a 項目為\：c1, c2, c3.

b 項目為\：c4, c5, c6.

在「信度分析」對話視窗中，於左下方「模式(M)」右邊下拉式選單中選取「折半信度」選項，則會呈現分量表的折半信度統計量。在折半的方法，電腦會根據分量表題項的數目將分量表分成二個子量表，二個次分量

表分別以第 1 部分、第 2 部分表示，二部分（二個子量表）間的相關為折半相關，折半相關又稱「折半信度係數」（split-half reliability coefficient）。在 SPSS 折半信度報表中會輸出二個部分（二個子量表）個別的信度係數、二個子量表形式間的相關、二個子量表題項數相等時之「斯布係數」、二個子量表題項數不相等時之「斯布校正係數」、Guttman 折半係數等。若是分量表題項為偶數，則二個子量表的題項數會相等，此時，「等長」列之「斯布係數」會等於「不等長」列之「斯布校正係數」。

上述折半信度報表中，子量表 1 包含三個題項，其內部一致性 α 係數為 .846、子量表 2 包含三個題項，其內部一致性 α 係數為 .653，分量表的題項總數有 6 題。二個子量表間的積差相關係數為 .605。由於二個子量表包含的題項數相等，因而看「等長」列的斯布係數，其係數值為 .754，表示「知識創新」層面構念折半信度係數值等於 .754，採用 Guttman 折半信度係數，其數值為 .748。如果分量表所包含的題項數為奇數，分量表折半後二個子量表包含的題項數不會相等，此時的折半信度要採用斯布校正公式將信度值加以校正，查閱的數據為「不等長」（Unequal Length）列的 Spearman-Brown 係數值。

$$斯布校正折半信度係數 = \frac{二個半份測驗間的相關係數 \times 2}{二個半份測驗間的相關係數 + 1} = \frac{.605 \times 2}{.605 + 1} = .754$$

二、「知識分享」層面的信度

(一)操作程序

「知識分享」層面構念包含題項 c7、c8、c9、c10、c11、c13 六題，其信度檢定操作程序與上述相同，唯一的差別在於開啟「信度分析」對話視窗後，將原先於右邊「項目(I)」下的方盒中的題項變數「c1、c2、c3、c4、c5、c6」點選還原至左邊變數清單中，再重新於左邊變數清單中將「知識分享」層面包含的題項變數「c7、c8、c9、c10、c11、c13」選入右邊「項目(I)」下的方盒內。一般進行信度考驗時，其簡要操作步驟如下：

執行功能列「分析(A)」／「尺度(A)」／「信度分析(R)」程序，開啟「信度分析」對話視窗。

	→在左邊變數清單中將「知識分享」層面包含的題項變數「c7、c8、c9、c10、c11、c13」選入右邊「項目(I)」下的方盒內，在「模式(M)」右邊下拉式選單中選取內定「Alpha 值」選項。
→按『統計量(S)…』鈕，出現「信度分析：統計量」次對話視窗→在「敘述統計量對象」方盒中勾選「☑刪除項目後之量尺摘要」選項，在「各分量表內項目之間」方盒中勾選「☑相關(L)」選項→按『繼續』鈕，回到「信度分析」對話視窗→按『確定』鈕。
【備註】：若要求出層面的折半信度，於「模式(M)」右邊的下拉式選單中選取「折半信度」選項即可。

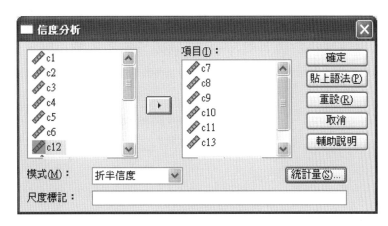

圖 7-4

(二)輸出結果

表 7-21　可靠性統計量

Cronbach's Alpha 值	以標準化項目為準的 Cronbach's Alpha 值	項目的個數
.912	.914	6

　　「知識分享」層面構念的內部一致性α係數值等於.912，信度指標甚為理想，標準化的內部一致性α係數值為.914，包含的題項有 6 題。

　　表 7-22 為「項目整體統計量」為 6 個題項一致性程度判別的相關統計量，6 個題項的複相關係數平方值介於.441 至.966 間，「修正的項目總相關」係數值介於.652 至.845 之間，顯示每個題項與其餘題項加總間的一致性高，題項刪除後的α係數值介於.884 至.911 間，沒有高於層面的α係數.914，

表示「知識分享」層面的內部一致性信度非常理想。

表 7-22　項目整體統計量

	項目刪除時的尺度平均數	項目刪除時的尺度變異數	修正的項目總相關	複相關平方	項目刪除時的Cronbach's Alpha 值
c7	16.79	18.549	.652	.441	.911
c8	16.61	18.078	.792	.681	.892
c9	16.84	17.676	.840	.966	.885
c10	17.00	17.030	.751	.569	.898
c11	16.41	18.525	.670	.566	.908
c13	16.81	17.401	.845	.967	.884

表 7-23 為「知識分享」層面的折半信度統計量。「知識分享」層面構念的斯布折半信度係數值等於.934（二個部分的題項數相同，直接看「等長」列的 Spearman-Brown 係數值），Guttman 折半信度值為.933。

表 7-23　可靠性統計量

Cronbach's Alpha 值	第 1 部分	數值	.828
		項目的個數	3(a)
	第 2 部分	數值	.824
		項目的個數	3(b)
	項目的總個數		6
形式間相關			.877
Spearman-Brown 係數	等長		.934
	不等長		.934
Guttman Split-Half 係數			.933

a 項目為\：c7, c8, c9.
b 項目為\：c10, c11, c13.

三、「知識獲取」層面的信度

(一)操作程序

「知識獲取」層面構念包含題項c14、c15、c16、c17、c18、c19六題。其信度考驗的操作步驟如下：

執行功能列「分析(A)」／「尺度(A)」／「信度分析(R)」程序，開啓「信度分析」對話視窗。

→在左邊變數清單中將「知識分享」層面包含的題項變數「c14、c15、c16、c17、c18、c19」選入右邊「項目(I)」下的方盒內，在「模式(M)」右邊下拉式選單中選取內定「Alpha 值」選項。

→按『統計量(S)…』鈕，出現「信度分析：統計量」次對話視窗→在「敘述統計量對象」方盒中勾選「☑刪除項目後之量尺摘要」選項，在「各分量表內項目之間」方盒中勾選「☑相關(L)」選項→按『繼續』鈕，回到「信度分析」對話視窗→按『確定』鈕。

【備註】：若要求出層面的折半信度，於「模式(M)」右邊的下拉式選單中選取「折半信度」選項即可。

（二）輸出結果

表 7-24　可靠性統計量

Cronbach's Alpha 值	以標準化項目為準的 Cronbach's Alpha 值	項目的個數
.915	.916	6

　　「知識獲取」層面構念的內部一致性α係數值等於.915，信度指標非常理想，標準化的內部一致性α係數值為.916，分量表包含的題項有 6 題。

　　表 7-25 為「項目整體統計量」為 6 個題項一致性程度判別的相關統計量，6 個題項的複相關係數平方值介於.413 至.910 間，「修正的項目總相關」係數值介於.604 至.904 之間，顯示每個題項與其餘題項加總間的一致性高，題項刪除後的α係數值介於.879 至.921 間，除了第 18 題（題項變數c18）題項刪除後α係數稍高於層面的α係數外，其餘 5 題題項刪除後的α係數均沒有高於層面的α係數，由於層面的α係數值已達.916，高於.900 非常理想的標準，雖然把題項變數c18 刪除後，可稍微再高α係數值，但新的α係數值.921 與原先未刪除題項變數 c18 的α係數值.916 差距不大，最重要的是二個信度指標值均已達到非常理想的標準，研究者似乎沒必要要再把題項變數c18 刪除掉。由於「知識獲取」層面的內部一致性α係數高於.900，表示「知識獲取」層面的內部一致性信度非常理想。

表 7-25　項目整體統計量

	項目刪除時的尺度平均數	項目刪除時的尺度變異數	修正的項目總相關	複相關平方	項目刪除時的 Cronbach's Alpha 值
c14	16.58	14.356	.713	.552	.907
c15	16.54	13.647	.904	.910	.879
c16	16.49	14.583	.707	.534	.907
c17	16.61	14.099	.843	.894	.888
c18	16.43	15.200	.604	.413	.921
c19	16.60	14.191	.810	.841	.893

　　表 7-26 為「知識獲取」層面的折半信度，「知識獲取」層面構念的斯布折半信度係數值等於.921，第 1 部分的題項包括 c14、c15、c16 三題，第 2 部分的題項包括 c17、c18、c19 三題，二部分的題項數相同，因而直接查看「Spearman-Brown 係數」中「等長」列的數據，Guttman 折半信度值為.920。

表 7-26　可靠性統計量

Cronbach's Alpha 值	第 1 部分	數值	.851
		項目的個數	3(a)
	第 2 部分	數值	.827
		項目的個數	3(b)
	項目的總個數		6
形式間相關			.853
Spearman-Brown 係數	等長		.921
	不等長		.921
Guttman Split-Half 係數			.920

a 項目為\：c14, c15, c16.
b 項目為\：c17, c18, c19.

四、學校知識管理量表的信度

　　「學校知識管理量表」總量表分為三個層面構念，所包含的題項數共有 18 題（題項 c12 已於因素分析中刪除）。

表 7-27　可靠性統計量

Cronbach's Alpha 值	以標準化項目為準的 Cronbach's Alpha 值	項目的個數
.910	.905	18

　　「學校知識管理」量表的內部一致性α係數值等於.910，信度指標甚為理想，標準化的內部一致性α係數值為.905，顯示量表的內部一致性很高，量表的信度甚佳，量表共包含的題項有 18 題。

表 7-28　可靠性統計量

Cronbach's Alpha 值	第 1 部分	數值	.805
		項目的個數	9(a)
	第 2 部分	數值	.901
		項目的個數	9(b)
	項目的總個數		18
形式間相關			.654
Spearman-Brown 係數	等長		.791
	不等長		.791
Guttman Split-Half 係數			.762

a 項目為\：c1, c2, c3, c4, c5, c6, c7, c8, c9.
b 項目為\：c10, c11, c13, c14, c15, c16, c17, c18, c19.

　　「學校知識管理」量表的斯布折半信度係數值等於.791，Guttman 折半信度值為.762。

7-3　再測信度的操作

　　如果要繼續求出量表的再測信度（test-retest reliability），要以正式量表對同一組受試者前後測驗二次，根據受試者前後二次測驗分數得分，求其積差相關係數，此係數稱為「再測信度係數」（test-retest reliability coefficient），簡稱再測信度。再測信度有個基本假定，其假設某量表或測驗所要測量的心理或行為特質，於短時間內不會隨時間改變，但若時間過長，則量表或測驗所欲測量的潛在特質可能因周遭環境改變、身心成熟度或其他干擾變因的影響而改變。要求出量表或測驗的再測信度，前後二次參與受測的受試者必須相同。再測信度與評分者信度（rater reliability）所採用的統計方法相同，所謂評分者信度乃是二位或數位評分者就每份測驗評定某個

測量分數,這些測量分數間的相關係數即為評分者信度係數值。

　　由於再測信度在估計受試者在量表或測驗所得之測驗分數,經過一段短暫時間仍維持一致或穩定的特性,因而再測信度又稱「穩定係數」(co-efficient of stability),反映量表的穩定與一致性程度,一般而言,間隔時間愈長,穩定係數愈低,一般而言,再測信度間隔時間以一至二星期最為常見。要求出量表的再測信度,在資料建檔方面,每位受試者二次填答的資料要依序登錄。如包含 7 個題項的「生活壓力量表」,量表包含二個層面構念:第 1 題至第 4 題為「學業壓力」、第 5 題至第 7 題為「情感壓力」。資料建檔的正確格式如下,第一次施測時題項變數編碼假設為 A1、A2、……、A7;第二次施測時題項變數編碼假設為B1、B2、……、B7,同一位受試者二次填答的資料必須鍵入在同一橫列上。

　　表 7-29 為錯誤的格式資料檔,同一受試者前後二次所填的資料未鍵入在同一橫列上。

表 7-29

第一次填答的資料								第二次填答的資料							
Num1	A1	A2	A3	A4	A5	A6	A7	Num2	B1	B2	B3	B4	B5	B6	B7
001								001							
002								002							
003								003							

表 7-30

第一次填答的資料								第二次填答的資料							
Num1	A1	A2	A3	A4	A5	A6	A7	Num2	B1	B2	B3	B4	B5	B6	B7
001								010							
002								003							
003								001							

　　再測信度的求法程序如下圖所列,由於生活壓力量表包含二個層面(分量表),研究者必須分別求出三個再測信度:「生活壓力」量表再測信度、「學業壓力」分量表再測信度、「情感壓力」分量表再測信度。

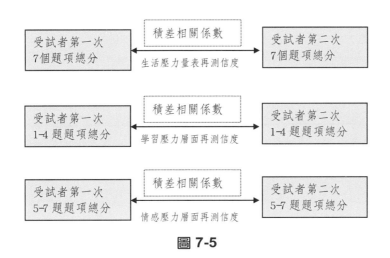

圖 7-5

　　再測時間間隔時段，常為研究者使用者為一星期、二星期、三星期、一個月等，間隔時段為多久，研究者要根據其量表編製的目的與研究可行性等因素加以考量。在求量表的再測信度時，除求總量表的再測信度後，如果量表又分為數個構念因素（分量表），則層面構念間的再測信度也應一併呈現。

　　至於最後定稿的正式量表題項數，應該為多少題最為適宜，實無一定而絕對的標準。就一般情形而論，若該份量表是測量一種「普遍的」或多重向度的變項，其題數在 20-25 題，即已足夠；若要測量的是特定的變項，以 7-10 題為宜；若每個量表包括不同因素層面之子量表時，每個子量表（因素層面）所包括的題項以 3-7 題較為適宜（王文科，1991）。

　　量表題項數的多少，應考量實際研究脈絡，如一份問卷共使用了幾種量表，受試對象的年齡與身心成熟度如何、受試者的時間是否許可等因素。如果問卷的題項數過多或問卷設計過於複雜，則對受試對象而言，是一種身心的煎熬，受試者在填答時可能較為馬虎，如此，則無法真正蒐集到正確的資訊。

【研究問題】

「學校知識管理量表」經項目分析、因素分析及內部一致性α係數信度考驗後，刪除第 12 題，保留 18 題，除 12 題後，正式量表中將之後的題項依序重編題號。量表共分為三個層面構念，層面一為「知識創新」，包含第 1 至第 6 題；層面一為「知識分享」，包含第 7 至第 12 題；層面三為「知識獲取」，包含第 13 至第 18 題。為再考驗「學校知識管理量表」的再測信度，以 50 名教師為受試者，讓其填答二次量表，填答間隔時間為二星期。

表 7-31

學校知識管理量表（正式問卷之一）

題項	完全不符合	多數不符合	半數不符合	多數符合	完全符合
01.本校常鼓勵教師創新教學或工作創新。	☐	☐	☐	☐	☐
02.本校教師會積極尋求班級經營上的創新。	☐	☐	☐	☐	☐
03.教師會積極地在其負責的行政工作上創新展現。	☐	☐	☐	☐	☐
04.本校教師會應用研習心得於教育品質的提升。	☐	☐	☐	☐	☐
05.本校會激勵教師以創新理念提升學生學習成效。	☐	☐	☐	☐	☐
06.本校鼓勵教師以創新有效方法激勵學生學習動機。	☐	☐	☐	☐	☐
07.校長會積極鼓勵同仁，分享研習吸取的新知能。	☐	☐	☐	☐	☐
08.本校教師會將班級經營的有效策略，與其他教師分享。	☐	☐	☐	☐	☐
09.本校教師會在相關會議中提供意見供其他教師分享。	☐	☐	☐	☐	☐
10.本校行政事務處理流程有完整紀錄，以供同仁分享參考。	☐	☐	☐	☐	☐
11.本校教師很少於教學研討會上，分享其教學經驗。	☐	☐	☐	☐	☐
12.本校教師會於同仁會議中分享其處理學生問題的策略。	☐	☐	☐	☐	☐
13.學校鼓勵同仁參訪標竿學校以獲取教學及行政知能。	☐	☐	☐	☐	☐
14.學校會鼓勵教師透過教學觀摩，以獲取專業知能。	☐	☐	☐	☐	☐
15.學校積極鼓勵教師參與研習活動，以獲取專業知能。	☐	☐	☐	☐	☐
16.學校鼓勵教師透過教師社群活動，以獲取專業知能。	☐	☐	☐	☐	☐
17.學校鼓勵教師透過數化位資料來獲取新知識。	☐	☐	☐	☐	☐
18.學校會影印相關教育新知給教師，以增進教師知能。	☐	☐	☐	☐	☐

在下述操作程序中，二次施測後資料檔之層面及量表的變數名稱及其包含的題項變數對照表如表 7-32，第二欄及第三欄括號中所表示的爲層面及量表的變數名稱。

表 7-32

層面／量表	第一次施測題項變數	第二次施測題項變數
知識創新層面	A1-A6（TOTA_1）	B1-B6（TOTB_1）
知識分享層面	A7-A12（TOTA_2）	B7-B12（TOTB_2）
知識獲取層面	A13-A18（TOTA_3）	B13-B18（TOTB_3）
知識管理量表	A1-A18（TOTA_4）	B1-B18（TOTB_4）

一、層面分量表／量表的加總

(一)操作程序 1

第一次「知識創新」層面加總，變數名稱「TOTA_1」

> 1. **步驟 1**
> 執行功能列「轉換(T)」／「計算(C)」的程序，開啓「計算變數」對話視窗。
> 2. **步驟 2**
> 在左邊「目標變數(T)」下的方格中輸入新變數的變項名稱「TOTA_1」，在右邊的「數值運算式(E)」下的大方格中鍵入層面六個題項的加總：「SUM (A1 to A6)」→按『確定』鈕。

圖 7-6

(二) 操作程序 2

第一次「知識分享」層面加總，變數名稱「TOTA_2」。

開啓「計算變數」對話視窗→在左邊「目標變數(T)」下的方格中輸入新變數的變項名稱「TOTA_2」，在右邊的「數值運算式(E)」下的大方格中鍵入層面 6 個題項的加總：「SUM (A7 to A12)」→按『確定』鈕。

(三) 操作程序 3

第一次「知識獲取」層面加總，變數名稱「TOTA_3」。

開啓「計算變數」對話視窗→在左邊「目標變數(T)」下的方格中輸入新變數的變項名稱「TOTA_3」，在右邊的「數值運算式(E)」下的大方格中鍵入層面 6 個題項的加總：「SUM (A13 to A18)」→按『確定』鈕。

(四) 操作程序 4

第一次「知識管理」量表加總，變數名稱「TOTA_4」。

開啓「計算變數」對話視窗→在左邊「目標變數(T)」下的方格中輸入新變數的變項名稱「TOTA_4」，在右邊的「數值運算式(E)」下的大方格中鍵入層面 6 個題項的加總：「SUM (A1 to A18)」→按『確定』鈕。

(五) 操作程序 5

第二次「知識創新」層面加總，變數名稱「TOTB_1」。

開啓「計算變數」對話視窗→在左邊「目標變數(T)」下的方格中輸入新變數的變項名稱「TOTB_1」，在右邊的「數值運算式(E)」下的大方格中鍵入層面 6 個題項的加總：「SUM (B1 to B6)」→按『確定』鈕。

㈥操作程序 6

第二次「知識分享」層面加總,變數名稱「TOTB_2」。

> 開啟「計算變數」對話視窗→在左邊「目標變數(T)」下的方格中輸入新變數的變項名稱「TOTB_2」,在右邊的「數值運算式(E)」下的大方格中鍵入層面 6 個題項的加總:「SUM (B7 to B12)」→按『確定』鈕。

㈦操作程序 7

第二次「知識獲取」層面加總,變數名稱「TOTB_3」。

> 開啟「計算變數」對話視窗→在左邊「目標變數(T)」下的方格中輸入新變數的變項名稱「TOTB_3」,在右邊的「數值運算式(E)」下的大方格中鍵入層面 6 個題項的加總:「SUM (B13 to B18)」→按『確定』鈕。

㈧操作程序 8

第二次「知識管理」量表加總,變數名稱「TOTA_4」。

> 開啟「計算變數」對話視窗→在左邊「目標變數(T)」下的方格中輸入新變數的變項名稱「TOTA_4」,在右邊的「數值運算式(E)」下的大方格中鍵入層面 6 個題項的加總:「SUM (B1 to B18)」→按『確定』鈕。

上述二次施測分數之層面及量表的加總,也可以採用「語法編輯程式」來進行,在㈠操作程序 1 的步驟中,研究者先不要按『確定』鈕,先按『貼上語法(P)』鈕,點選完『貼上語法(P)』鈕後,「計算變數」操作程序會轉為語法檔,此時切換到「SPSS 語法編輯程式」,在中間語法編輯視窗會出現下列語法:

```
COMPUTE TOTA_1 = SUM (A1 TO A6) .
EXECUTE .
```

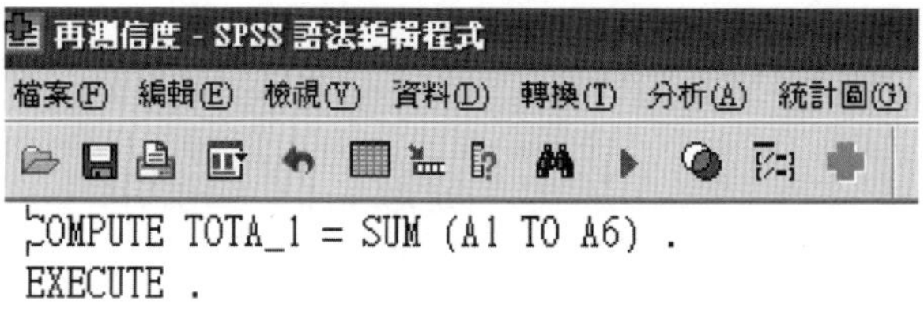

```
再測信度 - SPSS 語法編輯程式
檔案(F) 編輯(E) 檢視(V) 資料(D) 轉換(T) 分析(A) 統計圖(G)
COMPUTE TOTA_1 = SUM (A1 TO A6) .
EXECUTE .
```

圖 7-7

上述語法中「COMPUTE」為計算關鍵字詞，不能更改，等號之前的「TOTA_1」為分量表的變數名稱，等號之後為數學運算式，在此為層面題項變數的加總，「SUM(A1 TO A6)」語法也可改為傳統數學運算式表示：

> 「A1+A2+A3+A4+A5+A6」。最後一列「EXECUTE」為關鍵字，表示執行語法程序，不能省略，每一列的最後面要加上一個「.」號。

複製第一列，修改各列等號前層面／量表變數名稱，等號後相對應的題項加總，修改後如下：

```
COMPUTE TOTA_1 = SUM (A1 TO A6) .
COMPUTE TOTA_2 = SUM (A7 TO A12) .
COMPUTE TOTA_3 = SUM (A13 TO A18) .
COMPUTE TOTA_4 = SUM (A1 TO A18) .
COMPUTE TOTB_1 = SUM (B1 TO B6) .
COMPUTE TOTB_2 = SUM (B7 TO B12) .
COMPUTE TOTB_3 = SUM (B13 TO B18) .
COMPUTE TOTB_4 = SUM (B1 TO B18) .
EXECUTE .
```

語法視窗修改增列完，在「SPSS 語法編輯程式」執行以下步驟：執行功能列「執行(R)」／「全部(A)」程序；若是研究者選取語法列（全部或其中數列均可），執行功能列「執行(R)」／「選擇(S)」程序。執行完上述步驟後，會於「SPSS 資料編輯程式」視窗中呈現層面／量表的變數名稱。

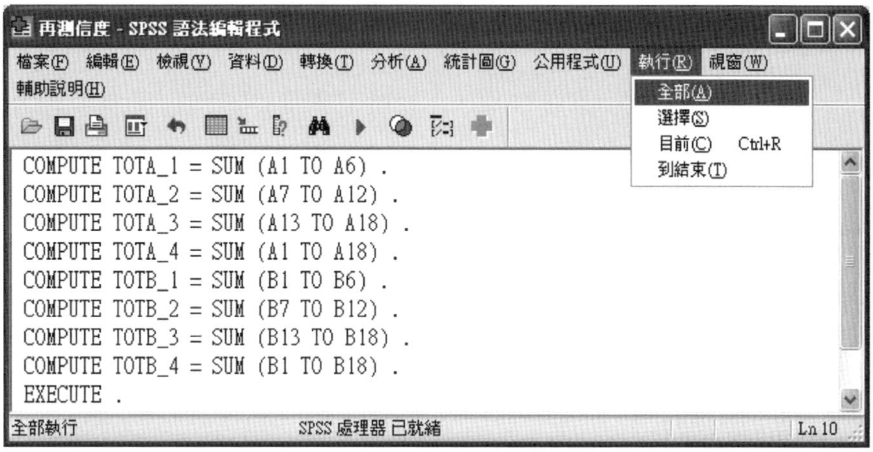

圖 7-8

二、求出再測信度——執行積差相關程序

(一)操作程序

從功能列執行「分析(A)」／「相關(C)」／「雙變數(E)」開啓「雙變數相關分析」對話視窗。

→將八個目標變數 TOTA_1、TOTA_2、TOTA_3、TOTA_4、TOTB_1、TOTB_2、TOTB_3、TOTB_4 點選至右邊「變數(V)」下的方盒中。
→在下方「相關係數」方盒中勾選『☑Pearson 相關係數(N)』選項。
→勾選最下方的「☑相關顯著性訊號(F)」選項→按『確定』鈕。

【備註】：在點選目標變數時，也可以分四次依序選取相對應的變數名稱：「TOTA_1 & TOTB_1」、「TOTA_2 & TOTB_2」「TOTA_3 & TOTB_3」「TOTA_4 & TOTB_4」，二次施測時相關係數之變數名稱所代表的層面意義必須相同。

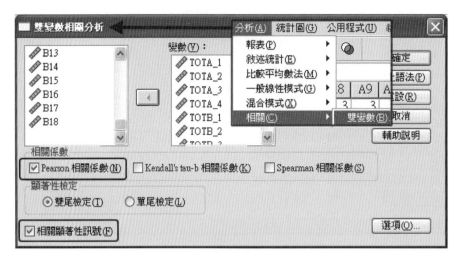

圖 7-9

表 7-33　相關

		TOTA_1	TOTB_1
TOTA_1	Pearson 相關	1	.705(**)
	顯著性（雙尾）		.000
	個數	50	50
TOTB_1	Pearson 相關	.705(**)	1
	顯著性（雙尾）	.000	
	個數	50	50

** 在顯著水準為 0.01 時（雙尾），相關顯著。

　　變數「TOTA_1」與變數「TOTB_1」的積差相關係數為.705，顯著性機率值p=.000<.05，達到顯著水準，「知識創新」層面間隔二週的再測信度係數為.705。

表 7-34　相關

		TOTA_2	TOTB_2
TOTA_2	Pearson 相關	1	.756(**)
	顯著性（雙尾）		.000
	個數	50	50
TOTB_2	Pearson 相關	.756(**)	1
	顯著性（雙尾）	.000	
	個數	50	50

** 在顯著水準為 0.01 時（雙尾），相關顯著。

變數「TOTA_2」與變數「TOTB_2」的積差相關係數為.756，顯著性機率值p=.000<.05，達到顯著水準，「知識分享」層面間隔二週的再測信度係數為.705。

表 7-35　相關

		TOTA_3	TOTB_3
TOTA_3	Pearson 相關	1	.790(**)
	顯著性（雙尾）		.000
	個數	50	50
TOTB_3	Pearson 相關	.790(**)	1
	顯著性（雙尾）	.000	
	個數	50	50

** 在顯著水準為 0.01 時（雙尾），相關顯著。

變數「TOTA_3」與變數「TOTB_3」的積差相關係數為.790，顯著性機率值p=.000<.05，達到顯著水準，「知識分享」層面間隔二週的再測信度係數為.705。

表 7-36　相關

		TOTA_4	TOTB_4
TOTA_4	Pearson 相關	1	.803(**)
	顯著性（雙尾）		.000
	個數	50	50
TOTB_4	Pearson 相關	.803(**)	1
	顯著性（雙尾）	.000	
	個數	50	50

** 在顯著水準為 0.01 時（雙尾），相關顯著。

變數「TOTA_4」與變數「TOTB_4」的積差相關係數為.803，顯著性機率值p=.000<.05，達到顯著水準，「知識管理量表」間隔二週的再測信度係數為.803。

知識管理量表間隔二星期的再測信度為.803，其包含三個層面的再測信度係數值均大於.700，表示此量表的穩定性高，量表的再測信度佳。

第八章

因素分析特殊法

8-1 探索性因素分析

　　在因素分析時，最重要的是要抽取的因素不多，但其解釋的變異量要最大，具共同因素層面內的題項內容差異不要太大，以便因素容易命名，且其含括的題項也適切。因素分析所要建構的效度稱爲建構效度。「建構」就是用來解釋個體行爲之假設性的理論架構或心理特質。因此，建構效度可定義爲指「測驗或量表能夠測量到理論上所建構的程度或測量出心理特質之程度」。建構效度由於有理論的邏輯分析爲基礎，同時又根據實際所得的資料來檢驗理論的正確性，因此是一種最嚴謹的效度考驗方法，可避免內容效度有邏輯分析，卻無實證依據（王保進，2002）。一般建構效度考驗的步驟包括：(1)建立假設性理論建構（包含建構本身及相關之理論假設）；(2)根據前述之理論基礎編製適合受試者塡答之量表或測驗，並對受試者加以施測；(3)以統計方法根據施測所得資料加以分析，以檢定該量表或測驗是否能有效測量理論架構上所要測量的特質。考驗建構效度最常使用的方法爲因素分析法。

　　因素分析有二種，一爲探索性因素分析（exploratory factor analysis）；一爲驗證性因素分析（CFA）。一般在預試問卷中所要建構的效度大都爲探索性因素分析，從隨機取樣的受試者所塡答的資料，進行統計分析，以建構因素層面，而以最少的層面，解釋全部最大的總變異量。因素分析在實施上，至少有下列三方面的功能（林邦傑，1979）：

1. 具有描述性的功能

因素分析能夠將爲數眾多的變項濃縮成數目較少的幾個精簡變項，這些精簡變項即是一般的因素。亦即因素分析能夠以較少的因素層面含括所有的觀察變項。

2. 提供假設的功能

透過因素分析可以將雜亂無章的變項重新排列組合，理出頭緒，此種探索性的功能有助於建立新的假設、發展新的理論，而此種因素分析即稱爲探索性因素分析。

3. 考驗假設的功能

假定研究者的理論架構已經非常清晰且十分完善，就可以利用因素分析來考驗這些理論和假設，此類因素分析即爲驗證性因素分析。

　　因素分析時，因素抽取的方法共有七種：主成分、未加權最小平方、概化最小平方、最大概似、主軸因子、alpha因素萃取法、映像因素萃取法。而選取共同因子轉軸的方法包括：最大變異法、相等最大法（或稱均等最大法）、四方最大法、直接斜交、Promax 旋轉法等，其中最大變異法、相等最大法、四方最大法等三種轉軸的方法屬於「直交轉軸法」（orthogonal rotation）；直接斜交旋轉法與 Promax 旋轉法（最優斜交法）屬於「斜交轉軸法」（oblique rotation），「直交轉軸法」有人將之稱為正交轉軸法。直交轉軸法的理論根據在於因素層面間是相關甚低或沒有相關，彼此間獨立互不相關，也就是因素層面間的夾角為九十度或趨向於九十度。二種轉軸法的目的均在於使得原始不容易解釋的因素負荷量矩陣變為容易解釋。

　　正交轉轉法最常使用者為最大變異法旋轉法（varimax ratation）與四方最大旋轉法（quartimax）。最大變異法是藉由最大化每一個因素的負荷量變異來最小化因素之複雜度，即希望將原始因素負荷量矩陣乘上一個正交矩陣 T 後，能使每一變數僅在單一因素具有很高的負荷量，而在其餘因素的負荷量趨近於 0；此外，也希望每一橫欄的因素負荷量的平方之變異能夠最大，因為因素負荷量的平方值皆介於 0 與 1 之間，故為了使平方值的變異數能夠最大，必須設法使該欄部分的值趨近 0，部分的值趨近於 1，此欄因素負荷量平方值的總和稱為「共同性」，因素旋轉後的共同性不會改變。四方最大法的概念與最大變異法類似，其與最大變異法的最大差別在於希望將原始因素負荷量矩陣乘上一個正交矩陣 T 後，能使每一列的因素負荷量平方變異數達到最大（林師模，陳苑欽，2006）。

　　因素分析後，各變項在各共同因素均有因素負荷量，各變項到底歸屬於哪個共同因素，則以因素負荷量的大小來決定，如果 I 變項在 X 共同因素的負荷量最大，則 I 變項便歸屬於 X 共同因素。因素分析未轉軸前，有些變項在各共同因素之因素負荷量均很大，如均超過 0.5；但有變項在各共同因素之因素負荷量卻均很小，如均小於 0.3，如果呈現這樣的結果，要決定變項歸屬於哪個共同因素很難，因此為便於變項的歸屬，要藉用數理統計上的轉軸方法，將變項的因素負荷量根據一定的準則加以調整，使變項在每個共同因素間的因素負荷量之差距變大，差距愈大愈好，變項的歸屬愈容易，在共同因素內占的地位也較為重要，此為轉軸的目的與緣由。

　　雖然最大變異法、相等最大法、四方最大法等三種轉軸的方法均屬於「直交轉軸法」，但三者分析的統計理論並未完全一樣，最大變異法乃使用最為普遍的一種直交轉軸法，其原理是讓所有變項在同一因素的負荷量

因素分析特殊法

平方的變異量達到最大，以簡化對因素的解釋；而四方最大法則是讓同一變項在所有因素上的負荷量平方的變異最大，如此常會造成每一個變項在第一個因素的負荷量值均高的現象，形成一個「普通因素」（general factor）；至於相等最大法恰居於前述二種方法之間，每一因素所能解釋的變異儘量相等，因而在因素分析時，研究者若希望找到一個最重要的因素，即找出一個最重要的普通因素，可採四方最大法；若希望每一因素所能解釋的變異量差不多，即每一因素層面的重要性相同，可採用相等最大法（王保進，2002）。

斜交轉軸法與直交轉軸法最大的不同在於直交轉軸法的因素組型即為其因素結構，因素組型是指變數以因素的線性組合表示時，各因素之係數所構成的矩陣；因素結構則是由變數與因素之相關係數所組成的矩陣。就數理幾何意義而言，變數與因素之相關係數相當變數在因素軸上之投影，而因素組型之係數則是變數在此因素軸上之座標；若是因素軸間是直交關係，則投影與座標會重合，相對的，若是因素軸間非直交關係，則投影可能大於座標，也可能小座標，視因素軸間之夾角而定。座標（因素係數）可能為正數、也可能為負數，其數值絕對值可能大於 1；至於相關係數（投影）亦可能為正數，也可能為負數，但其數值絕對值必不會大於 1（黃俊英，2004）。

至於採用何種轉軸法，研究者可根據文獻探究與理論基礎分析結果作為依據，如果相關理論上顯示共同因素層面間是彼此獨立，沒有關係存在的，則應當採用直交轉軸法；如果依理論探究所得，因素層面間的彼此有相關並非獨立的，則應採取斜交轉軸法。採用直交轉軸法時，研究者若希望探究因素間的重要程度，分析因素層面重要性高低，則應採用最大變異法，以便找出每一因素所能解釋的變異量達到最大。如果因素分析是屬於探索性的研究，則研究者不應過度在意使用何種轉軸方法，因為根據實際資料檢核結果，最大變異法、相等最大法、四方最大法、直接斜交法四種轉軸方法所得的結果，不會出現很大的歧異性，也就是差異不大。雖然採用直交轉軸與斜交軸法所得的差異不大，但研究者通常喜愛採用直交轉軸法，因為直交轉軸法所得的結果通常較容易使人理解、解釋上也較為方便；除了有理論依據或實證研究可以支持因素間彼此有所關係，則直交轉軸法通常優於斜交轉軸法（Kin & Mueller, 1978）。

由於是探索性的因素分析，在因素分析時，根據項目分析或題項與總分相關的判別，剔除題項後，剩下的量表題項均納入因素分析變數範圍內，

以特徵值等於 1 為判別基準時，研究者常會發覺電腦所抽取的因素過多，或某些因素所包含的題項不夠適切、因素命名不易，在探索性的因素分析中，這是可以理解的，因為受到受試者填答的影響、量表編製過程的嚴謹性等變因影響，常導致部分量表之因素分析結果，未完全符合研究者當初編製的層面因素，所以研究者可能會刪除題項進行第二次、第三次的因素分析，一直不斷探索，直到符合理論基礎或研究架構，或達到簡單結構目的，因而此種因素分析才稱為「探索性的因素分析」，探索一詞的意涵就是不斷嘗試，直到建構一個較為合理可接受的因素效度。

如果研究者在原先問卷編製中，已根據理論探究結果，量表的層面的架構也已確定，並經「專家效度」檢核，則在因素分析時，可以不用將整個量表全部題項納入因素分析中，而改用「分量表／各層面」來進行因素分析，也就是以分量表或層面的題項個別進行因素分析，每個層面再篩選一個子層面出來，這樣也可以。量表進行探索性因素分析時，如改用各層面來進行，會從各層面篩選出題項出來，各層面被選取的題項組合成正式問卷的量表，此種量表不宜進行所有題項的加總，差異比較時以量表各層面為依變項，層面加總後的變數名稱不宜作為檢定變數。

以各層面來進行因素分析也是一種探索性因素分析，而非是「驗證性因素分析」（confirmatory factor analysis；簡稱為 CFA）。所謂驗證性因素分析是研究者根據相關理論或文獻編製一個含有數個層面的量表，此量表已經由專家效度審核或已經進行過探索性因素分析，量表層面及所包含的題項非常明確，研究者為再確認量表各層面及所包含的題項是否如原先研究者所預期的，乃採用線性結構方程模式軟體（如 LISREL、AMOS）加以驗證，以探究量表的因素結構是否能與抽樣樣本適配，此種因素分析，稱為驗證性因素分析。以下面社會支持量表為例，研究者經探索性因素分析（使用SPSS統計套裝軟體）結果，10 個題項的社會支持量表共萃取三個共同因素：家人支持、朋友支持、主管支持，家人支持層面包含 1 至 4 題、朋友支持層面包含 5 至 7 題、主管支持層面包含 8 至 10 題。在結構方程模式（structural equation modeling）中，十個題項變數稱為「觀察變項」（observed variables）或「外顯變項」（manifest variables）或「測量變項」（measured variable）；而三個因素層面稱為「潛在變項」（latent variables）、「構念變項」（construct variables）或「無法觀察變項」（unobserved variables）。

表 8-1

【社會支持量表】	非常符合	多數符合	部分符合	非常不符合
變項　　　　　　　　　題項				
X1　　01.家人會關心我的工作或學習情形。．．．．．．．．．．．．．．．．	□	□	□	□
X2　　02.家人會協助我解決工作或課業上遇到的難題。．．．．．．．．	□	□	□	□
X3　　03.家人可以提供我經濟上的支援。．．．．．．．．．．．．．．．．．．．	□	□	□	□
X4　　04.家人能體諒我進修與工作的辛苦與疲累。．．．．．．．．．．．	□	□	□	□
X5　　05.朋友會關心我的工作或學習情形。．．．．．．．．．．．．．．．．	□	□	□	□
X6　　06.朋友會幫我減輕工作或課業方面的心理壓力。．．．．．．	□	□	□	□
X7　　07.朋友會支持我的做法或觀點。．．．．．．．．．．．．．．．．．．．．	□	□	□	□
X8　　08.主管會關懷我、支持我。．．．．．．．．．．．．．．．．．．．．．．．．	□	□	□	□
X9　　09.當我工作時遇到困難，主管會協助我解決問題。．．．．．	□	□	□	□
X10　10.主管能體諒我讀書的辛苦，而協助我完成任務。．．．．．	□	□	□	□

上述社會支持量表的一階 CFA 模型如下：

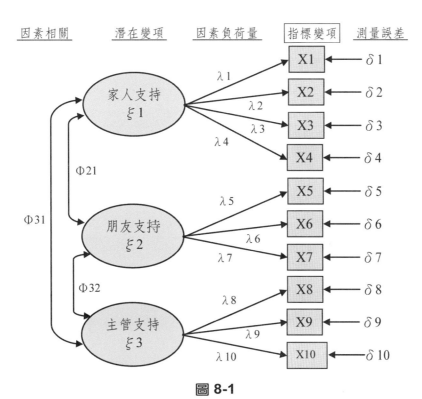

圖 8-1

社會支持量表二階 CFA 模型如下：

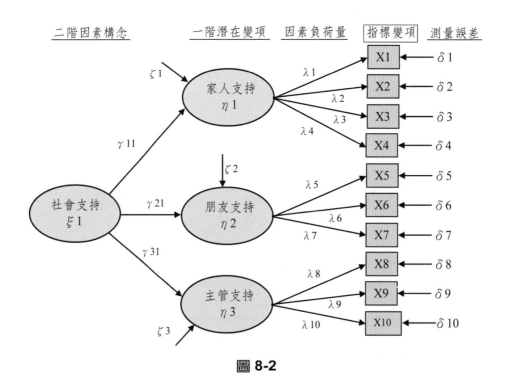

圖 8-2

　　在 CFA 模式適配度判斷準則方面，包括個別指標變項的信度及潛在變項（因素）的信度，其信度稱為組合信度（composite reliability）或構念信度（construct reliability），組合信度的公式如下：

$$CR = \frac{(\Sigma 標準化負荷量)^2}{(\Sigma 標準化負荷量)^2 + \Sigma 測量誤差變異數}$$

　　個別潛在變項的組合信度最好在 .50 以上；另外一個模式內在品質判斷指標為平均變異抽取量（average variance extracted），平均變異抽取量表示的指標變項的總變異中有多少是來自潛在變項的變異量，其計算公式如下：

$$AVE = \frac{(\Sigma 標準化負荷量^2)}{(\Sigma 標準化負荷量^2) + \Sigma 測量誤差變異數}$$

　　潛在變項的平均變異抽取量若大於 .50，表示模式內在品質佳。在整體模式適配度指標方面，要從下列三個方面綜合判斷：絕對適配量測（absolute fit measures）、增值適配量測（incremental fit measures）、簡約適配量測

（parsimonious fit measures）。若是整體模式適配度的指標值達到標準，模式的卡方值不顯著（p>.05），表示研究者所提的 CFA 模型和實際觀察資料可以適配或契合。有關 CFA 的理論與詳細操作，讀者可以參閱吳明隆（*2006*）編著之《結構方程模式》一書，內有完整範例與說明。

表 8-2　【範例問卷】

父母影響歷程量表	完全不符合	多數不符合	半數不符合	多數符合	完全符合
題項內容					
01.父母親對我的成績從來沒有滿意過。	□	□	□	□	□
02.我想我在學校已經表現很好了，但父母總認為我還表現得不夠好。	□	□	□	□	□
03.考績成績不好時我害怕回家。	□	□	□	□	□
04.考試只有考一百分父母才會高興。	□	□	□	□	□
05.我認為父母親對我的期望太高。	□	□	□	□	□
06.父母總認為我在學校還沒有盡力。	□	□	□	□	□
07.做回家作業時，父母會給我很多壓力。	□	□	□	□	□
08.我認為父母給我的壓力太大。	□	□	□	□	□
09.父母親對我常以鼓勵代替責罵。	□	□	□	□	□
10.我的意見與看法，父母親會接納與支持。	□	□	□	□	□
11.我和父母親相處得非常好。	□	□	□	□	□
12.當我學習遇到挫折時，父母親會安慰我。	□	□	□	□	□
13.父母親希望我進一所「好」大學。	□	□	□	□	□
14.父母親對我的回家作業非常有興趣。	□	□	□	□	□
15.父母關心我在學校的學習情形。	□	□	□	□	□
16.父母會支持我的學習活動與合理要求。	□	□	□	□	□
17.考卷帶回家後，父母通常會和我討論錯誤的地方。	□	□	□	□	□
18.父母親會指導我的家庭功課。	□	□	□	□	□
19.當我的回家功課不會做時，父母會幫忙我。	□	□	□	□	□
20.父母會幫我檢查回家功課做得對不對。	□	□	□	□	□
21.在考試前父母會幫忙我複習功課。	□	□	□	□	□
22.課堂中不懂的內容，父母會再教導我一次。	□	□	□	□	□
23.父母會幫我選擇購買我要讀的書。	□	□	□	□	□
24.在考試之前父母會先幫我小考一下。	□	□	□	□	□

以上述「父母影響歷程」量表為例,在編製時,依照理論架構明確劃分成三個層面(/分量表),三個層面及其題項內容屬性也經專家效度逐題審核修改,三個層面的概念性意義如下:

1. 「壓力負荷」層面

子女知覺父母對其之要求、期望與行為表現之心理感受,包含第 1 題至第 8 題。層面的得分愈高,表示父母給予子女的「壓力」愈少。

2. 「心理支持」層面

子女知覺父母對其學習行為心理支持的程度,包含第 9 題至第 16 題。層面的得分愈高,表示父母對子女的心理支持度愈大。

3. 「課業協助」層面

子女知覺父母對其回家作業、學習行為之協助,包含第 17 題至第 24 題。層面的得分愈高,表示父母對子女的「課業協助」愈多。

上述 24 題的題項及題項變數名稱對照如表 8-3:

表 8-3

壓力負荷								
題 號	01	02	03	04	05	06	07	08
變數名稱	A1_1	A1_2	A1_3	A1_4	A1_5	A1_6	A1_7	A1_8
心理支持								
題 號	09	10	11	12	13	14	15	16
變數名稱	A2_1	A2_2	A2_3	A2_4	A2_5	A2_6	A2_7	A2_8
課業協助								
題 號	17	18	19	20	21	22	23	24
變數名稱	A3_1	A3_2	A3_3	A3_4	A3_5	A3_6	A3_7	A3_8

上述題項變數名稱的命名中,第一個英文字母表示問卷中的第一份量表(父母影響歷程量表),第二個數字為量表中的層面編號,最後一個數字為層面中的題項數,此種題項變數的命名,適用於量表編製中已分類成幾個明確的構念,在進行項目分析或因素分析時,可以很快速檢核要刪除的題項是屬於量表中的哪個層面。

在進行項目分析前,反向題第 1 題至第 8 題均要反向計分,各層面的分數才能加總,量表加總的測量值分數愈高,表示父母對學生學習的影響是

正向、積極的，即父母對子女「壓力負荷」較少、「心理支持」程度較大、「課業協助」較多。經項目分析完後，假設 24 個題項均符合篩選指標值，則 24 個題項均可保留。爲進一步了解「父母影響歷程量表」24 個題項因素萃取的情形，以求出量表的建構效度，研究者必須採取探索性因素分析（exploratory factor analysis）方法，以得知量表所要測量的潛在特質構念有哪些。

8-2 沒有限定抽取因素法

一、操作程序

執行功能列「分析(A)」／「資料縮減(D)」／「因子(F)」程序，開啟「因子分析」對話視窗。

→在左邊變數清單中將「父母影響歷程量表」題項A1_1、A1_2、⋯⋯、A2_1、A2_2、⋯⋯、A3_1、A3_2、⋯⋯、A3_7、A3_8等二十四題選入右邊「變數(V)：」下的空盒中。

→按『描述性統計量(D)...』鈕，開啟「因子分析：描述性統計量」之對話視窗，選取「☑KMO 與 Bartlett 的球形檢定(K)」、「☑反映像(A)」選項→按『繼續』鈕，回到「因子分析」對話視窗。

→按『萃取(E)...』鈕，開啟「因子分析：萃取」次對話視窗中，抽取因素方法選預設之「主成分」分析，「分析」方盒中，選取內定「⊙相關矩陣(R)」選項、「萃取」方盒中選取預設「⊙特徵值(E)」選項，後面的空格內選取內定數值「1」→按『繼續』鈕，回到「因子分析」對話視窗。

→按『轉軸法(T)...』鈕，開啟「因子分析：轉軸法」次對話視窗，「方法」方盒中選取直交轉軸之「⊙最大變異法」選項、「顯示」方盒中勾選「☑轉軸後的解(R)」選項→按『繼續』鈕，回到「因子分析」對話視窗。

→按『選項(O)...』鈕，開啟在「因子分析：選項」次對話視窗，勾選「⊙完全排除遺漏值」、「☑依據因素負荷排序(S)」選項。

→按『繼續』鈕，回到「因子分析」對話視窗→按『確定』鈕。

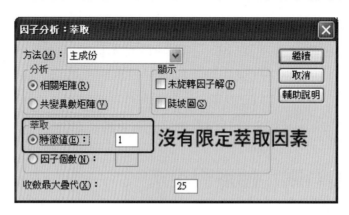

圖 8-3

在「因子分析：萃取」對話視窗中，「萃取」方盒中選取內定「⊙特徵值大於 1」以上的因素。

二、輸出結果

表 8-4　KMO 與 Bartlett 檢定

Kaiser-Meyer-Olkin 取樣適切性量數。		.789
Bartlett 球形檢定	近似卡方分配	1978.664
	自由度	276
	顯著性	.000

在量表是否適合進行因素分析的判別上，KMO 值等於.789，達到適中的（Middling）程度，接近良好的（Meritorious）的指標，表示「父母影響歷程」量表適合進行因素分析；Bartlett球形檢定的近似卡方分配為 1978.664，自由度為 276，顯著性機率值 p=.000<.05，達到顯著水準，拒絕相關矩陣不是單元矩陣的假設，表示「父母影響歷程量表」24 個題項變數有共同因素存在，資料檔適合進行因素分析。

表 8-5 為採用最大變異法進行直交轉軸後的成分矩陣。在沒有限定因素個數的情況下，特徵值大於 1 的因素共有六個，研究者若要以此輸出結果保留三個因素，則最好保留因素一、因素二、因素三，因為這三個因素所包含的題項內容和原先編製的層面及題項歸屬最為接近，至於因素四、因素五、因素六的包含的題項和原先的差距較大，因素的命名較為不易，尤其是因素五與因素六所包含的題項屬性間所要測量的特質較異較大，或包含的題項數較少。因素三與因素四各包含三個題項變數，在初始量表中均

歸屬於「心理支持」層面，雖然二個因素包含的題項數目相同，但要保留因素三較爲適宜，因爲前面萃取的因素所解釋變異較大。

表 8-5　轉軸後的成分矩陣(a)

	成分					
	1	2	3	4	5	6
A3_8	.827	.060	.132	-.151	.111	.029
A3_5	.825	.036	-.026	-.043	-.021	-.034
A3_3	.784	.154	-.005	.042	.101	.087
A3_4	.691	.011	.227	.008	-.135	.157
A3_1	.687	.058	.073	.188	.231	.031
A3_7	.578	.307	-.026	.051	.077	-.295
A3_6	.463	.182	.318	.082	-.009	-.386
A1_6	.139	.756	.066	-.102	.094	.172
A1_5	.178	.749	.039	-.172	.300	.013
A1_1	.113	.675	.145	.135	.084	.063
A1_2	.016	.671	.283	-.143	-.339	-.203
A1_7	-.037	.651	-.064	.258	.024	.382
A1_4	.267	.533	.082	-.151	.301	.342
A2_6	.056	.017	.822	.030	.175	.034
A2_3	.148	.130	.719	.160	.274	.200
A2_2	.095	.142	.713	.165	.030	-.028
A2_4	.065	-.073	.082	.869	.064	.000
A2_5	-.001	-.075	.125	.825	.140	-.004
A2_1	.022	.160	.417	.567	.239	-.081
A3_2	-.084	.061	.222	.269	.648	-.097
A2_8	.260	.341	.263	.056	.603	.088
A2_7	.338	.112	.341	.251	.510	.024
A1_8	-.041	.334	.156	.161	-.242	.637
A1_3	.164	.298	.079	-.283	.229	.600

萃取方法：主成分分析。

旋轉方法：旋轉方法：含 Kaiser 常態化的 Varimax 法。

a 轉軸收斂於 13 個疊代。

表 8-6 爲「解說總變異量」爲轉軸後六個共同因素平方和負荷量，六個因素轉軸後的特徵值分別爲 3.869、3.312、2.458、2.295、1.754、1.441，聯合解釋變異量爲 63.037%。若是研究者要以此種方法萃取因素，可先刪除因

素五與因素六所包含的題項：A3_2、A2_8、A2_7、A1_8、A1_3等五題，再進行第二次因素分析，看檢核因素分析的組型結構如何，再決定是否刪除題項，直到萃取的因素及因素包含題項與原先編製的理論架構較為符合者，再決定各因素各所包含的題項變數。

表 8-6　解說總變異量

成分	轉軸平方和負荷量		
	總和	變異數的%	累積%
1	3.869	16.122	16.122
2	3.312	13.800	29.922
3	2.458	10.241	40.163
4	2.295	9.562	49.725
5	1.754	7.308	57.033
6	1.441	6.004	63.037

萃取法：主成分分析。

　　進行第二次因素分析時，判別出可能要刪除的題項，研究者最好逐題刪除，不要一次同時刪除數題，以範例報表而言，研究者可以先刪除 A1_3 題（此題被歸於最後一個因素）或 A3_2 題（此題被歸於其他層面）後，再將其餘題項納入因素分析程序中，因為刪除某個題項後，因素分析中的組型矩陣或結構負荷（structure lading）會有所不同，萃取的共同因素數及因素包含的題項變數可能與之前有所不同，若是研究者一次刪除許多題項，進行因素分析程序時，可能會喪失許多有用的資訊。

8-3　限定抽取共同因素法

　　限定抽取共同因素法乃是萃取因素時限制因素的數目，在SPSS內設的選項中，因素的萃取乃是界定特徵值大於 1 以上的因素，有時此種方法萃取出的因素數與研究者原先編製或相關理論有所出入，限定抽取共同因素法也是一種「事前準則法」（a priori criterion），研究者在修訂或編製量表時，已將題項歸類為數個明確的因素，因而在進行因素分析之前，可以設定所欲抽取共同因素的數目。

一、操作程序

執行功能列「分析(A)」／「資料縮減(D)」／「因子(F)」程序,開啓「因子分析」對話視窗。

→在左邊變數清單中將「父母影響歷程量表」題項A1_1、A1_2、……、A2_1、A2_2、……、A3_1、A3_2、……、A3_7、A3_8等二十四題選入右邊「變數(V):」下的空盒中。

→按『描述性統計量(D)...』鈕,開啓「因子分析:描述性統計量」之對話視窗,選取「☑KMO 與 Bartlett 的球形檢定(K)」「☑反映像(A)」選項→按『繼續』鈕,回到「因子分析」對話視窗。

→按『萃取(E)...』鈕,開啓「因子分析:萃取」次對話視窗中,抽取因素方法選預設之「主成分」分析,「分析」方盒中,選取內定「◉相關矩陣(R)」選項、「萃取」方盒中選取「◉因子個數(N)」選項,在其後面的空格內輸入「3」(表示限定萃取三個因素)→按『繼續』鈕,回到「因子分析」對話視窗。

→按『轉軸法(T)...』鈕,開啓「因子分析:轉軸法」次對話視窗,「方法」方盒中選取直交轉軸之「◉最大變異法」選項、「顯示」方盒中勾選「☑轉軸後的解(R)」選項→按『繼續』鈕,回到「因子分析」對話視窗。

→按『選項(O)...』鈕,開啓在「因子分析:選項」次對話視窗,勾選「◉完全排除遺漏值」、「☑依據因素負荷排序(S)」選項。

→按『繼續』鈕,回到「因子分析」對話視窗→按『確定』鈕。

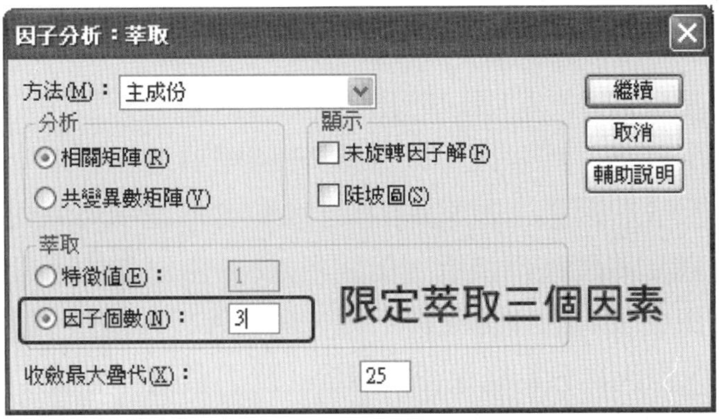

圖 8-4

二、輸出結果

表 8-7　KMO 與 Bartlett 檢定

Kaiser-Meyer-Olkin 取樣適切性量數。		.789
Bartlett 球形檢定	近似卡方分配	1978.664
	自由度	276
	顯著性	.000

　　在量表是否適合進行因素分析的判別上，KMO 值等於.789，達到適中的（Middling）程度，接近良好的（Meritorious）的指標，表示「父母影響歷程量表」適合進行因素分析；Bartlett 球形檢定的近似卡方分配為1978.664，自由度為 276，顯著性機率值 p=.000<.05，達到顯著水準，拒絕相關矩陣不是單元矩陣的假設，表示資料檔適合進行因素分析。由於納入因素分析的題項變數相同（題項變數有 24 題），加上觀察值個數相同（有效樣本數為200），因而資料檔之「KMO 與 Bartlett 檢定」的數值相同，即在「萃取」方盒中，勾選萃取特徵值大於 1 的因素，或限定因子萃取個數，其KMO 數值指標值均相同。

　　表 8-8 為使用主成分分析法，界定最大變異法進行直交轉軸之「轉軸後的成分矩陣」摘要表。當限定為三個因素，24 題全部納入因素分析程序時，萃取三個共同因素，三個因素包含的題項與原先研究者編製者的理論大致符合，只有題項「A3_2」原先應該歸於「課業協助」層面（原屬成分一），因素分析結果卻歸屬於「心理支持」層面（成分三），因而研究者在進行第二次探索性因素分析時，可將題項 A3_2（題項第 18 題）刪除。

　　當限定為三個因素時，題項變數A3_2 所歸屬的因素與原先不同，題項內涵與其他題項所欲測量的潛在特質明顯不同，因而在第二次探索性因素分析時，把題項變數A3_2（第18題）排除於因素分析程序中。上表為題項變數 A3_2（第18題）刪除後，以其餘 23 個題項進行因素分析結果，指定因素個數限定為 3，萃取之三個因素構念所包含的題項與原先研究者編製者的層面分類及題項歸屬甚為接近，但題項A2_8 由原先的因素三而歸於因素二，和研究者原先編製的理論架構不同，題項A2_8（第16題）應歸於「心理支持」層面，但因素分析結果卻與歸於「壓力負荷」層面，由於題項A2_8所描述的概況與所測量的潛在特質與「壓力負荷」層面的概念性定義不同，因而此題項必須再刪除。刪除題項 A3_2、A2_8 後，以其餘 22 個題項變數

進行第三次因素分析。

表 8-8　轉軸後的成分矩陣(a)

	成分		
	1	2	3
A3_8	.843	.118	-.001
A3_5	.813	.010	-.070
A3_3	.767	.159	.052
A3_1	.683	.051	.252
A3_4	.659	.076	.070
A3_7	.610	.143	.052
A3_6	.519	.036	.245
A1_6	.154	.770	.018
A1_5	.238	.739	.035
A1_4	.281	.675	.061
A1_7	-.096	.654	.165
A1_1	.124	.617	.229
A1_3	.148	.588	-.070
A1_2	.052	.545	-.043
A1_8	-.141	.495	.110
A2_1	.038	.077	.745
A2_5	-.055	-.211	.707
A2_4	-.005	-.234	.682
A2_3	.188	.294	.642
A3_2	-.011	.071	.578
A2_6	.125	.166	.575
A2_7	.385	.161	.573
A2_2	.138	.189	.553
A2_8	.328	.429	.432

萃取方法：主成分分析。

旋轉方法：旋轉方法：含 Kaiser 常態化的 Varimax 法。

a 轉軸收斂於 4 個疊代。

表 8-9 轉軸後的成分矩陣(a)

	成分		
	1	2	3
A3_8	.846	.116	-.011
A3_5	.811	.007	-.058
A3_3	.763	.158	.067
A3_1	.683	.053	.249
A3_4	.654	.075	.087
A3_7	.609	.142	.058
A3_6	.523	.038	.231
A1_6	.153	.770	.017
A1_5	.244	.739	.010
A1_4	.285	.675	.044
A1_7	-.095	.656	.155
A1_1	.125	.620	.219
A1_3	.151	.587	-.080
A1_2	.043	.543	-.017
A1_8	-.146	.496	.122
A2_8	.331	.435	.416
A2_1	.035	.087	.745
A2_5	-.064	-.203	.733
A2_4	-.014	-.226	.704
A2_3	.187	.302	.639
A2_6	.119	.173	.586
A2_2	.130	.195	.573
A2_7	.386	.168	.564

萃取方法：主成分分析。

旋轉方法：旋轉方法：含 Kaiser 常態化的 Varimax 法。

a 轉軸收斂於 5 個疊代。

表 8-10 轉軸後的成分矩陣(a)

	成分		
	1	2	3
A3_8	.846	.110	-.020
A3_5	.810	.004	-.063
A3_3	.765	.156	.062
A3_1	.685	.049	.241
A3_4	.658	.083	.094
A3_7	.612	.147	.062
A3_6	.527	.047	.239
A1_6	.157	.770	.013
A1_5	.244	.726	-.009
A1_4	.289	.673	.037
A1_7	-.090	.663	.159
A1_1	.132	.630	.226
A1_3	.154	.586	-.085
A1_2	.049	.554	-.007
A1_8	-.140	.507	.131
A2_5	-.058	-.193	.741
A2_1	.039	.085	.739
A2_4	-.008	-.216	.712
A2_3	.194	.308	.639
A2_6	.124	.173	.581
A2_2	.138	.205	.580
A2_7	.388	.157	.547

萃取方法：主成分分析。

旋轉方法：旋轉方法：含 Kaiser 常態化的 Varimax 法。

a 轉軸收斂於 4 個疊代。

　　經第二次因素分析結果，發現題項A2_8（第16題）與「壓力負荷」層面構念題項歸類於同一因素，但題項 A2_8 並無法反應壓力負荷的潛在特質，因而第三次因素分析時，把題項 A2_8 再刪除。上表為刪除題項 A3_2（第18題）、題項 A2_8（第16題）後轉軸後的成分矩陣摘要表。刪除題項A3_2（第16題）、題項A2_8（第16題）二個題項變數後，以其餘22個題項進行因素分析，指定因素個數限定為 3 的情況下，萃取之三個因素構念所包含的題項與原先研究者編製者的層面分類符合，因素二「壓力負荷」包含8個題項（A1_6、A1_5、A1_4、A1_7、A1_1、A1_3、A1_2、A1_8），

8 個題項變數的因素負荷量介於.507 至.770 之間；因素三「心理支持」包含 7 個題項（A2_5、A2_1、A2_4、A2_3、A2_6、A2_2、A2_7），7 個題項變數的因素負荷量介於.547 至.741 之間；因素一「課業協助」包含 7 個題項（A3_8、A3_5、A3_3、A3_1、A3_4、A3_7、A3_6），7 個題項變數的因素負荷量介於.527 至.846 之間。各因素層面之題項變數的因素負荷量均在.500 以上，表示潛在變項可以有效反應各指標變項。

表 8-11 為「解說總變異量」摘要表，當刪除題項 A3_2（第 18 題）、題項 A2_8（第 16 題）二個題項變數後，以其餘 22 個題項進行因素分析，指定因素個數限定為 3 的情況下，三個因素轉軸後的特徵值分別 3.977、3.669、3.222，三個因素個別解釋變異量分別為 18.078%、16.676%、14.645%，聯合解釋變異量為 49.399%，接近 50.0%的最低要求。確定各層面所包含的題項變數後，研究者進一步要進行的是三個層面及整個量表的信度考驗，求出其內部一致性α係數，α係數值愈高，表示層面或量表的信度愈佳。

表 8-11　解說總變異量

成分	平方和負荷量萃取			轉軸平方和負荷量		
	總和	變異數的%	累積%	總和	變異數的%	累積%
1	5.468	24.855	24.855	3.977	18.078	18.078
2	2.801	12.734	37.589	3.669	16.676	34.754
3	2.598	11.810	49.399	3.222	14.645	49.399

萃取法：主成分分析。

三、各層面的內部一致性信度

(一)操作程序

執行功能列「分析(A)」／「尺度(A)」／「信度分析(R)」程序，開啟「信度分析」對話視窗。

→在左邊變數清單中將「壓力負荷」層面包含的八題題項變數：A1_6、A1_5、A1_4、A1_7、A1_1、A1_3、A1_2、A1_8 選入右邊「項目(I)」下的方盒內。→在「模式(M)」右邊下拉式選單中選取內定之「Alpha 值」選項。

→按『統計量(S)…』鈕，出現「信度分析：統計量」次對話視窗→在「敘述統計量對象」方盒中勾選「☑刪除項目後之量尺摘要」選項→按『繼續』鈕，回到「信度分析」對話視窗→按『確定』鈕。

(二)輸出結果

表8-12　可靠性統計量

Cronbach's Alpha 值	項目的個數
.811	8

表8-13　項目整體統計量

	項目刪除時的尺度平均數	項目刪除時的尺度變異數	修正的項目總相關	項目刪除時的Cronbach's Alpha 值
A1_1	22.15	41.602	.541	.787
A1_2	22.95	44.203	.401	.806
A1_3	22.39	40.902	.455	.801
A1_4	22.36	38.642	.589	.780
A1_5	22.63	38.999	.632	.773
A1_6	22.75	39.183	.685	.767
A1_7	21.68	40.962	.551	.786
A1_8	22.52	43.959	.368	.811

A1_1、A1_2、A1_3、A1_4、A1_5、A1_6、A1_7、A1_8 八個題項的內部一致性α係數值等於.811。「項目整體統計量」摘要表中，「修正的項目總相關」欄的校正相關值介於.368 至.685 間，「項目刪除時的 Cronbach's Alpha 值」欄的數值沒有大於.811 者，表示 8 個題項的一致性信度佳。若是研究者想從此層面中（壓力負荷面向）再刪除題項，可考慮刪除第 8 題題項「A1_8」，因為此題刪除後內部一致性α係數並沒有降低，此外，此題與其他 7 題總分的相關為低相關（r=.368<.400），沒有達到中度相關的程度。

表8-14　可靠性統計量

Cronbach's Alpha 值	項目的個數
.793	7

表 8-15　項目整體統計量

	項目刪除時的尺度平均數	項目刪除時的尺度變異數	修正的項目總相關	項目刪除時的 Cronbach's Alpha 值
A2_1	22.67	21.971	.590	.756
A2_2	23.34	22.023	.498	.771
A2_3	23.13	20.546	.607	.749
A2_4	23.13	22.743	.455	.778
A2_5	23.10	21.966	.502	.770
A2_6	23.83	20.678	.514	.770
A2_7	23.27	21.816	.501	.770

　　A2_1、A2_2、A2_3、A2_4、A2_5、A2_6、A2_7 七個題項（因素分析時刪除題項 A2_8）的內部一致性α係數值等於.793，接近.800。「項目整體統計量」摘要表中，「修正的項目總相關」欄的校正相關值介於.455 至.607 間，相關係數均高於.400，達到中度相關程度。「項目刪除時的 Cronbach's Alpha 值」欄的數值沒有大於.793 者，因素分析後保留的 7 個題項層面（心理支持面向）的信度係數大於.700，表示 7 個題項的一致性信度佳。

表 8-16　可靠性統計量

Cronbach's Alpha 值	項目的個數
.844	7

表 8-17　項目整體統計量

	項目刪除時的尺度平均數	項目刪除時的尺度變異數	修正的項目總相關	項目刪除時的 Cronbach's Alpha 值
A3_1	18.89	34.333	.593	.824
A3_3	19.25	32.729	.673	.811
A3_4	19.26	34.673	.545	.831
A3_5	19.37	32.434	.678	.810
A3_6	18.84	35.221	.455	.845
A3_7	18.89	34.249	.517	.836
A3_8	19.53	31.034	.750	.798

　　層面三「課業協助」包含之A3_1、A3_3、A3_4、A3_5、A3_6、A3_7、A3_8（因素分析刪除 A3_2）7 個題項的內部一致性α係數值等於.844，高於

.800。「項目整體統計量」摘要表中,「修正的項目總相關」欄的校正相關值介於.455 至.750 間,「項目刪除時的 Cronbach's Alpha 值」欄的數值除題項「A3_6」數值稍大於.844 外(刪除題項 A3_6 後,其餘 6 題的內部一致性α係數雖然變高,但其數值與原先 7 題的內部一致性α係數相差甚小),其餘 6 題題項刪除後的α係數均小於.844,表示 7 個題項的一致性信度佳。

表 8-18　可靠性統計量

Cronbach's Alpha 值	以標準化項目為準的 Cronbach's Alpha 值	項目的個數
.845	.845	22

執行功能列「分析(A)」/「尺度(A)」/「信度分析(R)」程序,開啓「信度分析」對話視窗,分別求出求出三個層面及量表的內部一致性α係數。「壓力負荷」、「心理支持」、「課業協助」三個層面的內部一致性α係數分別為.811、.793、.844,層面的α係數均大於.70,整體量表的內部一致性α係數為.845,大於.80,表示「父母影響歷程量表」的信度佳。

8-4　以分層面個別進行因素分析法

若是研究者在量表編製過程中,參考文獻及相關理論後,明確將量表分成幾個分量表(層面或構念),各分量表所包括的題項界定得很清楚,亦即各題項歸屬於哪個層面或構念非常明確,且量表也經過專家效度檢核及修改,在預試完後,研究者可以根據各量表的層面,分別以層面包括的題項變數個別進行因素分析,而不用以整個量表進行因素分析。通常會以量表層面單獨進行因素分析,是因以整個量表(量表非問卷,一份調查問卷可能包含二至四種不同量表)進行因素分析時,萃取的因素過多,或因素所包含的題項內容與原先研究者編製時差異太大,要刪除的題項過多,此時可採用此小節介紹的變通方法,以量表個別層面的題項數進行因素分析,根據層面題項數因素分析結果,再決定各層面所要保留的題項數。由於此種方法不是以整個量表進行因素分析,因而在正式問卷統計時,最好不要檢驗自變項在量表整體得分的差異,即只要檢定自變項在各層面的差異比較,而不要計算層面的加總分數。

一、第一個層面的因素分析

第一個層面構念為「壓力負荷」，包含的題項有 8 題，題項變數為 A1_1、A1_2、A1_3、A1_4、A1_5、A1_6、A1_7、A1_8，此層面的因素分析乃是將此 8 題題項變數單獨納入因素分析程序中，檢核此層面萃取多少個因素。

㈠操作程序

執行功能列「分析(A)」／「資料縮減(D)」／「因子(F)」程序，開啟「因子分析」對話視窗。

→在左邊變數清單中將「壓力負荷」層面題項 A1_1、A1_2、A1_3、A1_4、A1_5、A1_6、A1_7、A1_8 等八題選入右邊「變數(V)：」下的空盒中。

→按『描述性統計量(D)...』鈕，開啟「因子分析：描述性統計量」之對話視窗，選取「☑KMO 與 Bartlett 的球形檢定(K)」選項→按『繼續』鈕，回到「因子分析」對話視窗。

→按『萃取(E)...』鈕，開啟「因子分析：萃取」次對話視窗中，抽取因素方法選預設之「主成分」分析，「分析」方盒中，選取內定「◉相關矩陣(R)」選項、「萃取」方盒中選取預設「◉特徵值(E)」選項，後面的空格內輸入內定數值「1」→按『繼續』鈕，回到「因子分析」對話視窗。

→按『轉軸法(T)...』鈕，開啟「因子分析：轉軸法」次對話視窗，「方法」方盒中選取直交轉軸之「◉最大變異法」選項、「顯示」方盒中勾選「☑轉軸後的解(R)」選項→按『繼續』鈕，回到「因子分析」對話視窗。

→按『選項(O)...』鈕，開啟在「因子分析：選項」次對話視窗，勾選「◉完全排除遺漏值」、「☑依據因素負荷排序(S)」選項。

→按『繼續』鈕，回到「因子分析」對話視窗→按『確定』鈕。

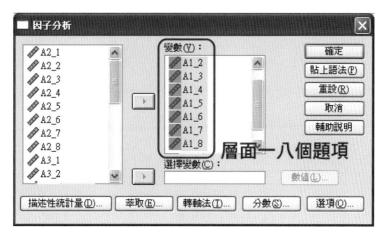

圖 8-5

（二）輸出結果

表 8-19　轉軸後的成分矩陣(a)

	成分	
	1	2
A1_5	.796	.227
A1_2	.756	-.082
A1_6	.714	.389
A1_1	.631	.294
A1_4	.563	.447
A1_8	.011	.761
A1_7	.307	.692
A1_3	.217	.664

萃取方法：主成分分析。

旋轉方法：旋轉方法：含 Kaiser 常態化的 Varimax 法。

a 轉軸收斂於 3 個疊代。

因素分析採用主成分分析，配合最大變異法進行直交轉軸法，「壓力
負荷」層面共萃取二個因素，因素一包括五個題項、因素二包括三個題項，
由於因素二包括的題項數較少，因而可考慮將因素二中的三個題：A1_8、
A1_7、A1_3 刪除，刪除後再進行因素分析，結果萃取一個因素，成分矩陣
如表 8-20。

表 8-20　成分矩陣(a)

	成分
	1
A1_5	.824
A1_6	.822
A1_4	.728
A1_1	.697
A1_2	.629

萃取方法：主成分分析。

a 萃取了 1 個成分。

1. 直接刪除包含題項變數較少的成分

表 8-21　解說總變異量

成分	平方和負荷量萃取		
	總和	變異數的%	累積%
1	2.767	55.339	55.339

萃取法：主成分分析。

在「壓力負荷」層面中，第二次因素分析同時刪除原先被歸於成分二的三個題項：A1_8、A1_7、A1_3，而只點選成分一的五個變數：A1_1、A1_2、A1_4、A1_5、A1_6 進行因素分析程序，5 個題項共萃取一個因素，因素的特徵值為 2.767，解釋變異量為 55.339%，五個題項的因素負荷量均在.600 以上，表示各題項變數均能有效反應其因素構念，因素構念可以解釋觀各察變項的解釋變異至少在 36%以上。

2. 成分二的題項變數逐題刪除

第一次因素分析結果，壓力負荷層面共萃取二個因素構念，其中成分二只包括A1_8、A1_7、A1_3 三題，第二次因素分析程序，研究者可以同時將此三題刪除，結果順利萃取一個共同因素，由於此種方法同時刪除數題，可能會遺失部分有用的資訊，研究者也可採用逐題刪去法，即將成分二的題項，依據其因素負荷量的高低逐題刪除，刪除的原則為成分二中因素負荷量最高的題項變數，次則刪除因素負荷量次高的題項變數，這樣也許可保留較多的題項變數。第一次因素分析時，成分二的三個題項中，因素負荷量最高者為題項A1_8（=.761），因而第二次因素分析可先選此題項刪除，以其餘 7 題進行因素分析。

在上述「壓力負荷」層面八題題項的因素分析中，第二個共同因素包含A1_8、A1_7、A1_3三題，三個題項的因素負荷量分別為.761、.692、.664，由於題項A1_8在共同因素二的因素負荷量最高，表示此題項與共同因素二最為密切，因而若將此題項優先刪除後，則剩餘7題的整體的因素結構負荷（structure loading）會改變，原先歸屬於共同因素二的題項A1_7、A1_3可能會因題項變數A1_8刪除後而被歸類於共同因素一，或是單獨構成一個共同因素。

表 8-22　解說總變異量

| 成分 | 初始特徵值 | | | 平方和負荷量萃取 | | |
	總和	變異數的%	累積%	總和	變異數的%	累積%
1	3.340	47.714	47.714	3.340	47.714	47.714
2	.996	14.235	61.949			
3	.792	11.319	73.269			
4	.588	8.402	81.671			
5	.507	7.241	88.912			
6	.431	6.160	95.072			
7	.345	4.928	100.000			

萃取法：主成分分析。

「壓力負荷」層面7個題項（A1_1、A1_2、A1_3、A1_4、A1_5、A1_6、A1_7）變數進行第二次因素分析結果，在不限定因素數目下，順利萃取一個共同因素，因素的特徵值為3.340，共同解釋變異量為47.714%。若是第二次因素分析結果又萃取二個因素，則在第三次因素分析時可以將成分二題項變數中因素負荷量最高者作為次一個因素分析優先刪除的題項變數，之所以刪除成分二中的因素負荷量最高的題項變數，乃是因為因素負荷量愈高，表示此題項與成分二的關係愈密切，而與成分一的關係愈不密切，為讓題項變數能收斂於成分一，因而須把與成分一關係較不密切的題項優先刪除。

表8-23為刪除題項A1_8後，第二次因素分析結果之成分矩陣，由於只萃取一個共同因素，因而不用進行轉軸程序，輸出結果不會呈現「轉軸後的成分矩陣」。從上述成分矩陣中可以得知，7個題項變數的因素負荷量介於.554至.813間，7個題項變數的因素負荷量均在.500以上，表示萃取出的共同因素可以有效反應7個指標變項。

表 8-23　成分矩陣(a)

	成分
	1
A1_6	.813
A1_5	.788
A1_4	.733
A1_1	.685
A1_7	.641
A1_3	.578
A1_2	.554

萃取方法：主成分分析。

a 萃取了 1 個成分。

二、第二個層面的因素分析

第二個層面構念為「心理支持」，包含的題項有 8 題，題項變數為 A2_1、A2_2、A2_3、A2_4、A2_5、A2_6、A2_7、A2_8，此層面的因素分析乃是將此 8 題題項變數單獨納入因素分析程序中，檢核此層面萃取多少個因素。

(一)操作程序

執行功能列「分析(A)」／「資料縮減(D)」／「因子(F)」程序，開啟「因子分析」對話視窗。

→在左邊變數清單中將「心理支持」層面題項 A2_1、A2_2、A2_3、A2_4、A2_5、A2_6、A2_7、A2_8 等八題選入右邊「變數(V)：」下的空盒中。

其餘操作與上述相同。

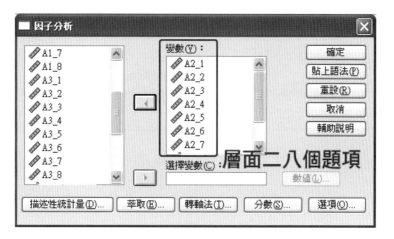

圖 8-6

(二)輸出結果

表 8-24　轉軸後的成分矩陣(a)

	成分	
	1	2
A2_3	.776	.171
A2_6	.769	.049
A2_8	.701	.030
A2_7	.665	.230
A2_2	.649	.166
A2_4	.071	.916
A2_5	.137	.886
A2_1	.519	.535

萃取方法：主成分分析。

旋轉方法：旋轉方法：含 Kaiser 常態化的 Varimax 法。

a 轉軸收斂於 3 個疊代。

採用主成分分析，配合最大變異法進行直交轉軸，「心理支持」層面八個題項變數共萃取二個因素，因素一包括 5 個題項、因素二包括三個題項，由於因素二包括的題項數較少，因而可考慮將因素二中的三個題項刪除：A2_4、A2_5、A2_1 刪除，刪除後再進行因素分析，結果順利萃取一個因素。

1. 直接刪除包含題項變數較少的成分

表 8-25 成分矩陣(a)

	成分
	1
A2_3	.808
A2_6	.767
A2_7	.714
A2_8	.682
A2_2	.673

萃取方法：主成分分析。

a 萃取了 1 個成分。

將第一次因素分析時成分二（共同因素二）的三個題項 A2_4、A2_5、A2_1 同時排除於因素分析程序中，以原先成分一 5 個題項進行因素分析，結果順利萃取一個共同因素，5 個題項變數的因素負荷量介於.673 至.808 之間。

表 8-26 解說總變異量

成分	平方和負荷量萃取		
	總和	變異數的%	累積%
1	2.670	53.399	53.399

萃取法：主成分分析。

第二次因素分析程序中，只納入 A2_2、A2_3、A2_6、A2_7、A2_8 五個題項變數，結果萃取一個共同因素，因素的特徵值為 2.670，解釋變異量為 53.399%，五個題項的因素負荷量均在.600 以上，表示各題項變數均能有效反應其因素構念，因素構念可以解釋各觀察變項的解釋變異至少在 36%以上。

2.成分二的題項變數逐題刪除

表 8-27　解說總變異量

成分	初始特徵值			平方和負荷量萃取		
	總和	變異數的%	累積%	總和	變異數的%	累積%
1	3.207	45.818	45.818	3.207	45.818	45.818
2	.952	13.605	59.423			
3	.868	12.404	71.827			
4	.640	9.141	80.968			
5	.522	7.461	88.429			
6	.457	6.528	94.957			
7	.353	5.043	100.000			

萃取法：主成分分析。

在第一次因素分析輸出結果中，包含題項變數較少的成分二共有三個題項變數：A2_4、A2_5、A2_1，三個題項變數在原先共同因素二的因素負荷量分別為.916、.886、.535，其中題項變數A2_4與成分二的關係最為密切，其因素負荷量高達.916，此題在原成分一的因素負荷量只有.071，因而第二次因素分析程序，先將題項變數 A2_4 排除，而以其餘七個題項進行因素分析。採用主成分分析法，「心理支持」層面 7 個題項（A2_1、A2_2、A2_3、A2_5、A2_6、A2_7、A2_8）變數進行第二次因素分析結果，在不限定因素數目下，順利萃取一個共同因素，因素的特徵值為 3.207，共同解釋變異量為 45.818%。

表 8-28 為刪除題項A2_4後，第二次因素分析結果之成分矩陣，由於只萃取一個共同因素，因而不用進行轉軸程序，輸出結果不會呈現「轉軸後的成分矩陣」。從上述成分矩陣中可以得知，7 個題項變數的因素負荷量介於.492 至.777 間，除題項變數 A2_5 的因素負荷量稍低於.500外，其餘 6 個題項的因素負荷量均大於.600，表示萃取出的共同因素可以有效反應 7 個指標變項。

表 8-28　成分矩陣(a)

	成分
	1
A2_3	.777
A2_6	.721
A2_7	.706
A2_1	.698
A2_2	.660
A2_8	.648
A2_5	.492

萃取方法：主成分分析。

a 萃取了 1 個成分。

三、第三個層面的因素分析

第三個層面構念為「課業協助」，層面包含的題項有 8 題，題項變數為 A3_1、A3_2、A3_3、A3_4、A3_5、A3_6、A3_7、A3_8，此層面的因素分析乃是將此 8 題題項變數單獨納入因素分析程序中，檢核此層面萃取多少個因素。

㈠操作程序

執行功能列「分析(A)」／「資料縮減(D)」／「因子(F)」程序，開啟「因子分析」對話視窗。

→在左邊變數清單中將「課業協助」層面題項 A3_1、A3_2、A3_3、A3_4、A3_5、A3_6、A3_7、A3_8 等 8 題選入右邊「變數(V)：」下的空盒中。

其餘操作與上述相同。

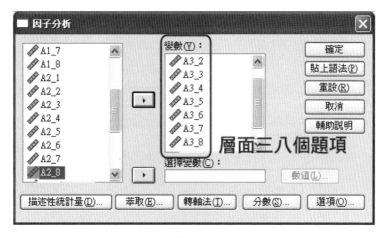

圖 8-7

表 8-29　轉軸後的成分矩陣(a)

	成分	
	1	2
A3_8	.822	.195
A3_5	.818	-.016
A3_3	.813	.006
A3_4	.717	-.065
A3_1	.655	.334
A3_7	.599	.214
A3_2	-.133	.867
A3_6	.441	.601

萃取方法：主成分分析。

旋轉方法：旋轉方法：含 Kaiser 常態化的 Varimax 法。

a 轉軸收斂於 3 個疊代。

　　採用主成分分析，配合最大變異法進行直交轉軸，「課業協助」層面共萃取二個因素，因素一包括六個題項、因素二包括二個題項，由於因素二包括的題項數較少，因而可考慮將因素二中的二個題項刪除，第二次因素分析程序中將第一次因素分析結果中，成分二包含的二個題項 A3_2、A3_6 刪除，刪除後再進行因素分析，結果 6 個題項變數共萃取一個因素。

1. 直接刪除包含題項變數較少的成分

表 8-30　成分矩陣(a)

	成分
	1
A3_8	.837
A3_3	.819
A3_5	.805
A3_1	.714
A3_4	.707
A3_7	.617

萃取方法：主成分分析。

a 萃取了 1 個成分。

刪除題項變數 A3_2、A3_6 後，6 個題項萃取一個共同因素，題項的因素負荷量介於.617 至.837 之間，成分一中題項變數因素負荷量均在.600以上。

表 8-31　解說總變異量

成分	平方和負荷量萃取		
	總和	變異數的%	累積%
1	3.409	56.824	56.824

萃取法：主成分分析。

A3_8、A3_3、A3_5、A3_1、A3_4、A3_7 六個題項進行因素分析第二次因素分析結果，萃取一個因素，因素的特徵值為 3.409，解釋變異量為 56.824%，6 個題項的因素負荷量均在.600 以上，表示各題項變數均能有效反應其因素構念，因素構念可以解釋觀察變項的解釋變異至少在 36%以上。

2. 成分二的題項變數逐題刪除

表 8-32　解說總變異量

成分	初始特徵值			平方和負荷量萃取		
	總和	變異數的%	累積%	總和	變異數的%	累積%
1	3.668	52.404	52.404	3.668	52.404	52.404
2	.898	12.831	65.236			
3	.651	9.294	74.530			
4	.620	8.861	83.390			
5	.472	6.739	90.130			
6	.402	5.736	95.866			
7	.289	4.134	100.000			

萃取法：主成分分析。

在第一次因素分析輸出結果中，包含題項變數較少的成分二共有二個題項變數：A3_2、A3_6，二個題項在原先共同因素二的因素負荷量分別為.867、.601，其中題項變數 A3_2 與成分二的關係最為密切，其因素負荷量為.867，此題在原成分一的因素負荷量只有-.133，因而第二次因素分析程序，先將題項變數A3_2排除，而以其餘七個題項進行因素分析。採用主成分分析法，「課業協助」層面七個題項（A3_1、A3_3、A3_4、A3_5、A3_6、A3_7、A3_8）變數進行第二次因素分析結果，在不限定因素數目下，順利萃取一個共同因素，因素的特徵值為 3.668，共同解釋變異量為 52.404%。

表 8-33　成分矩陣(a)

	成分
	1
A3_8	.844
A3_5	.792
A3_3	.791
A3_1	.715
A3_4	.681
A3_7	.634
A3_6	.571

萃取方法：主成分分析。

a 萃取了 1 個成分。

表為刪除題項A3_2後，第二次因素分析結果之成分矩陣，由於只萃取一個共同因素，因而不用進行轉軸程序，輸出結果不會呈現「轉軸後的成分矩陣」。從上述成分矩陣中可以得知，7個題項變數的因素負荷量介於.571至.844間，除題項變數A3_6的因素負荷量稍低於.600外，其餘6個題項的因素負荷量均大於.600，表示萃取出的共同因素可以有效反應7個指標變項。

各層面的題項確定後，如果題項數適當，則進一步要進行層面的內部一致性α係數信度考驗。以本量表為例，第一個分層面（壓力負荷）保留7題（刪除A1_8--第8題）；第二個分層面（心理支持）保留7題（刪除A2_4--第12題），第三個分層面（課業協助）保留7題（刪除A3_2--第18題），總題數為21題，題項數適中，進一步進行層面的信度考驗。上述三個層面構念的信度考驗結果如下：

表 8-34　可靠性統計量

Cronbach's Alpha 值	項目的個數
.811	7

表 8-35　項目整體統計量

	項目刪除時的尺度平均數	項目刪除時的尺度變異數	修正的項目總相關	項目刪除時的 Cronbach's Alpha 值
A1_1	19.04	34.144	.544	.787
A1_2	19.84	36.500	.404	.808
A1_3	19.28	33.710	.442	.807
A1_4	19.25	31.271	.603	.776
A1_5	19.52	31.457	.659	.766
A1_6	19.64	31.870	.696	.761
A1_7	18.57	34.246	.505	.793

A1_1、A1_2、A1_3、A1_4、A1_5、A1_6、A1_7 七個題項的內部一致性α係數值等於.811。「項目整體統計量」摘要表中，「修正的項目總相關」欄的校正相關值介於.404至.696間，「項目刪除時的 Cronbach's Alpha 值」欄的數值沒有大於.811者，表示7個題項的一致性信度佳。

表 8-36　可靠性統計量

Cronbach's Alpha 值	項目的個數
.798	7

表 8-37　項目整體統計量

	項目刪除時的 尺度平均數	項目刪除時的 尺度變異數	修正的項目 總相關	項目刪除時的 Cronbach's Alpha 值
A2_1	22.67	23.360	.566	.767
A2_2	23.33	23.127	.507	.776
A2_3	23.13	21.296	.649	.748
A2_5	23.09	24.655	.352	.802
A2_6	23.82	21.234	.572	.764
A2_7	23.27	22.296	.574	.763
A2_8	23.13	22.743	.493	.778

A2_1、A2_2、A2_3、A2_5、A2_6、A2_7、A2_8 七個題項的內部一致性α係數值等於.798，接近.800。「項目整體統計量」摘要表中，「修正的項目總相關」欄的校正相關值介於.352 至.649 間，「項目刪除時的 Cronbach's Alpha 值」欄的數值除題項「A2_5」數值大於.798 外（刪除題項 A2_5 後，其餘 6 題的內部一致性α係數雖然變高，但其數值與原先 7 題的內部一致性α係數相差甚小），其餘 6 題題項刪除後的α係數均小於.798，表示 7 個題項的一致性信度佳。

層面三「課業協助」包含之 A3_1、A3_3、A3_4、A3_5、A3_6、A3_7、A3_8 七個題項的內部一致性α係數值等於.844，高於.800。「項目整體統計量」摘要表中，「修正的項目總相關」欄的校正相關值介於.455 至.750 間，「項目刪除時的 Cronbach's Alpha 值」欄的數值除題項「A3_6」數值稍大於.844 外（刪除題項 A3_6 後，其餘 6 題的內部一致性α係數雖然變高，但其數值與原先 7 題的內部一致性α係數相差甚小），其餘 6 題題項刪除後的α係數均小於.844，表示 7 個題項的一致性信度佳。

表 8-38　可靠性統計量

Cronbach's Alpha 值	項目的個數
.844	7

表 8-39　項目整體統計量

	項目刪除時的尺度平均數	項目刪除時的尺度變異數	修正的項目總相關	項目刪除時的Cronbach's Alpha 值
A3_1	18.89	34.333	.593	.824
A3_3	19.25	32.729	.673	.811
A3_4	19.26	34.673	.545	.831
A3_5	19.37	32.434	.678	.810
A3_6	18.84	35.221	.455	.845
A3_7	18.89	34.249	.517	.836
A3_8	19.53	31.034	.750	.798

　　進行層面構念信度檢定後，若是信度考驗結果也不錯，則此份量表便可作為正式問卷的一部分。如果研究者認為某一個層面的題數太少，可以增加或將修改層面的題項文字、詞句或意義，再進行預試，預試完後再進行項目分析與信效度的考驗，但這樣會多浪費研究者許多時間與人力，如果時間與人力不許可，則在分層面的因素分析中，也可以限定萃取的因素個數為 1，然後根據成分矩陣或結構矩陣中因素負荷量的高低，來挑選因素負荷量較高的題項。

8-5　層面題項加總分析法

　　在因素分析時，研究者將全部變項納入分析後，抽取的因素過多或與原先編製的理論架構差距過大，研究者可考量將每個層面的奇數題加總、偶數題也加總，這樣每個層面就剩下二個子層面，再分別將這些子層面選入因素分析之變數欄中，以進行因素分析，以「父母影響歷程」量表為例，經項目分析篩選後，24 個題項均保留，題項 1 至題項 8 歸屬於層面一，題項 9 至題項 16 歸屬於層面二；題項 17 至題項 24 歸屬於層面三。進一步的因素分析乃是先將各層面奇數題與偶數題題項相加，將題項變數減少成六個子層面，再以這六個子層面變數進行因素分析，看其因素結構是否與原先編製者的架構相符合。20 個題項變數轉換為六個子層面的變數名稱如表 8-40：

表 8-40

子層面	題項變數加總	備註
TOT1_奇	A1_1＋A1_3＋A1_5＋A1_7	壓力負荷層面奇數題題項加總
TOT1_偶	A1_2＋A1_4＋A1_6＋A1_8	壓力負荷層面偶數題題項加總
TOT2_奇	A2_1＋A2_3＋A2_5＋A2_7	心理支持層面奇數題題項加總
TOT2_偶	A2_2＋A2_4＋A2_6＋A2_8	心理支持層面偶數題題項加總
TOT3_奇	A3_1＋A3_3＋A3_5＋A3_7	課業協助層面奇數題題項加總
TOT3_偶	A3_2＋A3_4＋A3_6＋A3_8	課業協助層面偶數題題項加總

因素分析時，便以 TOT1_奇、TOT1_偶、TOT2_奇、TOT2_偶、TOT3_奇、TOT3_偶六個子層面為新變項。

一、六個子層面變數的加總

(一)操作程序一

(1)步驟 1
執行功能列「轉換(T)」／「計算(C)」的程序，開啟「計算變數」對話視窗。
(2)步驟 2
在左邊「目標變數(T)」下的方格中輸入新變數的變項名稱「TOT1_奇」，在右邊的「數值運算式(E)」下的大方格中鍵入原層面一的奇數題題項的加總：「A1_1＋A1_3＋A1_5＋A1_7」→按『確定』鈕。

圖 8-8

㈡操作程序二

開啟「計算變數」對話視窗→在左邊「目標變數(T)」下的方格中輸入新變數的變項名稱「TOT1_偶」,在右邊的「數值運算式(E)」下的大方格中鍵入原層面一的奇數題題項的加總:「A1_2 + A1_4 + A1_6 + A1_8」→按『確定』鈕。

圖 8-9

㈢操作程序三

開啟「計算變數」對話視窗→在左邊「目標變數(T)」下的方格中輸入新變數的變項名稱「TOT2_奇」,在右邊的「數值運算式(E)」下的大方格中鍵入原層面二的奇數題題項的加總:「A2_1 + A2_3 + A2_5 + A2_7」→按『確定』鈕。

開啟「計算變數」對話視窗→在左邊「目標變數(T)」下的方格中輸入新變數的變項名稱「TOT2_偶」,在右邊的「數值運算式(E)」下的大方格中鍵入原層面二的奇數題題項的加總:「A2_2 + A2_4 + A2_6 + A2_8」→按『確定』鈕。

㈣操作程序四

開啟「計算變數」對話視窗→在左邊「目標變數(T)」下的方格中輸入新變數的變項名稱「TOT3_奇」,在右邊的「數值運算式(E)」下的大方格中鍵入原層面三的奇數題題項的加總:「A3_1 + A3_3 + A3_5 + A3_7」→按『確定』鈕。

開啓「計算變數」對話視窗→在左邊「目標變數(T)」下的方格中輸入新變數的變項名稱「TOT3_偶」，在右邊的「數值運算式(E)」下的大方格中鍵入原層面二的奇數題題項的加總：「A3_2 + A3_4 + A3_6 + A3_8」→按『確定』鈕。

【備註】：在操作程序一的最後沒有按『確定』鈕，而改按『貼上語法(P)』鈕，則會於「SPSS 語法編輯程式」中出現語法檔：

```
COMPUTE TOT1_奇 = A1_1 + A1_3 + A1_5 + A1_7 .
EXECUTE .
```

依照第一列的語法，將之增列如下，其中關鍵字「COMPUTE」不能省略，「=」的前號爲新子層面變數名稱，「=」後面爲題項的加總，每列的最後要有一個「.」符號。

```
COMPUTE TOT1_奇 = A1_1 + A1_3 + A1_5 + A1_7 .
COMPUTE TOT1_偶 = A1_2 + A1_4 + A1_6 + A1_8 .
COMPUTE TOT2_奇 = A2_1 + A2_3 + A2_5 + A2_7 .
COMPUTE TOT2_偶 = A2_2 + A2_4 + A2_6 + A2_8 .
COMPUTE TOT3_奇 = A3_1 + A3_3 + A3_5 + A3_7 .
COMPUTE TOT3_偶 = A3_2 + A3_4 + A3_6 + A3_8 .
EXECUTE .
```

在「SPSS 語法編輯程式」視窗中，執行功能列「執行(R)」／「全部(A)」程序後，在「資料編輯程式」視窗中，會新增「TOT1_奇」、「TOT1_偶」、「TOT2_奇」、「TOT2_偶」、「TOT3_奇」、「TOT3_偶」六個變數。

圖 8-10

在「SPSS 資料編輯程式」視窗中，會增加上述的六個新變項。

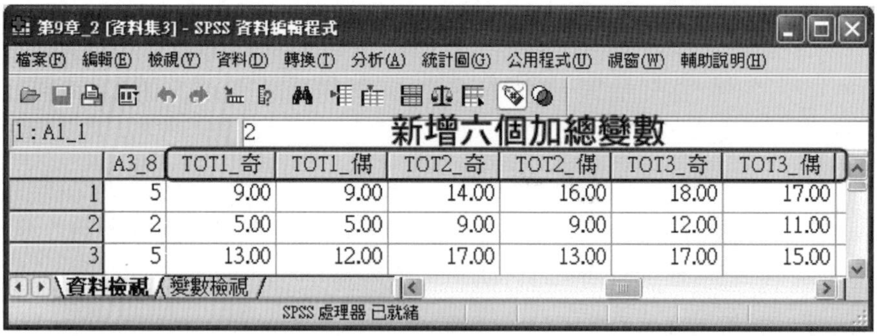

	A3_8	TOT1_奇	TOT1_偶	TOT2_奇	TOT2_偶	TOT3_奇	TOT3_偶
1	5	9.00	9.00	14.00	16.00	18.00	17.00
2	2	5.00	5.00	9.00	9.00	12.00	11.00
3	5	13.00	12.00	17.00	13.00	17.00	15.00

第9章_2 [資料集3] - SPSS 資料編輯程式
檔案(F) 編輯(E) 檢視(V) 資料(D) 轉換(T) 分析(A) 統計圖(G) 公用程式(U) 視窗(W) 輔助說明(H)

1 : A1_1   2   新增六個加總變數

資料檢視 / 變數檢視 /

SPSS 處理器 已就緒

圖 8-11

二、子層面的因素分析

操作程序

執行功能列「分析(A)」／「資料縮減(D)」／「因子(F)」程序，開啟「因子分析」對話視窗。

→在左邊變數清單中將「父母影響歷程量表」六個子層面：TOT1_奇、TOT1_偶、TOT2_奇、TOT2_偶、TOT3_奇、TOT3_偶選入右邊「變數(V)：」下的空盒中。

→按『描述性統計量(D)...』鈕，開啟「因子分析：描述性統計量」之對話視窗，選取「☑未轉軸之統計量(I)」、「☑KMO 與 Bartlett 的球形檢定(K)」選項→按『繼續』鈕，回到「因子分析」對話視窗。

→按『萃取(E)...』鈕，開啟「因子分析：萃取」次對話視窗中，抽取因素方法選預設之「主成分」分析，「分析」方盒中，選取內定「⊙相關矩陣(R)」選項、「萃取」方盒中選取「⊙因子個數(N)」選項，在其後面的空格內輸入「3」（表示限定萃取三個因素）→按『繼續』鈕，回到「因子分析」對話視窗。

→按『轉軸法(T)...』鈕，開啟「因子分析：轉軸法」次對話視窗，「方法」方盒中選取直交轉軸之「⊙最大變異法(V)」選項、「顯示」方盒中勾選「☑轉軸後的解(R)」選項→按『繼續』鈕，回到「因子分析」對話視窗。

→按『選項(O)...』鈕，開啟在「因子分析：選項」次對話視窗，勾選「⊙完全排除遺漏值」、「☑依據因素負荷排序(S)」選項。

→按『繼續』鈕，回到「因子分析」對話視窗→按『確定』鈕。

【備註】：在「因子分析：轉軸法」次對話視窗，「方法」方盒中也可以選
取斜交轉軸之「◉直接斜交法(O)」選項；在「因子分析：萃取」
次對話視窗中，抽取因素方法也可選取「主軸因子」分析法，此
外在「萃取」方盒中選取「◉因子個數(N)」選項，在其後面的空
格內輸入「3」，表示萃取三個因素，若是量表有四個層面（或
構念），空格的數字要改為「4」。

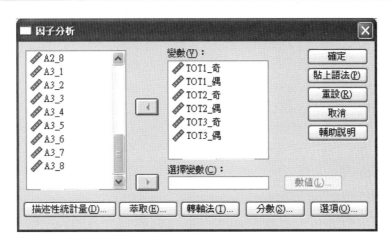

圖 8-12

在「因子分析」對話視窗中，點選至右邊「變數(V)：」下的變數為各
子層面的變數：「TOT1_奇」、「TOT1_偶」、「TOT2_奇」、「TOT2_
偶」、「TOT3_奇」、「TOT3_偶」。

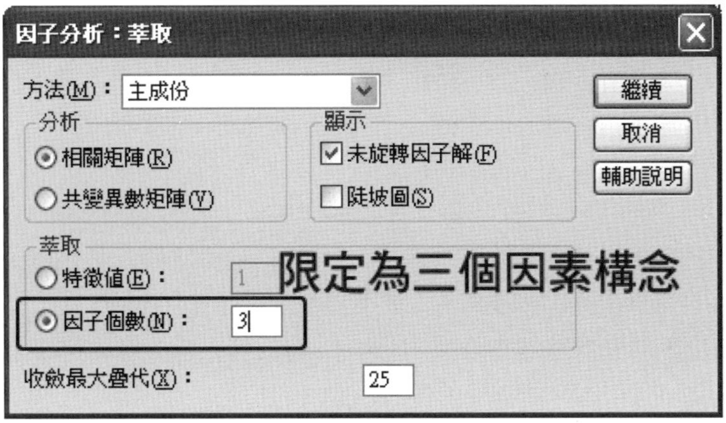

圖 8-13

在「因子分析：萃取」次對話視窗中，萃取「方盒」選項選取「　因

子個數」，並將萃取因子的個數限定為 3。

三、輸出結果

(一)直交轉軸法

表 8-41　解說總變異量

成分	初始特徵值			轉軸平方和負荷量		
	總和	變異數的%	累積%	總和	變異數的%	累積%
1	2.848	47.465	47.465	1.795	29.911	29.911
2	1.306	21.774	69.239	1.742	29.029	58.940
3	1.050	17.497	86.736	1.668	27.796	86.736
4	.327	5.446	92.182			
5	.284	4.727	96.909			
6	.185	3.091	100.000			

萃取法：主成分分析。

　　採用直交轉軸之最大變異法，萃取三個因素，三個因素轉軸後的特徵值分別為 1.795、1.742、1.668，解釋變異量分別為 29.911%、29.029%、27.976%，聯合解釋變異量為 86.736%。

表 8-42　轉軸後的成分矩陣(a)

	成分		
	1	2	3
TOT2_奇	.922	.085	.174
TOT2_偶	.913	.162	.176
TOT1_偶	.104	.923	.106
TOT1_奇	.132	.907	.148
TOT3_奇	.091	.157	.909
TOT3_偶	.275	.102	.865

萃取方法：主成分分析。
旋轉方法：旋轉方法：含 Kaiser 常態化的 Varimax 法。
a 轉軸收斂於 4 個疊代。

　　轉軸後的成分矩陣中因素一包括子層面 TOT2_奇、TOT2_偶，因素負荷量分別為.922、.913；因素二包括子層面 TOT1_偶、TOT1_奇，因素負荷量分別為.923、.907；因素三包括子層面 TOT3_奇、TOT3_偶，因素負荷量

分別為.909、.865，萃取的三個因素所包括的子層面與原先研究者編製之架構相同。

(二)斜交轉軸法

表 8-43　解說總變異量

成分	初始特徵值			轉軸平方和負荷量
	總和	變異數的%	累積%	總和
1	2.848	47.465	47.465	2.164
2	1.306	21.774	69.239	2.012
3	1.050	17.497	86.736	2.077
4	.327	5.446	92.182	
5	.284	4.727	96.909	
6	.185	3.091	100.000	

萃取法：主成分分析。

a 當成分產生相關時，無法加入平方和負荷量 以取得總變異數。

採用斜交轉軸之直接斜交法所萃取的三個因素，其聯合解釋變異量為86.736%，三個因素的特徵值分別為 2.164、2.012、2.077。

表 8-44　樣式矩陣(a)

	成分		
	1	2	3
TOT2_奇	.947	-.031	.007
TOT2_偶	.929	.050	.001
TOT1_偶	-.006	.941	-.019
TOT1_奇	.017	.917	.023
TOT3_奇	-.091	.037	.946
TOT3_偶	.121	-.035	.871

萃取方法：主成分分析。

旋轉方法：旋轉方法：含 Kaiser 常態化的 Oblimin 法。

a 轉軸收斂於 5 個疊代。

從樣式矩陣中可以看出，與因素一關係較密切者為子層面 TOT2_奇、TOT2_偶，與因素二關係較密切者為子層面TOT1_奇、TOT1_偶，與因素三關係較密切者為子層面TOT3_奇、TOT3_偶，表示子層面TOT2_奇、TOT2_偶可歸屬於因素一，子層面 TOT1_奇、TOT1_偶可歸屬於因素二、子層面

TOT3_奇、TOT3_偶可歸屬於因素三。

表 8-45　結構矩陣

	成分		
	1	2	3
TOT2_偶	.942	.294	.362
TOT2_奇	.941	.219	.352
TOT1_偶	.233	.934	.251
TOT1_奇	.266	.928	.295
TOT3_奇	.272	.287	.923
TOT3_偶	.437	.249	.906

萃取方法：主成分分析。

旋轉方法：旋轉方法：含 Kaiser 常態化的 Oblimin 法。

結構矩陣因素一包含「TOT2_奇」、「TOT2_偶」二個子層面變數，變數所測得的潛在特質因素為「心理支持」層面，因素二包含「TOT1_奇」、「TOT1_偶」二個子層面變數，變數所測得的潛在特質因素為「壓力負荷」層面，因素三包含「TOT3_奇」、「TOT3_偶」二個子層面變數，變數所測得的潛在特質因素為「課業協助」。

六個子層面的因素負荷量統整如下：

表 8-46

項目　轉軸法	直接轉軸			斜交轉軸					
	最大變異法			直接斜交法					
				樣式矩陣			結構矩陣		
子層面 變項名稱	心理 支持	壓力 負荷	課業 協助	心理 支持	壓力 負荷	課業 協助	心理 支持	壓力 負荷	課業 協助
TOT2_奇	.922	.085	.174	.947	-.031	.007	.941	.219	.352
TOT2_偶	.913	.162	.176	.929	.050	.001	.942	.294	.362
TOT1_偶	.104	.923	.106	-.006	.941	-.019	.233	.934	.251
TOT1_奇	.132	.907	.148	.017	.917	.023	.266	.928	.295
TOT3_奇	.091	.157	.909	-.091	.037	.946	.272	.287	.923
TOT3_偶	.275	.102	.865	.121	-.035	.871	.437	.249	.906
因素負 荷量平方	1.795	1.742	1.668	2.164	2.012	2.077			
聯合解釋 變異量	86.736%			86.736%					

PART 3
SPSS 操作與應用——問卷統計分析實務

正式問卷資料分析與
統計方法應用

第九章

複選題及卡方檢定

　　正式問卷的統計分析中，研究者的統計分析方法應配合研究假設，根據問卷編製的題項或量表屬性，進行逐題或層面分析。若是研究者採用的量表為李克特氏量表（Likert Scales），此種量表在於測出受試者某種行為特質或潛在構念，因而逐題分析沒有實質意義，通常會以量表數個題項所測得的構念或態度作為分析的依據，其實以測驗編製的理論而言，李克特氏量表的變項為次序量尺，但因次序量尺無法採用母數統計，研究者蒐集的資料將會遺失許多有用的訊息，因而研究者會將其視為等距量尺來處理。除了李克特量表外，另外一種於社會科學領域中常見的量表為「語義差異量表」（Semantic Scale），語義差異量表是以一種兩個相對的語詞作為題項兩端的等級量尺，由受試者根據自身的知覺感受加以圈選，此種量表也視為等距量尺，因而可以進行各種母數統計分析程序。在平均數差異檢定中通常以層面或構念為依變項，而題項逐題分析的探究中通常會以描述性統計量、次數及百分比呈現。問卷中之所以要逐題分析，通常是題項的選項作答內容不相同，或題項間所測得的是事實、現況，題項無法進行加總的程序，將題項加總後總測量值的代表的意義無法詮釋或不合理。

　　量化研究中，如果受試者圈選的答案不只一個選項，在統計上即是所謂的複選單，複選題的建檔及統計分析與單選題稍微不同。複選題（multiple response）在社會科學領域的應用十分普遍，在量化研究中除單選題、李克特量表、語義差異量外，常見的作答方式即是複選題。所謂複選題即是題目的選項答案不只一個，答案的選項可以多重選擇或題項中受試者可以勾選其中多個選項，此種多選題包括多重勾選選項和排序等級題。以下面「子女學習意見調查問卷」問卷為例：

表 9-1

子女學習意見調查問卷

【基本資料】

1. 您是學童的：□父親　　□母親
2. 您的年齡：□35 歲以下　　□36 歲～44 歲　　□45 歲以上

【題項】

一、您未來選擇孩子就讀的國中時，會考量哪些因素？（可複選）

　　　1.□學校辦學的口碑

　　　2.□校長的領導風格

　　3.□學校升學率高低

　　4.□住家交通的因素

二、對於子女國小高年級的學習科目，您重視的重要性次序為何？

　　（1最重視、2次重視、……）

　　□國語　　□數學　　□英文　　□自然　　□社會

三、對於子女國小的學習，您最重視項目是哪一項？

　　□考試成績　　□生活常規　　□同儕關係　　□品德行為

四、您對於目前子女就讀學校的整體滿意度如何？

　　□非常滿意　　□滿意　　□不滿意　　□非常不滿意

五、您對於目前子女就讀班級的整體滿意度如何？

　　□非常滿意　　□滿意　　□不滿意　　□非常不滿意

　　上述問卷題項的第 1 題為複選題，選答的項目有四個選項，每個選項均有可能被選填，因而在複選題的編碼上，均要給予每個選項一個選項代碼，此外，每個選項選填情形，不是「有」，就是「沒有」，因而是一個「二分變項」，在資料鍵入時，被選填之選項以「1」表示，而沒有被選填之選項則可以以「0」表示。複選題的編碼及資料鍵入方式，以採用「二分變項」的方法，較為簡易。第 2 題的填答為一種重要性等級的作答方式，每個選項均會被樣本給予一個1至5的等級數字，因為有五個選項，所以每個選項被選填的數字範圍最小值為1（表示最重視科目）、最大值為5（表示最不重視的科目），因而雖然是一個題項，在變數編碼上如同複選題一樣，每個「選項」均要給予一個變數名稱。第3題至第5題均為單選題，每個題項給予一個變數名稱。

　　以下就以上面的問卷為例，說明各題項變碼方法：

1. 背景變項均為單選題，第一小題的變數名稱為「關係」，水準數值標記中1為「父親」、2表示「母親」是一個二分類別變項；第二小題的變數名稱為「年齡」，為三分類別變數，水準數值標記中 1 表示「35歲以下」、2 表示「36-44 歲」、3 表示「45 歲以上」。

2. 第一題四個選項的變數代碼，分別以a1m1、a1m2、a1m3、a1m4，四個選項變數標記分別為「題1選1」、「題2選2」、「題3選3」、「題4選4」，編碼原則中 a1 表示第一題，而 m1 至 m4 表示複選題選項1至 4，四個選項的「複選題集」（multiple response sets）以 a1 表示。此

426

時，有一點要注意的是，研究者於複選題題集設定中，在題集「名稱」（Name）後面輸入「a1」（複選題題集名稱最多為 64 個字元）後，SPSS 在分析的程序中，會自動在「a1」的前面加上一個「$」符號，而變成「$a1」表示式，以代表這是一個複選題題集的變數標記，以和資料編輯程式視窗中的變數名稱 a1 有所區別。四個變數的水準數值不是 0 就是 1，凡是選項有被勾選者（☑），以「1」表示、未被選填者，以「0」表示。

3. 第二題五個選項的代碼，分別以 a2m1、a2m2、a2m3、a2m4、a2m5，其中 a2 表示第二題，而 m1 至 m5 表示題項的選項次序，五個變數名稱的標記分別為國語、數學、英文、自然、社會，變數數值的範圍介於 1 至 5 間。

4. 第 3 題為單選題，題項變數名稱以 a3 表示，變數標記為「重視項目」，水準數值標記中 1 表示「考試成績」、2 表示「生活常規」、3 表示「同儕關係」、4 表示「品德行為」。第 4 題<您對於目前子女就讀學校的整體滿意度如何？>為單選項題，題項變數名稱以 a4 表示，變數標記為「學校滿意」，水準數值標記中 4 表示「非常滿意」、3 表示「滿意」、2 表示「不滿意」、1 表示「非常不滿意」。

第 5 題<五、您對於目前子女就讀班級的整體滿意度如何？>為單選項題，題項變數名稱以 a5 表示，變數標記為「班級滿意」，水準數值標記中 4 表示「非常滿意」、3 表示「滿意」、2 表示「不滿意」、1 表示「非常不滿意」。

表 9-2 為受試者樣本選填之原始數據的編碼變項及 SPSS 資料編輯視程式中的資料檔建檔範例。

表 9-2

編號	關係	年齡	a1m1	a1m2	a1m3	a1m4	a2m1	a2m2	a2m3	a2m4	a2m5	a3	a4	a5
001	1	1	0	1	0	1	1	2	3	4	5	1	2	2

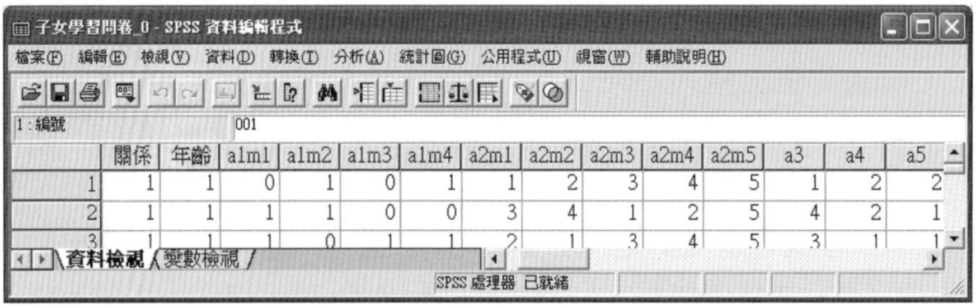

圖 9-1

9-1 複選題

複選題在統計分析時，通常會包含二個部分：一為全體受試者選填的情形（複選題的次數分配）；二為不同背景變項的樣本選填之情形，範例中的背景變項為親子關係、年齡，因而複選題交叉表為不同親子關係的樣本選填情形的差異、不同年齡父母的樣本選填情形的差異。

一、操作說明

(一)定義複選題題集

1. 步驟 1

執行功能列「分析(A)」／「複選題分析(L)】／「定義集合(D)...】程序，開啟「定義複選題集」對話視窗。

圖 9-2

2.**步驟 2**

在左方「複選題集的定義」（Define Multiple Response Sets）方盒中將複
選題第一題的所有選項變數：「題 1 選 1[a1m1]」、「題 1 選 2[a1m2]」、
「題 1 選 3[a1m3]」、「題 1 選 4[a1m4]」選入右方的「集內的變數(V)」
方盒內。

→在「變數編碼為」方盒中勾選「◉二分法」，「計數值」輸入「1」。
在下方「名稱(N)」列後面的空格輸入題項組的變項名稱，如「a1」，
在「標記(L)」列右方格輸入變項的中文說明，如「第 1 題」。

→按『新增』鈕，在其右方「複選題集(S)」內空格內會出現「$a1」題
集的名稱→按『關閉』鈕。

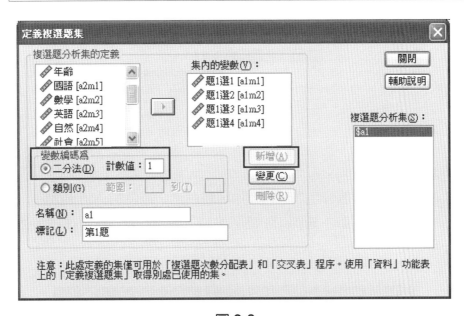

圖 9-3

㈡複選題的次數分配

　　複選題的次數分配功能可以求出全體有效樣本在複選題各選項的選答
情形，包含各選項被選填的次數與百分比。

【研究問題】

**求全體樣本在複選題一〈您未來選擇孩子就讀的國中時，會考量哪些因
素？〉各選項勾選的次數及百分比為何？**

1. **步驟 1**

執行功能列「分析(A)」／「複選題分析(L)」／「次數分配表(F)...」程
序，開啓「複選題次數分配表」對話視窗。

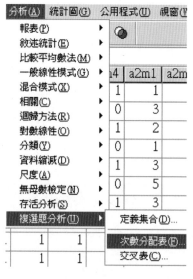

圖 9-4

2. **步驟 2**

在「複選題次數分配表」視窗中，將左邊「複選題分析集(M)」方盒中
的複選題集「第 1 題[$a1]」選入右邊「表格(T)」中的方格內→按『確
定』鈕。

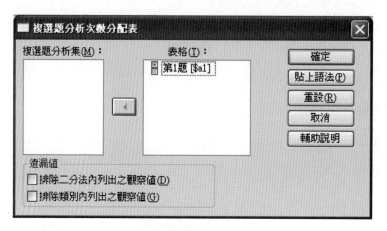

圖 9-5

(三)複選題的列聯表

【研究問題】

1. 不同親子關係的樣本在題項一〈您未來選擇孩子就讀的國中時，會考量哪些因素？〉各選項勾選的個數、百分比為何？

2. 不同年齡父母的樣本在題項一〈您未來選擇孩子就讀的國中時，會考量哪些因素？〉各選項勾選的個數、百分比為何？

1. 步驟 1

執行功能列「分析(A)」／「複選題分析(L)／「交叉表(C)...」程序，開啟「複選題分析次交叉表」對話視窗。

2. 步驟 2

在左邊變數清單中將背景變項「關係」、「年齡」選入右邊「橫列(W):」下的方格中，此時二個變項分別呈現「關係(? ?)」、「年齡(? ?)」，因為尚未定義二者的最大值與最小值。

→選取「關係(? ?)」選項，按『定義範圍(G)...』鈕，開啟「複選題分析交叉表：定義變數值域」次對話視窗，在「最小值(N):」的右邊輸入職務變項的最低水準數值「1」；在「最大值(X):」的右邊輸入職務變項的最高水準數值「2」（1、2 為職務變項的水準數值）→按『繼續』鈕，「關係(? ?)」變數提示訊息會變為「關係(1 2)」。

→選取「年齡(? ?)」選項，按『定義範圍(G)...』鈕，開啟「複選題分析交叉表：定義變數值域」次對話視窗，在「最小值(N):」的右邊輸入年齡變項的最低水準數值「1」；在「最大值(X):」的右邊輸入年齡變項的最高水準數值「3」（1、2、3為年齡變項的水準數值，最小水準數值小值為1、最大水準數值為3）→按『繼續』鈕，「年齡係(? ?)」變數提示訊息會變為「年齡(1 3)」。

→在左邊「複選題分析集(M)」方盒中，選取複選題集變數「第一題[$a1]」至右方「直行(N)」下的方格中。

→按『選項(O)』鈕，開啟「複選題分析交叉表：選項」次對話視窗，在「格百分比」方盒中，勾選選項「☑橫列(R)」、「☑直行(L)」、「☑總和(T)」；在「百分比依據」方盒中選取內定選項「◉觀察值」→按『繼續』鈕。

→回到「複選題分析次交叉表」對話視窗，按『確定』鈕。

圖 9-6

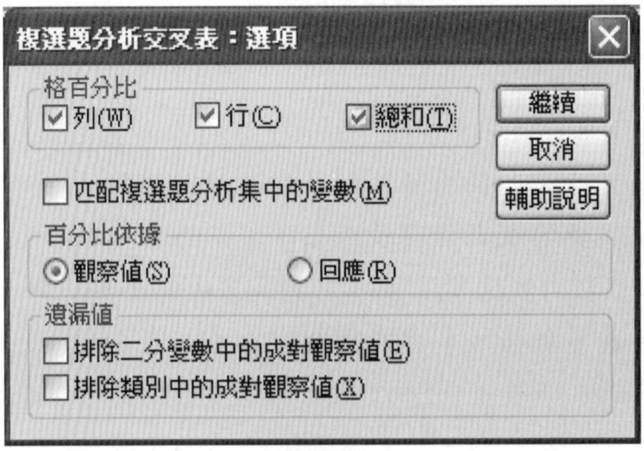

圖 9-7

㈣複選題的圖層列聯表

【研究問題】

在不同「親子關係」的樣本中，不同年齡父母的樣本在題項一〈您未來選擇孩子就讀的國中時，會考量哪些因素？〉各選項勾選的個數、百分比為何？

1. **步驟 1**

   執行功能列「分析(A)」／「複選題分析(L)／「交叉表(C)...」程序，開啟「複選題分析次交叉表」對話視窗。

2. 步驟 2

在左邊變數清單中將背景變項「年齡」選入右邊「橫列(W):」下的方格中，此時變項呈現「年齡(??)」，因為尚未定義背景變數的最大值與最小值。

→選取「年齡(??)」選項，按『定義範圍(G)...』鈕，開啟「複選題分析交叉表：定義變數值域」次對話視窗，在「最小值(N):」的右邊輸入年齡變項的最低水準數值「1」；在「最大值(X):」的右邊輸入年齡變項的最高水準數值「3」（1、2、3為年齡變項的水準數值，最小水準數值小值為1、最大水準數值為3）→按『繼續』鈕，「年齡係(??)」變數提示訊息會變為「年齡(1 3)」。

→在左邊「複選題分析集(M)」方盒中，選取複選題集變數「第一題[$a1]」至右方「直行(N)」下的方格中。

→在左邊變數清單中將「關係」變項選入右邊「圖層(L):」下的方格中。

→按『選項(O)』鈕，開啟「複選題分析交叉表：選項」次對話視窗，在「格百分比」方盒中，勾選選項「☑橫列(R)」、「☑直行(L)」、「☑總和(T)」；在「百分比依據」方盒中選取內定選項「◉觀察值」→按『繼續』鈕。

→回到「複選題分析次交叉表」對話視窗，按『確定』鈕。

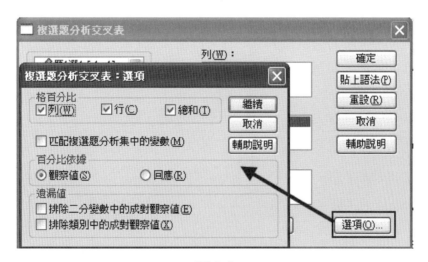

圖 9-8

圖 9-9

二、輸出結果

(一)次數分配表

複選題

表 9-3 為題集「$a1」（題集標記名稱為第 1 題）四個選項被勾選的次數百分比，選項 1（學校辦學的口碑）被勾選的次數有 81、占全部勾選次數的 29.3%（=81÷276），選項 2（校長的領導風格）被勾選的次數有 66、占全部勾選次數的 23.9%（=66÷276），選項 3（學校升學率高低）被勾選的次數有 78、占全部勾選次數的 28.3%、選項 4（住家交通的因素）被勾選的次數有 51，占全部勾選次數的 18.5%。

表 9-3 $a1 次數

		反應值		觀察值百分比
		個數	百分比	
第 1 題(a)	題 1 選 1	81	29.3%	67.5%
	題 1 選 2	66	23.9%	55.0%
	題 1 選 3	78	28.3%	65.0%
	題 1 選 4	51	18.5%	42.5%
總 數		276	100.0%	230.0%

a 二分法群組表列於值 1。

上述「反應值」欄中的「百分比」為各選項次數除以各選項全部被勾選的總次數，四個選項被 120 位觀察值勾選的總次數為 276，因而反應值欄

中的百分比數值＝各選項被勾選次數÷276，四個選項百分比的總和等於
100%。最後一欄「觀察值百分比」中的數值為各選項被勾選的次數除以有
效觀察值人數 120，分母為樣本觀察值人數，在複選題中此欄的百分比總和
通常會大於 100%。由表中可知在 120 位樣本中，有 67.5%的學童家長會以
「學校辦學的口碑」為考量，有 55.0%會以「校長的領導風格」為考量，有
65.0%會以「學校升學率高低」為考量，有 42.5%會以「住家交通的因素」
為考量。

　　複選題次數分配表的解釋上，要以「觀察值百分比」欄數值來詮釋較
為適切，因為研究者是要知道全體樣本勾選各選項的情形，此時的百分比
分母數值應以全體有效樣本為主，如上述範例的統計分析顯示：在調查回
收樣本中，有 67.5%的學童家長會以「學校辦學的口碑」為考量，即約有
68%的家長會以「學校辦學的口碑」作為選擇子女就讀學校的考量因素。

(二)交叉表

　　表 9-4 為不同親子關係樣本在複選項四個選項勾選的次數與百分比的細
格分配情形。由於親子關係有二個水準（父親、母親），複選題集中有四
個水準選項，因而構成一個 4×2 的交叉表，總共有 8 個細格。每個細格中
有四列數值，第一列「個數」為觀察值勾選的次數、第二列「$a1 中的%」
為細格次數占橫列的百分比（邊緣總次數）、第三列「關係中的%」為細格
次數占直欄的百分比（親子關係各水準的總次數），第四列「總數的%」為
細格次數占總樣本的百分比。

　　以細格 1 而言，細格 1 表示父親勾選選項 1（學校辦學的口碑）的次
數、百分比。學童父親的樣本（共有 63 位），勾選選項 1（學校辦學的口
碑）的次數有 51 位，全部樣本（父親、母親）勾選選項 1（學校辦學的口
碑）的總次數共有 81 位，其中母親樣本勾選的次數有 30 位，第二列「$a1
中的%」的數值＝51÷81＝63.0%，第三列「「關係中的%」的數值＝51÷63
＝81.0%，第四列「總數的%」的數值＝51÷120＝42.5%。細格 1 的四個數據
表示在 63 位父親樣本中勾選選項 1（學校辦學的口碑）的次數有 51 位，其
百分比為 81.0%，父親、母親勾選選項 1（學校辦學的口碑）的次數共有 81
位，父親勾選的次數占此選項總次數的 63.0%，占全部樣本觀察值的 42.5%。

表 9-4 $a1*關係 交叉表列

			關係		總數
			父親	母親	
第 1 題(a)	題 1 選 1	個數	51	30	81
		$a1 中的 %	63.0%	37.0%	
		關 係 中 的 %	81.0%	52.6%	
		總 數 的 %	42.5%	25.0%	67.5%
	題 1 選 2	個數	33	33	66
		$a1 中的 %	50.0%	50.0%	
		關 係 中 的 %	52.4%	57.9%	
		總 數 的 %	27.5%	27.5%	55.0%
	題 1 選 3	個數	36	42	78
		$a1 中的 %	46.2%	53.8%	
		關 係 中 的 %	57.1%	73.7%	
		總 數 的 %	30.0%	35.0%	65.0%
	題 1 選 4	個數	33	18	51
		$a1 中的 %	64.7%	35.3%	
		關 係 中 的 %	52.4%	31.6%	
		總 數 的 %	27.5%	15.0%	42.5%
總數		個數	63	57	120
		總 數 的 %	52.5%	47.5%	100.0%

百分比及總數是根據應答者而來的。

a 二分法群組表列於值 1。

　　「$a1*年齡 交叉表列」為不同年齡家長在複選項題集「$a1」四個選項勾選的次數與百分比的細格分配情形。由於家長年齡有三個水準（35 歲以下、36-44 歲、45 歲以上），複選題集中有四個水準選項，因而構成一個 4×3 的交叉表，總共有 12 個細格。以選項 3（學校升學率高低）被不同年齡家長勾選的情形而言，「35 歲以下」、「36-44 歲」、「45 歲以上」三個水準群體勾選的次數分別為 30、18、30，勾選此選項的樣本數總共有 78 位，占全體樣本總數（120）的 65.0%，三個水準群體勾選的次數各占其水準群體樣本數的 66.7%、50.0%、76.9%，各占全體樣本數的 25.0%、15.0%、25.0%，表示在 120 位樣本觀察值中，「35 歲以下」、「36-44 歲」、「45 歲以上」三個群體家長以「學校升學率高低」為考量的百分比依序為 25.0%、15.0%、25.0%。

表 9-5　$a1*年齡 交叉表列

			年齡			總數
			35 歲以下	36-44 歲	45 歲以上	
第 1 題(a)	題 1 選 1	個數	30	15	36	81
		$a1 中的 %	37.0%	18.5%	44.4%	
		年齡 中的 %	66.7%	41.7%	92.3%	
		總數的 %	25.0%	12.5%	30.0%	67.5%
	題 1 選 2	個數	27	24	15	66
		$a1 中的 %	40.9%	36.4%	22.7%	
		年齡 中的 %	60.0%	66.7%	38.5%	
		總數的 %	22.5%	20.0%	12.5%	55.0%
	題 1 選 3	個數	30	18	30	78
		$a1 中的 %	38.5%	23.1%	38.5%	
		年齡 中的 %	66.7%	50.0%	76.9%	
		總數的 %	25.0%	15.0%	25.0%	65.0%
	題 1 選 4	個數	18	15	18	51
		$a1 中的 %	35.3%	29.4%	35.3%	
		年齡 中的 %	40.0%	41.7%	46.2%	
		總數的 %	15.0%	12.5%	15.0%	42.5%
總數		個數	45	36	39	120
		總數的 %	37.5%	30.0%	32.5%	100.0%

百分比及總數是根據應答者而來的。

a 二分法群組表列於值 1。

(三)增列圖層變數的交叉表

　　在「複選題分析交叉表」對話視窗中，若點選「圖層」變數，則輸出的複選題交叉表會依據圖層變數水準而分別呈現，以「$a1*年齡*關係 交叉表列」而言，圖層變數為「親子關係」，由於親子關係為二分類別變項，因而交叉表會分別呈現父親群體中的「$a1*年齡」交叉表、母親群體中的「$a1*年齡」交叉表。

　　表 9-6 為以「親子關係」為圖層變數所呈現複選題集「$a1」與「年齡」類別變項的交叉表，由於「親子關係」分為二個水準：父親、母親，圖層的交叉表會分別呈現父親群體中（水準數值為 1），「35 歲以下」、「36-44歲」、「45 歲以上」三個年齡群體在複選題集四個選項勾選次數與百分比、母親群體（水準數值為 2），「35 歲以下」、「36-44 歲」、「45 歲以上」

表 9-6　$a1*年齡*關係 交叉表列

關係				年齡			總數
				35 歲以下	36-44 歲	45 歲以上	
父親	第 1 題(a)	題 1 選 1	個數	21	9	21	51
			$a1 中的 %	41.2%	17.6%	41.2%	
			年齡 中的 %	87.5%	50.0%	100.0%	
			總數的 %	33.3%	14.3%	33.3%	81.0%
		題 1 選 2	個數	15	12	6	33
			$a1 中的 %	45.5%	36.4%	18.2%	
			年齡 中的 %	62.5%	66.7%	28.6%	
			總數的 %	23.8%	19.0%	9.5%	52.4%
		題 1 選 3	個數	15	9	12	36
			$a1 中的 %	41.7%	25.0%	33.3%	
			年齡 中的 %	62.5%	50.0%	57.1%	
			總數的 %	23.8%	14.3%	19.0%	57.1%
		題 1 選 4	個數	9	9	15	33
			$a1 中的 %	27.3%	27.3%	45.5%	
			年齡 中的 %	37.5%	50.0%	71.4%	
			總數的 %	14.3%	14.3%	23.8%	52.4%
	總數		個數	24	18	21	63
			總數的 %	38.1%	28.6%	33.3%	100.0%
母親	第 1 題(a)	題 1 選 1	個數	9	6	15	30
			$a1 中的 %	30.0%	20.0%	50.0%	
			年齡 中的 %	42.9%	33.3%	83.3%	
			總數的 %	15.8%	10.5%	26.3%	52.6%
		題 1 選 2	個數	12	12	9	33
			$a1 中的 %	36.4%	36.4%	27.3%	
			年齡 中的 %	57.1%	66.7%	50.0%	
			總數的 %	21.1%	21.1%	15.8%	57.9%
		題 1 選 3	個數	15	9	18	42
			$a1 中的 %	35.7%	21.4%	42.9%	
			年齡 中的 %	71.4%	50.0%	100.0%	
			總數的 %	26.3%	15.8%	31.6%	73.7%
		題 1 選 4	個數	9	6	3	18
			$a1 中的 %	50.0%	33.3%	16.7%	
			年齡 中的 %	42.9%	33.3%	16.7%	
			總數的 %	15.8%	10.5%	5.3%	31.6%
	總數		個數	21	18	18	57
			總數的 %	36.8%	31.6%	31.6%	100.0%

百分比及總數是根據應答者而來的。

a 二分法群組表列於值 1。

三個年齡群體在複選題集四個選項勾選次數與百分比。父親群體樣本總數為 63、母親群體樣本總數為 57。以母親群體而言，三個年齡群體組勾選選項 1（學校辦學的口碑）的次數分別為 9、6、15，考量「學校辦學的口碑」因素之樣本共有 30 位，占母親樣本數（=57）的 52.6%，「35 歲以下」、「36-44 歲」、「45 歲以上」三個年齡群體勾選此選項的人次占母親群體（57）的百分比依序為：15.8%、10.5%、26.3%。

9-2 單選項的統計分析

　　範例中的第 2 題〈二、對於子女國小高年級的學習科目，您重視的重要性次序為何？〉此題在變數界定與複選題格式相同，但在統計分析可採單選題的模式加以統計分析，由於最重視的科目之水準數值為 1，最不重視的科目之水準數值為 5，因而可用描述性統計量來求出五個科目變數的等級平均數，若是等級平均數的數值愈小，表示此學習科目是受試者最重視的。第 3 題〈三、對於子女國小的學習，您最重視項目是哪一項？〉的填答類似意見反應，變數性質為「類別變項」，因而只要統計受試者在各選項勾選的次數及百分比即可。第四題〈四、您對於目前子女就讀學校的整體滿意度如何？〉與第 5 題〈五、您對於目前子女就讀班級的整體滿意度如何？〉，題項屬性性質為李克特四點量表法，此種量表原始歸於次序變數，但歸於次序變項時，統計分析會喪失許多重要數據，也無法進行母數統計，之後學者又將其歸於等距變數，因而此種題項如逐題分析，可採用次數分配表及描述性統計量。如果是個人心理或行為特質的測量，最好採用層面（構念／面向），每個層面要包含 3 至 10 題題項較為適切。

一、描述性統計量

【研究問題】

1. 了解全體樣本對於題項二〈對於子女國小高年級的學習科目，重視的重要性次序為何？〉
2. 了解全體樣本對於學校的整體滿意度與班級滿意度的知覺現況為何？

㈠操作程序

1. 步驟 1

執行功能列「分析(A)」／「敘述統計(E)」／「描述性統計量(D)」程序，開啓「描述性統計量」對話視窗。

2. 步驟 2

在左邊變數清單中將目標變項「國語」[a2m1]」、「數學[a2m2]」、「英語[a2m3]」、「自然[a2m4]」、「社會[a2m5]」選入右邊「變數(V)」下的方格中→按『選項(O)...』鈕。

開啓「描述性統計量：選項」次對話視窗，勾選「平均數(M)」、「標準差(T)」、「範圍(R)」、「最小值(N)」、「最大值(X)」選項→按『繼續』鈕→回到「描述性統計量」對話視窗→按『確定』鈕。

圖 9-10

㈡輸出結果

表 9-7 爲第 2 題五個選項變數的描述性統計量，等級平均數最小者爲「數學」（RM=2.17），其次是國語（RM=2.38），等級平均數最大者爲「社會」（RM=4.33），從等級平均數高低，可以看出國小高年級父母在其子女的學習科目中，最重視的科目是「數學」，其次是「國語」，較不重視的學習科目是「社會」。再從標準差的數值來看，五個變數選項中以「數學」科目的標準差.999 最小，表示在五個選項中，此選項是受試者看法差異最小的一個學習科目。

表 9-7　敘述統計

選填科目	個數	範圍	最小值	最大值	平均數	標準差
國　語	120	4	1	5	2.38	1.323
數　學	120	3	1	4	2.17	.999
英　語	120	4	1	5	2.78	1.161
自　然	120	4	1	5	3.33	1.191
社　會	120	4	1	5	4.33	1.239
有效的 N（完全排除）	120					

【表格範例】

表 9-8　學生全體樣本對於國小高年級的學習科目重視之重要性次序等第摘要表

選填科目	樣本數	最小值	最大值	等級平均數	標準差	排序
國　語	120	1	5	2.38	1.323	2
數　學	120	1	4	2.17	.999	1
英　語	120	1	5	2.78	1.161	3
自　然	120	1	5	3.33	1.191	4
社　會	120	1	5	4.33	1.239	5

　　表 9-9 為第 4 題與第 5 題滿意度感受的描述性統計量，對學校整體滿意度的知覺方面，平均數為 2.50、標準差為 1.115，對班級整體滿意度的知覺方面，平均數為 2.42、標準差為 1.089，在一個李克持四點量表中，中位數為 2.50，換成百分比 $= \dfrac{M-1}{點數-1} = \dfrac{2.5-1}{4-1} = 50\%$，因而受試者在二個選項的填答皆屬中等程度，即滿意度約為 50%而已。如果題項的平均得分為 3.52 以上，整體滿意度的百分比 $= \dfrac{3.52-1}{4-1} = 84\%$（平均數上一個標準差值），則表示受試者整體滿意的程度偏高；題項的平均得分為 3.00 以上，整體滿意度的百分比 $= \dfrac{3.00-1}{4-1} = 66.7\%$，則表示受試者整體滿意的程度稍微偏高；題項的平均得分為 2 分以下，整體滿意度的百分比 $= \dfrac{2-1}{4-1} = 33.3\%$，則表示受試者整體滿意的程度偏低。

表 9-9　敘述統計

檢定變項	個數	範圍	最小值	最大值	平均數	標準差
學校滿意	120	3	1	4	2.50	1.115
班級滿意	120	3	1	4	2.42	1.089
有效的 N（完全排除）	120					

二、次數分配表

【研究問題】

1. 全體樣本在第三題〈對於子女國小的學習，最重視項目是哪一項？〉各選項勾選的個數及百分比為何？
2. 全體樣本對於學校整體滿意度各選項勾選的個數及百分比為何？
3. 全體樣本對於班級整體滿意度各選項勾選的個數及百分比為何？

㈠操作程序

1. 步驟 1

執行功能列「分析(A)」／「敘述統計(E)」／「次數分配表(F)」程序，開啟「次數分配表」對話視窗。

2. 步驟 2

在左邊變數清單中將目標變項「重視項目[a3]」、「學校滿意[a4]」、「班級滿意[a5]」選入右邊「變數(V)」下的方格中，勾選左下角「☑顯示次數分配表」→按『確定』鈕。

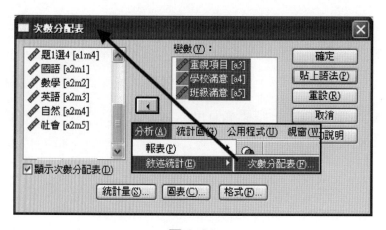

圖 9-11

㈡輸出結果

次數分配表

表 9-10 為樣本觀察值在第 3 題〈三、對於子女國小的學習，您最重視項目是哪一項？〉四個選項勾選的人數、百分比，「考試成績」、「生活常規」、「同儕關係」、「品德行為」四個選項被勾選的次數分別為 17、35、29、39，其有效百分比分別為 14.2%、29.2%、24.2%、32.5%，表示國小高年級家長對於子女的學習最重視的項目為「品德行為」，較不重視的是「考試成績」選項。

表 9-10　重視項目

		次數	百分比	有效百分比	累積百分比
有效的	考試成績	17	14.2	14.2	14.2
	生活常規	35	29.2	29.2	43.3
	同儕關係	29	24.2	24.2	67.5
	品德行為	39	32.5	32.5	100.0
	總和	120	100.0	100.0	

表 9-11 為樣本觀察值在第 4 題〈四、您對於目前子女就讀學校的整體滿意度如何？〉選填的次數及百分比，勾選「非常滿意」、「滿意」選項的百分比分別為 25.8%、21.7%，二者合計 47.5%；勾選「不滿意」、「非常不滿意」選項的百分比分別為 23.3%、29.2%，二者合計 52.5%，持不同意的家長稍多。

表 9-11　學校滿意

		次數	百分比	有效百分比	累積百分比
有效的	非常不滿意	28	23.3	23.3	23.3
	不滿意	35	29.2	29.2	52.5
	滿意	26	21.7	21.7	74.2
	非常滿意	31	25.8	25.8	100.0
	總和	120	100.0	100.0	

表 9-12 為樣本觀察值在第 5 題〈五、您對於目前子女就讀班級的整體滿意度如何？〉選填的次數及百分比，勾選「非常滿意」、「滿意」選項的百分比分別為 20.0%、28.3%，二者合計 48.3%；勾選「不滿意」、「非常

不滿意」選項的百分比分別為 26.7%、25.0%，二者合計 51.7%，持不同意的家長稍微多一些。

表 9-12　班級滿意

		次數	百分比	有效百分比	累積百分比
有效的	非常不滿意	32	26.7	26.7	26.7
	不滿意	30	25.0	25.0	51.7
	滿意	34	28.3	28.3	80.0
	非常滿意	24	20.0	20.0	100.0
	總和	120	100.0	100.0	

對於此種逐題分析數據，研究者可將「非常滿意」及「滿意」二個選項合併，二者的加總作為樣本對題項所述內容滿意知覺的次數，而將「非常不滿意」及「不滿意」選項合併，二者的加總作為樣本對題項內容不滿意知覺的次數。

三、題項適合度考驗

如果研究者想探究 120 位樣本觀察值對於第 3 題至第 5 題的選項勾選次數間是否有所差異，則須採用卡方檢定，此種檢定即為「適合度考驗」（goodness of fit test），所謂適合度考驗即在檢定某一變項的實際觀察次數分配與期望理論次數分配間是否符合，若是二者符合，表示樣本在某一變項各選項勾選的次數大致相同，樣本在變項的次數分配與母群體理論相同。適合度考驗的研究假設為「實際觀察次數與理論期望次數之間有顯著差異」，虛無假設為「實際觀察次數與理論期望次數之間無顯著差異」，適合度由於在考驗次數間的差異是否達到顯著，所採用的統計量為卡方檢定（χ^2），卡方統計量公式為：

$$\chi^2 = \sum \frac{(\text{觀察次數} - \text{期望次數})^2}{\text{期望次數}}$$

【研究問題】

1. 樣本在第 3 題四個選項上的勾選次數間是否有顯著不同？
2. 樣本在第 4 題四個選項上的勾選次數間是否有顯著不同？
3. 樣本在第 5 題四個選項上的勾選次數間是否有顯著不同？

(一)操作程序

1. 步驟 1

執行功能列「分析(A)」／「無母數檢定(N)」／「卡方分配(C)...」程序，開啟「卡方分配」對話視窗。

2. 步驟 2

在左邊變數清單中將目標變項「重視項目[a3]」、「學校滿意[a4]」、「班級滿意[a5]」選入右邊「檢定變數清單(T)」下的方格中→「期望範圍」方盒中選取內「◉由資料取得(G)」選項，在「期望值」方盒中選取「◉全部類別相等(I)」選項→按『確定』鈕。

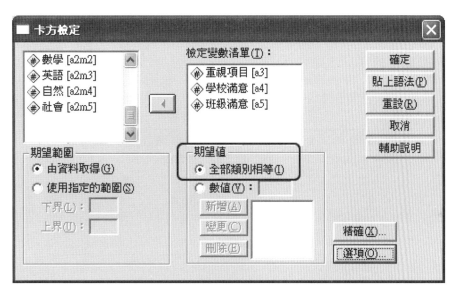

圖 9-12

(二)輸出結果

NPar 檢定

表 9-13 第一欄為第 3 題變數名稱「重視項目」四個水準數值的標記（四個選項），第二欄「觀察個數」為樣本實際勾選的次數，第三欄為理論「期望個數」，在「期望值」（expected value）方盒中設定「全部類別相等(I)」，表示四個選項在理論上被勾選的期望次數應該相等，等於 120÷4=30.0，第四欄「殘差」值為第二欄觀察個數減去第三欄期望個數，殘差值為正，表示實際觀察次數多於期望理論次數，殘差值為負，表示實際觀察次數少於

期望理論次數,殘差值的絕對值愈大,表示實際觀察次數與期望理論次數的差距愈大。

表 9-13　重視項目

檢定變項	觀察個數	期望個數	殘差
考試成績	17	30.0	-13.0
生活常規	35	30.0	5.0
同儕關係	29	30.0	-1.0
品德行為	39	30.0	9.0
總和	120		

　　表 9-14 為樣本在第 4 題四個水準(四個選項)勾選的觀察個數、期望個數與殘差值,有效樣本數為 120,殘差值分別為-2.0、5.0、-4.0、1.0,殘差值的總和等於 0。

表 9-14　學校滿意

檢定變項	觀察個數	期望個數	殘差
非常不滿意	28	30.0	-2.0
不滿意	35	30.0	5.0
滿意	26	30.0	-4.0
非常滿意	31	30.0	1.0
總和	120		

　　表 9-15 為樣本在第 5 題四個水準(四個選項)勾選的觀察個數、期望個數與殘差值,有效樣本數為 120,殘差值分別為 2.0、0.0、4.0、-6.0,殘差值的總和等於 0,其中樣本勾選「不滿意」選項的實際觀察個數為 30,剛好等於期望個數,其殘差值為 0。

表 9-15　班級滿意

檢定變項	觀察個數	期望個數	殘差
非常不滿意	32	30.0	2.0
不滿意	30	30.0	.0
滿意	34	30.0	4.0
非常滿意	24	30.0	-6.0
總和	120		

表 9-16 為適合度卡方檢定統計量，卡方統計量在於考驗各選項出現的觀察次數是否為 1:1:1:1 的隨機分配。就「重視項目」變項而言，χ^2 值等於 9.200，漸近顯著性的 p 值等於.027，小於.05，達到顯著水準，拒絕虛無假設，表示四個水準（四個選項）被樣本勾選的次數有顯著不同，樣本觀察值以勾選「品德行為」的選項最多，而以勾選「考試成績」的選項最少，二者被勾選的次數之差異達到顯著。就「學校滿意」變項而言，χ^2 值等於 1.533，漸近顯著性的 p 值等於.675>.05，未達到.05 顯著水準，接受虛無假設，拒絕對立假設，表示四個水準（四個選項）被樣本勾選的次數沒有的顯著不同；就「班級滿意」變項而言，χ^2 值等於 1.867，漸近顯著性的 p 值等於.601>.05，未達到.05 顯著水準，接受虛無假設，拒絕對立假設，表示樣本勾選「非常滿意」、「滿意」、「不滿意」、「非常不滿意」四個選項的次數沒有顯著不同。

表 9-16　檢定統計量

	重視項目	學校滿意	班級滿意
卡方(a)	9.200	1.533	1.867
自 由 度	3	3	3
漸近顯著性	.027	.675	.601

a 0 個格（.0%）的期望次數少於 5。最小的期望格次數為 30.0。

四、不同年齡的父母對於學習科目重要性看法

【研究問題】

對於題項〈二、對於子女國小高年級的學習科目，您重視的重要性次序為何？〉，研究者除探討全部樣本的看法外，也想知道不同年齡的學生父母間之看法如何，由於年齡變項為三分類別變項，研究者可先將資料檔依「年齡」變項分割，再執行描述性統計量，求出各群組在五個科目選項的等級平均數。

(一)操作程序

1. 步驟 1

執行功能列「資料(D)」／「分割檔案(F)...」程序，出現「分割檔案」

對話視窗。

→勾選「⊙依群組組織輸出(O)」選項，將分組變項「年齡」選入右方「以此群組(G)」下的方盒中，勾選內定「⊙依分組變數排序檔案」選項→按『確定』鈕。

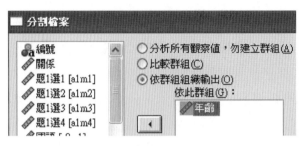

圖 9-13

2. **步驟 2**

執行功能列「分析(A)」／「敘述統計(E)」／「描述性統計量(D)」程序。

(二)輸出結果

年齡 = 35 歲以下

表 9-17　敘述統計(a)

	個數	範圍	最小值	最大值	平均數	標準差
國語	45	4	1	5	2.00	.977
數學	45	3	1	4	1.91	1.041
英語	45	3	1	4	2.69	.900
自然	45	3	2	5	3.73	.780
社會	45	4	1	5	4.67	1.022
有效的 N（完全排除）	45					

a 年齡 = 35 歲以下

　　就 35 歲以下群組的父母而言，有效樣本觀察值共有 45 位，其對國小高年級學習科目的重視程度，依序為「數學」（RM=1.91）、「國語」（RM=2.00）、「英語」（RM=2.69）、「自然」（RM=3.73）、「社會」（RM=4.67），其中排序第四的「自然」科目的標準差等於.780、排序第三的「英語」科目的標準差等於.900，標準差的數值很小，表示樣本對二個科目選項看法間的意見頗為一致。

年齡 = 36-44 歲

表 9-18　敘述統計(a)

選填科目	個數	範圍	最小值	最大值	平均數	標準差
國語	36	4	1	5	3.11	1.582
數學	36	3	1	4	2.64	1.018
英語	36	4	1	5	3.22	1.416
自然	36	4	1	5	2.58	1.273
社會	36	4	1	5	3.44	1.594
有效的 N（完全排除）	36					

a　年齡 = 36-44 歲

　　就 36 至 44 歲群組的父母而言（水準數值為 2），有效樣本觀察值有 36 位，其對國小高年級學習科目的重視程度，依序為「自然」（RM=2.58）、「數學」（RM=2.64）、「國語」（RM=3.11）、「英語」（RM=3.22）、「社會」（RM=3.44），五個科目選項的標準差均大於 1，表示樣本看法間的差異較大。36 至 44 歲群體和 35 歲以下群體間對「自然」一科的重視程度看法間有很大差異存在，前者將之列為第一順位，後者將之列為四順位，表示 36 至 44 歲群體的父母將學童「自然」科目的學習列為最重要一的項目；但 35 歲以下群體的父母則將學童「數學」科目的學習列為比「自然」更最重要科目。

年齡 = 45 歲以上

表 9-19　敘述統計(a)

選填科目	個數	範圍	最小值	最大值	平均數	標準差
國語	39	3	1	4	2.15	1.159
數學	39	3	1	4	2.03	.778
英語	39	3	1	4	2.49	1.073
自然	39	4	1	5	3.56	1.209
社會	39	1	4	5	4.77	.427
有效的 N（完全排除）	39					

a　年齡 = 45 歲以上

　　就 45 歲以上群組的父母而言，有效樣本觀察值共有 39 位，其對國小高年級學習科目的重視程度，依序為「數學」（RM=2.03）、「國語」（RM=2.15）、「英語」（RM=2.49）、「自然」（RM=3.56）、「社會」

SPSS 操作與應用——問卷統計分析實務

（RM=4.77），其中排序第五的「社會」科目的標準差等於.427、排序第一的「數學」科目的標準差等於.900，標準差的數值很小，表示樣本看法間的差異較小，尤其是「社會」一科的重視程度，45 歲以上群組間的觀點甚為一致。對於前面三個科目順位，45 歲以上群組的學生家長與 35 歲以下群組的父母間的看法是相同的。

【表格範例】

綜合上述的輸出報表，可以將不同年齡對於學習科目重視程度的等級排序如表 9-20：

表 9-20

選填科目	35 歲以下組		36-44 歲組		45 歲以上組	
	平均數	排序	平均數	排序	平均數	排序
國語	2.00	2	3.11	3	2.15	2
數學	1.91	1	2.64	2	2.03	1
英語	2.69	3	3.22	4	2.49	3
自然	3.73	4	2.58	1	3.56	4
社會	4.67	5	3.44	5	4.77	5

如果研究者想進一步考驗三個組別在五個選項的整體等級間的看法一致性程度是否達到顯著，可以採用肯德爾和諧係數（Kendall coefficient of concordance），肯德爾和諧係數適用於兩列以上的次序變數，表示二組以上次序變項間相關程度的方法。若是肯德爾和諧係數考驗結果之統計量達到顯著，表示三個組別對五個科目選項重要性等級的看法一致性很高。

如果研究者想探究不同「關係」變數在題項二的選填情形，在分割檔案時要以「關係」變數作為分割檔案的目標變數，之後再執行描述性統計量，輸出報表中可以進一步了解父親對學習科目重視程度與母親對學習科目重視程度。

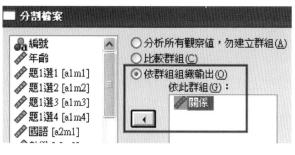

圖 9-14

五、百分比同質性考驗

百分比同質性考驗也是卡方檢定（Chi-square test）的一項功能，適用於二個類別變項所構成的列聯表中各細格的次數或百分比間是否有所差異之檢定。列聯表中的自變項又稱為「設計變項」（design variable），是研究者事先控制操弄的變項，變項屬性為類別變項，依變項又稱為「反應變項」，是研究者所要分析或探討變項，變項屬性為類別變項，研究的目的在於探究自變項各水準類別（各個組別群體）在依變項各水準上的反應次數百分比是否有顯著差異。

【研究問題】

1. 不同「親子關係」對學校滿意度的四個選項反應百分比是否有所不同？
2. 不同「年齡」的父母對學校滿意度四個選項反應百分比間是否有所不同？
3. 不同「親子關係」對班級滿意度的四個選項反應百分比是否有所差異？
4. 不同「年齡」的父母對班級滿意度四個選項反應百分比間是否有所差異？

在上述研究問題中，設計變項（自變項）中的「親子關係」變項為二分類別變項、「不同年齡」變項為三分類別變項，反應變項（依變項）為四個選項的次數百分比，屬類別反應變項，探究不同自變項在依變項反應的差異須採用百分比同質性考驗。

(一)操作程序

1. 步驟 1

執行功能列「分析(A)」／「敘述統計(E)」／「交叉表(C)...」程序，開

啓「交叉表」對話視窗。

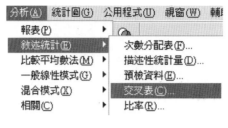

圖 9-15

2. **步驟 2**

在左邊變數清單中將依變項數「學校滿意[a4]」、「班級滿意[a5]」點選至右邊「列(O)」下的方格中，將自變項（背景變項）「關係」、「年齡」點選至右邊「欄(C:」下的方格中。

→按『統計量(S)...』鈕，開啓「交叉表：統計量」次對話視窗，勾選「☑卡方統計量(H)」選項→按『繼續』鈕，回到「交叉表」對話視窗。

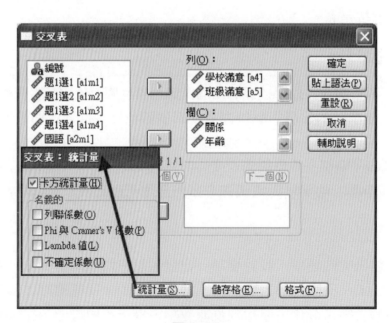

圖 9-16

在「交叉表：統計量」次對話視窗，「名義的」方盒中「列聯係數(O)」、「Phi 與 Cramer's V 係數(P)」、「Lambda 值(L)」是卡方檢定中的關聯係數（measures of association），其中 Phi（Φ）係數適用於二個間斷變項均爲二分類別變項，其數值表示爲 2×2 列聯表之關聯強度指

數，Φ係數值介於-1 至+1 之間，其概念與積差相關係數類似，當二個二分類別變項間的Φ係數絕對值愈接近 1，表示二個變項的關聯程度愈高；列聯係數（coefficient of contigency）適用於二個間斷變項均為三分以上類別變項，其數值表示為 p×p 列聯表（p≥2）之關聯強度指數；Cramer V 係數適用於二個間斷變項的水準數值不同的長方形列聯表。

3. **步驟 3**

按『儲存格(E)...』鈕，開啟「交叉表：儲存格顯示」次對話視窗，在「個數」方盒中勾選「☑觀察值(O)」、「☑期望(E)」選項，在「百分比」方盒中勾選「☑列(R)」、「☑行(C)」、「☑總和(T)」三個選項，在「殘差」方盒中勾選「☑調整的標準化(A)」選項→按『繼續』鈕，回到「交叉表」對話視窗→按『確定』鈕。

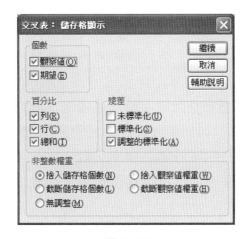

圖 9-17

(二)**輸出結果**

表 9-21 中為觀察值處理摘要，包括觀察值在反自變項與依變項二個變項上均為有效的個數、百分比、遺漏值及總和。上表中有效觀察值有 120位，遺漏值 0 位，四個交叉表中第一個變項為選入「列(O)」方格中的變數，為反應變項（依變項），第二個變項為選入「欄(C)」方格中的變數，為設計變項（自變項），以「學校滿意 * 年齡」訊息為例，「學校滿意」變數為選入「列(O)」方格中的變項，「年齡」變數為選入「欄(C)」方格中的變項，表示的是不同年齡樣本觀察值在學校滿意變項上的差異比較。

表 9-21　觀察值處理摘要

	觀察值					
	有效的		遺漏值		總和	
	個數	百分比	個數	百分比	個數	百分比
學校滿意 * 關係	120	100.0%	0	.0%	120	100.0%
學校滿意 * 年齡	120	100.0%	0	.0%	120	100.0%
班級滿意 * 關係	120	100.0%	0	.0%	120	100.0%
班級滿意 * 年齡	120	100.0%	0	.0%	120	100.0%

學校滿意 * 關係

　　表 9-22 為設計變項與反應變項二個變項所構成的交叉表，由於設計變項（自變項）有二個水準，反應變項（依變項）有四個水準，因而構成 4×2 的列聯表，總共有 8 個細格。每個細格中的第一個數字為觀察值勾選的次數、第二個數字為期望個數、第三個數字為細格占橫列的百分比、第四個數字為細格占縱行的百分比，第五個數字為細格數占總樣本的百分比，第六個數字為細格校正後的標準化殘差值。其中細格中的期望次數（expect count）為該細格所對應的橫列總次數（邊緣總次數）與直行總次數相乘後的積再除以總樣本數（120）。調整後的殘差值（adjusted residual）是實際觀察次數減去期望次數的殘差值之標準化數值。在百分比同質性的事後比較中，簡單的比較方法，可以以調整後的標準化殘差值大小來判別，校正後的標準化殘差值的機率分配接近常態分配，在雙側考驗下，.05 顯著水準的臨界值為 1.96、.01 顯著水準的臨界值為 2.58（*Haberman, 1978*）。

　　以「父親」水準勾選「非常不滿意」選項細格而言，勾選的次數有 9 位、全部樣本勾選「非常不滿意」選項者有 28 位（母親勾選者有 19 位），占橫列百分比=9÷28=.321、樣本中父親的人次有 63 位（母親人次有 57 位），細格占直行百分比=9÷63=.143，總樣本數有 120 位，細格人次占總樣本的百分比 9÷120=0.075，期望值=28×63÷120=.147。校正後標準化的殘差值為-2.5。

　　表 9-23 為百分比同質性檢定卡方統計量，Pearson 卡方值為 16.139、自由度為 3，顯著性機率值p=.001<.05，達到.05 顯著水準，表示不同親子關係的類別（父親、母親二個水準群體）在學校滿意度四個反應變項上至少有一個選項選擇的次數百分比間有顯著差異。從上述交叉表中之校正後標準化殘差值（AR值）可以看出，在「非常不滿意」選項上，父親與母親的看法間有顯著的不同，母親勾選此選項的百分比（=15.8%，AR=2.5）顯著地

高於父親勾選此選項的百分比（=7.5%，AR=-2.5）；在在「滿意」選項上，父親與母親的看法間也有顯著地不同，父親勾選此選項的百分比（=17.5%，AR=3.3）顯著地高於母親勾選此選項的百分比（4.2%，AR=-3.3），即學童父親對學校整體滿意度中「滿意」選項的勾選百分比顯著地多於母親勾選「滿意」選項的百分比。

表 9-22　交叉表

			關係		總數
			父親	母親	
學校滿意	非常不滿意	個數	9	19	28
		期望個數	14.7	13.3	28.0
		學校滿意內的 %	32.1%	67.9%	100.0%
		關係內的 %	14.3%	33.3%	23.3%
		總和的 %	7.5%	15.8%	23.3%
		調整後的殘差	-2.5	2.5	
	不滿意	個數	21	14	35
		期望個數	18.4	16.6	35.0
		學校滿意內的 %	60.0%	40.0%	100.0%
		關係內的 %	33.3%	24.6%	29.2%
		總和的 %	17.5%	11.7%	29.2%
		調整後的殘差	1.1	-1.1	
	滿意	個數	21	5	26
		期望個數	13.7	12.4	26.0
		學校滿意內的 %	80.8%	19.2%	100.0%
		關係內的 %	33.3%	8.8%	21.7%
		總和的 %	17.5%	4.2%	21.7%
		調整後的殘差	3.3	-3.3	
	非常滿意	個數	12	19	31
		期望個數	16.3	14.7	31.0
		學校滿意內的 %	38.7%	61.3%	100.0%
		關係內的 %	19.0%	33.3%	25.8%
		總和的 %	10.0%	15.8%	25.8%
		調整後的殘差	-1.8	1.8	
總和		個數	63	57	120
		期望個數	63.0	57.0	120.0
		學校滿意內的 %	52.5%	47.5%	100.0%
		關係內的 %	100.0%	100.0%	100.0%
		總和的 %	52.5%	47.5%	100.0%

表 9-23　卡方檢定

	數值	自由度	漸近顯著性（雙尾）
Pearson 卡方	16.139(a)	3	.001
概似比	16.942	3	.001
線性對線性的關聯	.544	1	.461
有效觀察值的個數	120		

a 0 格（.0%）的預期個數少於 5。 最小的預期個數為 12.35。

　　卡方考驗結果若是達到顯著，表示設計變項的 X 個群體或類別間，至少有二個群體或組別在反應變項 Y 中的某個反應選項百分比間有顯著差異。利用校正後標準化殘差值（adjusted residual）進行組別群體間百分比差異比較時，若是自變項只有二組，則二組的標準化殘差值的絕對值相對，數值正負號剛好相反。如果自變項的水準群體在三組以上，理論上應採用「同時信賴區間」（simultaneous confidence interval）估計法，以進一步探究是哪二個水準群體在某個反應選項上百分比差異達到顯著，但 SPSS14.0 中文版並沒有提供此項功能，此時卡方檢定的事後比較可以採用上述學者 Haberman（1978）所提的方法，但 Haberman（1978）所提調整化殘差值估計法，並無法像變異數分析之事後比較中可進行兩兩比較，雖然如此，研究者還是可以藉由調整化殘差值的估計法，來考驗自變項某一水準群體與其他水準群體在每個反應選項上的百分比差異是否達到顯著。

學校滿意 * 年齡

　　表 9-24 為三個年齡水準群體與學校滿意度知覺四個類別所構成的交叉表，由於設計變項年齡有三個水準，反應變項學校滿意度變數有四個類別，因而構成 4×3 列聯表，共有 12 個細格，每個細格呈現觀察個數、觀察個數占總樣本數百分比、校正後的標準化殘差值。

　　表 9-25 為百分比同質性檢定卡方統計量，Pearson 卡方值為 8.620、自由度為 6，顯著性機率值 p=.196>.05，未達到.05 顯著水準，接受虛無假設，表示不同年齡的學童家長（35 歲以下、36-44 歲、45 歲以上三個水準群體）在學校滿意度四個反應變項上沒有一個選項選擇的百分比間有顯著差異。

表 9-24　交叉表

			年齡			總和
			35 歲以下	36-44 歲	45 歲以上	
學校滿意	非常不滿意	個數	14	10	4	28
		總和的 %	11.7%	8.3%	3.3%	23.3%
		調整後的殘差	1.6	.8	-2.4	
	不滿意	個數	13	11	11	35
		總和的 %	10.8%	9.2%	9.2%	29.2%
		調整後的殘差	-.1	.2	-.2	
	滿意	個數	6	7	13	26
		總和的 %	5.0%	5.8%	10.8%	21.7%
		調整後的殘差	-1.7	-.4	2.2	
	非常滿意	個數	12	8	11	31
		總和的 %	10.0%	6.7%	9.2%	25.8%
		調整後的殘差	.2	-.6	.4	
總和		個數	45	36	39	120
		總和的 %	37.5%	30.0%	32.5%	100.0%

表 9-25　卡方檢定

	數值	自由度	漸近顯著性（雙尾）
Pearson 卡方	8.620(a)	6	.196
概似比	9.148	6	.165
線性對線性的關聯	3.112	1	.078
有效觀察值的個數	120		

a 0 格（.0%）的預期個數少於 5。 最小的預期個數爲 7.80。

班級滿意 * 年齡

　　表 9-26 爲三個年齡水準群體與班級滿意度知覺四個類別（非常不滿意、不滿意、滿意、非常滿意）所構成的交叉表，由於設計變項年齡有三個水準（35 歲以下、36-44 歲、45 歲以上三個群體類別），反應變項班級滿意度變數有四個類別，因而構成 4×3 列聯表，共有 12 個細格，每個細格呈現觀察個數、觀察個數占總樣本數百分比、校正後的標準化殘差值。

表 9-26　交叉表

			年齡			總和
			35 歲以下	36-44 歲	45 歲以上	
班級滿意	非常不滿意	個數	21	3	8	32
		總和的 %	17.5%	2.5%	6.7%	26.7%
		調整後的殘差	3.8	-3.0	-1.1	
	不滿意	個數	15	9	6	30
		總和的 %	12.5%	7.5%	5.0%	25.0%
		調整後的殘差	1.6	.0	-1.7	
	滿意	個數	3	21	10	34
		總和的 %	2.5%	17.5%	8.3%	28.3%
		調整後的殘差	-4.1	4.8	-.5	
	非常滿意	個數	6	3	15	24
		總和的 %	5.0%	2.5%	12.5%	20.0%
		調整後的殘差	-1.4	-2.1	3.5	
總和		個數	45	36	39	120
		總和的 %	37.5%	30.0%	32.5%	100.0%

　　表 9-27 為百分比同質性檢定卡方統計量，Pearson 卡方值為 43.612、自由度為 6，顯著性機率值 p=.000<.05，達到.05 顯著水準，表示不同年齡家長的類別（35 歲以下、36-44 歲、45 歲以上三個群體類別），在班級滿意度四個反應變項上（非常不滿意、不滿意、滿意、非常滿意）至少有一個選項選擇的次數百分比間有顯著差異。從上述交叉表中之校正後標準化殘差值（AR 值）可以看出：就「非常不滿意」反應選項而言，「35 歲以下組」勾選的百分比（=17.5%，AR=3.8）顯著地多於「36-44 歲組」勾選的百分比（=2.5%，AR=-3.0）；就「滿意」反應選項而言，「35 歲以下組」勾選的百分比（=2.5%，AR=-4.1）則顯著地少於「36-44 歲組」勾選的百分比（=17.5%，AR=4.8）；就「非常滿意」反應選項而言，「45 歲以上組」勾選的百分比（=12.5%，AR=3.5）顯著地多於「36-44 歲組」勾選的百分比（=2.5%，AR=-2.1）。

　　在「交叉表」對話視窗中，若是將設計變項「年齡」選入右邊「列(O)」的方格中，而將反應變項「班級滿意[a5]」選入右邊「欄(C)」下的方格中，則輸出報表的解釋與上述不同，但最後的結果是相同的，表 9-28 為輸出報表。

表 9-27　卡方檢定

	數值	自由度	漸近顯著性（雙尾）
Pearson 卡方	43.621(a)	6	.000
概似比	44.282	6	.000
線性對線性的關聯	16.520	1	.000
有效觀察值的個數	120		

a 0 格（.0%）的預期個數少於 5。 最小的預期個數為 7.20。

表 9-28　年齡 * 班級滿意 交叉表

年　齡　變　項	設計變項		班級滿意				總和
			非常不滿意	不滿意	滿意	非常滿意	
年齡	35 歲以下	個數	21	15	3	6	45
		總和的 %	17.5%	12.5%	2.5%	5.0%	37.5%
		調整後的殘差	3.8	1.6	-4.1	-1.4	
	36-44 歲	個數	3	9	21	3	36
		總和的 %	2.5%	7.5%	17.5%	2.5%	30.0%
		調整後的殘差	-3.0	.0	4.8	-2.1	
	45 歲以上	個數	8	6	10	15	39
		總和的 %	6.7%	5.0%	8.3%	12.5%	32.5%
		調整後的殘差	-1.1	-1.7	-.5	3.5	
總和		個數	32	30	34	24	120
		總和的 %	26.7%	25.0%	28.3%	20.0%	100.0%

　　從上述年齡與班級滿意變項之交叉表中可以發現：就 35 歲以下組群體而言，勾選「非常不滿意」反應選項的次數百分比（＝17.5%，AR=3.8）與勾選「滿意」反應選項的次數百分比（＝2.5%，AR=-4.1）間有顯著差異存在；就 36-44 歲組群體而言，勾選「滿意」反應選項的次數百分比（＝17.5%，AR=4.8）與勾選「非常不滿意」反應選項的次數百分比（＝2.5%，AR=-3.0）間有顯著差異存在，而此群體勾選「滿意」反應選項的次數百分比（＝17.5%，AR=4.8）與勾選「滿意」反應選項的次數百分比（＝2.5%，AR=-2.1）間有顯著差異存在，至於 45 歲以上群體在四個反應選項勾選的百分比間則沒有顯著差異。由上述結果可以得知：35 歲以下組群體對班級滿意度的反應中，勾選「非常不滿意」選項的百分比顯著地高於「滿意」選項的百分比；36--44 歲組群體對班級滿意度的反應中，勾選「滿意」選項的百分比顯著地高於「非常不滿意」選項的百分比。

表 9-29　方向性量數

			數值	漸近標準誤(a)	漸近標準誤(a)	顯著性近似值
以名義量數為主	Lambda 值	對稱性量數	.311	.062	4.785	.000
		年齡依變數	.360	.072	4.328	.000
		班級滿意依變數	.267	.070	3.444	.001
	Goodman 與 Kruskal Tau 測量	年齡依變數	.183	.050		.000(c)
		班級滿意依變數	.125	.035		.000(c)

a 未假定虛無假設為眞。
b 使用假定虛無假設為眞時之漸近標準誤。
c 以卡方近似法為準

在「交叉表：統計量」次對話視窗中，在「名義的」方盒內若勾選「☑ Lambda 值(L)」選項，可以呈現方向性量數（directional measures）統計量。方向性測量值中 Lambda 值（λ係數）為預測關聯性指標值，λ係數表示當二個變項間有關聯存在時，得知樣本在設計變項的訊息可以預測樣本在反映變的訊息，λ係數值愈高預測的正確性愈大，λ係數值愈低預測的正確性愈小。表格中「班級滿意度依變數」的λ係數值等於.267，表示當知道樣本年齡變項時，可增加預測其對班級滿意度反應選項之正確性達 26.7%，當樣本年齡屬「35 歲以下組」群體時，預測其對班級滿意反應選項中以勾選「非常不滿意」選項的比例值最大，當樣本年齡屬「36-44 歲組」群體時，預測其對班級滿意反應選項中以勾選「滿意」選項的比例值最大；當樣本年齡屬「44 歲以上組」群體時，預測其對班級滿意反應選項中以勾選「非常滿意」選項的比例值最大。

當預測關聯性指標值 Lambda 係數等於 1 時，表示二個變數間為完全關聯關係，知道第一個變數的數值時可以正確預測第二個變數不同數值的個數；當 Lambda 係數等於 0 時，表示二個變數間可能完全無關聯存在或有其他意義的關聯存在，Lambda 係數愈接近 1（比例值愈大）時，二個變數間的關聯程度愈密切。Lambda 係數的估算公式如下：

$$\lambda = \frac{E_1 - E_2}{E_1} = 1 - \frac{E_2}{E_1}$$

E_1 表示以未知的第一個變數去預測第二個變數時所產生的誤差、E_2 表示以已知的第一個變數去預測第二個變數時所產生的誤差。

對於 Lambda 係數值所對應的關聯強度判別如下（*Black, 1993, p.137*）：

表 9-30

Lambda 係數值	關聯強度程度
0.20 以下	非常微弱的關聯程度
0.20～0.40	低度關聯程度
0.40～0.70	中度關聯程度
0.70～0.90	高度關聯程度
0.90 以上	關聯程度十分強烈

上述不同年齡之學生家長在班級滿意度感受之百分比同質性考驗之報表結果，可以統整歸納如下：

【表格範例】

表 9-31 不同年齡之家長對班級滿意度四個反應選項勾選之次數及卡方考驗摘要表

反應變項	設計變項	年齡			事後比較
		35 歲以下(A)	36-44 歲(B)	45 歲以上(C)	
非常不滿意	個數	21	3	8	A>B
	百分比%	17.5	2.5	6.7	
不滿意	個數	15	9	6	
	百分比%	12.5	7.5	5.0	
滿意	個數	3	21	10	B>A
	百分比%	2.5	17.5	8.3	
非常滿意	個數	6	3	15	C>B
	百分比%	5.0	2.5	12.5	
χ^2 值 ＝43.621***					

***p<.001

第十章

平均數差異檢定

在問卷調查分析中，常用的平均數差異檢定為獨立樣本t考驗及單因子變異數分析（one-way analysis of variance；簡稱為 one-way ANOVA）。t 考驗統計法適用於二個平均數的差異檢定，其適用的時機：自變項為二分間斷變數（二個群體類別）、依變數為連續變數；而單因子變異數分析則適用於三個以上母群體間平均數的差異檢定，變異數分析 F 統計量屬於整體考驗，當 F 值達到顯著時，表示至少有二個水準在依變項的平均數間有顯著差異，至於是哪些配對組在依變項平均數間有顯著差異，進一步要進行「事後比較」，常用的事後比較方法如「Tukey 最實在顯著差異法」（honestly significant difference；簡稱為 HSD 法）；「紐－曼氏法」（Newman-Keul's method；簡稱為 N-K 法）；「薛氏法」（Scheffe's method；簡稱為 S 法）、「最小顯著差異法」（Least significant difference；簡稱 LSD 法），S 法較 HSD 法及 N-K 法嚴格，進行組別間的事後比較時較不容易達到顯著水準。

10-1 積差相關

【研究問題】

某體育學者想探究運動員的生活壓力、社會支持與身心倦怠的關係，隨機抽取 40 名運動員，讓抽取樣本填寫「生活壓力量表」、「社會支持量表」、「身心倦怠感量表」，各量表的得分愈高表示生活壓力愈高、社會支持愈多、身心倦怠感愈大。背景變項方面包括「性別」變項，為二分類別變項，水準數值 1 為男生、水準數值 2 為女生；「年齡」變項，為三分類別變項，水準數值1為「25 歲以下」、水準數值2為「26歲至 30 歲」，水準數值3為「31 歲以上」。

三個研究問題如下：

1. 運動員的生活壓力、社會支持與身心倦怠感間是否有顯著的相關？
2. 不同性別的運動員在生活壓力、社會支持與身心倦怠感間是否有顯著差異？
3. 不同年齡的運動員在生活壓力、社會支持與身心倦怠感間是否有顯著差異？

研究問題 1──積差相關

在〈研究問題 1〉所探究的爲運動員在三個變項上的關係,由於生活壓力、社會支持與身心倦怠感三個變數均屬於連續變項,因而採用的相關方法稱爲「積差相關」(product-moment correlation),此相關方法由統計學家 K. Pearson 所創建。相關係數值爲正表示二個變項間爲正相關(positive correlation),相關係數值爲負表示二個變項間爲負相關(negative correlation),相關係數的絕對值表示係數大小或強弱(magnitude),相關係數的絕對值愈大,表示二者變項間的關聯性愈強,相關係數的絕對值愈小,表示二者變項間的關聯性愈弱,積差相關係數值大小介於-1 至+1 之間。

在推論統計中,二個變項間的相關是否達到顯著,不能單從積差相關係數絕對值的大小來判別,必須從積差相關係數顯著性考驗的機率值 p 來判定,若是顯著性機率值 $p > .05$,表示二個變項間的相關未達顯著,即二個變項間沒有呈顯著的正相關或顯著的負相關;相反的,若是顯著性機率值 $p < .05$,表示二個變項間的相關達到顯著,相關係數不是機遇(by chance)造成的,二個變項間呈顯著的正相關或顯著的負相關,當二個變項間的相關係數達到顯著時,可以再從相關係數絕對值大小來判別二個變項關聯程度(degree of association)。一般的判別如表 10-1:

表 10-1

相關係數絕對值	關聯程度	決定係數
$r < .40$	低度相關	$< .16$
$.40 \leq r \leq .70$	中度相關	$.16 \leq r 平方 \leq .49$
$r > .70$	高度相關	$> .49$

積差相關係數的平方值爲「決定係數」(coefficient of determination),在簡單迴歸分析中表示的是在依變項的總變異量中,可以被自變項解釋的變異量百分比。在積差相關分別中,由於二個變項沒有區分何者爲自變項、何者爲依變項,因而決定係數表示的是第一個變項總變異量中,可以被第二個變項解釋的變異量百分比,也可以說是第二個變項總變異量中,可以被第一個變項解釋的變異量百分比。

㈠操作程序

從功能列執行「分析(A)」／「相關(C)」／「雙變數(E)」開啟「雙變數相關分析」對話視窗。

→在左邊變數清單中將目標變數「生活壓力」、「社會支持」、「身心倦怠」三個點選至右邊「變數(V)」下的方盒中。

→在下方「相關係數」方盒中勾選『☑Pearson相關係數(N)』選項，「顯著性檢定」方盒中選取內定「雙尾檢定(T)」→勾選最下方的「☑相關顯著性訊號(F)」選項→按『選項(O)...』鈕，開啟「雙變數相關分析：選項」次對話視窗。

──→在「統計量」方盒中勾選「☑平均數與標準差」、「☑叉積離差與共變異數矩陣」選項→按『繼續』鈕，回到「雙變數相關分析」對話視窗→按『確定』鈕。

圖 10-1

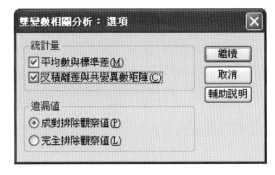

圖 10-2

㈡輸出結果

相關

表 10-2 為積差相關操作程序中所輸出的描述性統計量，包括平均數、標準差與個數，三個變項為「生活壓力」、「社會支持」、「身心倦怠」。上述三個變項均為各量表測得的總分，在實務研究中，每份量表可能又包含不同的向度，如身心倦怠量表包含三個層面：生理症狀、心理情緒、行為表現，社會支持量表包含三個層面：老師支持、家人支持、同儕支持，二者分析架構如圖 10-3：

表 10-2　描述性統計量

	平均數	標準差	個數
生活壓力	34.00	8.455	40
社會支持	29.95	8.668	40
身心倦怠	30.68	7.607	40

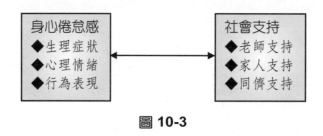

圖 10-3

在求身心倦怠感、社會支持二個變項間的相關時，也要求出各層面間的相關，以身心倦怠感及社會支持二個變數而言，其相關係數如表 10-3：

表 10-3

身心倦怠 ＼ 社會支持	老師支持	家人支持	同儕支持	整體社會支持
生理症狀	相關係數 1	相關係數 2	相關係數 3	相關係數 4
心理情緒	相關係數 5	相關係數 6	相關係數 7	相關係數 8
行為表現	相關係數 9	相關係數 10	相關係數 11	相關係數 12
整體身心倦怠	相關係數 13	相關係數 14	相關係數 15	相關係數 16

表 10-4 為三個變項間的相關矩陣，相關矩陣為兩兩變項配對所形成的矩陣，矩陣的對角線為變項與變項間的相關，其相關係數的數值等於 1，細格中的共變異數列為變項本身的變異數（變項與變項本身沒有共變關係）。生活壓力、社會支持、身心倦感三個變項的變異數分別為 71.487、75.126、57.866，變項與其他變項間細格數值依序為 Pearson 積差相關係數、相關係數顯著性考驗之 p 值、叉積平方和或離均差平方和、共變異數數值、有效樣本數，上三角矩陣數據與下三角矩陣數據相同。以生活壓力和社會支持變項為例，積差相關係數為-.670，相關係數顯著性考驗 p 值等於.000<.05，達到.05 顯著水準，叉積平方和為-1916.000，共變異數等於-49.128。其中共變異數與叉積平方和有以下關係：

表 10-4　相關

		生活壓力	社會支持	身心倦怠
生活壓力	Pearson 相關	1	-.670(**)	.812(**)
	顯著性（雙尾）		.000	.000
	叉積平方和	2788.000	-1916.000	2038.000
	共變異數	71.487	-49.128	52.256
	個數	40	40	40
社會支持	Pearson 相關	-.670(**)	1	-.619(**)
	顯著性（雙尾）	.000		.000
	叉積平方和	-1916.000	2929.900	-1590.650
	共變異數	-49.128	75.126	-40.786
	個數	40	40	40
身心倦怠	Pearson 相關	.812(**)	-.619(**)	1
	顯著性（雙尾）	.000	.000	
	叉積平方和	2038.000	-1590.650	2256.775
	共變異數	52.256	-40.786	57.866
	個數	40	40	40

** 在顯著水準為 0.01 時（雙尾），相關顯著。

$$COV_{(X,Y)} = \frac{CP_{XY}}{N-1} = \frac{(X-\overline{X})(Y-\overline{Y})}{N-1}$$
$$-49.128 = -1916.000 \div (40-1) = -49.128$$

至於二個變項的積差相關係數等於二個變項的共變異數除以二個變項標準差的乘積，公式如下：

$$r_{XY} = \frac{COV_{(X,Y)}}{S_X S_Y} = \frac{-49.128}{8.455 \times 8.668} = -.670$$

在積差相關操作程序中，如勾選「☑相關顯著性訊號(F)」選項，在相關係數矩陣中，如果顯著性 p 值小於.05，會於相關係數旁加註「(*)」，若是顯著性 p 值小於.01 或小於.001 時，會於相關係數旁加註「(**)」。從上表中可以得知：生活壓力與社會支持二個變數呈現顯著負相關，相關係數= -.670（p=.000<.05），二者關係為中度負相關，決定係數 R^2 等於.4489；生活壓力與身心倦怠二個變數呈現顯著正相關，相關係數=.812（p=.000<.05），二者關係為高度正相關，決定係數 R^2 等於.6593；身心倦怠與社會支持二個變數呈現顯著負相關，相關係數=-.619（p=.000<.05），二者關係為中度負相關，決定係數等於.3832。

上述決定係數 R^2 為積差相關係數的平方，表示第一個變項可以解釋第二個變項多少變異量，或第二個變項可以解釋第一個變項多少變異量。以生活壓力與社會支持二個變項而言，其積差相關係數為-.670，二者為顯著負相關，表示運動員感受的社會支持程度愈低，則其知覺的生活壓力愈大；相對的，運動員感受的社會支持程度愈高，則其知覺的生活壓力愈小。二個變數間的決定係數為.449，表示社會支持變項可以解釋生活壓力變項總變異的 44.9%，或表示生活壓力變項可以解釋社會支持變項總變異的 44.9%。

【表格範例】

表 10-5　運動員生活壓力、社會支持與身心倦怠感間的相關矩陣表

檢定變項	生活壓力	社會支持	身心倦怠
生活壓力	1.000		
社會支持	-.670*** （R^2=.449）	1.000	
身心倦怠	.812 （R^2=.659）	-.619*** （R^2=.383）	1.000

***p<.001 括號內為決定係數。

10-2 平均數差異檢定──t 檢定

研究問題 2──獨立樣本 t 檢定

獨立樣本 t 檢定適用於二個群體平均數的差異檢定，其自變項為二分類別變項，依變項為連續變項，研究問題如：高生活壓力組學生、低生活壓力組學生的學業成就是否有顯著的不同；男女生的工作壓力是否有顯著的不同等。上述研究問題 2〈不同性別的運動員在生活壓力、社會支持與身心倦怠感間是否有顯著差異？〉，自變項性別為二分類別變項，檢定變數為生活壓力、社會支持與身心倦怠感，三個檢定變數均為連續變數，因而採用的統計方法為獨立樣本 t 檢定。獨立樣本 t 檢定的適用模式圖如圖 10-4：

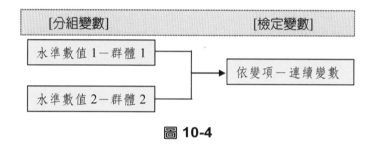

圖 10-4

(一)操作程序

1. 步驟 1

從功能列執行「分析(A)」／「比較平均數法(M)」／「獨立樣本 T 檢定(T)...」，開啟「獨立樣本 T 檢定」對話視窗。

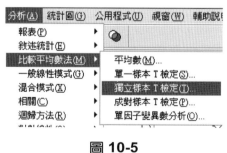

圖 10-5

2.**步驟 2**

在左邊變數清單中將目標變數「生活壓力」、「社會支持」、「身心倦怠」三個點選至右邊「檢定變數(T)」下的方盒中。

→在左邊變數清單中將自變項「性別」點選至右邊「分組變數(G)」方盒中，此時「分組變數(G)」方盒中會出現「性別(? ?)」，點選「性別(? ?)」選項，按『定義組別(D)...』，開啟「定義組別」次對話視窗。

─→選取「⊙使用指定的數值(U)」選項，在「組別 1(1)」的右方空格中鍵入第 1 組（男生）的數值編碼 1。

─→在「組別 2(2)」的右方空格中鍵入第 2 組（女生）的數值編碼 2。

─→按『繼續』鈕，回到「獨立樣本 T 檢定」對話視窗，「分組變數(G)」方盒中的變項會由「性別(? ?)」轉為「性別(1 2)」。

→按『確定』鈕。

圖 10-6

在「獨立樣本 T 檢定」對話視窗中，每次統計分析程序只能選取一個「分組變數」，至少要選取一個「檢定變數」，若是同時選取多個檢定變數，則統計分析程序中會分別進行分組變數在檢定變數之平均數差異的 T 檢定，T 檢定統計量會分開呈現。

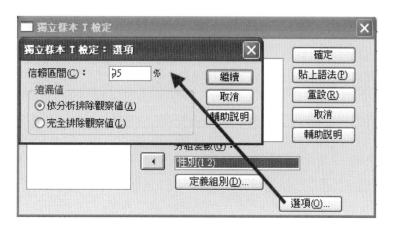

圖 10-7

在「獨立樣本 T 檢定」對話視窗中，按『選項(O)...』鈕，可開啟「獨立樣本 T 檢定：選項」次對話視窗，在「遺漏值」方盒中可選取遺漏值的處理方式，內定選項為「⊙依分析排除觀察值」，表示分析的變數中如有遺漏值，則在分析此變數時才將此筆觀察值排除掉。在「信賴區間(C)」的方格中，內定 95%的信賴區間估計值，若是研究者要改為 99%的信賴區間估計值，則在方格中輸入「99」，在推論統計中通常將第一類型錯誤率定為.05（顯著水準=.05），因而此內定選項更改的時機較少。

㈡輸出結果

T 檢定

表 10-6 的組別統計量為自變項在三個依變項上之描述統計結果，包括依變項名稱、自變項的名稱、組別有效樣本數、組別平均數、標準差及平均數估計標準誤（Std. Error Mean），由於資料檔中「性別」變項有界定水準數值標記，1 為男生、2 為女生，故報表中自變項水準數值會直接呈現數值標記：男生、女生，若是資料檔「性別」變項的水準數值未界定數值標記，則第二欄「性別」行會出現 1、2。

表 10-6　組別統計量

檢定變項	性別	個數	平均數	標準差	平均數的標準誤
生活壓力	男生	18	29.78	7.863	1.853
	女生	22	37.45	7.411	1.580
社會支持	男生	18	33.44	9.581	2.258
	女生	22	27.09	6.796	1.449
身心倦怠	男生	18	26.28	7.144	1.684
	女生	22	34.27	6.001	1.280

　　就生活壓力依變項而言，男生有效樣本為 18 位，其平均數為 29.78、標準差為 7.863、平均數的標準誤為 1.853；女生有效樣本為 22 位，其平均數為 37.45、標準差為 7.411、平均數的標準誤為 1.580，平均數的標準誤等於 $\frac{SD}{\sqrt{N}}$，上述 $1.853 = \frac{7.863}{\sqrt{18}}$、$1.580 = \frac{7.411}{\sqrt{22}}$。

　　自變項在三個依變項的平均數數據中，就生活壓力依變項而言，女生的平均數（M=37.45）高於男生（M=29.78）、就社會支持依變項而言，男生的平均數（M=33.44）高於女生（M=27.09）、就身心倦怠依變項而言，女生的平均數（M=34.27）高於男生（M=26.28）。二個組別平均數間高低的差異必須經過檢定（test），才能確知其差異值間是否達到顯著，若是 t 檢定結果的統計量未達到顯著水準，則此種差異是沒有意義的，因為它可能是抽樣誤差或機遇所造成的，因而研究者不能只根據平均數的高低數值來直接推論男女生在依變項上哪一個群體得分較高或哪一個群體得分較低。

　　表 10-7 為獨立樣本 t 檢定結果。平均數差異檢定的基本假設之一就是變異數同質性假設，亦即樣本的變異數必須具有同質性，因而 SPSS 在進行 t 考驗之前，會先進行二組之的離散狀況是否相似的考驗，當二個母體變異數相同時，則稱兩個母體間具有變異數同質性（homogeneity of variance）。如果樣本所在母群體的變異數之間有顯著差異，平均數檢定的方法會有所不同，未能符合 $\sigma^2_{x1} = \sigma^2_{x2}$ 的基本假定時，最好採用校正公式——柯克蘭和柯克斯所發展的 t 考驗法。SPSS 統計分析中採用 Levene 檢定法來考驗二組的變異數是否相等（同質）。

表 10-7　獨立樣本檢定

		變異數相等的 Levene 檢定		平均數相等的 t 檢定						
		F 檢定	顯著性	t	自由度	顯著性（雙尾）	平均差異	標準誤差異	差異的 95% 信賴區間	
									下界	上界
生活壓力	假設變異數相等	.001	.976	-3.171	38	.003	-7.677	2.421	-12.577	-2.776
	不假設變異數相等			-3.152	35.508	.003	-7.677	2.435	-12.619	-2.735
社會支持	假設變異數相等	6.452	.015	2.450	38	.019	6.354	2.593	1.103	11.604
	不假設變異數相等			2.368	29.790	.025	6.354	2.683	.872	11.835
身心倦怠	假設變異數相等	.535	.556	-3.848	38	.000	-7.995	2.078	-12.201	-3.789
	不假設變異數相等			-3.780	33.310	.001	-7.995	2.115	-12.296	-3.694

「變異數相等的 Levene 檢定」（Levene's Test for Equality of Variances）為考驗變異數是否相等的 Levene 檢定法，Levene 檢定用於考驗二組變異數是否同質，以「生活壓力」依變項而言，經 Levene 法的 F 值考驗結果，F 統計量等於.001，p＝.976＞.05，未達.05 的顯著水準，應接受虛無假設：H_0：$\sigma^2_{X1} = \sigma^2_{X2}$，表示應將二組變異數視為相等，因而 t 檢定數據要看第一列「假設變異數相等」（Equal variances assumed）中的數值；如果 Levene 法的 F 值考驗結果達到顯著水準（p＜.05），要拒絕虛無假設，接受對立假設：H_1：$\sigma^2_{X1} \neq \sigma^2_{X2}$，此時應查看第二列「不假設變異數相等」（Equal variances not assumed）中的 t 統計量的數據，表示二組樣本變異數不同質，採用校正過的 t 考驗法。就「社會支持」依變項而言，經 Levene 法的 F 值考驗結果，F 值等於 6.452，p＝.015＜.05，達到顯著水準，故應查看「不假設變異數相等」列之 t 值。

獨立樣本 t 檢定之判斷流程圖如下：

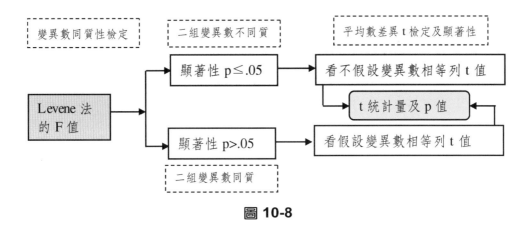

圖 10-8

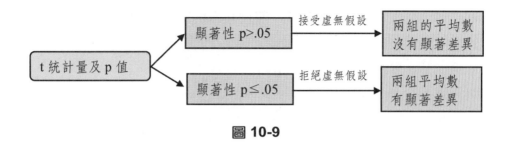

圖 10-9

就性別在「生活壓力」的差異比較而言，「變異數相等的 Levene 檢定」之 F 值未達顯著差異（F=.001，p＝.976>.05），表示二組樣本變異數同質，看第「假設變異數相等」列之 t 值，t 值等於-3.171、df＝38、p＝.003<.05，已達.05 顯著水準，平均數的差異值等於-7.677，表示男女運動員的「生活壓力」感受有顯著差異存在，其中女生的生活壓力感受顯著的高於男生的生活壓力感受。在符合二個母群體變異數相等的假定下，採用合併樣本變異數（pooled sample variance），t 統計量由下列公式求出：

$$S_P^2 = \frac{S_1^2(N_1-1) + S_2^2(N_2-1)}{N_1+N_2-2}$$

$$t = \frac{\overline{X}_1 - \overline{X}_2}{\sqrt{S_P^2(\frac{1}{N_1} + \frac{1}{N_2})}}$$

t 值顯著性的判別中，判別二組平均數差異檢定之 t 值是否是顯著，除參考機率值（p 值）（顯著性欄之數值）外，亦可判別差異值之 95%的信賴區間，根據點估計值所得的區間估計值若包括 0 這個數值，必須接受虛無假設；相反的，若未包括 0 這個數值，就可以拒絕虛無假設，接受對立假設。此欄在報表中為最後一欄「差異 95%信賴區間」（95% Confidence Interval of the Difference），如果平均數差異 95%的信賴區間未包含 0 在內，表示二者的差異顯著；相對的，若是平均數差異 95%的信賴區間包含 0 在內，表示二者平均數有可能相等，二者的差異就不顯著，生活壓力差異之 95%的信賴區間為〔-12.577，-2.776〕，未包含 0，應拒絕虛無假設，表示生活壓力會因學生性別的不同而有顯著差異。在獨立樣本 t 檢定中，SPSS 只提供雙側考驗結果，如果統計假設是屬於單側考驗，則須再將 SPSS 輸出之 t 值的顯著性 p 再除以 2，以生活壓力檢定變數而言，單側考驗的顯著性機率值=.003÷2=.0015。

就「社會支持」性別差異而言，「變異數相等的 Levene 檢定」之 F 值達到顯著差異（F = 6.452，p = .015<.05），表示二組樣本變異數不同質，應採用校正後的 t 值，校正後的 t 值統計量呈現於第二列，此時應查看「不假設變異數相等列」之 t 值，t 值等於 2.368、df = 29.79、p = .025<.05，達.05 顯著水準，平均數的差異值等於 6.354，表示男女運動員的社會支持有顯著差異存在，其中男生的社會支持感受顯著地高於女生的社會支持知覺。其差異值 95%的信賴區間為〔.872，11.835〕，未包含 0，表示運動員的社會支持會因其性別的不同而有顯著差異。

就「身心倦怠」組別差異而言，「變異數相等的 Levene 檢定」之 F 值未達到顯著差異（F=.353，p = .556>.05），表示二組樣本變異數同質，查看「假設變異數相等」列之數據，t 值等於-3.848、df = 38、p = .000<.05，達.05顯著水準，平均數的差異值等於-7.995，表示男女運動員的「身心倦怠」有顯著差異存在，其中女生的身心倦怠（M=34.27）感受顯著地高於男生的身心倦怠知覺（M = 26.28）。

報表中假設變異數不相等列之「標準誤差異」（Std. Error Difference）欄為平均數差異值的估計標準誤，在此研究問題中分別為 2.435、2.683、2.115，其值等於二組樣本平均數標準誤的平方相加後，再開根號而來：

$$2.435 = \sqrt{1.853^2 + 1.580^2}$$

【表格範例】

表 10-8　不同性別運動員在生活壓力、社會支持與身心倦怠感之差異比較

檢定變項	性別	個數	平均數	標準差	t 值
生活壓力	男生	18	29.78	7.863	-3.171**
	女生	22	37.45	7.411	
社會支持	男生	18	33.44	9.581	2.368*
	女生	22	27.09	6.796	
身心倦怠	男生	18	26.28	7.144	-3.848***
	女生	22	34.27	6.001	

* p<.05　***p<.001

從上述不同性別運動員在生活壓力、社會支持與身心倦怠感之差異比較摘要表中可以發現，運動員性別變項在三個依變項檢定之 t 統計量均達顯

著水準，顯著性機率值 p 均小.05，表示不同性別的運動員在生活壓力、社會支持與身心倦怠感的知覺感受均有顯著的不同，女性運動員所知覺的生活壓力（M=37.45）顯著地高於男性運動員（M=29.78），女性運動員所知覺的身心倦怠感（M=34.27）也顯著地高於男性運動員（M=26.28），男性運動員所知覺的社會支持（M=33.44）則顯著地高於女性運動員（M=27.09）。

在獨立樣本 t 檢定中，若是分組變數在檢定變數的平均數差異達到顯著差異，研究者可進一步求出效果值，效果值（size of effect）代表的是「實務顯著性」（practical signidicance），而 t 統計量及顯著性 p 值代表的是「統計顯著性」（statictical significance）。效果值表示的依變項的總變異中有多少的變異可以由分組變數來解釋，效果值若小於或等於.06 表示分組變數與檢定變數間為一種低度關聯強度、效果值若大於或等於.14 表示分組變數與檢定變數間為一種高度關聯強度，效果值大於.06 小於.14 間表示分組變數與檢定變數間為一種中度關聯強度。

求效果值的操作程序如下：

1. 步驟 1

執行功能列「分析(A)」／「比較平均數法(M)」／「平均數(M)」程序，開啟「平均數」對話視窗。

2. 步驟 2

在左邊變數清單中將目標變項「生活壓力」、「社會支持」、「身心倦怠」選入右邊「依變數清單(D)」下的方格中，將類別變項「性別」選入右邊「自變數清單(I)」下的方格中→按『選項(O)...』鈕，開啟「平均數：選項」次對話視窗。

→「第一層統計量」方盒中勾選「☑Anova 表格與 eta 值」選項→按『繼續』鈕→按『確定』鈕。

表 10-9「關聯量數」摘要表，「Eta 平方」欄數值為效果值，性別變項可以解釋生活壓力變項總變異數中的 28.0%的變異量、性別變項可以解釋社會支持變項總變異數中的 13.6%的變異量、性別變項可以解釋身心倦怠感變項總變異數中的 20.9%的變異量。加上效果值的獨立樣本 t 檢定摘要表如下：

表 10-9　關聯量數

檢定變項	Eta	Eta 平方
生活壓力 * 性別	.457	.209
社會支持 * 性別	.369	.136
身心倦怠 * 性別	.530	.280

【表格範例】

表 10-10　不同性別運動員在生活壓力、社會支持與身心倦怠感之差異比較

檢定變項	性別	個數	平均數	標準差	t 值	η^2
生活壓力	男生	18	29.78	7.863	-3.171**	.209
	女生	22	37.45	7.411		
社會支持	男生	18	33.44	9.581	2.368*	.136
	女生	22	27.09	6.796		
身心倦怠	男生	18	26.28	7.144	-3.848***	.280
	女生	22	34.27	6.001		

* p<.05　***p<.001

註：在正式論文撰寫中，小數點只要呈現到小數第二位即可。

【錯誤詮釋範例】

在二組平均數的差異檢定中，若是平均數差異考驗之 t 值的顯著性 p 大於.05，表示二組的平均數間沒有顯著的不同，此時平均數差異的 95%信賴區間會包含 0，雖然在組別統計量中二組的平均數也有高低，但此時平均數的高低並沒有統計上的意義存在，此種結果可能是取樣誤差造成的。以下列不同性別受試者在工作壓力的獨立樣本 t 檢定而言，研究者錯誤的撰述如：

「不同性別在工作壓力平均數差異檢定的 t 統計量等於-1.373，顯著性機率值 p>.05，未達.05 顯著水準，但從二組平均數的高低來看，男生在工作壓力得分的平均數等於 22.64、女生在工作壓力得分的平均數等於 24.44，表示女生的工作壓力還是高於男生的工作壓力。」

表 10-11

檢定變項	性別	個數	平均數	標準差	t 值
工作壓力	男生	14	22.64	4.162	-1.373n.s.
	女生	16	24.44	2.966	

n.s. p>.05

　　此外，在獨立樣本 t 檢定中，研究者在整理表格時把 SPSS 輸出結果中的二個t值均呈現出來，而以下列表格方式呈現，這樣的呈現方式也是錯誤的，因為二個獨立樣本平均數差異檢定的統計量 t 值只能有一個。

表 10-12

檢定變項	性別	個數	平均數	標準差	t 值
工作壓力	男生	14	22.64	4.162	-1.373 n.s.
	女生	16	24.44	2.966	-1.342 n.s.

n.s. p>.05

表 10-13　組別統計量

檢定變項	教師性別	個數	平均數	標準差	平均數的標準誤
工作壓力	男生	14	22.64	4.162	1.112
	女生	16	24.44	2.966	.741

表 10-14　獨立樣本檢定

檢定變項		變異數相等的 Levene 檢定		平均數相等的 t 檢定						
		F 檢定	顯著性	t	自由度	顯著性（雙尾）	平均差異	標準誤差異	差異的 95% 信賴區間	
									下界	上界
工作壓力	假設變異數相等	1.634	.212	-1.373	28	.181	-1.795	1.307	-4.472	.883
	不假設變異數相等			-1.342	23.156	.192	-1.795	1.337	-4.559	.970

10-3　變異數分析

研究問題 3──變異數分析

　　研究問題 3〈不同年齡的運動員在生活壓力、社會支持與身心倦怠感間是否有顯著差異？〉中自變項「年齡」為三分類別變項，依變項為連續變

項，因而採用單因子變異數分析。在平均數差異檢定中，若是分組變數的水準數值在三個以上，則不能採用獨立樣本t檢定方法，此時應改用變異數分析（analysis of variance；簡稱為 ANOVA）。變異數分析適用時機模式圖如下：

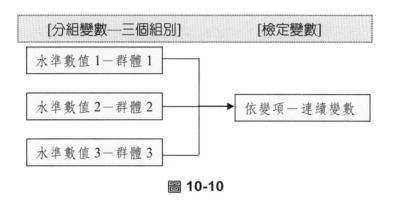

圖 10-10

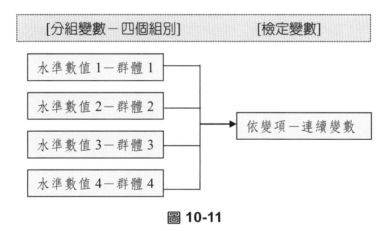

圖 10-11

在變異數分析中，若是變異數分析摘要表呈現之整體考驗的 F 值達到顯著（p<.05），表示至少有二個組別平均數間的差異達到顯著水準，至於是哪幾對配對組平均數間的差異達到顯著，必須進一步進行「事後比較」（a posteriori comparisons）方能得知，研究者不能由直接由描述性統計量中的平均數高低來判別群體間平均數差異是否達到顯著，必須由多重比較摘要表中判別。如果變異數分析整體考驗的 F 值未達顯著水準，則表示沒有任何配對組間的平均數達到顯著水準，此時就不用進行事後比較。

㈠單因子變異數分析

1. 操作程序

(1)步驟 1

> 從功能列執行「分析(A)」／「比較平均數法(M)」／「單因子變異數分析(O)...」，開啟「單因子變異數分析」對話視窗。

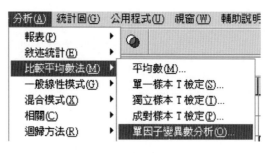

圖 10-12

(2)步驟 2

> 在 「單因子變異數分析」 對話視窗中。
> →將左邊變數清單中的依變數「生活壓力」、「社會支持」、「身心倦怠」三個選入右邊「依變數清單(E):」下的方格中。
> →在左邊變數清單中點選自變項「年齡」至右邊「因子(F)」下的方格中，按『（Post Hoc 檢定(H)...）』鈕，開啟「單因子變異數分析：Post Hoc 多重比較」的次對話視窗。
>
> 【備註】：在「依變數清單(E):」下的方格中至少要選取一個依變項（檢定變數），如果有多個依變項要同時進行單因子變異數分析考驗，可以同時選取多個依變項至方格中，電腦會分別進行單因子變異數分析的檢定。而「因子(F):」下的方格中一次只能選取一個自變項，此自變項必須為間斷變數。
> 按『Post Hoc 檢定(H)...』鈕，可以進行變異數分析之事後比較或多重比較，即當變異數分析整體考驗的 F 值達到顯著時，要進一步進行事後比較，以得知是哪二組平均數間的差異達到顯著。

圖 10-13

(3)步驟 3

─→在「單因子變異數分析：Post Hoc 多重比較）的次對話視窗，於「假設相同的變異數」方盒中勾選一種事後比較方法，常用者如「☑ Scheffe 法(C)」、「☑Tukey 法(T)」、「☑LSD(L)」選項。

─→按『繼續』鈕，回到「單因子變異數分析」對話視窗。

【備註】：在「單因子變異數分析：Post Hoc 多重比較」的次對話視窗中，事後比較方法包括二大項：「假設相同的變異數」、「未假設相同的變異數」，前者即樣本變異數具有同質性時可採用的事後比較方法，若是樣本變異數同質性假定未能符合，即樣本變異數不具有同質性時，即違反變異數分析的基本假定，此時，研究者應進行資料轉換或直接改選適合變異數不同質的事後比較方法，若是樣本變異數違反同質性的假定且各樣本人數差異很大時，SPSS 直接提供四種可適用的事後比較方法，包括「Tamhane's T2 檢定法(M)」、「Dunnett's T3 檢定法(3)」、「Games-Howell 檢定法(A)」、「Dunnett's C 檢定法(U)」，研究者不必進行資料的轉換，即可直接進行事後比較的考驗。

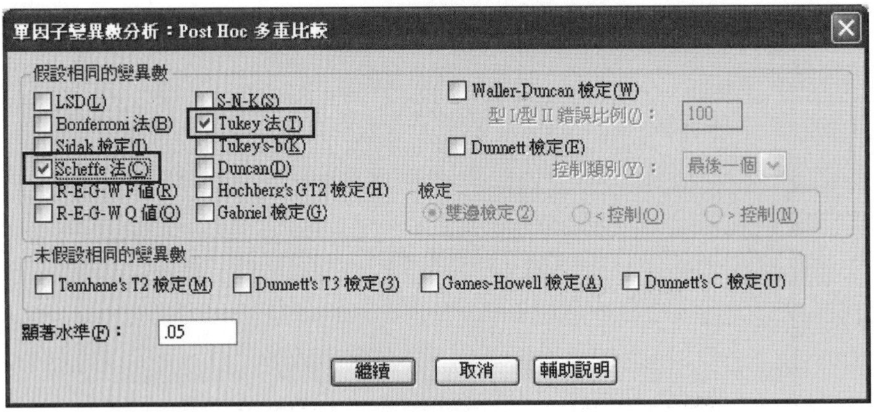

圖 10-14

(4)步驟 4

→在「單因子變異數分析」對話視窗中，按『選項(O)...』鈕，開啟「單因子變異數分析：選項」次對話視窗。

─→勾選「☑描述性統計量(D)」、「☑變異數同質性檢定(H)」、「☑平均數圖(M)等選項。

─→按『繼續』鈕，回到「單因子變異數分析」對話視窗→按『確定』鈕。

【備註】：在「單因子變異數分析：選項」次對話視窗中，「統計量」方盒包括五個選項：「描述性統計量(D)」、「固定和隨機效果(F)」、「變異數同質性檢定(H)」、「Brown-Forsythe 法考驗(B)」、「Welch 法考驗(W)」，其中 Brown-Forsythe 法考驗、Welch 法考驗乃適用樣本變異數違反同質性假定時之 F 檢定統計量。

圖 10-15

2.輸出結果

單因子

表 10-15 為變異數分析之描述統計量，第一欄為各依變項的名稱，此範例的依變數分別「生活壓力」、「社會支持」、「身心倦怠」；第二縱行為不同年齡的水準數代碼，「年齡」變項為三分類別變項，水準數值 1 為「25歲以下」、水準數值 2 為「26 歲至 30 歲」，水準數值 3 為「31 歲以上」，由於有設定水準數值標記，因而水準數值 1、2、3 會呈現水準數數值標記內容。第三縱行以後分別為各組在依變項之有效觀察值個數(N)、平均數（Mean）、標準差（Std. Deviation）、標準誤（Std. Error）、平均數的 95%信賴區間（95% Confidence Interval for Mean）、各組樣本在依變項上的最小值（Minimum）與最大值（Maximum）。「總和」橫列為全部樣本在依變項的描述統計量。

表 10-15　描述性統計量

		個數	平均數	標準差	標準誤	平均數的 95% 信賴區間		最小值	最大值
						下界	上界		
生活壓力	25 歲以下	14	29.00	9.543	2.551	23.49	34.51	15	45
	26-30 歲	14	37.43	5.814	1.554	34.07	40.79	30	45
	31 歲以上	12	35.83	7.445	2.149	31.10	40.56	20	44
	總和	40	34.00	8.455	1.337	31.30	36.70	15	45
社會支持	25 歲以下	14	34.86	10.974	2.933	28.52	41.19	15	45
	26-30 歲	14	27.71	7.720	2.063	23.26	32.17	18	40
	31 歲以上	12	26.83	2.443	.705	25.28	28.39	24	30
	總和	40	29.95	8.668	1.370	27.18	32.72	15	45
身心倦怠	25 歲以下	14	23.64	4.551	1.216	21.02	26.27		32
	26-30 歲	14	35.71	6.256	1.672	32.10	39.33	28	44
	31 歲以上	12	33.00	5.768	1.665	29.34	36.66	19	40
	總和	40	30.68	7.607	1.203	28.24	33.11	18	44

由表 10-15 中可知，就「生活壓力」依變項而言，全部有效的觀察值為40 位，總平均數為 34.00，標準差為 8.455，平均數的估計標準誤為 1.337，平均數的 95%信賴區間為〔31.30，36.70〕。三組的平均數分別為 29.00、37.43、35.83；標準差分別為 9.543、5.814、7.445。單因子變異數的目的，在檢定各組的平均數與總平均數 34.00 間的差異是否達到統計學上的顯著水準，透過各組「平均數的 95%信賴區間」的估計值（區間估計值），也可

以檢定樣本平均數與總平均數間差異的情形。當某一組樣本「平均數的 95% 信賴區間」估計值所構成的區間，未包含了總平均數（M=34.00）這個點，就表示該組平均數與總平均數間的差異達.05 的顯著水準；相對的，當某一組樣本平均數的 95%信賴區間估計值所構成的區間，包含了總平均數（M=34.00）這個點，就表示該組平均數與總平均數間的差異未達.05 的顯著水準。同時，各組 95%信賴區間估計值中，只要有任一組的區間未包括總平均數這個點，則變異數分析之 F 值一定會達到顯著水準，各組 95%信賴區間估計值中，如果每一組的區間均包括總平均數這個點，則變異數分析之 F 值就不會達到顯著水準。

就「生活壓力」依變項而言，三組平均數的 95%信賴區間估計值分別為〔23.49，34.51〕（包括 34.00）、〔34.07，40.79〕（未包括 34.00）、〔31.10，40.56〕（包括 34.00），有一組平均數 95%信賴區間的估計值未包括總平均數 34.00 這個點，因而變異數分析結果會達到顯著水準；就「身心倦怠」依變項而言，總平均數為 30.68，三組平均數的 95%信賴區間估計值分別為〔21.02，26.27〕（未包含 30.68 這個點）、〔32.10，39.33〕（未包含 30.68 這個點）、〔29.34，36.66〕（包含 30.68 這個點），三個群體中有二個組別群體之平均數的 95%信賴區間估計值均未包括總平均數 30.68 這個點，因而變異數分析整體考驗之 F 統計量會會達到顯著水準。

表 10-16 為變異數同質性考驗結果，就「生活壓力」檢定變項而言，Levene 統計量之 F 值等於.926，p = .405>.05；就「身心倦怠」檢定變項而言，Levene 法考驗的 F 值等於 2.042，p = .144>.05，二者均未達.05 的顯著水準，均應接受虛無假設，表示三組樣本的變異數差異均未達顯著，亦即均並未違反變異數同質性假定。

表 10-16　變異數同質性檢定

	Levene 統計量	分子自由度	分母自由度	顯著性
生活壓力	.926	2	37	.405
社會支持	9.725	2	37	.000
身心倦怠	2.042	2	37	.144

就「社會支持」依變項而言，變異數同質性檢定之 Levene 統計量的 F 值等於 9.725，p = .000<.05，達到.05 顯著水準，須拒絕虛無假設，表示三組群體樣本的變異數不具有同質性。在變異數同質性檢定中，如果「Levene

法」F 考驗結果之 F 值顯著（p<.05），表示違反變異數分析之變異數同質性的假定，若是情況嚴重，研究者須進行校正工作或在事後比較時，點選適合變異數異質之事後比較的四種方法之一。在實務操作上，若是變異數分析違反同質性假定，SPSS 提供了四種變異數異質的事後比較方法：Tamhane's T2 檢定法、Dunnett's T3 檢定法、Games-Howell 檢定法、Dunnett's C 檢定法，研究者可直接從SPSS提供的四種方法中選擇一種事後比較方法，而不用進行資料的轉換。

表 10-17 爲變異數分析摘要表，本表共分七欄，第一欄爲依變項名稱；第二縱行爲變異來源，包括組間（Between Groups）、組內（Within Groups）及全體（Total）三部分；第三縱行爲離均差平方和（Sum of Squares；簡稱 SS），全體的 SS 等於組間 SS 加組內 SS，即 $SS_t = SS_b + SS_w$；第四縱行爲自由度，組間 df=k-1=3-1=2、組內 df=N-k=40-3=37、全體 df=N-1=40-1=39；第五縱行爲平均平方和（Mean Square；簡稱 MS）等於 SS 除以 df 而得，這是組間及組內變異數的不偏估計值；第六縱行爲F考驗之F值，由組間MS除以組內 MS 而得，第七縱行爲顯著性考驗之機率值 p。

表 10-17　ANOVA

		平方和	自由度	平均平方和	F 檢定	顯著性
生活壓力	組間	554.905	2	277.452	4.597	.016
	組內	2233.095	37	60.354		
	總和	2788.000	39			
社會支持	組間	523.662	2	261.831	4.026	.026
	組內	2406.238	37	65.033		
	總和	2929.900	39			
身心倦怠	組間	1112.704	2	556.352	17.993	.000
	組內	1144.071	37	30.921		
	總和	2256.775	39			

在變異數分析摘要表中，相關數值關係如下（以生活壓力依變項爲例）：

$$SS_t = 2788.000 = SS_b + SS_w = 554.905 + 2233.095$$

$$MS_b = 277.452 = SS_b \div df_b = 554.905 \div 2$$

$$MS_w = 60.354 = SS_w \div df_w = 2233.095 \div 37$$

$$F\ 值 = MS_b \div MS_w = 277.452 \div 60.354 = 4.597$$

由上述變異異數分析摘要表中知悉：就「生活壓力」、「社會支持」、「身心倦怠」三個依變項而言，整體考驗的 F 值分別為 4.597（p＝.016<.05）、4.026（p＝.026<.05）、17.993（p＝.000<.05），均達到顯著水準，因此須拒絕虛無假設，接受對立假設，表示不同年齡的運動員在「生活壓力」、「社會支持」、「身心倦怠」間均有顯著差異存在，研究假設獲得支持，至於是哪些配對組別間的差異達到顯著，須要進行事後比較方能得知。變異數分析中之 F 值如未達顯著差異（p>.05），須接受虛無假設，拒絕對立假設，研究假設無法獲得支持，若整體考驗之 F 統計量未達顯著，則不用進行事後比較，此時就不用查看多重比較摘要表。

Post Hoc 檢定

表 10-18 為 SPSS 所輸出之 Scheffe 法事後比較結果，事後比較是採兩兩配對之方式，第一縱行為依變項名稱、第二縱行為事後比較的方法及自變項分組的數值編碼值，自變項的水準數值若有加註數值標記，會直接呈現數值標記內容；第三縱行「平均差異(I-J)」為配對二組之平均數的差異值，此差異值如果達到.05 的顯著水準，會在差異值的右上方增列一個星號(*)；第四縱行為標準誤；第五縱行為顯著性；第六縱行為 95%的信賴區間估計值。以「生活壓力」變項之事後比較來看：

(1)【註 A】：代表「25 歲以下」組與「26-30 歲」組平均數的差異比較，平均差異值為-8.429，數值為負數，表示第一個平均數低於第二個平均數，亦即「25 歲以下」群體運動員在生活壓力得分的平均數顯著地低於「26-30 歲」群體樣本的得分平均數，由於二個群體平均數差異顯著性考驗達到顯著，會於平均差異值的旁加註(*)──「-8.429(*)」。

(2)【註 B】：代表代表「26-30 歲」組樣本與「25 歲以下」組樣本在生活壓力感受間有顯著差異，平均差異值為 8.429，數值為正數，表示第一個平均數高於第二個平均數，亦即「26-30 歲」群體的運動員在生活壓力得分之平均數顯著地高於「25 歲以下」群體之運動員，此結果與前述【註A】比較結果相同，只是其平均差異值的正負號相反，此列平均差異值為「8.429(*)」。

從 95%信賴區間來看，「26-30 歲」組與「25 歲以下」組在生活壓力平均數差異的 95%信賴區間在〔.94、15.92〕，〔-15.92、-.94〕之間，並未包含0，因而二者平均差異值之差異達到顯著。

488

表 10-18 多重比較

Scheffe 法

依變數	(I) 年齡	(J) 年齡	平均差異 (I-J)	標準誤	顯著性	95% 信賴區間	
						下界	上界
生活壓力	25 歲以下	26-30 歲	-8.429(*)[註 A]	2.936	.024	-15.92	-.94
		31 歲以上	-6.833	3.056	.096	-14.63	.96
	26-30 歲	25 歲以下	8.429(*)[註 B]	2.936	.024	.94	15.92
		31 歲以上	1.595	3.056	.873	-6.20	9.39
	31 歲以上	25 歲以下	6.833	3.056	.096	-.96	14.63
		26-30 歲	-1.595	3.056	.873	-9.39	6.20
社會支持	25 歲以下	26-30 歲	7.143	3.048	.077	-.63	14.92
		31 歲以上	8.024	3.172	.052	-.07	16.11
	26-30 歲	25 歲以下	-7.143	3.048	.077	-14.92	.63
		31 歲以上	.881	3.172	.962	-7.21	8.97
	31 歲以上	25 歲以下	-8.024	3.172	.052	-16.11	.07
		26-30 歲	-.881	3.172	.962	-8.97	7.21
身心倦怠	25 歲以下	26-30 歲	-12.071(*)	2.102	.000	-17.43	-6.7
		31 歲以上	-9.357(*)	2.188	.001	-14.94	-3.78
	26-30 歲	25 歲以下	12.071(*)	2.102	.000	6.71	17.43
		31 歲以上	2.714	2.188	.470	-2.86	8.29
	31 歲以上	25 歲以下	9.357(*)	2.188	.001	3.78	14.94
		26-30 歲	-2.714	2.188	.470	-8.29	2.86

* 平均差異在 .05 水準是顯著的。

　　就「社會支持」依變項而言，採用「Scheffe 法」，則未發現有任何二組間的平均數差異值達到顯著，在變異數分析中，有時會發現整體考驗的 F 值達到顯著水準，但經採用「Scheffe」法之事後比較檢定，則沒有出現成對組的平均數差異達到顯著，此種結果乃是「Scheffe 法是各種事後比較方法中最嚴格、統計考驗力最低的一種多重比較方法，此方法較不會違犯第一類型的錯誤，因而平均數差異檢定較為嚴謹。」整體考驗 F 值達到顯著水準，而使用「Scheffe」法之事後比較檢定，沒有出現成對組的平均數差異達到顯著的情形，通常發生整體考驗 F 值的顯著性機率值 p 在 .05 附近（p<α）。

　　在「身心倦怠」感的多重比較方面，「26-30 歲」組群體的身心倦怠感顯著地高於「25 歲以下」組群體，平均差異值為「12.071」；「30 歲以上」組群體的身心倦怠感也顯著地高於「25 歲以下」組群體，平均差異值為「9.357」；而「26-30 歲」組群體運動員的身心倦

怠感與「31 歲以上」組群體運動員間則無顯著差異。

【多重比較表查看技巧】：SPSS 多重比較採取的是以某一個水準爲參照組而逐一與各水準進行平均數的差異比較，因而研究者只要查看「平均差異(I-J)」欄值中的數值爲正數且加註(*)符號者即可，至於負數有加註(*)符號者就不用理會他，以身心倦怠檢定變數而言，其事後多重比較「平均差異(I-J)」欄中，數值爲正數且加註(*)符號者爲「26 歲-30 歲」組&「25 歲以下組」，二個群體平均數差異值爲 12.071(*)、「31 歲以上」組&「25 歲以下組」，二個群體平均數差異值爲 9.357(*)，表示「26 歲-30 歲」組、「31 歲以上」組群體運動員的身心倦怠感知覺顯著地高於「25 歲以下組」群體。

表 10-19 爲採用「最小顯著差異法」（least significant difference；簡稱 LSD 法）之多重比較，從表中可以發現：

表 10-19　多重比較

LSD

依變數	(I) 年齡	(J) 年齡	平均差異 (I-J)	標準誤	顯著性	95% 信賴區間 下界	95% 信賴區間 上界
生活壓力	25 歲以下	26-30 歲	-8.429(*)	2.936	.007	-14.38	-2.48
		31 歲以上	-6.833(*)	3.056	.031	-13.03	-.64
	26-30 歲	25 歲以下	8.429(*)	2.936	.007	2.48	14.38
		31 歲以上	1.595	3.056	.605	-4.60	7.79
	31 歲以上	25 歲以下	6.833(*)	3.056	.031	.64	13.03
		26-30 歲	-1.595	3.056	.605	-7.79	4.60
社會支持	25 歲以下	26-30 歲	7.143(*)	3.048	.025	.97	13.32
		31 歲以上	8.024(*)	3.172	.016	1.60	14.45
	26-30 歲	25 歲以下	-7.143(*)	3.048	.025	-13.32	-.97
		31 歲以上	.881	3.172	.783	-5.55	7.31
	31 歲以上	25 歲以下	-8.024(*)	3.172	.016	-14.45	-1.60
		26-30 歲	-.881	3.172	.783	-7.31	5.55
身心倦怠	25 歲以下	26-30 歲	-12.071(*)	2.102	.000	-16.33	-7.81
		31 歲以上	-9.357(*)	2.188	.000	-13.79	-4.92
	26-30 歲	25 歲以下	12.071(*)	2.102	.000	7.81	16.33
		31 歲以上	2.714	2.188	.222	-1.72	7.15
	31 歲以上	25 歲以下	9.357(*)	2.188	.000	4.92	13.79
		26-30 歲	-2.714	2.188	.222	-7.15	1.72

* 平均差異在 .05 水準是顯著的。

(1)就「生活壓力」依變項而言：「26-30 歲」組群體顯著地高於「25 歲以下」組群體；「31 歲以上」組群體顯著地高於「25 歲以下」組群體。

(2)就「社會支持」依變項而言：「25 歲以下」組群體顯著地高於「26-30 歲」組群體；「25 歲以下」組群體也顯著地高於「31 歲以上」組群體。

(3)就「身心倦怠」感依變項而言：「26-30 歲」組群體顯著地高於「25 歲以下」組群體；「31 歲以上」組群體顯著地高於「25 歲以下」組群體。

表 10-20 為採用「Tukey 最實在的顯著差異法」（HSD 法）之多重比較，從表中可以發現：

表 10-20　多重比較
Tukey HSD

依變數	(I) 年齡	(J) 年齡	平均差異 (I-J)	標準誤	顯著性	95% 信賴區間 下界	95% 信賴區間 上界
生活壓力	25 歲以下	26-30 歲	-8.429(*)	2.936	.018	-15.60	-1.26
		31 歲以上	-6.833	3.056	.078	-14.30	.63
	26-30 歲	25 歲以下	8.429(*)	2.936	.018	1.26	15.60
		31 歲以上	1.595	3.056	.861	-5.87	9.06
	31 歲以上	25 歲以下	6.833	3.056	.078	-.63	14.30
		26-30 歲	-1.595	3.056	.861	-9.06	5.87
社會支持	25 歲以下	26-30 歲	7.143	3.048	.062	-.30	14.58
		31 歲以上	8.024(*)	3.172	.041	.28	15.77
	26-30 歲	25 歲以下	-7.143	3.048	.062	-14.58	.30
		31 歲以上	.881	3.172	.958	-6.86	8.63
	31 歲以上	25 歲以下	-8.024(*)	3.172	.041	-15.77	-.28
		26-30 歲	-.881	3.172	.958	-8.63	6.86
身心倦怠	25 歲以下	26-30 歲	-12.071(*)	2.102	.000	-17.20	-6.94
		31 歲以上	-9.357(*)	2.188	.000	-14.70	-4.02
	26-30 歲	25 歲以下	12.071(*)	2.102	.000	6.94	17.20
		31 歲以上	2.714	2.188	.437	-2.63	8.06
	31 歲以上	25 歲以下	9.357(*)	2.188	.000	4.02	14.70
		26-30 歲	-2.714	2.188	.437	-8.06	2.63

* 平均差異在 .05 水準是顯著的。

(1)就「生活壓力」依變項而言：「26-30 歲」組群體顯著地高於「25 歲以下」組群體。

(2)就「社會支持」依變項而言：「25 歲以下」組群體顯著地高於「31 歲以上」組群體。

(3)就「身心倦怠」感依變項而言：「26-30 歲」組群體顯著地高於「25 歲以下」組群體；「31 歲以上」組群體顯著地高於「25 歲以下」組群體。

　　圖 10-16 為不同年齡三個群體在生活壓力依變項之平均數圖，水平橫軸為自變項的三個水準數值，直行縱軸為各水準在依變項的平均數，從平均數圖中可以得知哪幾組在依變項測量值的分數較高，哪個組別群體的平均數最低，以上圖為例，在生活壓力知覺方面，不同年齡三個組別群體中以「26-30 歲」組平均數最高，其次是「31 歲以上」組群體，平均數最低者為「25 歲以下」組群體。

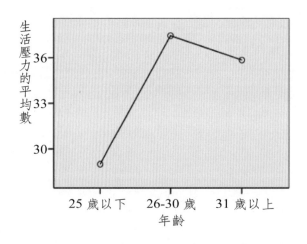

圖 10-16

　　圖 10-17 為不同年齡三個群體在社會支持依變項之平均數圖，從圖中可知，就運動員社會支持感受而言，不同年齡三個組別群體中以「25 歲以下」組平均數最高，其次是「26-30 歲」組群體，平均數最低者為「31 歲以上」組群體。

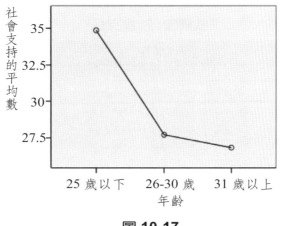

圖 10-17

　　在變異數同質性檢定中，「社會支持」三組樣本的變異數不符合「變異數同質性」（homogeneity of variance）的假定，因而在事後比較中，研究者可以選擇 SPSS 提供的四種變異數異質的事後比較方法：Tamhane's T2 檢定法、Dunnett's T3 檢定法、Games-Howell 檢定法、Dunnett's C 檢定法，而不用進行資料的轉換。下表為選取「未假設相同的變異數」方盒中的四種多重比較方法的結果。

　　表 10-21 為四種未符合變異數同質性假定的多重比較結果，採用「Tamhane's T2」檢定法與「Dunnett's T3」檢定法的結果相同，均未發現有任何二組的事後比較的差異結果達到顯著；採用「Games-Howell」檢定法與「Dunnett's C」檢定法結果相同，均是「25 歲以下」組群體顯著地高於「31 歲以上」組群體。

表 **10-21**　多重比較

依變數: 社會支持

	(I) 年齡	(J) 年齡	平均差異 (I-J)	標準誤	顯著性	95% 信賴區間	
						下界	上界
Tamhane 檢定	25 歲以下	26-30 歲	7.143	3.586	.165	-2.08	16.36
		31 歲以上	8.024	3.017	.054	-.11	16.16
	26-30 歲	25 歲以下	-7.143	3.586	.165	-16.36	2.08
		31 歲以上	.881	2.181	.971	-4.93	6.69
	31 歲以上	25 歲以下	-8.024	3.017	.054	-16.16	.11
		26-30 歲	-.881	2.181	.971	-6.69	4.93
Dunnett T3 檢定	25 歲以下	26-30 歲	7.143	3.586	.161	-2.05	16.33
		31 歲以上	8.024	3.017	.052	-.06	16.11
	26-30 歲	25 歲以下	-7.143	3.586	.161	-16.33	2.05
		31 歲以上	.881	2.181	.968	-4.90	6.66
	31 歲以上	25 歲以下	-8.024	3.017	.052	-16.11	.06
		26-30 歲	-.881	2.181	.968	-6.66	4.90
Games-Howell 檢定	25 歲以下	26-30 歲	7.143	3.586	.137	-1.83	16.11
		31 歲以上	8.024(*)	3.017	.045	.16	15.89
	26-30 歲	25 歲以下	-7.143	3.586	.137	-16.11	1.83
		31 歲以上	.881	2.181	.914	-4.75	6.51
	31 歲以上	25 歲以下	-8.024(*)	3.017	.045	-15.89	-.16
		26-30 歲	-.881	2.181	.914	-6.51	4.75
Dunnett C 檢定	25 歲以下	26-30 歲	7.143	3.586		-2.33	16.61
		31 歲以上	8.024(*)	3.017		.05	16.00
	26-30 歲	25 歲以下	-7.143	3.586		-16.61	2.33
		31 歲以上	.881	2.181		-4.89	6.65
	31 歲以上	25 歲以下	-8.024(*)	3.017		-16.00	-.05
		26-30 歲	-.881	2.181		-6.65	4.89

* 在 .05 水準上的平均差異很顯著。

【表格範例】

表 10-22　不同年齡運動員在生活壓力、社會支持、身心倦怠之描述性統計量

檢定變項	年齡	個數	平均數	標準差
生活壓力	25 歲以下(A)	14	29.00	9.543
	26-30 歲(B)	14	37.43	5.814
	31 歲以上(C)	12	35.83	7.445
社會支持	25 歲以下(A)	14	34.86	10.974
	26-30 歲(B)	14	27.71	7.720
	31 歲以上(C)	12	26.83	2.443
身心倦怠	25 歲以下(A)	14	23.64	4.551
	26-30 歲(B)	14	35.71	6.256
	31 歲以上(C)	12	33.00	5.768

表 10-23　不同年齡運動員在生活壓力、社會支持、身心倦怠差異比較之變異數分析摘要表

檢定變項	變異來源	平方和（SS）	自由度	平均平方和（MS）	F 檢定	事後比較 Scheffe 法	事後比較 LSD 法	事後比較 HSD 法
生活壓力	組間	554.905	2	277.452	4.597*	B>A	B>A	B>A
	組內	2233.095	37	60.354			C>A	
	總和	2788.000	39					
社會支持	組間	523.662	2	261.831	4.026*	n.s.	A>B	A>C
	組內	2406.238	37	65.033			A>C	
	總和	2929.900	39					
身心倦怠	組間	1112.704	2	556.352	17.993***	B>A	B>A	B>A
	組內	1144.071	37	30.921		C>A	C>A	C>A
	總和	2256.775	39					

n.s. p>.05　*p<.05　***p<.001

　　在變異數分析中，研究者由於事後比較方法採用的是雪費法（Scheffe's method；S法），由於S法是各種事後比較方法中最嚴格、統計考驗力最低的一種多重比較，因而有時會呈現整體考驗的 F 值達到顯著，但多重比較摘要表中未發現有任何二組的平均數間有顯著差異，此時研究者可改採「實在顯著差異法」（honestly significant difference；HSD法），由於研究者在變異數分析中可能會採用第二種事後比較方法，因而在「資料處理與統計方法」一節中可以敘述如下：

「……若變異數分析整體考驗的 F 值達到顯著，則進一步以雪費法（Scheffe's method）進行事後比較，但由於此法是各種事後比較方法中最嚴格的方法，其事後比較較爲保守，有時會發生整體考驗的 F 值達到顯著，但事後比較均不顯著情形，此時，研究者改用以「實在顯著差異法」（honestly significant difference；HSD 法）作爲事後比較方法，以便和整體考驗 F 值的顯著性相呼應。」或

「……若變異數分析整體考驗的 F 值達到顯著，則進一步以雪費法（Scheffe's method）進行事後比較，但由於此法是各種事後比較方法中最嚴格的方法，其事後比較較爲保守，有時會發生整體考驗的 F 值達到顯著，但事後比較均不顯著情形，此時，研究者改用以「N-K 檢定法」（Newman-Keuls test；q 檢定法）作爲事後比較方法，以便和整體考驗 F 值的顯著性相呼應。」

【備註】：HSD 法及 N-K 法通常適用於各組人數相等之多重比較，但是也可以適用於各組人數不相等之多重比較，當各組人數差距不致太大時，二種檢定方法仍然適用。N-K 法由於採用 t 檢定原理，在 SPSS 的操作程序中又稱爲「S-N-K」法（Student-Newman-Keuls 法）。

㈡執行單變量程序

單因子變異數分析的執行程序也可以藉由「單變量」程序來代替。執行「單變量」程序也可以求出「關聯強度」，關聯強度的係數稱爲「關聯性強度係數」（coefficient of strength of association），此係數的統計意涵類似決定係數，表示自變項可以解釋依變項多少的變異量，通常以符號（omega squared）表示，「關聯強度」可以說明自變項與依變項間關聯的程度，其係數值愈大，二者的關係愈密切，關聯強度係數值的高低可以作爲「實用顯著性」的判別依據，相對的，變異數分析之整體考驗的 F 統計量是否顯著表示的「統計顯著性」。

單變量程序中也可界定是否輸出「統計考驗力」（power of test）的數據，所謂統計考驗力即是正確拒絕虛無假設的機率，如果研究者在推論統計時拒絕虛無假設，而事實上虛無假設也是錯誤的，則此時便是正確的拒絕虛無假設，其機率剛好爲 $1-\beta$，一般顯著水準（level of significant）習慣定爲.05 或.01，顯著水準通常以符號 α 表示，若同時考量到統計考驗力，一個良好的研究結論，其統計考驗力最好在.80 以上。

1. 操作程序

(1)步驟 1

執行功能列「分析(A)」／「一般線性模式(G)」／「單變量(U)」程序，開啓「單變量」單變量）對話視窗。

→在左邊變數清單中將依變項「生活壓力」選入右邊「依變數(D)」下的方格中。

→在左邊變數清單中將自變項「年齡」選入右邊「固定因子(F)」下的方格中。

→按『Post Hoc 檢定(H)...』鈕，開啓「單變量：觀察值平均數的 Post Hoc 多重檢定）次對話視窗中。

【備註】：在「單變量」的對話視窗，每次只能點選一個依變數，在「固定因子(F)」下的方格中可以點選一個以上的自變項，如果同時點選二個自變項則可進行二因子變異數分析，同時點選三個自變項可進行三因子變異數分析；在「單因子變異數分析」對話視窗中，「依變數清單(E)」下的方格可以同時選取一個以上的依變數，在「因子(F)」下的方格中每次只能點選一個自變項；「單變量」的對話視窗可以執行共變數分析的程序。

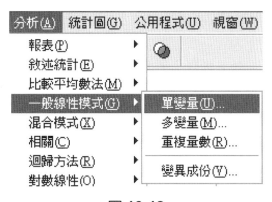

圖 10-18

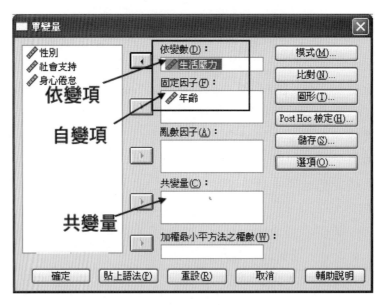

圖 10-19

(2)步驟 2

──→在「單變量：觀察值平均數的 Post Hoc 多重檢定」次對話視窗中，在左邊「因子(F)」下方格中將自變項「年齡」選入右邊「Post Hoc 檢定 (P)」下的方格中。

──→在「假設相同的變異數」方盒中勾選一種事後比較方法，如「☑Tukey 法」選項。

──→按『繼續』鈕，回到「單變量」對話視窗。

【備註】：「單變量：觀察值平均數的 Post Hoc 多重檢定」次對話視窗與「單因子變異數分析：Post Hoc 多重檢定」的畫面類似，二個多重比較的方盒為「假設相同的變異數」、「未假設相同的變異數」，方盒中所包括的多重比較選項大致相同。

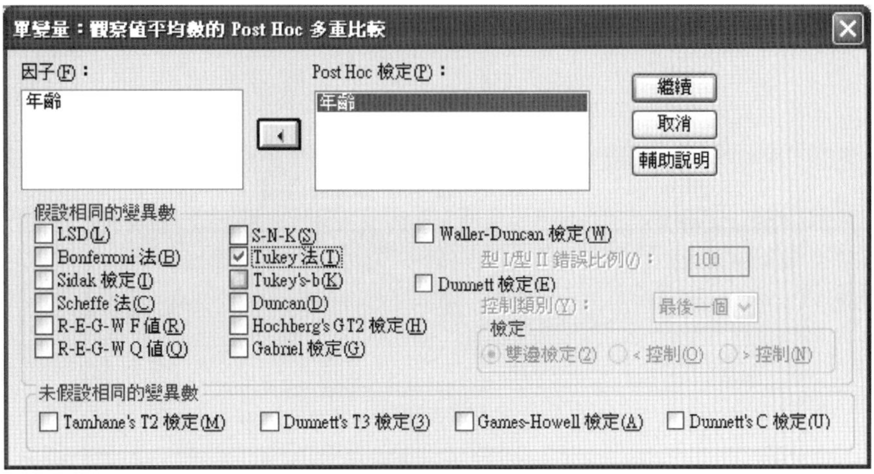

圖 **10-20**

在「單變量：觀察值平均數的Post Hoc多重檢定」次對話視窗中，「未假設相同的變異數」方盒所包括的四種多重比較方法與「單因子變異數分析：Post Hoc多重檢定」次對話視窗所界定者相同；「假設相同的變異數」方盒中所包括的選項二者也相同，常用者為「LSD(L)」（最小顯著差異法——Least significant difference）、「Scheffe 法(C)」、「S-N-K(S)」、「Tukey 法(T)」、「Duncan(D)」等幾種。

(3)步驟 3

→在「單變量」對話視窗中，按『選項(O)...』鈕，開啟「單變量：選項」次對話視窗。

—→在下方「顯示」方盒中，勾選「☑敘述統計(S)」、「☑效果項大小估計值(E)」、「☑觀察的檢定能力(B)」、「☑同質性檢定(H)」。

—→按『繼續』鈕，回到「單變量」對話視窗。

→按『確定』鈕。

【備註】：1. 在「顯示」方盒中的選項共有十個：敘述統計、效果項大小估計值（關聯強度值）、觀察的檢定能力（統計考驗力）、參數估計值（Parameter estimates）、比對係數矩陣（Contrast coefficient matrix）、同質性檢定（Homogeneity tests）、離散對水準之圖形（Spread vs. level plot）、殘差圖（Residual plot）、缺適性（Lack of fit）、一般可估函數（General estimable function）。

> 2.若是研究者只要求出關聯強度與統計考驗力，則只要勾選「☑效果項大小估計值(E)」、「☑觀察的檢定能力(B)」二個選項即可。

圖 10-21

2.輸出結果

變異數的單變量分析

表 10-24 為受試者間因子的水準、數值標記及各水準有效樣本數，年齡因子三個水準數值為 1、2、3，數值標記分別為「25 歲以下」、「26-30歲」、「31 歲以上」，三個水準群體的有效樣本數分別為 14、14、12 位。

表 10-24　受試者間因子

		數值註解	個數
年齡	1	25 歲以下	14
	2	26-30 歲	14
	3	31 歲以上	12

表 10-25 為描述統計量，依變項為「生活壓力」變數，年齡因子各水準在「生活壓力」依變項的平均數分別為 29.00、37.43、35.83，標準差分別為9.543、5.814、7.445，40 位樣本觀察值在「生活壓力」測量值的總平均數為34.000、標準差為 8.455。

表 10-25　敘述統計

依變數: 生活壓力

年齡	平均數	標準差	個數
25 歲以下	29.00	9.543	14
26-30 歲	37.43	5.814	14
31 歲以上	35.83	7.445	12
總和	34.00	8.455	40

表 10-26 為各組變異數同質性檢定數據，各組樣本變異數經 Levene 法考驗結果之 F 值等於.926，顯著性 p ＝.405>.05，未達顯著水準，接受虛無假設，表示三組樣本變異數的差異未達顯著水準，三組變異數相等，符合單因子變異數分析中「變異數同質性」的假定，資料不用轉換或可直接選取假設變異數相等的事後比較方法。此結果與上述採用 one-way ANOVA 分析結果相同，四個統計量數據均與採用單因子變異數分析程序之輸出結果一樣。

表 10-26　誤差變異量的 Levene 檢定等式(a)

依變數: 生活壓力

F 檢定	分子自由度	分母自由度	顯著性
.926	2	37	.405

檢定各組別中依變數誤差變異量的虛無假設是相等的。

a 設計：截距+年齡

表 10-27 為受試者間效應項的檢定統計量，即單變量變異數分析摘要表，年齡在「生活壓力」依變項考驗的SS＝554.905、df＝2、MS＝277.452，整體差異考驗的 F 值等於 4.597，顯著性 p 值＝.016<.05，達到顯著水準，表示不同年齡的運動員所感受的「生活壓力」有顯著差異。報表中的自變項「年齡」列數值為 ANOVA 摘要表的「組間」列數據，「誤差」列數值為ANOVA 摘要表的「組內」列數據、「校正後的總數」列數值為 ANOVA 摘要表的「總和」列數據。在單變量」受試者間效應項的檢定」摘要表的關聯強度與統計考驗力數據在原先 ANOVA 摘要表中無法呈現。

表 10-27　受試者間效應項的檢定
依變數: 生活壓力

來源	型 III 平方和	自由度	平均平方和	F 檢定	顯著性	淨相關 Eta 平方	Noncent. 參數	觀察的檢定能力(a)
校正後的模式	554.905(b)	2	277.452	4.597	.016	.199	9.194	.744
截距	46233.145	1	46233.145	766.034	.000	.954	766.034	1.000
年齡	**554.905**	**2**	**277.452**	**4.597**	**.016**	**.199**	**9.194**	**.744**
誤差	2233.095	37	60.354					
總和	49028.000	40						
校正後的總數	2788.000	39						

a 使用 alpha = .05 計算。

b R 平方 = .199 (調過後的 R 平方 = .156)。

(1)「Partial Eta Squared」(淨)即爲 R Squared =.199，其數值求法如下：
$\eta^2 = \dfrac{SS_b}{SS_b + SS_w} = \dfrac{SS_b}{SS_t} = \dfrac{554.905}{2788.000} = .199$，從 η^2 係數來看，其數值達 19.9%，表示自變項可以解釋依變項 19.9% 的變異量，自變項與依變項間的關聯性很高。

關聯強度 ω^2 (omega squared) 等於調整後的 R 平方值 =.156，此處的關聯強度係數爲 15.6%，根據 Cohen (1988) 的觀點，ω^2 值大於.138，表示是一種高度關聯強度，ω^2 值界於.059 至.138 間，變項間屬於中度關聯強度，ω^2 值小於.059，變項間屬於低度關聯強度，可見年齡自變項可以解釋運動員「生活壓力」的變異量達 19.9%，二者之關係屬大的關聯程度 (large association)。

(2)「Observed Power(a)」欄爲統計考驗力，此處的統計考驗力等於.744，此分析推論犯第二類型錯誤之機率爲 25.6%，決策正確率達 74.4%，統計考驗力表示正確拒絕「錯誤或假的虛無假設」的決策率。

關聯強度 $\omega^2 = \dfrac{SS_b - (p-1)MS_w}{SS_t + MS_w} = \dfrac{554.905 - (3-1) \times 60.354}{2788.000 + 60.354} = .156$；在單變量變異數分析摘要中的調整後 R^2 等於.156，此數值即爲關聯強度係數。在變異數分析中，若是直接使用樣本統計分析之 R^2 會高估母群體的 R^2，因而通常會以「調整過後的 R^2」來作爲變異數分析中的關聯強度係數。

Post Hoc 檢定 年齡

表 10-28 爲採用「Tukey 最實在的顯著差異法」(HSD 法)之多重比較，從表中可以發現：就「生活壓力」依變項而言：「26-30 歲」組群體顯著地高於「25 歲以下」組群體，其平均數差異值爲 8.43，在單因子變異數

分析中，其平均數差異值為 8.429，二者的差異在於小數點的小數位數取捨不同而已。

表 10-28　多重比較　依變數: 生活壓力
Tukey HSD

(I) 年齡	(J) 年齡	平均差異 (I-J)	標準誤	顯著性	95% 信賴區間	
					下界	上界
25 歲以下	26-30 歲	-8.43(*)	2.936	.018	-15.60	-1.26
	31 歲以上	-6.83	3.056	.078	-14.30	.63
26-30 歲	25 歲以下	8.43(*)	2.936	.018	1.26	15.60
	31 歲以上	1.60	3.056	.861	-5.87	9.06
31 歲以上	25 歲以下	6.83	3.056	.078	-.63	14.30
	26-30 歲	-1.60	3.056	.861	-9.06	5.87

以觀察的平均數為基礎。

* 在水準 .05 上的平均數差異顯著。

表 10-29 為年齡在「社會支持」依變項考驗的差異比較摘要表，整體考驗的 F 等於 4.026，顯著性機率值 p = .026<.05，達到統計顯著水準。關聯強度指標值 等於.134（調整過後的 數據），表示「社會支持」依變項可以被運動員「年齡」變項解釋的變異量有 13.4%，年齡變項與身心倦怠變項的關聯強度屬中度關係。統計考驗力（1-β）等於.683，表示此分析推論犯第二類型錯誤之機率為 31.7%，決策正確率為 68.30%，平均數的差異比較雖達到統計顯著水準，但統計考驗力低於.80 的臨界標準值。

表 10-29　受試者間效應項的檢定
依變數: 社會支持

來源	型 III 平方和	自由度	平均平方和	F 檢定	顯著性	淨相關 Eta 平方	Noncent. 參數	觀察的檢定能力(a)
校正後的模式	523.662(b)	2	261.831	4.026	.026	.179	8.052	.683
截距	35338.409	1	35338.409	543.388	.000	.936	543.388	1.000
年齡	523.662	2	261.831	4.026	.026	.179	8.052	.683
誤差	2406.238	37	65.033					
總和	38810.000	40						
校正後的總數	2929.900	39						

a 使用 alpha = .05 計算

b R 平方 = .179（調過後的 R 平方 = .134）

表 10-30 為年齡在「身心倦怠」依變項考驗的差異比較摘要表，整體考

驗的 F 等於 17.993，顯著性機率值 p=.000<.05，達到統計顯著水準。關聯強度指標值 等於.466（調整過後的 數據），表示「身心倦怠」依變項可以被運動員「年齡」變項解釋的變異量有 46.6%，年齡變項與身心倦怠變項的關聯強度屬強度關係。統計考驗力（1-β）等於 1.000，表示此分析推論犯第二類型錯誤之機率為 0%，決策正確率達 100.0%。

表 10-30　受試者間效應項的檢定
依變數: 身心倦怠

來源	型 III 平方和	自由度	平均平方和	F 檢定	顯著性	淨相關 Eta 平方	Noncent. 參數	觀察的檢定能力(a)
校正後的模式	1112.704(b)	2	556.352	17.993	.000	.493	35.986	1.000
截距	37710.880	1	37710.880	1219.594	.000	.971	1219.594	1.000
年齡	1112.704	2	556.352	17.993	.000	.493	35.986	1.000
誤差	1144.071	37	30.921					
總和	39895.000	40						
校正後的總數	2256.775	39						

a 使用 alpha = .05 計算

b R 平方 = .493（調過後的 R 平方 = .466）

【表格範例】

若研究者在變異數分析中要增列關聯強度係數與統計考驗力，則單因子變異數分析摘要表可以統整如下:

表 10-31　不同年齡之運動員在生活壓力、社會支持、身心倦怠差異比較之變異數分析摘要

檢定變數	變異來源	平方和(SS)	自由度(df)	平均平方和(MS)	F 檢定	事後比較 HSD 法	ω²	1-β
生活壓力	組間	554.905	2	277.452	4.597*	B>A	.156	.744
	組內	2233.095	37	60.354				
	總和	2788.000	39					
社會支持	組間	523.662	2	261.831	4.026*	A>C	.134	.683
	組內	2406.238	37	65.033				
	總和	2929.900	39					
身心倦怠	組間	1112.704	2	556.352	17.993***	B>A	.466	1.000
	組內	1144.071	37	30.921		C>A		
	總和	2256.775	39					

n.s. p>.05　*p<.05　***p<.001

10-4 相依樣本 t 檢定

相依樣本 t 檢定的適用時機為同一組受試者接受前後二次測驗時，二次測驗測量值平均數的差異比較。在問卷調查分析中，在於考驗樣本在二種量表分數或測驗分數平均數的差異。相依樣本受試的情況常是同一批受試者或樣本在前後二次測量值的差異比較，其適用圖示架構如圖 10-22：

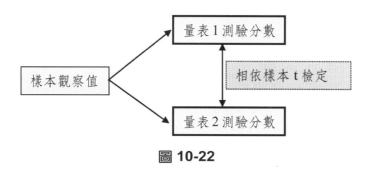

圖 10-22

【研究問題】

在一份有效教學指標問卷中，某研究中根據專家學者與實務工作者的意見，研擬十三條指標項目，內涵包括三大層面：教學經營層面（第 1 題至第 5 題）、教學活動層面（第 6 題至第 10 題）、輔導追蹤層面（第 11 題至第 13 題），研究者除想探究教師對 13 題題項指標重要性的看法外，也想知道教師在班級中實踐的程度，量表的設計如表 10-31。請問樣本教師對三大指標層面的重要性知覺與實踐程度間是否有所差異？

表 10-32

	重 要 性 非常不重要←→非常重要					實 踐 程 度 很少做到←→常常做到				
一、教學經營層面										
01.教師有完整班級經營計畫與實施教學過程資料。	1□	2□	3□	4□	5□	1□	2□	3□	4□	5□
02.教學情境布置能善用資源,重視整潔、美綠化效果及資源回收等。	1□	2□	3□	4□	5□	1□	2□	3□	4□	5□
03.能於教育活動中適切指導學生之生活教育。	1□	2□	3□	4□	5□	1□	2□	3□	4□	5□
04.召開班級家長會時,任課老師能提出教學實施相關說明或書面資料。	1□	2□	3□	4□	5□	1□	2□	3□	4□	5□
05.教師能採多樣化的方式與家長溝通。	1□	2□	3□	4□	5□	1□	2□	3□	4□	5□
二、教學活動層面										
06.教師能依教學目標妥善運用教學方法實施教學。	1□	2□	3□	4□	5□	1□	2□	3□	4□	5□
07.學習領域教學能適切結合學校本位課程或融入重要議題與時事隨機教學。	1□	2□	3□	4□	5□	1□	2□	3□	4□	5□
08.教師於教學過程中能充分提供多樣化教學素材,讓學生親自操作或體驗學習。	1□	2□	3□	4□	5□	1□	2□	3□	4□	5□
09.能善用教學資源協助教學。	1□	2□	3□	4□	5□	1□	2□	3□	4□	5□
10.學生作業批改認真詳實並有助學習。	1□	2□	3□	4□	5□	1□	2□	3□	4□	5□
三、輔導追蹤層面										
11.針對未達學習目標、行為偏差學童能分析原因,進行適性化教學與輔導措施。	1□	2□	3□	4□	5□	1□	2□	3□	4□	5□
12.隨時留意學生身心健康及學習情形,如發現異常,能通知家長並採取相關輔導措施或尋求支援。	1□	2□	3□	4□	5□	1□	2□	3□	4□	5□
13.積極落實輔導工作與輔導資料的建立,並能妥善維護管理及有效地運用。	1□	2□	3□	4□	5□	1□	2□	3□	4□	5□

　　上述量表每個題項均包含「重要性」知覺與「實踐程度」知覺,其實是包含二份量表,因而在資料建檔時必須區隔為二個部分,「重要性」知覺量表與「實踐程度」量表,在「重要性」知覺選項方面有十三個變項,在「實踐程度」知覺選項方面也有十三個變項,資料建檔的變數範例如下:

表 **10-33**

題號	01	02	03	04	05	06	07	08	09	10	11	12	13
重要性	A1_1	A1_2	A1_3	A1_4	A1_5	A2_1	A2_2	A2_3	A2_4	A2_5	A3_1	A3_2	A3_3
實踐程度	B1_1	B1_2	B1_3	B1_4	B1_5	B2_1	B2_2	B2_3	B2_4	B2_5	B3_1	B3_2	B3_3

若研究者要直接採用連續數字有順序的變項命名，則可以採用表 10-34 的變數名稱：

表 **10-34**

題號	01	02	03	04	05	06	07	08	09	10	11	12	13
重要性	A1	A2	A3	A4	A5	A6	A7	A8	A9	A10	A11	A12	A13
實踐程度	B1	B2	B3	B4	B5	B6	B7	B8	B8	B10	B11	B12	B13

其中英文字母 A 表示重要性知覺項目，A1 表示第一個層面（教學經營層面的重要性）、A1_1 中的最後一個數字表示層面的題項。英文字母 B 表示實踐程度知覺項目，B1 表示第一個層面（教學經營層面的實踐程度）、B1_1 中的最後一個數字表示層面的題項。各層面及所包含的題項如表 10-35：

表 **10-35**

層面名稱	題項	變數名稱加總
教學經營_重要性	第 1 題至第 5 題	A1_1+A1_2+A1_3+A1_4+A1_5
教學活動_重要性	第 6 題至第 10 題	A2_1+A2_2+A2_3+A2_4+A2_5
輔導追蹤_重要性	第 11 題至第 13 題	A3_1+A3_3+A3_3
教學經營_實踐程度	第 1 題至第 5 題	B1_1+B1_2+B1_3+B1_4+B1_5
教學活動_實踐程度	第 6 題至第 10 題	B2_1+B2_2+B2_3+B2_4+B2_5
輔導追蹤_實踐程度	第 11 題至第 13 題	B3_1+B3_2+B3_3

採用第二種變數編碼，則各層面及所包含的題項如表 10-36：

表 **10-36**

層面名稱	題項	變數名稱加總
教學經營_重要性	第 1 題至第 5 題	A1+A2+A3+A4+A5
教學活動_重要性	第 6 題至第 10 題	A6+A7+A8+A9+A10
輔導追蹤_重要性	第 11 題至第 13 題	A11+A12+A13
教學經營_實踐程度	第 1 題至第 5 題	B1+B2+B3+B4+B5
教學活動_實踐程度	第 6 題至第 10 題	B6+B7+B8+B9+B10
輔導追蹤_實踐程度	第 11 題至第 13 題	B11+B12+B13

在資料建檔方面，每位樣本觀察值必須先把其在「重要性」知覺的十三項指標選填的情形鍵入完後，再輸入每位樣本觀察值在十三項指標「實踐程度」的選填情形，其建檔的流程如圖10-23：

題項內容	重　　要　　性 非常不重要←→非常重要	實　踐　程　度 很少做到←→常常做到
01.	A 1_1	B 1_1
02.	A 1_2	B 1_2
…………		
…………		
12	A 3_2	B 3_2
13	A3_3	B3_3

圖 10-23

或先鍵入每位樣本觀察值在「實踐程度」知覺的十三項指標選填的情形，再輸入每位樣本觀察值在十三項指標「重要性」的選填情形。

題項內容	重　　要　　性 非常不重要←→非常重要	實　踐　程　度 很少做到←→常常做到
01.	A 1	B 1
02.	A 2	B 2
…………		
…………		
12	A 12	B 12
13	A 13	B 13

圖 10-24

錯誤的建檔範例如下圖10-25所示。

題項內容	重　　要　　性 非常不重要←→非常重要	實　踐　程　度 很少做到←→常常做到
01.	A 1_1	B 1_1
02.	A 1_2	B 1_2
…………		
…………		
12	A 3_2	B 3_2
13	A 2_3	B 2_3

圖 10-25

上述錯誤的變項建檔順序為依據每位樣本在每個題項勾選的「重要性」

知覺、「實踐程度」知覺情形依序鍵入,此種資料建檔雖依題項順序輸入資料,但因每個題項均包含二個變數名稱,將造成之後層面加總與統計分析的不便。

表 10-37

題號	01	01	02	02	......	......	13	13
受試者	A1_1	B1_1	A1_2	B1_2	......	......	A2_3	B2_3

正確的建檔變數順序範例如:

表 10-38

題號	01	02	......	12	13	01	02	......	12	13
受試者	A1_1	A1_2	......	A3_2	A3_3	B1_1	B1_2	......	B3_2	B3_3

或

表 10-39

題號	01	02	......	12	13	01	02	......	12	13
受試者	A1	A2	......	A12	A13	B1	B2	......	B12	B13

一、操作程序

步驟

從功能表執行「分析(B)」/「比較平均數法(M)」/「成對樣本 T 檢定(P)...」程序,開啟「成對樣本 T 檢定」對話視窗。

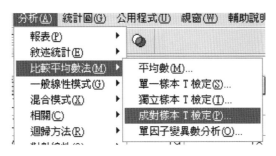

圖 10-26

→在左邊變數清單中選取第一組配對變數「經營_重要性」、「經營_實踐性」至右邊「配對變數(V)」下的方格中。

→在左邊變數清單中選取第二組配對變數「活動_重要性」、「活動_實踐性」至右邊「配對變數(V)」下的方格中。

→在左邊變數清單中選取第三組配對變數「輔導_重要性」、「輔導_實踐性」至右邊「配對變數(V)」下的方格中。

→按『選項』鈕，可開啟「成對樣本T檢定：選項」次對話視窗，此視窗可設定 SPSS 處理遺漏值的方式和信賴區間，內定之信賴區間為「95%」。

⇒按『確定』鈕。

【備註】：1. 同時選取二個要配對的變項時，選取第一個變數後，再選取第二個變數時加按「Ctrl 鍵」，第一個選取的變數成為「變數1」；第二個被選取的變數成為「變數2」，被選取的變數會呈現反白。

2. 在「成對樣本T檢定」對話視窗中，右邊「配對變數(V)」下的方格中，可同時選取數對配對的變項，至少要選取一組檢定變項。

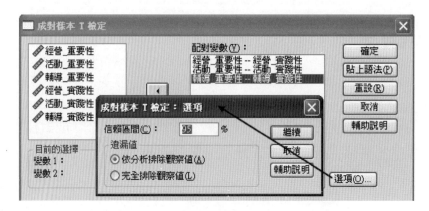

圖 10-27

二、輸出結果

表 10-40 成對樣本統計量包括各組配對變數名稱、配對變數中二次的平均數、有效樣本數、標準差與平均數標準誤。以第一個配對組而言（成對1），12 位教師在「教學經營_重要性」層面知覺的平均數為 22.58，標準差為 2.575、平均數估計標準誤為.743；在「教學經營_實踐性」層面知覺的平均數為 20.33，標準差為 1.969、平均數估計標準誤為.569，樣本教師對教學經營層面重要性知覺的平均數高於實踐性知覺的平均數，至於二個層面平均數的差異值是否具有統計上的意義，還須進一步加以考驗才能得知。

表 10-40　成對樣本統計量

		平均數	個數	標準差	平均數的標準誤
成對 1	經營_重要性	22.58	12	2.575	.743
	經營_實踐性	20.33	12	1.969	.569
成對 2	活動_重要性	23.42	12	1.505	.434
	活動_實踐性	19.08	12	3.029	.874
成對 3	輔導_重要性	13.08	12	1.379	.398
	輔導_實踐性	12.42	12	1.621	.468

表 10-41 為成對樣本間的相關統計量，即每組配對變數間的相關情形，在「教學經營」層面方面，教師知覺的重要性與實踐性間的相關係數為.532，顯著性機率值 $p = .075 > .05$，未達顯著水準，表示二者之間沒有顯著的相關；在「教學活動」層面方面，教師知覺的重要性與實踐性間的相關係數為.670，顯著性機率值 $p = .017 < .05$，達到顯著水準，二者之間呈顯著正相關，樣本教師對教學活動重要性知覺之測量值愈高，實踐性的測量值也愈高；在「輔導追蹤」層面方面，教師知覺的重要性與實踐性間的相關係數為.756，顯著性機率值 $p = .004 < .05$，達到顯著水準，二者之間呈顯著正相關，樣本教師對輔導追蹤層面愈認為重要性者，其實踐性的程度也愈高。

表 10-41　成對樣本相關

		個數	相關	顯著性
成對 1	經營_重要性 和 經營_實踐性	12	.532	.075
成對 2	活動_重要性 和 活動_實踐性	12	.670	.017
成對 3	輔導_重要性 和 輔導_實踐性	12	.756	.004

表 10-42   成對樣本檢定

	成對變數差異					t	自由度	顯著性（雙尾）
	平均數	標準差	平均數的標準誤	差異的 95% 信賴區間				
				下界	上界			
成對 1　經營_重要性 - 經營_實踐性	2.250	2.261	.653	.813	3.687	3.447	11	.005
成對 2　活動_重要性 - 活動_實踐性	4.333	2.309	.667	2.866	5.801	6.500	11	.000
成對 3　輔導_重要性 - 輔導_實踐性	.667	1.073	.310	-.015	1.348	2.152	11	.054

上班為樣本教師在三個配對層面平均數差異的 T 檢定結果，從此表中得知：就「教學經營」層面而言，教師重要性知覺與實踐性知覺得分的平均差異值為2.250（=22.58−20.33），平均數差異值考驗的 t 值＝3.447，df=11（N−1=12−1），顯著性考驗機率值 p＝.005<.05，達到.05 的顯著水準，表示樣本教師在「教學經營」層面重要性知覺與實踐性知覺間有顯著差異存在，教師知覺在教學經營實踐程度顯著低於重要性程度的知覺。此外，如從差異的95%信賴區間來看：〔.813，3.687〕，未包含 0 這個數值，應拒絕虛無假設 H_0：$\mu_1 = \mu_2$；而接受對立假設 H_1：$\mu_1 \neq \mu_2$，顯示配對變項平均數間有顯著差異存在。

就「教學活動」層面而言，教師重要性知覺與實踐性知覺得分的平均差異值為 4.333，平均數差異值考驗的 t 值＝6.500，顯著性考驗機率值 p＝.000<.05，達到.05 的顯著水準，表示樣本教師在「教學活動」層面重要性知覺與實踐性知覺間有顯著差異存在，教師知覺在教學活動實踐性的程度顯著低於重要性程度的知覺。就「輔導追蹤」層面而言，教師重要性知覺與實踐性知覺得分的平均差異值為.667，平均數差異值考驗的 t 值＝2.152，顯著性考驗機率值 p＝.054>.05，未達.05 的顯著水準，表示樣本教師在「教學活動」層面重要性知覺程度與實踐程度知覺沒有顯著差異存在。

上述中的平均數差異估計標準誤欄的數值等於配對變數分數差的標準差除以樣本數後再開根號，相依樣本統計分析中其平均數差異顯著性 T 檢定的公式如下：

$$t = \frac{\overline{X}_1 - \overline{X}_2}{\sqrt{\dfrac{S_{X1}^2 S_{X2}^2 - 2rS_{X1}S_{X2}}{N}}}$$

【表格範例】

表 10-43 教師對教學指標層面的重要性知覺與實踐程度間差異比較之相依樣本檢定

變項	人數	平均數	標準差	t 值
配對變項 1				
教學經營_重要性	12	22.58	2.575	3.447**
教學經營_實踐程度	12	20.33	1.969	
配對變項 2				
教學活動_重要性	12	23.42	1.505	6.500***
教學活動_實踐程度	12	19.08	3.029	
配對變項 3				
輔導追蹤_重要性	12	13.08	1.379	2.152n.s.
輔導追蹤_實踐程度	12	12.42	1.621	

n.s. $p > .05$　　** $p < .01$　*** $p < .001$

三、教學指標重要性三個層面間的差異比較

在教學指標三個層面中，如果研究者想採比較樣本對三個層面重要性看法間是否有顯著差異，也要採用相依樣本的 t 檢定。由於三個層面包含的題項數不同，因而不能直接比較層面之平均數，此時，可求出各層面單題的平均得分。

㈠求出各層面單題平均數

1. 教學經營重要性層面包括五個題項，因而單題平均得分為層面總分除以 5。

> 執行功能列「轉換」／「計算(C)」的程序，開啟「計算變數」對話視窗。→在左邊「目標變數(T)」下的方格中輸入層面一變項名稱：「經營_重要性單題」，將變數「經營_重要性」點選至右邊「數值運算式(E)」下的方格中，其後鍵入「/5」，數值運算式變為「經營_重要性／5」→按『確定』鈕。

圖 10-28

2.教學活動重要性層面包括五個題項，因而單題平均得分為層面總分除以5。

執行功能列「轉換」／「計算(C)」的程序，開啓「計算變數」對話視窗。→在左邊「目標變數(T)」下的方格中輸入層面一變項名稱：「活動_重要性單題」，將變數「活動_重要性」點選至右邊「數值運算式(E)」下的方格中，其後鍵入「/5」，數值運算式變為「活動_重要性 / 5」→按『確定』鈕。

圖 10-29

3.輔導追蹤重要性層面包括三個題項，因而單題平均得分為三個題項總分除以3。

執行功能列「轉換」／「計算(C)」的程序，開啓「計算變數」對話視窗。→在左邊「目標變數(T)」下的方格中輸入層面一變項名稱：「輔導_重要性單題」，將變數「輔導_重要性」點選至右邊「數值運算式(E)」下的方格中，其後鍵入「/3」，數值運算式變為「輔導_重要性 / 3」→按『確定』鈕。

圖 10-30

(二)教學指標重要性各層面單題平均數描述性統計量

執行功能表「分析(A)」／「敘述統計(E)」／「描述性統計量」程序，開啓「描述性統計量」對話視窗→在左邊變數清單中將目標變數「經營_重要性單題」、「活動_重要性單題」、「輔導_重要性單題」選入右邊「變數(V)」下的方格中→按『確定』鈕。

表 10-44 爲三個層面的描述性統計量，30 位樣本教師在教學經營重要性層面的平均數爲 22.57，最大值爲 25；在教學活動重要性層面的平均數爲 23.00，最大值爲 25；在輔導追蹤重要性層面的平均數爲 13.27，最大值爲 15，由於三個層面包括的題項數不同，因而層面重要性知覺的差異不能直接以上述三個平均數作爲差異比較，正確做法要將「層面」平均得分化爲「層面單題」的平均得分。

表 10-44　敘述統計

	個數	最小值	最大值	平均數	標準差
經營_重要性	30	18	25	22.57	2.269
活動_重要性	30	20	25	23.00	1.742
輔導_重要性	30	10	15	13.27	1.311
有效的 N（完全排除）	30				

表 10-45 爲三個層面的單題平均數的描述性統計量，就教學經營重要性而言，30 位樣本教師單題的平均數得分爲 4.5133，單題平均得分最小值爲 3.60、最大值爲 5.00；就教學活動重要性而言，樣本教師單題的平均數得分爲 4.6000，單題平均得分最小值爲 4.00、最大值爲 5.00；就輔導追蹤活動重要性而言，樣本教師單題的平均數得分爲 4.4222，單題平均得分最小值爲 3.33、最大值爲 5.00。其中依單題平均得分高低排序，教學指標重要性得分最高層面爲「教學活動」，其次是「教學經營」，得分最低者爲「輔導追蹤」。

表 10-45　敘述統計

	個數	最小值	最大值	平均數	標準差	排序
經營_重要性	30	3.60	5.00	4.5133	.45390	2
活動_重要性	30	4.00	5.00	4.6000	.34840	1
輔導_重要性	30	3.33	5.00	4.4222	.43710	3
有效的 N（完全排除）	30					

在層面單題平均數的差異比較中，如果要看出最高分變項（排序第 1）與其他變項平均數間的差異是否達到顯著，可以以得分最高分與次最高分的變項進行相依樣本的 t 檢定，即排序 1 與排序 2 變項的平均數差異檢定，若是排序 1 與排序 2 變項配對組之平均數的差異檢定達到顯著，則排序 1 變項與其他變項平均數間的差異也會達到顯著。相對的，研究者若是要檢核層面單題平均得分最低的變項與其他變項平均數間的差異是否達到顯著，只要進行排序最後的二個變項平均數的差異檢定，如果二者平均數的差異達到顯著，表示層面單題得分最低的變項其他變項間的差異均達到顯著。

T 檢定

表 10-46 配對組的比較為「排序 1＆排序 2」變項平均數的差異比較，「排序 3＆排序 2」變項平均數的差異比較。依層面單題平均得分排序時，排序 1 的變項為「活動_重要性單題」、排序 3 的變項為「輔導_重要性單題」，排序 2 的變項為「經營_重要性單題」。

表 10-46　成對樣本統計量

		平均數	個數	標準差	平均數的標準誤
成對 1	經營_重要性單題	4.5133	30	.45390	.08287
	活動_重要性單題	4.6000	30	.34840	.06361
成對 2	經營_重要性單題	4.5133	30	.45390	.08287
	輔導_重要性單題	4.4222	30	.43710	.07980

表 10-47 為成對樣本檢定統計量，「經營_重要性單題＆活動_重要性單題」二個變項平均數的差異為-.08667，差異檢定的 t 統計量等於-.789，顯著性機率值 p=.439>.05，未達.05 的顯著水準；「經營_重要性單題＆輔導_重要性單題」二個變項平均數的差異為.09111，差異檢定的 t 統計量等於.733，顯著性機率值p=.470>.05，未達.05 的顯著水準，表示三個層面單題平

均得分變項間的平均數沒有顯著差異,即樣本教師對教學指標三個層面重要性的知覺程度一樣。

表 10-47　成對樣本檢定

層面變項	成對變數差異					t	自由度	顯著性（雙尾）
	平均數	標準差	平均數的標準誤	差異的 95% 信賴區間				
				下界	上界			
成對 1　經營_重要性單題 - 活動_重要性單題	-.08667	.60500	.11046	-.31258	.13924	-.785	29	.439
成對 2　經營_重要性單題 - 輔導_重要性單題	.09111	.68110	.12435	-.16322	.34544	.733	29	.470

在許多研究論文中,研究者未經平均數的差異檢定,直接根據各層面單題的平均得分高低排序而下以下結論:「樣本教師對教學指標三個層面知覺的重要性程度依序為教學活動指標層面,其次是教學經營指標層面,最後是輔導追蹤指標層面」,這樣只根據平均數的高低來下結論,而沒有進行平均數間的差異檢定是不適切的。

如果研究者只根據層面單題平均得分來敘述,可以根據量表的選項數來判別平均得分位於哪二個選項之間,除外,也可以將量表平均數轉換為重要性百分比來判別,以五點量表為例,層面單題平均得分 4.5133,換成百分比為 $\frac{4.5133-1}{N-1}=\frac{3.5133}{5-1}=.8783$,表示層面單題如設為 100 個單位測量值,則樣本教師認為其重要性有 87.83 個單位,即樣本教師認為教學經營重要性層面的重要性百分比值有 87.83%。

以下述退休教師在生涯規劃量表五個層面及總量表得分之描述性統計量而言:

表 10-48

生涯規劃層面	層面平均數	層面標準差	題項數	層面單題平均數	排序
健康維持	16.80	2.16	4	4.20	1
居家安排	12.25	1.54	3	4.08	3
經濟計畫	18.72	2.52	5	3.74	5
休閒娛樂	16.51	2.20	4	4.13	2
社會參與	19.38	3.14	5	3.88	4

在上述退休教師在生涯規劃量表五個層面的單題描述性統計量中，以「健康維持」層面單題的平均得分最高，而以「經濟計畫」層面單題的平均得分最低，如果研究者要提出退休教師在生涯規劃五個向度中以「健康維持」層面做得最佳，要進行「健康維持」層面單題得分變數（排序1）與「休閒娛樂」層面單題得分變數（排序2）的相依樣本 t 檢定，若是二者經成對樣本檢定之 t 統計量達到顯著水準，表示排序1之平均數與其他平均數間有顯著的不同；若是二者經成對樣本檢定之 t 統計量達到未顯著水準，表示排序1平均數 4.20 與排序2平均數 4.13 間的差異未達到顯著。相對的，研究若要提出退休教師在生涯規劃五個向度中以「經濟計畫」層面做得較不理想，也要進行「經濟計畫」層面單題得分變數（排序5）與「社會參與」層面單題得分變數（排序4）的相依樣本 t 檢定。

10-5 單因子多變量變異數分析

單因子多變量變異數分析適用於一個自變項，二個以上的依變項，依變項須為連續變項，自變項為類別變項──間斷變項。在單變量變異數分析中（univariate analysis of variance）只考驗自變項各水準在單一依變項測量值平均數的差異，使用的檢定方法為 F 考驗，而多變量變異數分析（multivariate analysis of variance；簡稱 MANOVA）則同時考驗 k 組間在二個以上依變項之形心是否有顯著差異。常用 MANOVA 顯著性檢定為 Wilks Λ 值，Wilks Λ 值介於 0 至 1 間，Wilks Λ 愈小，表示自變項的效果愈容易達到顯著（單因子變異數分析中，F 值愈大愈容易達到顯著水準）。

Wilks Λ 值統計量的求法如下：

$$Willks\_\Lambda = \frac{|Q_e|}{|Q_e + Q_s|}$$

其中 Q_s 為組間的 SSCP 矩陣、Q_e 為組內的 SSCP 矩陣，由於 Wilks Λ 統計量的韌性較強，且其歷史較久，因而在 MANOVA 的統計量中為多數研究者使用。若是 Wilks Λ 達到顯著，表示至少有一個依變項在分組變數上的平均數差異達到顯著，如果 Wilks Λ 不顯著，表示所有檢定的依變項在分組變數上的平均數差異均未達到顯著，此時就不用再進行個別依變項之單變量考驗。

【研究問題】

1. 不同年齡的樣本在「教學經營重要性」、「教學活動重要性」、「輔導追蹤重要性」的感受上是否有顯著的不同？
2. 不同年齡的樣本在「教學經營實踐程度」、「教學活動實踐程度」、「輔導追蹤實踐程度」的感受上是否有顯著的不同？

上述研究問題中，分組變數（自變數）為年齡，內有三個水準，水準數值 1 為 30 歲以下群體、水準數值 2 為 31 至 39 歲群體、水準數值 3 為 40 歲以上群體，研究問題 1 同時考驗的依變項有「教學經營重要性」、「教學活動重要性」、「輔導追蹤重要性」，研究問題 2 同時考驗的依變項有「教學經營實踐程度」、「教學活動實踐程度」、「輔導追蹤實踐程度」。

一、操作程序

㈠步驟 1

執行功能列「分析(A)」／「一般線性模式(G)」／「多變量(M)...」程序，開啟「多變量對話視窗」。

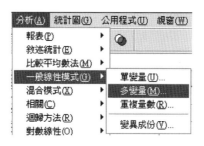

圖 10-31

㈡步驟 2

在左邊變數清單中點選三個教學指標重要性層面變數「經營_重要性」、「活動_重要性」、「輔導_重要性」至右邊「依變數(D)」下的方格中，點選自變項「年齡」至右邊「固定因子(F)」下的方格中→按『Post Hoc 檢定(H)...』鈕，開啟「多變量：觀察值平均數的 Post Hoc 多重比較」次對話視窗。

圖 10-32

【備註】：「固定因子(F)」方盒中至少要選取一個分組變數（間斷變數），而「依變數(D)」方盒中至少要選取二個以上的檢定變數，若是選取多個分組變數至「固定因子(F)」方盒中，則形成多因子多變量變異數分析。

(三)**步驟 3**

在左邊「因子(F)」方盒中將自變項「年齡」點選至右邊「Post Hoc 檢定(P)」下的方格中，在「假設相同的變異數」方盒中選取一種事後比較方法，如「☑Scheffe 法(C)」→按『繼續』鈕，回到「多變量」對話視窗。

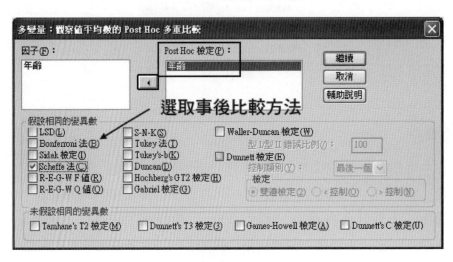

圖 10-33

㈣**步驟 4**

在「多變量」對話視窗中，按『選項(O)...』鈕，開啟「多變量：選項」次對話視窗，於「顯示」方盒中勾選「☑敘述統計(D)」、「☑效果項大小估計值(E)」、「☑SSCP 矩陣(S)」、「☑殘差矩陣(C)」、「☑同質性檢定(H)」等選項→按『繼續』鈕，回到「多變量」對話視窗→按『確定』鈕。

圖 10-34

二、輸出結果

㈠年齡在教學指標「重要性」層面的差異比較

表 10-49 為 BOX 多變量變異數同質性檢定結果統計量，由表中可知 Box's M 值等於 16.656，轉換成的 F 統計量為 1.158，顯著性考驗的 p 值等於.308>.05，未達到顯著水準，表示自變項三個組別在三個依變項之多變量變異數未違反同質性之假定。在多變量變異數同質性檢定中，如果 Box's M 值達到顯著（p<.05），表示未符合變異數同質性假定，此時，若是各組樣本人數差異很大，必須進行校正工作。

表 10-49 共變量矩陣等式的 Box 檢定(a)

Box's M	16.656
F 檢定	1.158
分子自由度	12
分母自由度	3289.772
顯著性	.308

檢定依變數的觀察共變量矩陣 之虛無假設，等於交叉 組別。

a 設計：截距+年齡

　　表 10-50 為單因子多變異量檢定（Multivariate Tests）之統計量，四種多變量統計檢定方法均未達到顯著，表示三個依變項在年齡的差異檢定均未達到顯著。Wilks Λ值等於.758、轉換成近似 F 值為 1.235，顯著性考驗之 p 值＝.304>.05，未達到顯著水準。在多變量檢定統計量中，如果多變量顯著性考驗未達顯著水準（p>.05），則個別單變量變異數分析均不會達到顯著。相反的，如果多變量顯著性考驗達到顯著水準，表示至少有一個依變項在自變項上的平均數差異達到顯著，以上述三個變項而言，若是多變量顯著性考驗達到顯著，表示不同年齡的教師在教學指標重要性三個依變項層面的知覺上至少有一個依變項有顯著的不同，至於是哪幾個依變項有顯著差異，進一步要分別進行單因子變異數分析（ANOVA）及事後比較方能得知。

表 10-50 多變量檢定(c)

效應項		數值	F 檢定	假設自由度	誤差自由度	顯著性	淨相關Eta 平方
截距	Pillai's Trace	.997	3211.932(a)	3.000	25.000	.000	.997
	Wilks' Lambda 變數選擇法	.003	3211.932(a)	3.000	25.000	.000	.997
	多變量顯著性檢定	385.432	3211.932(a)	3.000	25.000	.000	.997
	Roy 的最大平方根	385.432	3211.932(a)	3.000	25.000	.000	.997
年齡	Pillai's Trace	.252	1.252	6.000	52.000	.296	.126
	Wilks' Lambda 變數選擇法	.758	1.235(a)	6.000	50.000	.304	.129
	多變量顯著性檢定	.304	1.216	6.000	48.000	.314	.132
	Roy 的最大平方根	.246	2.129(b)	3.000	26.000	.121	.197

a 精確的統計量。

b 統計量為在顯著水準上產生下限之 F 的上限。

c 設計：截距+年齡

在上述四種多變量檢定量中，以「Wilks' Lambda」 變數選擇法為最多研究者使用，因而在多變量顯著性考驗中，常以此方法檢定多變量的顯著性，如果多變量檢定不顯著，則不必進行單變量變異數檢定。四種多變量顯著性考驗法中，以「Wilks' Lambda」法最具強韌性，其使用之歷史也較久。若樣本數較少，組別間人數不相等與含有程序性假定問題存在，則使用「Pillai's Trace」整體考驗法，反而有較高的強韌性。Wilks' Lambda 值是組內的 SSCP 矩陣（誤差值）與全體 SSCP 矩陣的比值，其比值愈小，表示組內的 SSCP 矩陣愈小，而組間的 SSCP 矩陣（組間效果項）愈大，即組間變異數愈大，因而組間之形心的差異值愈明顯。在多變量統計分析中，想要拒絕虛無假設，Wilks' Lambda 值應該愈小愈好（愈容易達到顯著水準）。

表 10-51「受試者間效應項的檢定」為單變量變異數分析的顯著性考驗，不同年齡在「經營_重要性」、「活動_重要性」、「輔導_重要性」三個變項差異考驗的 F 值分別為.848（p＝.439＞.05）、2.868（p＝.074＞.05）、.346（p＝.711＞.05），均未達到顯著水準，表示不同年齡的教師對教學經營重要性、教學活動重要性、輔導追蹤重要性的知覺均沒有顯著差異。在單因子 MANOVA 的分析程序中，若是整體考驗的 Wilks Λ值統計量沒有達到顯著水準（p＞.05），表示所有依變項在分組變數上的差異均不顯著，因而之後各單變量 F 考驗的均不會顯著，由於各單變量 F 考驗均不顯著（p＞.05），各單變量的事後比較摘要表也不理會他。

(二)年齡在教學指標「實踐程度」三個層面的差異比較

表 10-52「受試者間因子」為自變項的變項名稱、水準數值編碼及水準註標。自變項「年齡」有三個水準，水準數值 1 的註解為「30 歲以下」組、水準數值 2 的註解為「31-39 歲」組、水準數值 3 的註解為「40 歲以上」組，三個群體的有效樣本數分別有 9、11、10 位。

表 10-51 受試者間效應項的檢定

來源	依變數	型 III 平方和	自由度	平均平方和	F 檢定	顯著性	淨相關 Eta 平方
校正後的模式	經營_重要性	12.218(a)	2	6.109	.848	.439	.059
	活動_重要性	20.358(b)	2	10.179	2.868	.074	.175
	輔導_重要性	1.244(c)	2	.622	.346	.711	.025
截距	經營_重要性	15457.960	1	15457.960	2144.933	.000	.988
	活動_重要性	16065.739	1	16065.739	4527.493	.000	.994
	輔導_重要性	5256.535	1	5256.535	2918.963	.000	.991
年齡	經營_重要性	12.218	2	6.109	.848	.439	.059
	活動_重要性	20.358	2	10.179	2.868	.074	.175
	輔導_重要性	1.244	2	.622	.346	.711	.025
誤差	經營_重要性	194.582	27	7.207			
	活動_重要性	95.809	27	3.548			
	輔導_重要性	48.622	27	1.801			
總和	經營_重要性	15802.000	30				
	活動_重要性	16217.000	30				
	輔導_重要性	5330.000	30				
校正後的總數	經營_重要性	206.800	29				
	活動_重要性	116.167	29				
	輔導_重要性	49.867	29				

a R 平方 = .059（調過後的 R 平方 = -.011）
b R 平方 = .175（調過後的 R 平方 = .114）
c R 平方 = .025（調過後的 R 平方 = -.047）

表 10-52 受試者間因子

		數值註解	個數
年齡	1	30 歲以下	9
	2	31-39 歲	11
	3	40 歲以上	10

　　表 10-53「敘述統計」為不同年齡組教師在三個依變項層面勾選的描述性統計量，包括平均數、標準差及個數。以教學經營實踐程度的知覺而言，三個不同年齡組知覺的平均數分別為 19.89、22.82、19.20，標準差分別為 1.833、1.940、1.989，全部 30 位樣本觀察值的平均數為 20.73，標準差為 2.477。

表 10-53　敘述統計

	年齡	平均數	標準差	個數
經營_實踐性	30 歲以下	19.89	1.833	9
	31-39 歲	22.82	1.940	11
	40 歲以上	19.20	1.989	10
	總和	20.73	2.477	30
活動_實踐性	30 歲以下	19.89	3.018	9
	31-39 歲	18.73	1.794	11
	40 歲以上	19.70	2.406	10
	總和	19.40	2.387	30
輔導_實踐性	30 歲以下	13.78	1.481	9
	31-39 歲	11.09	1.973	11
	40 歲以上	10.70	1.059	10
	總和	11.77	2.029	30

表 10-54 為 BOX 多變量變異數同質性檢定結果統計量，由表中可知 Box's M 值等於 16.656，轉換成的 F 統計量為 1.158，顯著性考驗的 p 值等於 .308>.05，未達到顯著水準，表示自變項三個組別在三個依變項之多變量變異數未違反同質性之假定。

表 10-54　共變量矩陣等式的 Box 檢定(a)

Box's M	17.583
F 檢定	1.223
分子自由度	12
分母自由度	3289.772
顯著性	.261

檢定依變數的觀察共變量矩陣 之虛無假設，等於交叉 組別。
a 設計: 截距+年齡

表 10-55 為單因子多變量顯著性考驗，表的上半部為截距（Intercept）資料，此部分研究者可以省略不看。

表 10-55　多變量檢定(c)

效應項		數值	F 檢定	假設自由度	誤差自由度	顯著性	淨相關 Eta 平方
截距	Pillai's Trace	.995	1761.353(a)	3.000	25.000	.000	.995
	Wilks' Lambda 變數選擇法	.005	1761.353(a)	3.000	25.000	.000	.995
	多變量顯著性檢定	211.362	1761.353(a)	3.000	25.000	.000	.995
	Roy 的最大平方根	211.362	1761.353(a)	3.000	25.000	.000	.995
年齡	Pillai's Trace	.920	7.376	6.000	52.000	.000	.460
	Wilks' Lambda 變數選擇法	.288	7.191(a)	6.000	50.000	.000	.463
	多變量顯著性檢定	1.749	6.998	6.000	48.000	.000	.467
	Roy 的最大平方根	1.085	9.403(b)	3.000	26.000	.000	.520

a 精確的統計量。

b 統計量為在顯著水準上產生下限之 F 的上限。

c 設計: 截距+年齡

　　四種多變量統計量 Pillai V 值等於.920、Wilks Λ值等於.288、 多變量顯著性檢定量（Hotelling Trace 值）等於 1.749、Roy 最大根統計量等於 1.085，其 p 值（=000）均小於.05，達到顯著水準，多變量顯著性考驗達到顯著，表示不同年齡組在三個變項上的差異比較中，至少有一個依變項的平均數有顯著差異，至於是哪一個依變項造成的，進一步則進行單因子單變量變異數分析或區別分別，以找出三組樣本在依變項上平均數的差異情形。進行單因子單變量變異數分析，因為有三個依變項，總共要進行三次的ANOVA，在每個依變項進行 ANOVA 分析時，如果變異數分析的 F 值達到顯著水準，則進一步要進行事後多重比較。MANOVA 多變量變異數分析程序中同時提供 ANOVA 及其事後比較結果。

　　表 10-56 為單變項個別變異數同質性檢定統計量，「經營_實踐性」、「活動_實踐性」、「輔導_實踐性」三個依變項同質性檢定的 F 值分別為.407、1.192、1.719，顯著性 p 值分別為.674、.319、.198，均未達.05 顯著水準，表示三依變項均符合變異數同質性假定，此結果與上述採用 BOX 多變量變異數同質性檢定結果可相互呼應。

表 10-56　誤差變異量的 Levene 檢定等式(a)

	F 檢定	分子自由度	分母自由度	顯著性
經營_實踐性	.401	2	27	.674
活動_實踐性	1.192	2	27	.319
輔導_實踐性	1.719	2	27	.198

檢定各組別中依變數誤差變異量的虛無假設是 相等的。

a 設計: 截距+年齡

　　表 10-57 為「受試者間效應項的檢定」，也就是不同年齡變項在三個依變項之單因子變異數分析結果，三組受試者在三個依變項上單變量變異數分析考驗之 F 值分別為 10.482（p＝.000<.05）、.690（p＝.510>.05）、10.709（p＝.000<.05），表示不同年齡組教師在「教學經營」層面實踐程度與「輔導追蹤」層面實踐程度的知覺有顯著差異，多變量顯著性考驗達到顯著，主要是由「經營_實踐性」、「輔導_實踐性」二個依變項所造成，年齡變項在此二個依變項的關聯強度係數值分別為.395、.401，年齡變項與「經營_實踐性」、「輔導_實踐性」二個依變項間的關係屬強度關聯。至於不同年齡組教師在教學活動層面實踐程度的知覺則沒有顯著差異。

表 10-57　受試者間效應項的檢定

來源	依變數	型 III 平方和	自由度	平均平方和	F 檢定	顯著性	淨相關 Eta 平方
校正後的模式	經營_實踐性	77.741(a)	2	38.871	10.482	.000	.437
	活動_實踐性	8.029(b)	2	4.015	.690	.510	.049
	輔導_實踐性	52.802(c)	2	26.401	10.709	.000	.442
截距	經營_實踐性	12689.500	1	12689.500	3421.879	.000	.992
	活動_實踐性	11260.090	1	11260.090	1934.345	.000	.986
	輔導_實踐性	4188.897	1	4188.897	1699.103	.000	.984
年齡	經營_實踐性	77.741	2	38.871	10.482	.000	.437
	活動_實踐性	8.029	2	4.015	.690	.510	.049
	輔導_實踐性	52.802	2	26.401	10.709	.000	.442
誤差	經營_實踐性	100.125	27	3.708			
	活動_實踐性	157.171	27	5.821			
	輔導_實踐性	66.565	27	2.465			
總和	經營_實踐性	13074.000	30				
	活動_實踐性	11456.000	30				
	輔導_實踐性	4273.000	30				
校正後的總數	經營_實踐性	177.867	29				
	活動_實踐性	165.200	29				
	輔導_實踐性	119.367	29				

a R 平方 = .437（調過後的 R 平方 = .395）
b R 平方 = .049（調過後的 R 平方 = -.022）
c R 平方 = .442（調過後的 R 平方 = .401）

　　表 10-58 為「受試者間 SSCP 矩陣」（Between-Subjects SSCP Matrix）統計量，「截距」欄三列資料為截距之 SSCP 矩陣，「年齡」欄三列資料為組

間 SSCP 矩陣（Q_s 矩陣）、誤差（Error）欄三列為組內 SSCP 矩陣，也就是 SSCP 矩陣的誤差值（Q_e 矩陣）。

表 10-58　受試者間 SSCP 矩陣

			經營–實踐性	活動–實踐性	輔導–實踐性
假設	截距	經營_實踐性	12689.500	11953.448	7290.748
		活動_實踐性	11953.448	11260.090	6867.849
		輔導_實踐性	7290.748	6867.849	4188.897
	年齡	經營_實踐性	77.741	-23.743	-14.426
		活動_實踐性	-23.743	8.029	10.649
		輔導_實踐性	-14.426	10.649	52.802
誤差		經營_實踐性	100.125	29.943	1.560
		活動_實踐性	29.943	157.171	13.151
		輔導_實踐性	1.560	13.151	66.565

以型 III 的平方和為基礎

表 10-59 中「叉積平方和」（Sum-of-Squares and Cross-Products）欄三列數據為組內 SSCP 矩陣，又稱殘差 SSCP 矩陣，也就是 SSCP 矩陣的誤差值（Q_e 矩陣）。

表 10-59　受試者間 SSCP 矩陣

		經營–實踐性	活動–實踐性	輔導–實踐性
叉積平方和	經營_實踐性	100.125	29.943	1.560
	活動_實踐性	29.943	157.171	13.151
	輔導_實踐性	1.560	13.151	66.565
共變數	經營_實踐性	3.708	1.109	.058
	活動_實踐性	1.109	5.821	.487
	輔導_實踐性	.058	.487	2.465
相關	經營_實踐性	1.000	.239	.019
	活動_實踐性	.239	1.000	.129
	輔導_實踐性	.019	.129	1.000

以型 III 的平方和為基礎。

Post Hoc 檢定　多重比較

　　表 10-60 為單變項 Scheffe 法之事後比較結果，事後比較採兩兩配對的方式，若是二個水準組別在依變項平均數的差異達到顯著，則於「平均數差異 (I-J)」欄中的平均數差異值的旁加註「(*)」符號，由表中可知：在「經

營_實踐性」依變項方面，「31-39 歲」組顯著地高於「30 歲以下」組及「40 歲以上」組；在「輔導_實踐性」依變項方面，「30 歲以下」顯著地高於「31-39 歲」組，同時也顯著地高於「40 歲以上」組。

表 10-60　Scheffe 法

依變數	(I) 年齡	(J) 年齡	平均差異 (I-J)	標準誤	顯著性	95% 信賴區間	
						下界	上界
經營_實踐性	30 歲以下	31-39 歲	-2.93(*)	.866	.008	-5.17	-.69
		40 歲以上	.69	.885	.741	-1.60	2.98
	31-39 歲	30 歲以下	2.93(*)	.866	.008	.69	5.17
		40 歲以上	3.62(*)	.841	.001	1.44	5.80
	40 歲以上	30 歲以下	-.69	.885	.741	-2.98	1.60
		31-39 歲	-3.62(*)	.841	.001	-5.80	-1.44
活動_實踐性	30 歲以下	31-39 歲	1.16	1.084	.570	-1.65	3.97
		40 歲以上	.19	1.109	.986	-2.68	3.06
	31-39 歲	30 歲以下	-1.16	1.084	.570	-3.97	1.65
		40 歲以上	-.97	1.054	.658	-3.70	1.76
	40 歲以上	30 歲以下	-.19	1.109	.986	-3.06	2.68
		31-39 歲	.97	1.054	.658	-1.76	3.70
輔導_實踐性	30 歲以下	31-39 歲	2.69(*)	.706	.003	.86	4.51
		40 歲以上	3.08(*)	.721	.001	1.21	4.95
	31-39 歲	30 歲以下	-2.69(*)	.706	.003	-4.51	-.86
		40 歲以上	.39	.686	.851	-1.39	2.17
	40 歲以上	30 歲以下	-3.08(*)	.721	.001	-4.95	-1.21
		31-39 歲	-.39	.686	.851	-2.17	1.39

以觀察的平均數為基礎。

* 在水準 .05 上的平均數差異顯著。

　　上述多變量統計分析結果整理成如下三個摘要表：

【表格範例】

表 10-61 不同年齡教師在教學指標實踐程度三個層面之描述統計量

層面變項	年齡	平均數	標準差	個數
經營_實踐性	30 歲以下(A)	19.89	1.833	9
	31-39 歲(B)	22.82	1.940	11
	40 歲以上(C)	19.20	1.989	10
活動_實踐性	30 歲以下(A)	19.89	3.018	9
	31-39 歲(B)	18.73	1.794	11
	40 歲以上(C)	19.70	2.406	10
輔導_實踐性	30 歲以下(A)	13.78	1.481	9
	31-39 歲(B)	11.09	1.973	11
	40 歲以上(C)	10.70	1.059	10

表 10-62 不同年齡教師在教學指標實踐程度三個層面多變項變異數分析摘要表

變異來源	df	SSCP			多變量 Wilk's Λ	單變量 F 值 經營─實踐性	活動─實踐性	輔導─實踐性
組間	2	77.741 -23.743 -14.426 -23.743 8.029 10.649 -14.426 10.649 52.802			.288***	10.482***	.690n.s.	10.709***
組內	27	100.125 29.943 1.560 29.943 157.171 13.151 1.560 13.151 66.565						

*** p<.001　n.s. p>.05

表 10-63 不同年齡教師在教學指標實踐程度三個層面之單變項變異數分析摘要表

變異來源	層面名稱	SS	Df	MS	F	事後比較	ω^2
年齡 （組間）	經營_實踐性	77.741	2	38.871	10.482***	B>A、B>C	.395
	活動_實踐性	8.029	2	4.015	.690n.s.	------	-----
	輔導_實踐性	52.802	2	26.401	10.709***	A>B、A>C	.401
Error （誤差）	經營_實踐性	100.125	27	3.708			
	活動_實踐性	157.171	27	5.821			
	輔導_實踐性	66.565	27	2.465			

n.s. p>.05、*** p<.001

第十一章

複迴歸分析

11-1 相關理論

在直線迴歸分析中如果只探討一個自變項（independent variable），對一個依變項（dependent variable）的影響，則稱為「簡單直線迴歸分析」（simple linear regression analysis），簡單直線迴歸的決定係數（R^2）等於自變項與依變項間積差相關係數的平方。迴歸分析中的自變項也稱為「預測變項」（predictor）或「解釋變項」（explanatory variable）；而依變項又稱為「效標變項」（criterion）或「反應變項」（response），迴歸分析（regression analysis）的主要目的在於描述、解釋或預測。在迴歸分析中如果自變項有二個以上，則稱為「複迴歸分析」或「多元線性迴歸分析」（multiple linear regression analysis），多元線性迴歸的自變項與依變項必須均為計量變數（等距變項或比率變項），如果自變項是類別變項均須要轉化為「虛擬變項」（dummy variables）或「效果變項」（effect variables），虛擬變項是將類別變項（k 個水準）轉換成 k-1 個二分變項，二分變項水準為 0 與 1；而效果變項則是將類別變項（k 個水準）轉換成 k-1 個二分變項，二分變項水準為 1 與-1。

簡單直線迴歸圖示如圖 11-1（只有一個預測變項）：

圖 11-1

複迴歸分析圖示如圖 11-2（有二個以上的預測變項）：

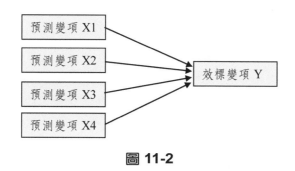

圖 11-2

複迴歸分析的目的旨在找出一個自變項的線性結合（迴歸方程式），

以能簡潔說明一組預測變項與效標變項間的關係，如果可以，則自變項間的線性組合與效標變項間關係的強度有多大，整體解釋變異量是否達到統計上的顯著水準，在迴歸模式中哪些自變項對效標變項的預測力較大，原始迴歸模式中的自變項數目能否予以減少而對效標變項仍具有足夠的預測力（黃俊英，2004）。應用多元線性迴歸時，所分析的資料必須符合以下的基本假定（assumptions）（王國川，2004；邱皓政，2005；Spicer, 2005）。

1. 常態性（normality）：對於預測變項的各個水準在效標變項上呈常態分配，即殘差為常態分配，常態性的假設即迴歸模式所得之樣本預測值與樣本實際值的殘差值所形成的分配為常態分配。在迴歸分析中，通常可藉檢驗效標變項是否為常態，藉以了解殘差是否為常態。

2. 效標變項的各個觀察值必須是獨立的。

3. 各預測變項彼此之間沒有多元共線性關係（multicollinearity），即自變項彼此間的關係沒有高度相關（相關係數>.70 以上）。複迴歸分析中變項間的最佳關係為自變項與效標變項有中高度的相關，而自變項本身間呈中度或低度相關。

4. 直線化（linearity）：預測變項與效標變項間關係的呈線性關係（linear relationship），即資料型態的呈現的是任何形式的直線關係，而不應為曲線關係或其他非直線型態（nonlinearity），直線化的假定在迴歸分析中非常重要。若變項間的關係為非線性關係，必須採用曲線迴歸等非線性模式來處理，或將原始資料進行轉換。

5. 殘差獨立性假定（independence）：即不同預測變項所產生的殘差間的相關為0，而誤差項也須與自變項相互獨立，雖然殘差項出現自我相關也可進行參數估計，但標準誤會產生偏誤而降低統計考驗力，迴歸模型不易達到顯著。

6. 殘差等分散性（homoscedasticity）：殘差的標準誤在各觀察體上保持恆定，特定自變項水準的誤差項，除了應呈隨機化的常態分配外，且其變異量應相等；殘差等分散性也可說是變異數同質性（homogeneity of variance），對於預測變項的各個水準在效標變項之變異數應該是相同的。相對的，資料未能符合殘差等分散性，即稱為變異數異質性（heteroscedasticity）。

直線多元迴歸分析中變項的屬性：自變項（預測變項）為連續變項；依變項（效標變項）也是連續變數，如果效標變項不是連續變數，而是類

別變數，則必須改用「區別分析」（discriminant analysis）或「羅吉斯迴歸分析」（logistic regression analysis，或譯為邏輯斯迴歸分析）。在直線複迴歸分析中，若是自變項為類別變項最好不要納入迴歸分析中，除非此類別變項與效標變項的關係甚為密切，或先前的差異比較分析中，類別變項在依變項的差異顯著。如果將研究者要將類別變項納入自變項（預測變項）中，要先轉化成「虛擬變項」（dummy variable），不能未經轉換即直接投入迴歸方程式中，否則即使間斷變數被選入迴歸模式中，其迴歸係數也無法做出合理解釋。

複迴歸的研究問題範例如：(1)工作壓力五個層面：工作負荷、人際關係、專業知能、學生行為、角色衝突是否可以有效預測學校效能；(2)國中學生的智力、畢業成績、三年級模擬考平均成績、期望動機等四個變項是否可以有效預測其基本學力測驗成績。警察人員婚姻態度三個面向：責任與承諾、情感親密度、婚姻的維持；與親子關係三個面向：相互信任、友誼交往、情感交流等六個變項是否可以有效預測警察人員的幸福感。在複迴歸分析中，若是以量表各層面（面向或構念）為預測變項，則面向加總（量表總分）的變項就不能再作為預測變項，否則會發生多元共線性問題，以上述警察人員幸福感的複迴歸而言，其研究架構圖如圖 11-3：

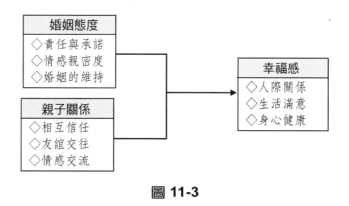

圖 11-3

在上述架構中六個預測變項為：責任與承諾、情感親密度、婚姻的維持、相互信任、友誼交往、情感交流，效標變項為警察人員的幸福感。在複迴歸分析中若是研究者再投入「婚姻態度量表」總分（變數名稱為婚姻態度）及「親子關係量表」總分（變數名稱為親子關係），則自變項中共有八個，其中變數「婚姻態度」為「責任與承諾」、「情感親密度」、「婚姻的維持」三個變數的加總，因而「婚姻態度」與上述三個變項間的相關

多數會呈現高度關係；相同的「親子關係」自變項爲「相互信任」、「友誼交往」、「情感交流」三個變數的加總，因而「親子關係」與此三個變項間的相關也可能呈現高度關係，此時自變項間的測量值分數發生了重複計分的情形，進行複迴歸分析時除會產生多元共線性問題，也違反了複迴歸分析的基本原理。

在多元迴歸分析中，SPSS 提供五種選取變項的方法：「強迫進入變數法」（enter）、「逐步多元迴歸分析法」（stepwise）、「向前法」（forward）又稱向前進入法、「向後法」（backward）又稱向後進入法、「刪除法」（remove）。「強迫輸入法」（Enter）是一種較常見的方法，強迫輸入法即一般所稱的複迴歸分析法，這是一種強迫投入式的複迴歸分析，強迫所有變項有順序進入迴歸方程式。在研究設計中，如果研究者有事先建立假設，決定變項重要性層次，則應該使用強迫輸入法較爲適宜。若依相關理論與經驗法則，決定投入迴歸模式的自變項，以探討不同區組之自變項對依變項的影響，則可採用「階層迴歸分析法」，階層迴歸分析法又稱「系列化多元迴歸分析」（sequential multiple regression），使用「系列化多元迴歸分析」法必須根據相關的理論或邏輯法則，以決定變項投入的順序。強迫進入變數法因爲是將所有預測變項同時納入迴歸模式中，以探討整體迴歸模式對效標變項的解釋力，因而又稱爲同時迴歸分析（simultaneous regression analysis），此種同時迴歸分析的目的在於解釋所有自變項對依變項的整體預測力，又稱爲解釋型迴歸分析。此外利用強迫進入變數法可以根據自變項的數目，求出所有可能迴歸模式，以從中挑選一個最精簡的迴歸模式。

在多元迴歸分析中，如果是用於描述、解釋或控制，通常會使用強迫輸入法（Enter），強迫輸入法也就是同時多元迴歸分析法（simultaneous multiple regression），強迫輸入法所得的迴歸模式爲一種解釋型（explanation）迴歸分析。此法是將所有自變項都投入迴歸方程式中，不論個別自變項對依變項的影響是否達到顯著，都會出現於迴歸模型中。如果自變項彼此間的相關很高，則會出現多元共線性問題，此時，可將彼此相關係數較高的自變項中只取一個最重要的自變項投入迴歸方程式中，或採用逐步多元迴歸分析法（stepwise multiple regression），挑選只對依變項有顯著預測力的自變項，其餘對依變項影響未對顯著水準的自變項會被排除於迴歸模型之下，逐步多元迴歸分析法通常用於預測，此外也可以採用具強韌性的統計方法，如脊迴歸（ridge regression）、主成分迴歸分析（principal component regression）或潛在根迴歸（latent root regression）等方法。

　　第三種用於多元迴歸分析中的方法為「階層多元迴歸法」（hierarchical multiple regression）。在行為社會科學領域中有時要探究不同區組（block）的自變項對依變項的影響，以得知不同區組自變項與依變項的關係，則可將自變項分成不同區組（或階層）投入迴歸方程式中，如以學生個人屬性、班級屬性、家庭屬性三大變因來預測學生的學業成就時，為詳細得知三大屬性變因對學生學業成就的影響，可以分成三個區組投入迴歸方程式，第一個階層只投入個人屬性自變項，以探討個人屬性自變項對學業成就的影響、第二個階層加入班級屬性，以探討個人屬性、班級屬性對學業成就的影響及班級屬性對學業成就是否有顯著的解釋力；第三個階層加入家庭屬性，以探討個人屬性、班級屬性、家庭屬性對學業成就的影響及家庭屬性對學業成就是否有顯著的解釋力。

　　多元迴歸分析中選取預測變項進入迴歸方程式方法很多，何種最好，學者間觀點也未盡一致，選取方法應與研究設計及研究規劃有密切關係。學者 Hower（1987）綜合多人意見，提出以下看法，供研究者參考：

1. 研究者應該優先使用強迫進入法或逐步多元迴歸分析法，若是預測變項不多，則應優先使用強迫進入法，使用此法時可經由共線性診斷統計量得知線性相依的情況。
2. 使用強迫進入法時，可根據研究規劃時之相關理論，決定變項投入的順序。

　　在多元迴歸分析中要留意「共線性」（collinarity）問題，所謂共線性指的是由於自變項間的相關太高，造成迴歸分析之情境困擾，自變項間如果有嚴重的多元共線性（multilinearilty）問題時，即使採用統計迴歸（statistical regression）（又稱逐步迴歸——stepwise regression）也可能發生被選入迴歸模式的預測變項之迴歸係數無法解釋的矛盾現象。自變項間是否有多元共線性問題，可由下面三個主要數據加以判別：

1. 容忍度

　　容忍度（tolerance）等於 $1-R_i^2$，其中 R_i^2 是此自變項與其他自變項間的多元相關係數的平方，即某一個自變項可以被其預測變項解釋的變異量，$1-R_i^2$ 表示某一個自變項無法被其預測變項解釋的殘差變異。容忍度的值界於 0 至 1 間，如果一個自變項的容忍度值太小，表示此變項與

其他自變項間有共線性問題；其值如接近 0，表示此變項幾乎是其他變項的線性組合，這個變項迴歸係數的估計值不夠穩定，而迴歸係數的計算值也會有很大誤差，在複迴歸分析中，容忍度值愈接近 0 表示多元共線性問題愈嚴重，一般的判別標準是容忍度值小於.10，自變項間可能存有共線性問題。

2.變異數膨脹因素

變異數膨脹因素（variance inflation factor；VIF）為容忍度的倒數，其公式如下：

$$VIF = \frac{1}{容忍度} = \frac{1}{1-R_i^2}$$

由於 VIF 為容忍度值的倒數，因而當自變項的容忍度愈大（愈沒有共線性問題），VIF 值會愈小，表示自變項間的共線性愈不明顯，相對的若是變項的 VIF 的值愈大，表示自變項的容忍度愈小，變項間愈有共線性的問題，一般而言，變異數膨脹因素值大於 10 時，表示自變項間可能有線性重合的問題。

3.條件指標

條件指標（condition index；CI 值），CI 值愈大，愈有共線性問題。條件指標為最大特徵值與個別特徵值比例的平方根，條件指標值如果在 15 以上，則表示可能有多元共線性問題，條件指標值如果在 30 以上，則表示有嚴重的共線性問題（*Tacq, 1997*）。如果條件指標值在 100 以上，表示此迴歸模式分析之共線性問題十分嚴重，此時，應找出自變項間彼此高相關的變項，將其中的某些變項不要納入迴歸分析之自變項中，或採用主成分迴歸分析法。

在自變項線性重合的診斷方面，也可以透過特徵值的大小（eigenvalue；λ）來判斷，特徵值為效果變異與誤差變異的比值，特徵值比值愈小表示效果愈弱，當特徵值愈接近 0 時，表示自變項間愈有可能有多元共線性問題；若特徵值愈等於 0 時，表示自變項間有嚴重的多元共線性問題，特徵值愈大，表示效果愈強，共線性的問題愈不明顯。在共線性診斷中，特徵值代表的是常數項與 n 個預測變項所提供的總變異量（=n+1）中，分別以各預測變項為中心所估計而得之預測變項間線性組合的變異量比例值。在計算特徵值的同時，也可計算各變項間線性組合的迴歸係數變

異誤差的變異數比例（variance proportions），當同一個線整合的 CI 值中，有兩個或兩個以上的預測變項間有較高的變異數比例值時，表示這些變項間有共線性問題（邱皓政，2006）。在 SPSS 迴歸分析程序中，可以進行自變項間共線性的診斷，輸出的報表中包括容忍值（允差值）、VIF 值、特徵值、條件指標值與變異數比例等五項診斷值，其中容忍值（允差值）與 VIF 值僅提供個別預測變項與其他預測變項的共線性診斷，至於哪些預測變項間有明顯共線性問題，則必須由變異數比例值與特徵值來判別。

多元共線性即是迴歸模式中的某些或全部自變項，存在著完全的線性相關或高度線性關係之現象，若自變項間具有高度的線性組合關係時，迴歸所估計的參數值，其變異量會變得很大，導致在統計推論時，產生下列三種現象：(1)參數的信賴區間擴大，導致參數顯著性檢定時，錯誤拒絕虛無假設的機率大為提高；(2)在高度線性重合時，若觀察值稍做變動，可能會產生完全不同的統計推論結果，即使整體迴歸模式考驗之 F 值達到顯著，但對個別參數進行顯著性檢定時，發現大部分或全部參數的 t 值均不顯著的矛盾現象；(3)可能使個別參數的符號，出現與理論不符合的怪異現象，即自變項的標準化迴歸係數與原先理論不符合（王保進，2002）。

為避免迴歸分析時多元共線性問題，研究者在進行迴歸分析之前，應進行自變項間的相關分析，呈現預測變項的相關矩陣，如果發現有二個預測變項間的相關很高，如在.75 以上，可以依據先前研究理論探討的準則，挑選其中一個比較重要的變項納入迴歸分析即可。如果預測變項不是連續變項，在納入迴歸分析模式中要先轉換成「虛擬變項」，否則會違反線性關係的基本假定，以下述家庭結構而言：(1)代表完整家庭；(2)代表單親家庭；(3)代表他人照顧家庭；(4)代表隔代教養家庭，轉成虛擬變項如表 11-1：

表 11-1

受試者編號	原始填答碼	虛擬變項		
num	mar	mar_1	mar_2	mar_3
001	1	1	0	0
002	2	0	1	0
003	3	0	0	1
004	4	0	0	0

一個具有 N 個水準的類別變項，經轉換可得 N 個虛擬變項，但在實際納入迴歸分析時，虛擬變項的數目只為 N－1 個，亦即最後一個水準不需

要設定相對應的虛擬變項，以上述為例，由於前三個虛擬變項代表家庭結構的前三種類別，在這個三個變項上的類別數字如果皆設成 0，即變成第四種類別，前三個類別均為 0 表示非完整家庭、非單親家庭、非他人照顧家庭，那當然就屬於隔代教養家庭。上述參照組為第 4 水準（隔代教養家庭），虛擬變項 mar_1 為「完整家庭組與隔代教養家庭組」的對比、虛擬變項mar_2為「單親家庭組與隔代教養家庭組」的對比、虛擬變項mar_3為「他人照顧家庭組與隔代教養家庭組」的對比。

11-2 迴歸分析操作界面的介紹

執行「分析(A)」／「迴歸方法(R)」／「線性(L)」開啟「線性迴歸」對話視窗。

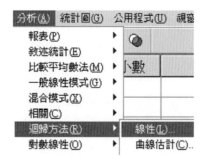

圖 11-4

一、線性迴歸對話視窗

在「線性迴歸」對話視窗中，右邊「依變數(D)」下的方格要點選一個依變項（效標變項）、右邊「自變數(I)」下的方格中至少要點選一個以上的預測變項（自變項），如果點選的預測變項只有一個，即為簡單直線迴歸。在「方法(M)」右側的下拉式選單中提供五種不同的迴歸分析時之自變項選取的方法：「強迫進入變數法」（Enter）、「逐步迴歸分析法」（Stepwise）、「刪除法」（Remove）、「向後法」（Forward）、「向前法」（Forward），其中常用的方法為「強迫進入變數法」及「逐步迴歸分析法」。

在「區塊 1/1」方盒中，按『下一個(N)』鈕，出現「「區塊 2/2」可界定第二組的預測變項，每按一次『下一個(N)』鈕可界定一組的預測變項，

此種方法適用於所有可能迴歸模式的探究或階層迴歸分析之用。如依變數為 Y、「區塊 1/1」方盒中的自變數為 X1、X2；「區塊 2/2」方盒中的自變數為 X3、X4；「區塊 3/3」方盒中的自變數為 X5、X6，則三個迴歸模式中的第一個為X1、X2 二個自變項來預測效標變數 Y、第二個為X1、X2、X3、X4 等四個自變項來預測效標變數 Y、第三個為X1、X2、X3、X4、X5、X6 等六個自變項來解釋效標變數 Y。

上述系列型迴歸之區塊操作，每個區塊對效標變項解釋變異之圖示如下：

表 11-2

區塊	投入的預測變數	迴歸模式中的自變項
區塊 1/1	X1、X2	X1、X2
區塊 2/2	X3、X4	X1、X2、X3、X4
區塊 2/2	X5、X6	X1、X2、X3、X4、X5、X6

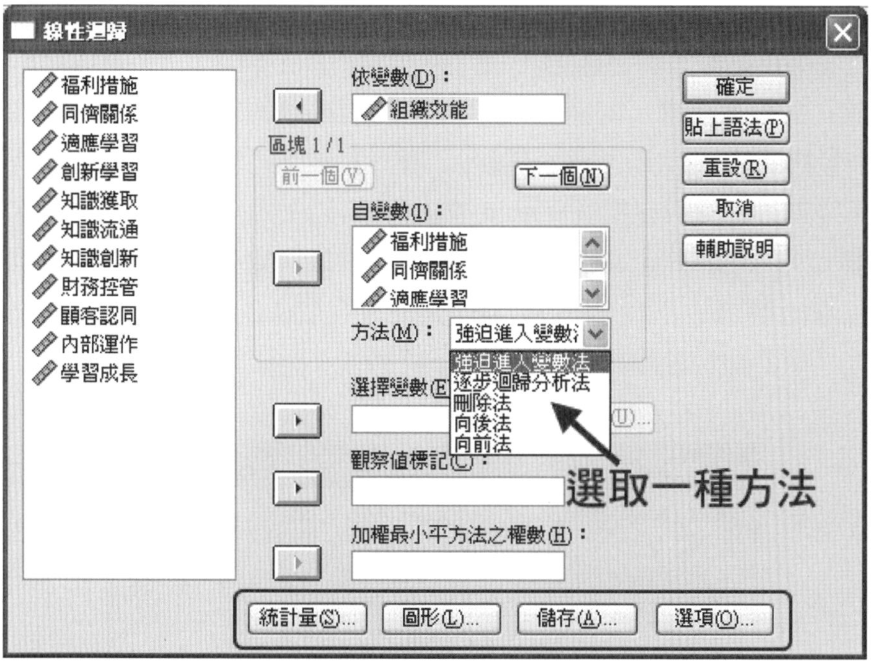

圖 11-5

中間「選擇變數(E)」選項的方格中可點選一個篩選變數，允許符合條件的部分觀察值進行迴歸分析，其功能與執行「資料(D)」／「選擇觀察值(C)」程序類似，如研究者在進行迴歸分析時，樣本觀察值的限制條件為在「學習成長」構念的得分要高於 20 分，進行迴歸分析時將「學習成長」變

項點選至「選擇變數(E)」下的方格中，按方格右邊『法則(U)』鈕，可開啟「線性迴歸：設定規定」次對話視窗，在左邊的條件式中選擇「大於等於」，右邊「數值(V)」下的方格中輸入 20。左邊的條件式的下拉式選單中共有六個數學條件式：等於、不等於、小於、小於等於、大於、大於等於。

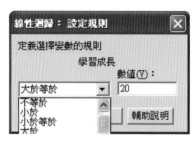

圖 11-6

二、「線性迴歸：統計量」次對話視窗

在「線性迴歸」對話視窗中按「統計量(S)...」鈕，可開啟「線性迴歸：統計量」次對話視窗，勾選各選項可輸出相對應的統計量，「迴歸係數」方盒中包括「估計值(E)」、「信賴區間(N)」、「共變異數矩陣(V)」三個選項；「殘差」方盒中包括「Durbin-Watson(U)」、「全部觀察值診斷(C)」二個選項，「Durbin-Watson(U)」選項統計量可以檢定殘差項間是否有自我相關。右邊的選項中常使用者為「☑模式適合度(M)」、「☑R 平方改變量(S)」、「☑共線性診斷(L)」三個統計量。

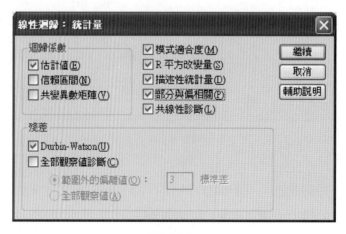

圖 11-7

三、「線性迴歸：圖形」次對話視窗

在「線性迴歸」對話視窗中按「圖形(L)...」鈕，可開啟「線性迴歸：圖形」次對話視窗，此視窗的功能在於界定繪製各種殘差值的散布圖與殘差數據的診斷圖。在左邊方格清單中包括七個變項：依變項（DEPENDENT），此變數通常作為X軸數據，「*ZPRED」為標準化之預測值（standardized predicted values）、「*ZRESID」為標準化之殘差值（standardized residual）、「*DRESID」為刪除後標準化殘差值、「*ADJPRED」為調整後預測值（adjusted predicted value）、「*SRESID」為t化殘差值、「*SDRESID」為刪除後t化殘差值，要繪出散布圖，必須從上述變項中點選二個分別作為Y軸（Y右邊方格中）及X軸（X右邊方格中）。在「標準化殘差圖」方盒中有二個選項：「直方圖(H)」、「常態機率圖(R)」，這二個選項可用來檢核殘差值是否呈常態分配，「產生所有淨相關圖形(P)」選項可輸出對每一個預測變項與效標變項之淨殘差圖。

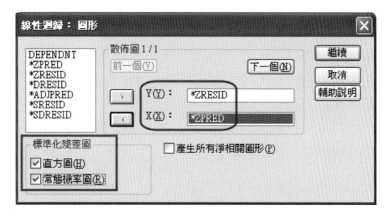

圖 11-8

四、「線性迴歸：儲存」次對話視窗

在「線性迴歸」對話視窗中按「儲存(A)...」鈕，可開啟「線性迴歸：儲存」次對話視窗，此視窗的功能在於將迴歸分析結果所得到的各種預測值、殘差值及相關統計量，各以一個新變數名稱增列於「SPSS 資料編輯程式」視窗中。「預測值」方盒中的選項包括：「未標準化(U)」、「標準化(R)」、「調整後(J)」、「平均數與預測值的標準誤(P)」等四個，「殘差」方盒中的選項包括：「未標準化(N)」、「標準化(A)」、「學生化(S)」、

「已刪除(D)」、「學生化去除殘差(E)」等五個；「影響統計量」方盒中選項功能在於界定去除觀察值後迴歸係數與預測值的改變情形，包括：「DfBeta(B)」、「標準化 DfBeta(Z)」、「自由度適合度(F)」、「標準化 Df 適合度(T)」、「共變異數比值(V)」等五個。視窗下方有一個選項方格「將模式資訊輸出至 XML 檔案」，可將迴歸分析模式的相關資訊存入 XML 檔案中，以便進一步分析，在一般實務應用上，此次對話視窗應用的機會較少。

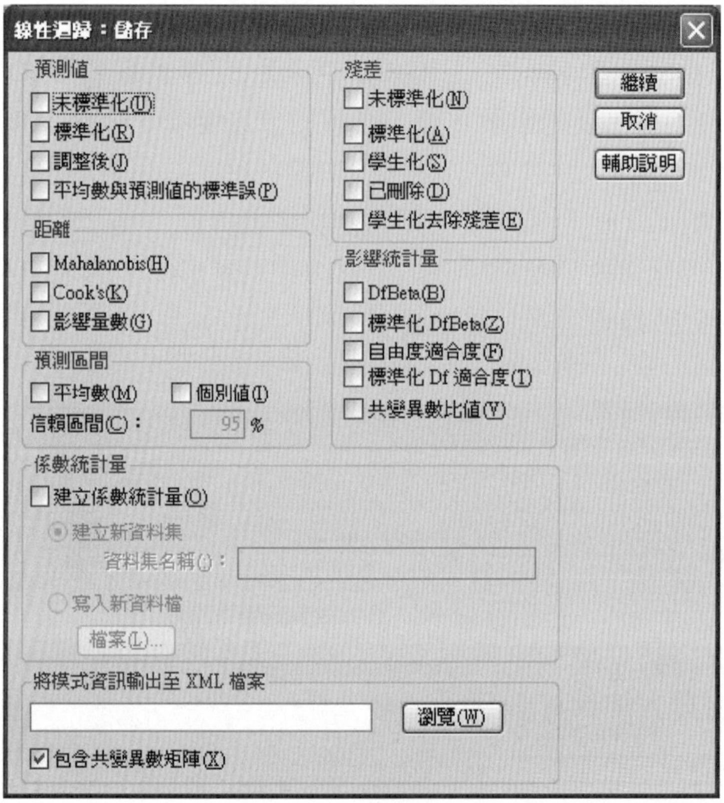

圖 11-9

五、「線性迴歸：選項」次對話視窗

在「線性迴歸」對話視窗中按「選項(O)...」鈕，可開啟「線性迴歸：選項」次對話視窗，此視窗的功能在於界定採用逐步迴歸分析法時，選擇進入迴歸方程式之自變項的準則，及是否輸出常數項（截距）等。「步進條件」方盒中可以勾選選取的準則指標是使用 F 機率值或使用 F 值，預設選項為「⦿使用 F 機率值(O)」，其選取的臨界標準是：自變項的顯著性機率值小於.05 時（PIN=.05），會被選入模式中，而當其顯著性機率值大於.10

時（POUT=.10），自變項會被從模式中剔除。若改選取「⊙使用 F 值(V)」選項時，其選取標準是 F 值大於 3.84 時，自變項會被選入模式中，而當 F 值小於 2.71 時，自變項會被剔除於模式外。視窗中也預設方程式中包括常數項的輸出，內定選項爲「☑方程式中含有常數項(I)」。在迴歸分析程序中，此視窗選項最好不用更改它，直接採用 SPSS 內定的各個選項。

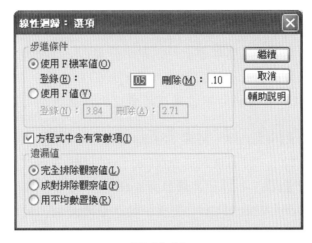

圖 11-10

11-3 解釋型迴歸分析——強迫進入變數法的應用

在一個以企業組織爲研究對象的探究中，某管理學者想探討企業組織環境、企業組織學習、企業知識管理對企業組織效能的影響，研究者編擬一份「企業組織現況調查問卷」，內含四種量表：「企業組織環境量表」（內分二個層面福利措施、同儕關係）、「企業組織學習量表」（內分二個層面適應學習、創新學習）、「企業知識管理量表」（內分三個層面知識獲取、知識流通、知識創新）、「企業組織效能量表」，並採分層隨機取樣方式抽取 1,300 名企業員工，回收有效問卷 1,200 份。

【研究問題】

企業組織環境、組織學習、知識管理七個層面變項：福利措施、同儕關係、適應學習、創新學習、知識獲取、知識流通、知識創新對企業組織效能是否有顯著的解釋力，其聯合解釋變異量多少？

一、操作程序

→功能表執行「分析(A)」／「迴歸方法(R)」／「線性(L)」程序，開啓「線性迴歸」對話視窗。

→在左邊變數清單中選取效標變項「組織效能」至右方「依變數(D)」下的方格中。

→在左邊變數清單中選取投入迴歸模式的七個預測變項：「福利措施」、「同儕關係」、「適應學習」、「創新學習」、「知識獲取」、「知識流通」、「知識創新」選入右邊「自變數(I)」下的方格中。

→在「方法(M)」右邊的下拉式選單中選取「強迫進入變數法」。

→按『統計量(S)...』鈕，開啓「線性迴歸：統計量」次對話視窗，勾選「☑估計值(E)」、「☑模式適合度(M)」、「☑R平方改變量(S)」、「☑描述性統計量(D)」、「☑共線性診斷(L)」等選項，在「殘差」方盒中勾選「☑Durbin-Watson(U)」選項→按『繼續』鈕，回到「線性迴歸」對話視窗。

【備註】：選取「模式適合度」選項可輸出被選入模式和從模式中移除的變數，並顯示多元相關係數 R^2、調整過後的 R^2 和變異數分析摘要表；勾選「R平方改變量」，結果會列出R平方改變量，F的改變量和F改變量的顯著性；勾選「估計值」選項可輸出迴歸係數B及其標準誤、迴歸係數的顯著性考驗t值及p值、標準化迴歸係數等。勾選「共線性診斷」選項可輸出共線性診斷的統計量，勾選「描述性統計量」選項可以輸出依變項與預測變項的平均數、標準差與個數。

→按「圖形(L)...」鈕，開啓「線性迴歸：圖形」次對話視窗，在左邊方格清單中選取「*ZPRED」（標準化之預測值）至右邊「X(X):」提示軸的右方格中，選取「*ZRESID」（標準化之殘差值）至右邊「Y(Y):」提示軸的右方格中。在「標準化殘差圖」方盒中勾選：「☑直方圖(H)」、「☑常態機率圖(R)」二個選項→按『繼續』鈕，回到「線性迴歸」對話視窗→按『確定』鈕。

二、輸出結果

迴歸

表 11-3　敘述統計

	平均數	標準差	個數
組織效能	70.06	12.384	1,200
福利措施	13.87	2.924	1,200
同儕關係	14.47	2.726	1,200
適應學習	25.05	4.786	1,200
創新學習	17.39	3.573	1,200
知識獲取	28.42	5.505	1,200
知識流通	20.92	3.656	1,200
知識創新	13.43	3.072	1,200

SPSS 輸出效標變項與七個預測變項的描述性統計量，包含平均數、標準差及有效觀察值。在遺漏值的處理上，SPSS 內定的選項為「⊙完全排除遺漏值(L)」，只要某一個樣本觀察值在八個變項（七個預測變項加上一個效標變項）上有任一個變項為遺漏值，此樣本觀察值就會排除，從敘述統計摘要表中可以看出有效樣本數有 1,200 位。

表 11-4　相關

		組織效能	福利措施	同儕關係	適應學習	創新學習	知識獲取	知識流通	知識創新
Pearson 相關	組織效能	1.000	.639	.657	.678	.626	.666	.645	.630
	福利措施	.639	1.000	.761	.701	.717	.643	.658	.672
	同儕關係	.657	.761	1.000	.694	.664	.647	.659	.586
	適應學習	.678	.701	.694	1.000	.755	.720	.711	.647
	創新學習	.626	.717	.664	.755	1.000	.693	.735	.683
	知識獲取	.666	.643	.647	.720	.693	1.000	.782	.712
	知識流通	.645	.658	.659	.711	.735	.782	1.000	.758
	知識創新	.630	.672	.586	.647	.683	.712	.758	1.000
顯著性 (單尾)	組織效能	.	.000	.000	.000	.000	.000	.000	.000
	福利措施	.000	.	.000	.000	.000	.000	.000	.000
	同儕關係	.000	.000	.	.000	.000	.000	.000	.000
	適應學習	.000	.000	.000	.	.000	.000	.000	.000
	創新學習	.000	.000	.000	.000	.	.000	.000	.000
	知識獲取	.000	.000	.000	.000	.000	.	.000	.000
	知識流通	.000	.000	.000	.000	.000	.000	.	.000
	知識創新	.000	.000	.000	.000	.000	.000	.000	.

　　SPSS 輸出八個變項間的積差相關矩陣，矩陣包括積差相關係數矩陣、相關係數顯著性考驗的機率值（p值）矩陣、有效樣本個數（此矩陣略）。從相關矩陣中可以看出各預測變項與效標變項間的強弱與方向，也可以檢視預測變項間的相關情形，以得知預測變項間是否有共線性問題。迴歸分析時，變項間最佳的關係是預測變項間的相關呈現中低度相關，而各預測變項與效標變項間的相關呈現高度相關。從相關矩陣中可以發現七個預測變項間均呈顯著正相關（p<.001），相關係數介於.586 至.782 之間，未有大於.800 者，其中「福利措施」與「同儕關係」二個自變項間的相關為.761、「知識獲取」與「知識流通」二個自變項間的相關為.782、「知識流通」與「知識創新」二個自變項間的相關為.758，表示這些預測變項間可能有共線性問題。七個預測變項間與效標變項「組織效能」間均呈顯著正相關（p<.001），相關係數介於.626 至.678 之間，表示七個預測變項間與效標變項間均呈現中度的相關。

表 11-5　選入／刪除的變數(b)

模式	選入的變數	刪除的變數	方法
1	知識創新，同儕關係，適應學習，知識獲取，創新學習，福利措施，知識流通(a)	．	選入

a 所有要求的變數已輸入。
b 依變數：組織效能

　　在迴歸分析中，由於採用「強迫進入變數法」（Enter 法），強迫所有的預測變項均要進入迴歸模式中，因而七個預測變項均會進入迴歸模式，其進入的順序依次為：「知識創新」、「同儕關係」、「適應學習」、「知識獲取」、「創新學習」、「福利措施」、「知識流通」，被選入的自變項順序與自變項對效標變項的重要性無關。

　　表 11-6 為迴歸模型之模式摘要表，每個模式包括多元相關係數(R)、多元相關係數的平方（R Square）、調整後的 R 平方（Adjusted R Squar）、估計的標準誤（Std. Error of the Estimate）、R 平方改變量（R Square Change）、F 改變值（F Change）、分子自由度（df1）、分母自由度（df2）、F 改變量的顯著性（Sig. F Change）、「Durbin-Watson 檢定統計量」。由表中可知七個預測變項與組織效能的多元相關係數為.762、決定係數（R^2）為.580、調整後的R^2為.578，迴歸模式誤差均方和（MSE）的估計標準誤為 8.048，由於是採用「強迫進入變數法」，只有一個迴歸模式，因

而 R^2 改變量等於 R^2 統計量=.580，表示七個預測變項共可解釋「組織效能」效標變項 58.0%的變異量。

表 11-6　模式摘要(b)

模式	R	R 平方	調過後的R 平方	估計的標準誤	變更統計量					Durbin-Watson 檢定
					R 平方改變量	F 改變	分子自由度	分母自由度	顯著性F 改變	
1	.762(a)	.580	.578	8.048	.580	23.344	7	1192	.000	.636

a 預測變數：（常數），知識創新，同儕關係，適應學習，知識獲取，創新學習，福利措施，知識流通。

b 依變數：組織效能

「Durbin-Watson 檢定」統計量可以檢定模型中是否存在自我相關（auto-correlation），即觀察體獨立性（independence）的考驗，係指各預測變項之樣本觀察值間具有某種程度之直線關係，其相關係數不為 0，當 DW 統計量數值愈接近 2 時，表示相關係數愈接近 0，殘差項間無自我相關，當 DW 統計量值愈接近 0，表示相關係數愈接近 1，殘差項間愈呈現正向自我相關；當 DW 統計量值愈接近 4，表示相關係數愈接近-1，殘差項間愈呈現負向自我相關。DW 統計量通常用於縱貫性的資料檔分析，如時間數列分析，若是資料屬於橫斷性的資料檔，此統計量的高低影響不大。

一般而言，DW 統計量的數值範圍介於 0-2 之間表示誤差項間的相關為正相關，DW 統計量的數值範圍介於 2-4 之間表示誤差項間的相關為負相關，DW 統計量的數值剛好等於 2 時誤差項間的相關為零相關，而當 DW 統計量的數值介於 2－DW 上限值、2＋DW 上限值下限值間，表示誤差項間無自我相關，至於 DW 上限值與 DW 下限值兩個數值必須查 Durbin-Watson 之檢定表方能得知。

在迴歸分析中，若是取樣樣本數太少，從樣本所得之迴歸模式的 R^2 會高估（overestimated）母群體的 R^2；此外，投入的自變項過多，與分析樣本數的比值超過一定比例，迴歸模式所得 R^2 也會高估母群體的 R^2，此時，自變項對效標變項的解釋變異方面應採用調整後的 值來取代原始的 R^2 值，調整後的 R^2 乃根據樣本值與投入迴歸模式自變項的數目換算而來，其公式如下：

$$調整後\ R^2 = 1-(1-R^2)(\frac{N-1}{N-k-1}) = \widetilde{R}^2$$

上述公式中 N 為有效樣本數、k 為投入自變項數目（非被迴歸模式選入的自變項數）、R^2 為多元相關係數平方。以上述輸出表格為例，有效樣本數 N=1,200、自變項數目 k=7，多元相關係數平方=.580，調整後的：

$$R^2 = \tilde{R}^2 = 1 - (1 - .580)(\frac{1,200 - 1}{1,200 - 7 - 1}) = .578$$

如果有效樣本數小於 60 且自變項個數較多（如超過 20 個），此時調整後 R^2 還是會高估母群體的，研究者須使用下列公式把調整後的 R^2 再進一步調整（*Tabachnick & Fidell, 2007*）：

$$R_S^2 = \frac{(N-k-3)\tilde{R}^4 + \tilde{R}^2}{(N-2k-2)\tilde{R}^2 + k}，或 \tilde{R}^4 = (\tilde{R}^2)^2 = \frac{2k(1-\tilde{R}^2)^2}{(N-1)(N-k+1)}$$

表 11-7 變異數分析(b)

模式		平方和	自由度	平均平方和	F 檢定	顯著性
1	迴歸	106691.346	7	15241.621	235.344	.000(a)
	殘差	77197.686	1192	64.763		
	總和	183889.033	1199			

a 預測變數：（常數），知識創新，同儕關係，適應學習，知識獲取，創新學習，福利措施，知識流通。

b 依變數：組織效能

　　迴歸模式之變異數分析摘要表中變異量顯著性考驗的 F 值為 235.344、顯著性考驗的 p 值為.000，小於.05 的顯著水準，表示迴歸模式整體解釋變異量達到顯著水準。迴歸模式的整體性統計考驗之 F 值達到顯著，表示迴歸方程式中，至少有一個迴歸係數不等於 0，或者全部迴歸係數均不等於 0，亦即至少有一個預測變項會達到顯著水準。至於是哪些迴歸係數達到顯著，則要從下述的「係數」摘要表中的迴歸係數、相對應顯著性考驗的 t 值及其顯著機率值加以判別。

　　表 11-8 為迴歸模式的迴歸係數及迴歸係數的顯著性考驗，包括非標準化的迴歸係數（Unstandardized Coefficients，B 之估計值欄）、標準化的迴歸係數（Standardized Coefficients，Beta 分配欄）、迴歸係數顯著性考驗的 t 值及顯著性機率值、共線性診斷的統計量（Collinearity Statistics），包括允差（容忍度）及變異數膨脹係數（VIF）。標準化迴歸係數（β）的絕對值

複迴歸分析

愈大，表示該預測變項對組織效能效標變項的影響愈大，其解釋依變項的變異量也會愈大。從係數摘要表中可以得出未標準化迴歸方程式如下：

表 11-8　係數(a)

模式		未標準化係數		標準化係數	t	顯著性	共線性統計量	
		B 之估計值	標準誤	Beta 分配			允差	VIF
1	（常數）	14.612	1.453		10.056	.000		
	福利措施	.331	.143	.078	2.313	.021	.309	3.240
	同儕關係	.955	.144	.210	6.625	.000	.350	2.860
	適應學習	.547	.086	.211	6.320	.000	.315	3.171
	創新學習	.054	.117	.015	.460	.646	.310	3.222
	知識獲取	.403	.076	.179	5.323	.000	.310	3.222
	知識流通	.141	.123	.042	1.144	.253	.267	3.741
	知識創新	.596	.128	.148	4.646	.000	.348	2.874

a 依變數：組織效能

「組織效能=14.612+.331×福利措施+.955×同儕關係+.547×適應學習+.054×創新學習+.403×知識獲取+.141×知識流通+.569×知識創新」

　　將樣本在七個變項原始得分代入上述公式，可以得到每位樣本觀察值在「組織效能」效標變項的「預測值」，而將實際樣本在「組織效能量表」上測得的實際分數之「實際值」減去「預測值」，即可得出每位樣本觀察體的「殘差值」（residual），未標準化迴歸係數（B係數）通常用於以迴歸方程式來估計樣本的預測值，較偏重實務取向，但由於非標準化迴歸係數包含常數項（截距），無法比較預測變項的相對重要性，因而通常會將原始迴歸方程式再轉化為標準化迴歸方程式，標準化迴歸模式如下：

「組織效能=.078×福利措施+.210×同儕關係+.211×適應學習+.015×創新學習+.179×知識獲取+.042×知識流通+.148×知識創新」

　　標準化迴歸係數β係數因為已去除單位的影響，因而可作為自變項間解釋力的比較，標準化迴歸係數的絕對值愈大，表示自變項對效標變項的影響愈大，和B係數相較之下，β係數較偏重於學術取向。由標準化迴歸方程式中可以看出，七個預測變項中以「適應學習」及「同儕關係」二個自變

項對依變項的影響較大，其次是「知識獲取」與「知識創新」變項，重要性相對較低的二個預測變項為「創新學習」與「知識流通」，由於七個自變項的標準化迴歸係數值均為正數，表示其對依變項的影響均為正向，標準化迴歸係數β所呈現的正負值與之前積差相關係數所呈現的正負值相同，二者均顯著自變項對效標變項的影響均為正向。七個自變項迴歸係數顯著性考驗的 t 值分別為 2.313（p=.021<.05）、6.625（p=.000<.05）、6.320（p=.000<.05）、.460（p=.646>.05）、5.323（p=.000<.05）、1.144（p=.253>.05）、4.646（p=.000<.05），迴歸係數未達顯著的自變項有「創新學習」與「知識流通」。在迴歸分析中，未達顯著水準的預測變項，不一定與效標變項沒有關係，以「創新學習」與「知識流通」二個自變項而言，其與「組織效能」變項的積差相關係數分別為.626（p=.000）、.645（p=.000），均達到顯著的正相關，且其相關程度為中度關係，但在迴歸模式中迴歸係數卻未達顯著水準，表示這二個自變項與其他自變項間可能有某種程度的關係，如「創新學習」與「適應學習」、「福利措施」變項間的相關分別為.755（p=.000）、.717（p=.000）；而「知識流通」與「適應學習」、「知識獲取」間的相關分別為.711（p=.000）、.782（p=.000），在迴歸分析中，若是自變項間也有中高度的相關存在，則某些與依變項有關係的變項會被排除於迴歸模式之外。

　　從容忍度（Tolerance）及變異數膨脹係數（VIF）可檢核多元迴歸分析是否有多元共線性問題，容忍度值愈接近 0 時，表示變項間愈有線性重合問題（多元共線性問題愈嚴重）；而變異數膨脹係數值如大於 10，則表示變項間愈有線性重合問題。上述七個自變項的容忍度值均約在.300 附近，變異數膨脹係數值均在 4.000 以下，未大於評鑑指標值 10，表示進入迴歸方程式的自變項間多元共線性的問題不是很明顯。

　　表 11-9 為預測變項共線性診斷各種統計量，所謂多元共線性即數學上的線性相依（linearly dependent），係指在迴歸模式中預測變項本身間有很高的相關。多元共線性的評鑑指標常用者如：容忍度（tolerance；TOL 值）、變異數膨脹因素（variance inflation factor；VIF 值）、條件指標（condition index；CI 值）、特徵值（eigenvalue）。在迴歸模式中如果 TOL 值小於.10、VIF 值大於 10、CI 值大於 30、特徵值小於.01，則預測變項間可能存有多元共線性問題；相對的，在迴歸模式中如果 TOL 值大於.10、VIF 值小於 10、CI 值小於 30、特徵值大於.01，則預測變項間多元共線性問題就不存在。範例中有七個預測變項，共可求出八個特徵值（=7+1），八個特徵值中小於

.01者有三個，相對應的條件指標值大於 30 者也有三個，最大的 CI 值為 35.699，表示自變項間有輕微共線性問題。

表 11-9　共線性診斷(a)

模式	維度	特徵值	條件指標	變異數比例							
				(常數)	福利措施	同儕關係	適應學習	創新學習	知識獲取	知識流通	知識創新
1	1	7.904	1.000	.00	.00	.00	.00	.00	.00	.00	.00
	2	.027	17.024	.67	.01	.00	.00	.01	.00	.00	.13
	3	.020	19.831	.06	.18	.14	.01	.01	.04	.03	.23
	4	.014	23.588	.07	.18	.03	.17	.16	.07	.01	.29
	5	.012	25.958	.11	.01	.17	.00	.42	.32	.01	.03
	6	.009	30.157	.01	.00	.05	.79	.28	.04	.07	.08
	7	.008	31.233	.02	.55	.54	.01	.01	.29	.02	.11
	8	.006	35.699	.06	.07	.07	.02	.11	.24	.87	.12

a 依變數：組織效能

a Dependent Variable：生活滿意

　　在共線性診斷統計量中，變異數比例（Variance Proportions）為一個特徵值個數所構成的方形矩陣，因為有8個特徵值，所形成的特徵向量為8×8矩陣，每一個縱行八個變異數比例的總和均為1，當二個預測變項在同一橫列特徵值上的變異數比例值愈接近1，表示變項間的關係愈密切，此時特徵值的數值會愈小，這二個變項愈有多元共線性問題。從變異數比例來看，未同時有二個變項在某一個特徵值上的變異數比例值高於.800 或.700 以上，表示自變項間的線性重合並不嚴重，此結果與上述採用變異數膨脹係數（VIF）及容忍度值（允差欄）所得的結果相同。

　　表 11-10 為殘差統計量，包括預測值、殘差、標準化預測值、標準化殘差的描述性統計量（最小值、最大值、平均數、標準差、有效樣本數），最小化的殘差值為-27.214、最大化殘差值為 30.197，轉化為標準化殘差值後，最小的標準化殘差值為-3.382、最大的標準化殘差值為 3.752。

表 11-10　殘差統計量(a)

	最小值	最大值	平均數	標準差	個數
預測值	35.41	93.08	70.06	9.433	1200
殘差	-27.214	30.197	.000	8.024	1200
標準化預測值	-3.673	2.441	.000	1.000	1200
標準化殘差	-3.382	3.752	.000	.997	1200

a 依變數：組織效能

　　圖 11-11 為迴歸標準化殘差值的直方圖（Histogram），此直方圖可以檢核樣本觀察值是否符合常態性的基本假定，鐘形曲線為完全常態分配曲線，當標準化殘差值的次數分配愈接近鐘形曲線時，樣本愈符合常態分配，由圖中標準化殘差值的直方圖分配情形，樣本觀察值大致符合常態性的假定，迴歸標準化殘差值多數在三個標準差範圍內，沒有極端值出現。

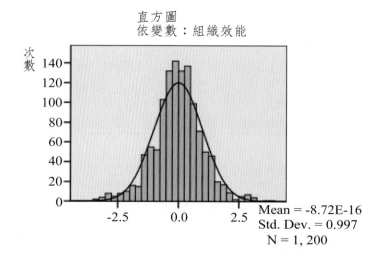

直方圖
依變數：組織效能

Mean = -8.72E-16
Std. Dev. = 0.997
N = 1, 200

圖 11-11

　　圖 11-12 為樣本標準化殘差值的常態機率分布圖（Normal P-P Plot of Regression Standardized Residual），如果標準化殘差值的累積機率分布呈一條左下至右上的四十五度角直線，則樣本觀察值即符合常態性假定。由圖中可知，標準化殘差值的累積機率點大致分布在四十五度角的直線附近，因而樣本觀察值十分接近常態分配的假定。

迴歸標準化殘差的常態 P-P 圖
依變數：組織效能

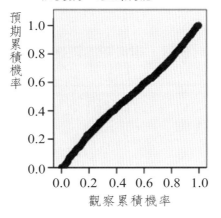

圖 **11-12**

　　圖 11-13 為標準化殘差值（Standardized Residual）與標準化預測值（Standardized Predicated Value）之交叉散布圖（Scatterplot），此圖可以檢定樣本觀察值是否符合常態性的假定及檢定殘差值是否符合變異數齊一性的假定。若散布圖的點在 0 值上下呈水平的隨機分布時，表示樣本觀察值符合常態性及變異數齊一性的假定。由圖中可知，散布圖的點大致於 0 值上下呈水平的隨機分布，因而樣本觀察值符合常態性及變異數齊一性的假定（殘差等分散性假定）。

散布圖
依變數：組織效能

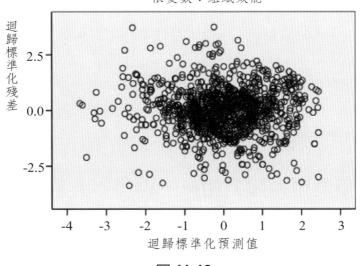

圖 **11-13**

上述解釋型迴歸分析輸出報表，可以統整為以表 11-11：

【表格範例】

表 11-11 組織環境、組織學習、組織知識管理對組織效能之複迴歸分析摘要表

預測變項	B	標準誤	Beta（β）	t 值
截距	14.612	1.453		10.056
福利措施	.331	.143	.078	2.313*
同儕關係	.955	.144	.210	6.625***
適應學習	.547	.086	.211	6.320***
創新學習	.054	.117	.015	.460n.s.
知識獲取	.403	.076	.179	5.323***
知識流通	.141	.123	.042	1.144n.s.
知識創新	.596	.128	.148	4.646***
R=.762　R² = .580		調整後 R² =.578		F=235.344***

n.s. p>.05　*** p<.001

　　從上述複迴歸分析摘要表可以發現：「福利措施」、「同儕關係」、「適應學習」、「創新學習」、「知識獲取」、「知識流通」、「知識創新」等七個自變項與「組織效能」效標變項的多元相關係數為.762，多元相關係數的平方為.580，表示七個自變項共可解釋「組織效能」變項 58.0%的變異量。七個自變項的標準化迴歸係數均為正數，表示七個自變項對「組織效能」效標變項的影響均為正向，在迴歸模式中，對「組織效能」效標變項有顯著影響預測變項為「福利措施」、「同儕關係」、「適應學習」、「知識獲取」、「知識創新」五個，從標準化迴歸係數來看，五個迴歸係數到顯著的自變項中，「適應學習」與「同儕關係」的β係數絕對值較大，表示這二個預測變項對企業組織效能有較高解釋變異量，「創新學習」與「知識流通」二個預測變項的迴歸係數均未達顯著，表示這二個預測變項對企業組織效能變項的解釋變異甚小。

11-4 預測型迴歸分析──逐步多元迴歸法的應用

　　在使用強迫輸入法時，由於要求所有預測變項一次進入迴歸方程式中，因而如果預測變項間彼此間有很高的相關，可能會發生多元共多線性的問題。某些預測變項與其他自變項間因多元共線性關係，因而相對應的標準

誤差變大，使得迴歸係數沒有達到統計上的顯著水準而被忽略，如果在多元迴歸分析中，研究者主要目的在於描述或解釋（如階層迴歸分析），則要注意多元共線性的問題。

多元線性迴歸的目的，如果在於預測（prediction），即從數個自變項中找出對效標變項最具預測力的自變項，以建構一個最佳的迴歸分析模式，則研究者可以採用「逐步多元迴歸分析」（stepwise multiple regression analysis），「逐步多元迴歸」也稱為「統計迴歸分析」（statistical regression analysis），因為此法是根據統計準則（statistical criteria）依序選取自變項以進入迴歸模式中。「逐步多元迴歸分析」也是一種探索性的複迴歸方法，此方法同時使用「前進選取」法（forward method）與「後退刪除」法（backward method）二種方法，運用電腦特性篩選出一個最佳的複迴歸分析模式。「逐步多元迴歸分析」也可作為解決多元共線性問題的策略之一，只是其主要目的在於預測，與解釋型複迴歸分析不同，適合做探索性的研究使用，但如果自變項間有極高度的共線性問題，即使採用統計迴歸的方法，所選取的自變項間之β係數也有可能產生無法解釋的現象，如相關理論中X變項與效標變項間的相關為正相關，顯示X變項對Y變項的影響是正向的，但於迴歸模式中X變項的β係數值卻為負數，此時於迴歸方程式中X變項對Y變項影響的解釋和之前理論或經驗法則之結果剛好相反，二者呈現矛盾現象。採用逐步迴歸分析法時，被選取進入迴歸模式的自變項對效標變項的預測力均會達到顯著性，個別迴歸係數顯著性考驗的 t 值或增加的解釋變異量之 F 值的顯著性（p）均會小於.05，而沒有進入迴歸模式的自變項，其對效標變項均沒有顯著的預測力。

【研究問題】

> 組織環境二個層面、組織學習二個層面、組織知識管理三個層面是否對組織效能有顯著的預測力？

研究問題中的自變項共有七個：「福利措施」、「同儕關係」、「適應學習」、「創新學習」、「知識獲取」、「知識流通」、「知識創新」，效標變項為「組織效能」，採用的方法為複迴歸方法中的逐步迴歸分析法。

一、操作程序

→功能表執行「分析(A)」／「迴歸方法(R)」／「線性(L)」程序，開啟「線性迴歸」對話視窗。

→在左邊變數清單中選取效標變項「組織效能」至右方「依變數(D)」下的方格中。

→在左邊變數清單中選取投入迴歸模式的七個預測變項：「福利措施」、「同儕關係」、「適應學習」、「創新學習」、「知識獲取」、「知識流通」、「知識創新」選入右邊「自變數(I)」下的方格中。

→在「方法(M)」右邊的下拉式選單中選取「逐步迴歸分析法」。

→按『統計量(S)...』鈕，開啟「線性迴歸：統計量」次對話視視窗，勾選「☑估計值(E)」、「☑模式適合度(M)」、「☑R 平方改變量(S)」、「☑共線性診斷(L)」等選項→按『繼續』鈕，回到「線性迴歸」對話視窗。

→按「圖形(L)...」鈕，開啟「線性迴歸：圖形」次對話視窗，在左邊方格清單中選取「*ZPRED」（標準化之預測值）至右邊「X(X):」提示軸的右方格中，選取「*ZRESID」（標準化之殘差值）至右邊「Y(Y):」提示軸的右方格中。在「標準化殘差圖」方盒中勾選：「☑直方圖(H)」、「☑常態機率圖(R)」二個選項→按『繼續』鈕，回到「線性迴歸」對話視窗→按『確定』鈕。

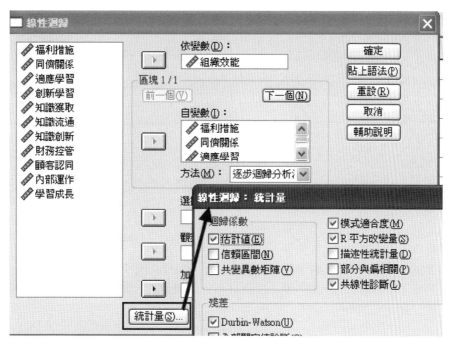

圖 11-14

二、輸出結果

　　表 11-12 為迴歸模式的「模式摘要」表，迴歸模式根據各自變項對效標變項的預測力高低而逐一進入迴歸模式中，迴歸係數未達顯著的自變項則被排除於迴歸模式之外，因而進入各迴歸模式的自變項，其個別的迴歸係數均達顯著水準，而迴歸模式整體考驗的結果也會達到顯著（參考下面變異數分析摘要表）。在模式 1 中，進入迴歸方程式的自變項為「適應學習」（模式 1 中的多元相關係數為.678，在多元相關係數的旁會加註進入迴歸模式的自變項），其解釋量為 45.9%；在模式 2 中，進入迴歸方程式的自變項為「適應學習」、「同儕關係」，二者的聯合解釋變異量（R^2）為 52.6%，「同儕關係」自變項個別的解釋量（ΔR^2）為 6.7%（=.526−.459=.067），此數據為「R 平方改變量」欄數據，增加量之 F 值等於 169.274（F 改變欄數據），顯著性機率值 p=.000<.05，R 平方改變量顯著性檢定的 p 值呈現於「顯著性 F 改變」欄中。

表 11-12　模式摘要(f)

模式	R	R 平方	調過後的 R 平方	估計的 標準誤	變更統計量				
					R 平方 改變量	F 改變	分子自 由度	分母自 由度	顯著性F 改變
1	.678(a)	.459	.459	9.109	.459	1018.224	1	1198	.000
2	.726(b)	.526	.526	8.530	.067	169.274	1	1197	.000
3	.751(c)	.563	.562	8.193	.037	101.313	1	1196	.000
4	.760(d)	.577	.576	8.064	.014	39.544	1	1195	.000
5	.761(e)	.580	.578	8.047	.002	6.171	1	1194	.013

a 預測變數：（常數），適應學習
b 預測變數：（常數），適應學習，同僑關係
c 預測變數：（常數），適應學習，同僑關係，知識創新
d 預測變數：（常數），適應學習，同僑關係，知識創新，知識獲取
e 預測變數：（常數），適應學習，同僑關係，知識創新，知識獲取，福利措施
f 依變數：組織效能

　　在模式3中，進入迴歸方程式的自變項為「適應學習」、「同僑關係」、「知識創新」，三者的聯合解釋量（R^2）為56.3%，「知識創新」自變項個別的解釋量（ΔR^2）為3.7%（=.563−.526=.037），增加變異量顯著性考驗的F值為101.313，顯著性機率值p=.000<.05；在模式4中，進入迴歸方程式的自變項為「適應學習」、「同僑關係」、「知識創新」與「知識獲取」，四個預測變項的聯合解釋量（R^2）為57.7%，「知識獲取」自變項個別的解釋量（ΔR^2）為1.4%（=.577−.563=.014），增加變異量顯著性考驗的 F 值為39.544，顯著性機率值 p=.000<.05；在模式5中，進入迴歸方程式的自變項為「適應學習」、「同僑關係」、「知識創新」、「知識獲取」、「福利措施」，五個預測變項的聯合解釋量（R^2）為58.0%，「福利措施」自變項個別的解釋量（ΔR^2）為0.2%（=.580−.577=.003），小數點第三位的差異為四捨五入時所產生的誤差值，增加變異量顯著性考驗的 F 值為6.171，顯著性機率值 p=.013<.05。

　　在多元迴歸分析中，投入的七個預測變項對「組織效能」效標變項具有顯著預測力的變項，依其解釋變異量的大小依序為：「適應學習」、「同僑關係」、「知識創新」、「知識獲取」、「福利措施」等五個，顯著性改變的 F 值分別為1018.224、169.274、101.313、39.544、6.171，均達.05 的顯著水準，每個自變項進入迴歸模式後所增加的個別解釋量均達顯著（p<.05）。五個自變項對「組織效能」效標變項的個別預測力分別為45.9%、

6.7%、3.7%、1.4%、0.2%，共同解釋變異量爲 58.0%。

　　表 11-13 爲五個迴歸模式的整體顯著性考驗，由於採用的是逐步多元迴歸分析法，因而每個迴歸分析模式之整體顯著性考驗的 F 值均會達到顯著水準（p<.05），迴歸模式整體考驗之 F 統計量達到顯著水準，表示在每個迴歸分析模式中，進入迴歸方程式的預測變項對「組織效能」效標變項的解釋力全部達到顯著，即進入迴歸方程式的所有自變項其迴歸係數均不等於 0。五個迴歸分析模式之整體顯著性考驗的 F 值分別爲 1018.224（p<.001）、665.260（p<.001）、514.445（p<.001）、408.154（p<.001）、329.171（p<.001），均達到顯著水準。變異數分析的F統計量可以檢定整個迴歸模式是否達到統計上的顯著性，以模式 3 而言，在迴歸方程式中有三個自變項，其迴歸方程式如下：$Y = \beta_0 + \beta_1 X_1 + \beta_2 X_2 + \beta_3 X_3 + \varepsilon$，整體迴歸方程式顯著性考驗之變異數分析的 F 值達到顯著，表示至少有一個迴歸係數對效標變項的影響達到顯著。

表 11-13　變異數分析(f)

模式		平方和	自由度	平均平方和	F 檢定	顯著性
1	迴歸	84486.153	1	84486.153	1018.224	.000(a)
	殘差	99402.879	1198	82.974		
	總和	183889.033	1199			
2	迴歸	96801.632	2	48400.816	665.260	.000(b)
	殘差	87087.401	1197	72.755		
	總和	183889.033	1199			
3	迴歸	103602.677	3	34534.226	514.445	.000(c)
	殘差	80286.355	1196	67.129		
	總和	183889.033	1199			
4	迴歸	106174.335	4	26543.584	408.154	.000(d)
	殘差	77714.698	1195	65.033		
	總和	183889.033	1199			
5	迴歸	106573.934	5	21314.787	329.171	.000(e)
	殘差	77315.098	1194	64.753		
	總和	183889.033	1199			

a 預測變數：（常數），適應學習
b 預測變數：（常數），適應學習，同儕關係
c 預測變數：（常數），適應學習，同儕關係，知識創新
d 預測變數：（常數），適應學習，同儕關係，知識創新，知識獲取
e 預測變數：（常數），適應學習，同儕關係，知識創新，知識獲取，福利措施
f 依變數：組織效能

　　表 11-14 為五個迴歸模式的迴歸係數及迴歸係數的顯著性考驗,包括非標準化的迴歸係數(B)及其標準誤、標準化的迴歸係數(β)、迴歸係數顯著性考驗的 t 值及顯著性機率值,共線性診斷的統計量包括容忍度(允差)及變異數膨脹係數(VIF)。從容忍度及 VIF 指標值可檢核多元迴歸分析是否有多元共線性問題,容忍度值愈接近 0 時,表示變項間愈有線性重合問題(多元共線性問題愈嚴重);而變異數膨脹係數值如大於 10,則表示變項間愈有線性重合問題。

表 11-14　係數(a)

模式		未標準化係數		標準化係數	t	顯著性	共線性統計量	
		B 之估計值	標準誤	Beta 分配			允差	VIF
1	(常數)	26.127	1.402		18.641	.000		
	適應學習	1.754	.055	.678	31.910	.000	1.000	1.000
2	(常數)	18.660	1.432		13.026	.000		
	適應學習	1.109	.071	.429	15.525	.000	.519	1.927
	同儕關係	1.632	.125	.359	13.011	.000	.519	1.927
3	(常數)	16.908	1.387		12.191	.000		
	適應學習	.796	.075	.308	10.564	.000	.430	2.323
	同儕關係	1.320	.124	.291	10.610	.000	.487	2.054
	知識創新	1.050	.104	.261	10.065	.000	.545	1.835
4	(常數)	15.179	1.393		10.901	.000		
	適應學習	.620	.079	.240	7.819	.000	.377	2.654
	同儕關係	1.155	.125	.254	9.216	.000	.465	2.150
	知識創新	.749	.113	.186	6.607	.000	.447	2.235
	知識獲取	.443	.070	.197	6.288	.000	.361	2.772
5	(常數)	15.147	1.390		10.901	.000		
	適應學習	.576	.081	.223	7.115	.000	.359	2.784
	同儕關係	.984	.143	.217	6.902	.000	.358	2.797
	知識創新	.662	.118	.164	5.597	.000	.409	2.447
	知識獲取	.441	.070	.196	6.270	.000	.361	2.773
	福利措施	.347	.140	.082	2.484	.013	.324	3.088

a 依變數:組織效能

　　上述五個迴歸分析模式的容忍度值(允差欄數值)介於.324 至.409 間,VIF 值未有大於評鑑指標值 10,表示進入迴歸方程式的自變項間沒有線性重合(多元共線性)的問題,進入迴歸方程式的自變項間之沒有線性重合的問題,乃在進行迴歸方析方法時,使用的迴歸分析法為逐步迴歸分析法之故。每個模式表示進入迴歸方程式的自變項,從五個模式中可以看出被

選入的自變項的順序依次為「適應學習」、「同儕關係」、「知識創新」、「知識獲取」、「福利措施」，其他二個與「組織效能」效標變項呈中度顯著相關的自變項「創新學習」與「知識流通」則被排除於迴歸模式之外。

在迴歸分析中如果研究者直接採用逐步迴歸（stepwise regression）分析法，再來進行自變項間線性重合的診斷，即判別自變項間是否有線性重合的問題，是沒有實質的意義的，因為此時發生共線性間的自變項已被選入迴歸模式中，因而被選入迴歸模式的預測變項中，可能某些自變項與效標變項間的相關很低，而某些與效標變項相關甚高的預測變項被排除於迴歸模式中；此外，也可能發生被選入迴歸模式的預測變項無法對效標變項做出合理的詮釋，如在積差相關中二者為顯著正相關，但在迴歸模式中，標準化迴歸係數卻是負值，或是預測變項標準化迴歸係數的方向（正負號）呈現與理論假設或經驗法則相互矛盾的現象。

在迴歸分析中，多元共線性的診斷結果若發現中高度的線性重合問題，較常使用的解決方法為：剔除預測變項間呈現顯著高度相關的變項、採取逐步迴歸分析法、採用主成分迴歸分析（principal component regression）或再增加樣本觀察值人數，因而採用逐步迴歸分析法乃是用來校正變項間發生多元共線性問題，研究者若是使用了逐步迴歸分析法後，再來檢核自變項間線性重合的問題是沒有必要的，而且也沒有實質意義。

【表格範例】

上述預測型多元逐步迴歸之結果統整如下摘要表 11-15：

表 11-15　組織環境、組織學習、組織知識管理對組織效能之逐步多元迴歸分析摘要表

投入變項順序	多元相關係數	決定係數 R^2	增加量 $(\triangle R^2)$	F 值	淨 F 值 (ΔF)	B	Beta (β)
截距						15.147	
1.適應學習	.678	.459	.459	1018.224***	1018.224***	.576	.223
2.同儕關係	.726	.526	.067	665.260***	169.274***	.984	.217
3.知識創新	.751	.563	.037	514.445***	101.313***	.662	.164
4.知識獲取	.760	.577	.014	408.154***	39.544***	.441	.196
5.福利措施	.761	.580	.002	329.171***	6.171*	.347	.082

* $p<.05$　　*** $p<.001$

　　在上述逐步多元迴歸分析摘要表中可以發現：七個預測變項對「組織效能」有顯著的預測力的變項共有五個，依序為「適應學習」、「同儕關係」、「知識創新」、「知識獲取」、「福利措施」，五個預測變項與「組織效能」依變項的多元相關係數為.761、決定係數（R^2）為.580，最後迴歸模式整體性考驗的F值為329.171（p=.000<.05），因而五個預測變項共可有效解釋「組織效能」58.0%的變異量。

　　從個別變項預測力的高低來看，對「組織效能」最具預測力者為「適應學習」自變項，其個別解釋變異量為45.9%，其次為「同儕關係」，其個別解釋變異量為6.7%，其餘三個自變項的預測力分別為3.7%、1.4%、0.2。從標準化的迴歸係數來看，迴歸模式中的五個預測變項之β值分別為.223、.217、.164、.196、.082，均為正數表示其對「組織效能」的影響均為正向。

　　非標準化迴歸方程式如下：

　　　　「組織效能=15.147+.576×適應學習+.984×同儕關係＋.662×知識創新+.441×知識獲取+.347×福利措施」

　　標準化迴歸方程式如下：

　　　　「組織效能=.223×適應學習+.217×同儕關係＋.164×知識創新+.196×知識獲取+.086×福利措施」

11-5 階層迴歸分析──強迫進入變數法

【研究問題】

　　某管理學者想探究企業組織環境、組織學習與組織知識管理對組織效能的影響，採取分層隨機取樣方法，抽取企業員工1,200位填寫「組織效能及其影響因素問卷」，內含四大量表：「組織效能量表」、「組織環境量表」「組織學習量表」、「組織知識管理量表」。三大自變項共包含七個預測變項：「福利措施」、「同儕關係」、「適應學習」、「創新學習」、「知識獲取」、「知識流通」、「知識創新」。此學者根據相關理論文獻，將自變項分成三大區組投入迴歸方程式中，區組一

為投入組織環境自變項（包括福利措施、同儕關係二個構念），以單獨探究組織環境對組織效能的影響；區組二再投入組織學習自變項（包括適應學習、創新學習二個構念），以探究組織環境、組織學習四個變項對組織效能的影響及探討組織學習變項對組織效能是否有顯著的解釋力；區組三加入組織知識管理自變項（包括知識獲取、知識流通、知識創新三個構念），以同時探究組織環境、組織學習、組織知識管理對組織效能的影響及探討組織知識管理變項對組織效能是否有顯著的解釋力。

　　階層迴歸分析法中，研究者在決定自變項的階層時最好能依據相關的理論、文獻或經驗法則，以決定自變項進入的順序，在迴歸模式的解釋上，如果進入的自變項階層順序不同，則對效標變項的影響也會不同；相對的，在研究解釋上也會有所差異。階層迴歸分析主要是使用「強迫進入法」（Enter），在迴歸方程式中，不論個別自變數的迴歸係數是否達到顯著，均會出現於迴歸模式之中，研究者所關注的是多元線性迴歸整體性考驗是否達到顯著，如果多元線性迴歸整體性考驗的 F 值達到顯著，表示所有自變項對效標變項的 R 及 R^2 不是機率所造成的，即迴歸模式中的迴歸係數至少有一個不等於 0 或者全部的迴歸係數均不等於 0，也就是所投入的自變項間至少有一個預測變項對效標變項的解釋（或二者間的相關）達到顯著水準；其次是多元相關係數的平方值（R^2）的大小，如果 R^2 值很小，表示自變項對效標變項的解釋力很低；相對的，如果 R^2 值很高，表示自變項對效標變項的解釋力很大。

　　上述研究問題如以階層迴歸分析其操作程序與結果解釋為何？

一、操作程序

→功能表執行「分析(A)」／「迴歸方法(R)」／「線性(L)」程序，開啟「線性迴歸」對話視窗。

→在左邊變數清單中選取效標變項「組織效能」至右方「依變數(D)」下的方格中。

→在左邊變數清單中選取區組一的二個預測變項（組織環境二個層面）：「福利措施」、「同儕關係」選入右邊「自變數(I)」下的方格中。

→在「方法(M)」右邊的下拉式選單中選取「強迫進入變數法」（Enter）。

→在「區塊 1/1」的方盒中，按『下一個(N)』鈕，出現「區塊 2/2」的方盒，設定區組二的自變項。

→在左邊變數清單中選取區組二的二個預測變項（組織學習二個層面）：「適應學習」、「創新學習」選入右邊「自變數(I)」下的方格中。

→在「區塊 2/2」的方盒中，按『下一個(N)』鈕，出現「區塊 3/3」的方盒，設定區組三的自變項。

→在左邊變數清單中選取區組三的三個預測變項（組織知識管理三個層面）：「知識獲取」、「知識流通」、「知識創新」選入右邊「自變數(I)」下的方格中。

→按『統計量(S)...』鈕，開啟「線性迴歸：統計量」次對話視窗，勾選「☑估計值(E)」、「☑模式適合度(M)」、「☑共線性診斷(L)」等選項→按『繼續』鈕，回到「線性迴歸」對話視窗。

→按『繼續』鈕，回到「線性迴歸」對話視窗→按『確定』鈕。

【備註】：「線性迴歸」的對話視窗中，如要回到前一個區組設定的自變數方盒，按『前一個(V)』鈕，跳到下一個區組，按『下一個(N)』鈕。各區組的自變項，包括之前所有區組加入的自變項，如區組 1（區塊 1/1）中的自變項為「福利措施」、「同儕關係」二個，在區組 2（區塊 1/1）中再加入「適應學習」、「創新學習」二個，則區組 2（階層 2）中的自變項共有四個：「福利措施」、「同儕關係」、「適應學習」、「創新學習」。

圖 11-15

「區塊 1/1」方盒中選入的預測變項為區組一的自變項，區組一的自變

項為「福利措施」、「同儕關係」二個。

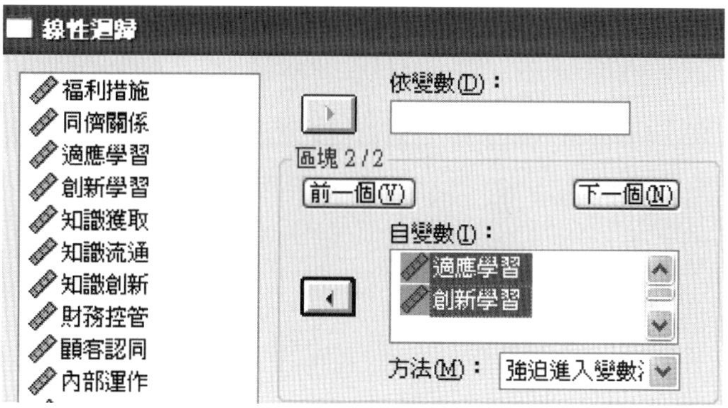

圖 11-16

「區塊 2/2」方盒中選入的預測變項為區組二的自變項，區組二的自變項為「適應學習」、「創新學習」，此時在迴歸模式中的自變項中包含「區塊2/2」與「區塊1/1」方盒中所點選的變項：「福利措施」、「同儕關係」、「適應學習」、「創新學習」。

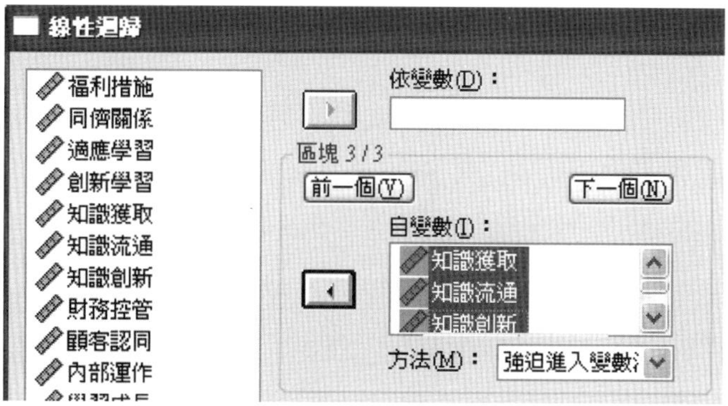

圖 11-17

「區塊 3/3」方盒中選入的預測變項為區組三的自變項，區組三的自變項為「知識獲取」、「知識流通」、「知識創新」，此時在迴歸模式中的自變項中包含「區塊3/3」、「區塊2/2」與「區塊1/1」方盒中所點選的變項：「福利措施」、「同儕關係」、「適應學習」、「創新學習」、知識獲取」、「知識流通」、「知識創新」。

二、輸出結果

表 11-16 為三個階層模式中被選入的變數。在模式 1 被選入的變數有「同儕關係」、「福利措施」二個組織環境變項。在模式 2 中被選入的變數有「創新學習」、「適應學習」二個組織學習變項,因而於迴歸模式 2 中的預測變數共有四個:「同儕關係」、「福利措施」、「創新學習」、「適應學習」。在模式 3 中被選入的變數有「知識創新」、「知識獲取」、「知識流通」三個組織知識管理變項,因而於迴歸模式 3 中的預測變數共有七個:「同儕關係」、「福利措施」、「創新學習」、「適應學習」、「知識創新」、「知識獲取」、「知識流通」。

表 11-16　選入／刪除的變數(b)

模式	選入的變數	刪除的變數	方法
1	同儕關係,福利措施(a)	.	選入
2	創新學習,適應學習(a)	.	選入
3	知識創新,知識獲取,知識流通(a)	.	選入

a 所有要求的變數已輸入。

b 依變數:組織效能

表 11-17 為三個階層迴歸的模式摘要表,每個模式包括多元相關係數(R)、多元相關係數的平方(R Square)、調整後的 R 平方(Adjusted R Squar)、估計的標準誤(Std. Error of the Estimate)、R 平方改變量(R Square Change)、F 改變值(F Change)、分子自由度(df1)、分母自由度(df2)、F 改變量的顯著性(Sig. F Change)。三個階層的解釋變異量分別為.477、.544、.580,三個階層的 R 平方改變量分別為.477、.066、.037,均達.05 的顯著水準,其 F 改變量統計量分別為 546.417、86.728、34.716,顯著性檢定的機率值 p 值等於.000,均達到.05 顯著水準。在階層 1 中,「同儕關係」、「福利措施」二個組織環境自變項,對組織效能的解釋變異為47.7%,此解釋力達到統計上的顯著水準($\Delta F = 546.417$,p = .000<.05);區組二之迴歸模式中再投入知識學習二個自變項,則組織環境與知識學習四個自變項共可解釋組織效能 54.2%的變異量,排除組織環境二個變項的影響,組織學習二個自變項對組織效能的解釋力為 6.6%,此解釋力達到統計上的顯著水準($\Delta F = 86.728$,p = .000<.05);最後區組三之迴歸模式中再投入組織知識管理三個自變項,則組織環境、組織學習、知識管理七個預測

變項共可解釋組織效能 58.0%的變異量，排除組織環境、組織學習的影響後，組織知識管理三個自變項對組織效能的解釋力為 3.7%，此解釋力也達到統計上的顯著水準（ΔF=34.716，p＝.000<.05）。

表 11-17　模式摘要(d)

模式	R	R 平方	調過後的R 平方	估計的標準誤	變更統計量				
					R 平方改變量	F 改變	分子自由度	分母自由度	顯著性F改變
1	.691(a)	.477	.476	8.961	.477	546.417	2	1197	.000
2	.737(b)	.544	.542	8.381	.066	86.728	2	1195	.000
3	.762(c)	.580	.578	8.048	.037	34.716	3	1192	.000

a 預測變數：（常數），同儕關係，福利措施。

b 預測變數：（常數），同儕關係，福利措施，創新學習，適應學習。

c 預測變數：（常數），同儕關係，福利措施，創新學習，適應學習，知識創新，知識獲取，知識流通。

d 依變數：組織效能

　　表 11-18 為各階層整體解釋變異量顯著性考驗，亦即三個階層迴歸方程式的顯著性檢定。三個階層整體解釋變異量顯著性考驗的 F 值分別為546.417、355.706、235.344，其顯著性考驗的 p 值均為.000，小於.05 的顯著水準，表示三個階層模式整體解釋變異量均達到顯著水準。各迴歸模式的整體性統計考驗之 F 值達到顯著，表示各迴歸方程式中，至少有一個迴歸係數不等於 0，或者全部迴歸係數均不等於 0，亦即至少有一個預測變項會達到顯著水準。在每個階層之迴歸分析統計模式中，至少均有一個預測變項的迴歸係數達到顯著，至於是哪些迴歸係數達到顯著，則要從下述的係數表中的β值、相對應顯著性考驗的 t 值及其顯著性機率值加以判別。

表 11-18　變異數分析(d)

模式		平方和	自由度	平均平方和	F 檢定	顯著性
1	迴歸	87761.861	2	43880.931	546.417	.000(a)
	殘差	96127.171	1197	80.307		
	總和	183889.033	1199			
2	迴歸	99946.320	4	24986.580	355.706	.000(b)
	殘差	83942.712	1195	70.245		
	總和	183889.033	1199			
3	迴歸	106691.346	7	15241.621	235.344	.000(c)
	殘差	77197.686	1192	64.763		
	總和	183889.033	1199			

a 預測變數：（常數），同儕關係，福利措施。

b 預測變數：（常數），同儕關係，福利措施，創新學習，適應學習。

c 預測變數：（常數），同儕關係，福利措施，創新學習，適應學習，知識創新，知識獲取，知識流通。

d 依變數：組織效能

　　表 11-19 為三個迴歸方程式（三個階層）的迴歸係數估計值，包括進入模式的變項名稱、未標準化的迴歸係數（Unstandardized Coefficients）與標準誤、標準化的迴歸係數（Standardized Coefficients）、個別變項顯著性考驗的 t 值及顯著性。在階層一的迴歸模式中，「福利措施」、「同儕關係」二個預測變項的影響均達顯著、其標準化的迴歸係數分別為.332、.404，迴歸係數顯著性考驗的 t 值分別為 10.285、12.5355，均達.05 的顯著水準，二個預測變項的β值均為正數，表示其對效標變項「組織效能」的影響為正向，即組織環境中的「福利措施」愈佳、員工「同儕關係」氣氛愈好，則企業組織之「組織效能」會愈高。

　　在階層二的迴歸模式中，主要的預測變因為組織環境與組織學習，四個預測變項：「福利措施」、「同儕關係」、「適應學習」、「創新學習」的影響均達顯著，其標準化的迴歸係數分別為.141、.251、.312、.123，迴歸係數顯著性考驗的 t 值分別為 4.156、7.768、9.480、3.747，均達.05 的顯著水準，四個預測變項的β值均為正數，表示其對效標變項「組織效能」的影響為正向，即企業員工知覺組織的福利措施愈佳、同儕關係氣氛愈良好，組織的適應型學習與創新型學習做得愈積極，其感受到的「組織效能」會愈高。

表 11-19　係數(a)

模式		未標準化係數		標準化係數	t	顯著性
		B 之估計值	標準誤	Beta 分配		
1	（常數）	24.015	1.426		16.844	.000
	福利措施	1.404	.137	.332	10.285	.000
	同僑關係	1.836	.146	.404	12.535	.000
2	（常數）	17.635	1.419		12.429	.000
	福利措施	.599	.144	.141	4.156	.000
	同僑關係	1.140	.147	.251	7.768	.000
	適應學習	.807	.085	.312	9.480	.000
	創新學習	.425	.114	.123	3.747	.000
3	（常數）	14.612	1.453		10.056	.000
	福利措施	.331	.143	.078	2.313	.021
	同僑關係	.955	.144	.210	6.625	.000
	適應學習	.547	.086	.211	6.320	.000
	創新學習	.054	.117	.015	.460	.646
	知識獲取	.403	.076	.179	5.323	.000
	知識流通	.141	.123	.042	1.144	.253
	知識創新	.596	.128	.148	4.646	.000

a 依變數：組織效能

　　在階層三的迴歸模式中，主要的預測變因為組織環境、組織學習與組織知識管理。七個預測變項為「福利措施」、「同僑關係」、「適應學習」、「創新學習」、「知識獲取」、「知識流通」、「知識創新」等，所投入的七個自變項中，有五個預測變項的迴歸係數達到顯著，五個達到顯著的預測變項分別為：「福利措施」、「同僑關係」、「適應學習」、「知識獲取」、「知識創新」，其標準化的迴歸係數分別為.078、.210、.211、.179、.148，相對應之迴歸係數顯著性考驗的 t 值分別為 2.313、6.625、6.320、5.323、4.646，顯著性 p 值均小於.05，五個達顯著的預測變項之β值均為正數，表示其對效標變項組織效能的影響為正向。

　　在階層二的迴歸模式中，組織學習二個層面：「適應學習」、「創新學習」的預測力達到顯著，表示這二個自變項均可以有效解釋「組織效能」依變項，但當把組織知識管理三個自變項也投入迴歸模式中（階層三的迴歸模式），組織學習中的「創新學習」自變項則被排除於迴歸方程式外，亦即「創新學習」的預測力未達.05 顯著水準，因而如未考量到組織知識管理變項，則「創新學習」變因對「組織效能」有顯著的解釋力；但如果同

時考量到知識管理變因，則「創新學習」自變項的解釋力就很低，此外，知識管理自變項的影響也很小。

【表格範例】

茲將以上階層迴歸分析結果報表統整如表 11-20：

表 11-20

階層變項	階層內預測變項	階層一		階層二		階層三	
		β	t 值	β	t 值	β	t 值
組織環境	福利措施	.332	10.285***	.141	4.156***	.078	2.313*
	同僚關係	.404	12.535***	.251	7.768***	.210	6.625***
組織學習	適應學習			.312	9.480***	.211	6.320***
	創新學習			.123	3.747***	.015	.460n.s.
組織知識管理	知識獲取					.179	5.323***
	知識流通					.042	1.144n.s.
	知識創新					.148	4.646***
迴歸模式摘要	F 值	546.417***		355.706***		235.344***	
	R^2	.477		.544		.580	
	ΔF 值	546.417***		86.728***		34.716***	
	ΔR^2	.477		.066		.037	

n.s. p>.05　　*p<.05　　***p<.001

從上述階層迴歸分析摘要表來看，如未投入組織知識管理三個層面自變項，則組織環境二個層面與組織學習二個層面共可解釋組織效能依變項 54.4% 的變異量。多元線性迴歸整體考驗的 F 值為 355.706（p＝.000），達到.05 的顯著水準，表示「福利措施」、「同僚關係」、「適應學習」、「創新學習」四個預測變項中至少有一個自變項的迴歸係數達到顯著或全部的迴歸係數均達顯著，此四個自變項的標準化迴歸係數β值分別為.141（p<.05）、.251（p<.05）、.312（p<.05）、.123（p<.05），均達顯著水準，由於β值均為正，表示此四個預測變項對組織效能的影響均為正向。如再投入組織知識管理三個層面，則整體解釋變異只增加 3.7%（ΔR^2），顯著性改變的 F 值等於 34.716，達到.05 顯著水準，表示「知識獲取」、「知識流通」、「知識創新」三個自變項對組織效能也有顯著的影響，階層三多元線性迴歸整體考驗的 F 值為 235.344（p＝.000），達到.05 的顯著水準，顯示七個預測變項對組織效能有顯著的解釋力，其共同解釋變異為 58.0%。

在階層迴歸分析中，愈後投入迴歸模式的自變項，表示受到其他自變項影響的可能性愈大，其與效標變項間的淨相關係數會愈低。不同的變項順序，對效標變項的解釋就會不同，因而使用階層迴歸分析時，最重要的是要決定各階層中所要投入的變項順序，此方面應從相關的理論、文獻或經驗法則來決定，而不是依研究者個人的主觀認定，因為不同的變項順序安排會導致不同的迴歸模式，解釋力的增加量會因不同的迴歸模式而有不同的解釋，造成迴歸分析時解釋的困難。以上述階層迴歸問題為例，如研究者改以組織知識管理、組織學習、知識環境的區組順序投入迴歸模式中，則對組織效能變項的解釋也有不同。

11-6 虛擬變項迴歸分析——強迫進入變數法

多元迴歸分析中，自變項應為計量變項（等距變項或比率變項），如果自變項為間斷變項（名義變項或次序變項），在投入迴歸模式時應先轉為「虛擬變項」（dummy variable），以使間斷變項具備連續變項的特性，再將轉化後的虛擬變項作為多元迴歸之預測變項之一。在社會及行為科學領域中，常會發現許多研究者未將間斷變項轉化為虛擬變項，而直接以原始背景變項（如年齡、職務、婚姻狀態、服務年資、學校規模等）投入迴歸模式中，如此，所使用的統計分析便違反多元迴歸分析的基本假定：自變項與依變項要均為計量變數。

在虛擬變項的轉換方面，如果間斷變項有 k 個水準，則需要 k−1 個虛擬變項，未經處理的水準稱為「參照組」（reference group），作為參照組的水準其有效樣本個數不能與其他水準數差異太多，而其水準定義也要明確，如水準組別中的「其他」，則不適合作為參照組，因為此水準組別的定義欠缺明確。

以學生「性別」而言，其水準數有二個，原先的編碼中 1 表示男生、2 表示女生，轉換為虛擬變項時，參照組如為女生，則男生的編碼為 1，女生的編碼為 0，性別虛擬變項表示「男生與女生的對比」；如果參照組為男生，男生的編碼為 0，女生的編碼為 1，性別虛擬變項表示「女生與男生的對比」，參照組水準的定義不同，虛擬變項組別的對比便有所不同。如果是次序變項或有順序的變項，如社經地位、教育程度，參照組可以選定等級最高、最低或中間的水準組別均可。如以最高或最低等級作為參照組，可以將各水準的迴歸係數與參照組相比較；以中間的水準組別作為參照組，

可以有效檢視達到顯著水準的係數（*Hardy, 1993*）。

以教育程度背景變項為例，如果其水準數有三：1 表示「高中職組」、2 表示「專科大學」組、3 表示「研究所」組，因為有三個水準，因而要新建二個（＝3−1）虛擬變項，虛擬變項是一個二分變項，二個水準數分別為 1、0，1 表示具有此項特質的觀察值、0 表示不具有類別訊息的觀察值。在下表中以水準 3 為參照組，虛擬變項的轉換如表 11-21：

表 11-21

教育程度（原變項）	教育程度–虛擬 1（水準 1 與水準 3 對比）	教育程度–虛擬 2（水準 2 與水準 3 對比）	說明（參照組為水準 3）
1	1	0	代表是高中職組
2	0	1	代表是專科大學組
3	0	0	不是高中職組，也不是專科大學組，因而是研究所組──參照組
3	0	0	

上述「教育程度_虛擬 1」變項為「水準 1 與水準 3」的對比，表示「高中職組與研究所組的對比」，而「教育程度_虛擬 2」變項為「水準 2 與水準 3」的對比，表示「專科大學組與研究所組的對比」，參照組為水準 3（研究所組）。

一個多分類別變項中，設定不同的參照組，則投入迴歸模式後的解釋也會有所不同，因而作為參照組水準，必須非常明確。以不同「職務」背景變項為例，如果職務變項有四個水準：主任（水準 1）、組長（水準 2）、科任（水準 3）、級任（水準 4），以不同水準數作為參照組時，虛擬變項的界定也會有所不同。若以「科任」（水準 3）為參照組，則相應的虛擬變項之意義如下表 11-22

表 11-22

職務（原始變項）	職務虛擬_1	職務虛擬_2	職務虛擬_4
1 主任	1	0	0
2 組長	0	1	0
3 科任（參照組）	0	0	0
4 級任	0	0	1

由於「職務」背景變項為四分類別變項，若要投入迴歸模式中，要轉

化增列三個虛擬變項，若將參照組設定爲水準 3（科任），「職務虛擬_1」虛擬變項爲「水準 1 和水準 3」的對比（主任&科任），「職務虛擬_2」虛擬變項爲「水準 2 和水準 3」的對比（組長&科任），「職務虛擬_4」虛擬變項爲「水準 4 和水準 3」的對比（級任&科任）。

若改以「組長」（水準 2）爲參照組，則相應的虛擬變項之意義如表 11-23：

表 11-23

職務（原始變項）	職務虛擬_1	職務虛擬_3	職務虛擬_4
1 主任	1	0	0
2 組長（參照組）	0	0	0
3 科任	0	1	0
4 級任	0	0	1

由於「職務」背景變項爲四分類別變項，若要投入迴歸模式中，要轉化增列三個虛擬變項，若將參照組設定爲水準 2（組長），「職務虛擬_1」虛擬變項爲「水準 1 和水準 2」的對比（主任&組長），「職務虛擬_3」虛擬變項爲「水準 3 和水準 2」的對比（科任&組長），「職務虛擬_4」虛擬變項爲「水準 4 和水準 2」的對比（級任&組長）。

若是研究者要以「水準 4」（級任組）爲參照組，則相應的虛擬變項之意義如表 11-24：

表 11-24

職務（原始變項）	職務虛擬_1	職務虛擬_3	職務虛擬_3
1 主任	1	0	0
2 組長	0	1	0
3 科任	0	0	1
4 級任（參照組）	0	0	0

因爲「職務」背景變項爲四分類別變項，若要投入迴歸模式中，要有三個虛擬變項，若將參照組設定爲水準 4（級任），「職務虛擬_1」虛擬變項爲「水準 1 和水準 4」的對比（主任組&級任組對比），「職務虛擬_2」虛擬變項爲「水準 2 和水準 4」的對比（組長組&級任組對比），「職務虛擬_3」虛擬變項爲「水準 3 和水準 4」的對比（科任組&級任組對比）。

一、虛擬變項之迴歸實例

　　某教育學者想探究學校規模與國中教育人員的職務與其工作壓力之關係。在職務背景變項方面共分四個水準：數值編碼 1 為「主任」、數值編碼 2 為「組長」、數值編碼 3 為「科任」、數值編碼 4 為「級任」。研究者除進行單因子變異數分析，以探究不同職務的教育人員在工作壓力知覺是否有所差異外，也想於迴歸分析程序中將職務變項投入迴歸模式內。此外，就學校規模變項而言，從單因子變異數分析中，研究者也發現不同學校規模的國中教師，其工作壓力有顯著差異，從關聯強度指數得知學校規模變項與教師工作壓力間有強度關係，於複迴歸分析中也想把學校規模變項投入。

　　由於職務背景變項、學校規模變項均為間斷變項，在進行迴歸分析時，要先轉化為虛擬變項，在學校規模變項上，其水準數有 3，水準數值 1 為大型、水準數值為中型、水準數值 3 為小型。研究者想探究大型&小型、中型&小型學校規模變因對教師工作壓力的預測力，將參照組設為小型（水準3）。在職務變項方面，研究者界定的參照組為「水準3科任組」，轉換後的三個虛擬變項及其註解如下：「職務_虛擬 1」為「主任與科任的對比」（水準1&水準3的比較）、「職務_虛擬2」為「組長與科任的對比」（水準2&水準3的比較）、「職務_虛擬4」為「級任與科任組的對比」（水準4&水準3的比較）。

　　上述原始變項、虛擬變項與虛擬變項標記意義如表 11-25。

表 11-25

原始變項		規模變項之虛擬變數		職務變項之虛擬變數		
規模	職務	規模–虛擬1	規模–虛擬2	職務–虛擬1	職務–虛擬2	職務–虛擬4
1 大型	1 主任	1	0	1	0	0
2 中型	2 組長	0	1	0	1	0
3 小型#	3 科任#	0	0	0	0	0
1 大型	4 級任	1	0	0	0	1
2 中型	1 主任	0	1	1	0	0
3 小型#	2 組長	0	0	0	1	0
1 大型	3 科任#	1	0	0	0	0

#為該變項的參照組

【備註】：上述虛擬變項的變項標記如下：「規模_虛擬1」為大型&小型對比、「規模_虛擬2」為中型&小型對比、「職務_虛擬1」為主任&科任對比、「職務_虛擬2」為組長&科任對比、「職務_虛擬4」為級任&科任對比。

㈠學校規模變項的轉換——參照組為「小型」組別（水準3）

1.建立「規模_虛擬1」虛擬變項

執行功能列「轉換」／「計算(C)」的程序，開啓「計算變數」對話視窗。
→在左邊「目標變數(T)」下的方格中輸入虛擬變數的變項名稱：「規模_虛擬1」，在右邊的「數值運算式(E)」下的方格中鍵入新變數來源屬性：「規模=1」。
→按『類型＆標記(L)...』鈕，開啓「計算變數：類型與標記」次對話視窗，選取「⊙標記(L):」選項，在其右邊方格鍵入虛擬變數的註解：「大型＆小型」→按『繼續』鈕→按『確定』鈕。

圖 11-18

2.建立「規模_虛擬2」虛擬變項

執行功能列「轉換」／「計算(C)」的程序，開啓「計算變數」對話視窗。
→在左邊「目標變數(T)」下的方格中輸入虛擬變數的變項名稱：「規模_虛擬2」，在右邊的「數值運算式(E)」下的方格中鍵入新變數來源屬性：「規模=2」。
→按『類型＆標記(L)...』鈕，開啓「計算變數：類型與標記」次對話視窗，選取「⊙標記(L):」選項，在其右邊方格鍵入虛擬變數的註解：「中型＆小型」→按『繼續』鈕→按『確定』鈕。

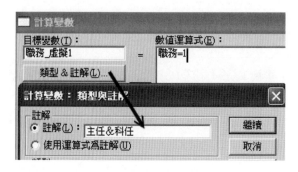

圖 11-19

（二）樣本職務模變項的轉換──參照組為「科任」組別（水準3）

1. 建立「職務_虛擬1」虛擬變項

執行功能列「轉換」／「計算(C)」的程序，開啓「計算變數」對話視窗。
→在左邊「目標變數(T)」下的方格中輸入虛擬變數的變項名稱：「職務_虛擬1」，在右邊的「數值運算式(E)」下的方格中鍵入新變數來源屬性：「職務=1」。
→按『類型＆標記(L)...』鈕，開啓「計算變數：類型與標記」次對話視窗，選取「◉標記(L):」選項，在其右邊方格鍵入虛擬變數的註解：「主任＆科任」→按『繼續』鈕→按『確定』鈕。

圖 11-20

2. 建立「職務_虛擬 2」虛擬變項

執行功能列「轉換」／「計算(C)」的程序，開啓「計算變數」對話視窗。
→在左邊「目標變數(T)」下的方格中輸入虛擬變數的變項名稱：「職務_虛擬 2」，在右邊的「數值運算式(E)」下的方格中鍵入新變數來源屬性：「職務=2」。
→按『類型＆標記(L)...』鈕，開啓「計算變數：類型與標記」次對話視窗，選取「⊙標記(L):」選項，在其右邊方格鍵入虛擬變數的註解：「組長＆科任」→按『繼續』鈕→按『確定』鈕。

圖 11-21

3. 建立「職務_虛擬 4」虛擬變項

執行功能列「轉換」／「計算(C)」的程序，開啓「計算變數」對話視窗。
→在左邊「目標變數(T)」下的方格中輸入虛擬變數的變項名稱：「職務_虛擬 1」，在右邊的「數值運算式(E)」下的方格中鍵入新變數來源屬性：「職務=4」。
→按『類型＆標記(L)...』鈕，開啓「計算變數：類型與標記」次對話視窗，選取「⊙標記(L):」選項，在其右邊方格鍵入虛擬變數的註解：「級任＆科任」→按『繼續』鈕→按『確定』鈕。

圖 11-22

二、輸出結果

表 11-26 為五個虛擬變項入被選入迴歸方程式的順序，依序為「級任&科任」、「大型&小型」、「組長&科任」、「中型&小型」、「主任&科任」，被選入的變項順序與虛擬變項對工作壓力效標變項影響的重要性無關。

圖 11-26　選入／刪除的變數(b)

模式	選入的變數	刪除的變數	方法
1	級任&科任，大型&小型，組長&科任，中型&小型，主任&科任(a)	.	選入

a 所有要求的變數已輸入。

b 依變數：工作壓力

表 11-27 為模式摘要表，包括多元相關係數、多元相關係數平方、調整後的 R^2、估計標準誤、殘差項間自我相關「Durbin-Watson 檢定」統計量。由表中可知五個虛擬變項與效標變項工作壓力間的多元相關係數為.855、決定係數（R^2）為.731、調整後的 R^2 為.699，迴歸模式誤差均方和（MSE）的估計標準誤為3.350，由於是採用「強迫進入變數法」，只有一個迴歸模式，五個虛擬變項均投入迴歸方程式中，五個虛擬變項共可解釋「工作壓力」效標變項73.1%的變異量。

表 11-27　模式摘要(b)

模式	R	R 平方	調過後的 R 平方	估計的標準誤	Durbin-Watson 檢定
1	.855(a)	.731	.699	3.350	1.364

a 預測變數：（常數），級任&科任，大型&小型，組長&科任，中型&小型，主任&科任。

b 依變數：工作壓力

表 11-28 為迴歸方程式之變異數分析摘要表，迴歸模式變異量顯著性考驗的 F 值為 22.856、顯著性考驗的 p 值為.000，小於.05 的顯著水準，表示迴歸模式整體解釋變異量達到顯著水準。迴歸模式的整體性統計考驗之F值達到顯著，表示迴歸方程式中，至少有一個迴歸係數不等於 0，或者全部迴歸係數均不等於 0，亦即至少有一個虛擬變項會達到顯著水準。至於是哪些迴歸係數達到顯著，則要從下述的「係數」摘要表中的迴歸係數、相對應顯著性考驗的 t 值及其顯著機率值加以判別。

表 11-28　變異數分析(b)

模式		平方和	自由度	平均平方和	F 檢定	顯著性
1	迴歸	1282.843	5	256.569	22.856	.000(a)
	殘差	471.470	42	11.225		
	總和	1754.313	47			

a 預測變數：（常數），級任&科任，大型&小型，組長&科任，中型&小型，主任 &科任。

b 依變數：工作壓力

　　表 11-29 為迴歸模式的迴歸係數及迴歸係數的顯著性考驗，包括非標準化的迴歸係數（B 之估計值欄）、標準化的迴歸係數（Beta 分配欄）、迴歸係數顯著性考驗的 t 值及顯著性機率值。五個虛擬變項的迴歸係數均達顯著，表示五個虛擬變項對工作壓力均有顯著的解釋力。以「大型&小型」虛擬變項而言，其β（標準化迴歸係數）等於.248，迴歸係數為正，表示與小型規模學校相較之下，大型規模學校教師的工作壓力較大；以「中型&小型」虛擬變項而言，其β（標準化迴歸係數）等於-.274，迴歸係數為負，表示與小型規模學校相較之下，中型規模學校教師的工作壓力較小。

表 11-29　係數(a)

模式		未標準化係數		標準化係數	t	顯著性
		B 之估計值	標準誤	Beta 分配		
1	（常數）	15.971	1.205		13.258	.000
	大型&小型	3.376	1.249	.248	2.702	.010
	中型&小型	-3.418	1.260	-.274	-2.713	.010
	主任&科任	9.203	1.461	.640	6.297	.000
	組長&科任	4.382	1.292	.322	3.392	.002
	級任&科任	6.783	1.507	.456	4.501	.000

a 依變數：工作壓力

　　就「主任&科任」虛擬變項而言，其β（標準化迴歸係數）等於.640，迴歸係數為正，表示與科任職任教師相較之下，主任職任教師的工作壓力較大；就「組長&科任」虛擬變項而言，其β（標準化迴歸係數）等於.322，迴歸係數為正，表示與科任職任教師相較之下，組長職任教師的工作壓力較大；就「級任&科任」虛擬變項而言，其β（標準化迴歸係數）等於.456，迴歸係數為正，表示與科任職任教師相較之下，級任職任教師的工作壓力較大。

　　虛擬變項對依變項的迴歸係數若達顯著（迴歸係數顯著性 t 統計量的顯著性 p 小於.05），表示此虛擬變項對效標變項有顯著的解釋力，至於水準間的影響如何，要依據參照值與標準化迴歸係數的正負號來解釋，如「水準 1&水準 3」虛擬變項，變項標記中或變項名稱中，「&」符號後面的變數最好為參照組，這樣在解釋上比較方便，此時若是標準化迴歸係數β為正，表示與「水準 3」組別比較之下，「水準 1」組別在效標變項的測量值較高，以學業成就而言，表示與「水準 1」組別相較之下，組別 3 的學業成就顯著較高；相對的，如果標準化迴歸係數β為負，表示與「水準 3」組別比較之下，「水準 1」組別在效標變項的測量值較低，以學業成就而言，表示與「水準 1」組別相較之下，組別 3 的學業成就顯著較低。

　　虛擬變項之迴歸係數的解釋和非虛擬變項之迴歸係數的解釋不同，前者要跟參照組比較，後者則採用積差相關的解釋原理，以學習動機、學習壓力對學業成就的迴歸預測而言，如果二個預測變數的迴歸係數均達顯著，學習動機的標準化迴歸係數β為正，而學習壓力的標準化迴歸係數β為負，表示樣本的學習動機愈強（測量值分數愈高），其學業成就愈佳（測量值分數愈高）；樣本的學習壓力愈低（測量值分數愈低），其學業成就愈佳（測量值分數愈高），自變項間若沒有出現多元共線性問題，則迴歸方程式中標準化迴歸係數的正負號會和原先預測變項與效標變項之積差相關係數正負號相同。

第十二章

主成分迴歸分析與
徑路分析

12-1 高度多元共線性的迴歸解析

一、多元共線性的診斷

　　迴歸分析中的多元共線性也稱為線性重合，預測變項間如果發生多元共線性問題，在複迴歸分析中有可能發生多元相關係數的平方（R^2）很高，且線性迴歸模式整體考驗的 F 值達到顯著（p<.05），但多數預測變項個別迴歸係數檢定的 t 值未達顯著（p>.05），因而多數的預測變項無法有效解釋效標變項。複迴歸分析中共線性診斷指標包括：容忍度、變異數膨脹因素（VIF）、條件指標、特徵值、變異數比例，容忍度值介於 0 至 1 間，容忍度值愈接近 0 愈有共線性問題；變異數膨脹因素值為容忍度值的倒數，因而變異數膨脹因素值愈大愈有共線性問題。一般而言，變異數膨脹因素值大於 10，自變項間即有可能發生線性重合；條件指標值（CI）由特徵值換算而來，條件指標值愈大，特徵值相對的會愈小，自變項間愈有可能發生線性重合，當特徵值接近 0 或條件指標值在 30 以上，則有中度至高度的線性重合問題。變異數比例值的檢定由自變項在特徵值數值大小判別，當自變項在某一個特徵值的變異數比例值愈接近 1，表示這幾個自變項間愈有可能發生線性重合。

　　複迴歸分析中如果發生多元共線性問題，則可以採取以下幾個處理策略：⑴利用逐步多元迴歸分析法，逐步多元迴歸法會分別計算各自變項對效標變項的解釋力大小，由大至小挑選解釋力最大且達顯著的（p<.05）變項進入迴歸模式；隨後重新計算其餘自變項對效標變項的解釋力，並重新分析在迴歸模式中的自變數因新自變項的進入，迴歸係數顯著性的改變情形，如果未達顯著標準（p>.10），則會被排除於模型之外。依據此一判別原理重複挑選與排除變項，直到沒有自變項可被選擇或排除，此時的迴歸模式為最佳的迴歸模式；⑵利用主成分迴歸分析法（principal component regression），主成分主要建構發生線性重合之自變項的潛在變項（主成分）作為新的預測變項。

　　迴歸分析中發生高度共線性問題時，會使得以一般最小平方法（ordinary least squares; OLS）估計所得的模式，其參數估計量的標準差值被大幅放大，進而使得係數顯著性考驗的t檢定值明顯變小，整體迴歸模式的顯著性考驗得到顯著，得到一個不錯的整體估計模型適度，但進一步探究結果會發現

585

大部分自變項個別參數都不顯著，或是參數正負值無法做出合理解釋，此時，可採用主成分分析法（principal component analysis），將關係密切的數個解釋變項（預測變項）縮減為少數個主成分，這些少數個主成分可以以最大的變異量解釋原先多數個自變項，進而以萃取後的主成分作為新的預測變項；若是有 p 個變項間關係均很密切（有高度相關存在），可以經由主成分分析轉換成 p 個彼此相關等於 0 的主成分，投入於迴歸方程式中。

　　主成分分析和因素分析（factor analysis）的理念甚為類似，但二者也有差異之處。在相似部分，二者都具有將原有變數資料縮減成少數可以描述大部分原資料資訊內涵的變數之功能；至於二者相異的地方為主成分分析主要是利用原有的變數，組合成幾個新的變數，最後選取的變數個數較原有變數個數少，以達到資料縮減的目的，選取的個數變項雖然較少卻可以解釋原有變項大部分的變異，這些選取的變數（主成分）間兩兩相關均為 0；至於因素分析的目的主要是找尋及確認可以解釋原有變數間交互關係的潛在因素或建構（construct）；此外，主成分分析中，原有變數是用來組成新的變數（主成分），也稱為「形成性指標」（formative indicators），而因素分析程序中，原有變數是用來反應潛在因素或構念的存在，也稱為「反應性指標」（reflective indicators）（林師模、陳苑欽，2006）。主成分分析是以變異數分析為導向，而因素分析是以共變異數為導向。主成分分析中的每個主成分是原有變數的線性組合，經由線性組合數學轉換後的主成分分析彼此間均沒有相關，由於主成分間彼此相關很低，因而投入於迴歸模式中即不會發生解釋變項間有高度相關的情形。

二、解釋變項間高度共線性範例解析

【研究問題】

以六個預測變項 X1、X2、X3、X4、X5、X6 來對效標變項 Y 進行多元迴歸分析。

(一)六個預測變項與效標變項間的相關矩陣

表 12-1 相關

		X1	X2	X3	X4	X5	X6	Y
X1	Pearson 相關	1	.793(**)	.648(**)	.639(**)	.688(**)	.925(**)	.779(**)
	顯著性（雙尾）		.000	.000	.000	.000	.000	.000
	個數	576	576	576	576	576	576	576
X2	Pearson 相關	.793(**)	1	.669(**)	.663(**)	.714(**)	.925(**)	.846(**)
	顯著性（雙尾）	.000		.000	.000	.000	.000	.000
	個數	576	576	576	576	576	576	576
X3	Pearson 相關	.648(**)	.669(**)	1	.546(**)	.522(**)	.778(**)	.595(**)
	顯著性（雙尾）	.000	.000		.000	.000	.000	.000
	個數	576	576	576	576	576	576	576
X4	Pearson 相關	.639(**)	.663(**)	.546(**)	1	.714(**)	.765(**)	.722(**)
	顯著性（雙尾）	.000	.000	.000		.000	.000	.000
	個數	576	576	576	576	576	576	576
X5	Pearson 相關	.688(**)	.714(**)	.522(**)	.714(**)	1	.772(**)	.768(**)
	顯著性（雙尾）	.000	.000	.000	.000		.000	.000
	個數	576	576	576	576	576	576	576
X6	Pearson 相關	.925(**)	.925(**)	.778(**)	.765(**)	.772(**)	1	.874(**)
	顯著性（雙尾）	.000	.000	.000	.000	.000		.000
	個數	576	576	576	576	576	576	576
Y	Pearson 相關	.779(**)	.846(**)	.595(**)	.722(**)	.768(**)	.874(**)	1
	顯著性（雙尾）	.000	.000	.000	.000	.000	.000	
	個數	576	576	576	576	576	576	576

** 在顯著水準為 0.01 時（雙尾），相關顯著。

　　在上述相關矩陣中，六個預測變項與效標變項間呈現顯著的正相關，相關係數介於.595 至.874 間，表示六個預測變項與效標變項 Y 間有中高度的關係存在，但自變項間的關係也呈現中高度的關係，其中自變項X1、X2 與自變項 X6 間的相關係數分別為.925、.925，呈現一種極高度的正相關。

(二)採用同時迴歸分析——強迫進入法

表 12-2 模式摘要(b)

模式	R	R 平方	調過後的 R 平方	估計的標準誤	Durbin-Watson 檢定
1	.899(a)	.808	.806	2.040	2.053

a 預測變數：（常數），X6，X4，X3，X5，X2，X1

b 依變數：Y

　　X1、X2、X3、X4、X5、X6 六個自變項可以解釋效標變項 Y 80.8%的變異量，調整過後的 R^2 也高達 80.6%，表示六個自變項可以有效解釋效標變項。

表 12-3　係數(a)

模式	常數	未標準化係數		標準化係數	t	顯著性	共線性統計量	
		B 之估計值	標準誤	Beta 分配			允差	VIF
1		1.969	.750		2.624	.009		
	X1	-.182	.065	-.203	-2.818	.005	.065	15.353
	X2	.111	.067	.112	1.649	.100	.074	13.581
	X3	-.265	.050	-.198	-5.254	.000	.237	4.212
	X4	.095	.098	.035	.975	.330	.265	3.777
	X5	.472	.085	.171	5.522	.000	.353	2.834
	X6	.252	.042	.954	6.016	.000	.013	74.557

a 依變數：Y

　　在個別係數顯著性檢定方面，自變項 X1、X3 的標準化迴歸係數呈現負值，其 β 係數分別為-.203、-.198，二個迴歸係數顯著性檢定的 t 值分別為-2.818、-5.254，均達到.05 顯著水準，表示這二個預測變項對效標變項的影響為負向，此種結果和之前相關矩陣所呈現的結果相互矛盾，在迴歸方程式中自變項 X1、X3 的迴歸係數無法做出合理的詮釋。從共線性統計量來看，自變項 X1、X2、X6 容忍度值分別為.065、.074、.013 非常接近 0，三個變項的 VIF 值分別為 15.353、13.581、74.557 均大於 10，表示這三個變項和其他變項間有高度共線性問題，至於迴歸分析程序中，高度線性重合是哪些自變項造成的，要查看變異數比例值數據。

表 12-4　共線性診斷(a)

模式	維度	特徵值	條件指標	變異數比例						
				（常數）	X1	X2	X3	X4	X5	X6
1	1	6.957	1.000	.00	.00	.00	.00	.00	.00	.00
	2	.019	19.276	.18	.00	.00	.29	.01	.01	.00
	3	.009	27.303	.81	.00	.00	.11	.04	.07	.00
	4	.007	31.889	.00	.04	.02	.06	.31	.03	.00
	5	.005	39.310	.00	.01	.01	.03	.26	.82	.00
	6	.003	45.464	.00	.12	.21	.01	.00	.03	.00
	7	.000	214.393	.00	.81	.76	.51	.38	.04	1.00

a 依變數：Y

從共線性診斷統計量摘要中可以發現，最大的條件指標值為 214.393，表示迴歸方程式中有高度的線性重合問題，再從變異數比例值來看，自變項 X1、X2、X6 在第 7 個特徵值之變異數比例值分別為.81、.75、1.00，三個自變項在第 7 個特徵值上的變異數比例值偏高，表示多元迴歸程序中線性重合問題主要發生在自變項 X1、X2、X6 三個變項上面。

(三)採用逐步迴歸法——統計迴歸法

表 12-5　模式摘要

模式	R	R 平方	調過後的 R 平方	估計的 標準誤	變更統計量				
					R 平方 改變量	F 改變	分子自 由度	分母自 由度	顯著性F 改變
1	.874(a)	.764	.763	2.255	.764	1853.111	1	574	.000
2	.886(b)	.785	.785	2.150	.022	58.461	1	573	.000
3	.893(c)	.797	.796	2.094	.012	32.423	1	572	.000
4	.898(d)	.807	.806	2.042	.010	30.555	1	571	.000

a 預測變數：（常數），X6
b 預測變數：（常數），X6，X5
c 預測變數：（常數），X6，X5，X3
d 預測變數：（常數），X6，X5，X3，X1

採用逐步迴歸分析法，四個被選入迴歸方程式的預測變項為變項 X6、X5、X3、X1，四個變項與效標變項的多元相關係數為.898、多元相關係數平方為.807，表示上述四個變項對效標變項 Y 聯合解釋變異量達 80.7%，其中以自變項 X6 的個別解釋變異最大，其解釋量為 76.4%。

表 12-6　係數(a)

模式	常數	未標準化係數		標準化係數	t	顯著性
		B 之估計值	標準誤	Beta 分配		
1		4.333	.777		5.580	.000
	＜略＞	＜略＞	＜略＞	＜略＞	＜略＞	＜略＞
4		2.142	.738		2.880	.004
	X6	.313	.019	1.187	16.484	.000
	X5	.469	.083	.170	5.667	.000
	X3	-.310	.042	-.232	-7.337	.000
	X1	-.256	.046	-.285	-5.528	.000

a 依變數：Y

589

模式 4 中呈現四個具有預測力變項的迴歸係數，其中預測變項 X6、X5 的標準化迴歸係數為正數，表示其對效標變項 Y 的影響為正向，但其中預測變項 X6 的β係數值的絕對值大於 1，超出迴歸分析模式中β係數的臨界值，β係數為不具特定單位的標準化迴歸係數值，其係數性質與積差相關係數類似，範圍介於-1 至+1 之間，β係數的絕對值愈大，表示其對效標變項的影響愈大，個別的解釋變異愈高，因而預測變項 X6 的迴歸係數雖達顯著，卻出現不合理的數值。此外，預測變項 X3、X1 的標準化迴歸係數為負值，表示其對效標變項 Y 的影響為負向，即 X3、X1 的測量值愈高，效標變項 Y 的測量值會愈低，此種結果和先前進行積差相關的結果剛好相反，前後的結果解釋自相矛盾，在變項間的相關分析中，變項 X3、X1 和效標變項 Y 間的積差相關係數為.595（p=.000<.05）、.779（p=.000<.05），表示變項 X3、X1 和效標變項 Y 間呈現顯著的正相關，但於逐步迴歸分析中，二個變項的β係數卻為負數，這是迴歸分析中第二個不合理地方。

在複迴歸分析中，若是自變項有共線性問題，則採用採用逐步迴歸法，可以藉由統計迴歸的數算換算排除自變項間線性重合或線性相依的問題，但若是自變項間共線性程度較為嚴重，即使採用逐步多元迴歸法也會產生上述情形，某些具預測力的自變項其迴歸係數無法做出合理解釋，可能呈現的問題是迴歸係數的正負號與理論相各，或與相關係數產生相互矛盾的現象，或是迴歸分析模式中迴歸係數出現不符迴歸理論的數值。上述迴歸分析範例的解決方法是採用下列介紹的主成分迴歸分析法，或是先刪除預測變項 X6，因為預測變項 X6 與其餘五個預測變項間呈現高度的正相關，尤其是與變項 X1、變項 X2 的相關係數高達.925，表示預測變項 X6 與預測變項 X1、變項 X2 所欲測得的態度或潛在特質完全相同，此變數沒有必要投入迴歸模式程序中。

㈣將自變項 X6 事先從預測變項中移除

由於 X6 變數與預測變數 X1、X2 間的相關甚高，且產生高度線性相依問題，因而在進行統計迴歸程序中可以不用將變數 X6 納入預測變項之中，而改以變數 X1、X2、X3、X4、X5 五個預測變項來預測效標變項 Y。

表 12-7 為模式摘要表，採用的方法為逐步迴歸分析法，四個被選入迴歸方程式的預測變項為變項 X2、X5、X4、X1，四個變項與效標變項的多元相關係數為.892、多元相關係數平方為.795、調整後的 R 平方為.794，表示上述四個變項對效標變項 Y 聯合解釋變異量達 79.5%，其中以自變項 X2 的

個別解釋變異最大，其解釋量為 71.5%，自變數 X2、X4 在第一次統計迴歸中被排除於迴歸模式之下，在第二次統計迴歸中則被納入於迴歸方程式之內。

表 12-7　模式摘要

模式	R	R 平方	調過後的 R 平方	估計的 標準誤	變更統計量				
					R 平方 改變量	F 改變	分子自 由度	分母自 由度	顯著性 F 改變
1	.846(a)	.715	.715	2.474	.715	1443.280	1	574	.000
2	.878(b)	.771	.770	2.223	.055	137.564	1	573	.000
3	.886(c)	.785	.784	2.152	.015	39.431	1	572	.000
4	.892(d)	.795	.794	2.103	.010	28.101	1	571	.000

a 預測變數：（常數），X2
b 預測變數：（常數），X2，X5
c 預測變數：（常數），X2，X5，X4
d 預測變數：（常數），X2，X5，X4，X1

表 12-8　係數(a)

模式	常數	未標準化係數		標準化係數	t	顯著性
		B 之估計值	標準誤	Beta 分配		
1		7.158	.806		8.883	.000
	X2	.839	.022	.846	37.991	.000
2	＜略＞	＜略＞	＜略＞	＜略＞	＜略＞	＜略＞
4		1.929	.770		2.505	.013
	X2	.445	.034	.449	13.141	.000
	X5	.588	.086	.213	6.839	.000
	X4	.443	.079	.162	5.635	.000
	X1	.156	.029	.174	5.301	.000

a 依變數：Y

　　從係數摘要表中得知：進入迴歸模式的四個預測變項之標準化迴歸係數沒有出現不合理的數值，且四個預測變數的 β 係數均為正數，β 係數分別為 .449、.213、.162、.174，與先前積差相關所得結果的方向相同，表示四個預測變項對效標變數的影響均為正向，四個進入迴歸模式之預測變數的測量值愈高，效標變項 Y 的測量值也愈高，統計迴歸所獲得的迴歸方程式中的迴歸係數可以得到合理的解釋。

12-2 主成分迴歸分析法的應用

【研究問題】

某研究者以學生在學之「閱讀成績」、「寫作能力」、「口語表達」、「推理成績」、「空間概念」五個變項來預測學生資優班「甄試表現」成績。其中五個自變項為學生國中三年級之「閱讀成績」、「寫作能力」成績、「口語表達」成績、「推理成績」、「空間概念」成績，效標變項為資優班甄選之「甄試表現」成績。請問學生在學之「閱讀成績」、「寫作能力」、「口語表達」、「推理成績」、「空間概念」五個變項是否可以有效預測學生資優班「甄試表現」成績。

一、一般複迴歸結果說明

(一)變項間的相關矩陣操作與結果

1. 操作程序

> 從功能列執行「分析(A)」／「相關(C)」／「雙變數(E)」開啟「雙變數相關分析」對話視窗。
>
> →在左邊變數清單中將目標變數「閱讀成績」、「寫作能力」、「口語表達」、「推理成績」、「空間概念」、「甄試表現」六個點選至右邊「變數(V)」下的方盒中。
> →在下方「相關係數」方盒中勾選『☑Pearson相關係數(N)』選項，「顯著性檢定」方盒中選取內定「雙尾檢定(T)」→按『確定』鈕。

2. 輸出結果

表 12-9 為五個自變項與效標變項間之相關矩陣，「閱讀成績」、「寫作能力」、「口語表達」、「推理成績」、「空間概念」五個自變項與效標變項「甄試表現」的相關係數分別為.806（p=.000）、.804（p=.000）、.855（p=.000）、.798（p=.000）、.802（p=.000），均達.05顯著水準，相關係數絕對值數值在.798 以上，表示五個預測變項與效標變項間均呈現顯著的高

度關係。再從五個自變項間的相關矩陣來看，五個自變項間的積差相關係數介於.611（p=.000）至.923 間（p=.000），呈現顯著的中度或高度相關，其中預測變項「閱讀成績」與「寫作能力」間的相關係數高達.902（p＝.000<.05），「推理成績」與「空間概念」間的相關係數高達.932（p=.000<.05），二組預測變數間呈現高度的相關，因而在複迴歸分析中可能會發生線性重合問題。

表 12-9　相關

		閱讀成績	寫作能力	口語表達	推理成績	空間概念	甄試表現
閱讀成績	Pearson 相關	1	.902	.719	.670	.682	.806
	顯著性（雙尾）		.000	.000	.000	.000	.000
	個數	130	130	130	130	130	130
寫作能力	Pearson 相關	.902	1	.739	.611	.628	.804
	顯著性（雙尾）	.000		.000	.000	.000	.000
	個數	130	130	130	130	130	130
口語表達	Pearson 相關	.719	.739	1	.743	.745	.855
	顯著性（雙尾）	.000	.000		.000	.000	.000
	個數	130	130	130	130	130	130
推理成績	Pearson 相關	.670	.611	.743	1	.923	.798
	顯著性（雙尾）	.000	.000	.000		.000	.000
	個數	130	130	130	130	130	130
空間概念	Pearson 相關	.682	.628	.745	.923	1	.802
	顯著性（雙尾）	.000	.000	.000	.000		.000
	個數	130	130	130	130	130	130
甄試表現	Pearson 相關	.806	.804	.855	.798	.802	1
	顯著性（雙尾）	.000	.000	.000	.000	.000	
	個數	130	130	130	130	130	130

(二)複迴歸分析操作與結果

1. 操作程序

→功能表執行「分析(A)」／「迴歸方法(R)」／「線性(L)」程序，開啟「線性迴歸」對話視窗。

→在左邊變數清單中選取效標變項「甄試表現」至右方「依變數(D)」下的方格中。

→在左邊變數清單中選取投入迴歸模式的預測變項：「閱讀成績」、「寫作能力」、「口語表達」、「推理成績」、「空間概念」等五個，將之點選至右邊「自變數(I)」下的方格中。

→在「方法(M)」右邊的下拉式選單中選取「強迫進入變數法」。

→按『統計量(S)...』鈕，開啟「線性迴歸：統計量」次對話視視窗，勾選「☑估計值(E)」、「☑模式適合度(M)」、「☑共線性診斷(L)」等選項→按『繼續』鈕，回到「線性迴歸」對話視窗。

2. 輸出結果

表 12-10 為迴歸模式摘要表，五個自變項與效標變項「甄試表現」的多元相關係數（R）等於.920、決定係數（R^2）為.847、調整後的 R 平方等於.841、估計標準誤為 8.594，五個自變項共可解釋效標變項 84.7%的變異量，預測變項對依變項的解釋力相當高。

表 12-10　模式摘要

模式	R	R 平方	調過後的 R 平方	估計的標準誤
1	.920(a)	.847	.841	8.954

a 預測變數：（常數），空間概念，寫作能力，口語表達，閱讀成績，推理成績。

表 12-11 為整體迴歸模式考驗的統計量，變異數分析的 F 值等於 137.5538，顯著性機率值 p=.000<.05，達到.05 顯著水準，表示五個自變項中至少有一個自變項的迴歸係數達到顯著，即迴歸模式中至少有一個迴歸係數不等於 0，或者全部迴歸係數均顯著不等於 0。

表 12-11　變異數分析(b)

模式		平方和	自由度	平均平方和	F 檢定	顯著性
1	迴歸	55138.055	5	11027.611	137.553	.000(a)
	殘差	9941.053	124	80.170		
	總和	65079.108	129			

a 預測變數：（常數），空間概念，寫作能力，口語表達，閱讀成績，推理成績。
b 依變數：甄試表現

　　表 12-12 為迴歸模式中個別迴歸係數參數的估計值，「閱讀成績」、「寫作能力」、「口語表達」、「推理成績」、「空間概念」五個預測變項的標準化迴歸係數（β值）分別為.136、.219、.360、.170、.147，迴歸係數顯著性考驗的 t 值分別為 1.558（p＝.122＞.05）、2.524（p＝.031＜.05）、5.718（p＝.000＜.05）、1.807（p＝.073＞.05）、1.558（p＝.122＞.05），其中「閱讀成績」、「推理成績」與「空間概念」三個預測變項的迴歸係數均未達顯著水準。在共線性統計量中，「閱讀成績」、「寫作能力」、「推理成績」、「空間概念」四個預測變項的容忍度值（允差欄）均小於.200，而 VIF 值則均大於 6.000 以上，迴歸模式中可能有線性相依問題。

表 12-12　係數(a)

模式	常數	未標準化係數		標準化係數	t	顯著性	共線性統計量	
		B 之估計值	標準誤	Beta 分配			允差	VIF
1		-20.502	2.344		-8.745	.000		
	閱讀成績	.174	.111	.136	1.558	.122	.162	6.180
	寫作能力	.299	.118	.219	2.524	.013	.164	6.099
	口語表達	.818	.143	.360	5.728	.000	.311	3.212
	推理成績	.229	.127	.170	1.807	.073	.140	7.158
	空間概念	.194	.125	.147	1.558	.122	.138	7.260

a 依變數：甄試表現

　　表 12-13 為共線性診斷的指標，包括特徵值、條件指標、變異數比例，其中第五個維度的特徵值為.013、條件指標值為 21.187，特徵值很接近 0，條件指標值大於 20，因而自變項間可能存在多元共線性問題，再從變異數比例值來看，自變項「推理成績」與「空間概念」在第五個特徵值的變異數比例值分別為.80、.90，非常接近 1，表示「推理成績」與「空間概念」可能產生多元共線性問題。第 6 個維度的特徵值為.011、條件指標值為

22.552，特徵值很接近0，條件指標值大於20，因而自變項間可能存在多元共線性問題，再從變異數比例值來看，自變項「閱讀成績」、「寫作能力」在第6個特徵值的變異數比例值分別為.82、.87，非常接近1，表示「閱讀成績」與「寫作能力」二個變項也可能產生多元共線性問題。由於迴歸方程式中的自變項產生線性重合，因而雖然「閱讀成績」、「推理成績」、「空間概念」與效標變項有高度相關，但在複迴歸分析仍被排除於迴歸模式之外，對於效標變項沒有顯著的影響。

表 12-13　共線性診斷(a)

模式	維度	特徵值	條件指標	變異數比例					
				（常數）	閱讀成績	寫作能力	口語表達	推理成績	空間概念
1	1	5.747	1.000	.00	.00	.00	.00	.00	.00
	2	.115	7.076	.47	.00	.01	.00	.05	.04
	3	.078	8.595	.52	.06	.08	.01	.02	.02
	4	.036	12.602	.01	.07	.01	.91	.02	.02
	5	.013	21.187	.00	.05	.03	.00	.80	.90
	6	.011	22.552	.00	.82	.87	.08	.11	.02

a 依變數：甄試表現

二、抽取預測變項主成分

(一)新增預測變項「閱讀成績」、「寫作能力」的潛在變項

1. 操作程序

> 執行功能列「分析(A)」／「資料縮減(D)」／「因子(F)」程序，開啟「因子分析」對話視窗。
> →在左邊變數清單中將「閱讀成績」、「寫作能力」二個變項選入右邊「變數(V)：」下的空盒中。
>
> →按『分數(S)...』鈕，開啟「因子分析：產生因素分數」次對話視窗，勾選「☑因素儲存成變數(S)」選項，在「方法」方盒中點選「◉迴歸方法(R)」選項，按『繼續』鈕，回到「因子分析」對話視窗。

→按『萃取(E)...』鈕，開啟「因子分析：萃取」次對話視窗，抽取因素方法選取內定「主成分」，點選「◉相關矩陣」、勾選「☑未旋轉因子解」等項，在抽取因素為限定在特徵值大於 1 者，在「◉特徵值：」後面的空格內選取內定數值「1」→按『繼續』鈕，回到「因子分析」對話視窗→按『確定』鈕。

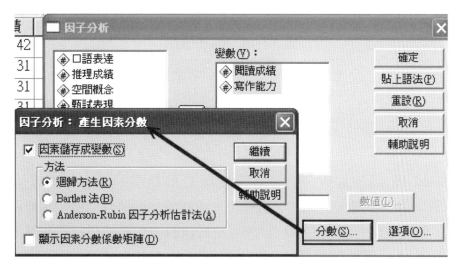

圖 12-1

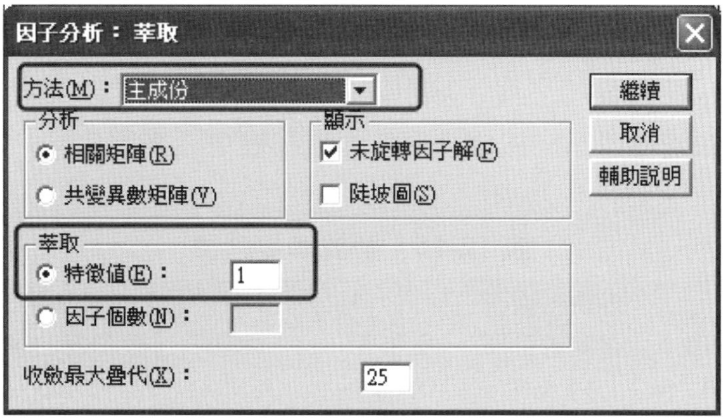

圖 12-2

2.輸出結果

表 12-14 為每一個變項初始值的共同性及以主成分方法（principal component method）抽取主成分後之共同性（Communalities）。共同性愈高，表示該變項與其他變項所欲測量的共同特質愈多；相反地，共同性愈高，表示該變項與其他變項所欲測量的共同特質愈少，上表中最後之共同性值為 .951，表示變項「閱讀成績」與變項「寫作能力」所欲測量的共同特質很多。

表 12-14　因子分析

	初始	萃取
閱讀成績	1.000	.951
	1.000	.951

萃取法：主成分分析。

表 12-15 為以主成分方法抽取主成分的結果，初始特徵值（Initial Eigenvalues）有二個，（因有二個變項，故初始特徵值有二個，其總和等於 2），二個特徵值分別為 1.902、.098（特徵值的總和等於相關矩陣對角線元素的總和=2），其解釋變異量分別為 95.123%、4.877%，第二個特徵值不但遠小於 1，而且非常接近 0，似乎可將之刪除。因而二個變項經主成分分析法所抽出的第一個主成分，可以解釋全體總異量的 95.123%，再從下表主成分分析的加權係數來看，二個變項相對應的加權係數分別為.975、.975，正好反應二個「閱讀成績」與「寫作能力」二個變項均勻貢獻於第一個主成分，二個變項適合以第一主成分（新的潛在變項）來取代。

表 12-15　解說總變異量

成分	初始特徵值			平方和負荷量萃取		
	總和	變異數的%	累積%	總和	變異數的%	累積%
1	1.902	95.123	95.123	1.902	95.123	95.123
2	.098	4.877	100.000			

萃取法：主成分分析。

表 12-16 成分矩陣為各變項在主成分上的加權係數，加權係數是根據各變項的共同性估計得來，其性質與複迴歸分析中的標準化迴歸係數相同。將每一變項在各主成分上係數值的平方加總，即可求得各變項的共同性。

表 12-16　成分矩陣(a)

	成分
	1
閱讀成績	.975
寫作能力	.975

萃取方法：主成分分析。

a 萃取了 1 個成分。

經由主成分分析結果，變項「閱讀成績」、變項「寫作能力」可以以一個潛在變項來取代，此主成分變數名稱可以命名為「語文能力」。在主成分分析中，於「因子分析：產生因素分數」次對話視窗，勾選「☑因素儲存成變數(S)」選項，執行完因子分析程序後，會於資料檔新增一個因素分數變項「FAC1_1」。

㈡新增預測變項「推理成績」、「空間概念」的潛在變項

1. 操作程序

執行功能列「分析(A)」／「資料縮減(D)」／「因子(F)」程序，開啟「因子分析」對話視窗。

→在左邊變數清單中將「推理成績」、「空間概念」二個變項選入右邊「變數(V)：」下的空盒中。

→按『分數(S)...』鈕，開啟「因子分析：產生因素分數」次對話視窗，勾選「☑因素儲存成變數(S)」選項，在「方法」方盒中點選「◉迴歸方法(R)」選項，按『繼續』鈕，回到「因子分析」對話視窗。

→按『萃取(E)...』鈕，開啟「因子分析：萃取」次對話視窗，抽取因素方法選取內定「主成分」，點選「◉相關矩陣」、勾選「☑未旋轉因子解」等項，在抽取因素為限定在特徵值大於 1 者，在「◉特徵值：」後面的空格內選取內定數值「1」→按『繼續』鈕，回到「因子分析」對話視窗→按『確定』鈕。

2.輸出結果

表 12-17 為每一個變項初始值的共同性及以主成分方法抽取主成分後之共同性。共同性愈高，表示該變項與其他變項所欲測量的共同特質愈多；相反地，共同性愈高，表示該變項與其他變項所欲測量的共同特質愈少，上表中最後之共同性值為.961，表示變項「推理成績」與「空間概念」所欲測量的共同特質很多。

表 12-17 因子分析

共同性

	初始	萃取
推理成績	1.000	.961
空間概念	1.000	.961

萃取法：主成分分析。

表 12-18 為以主成分方法抽取主成分的結果，初始特徵值（Initial Eigenvalues）有二個，（因有二個變項，故初始特徵值有二個，其總和等於2），二個特徵值分別為 1.923、.077（特徵值的總和等於相關矩陣對角線元素的總和=2），其解釋變異量分別為 95.145%、3.855，第二個特徵值不但遠小於 1，而且非常接近 0，似乎可將之刪除。因而二個變項經主成分分析法所抽出的第一個主成分，可以解釋全體總異量的 95.145%，再從下表主成分分析的加權係數來看，二個變項相對應的加權係數分別為.981、.981，正好反應二個「推理成績」與「空間概念」二個變項均勻貢獻於第一個主成分，二個變項適合以第一主成分（新的潛在變項）來取代。

表 12-18 解說總變異量

成分	初始特徵值			平方和負荷量萃取		
	總和	變異數的%	累積%	總和	變異數的%	累積%
1	1.923	96.145	96.145	1.923	96.145	96.145
2	.077	3.855	100.000			

萃取法：主成分分析。

表 12-19 成分矩陣為各變項在主成分上的加權係數，加權係數是根據各變項的共同性估計得來，其性質與複迴歸分析中的標準化迴歸係數相同。將每一變項在各主成分上係數值的平方加總，即可求得各變項的共同性。

經由主成分分析結果，變項「推理成績」與變項「空間概念」可以以一個潛在變項來取代，此主成分變數名稱可以命名為「數學能力」。在主成分分析中，於「因子分析：產生因素分數」次對話視窗，勾選「☑因素儲存成變數(S)」選項，執行完因子分析程序後，會於資料檔新增一個因素分數變項「FAC1_2」。

表 12-19　成分矩陣(a)

	成分
	1
推理成績	.981
空間概念	.981

萃取方法：主成分分析。

a 萃取了 1 個成分。

三、主成分迴歸分析

1. 操作程序

→功能表執行「分析(A)」／「迴歸方法(R)」／「線性(L)」程序，開啓「線性迴歸」對話視窗。

→在左邊變數清單中選取效標變項「甄試表現」至右方「依變數(D)」下的方格中。

→在左邊變數清單中選取投入迴歸模式的預測變項：「口語表達」、「語文能力」、「數學能力」等三個，將之點選至右邊「自變數(I)」下的方格中。

→在「方法(M)」右邊的下拉式選單中選取「強迫進入變數法」。

→按『統計量(S)...』鈕，開啓「線性迴歸：統計量」次對話視視窗，勾選「☑估計值(E)」、「☑模式適合度(M)」、「☑共線性診斷(L)」等選項→按『繼續』鈕，回到「線性迴歸」對話視窗。

2.輸出結果

迴歸

表 12-20 為迴歸模式摘要表，三個自變項與效標變項 Y 的多元相關係數（R）等於 .920、決定係數（R^2）為 .847、調整後的 R 平方等於 .843、估計標準誤為 8.892，R 平方改變量（ΔR^2）等於 .847，三個自變項共可解釋效標變項 84.7% 的變異量，自變項對依變項的解釋力相當高。在之前以原始五個自變項對依變項的複迴歸分析中，自變項對依變項的解釋變異量為 84.7%，變項「閱讀成績」、「寫作能力」改以其主成分「語文能力」，「推理成績」與「空間概念」二個變項改以其主成分「數學能力」投入迴歸模式中，「口語表達」、「語文能力」、「數學能力」三個預測變項對效標變項的解釋變異量為 84.7%，與原先相比幾乎沒有差異。

表 12-20　模式摘要

模式	R	R 平方	調過後的 R 平方	估計的標準誤
1	.920(a)	.847	.843	8.892

a 預測變數：（常數），數學能力，語文能力，口語表達。

表 12-21 為整體迴歸模式考驗的統計量，F 值等於 232.366，p=.000<.05，達到顯著水準，表示三個自變項中至少有一個自變項的迴歸係數達到顯著，即迴歸模式中至少有一個迴歸係數不等於 0，或者全部迴歸係數均顯著不等於 0。

表 12-21　變異數分析(b)

模式		平方和	自由度	平均平方和	F 檢定	顯著性
1	迴歸	55116.780	3	18372.260	232.366	.000(a)
	殘差	9962.327	126	79.066		
	總和	65079.108	129			

a 預測變數：（常數），數學能力，語文能力，口語表達。

b 依變數：甄試表現

表 12-22 為迴歸模式個別參數的估計值，其中「口語表達」、主成分一「語文能力」、主成分二「數學能力」三個預測變項的標準化迴歸係數（β 值）分別為 .367、.346、.304，迴歸係數顯著性考驗的 t 值分別為 5.982（p= .000<.05）、6.376（p＝.000<.05）、5.493（p＝.000<.05），均達到顯著水

準，表示這三個自變項均能有效解釋效標變項。從共線性統計量來看，原先投入五個自變項時，容忍度值介於.138 至.311 間、VIF 值介於 3.212 至 7.260 間；而改以主成分迴歸分析時，容忍度值介於.324 至.431 間、VIF 值介於 2.422 至 3.090 間，容忍度值（允差欄值）變大、VIF 值變小，表示變項間發生多元共線性的可能性更小，甚至沒有多元共線性問題。

表 12-22　係數(a)

模式	常數	未標準化係數		標準化係數	t	顯著性	共線性統計量	
		B 之估計值	標準誤	Beta 分配			允差	VIF
1		15.752	3.581		4.398	.000		
	口語表達	.832	.139	.367	5.982	.000	.324	3.090
	語文能力	7.769	1.219	.346	6.376	.000	.413	2.422
	數學能力	6.823	1.242	.304	5.493	.000	.397	2.517

a 依變數：甄試表現

表 12-23 為共線性診斷結果，與原先複迴歸比較之下，條件指標值（CI）最大值由 22.552 變成為 9.762，特徵值最小值由.011 變成.022；再從變異數比例指標來看，沒有二個自變項在某一個特徵值之變異數比例值接近 1 或大於.65 之情形，可見變項間沒有線性重合問題。因而經由主成分迴歸分析，以變項間抽取的主成分建構新的自變項（能測出變項共同特質的潛在變項），則可以有效解決預測變項間之多元共線性問題。

表 12-23　共線性診斷(a)

模式	維度	特徵值	條件指標	變異數比例			
				（常數）	口語表達	語文能力	數學能力
1	1	2.118	1.000	.01	.01	.03	.03
	2	1.537	1.174	.01	.00	.09	.08
	3	.323	2.560	.00	.00	.64	.61
	4	.022	9.762	.99	.99	.24	.27

a 依變數：甄試表現

12-3　徑路分析

徑路分析（path analysis）或稱路徑分析，又稱「結構方程式模式」

（Structural Equation Models）或「同時方程式考驗模式」（Simultaneous Equation Models），因為它同時讓所有預測變項進入迴歸模式之中，徑路分析不僅關注於變數間的相關，更關注於變數間的因果關係。

一般而言，徑路分析基本步驟，可簡要歸納如下：

㈠提出初始理論模式圖

研究者須根據相關理論、文獻資料或經驗法則，建構一個可以考驗的初始模式，並繪出一個沒有徑路係數的徑路圖（path diagram）。

徑路圖中之因果關係以箭號表示，箭號所指者為「果」（effect）（依變項），箭號起始處為「因」（cause）（自變項）。以多元迴歸分析而言，箭號所指的變項為迴歸方程式的「效標變項」，箭號起始處為迴歸方程式中的「預測變項」，在結構方程模式中，因變項（自變項）又稱外因變項或稱外衍變項（exogenous variable），表示這些變項的變異量不是徑路模式中的其他變項所能決定，而是受到徑路模式外的其他變項所影響；果變項（依變項）又稱內因變項或稱內衍變項（endogenous variable），表示這些變項的變異量是徑路模式中的其他變項所決定，有時內因變數具有中介變項（mediated variable）的性質，對於某一變數而言，它是依變項，但對於其他變數而言，它是自變項，因而內因變項可能為因變數，也可能為果變數。

研究者在發展因果關係（cause-effect relationship）模式圖時，須有理論性的架構為其背景，亦即因果關係模式圖可形成理論性的解釋，假定為「果」的依變項由其他為「因」的自變項所影響，在二個變項之間，一個變項為因，另一個變項為果，此為單向的因果模式圖，以影響學童學習成就的相關因素而言，研究在根據相關文獻理論，建構的初始模式圖如圖12-3，其中「父母親的收入」與「學童成就動機」變數為中介變項，對內因變數「學童學習成果」而言，二個變數均為外因變數（自變項），但對「父母親的教育程度」與「學童的智力」二個外因變數而言，「父母親的收入」與「學童成就動機」變數又變為內因變數（果變項）。

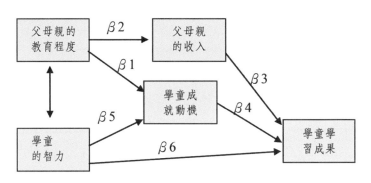

資料來源：Agresti & Finlay, 1986, p. 511

圖 12-3

　　因果模式架構的初始圖通常包括直接效果與間接效果。在直接效果中如果徑路係數達到顯著，表示二個變項間有直接因果關係存在；在間接效果中如果徑路係數達到顯著，表示二個變項間有間接因果關係存在，以上圖而言，學童的成就動機對學習的學習成果的影響是一種直接效果，因為二者間沒有透過中介變項的影響；而父母親的教育程度與學童的學習成果二個變項間則是一種間接效果的影響，它可能先影響學童的智力、父母親的收入或學童的成就動機，再對學童的學習效果產生影響。間接效果的影響路徑是多元的，並非每個中介變項的影響均會達到顯著。

　　「父母親教育程度」對「學童學習成果」影響的間接效果值有二：

　　　　間接效果值1：父母親教育程度→學童成就動機→學童學習成果，路徑的間接效果值＝β1×β4。
　　　　間接效果值2：父母親教育程度→父母親的收入→學童學習成果，路徑的間接效果值＝β2×β3。

　　「父母親教育程度」沒有對「學童學習成果」影響的直接效果，因而其總效果值＝(β1×β4)＋(β2×β3)。

　　「學童智力」對「學童學習成果」影響的間接效果值：學童智力→學童成就動機→學童學習成果，路徑的間接效果值＝β5×β4；「學童智力」對「學童學習成果」影響的直接效果值為β6，因而「學童智力」對「學童學習成果」影響的總效果值＝β5×β4＋β6。

(二)採用同時迴歸分析法

　　徑路分析程序的第二個步驟就是選用適當的迴歸模式（通常選用 Enter

法，Enter 法又稱強迫進入法或強迫進入變數法），以估計徑路係數並考驗其是否顯著，進而估計「殘差係數」（residual coefficient），殘差係數就是為因的自變項無法解釋依變項的變異部分，根據殘差係數可以求得疏離係數。

在徑路分析中，選用的分析方法為一般複迴歸分析法（multiple regression analysis），而「徑路係數」就是迴歸方程式中的「標準化迴歸係數」（standardized regression coefficients；Beta 值）。在迴歸模式方法中選用的是強迫進入法（Enter），此即為一般所謂的複迴歸，讓所有欲進行複迴歸分析的預測變項，同時進入迴歸方程式，再從每個變項 t 值的大小與機率值考驗 Beta 值的影響是否達到顯著，根據β值將各外因變項對內因變數影響徑路係數找出。

所謂的殘差係數是依變項變異量中自變項無法解釋的部分，這是一種「殘差變異」，所代表的圖示稱為「殘差變量路徑」（residual variable path）。殘差係數的求法為 1 減掉決定係數（R^2）再開根號，殘差係數＝$\sqrt{1-R^2}$，此殘差變異又稱為「疏離係數」（coefficient of alienation），疏離係數值愈高，表示自變項與依變項之多元相關愈低，即自變項用於解釋依變項的總變異量愈少；相對的，疏離係數值愈低，表示自變項與依變項之多元相關愈高，即自變項用於解釋依變項的總變異量愈多。

㈢理論的評估與修正

評估理論模式，可再刪除不顯著的徑路係數，重新計算新模式的徑路係數。

在刪除部分的影響徑路後，會成為一種「限制模式」（restrict model），由於預測變項數的改變，徑路係數也會跟著改變，因而要重新進行複迴歸分析。

徑路分析的「原型圖」（prototype）有以下幾個特徵（*Tacq, 1997*）：

1. 量化的（quantitative）：量化的研究，相關與迴歸分析的應用。
2. 辨認的（identified）：辨認求出模式方程式最佳解決方法。
3. 遞迴的（recursive）：反覆使用一般最小平方估計法，來解決代表因果模式的數學方程式。
4. 靜態的（static）：普通多數均使用一次短暫時間的調查資料，以致不會有外在、干擾問題發生（相對於動態模式，觀察是在不同時間進行）。
5. 直接的觀察（directly observed）：不必探究因果變項與指標變項間或潛

在變項與外顯變項間的差異。

無法觀察的變項又稱「潛在變項」（latent variables）、「假設構念」（hypothetical constructs）或「理論概念」（theoretical concepts）。要整體考量或結合因果結果分析（CSA）與潛在結構分析（LSA），應採用統計學家Joreskog等人發展出來的「線性結構關係」（LISREL）方法，此方法可同時進行潛在變項、觀察變項間因果模式的考驗。

6. 線性的（linear）：變項間線性關係才能應用相關與迴歸分析方法，並使結果易於解釋。

7. 相加性（additive）：只有相加而沒有乘積性質，因而不會包括與交互作用有關的名詞。

8. 標準化（standardized）：在一個群體或相似群體可以相互比較。

9. 沒有多元共線性問題（multicollinearity）：多元共線性愈大，容忍度愈小，標準誤（standard error）就變得很大，正確率會變得很小。沒有多元共線性問題，可避免無效參數之估計。

在社會科學領域中，由於多數研究對象為人，而人的諸多內隱行為與心理特質無法觀察與測量，這些均是存在於顯性變項間的潛在變項，由於徑路分析無法解決潛在變項的問題，因而在因果關係的驗證與考驗，有愈來愈多的研究者改採用「線性結構方程模式」（linear structural equation model；簡稱 LISREL）來解決此方面的問題；此外，在驗證性因素的考驗上，也採用LISREL方式，以考驗因素層面題項與資料的適配性。以下為學習成就、智力、社經地位之共變結構模式圖，包含諸多的潛在變項。

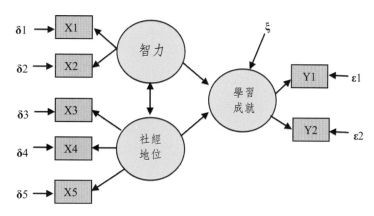

圖 12-4

　　LISREL 的理論架構主要由兩個部分所構成，一是結構模式（structural model）；另一是測量模式（measurement model）。前者表示潛在變項之間的關係；後者表示測量指標及潛在變項之間的關係。潛在變項中被假定為因者稱之為潛在自變項（latent independent variables）或外因變項（exogenous variables）；被假定為果者則稱之潛在依變項（latent independent variables）或內因變項（endogenous variables），潛在變項間的因果關係必須靠「理論」來建立，而理論主要是由三個不同來源的概念所延伸：(1)是先前的實徵研究；(2)是對實際行為、態度或現象的觀察與經驗所得；(3)是由其他理論所提供的分析觀點。

一、研究問題

　　某成人教育研究學者在探究成年人的生活滿意度時，根據相關理論與文獻認為影響成年人生活滿意度的主要變因有四個變項：成年人本身的「薪資所得」、「身體健康」、「社會參與」與「家庭幸福」，其中「薪資所得」、「身體健康」、「社會參與」、「家庭幸福」四個變因對「生活滿意」變項均有直接影響效果，而「薪資所得」、「身體健康」二個變項又會透過「家庭幸福」變項對「生活滿意」產生影響，其所提的徑路分析假設模式圖如圖 12-5：

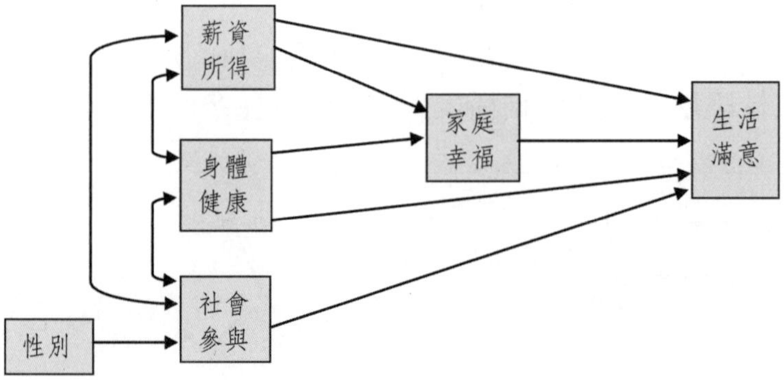

圖 12-5

　　研究者為考驗其所提的假設模式圖是否可以獲得支持，採分層隨機取樣方式，抽取 30-39 歲、40-49 歲、50-59 歲、60-69 歲組的成年人各 70 位，總共有效樣本數為 420 位，讓每位受試者填寫「生活感受問卷」，其中包含「薪資所得調查資料」、「身體健康知覺量表」、「社會參與程度量表」、「家庭幸福感受量表」、「生活滿意知覺量表」。請問研究者所提的徑路

分析假設模式圖與實際調查資料是否可以適配？

二、因果模式圖分析

上述徑路分析的因果模式圖共包含三個複迴歸分析模式：

㈠第一個複迴歸分析模式

第一個複迴歸分析模式中的自變項為性別變項（水準數值 0 為男生、水準數值 1 為女生），效標變項為「社會參與」變數。

圖 12-6

㈡第二個複迴歸分析模式

第二個複迴歸分析模式中的自變項為「薪資所得」與「身體健康」變數，效標變項為「家庭幸福」感變數。

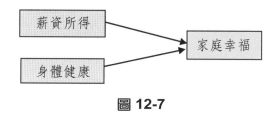

圖 12-7

㈢第三個複迴歸分析模式

第三個複迴歸分析模式中的自變項為「薪資所得」、「身體健康」、「社會參與」、「家庭幸福」變數，效標變項為「生活滿意」變數。

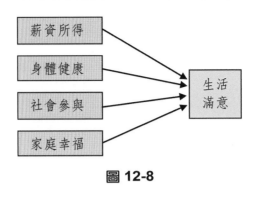

圖 12-8

三、操作程序

(一)求變項間的積差相關

> 從功能列執行「分析(A)」／「相關(C)」／「雙變數(E)」開啟「雙變數相關分析」對話視窗。

> →在左邊變數清單中將目標變數「薪資所得」、「身體健康」、「社會參與」三個點選至右邊「變數(V)」下的方盒中。
>
> →在下方「相關係數」方盒中勾選『☑Pearson相關係數(N)』選項,「顯著性檢定」方盒中選取內定「雙尾檢定(T)」→按『確定』鈕。

(二)第一個複迴歸分析

> →功能表執行「分析(A)」／「迴歸方法(R)」／「線性(L)」程序,開啟「線性迴歸」對話視窗。

> →在左邊變數清單中選取效標變項「社會參與」至右方「依變數(D)」下的方格中。
>
> →在左邊變數清單中選取投入迴歸模式的預測變項「性別」,將之點選至右邊「自變數(I)」下的方格中。
>
> →在「方法(M)」右邊的下拉式選單中選取「強迫進入變數法」→按『確定』鈕。

(三)第二個複迴歸分析

→功能表執行「分析(A)」╱「迴歸方法(R)」╱「線性(L)」程序,開啟
「線性迴歸」對話視窗。

→在左邊變數清單中選取效標變項「家庭幸福」至右方「依變數(D)」
下的方格中。
→在左邊變數清單中選取投入迴歸模式的預測變項「薪資所得」、「身
體健康」,將之點選至右邊「自變數(I)」下的方格中。
→在「方法(M)」右邊的下拉式選單中選取「強迫進入變數法」→按『確
定』鈕。

(四)第三個複迴歸分析

→功能表執行「分析(A)」╱「迴歸方法(R)」╱「線性(L)」程序,開啟
「線性迴歸」對話視窗。

→在左邊變數清單中選取效標變項「生活滿意」至右方「依變數(D)」
下的方格中。
→在左邊變數清單中選取投入迴歸模式的四個預測變項「薪資所得」、
「身體健康」、「家庭幸福」、「社會參與」,將之點選至右邊「自變
數(I)」下的方格中。

→在「方法(M)」右邊的下拉式選單中選取「強迫進入變數法」→按『確
定』鈕。

四、輸出結果

(一)外因變數間的積差相關

表 12-24 為三個外因變數（外因觀察變數）間的相關矩陣，「薪資所得」與「身體健康」、「社會參與」變數間的相關係數分別為.438（p=.000<.05）、.538（p=.000<.05），均達到.05 顯著水準，而「身體健康」與「社會參與」變數間的相關係數為.576（p=.000<.05），呈顯著正相關。

表 12-24　相關

		薪資所得	身體健康	社會參與
薪資所得	Pearson 相關	1	.438(**)	.538(**)
	顯著性（雙尾）		.000	.000
	個數	420	420	420
身體健康	Pearson 相關	.438(**)	1	.576(**)
	顯著性（雙尾）	.000		.000
	個數	420	420	420
社會參與	Pearson 相關	.538(**)	.576(**)	1
	顯著性（雙尾）	.000	.000	
	個數	420	420	420

** 在顯著水準為 0.01 時（雙尾），相關顯著。

(二)第一個複迴歸分析結果

表 12-25　模式摘要

模式	R	R 平方	調過後的 R 平方	估計的標準誤
1	.216(a)	.047	.044	14.787

a 預測變數：（常數），性別。

性別變項與效標變項社會參與的多元相關係數為.216，多元相關係數平方為.047，表示性別變項可以解釋社會參與 4.7%的變異量，無法解釋的變異為.953，「疏離係數」為 $\sqrt{1-R^2} = \sqrt{1-.047} = \sqrt{.953} = .976$。

表 12-26　係數(a)

模式	常數	未標準化係數		標準化係數	t	顯著性
		B 之估計值	標準誤	Beta 分配		
1		41.705	1.064		39.181	.000
	性別	6.538	1.448	.216	4.515	.000

a 依變數：社會參與

　　上述標準化迴歸係數等於.216（t=4.515，p=.000<.05），表示與男生相較之下，女生的社會參與程度較高。

(三)第二個複迴歸分析結果

　　表 12-27 為第二個複迴歸的迴歸分析模式摘要表，自變數為身體健康、薪資所得二個變數；依變數為家庭幸福感變數，迴歸分析的 R^2 等於.467，表示依變項可以被二個自變數解釋的變異量為 46.7%，無法解釋的變異量為 53.3%，「疏離係數」等於 $\sqrt{1-R^2} = \sqrt{1-.467} = \sqrt{.533} = .730$。

表 12-27　模式摘要

模式	R	R 平方	調過後的 R 平方	估計的標準誤
1	.683(a)	.467	.464	6.913

a 預測變數：（常數），身體健康，薪資所得。

　　表 12-28 為第二個複迴歸分析中的係數值，其中標準化迴歸係數（Beta 值）為徑路係數值。薪資所得變項對家庭幸福感變數的影響係數為.531（t=13.344，p=.000<.05），達到.05 顯著水準；身體健康變項對家庭幸福感變數的影響係數為.256（t=6.447，p=.000<.05），達到顯著水準，「薪資所得」與「身體健康」二個外因變數對內因變數「家庭幸福感」的影響均達顯著水準。

表 12-28　係數(a)

模式	常數	未標準化係數		標準化係數	t	顯著性
		B 之估計值	標準誤	Beta 分配		
1		6.226	1.069		5.825	.000
	薪資所得	.309	.023	.531	13.344	.000
	身體健康	.176	.027	.256	6.447	.000

a 依變數：家庭幸福

㈣第三個複迴歸分析結果

表 12-29 為第三個複迴歸的迴歸分析模式摘要表，自變數為身體健康、薪資所得、家庭幸福感、社會參與四個變數，依變數為生活滿意度變數。迴歸分析的 R^2 等於.776，表示依變項可以被四個自變數解釋的變異量為 77.6%，無法解釋的變異量為 22.4%，「疏離係數」等於 $\sqrt{1-R^2} = \sqrt{1-.776} = \sqrt{.224} = .473$。

表 12-29　模式摘要

模式	R	R 平方	調過後的 R 平方	估計的標準誤
1	.881(a)	.776	.774	9.577

a 預測變數：（常數），家庭幸福，社會參與，身體健康，薪資所得。

表 12-30 為第三個複迴歸分析中的係數值，其中標準化迴歸係數（Beta 值）為徑路係數值，薪資所得、身體健康、社會參與、家庭幸福感四個外因變項對內因變數生活滿意度變數的影響係數分別為.383（t＝11.738、p＝.000）、.184（t＝6.127、p＝.000）、.192（t＝6.222、p＝.000）、.323（t＝10.154、p=.000），均達到.05 顯著水準，其中以「薪資所得」及「家庭幸福感」變數對「生活滿意度」變數的影響較大。

表 12-30　係數(a)

模式	常數	未標準化係數 B 之估計值	標準誤	標準化係數 Beta 分配	t	顯著性
1		-22.674	1.662		-13.642	.000
	薪資所得	.475	.040	.383	11.738	.000
	身體健康	.269	.044	.184	6.127	.000
	社會參與	.256	.041	.192	6.222	.000
	家庭幸福	.689	.068	.323	10.154	.000

a 依變數：生活滿意

【圖示範例】

將上述徑路分析的徑路係數及相關統計量填入原先理論模式圖如圖 12-9：

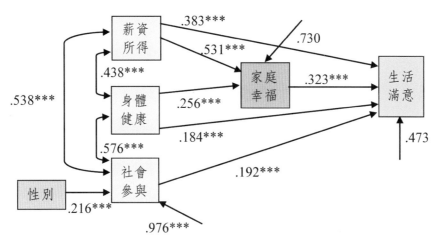

圖 **12-9**

依據變項間標準化迴歸係數值可以得知各外因變數對內因變數的直接效果值：「薪資所得」對「家庭幸福」、「生活滿意」二個內因變項的標準化直接效果值（簡稱為直接效果值）分別為.531、.383，「身體健康」對「家庭幸福」、「生活滿意」二個內因變項的直接效果值分別為.256、.184，「社會參與」對「生活滿意」內因變項的直接效果值分別為.192，「家庭幸福」對「生活滿意」內因變項的直接效果值分別為.323，「性別」變數對「社會參與」的直接效果值為.216，徑路分析模式圖中的七條徑路係數的顯著性檢定均達.05 的顯著水準。

在間接效果值與總效果值方面：

「薪資所得」對「生活滿意」變數的間接效果值（薪資所得→家庭幸福→生活滿意的徑路）等於.531×.323=.172，總效果值等於直接效果值加上各間接效果值=.172+.383=.555。

「身體健康」對「生活滿意」變數的間接效果值（身體健康→家庭幸福→生活滿意的徑路）等於.256×.323=.083，總效果值等於直接效果值加上各間接效果值=.083+.184=.267。

「性別」變數對「生活滿意」變數的間接效果值（性別→社會參與→生活滿意的徑路）等於.216×.192=.041。

第十三章

邏輯斯迴歸與區別分析

13-1　邏輯斯迴歸分析

在迴歸分析中，預測變項（predictor variable）與效標變項（criterion variable）通常是連續變項，自變項（預測變項）如果是間斷變項，要投入迴歸模式要轉化為虛擬變項。如果依變項是間斷變項且為二分名義變項，則可使用「邏輯斯迴歸」（Logistic regression）分析法，Logistic 迴歸分析法，自變項仍是等距或比率變項，而依變項則是二分之類別變項。如果依變項為間斷變項且為三分以上名義變項，則可使用區別分析法（discriminant analysis 或譯為判別分析），區別分析之自變項（預測變項）為連續變項（等距或比率變項）；而依變項（一般稱為分組變項）則是間斷變項（名義變項或次序變項）。

區別分析屬於多變量分析的一種，其依變項通當是三分名義以上變項。若是自變項為連續變項，依變項為二分名義變項，除可採用區別分析法，也可以採用 Logistic 迴歸分析，Logistic 迴歸分析與多元迴歸分析的最大差異在於依變項性質的不同，由於依變項的性質不同，使得二者在參數估計與假設上也有所差異。進行複迴歸分析時，迴歸模式通常必須符合常態性的假定；但 Logistic 迴歸分析的假定：是觀察值樣本在依變項上的機率分配呈 S 型分布，此分布情形又稱 Logistic 分配（*Hosmer & Lemeshow, 2000*）。此外，在參數估計方面，複迴歸通常透過古典最小平方法（ordinary least square），讓殘差值極小化，以得到自變項參數之最佳估計值；而 Logistic 迴歸分析則是透過最大概率估計（maximum likelihood estimation; MLE），使依變項觀察次數之機率極大化，進而得到自變項參數之最佳估計值（王保進，*2004*）。與最小平方法相比，最大概似估計法可以用於線性模型，也可以用於更複雜的非線性估計，由於 Logistic 迴歸是非線性模型，因此最大概似估計法是最常用於 Logistic 迴歸模型估計計方法（王濟川、郭志剛，*2004*）。

在線性迴歸中估計迴歸模型參數的方法為「一般最小平方估計法」（ordinary least square estimation；OLSE）與「最大概似估計法」（maximum likelihood estimation；MLE），與一般最小平方估計法相較，最大概似估計法可用以線性迴歸模式，也可以適用於非線性的迴歸模式，由於邏輯斯迴歸是一種非線性迴歸模型，因而皆以最大概似估計法作為其模型估計方法。由於 Logistic 迴歸分析是採用最大概似法求解迴歸參數，因此迴歸模式的整體考驗也是透過概似值（likelihood），由概數的對數值是個負數，所以通常對

概似值先取其自然對數後再乘以-2，以便進行統計量檢定，概似值的統計量在SPSS輸出表格中以「-2對數概似」欄表示，此數值愈小，表示迴歸方程式的概似值愈接近1，迴歸模式的適配度愈佳；相對的，此數值愈大，表示迴歸方程式的概似值愈小，迴歸模式的適配度愈差。

Logistic迴歸分析廣泛的應用於依變數為二分類別變數，此二分類別變數的編碼不是0就是1，國內相關的多變量統計書籍有人將之為譯為「邏吉斯迴歸分析」，又有人將之譯為「邏輯斯迴歸分析」，其實二者所使用的統計分析是相同的。邏輯斯迴歸分析的中心概念是「logit」（邏輯），它是勝算（odds）的自然對數。若p表示事件發生的機率、1-p表示事件不發生的機率，則事件發生的機率與不發生的機率與多項式關係如下：

$$事件發生的機率與函數關係為\ p = \frac{e^{f(x)}}{1+e^{f(x)}}$$

$$事件不發生的機率與函數關係為\ 1-p = \frac{1}{1+e^{f(x)}}$$

$$則勝算（odds）= \frac{p}{1-p} = \frac{\frac{e^{f(x)}}{1+e^{f(x)}}}{\frac{1}{1+e^{f(x)}}} = e^{f(x)}，由於勝算不是線性模式，若是取$$

其自然對數就可轉換為一條線性方程式，勝算自然對數轉換如下：

$$\ln\left[\frac{p}{1-p}\right] = \ln\left[e^{f(x)}\right] = f(x) = B_0 + B_1X_1 + B_2X_2 + \cdots\cdots + B_kX_k$$

若是k=1，則勝算自然對數的轉換式為一般簡單線性模式。

$$\ln\left[\frac{p}{1-p}\right] = \ln\left[e^{f(x)}\right] = f(x) = B_0 + B_1X_1$$

若勝算1表示第一組案例中事件發生的次數與事件不發生次數之間的比值（事件發生的機率）；勝算2表示第二組案例中事件發生的次數與事件不發生次數之間的比值，二組案例中勝算的比值稱為「勝算比」（odds ratio；簡稱OR）。如男生通過資訊技能檢定的勝算為0.800，女生通過資訊技能檢定的勝算為0.200，性別與通過資訊技能檢定勝算比值為0.800÷0.200=4，表示男生通過資訊技能檢定的機率約為女生通過資訊技能

檢定機率的 4 倍；相對的，勝算比值也可以表示為 0.200÷0.800=0.25，表示女生通過資訊技能檢定的機率約為男生通過資訊技能檢定機率的 0.25 倍。

Logistic 迴歸模式的顯著性檢定包括整體模式檢定及個別參數檢定二個部分。整體模式適配度（goodness of fit）的檢定在比較每一個觀察值之預測機率與實際機率間之差異。整體模式適配度檢定的方法有下列四個指標：Pearson χ^2 值、離差值（Deviance；D 統計量）、Hosmer-Lemeshow 檢定法、訊息測量指標（information measure）（王濟川、郭志剛，2004）。在 SPSS 統計軟體中，會提供 Pearson χ^2 值、Hosmer-Lemeshow 檢定法數據統計量，當 Pearson χ^2 值達到顯著，表示所投入的自變項中，至少有一個自變項能有效預測樣本在依變項之機率值；Hosmer-Lemeshow 檢定法（統計量簡稱為 HL）剛好相反，當其檢定值未達顯著水準時，表示整體模式的適配度佳，若是 HL 統計量顯著性機率值 p<.05，則表示迴歸模式的適配度不理想。

在邏輯斯迴歸分析中，最理想的迴歸模型是 χ^2 檢定值統計量達到顯著而 HL 統計量未達到.05 顯著水準，但在實務研究時有時會出現 χ^2 檢定統計量與 HL 統計量均達到.05 顯著水準的情形，此種情形在樣本數很大時愈有可能出現，此現象一方面呈現自變項對分組依變項有顯著的解釋與預測力，一方面又呈現迴歸模型的適配度不佳的情形，若是研究者在邏輯斯迴歸分析中遇到此種情形，可從自變項的相關矩陣來探討，看自變項間是否有高度共線性問題。

由於 χ^2 檢定值易受到樣本數的影響，因而學者 Hair 等人（1998）建議：對 Logistic 迴歸模式之整體適配度考驗，最好同時使用上述二種方法，以做綜合判斷。至於在個別參數之顯著性檢定的主要指標有以下二種：Wald 檢定值、Score 檢定值。當 Wald 檢定值達到顯著水準，表示該自變項與依變項間有顯著關聯，可以有效預測觀察值在依變項之機率值。根據常態分布理論，Wald 統計量的計算不難，但其值會受到迴歸係數的影響，即當迴歸係數的絕對值很大時，Wald 檢定值的估計標準差就會膨脹，於是導致 Wald 統計量變得很小，以致犯第二類型的錯誤率會增加，本應拒絕虛無假設卻未能拒絕，反而接受虛無假設，因而導致錯誤之結論（Jennings, 1986；Menard, 1995），在個別參數顯著性的檢定中，如發現迴歸係數的絕對值很大，最好再參考 Score 檢定值是否達到顯著水準，以作為個別參數顯著性的檢定指標或使用概似比檢驗法（likelihood ratio）（王保進，2004；王濟川、郭志剛，2004）。

邏輯斯迴歸分析的適用時機圖（三個預測變項）如圖 13-1：

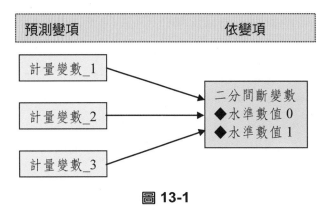

圖 13-1

五個預測變項的範例如圖 13-2：

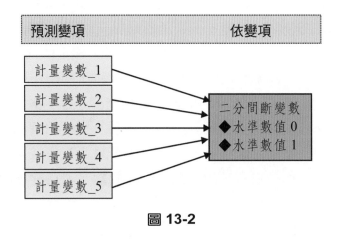

圖 13-2

一、列聯表預測之邏輯斯迴歸分析

㈠操作程序

→從功能表執行「分析(A)」／「敘述統計(E)」／「交叉表(C)....」程序，開啟「『交叉表』對話視窗」。

→將變數清單中的變項「生活壓力」選入右邊「列(O)」下的方格中；將變項「自殺意念」選入右邊「直行(C)」下的方格中。

⇒按『格(E)』鈕，出現「交叉表：儲存格顯示」次對話視窗，勾選「☑觀察值(O)」、「☑橫列(R)」、「☑直行(C)」選項→按『繼續』鈕，回到「交叉表」對話視窗。

⇒按『統計量』鈕，出現「交叉表：統計量」次對話視窗，勾選「☑卡
方統計量(H)」、「☑Phi 與 Cramer's V 係數(P)」選項→按『繼續』鈕，
回到「交叉表」對話視窗。

⇒按『確定』鈕

(二)列聯表輸出結果

交叉表

表 13-1 為生活壓力與自殺意念二個變項所構成的 2×2 的交叉表，在 28
位高生活壓力組的樣本中，有自殺意念者有 24 位，占所有高生活壓力組樣
本的 85.7%、無自殺意念者有 4 位，占所有高生活壓力組樣本的 14.3%；在
22 位低生活壓力組的樣本中，有自殺意念者有 4 位，占所有低生活壓力組
樣本的 18.2%、無自殺意念者有 18 位，占所有低生活壓力組樣本的 81.8%。
50 位樣本觀察值中，有自殺意念者共有 28 位，其中高生活壓力組有 24 位、
低生活壓力組有 4 位；無自殺意念者共有 22 位，其中高生活壓力組有 4 位、
低生活壓力組有 18 位。

表 13-1　生活壓力 * 自殺意念　交叉表

			自殺意念		總和
			無自殺意念 （水準數值0）	有自殺意念 （水準數值1）	
生活壓力	高生活壓力	個數	4	24	28
	（水準數值0）	生活壓力內的 %	14.3%	85.7%	100.0%
		自殺意念內的 %	18.2%	85.7%	56.0%
	低生活壓力	個數	18	4	22
	（水準數值1）	生活壓力內的 %	81.8%	18.2%	100.0%
		自殺意念內的 %	81.8%	14.3%	44.0%
總和		個數	22	28	50
		生活壓力內的 %	44.0%	56.0%	100.0%
		自殺意念內的 %	100.0%	100.0%	100.0%

　　表 13-2 為細格次數、百分比的卡方檢定統計量，在 2×2 的細格中若有細格的期望次數小於 5，應採用耶茲校正值，上表的耶茲校正值為「連續性校正」列的數據，其卡方值為 20.145、顯著性機率值 p=.000<.05，由於四個細格中沒有出現期望次數小於 5 者，因而直接察看「Pearson 卡方」列的數據，卡方值等於 22.803，自由度為 1、顯著性 p=.000，達到.05 顯著水準，表示「生活壓力」變項與「自殺意念」變項間有顯著的關聯存在，二個變項間不是相互獨立的。

表 13-2　卡方檢定

	數值	自由度	漸近顯著性（雙尾）	精確顯著性（雙尾）	精確顯著性（單尾）
Pearson 卡方	22.803(b)	1	.000		
連續性校正(a)	20.145	1	.000		
概似比	24.764	1	.000		
Fisher's 精確檢定				.000	.000
線性對線性的關聯	22.347	1	.000		
有效觀察值的個數	50				

a 只能計算 2x2 表格

b 0 格（.0%）的預期個數少於 5。 最小的預期個數為 9.68。

表 13-3　對稱性量數

		數值	顯著性近似值
以名義量數為主	Phi 值	-.675	.000
	Cramer's V 值	.675	.000
有效觀察值的個數		50	

a 未假定虛無假設為真。

b 使用假定虛無假設為真時之 漸近標準誤。

　　表為關聯係數統計量，由於二個變項均為二分名義變項，二者之間的相關應採用Φ相關法。在對稱性量數摘要表中，Phi 值等於-.675，p=.004<.05，達到顯著水準，表示二個變項間不是相互獨立，而是有顯著的關聯存在。Phi值係由卡方值轉換而來，其顯著機率值與卡方考驗相同，二者之間的關係如下：$\chi^2 = N\Phi^2$。Cramer's V 係數值也為.675，p=.000<.05，達到顯著水準，Cramer's V 係數也可作為 2×2 列聯表的關聯係數。從調整後的殘差來看，在高生活壓力組中，有自殺意念的人數或百分比（調整後的殘差

值=4.8）顯著地高於無自殺意念的人數或百分比（調整後的殘差值=-4.8）；在低生活壓力組中，有自殺意念的人數或百分比顯著地低於無自殺意念的人數或百分比。

表 13-4　生活壓力 * 自殺意念 交叉表

			自殺意念		總和
			無自殺意念	有自殺意念	
生活壓力	高生活壓力	個數	4	24	28
		調整後的殘差	-4.8	4.8	
	低生活壓力	個數	18	4	22
		調整後的殘差	4.8	-4.8	
總和		個數	22	28	50

　　Φ相關適用於二個變項均為二分名義變項的情況-2×2 列聯表，如果有一個變項是三分名義變項以上，則不應採用Φ相關作為關聯係數，而應採用列聯相關或 Cramer's V 係數值，如果列聯表是方形的列聯表，如 3×3、4×4、5×5 等正方形列聯表（二個變數的水準數相同），其關聯係數為「列聯係數」（coefficient of contigency）；如果交叉表為 2×3、2×4、3×4、3×5 等長方形之列聯表（二個變數的水準數不相同），其關聯係數最好採用 Cramer's V 係數值。列聯係數、Cramer's V 係數值也適用於 2×2 方形的列聯表。

　　在「交叉表：統計量」的次對話視窗，「名義的」的方盒中，如勾選「☑Lambda 值(L)」選項，會出現 Lambda（λ）關聯係數檢定值，λ值界於 0 至 1 間，用以說明某一個變項可以有效預測另一個變項的比率，λ係數本身具有「削減誤差比率」（proportioned reduction in error；PRE）的特性，所謂削減誤差比率指的是以一個類別變項去預測另一個類別變項時，能夠減少的誤差比例，λ係數愈大，表示削減誤差比率值愈大，以一個類別變項去預測另一個類別變項的正確性愈高，二個變項間的關聯性愈強，因而λ值也可表示知道某一個變項，可增加預測另一個變項之正確性的百分比。

　　表 13-5 為預測關聯性指標，λ預測關聯指標值表示若知悉樣本在第一個變項的訊息，可以有效預測樣本在第二個變項的訊息，對稱性量數（symmetric）為.636，不區分自變數和依變數，可以增加 63.6%的預測力。「自殺意念依變數列」的λ係數為.636，表示當知道樣本生活壓力的高低情形，可以增加預測樣本有無自殺意念傾向正確性達 63.6%，如果我們知道樣本生

活壓力情形為高生活壓力時，最好預測樣本會有自殺意念；相對的，若知道樣本生活壓力情形為低生活壓力時，最好預測樣本不會有自殺意念。

表 13-5　方向性量數

			數值	漸近標準誤(a)	近似 T 分配(b)	顯著性近似值
以名義量數為主	Lambda 值	對稱性量數	.636	.126	3.491	.000
		生活壓力依變數	.636	.129	3.293	.001
		自殺意念依變數	.636	.129	3.293	.001
	Goodman 與 Kruskal Tau 測量	生活壓力依變數	.456	.142		.000(c)
		自殺意念依變數	.456	.142		.000(c)

a 未假定虛無假設為真。
b 使用假定虛無假設為真時之 漸近標準誤。
c 以卡方近似法為準。

(三)使用邏輯斯迴歸分析的摘要結果

表 13-6　變數在方程式中

		B	S. E.	Wald	自由度	顯著性	Exp(B)
步驟 0	常數	.241	.285	.717	1	.397	1.273

表 13-7 中高生活壓力而有自殺意念的觀察值比例為 $\frac{24}{28}=0.857$，低生活壓力而有自殺意念的觀察值比例為 $\frac{4}{22}=0.182$，高生活壓力而沒有自殺意念的觀察值比例為 $\frac{4}{28}=0.143$，低生活壓力而沒有自殺意念的觀察值比例為 $\frac{18}{22}=0.818$。

表 13-7　變數在方程式中

		B	S. E.	Wald	自由度	顯著性	Exp(B)
步驟 1(a)	生活壓力(1)	3.296	.773	18.188	1	.000	27.000
	常數	-1.504	.553	7.404	1	.007	.222

a 在步驟 1 中選入的變數：生活壓力

　　當生活壓力為高分組（水準數值編碼為 0），有自殺意念與無自殺意念比例之比值稱為勝算（odds）＝.857÷.143＝5.993，勝算（odds）又稱相對風

險（relative risk；簡稱 RR），表示在高生活壓力組的樣本中，假設無自殺意念樣本的比例為 1 人，則有自殺意念樣本的比例為 5.993 人。當樣本為低生活壓力組時（水準數值編碼為 1），有自殺意念與無自殺意念比例之比值＝.182÷.818＝0.222，表示在低生活壓力組的樣本中，假設無自殺意念樣本的比例為 1 人，則有自殺意念樣本的比例只有 0.222 人。

以事件發生的機率符號表示：

事件發生的機率（比例）＝p、事件不發生的機率（比例）＝1−p

$$勝算（odds）＝\frac{p}{1-p}$$

把事件發生機率 p 進行 Logisitic 函數後，就能將 Logit p（p 的自然對數）以預測變項與迴歸係數以線性方程式表示：

$$Logit\_p = ln\left(\frac{p}{1-p}\right) = \Sigma b_i x_i = 3.296 \times 生活壓力 - 1.504$$

$$p = \frac{e^{3.296 \times 生活壓力 - 1.504}}{1 + e^{3.296 \times 生活壓力 - 1.504}}$$

高生活壓力組（生活壓力水準數值為 0）勝算的自然對數（又稱Logit）為 3.296×0-1.504=-1.504，勝算的自然對數再取其指數＝$e^{(-1.504)}$＝2.71828$^{(-1.504)}$＝.222，此部分的函數運算若以試算表表示為：「＝EXP（-1.504）」，生活壓力為低分組（水準數值編碼為 1），有自殺意念與無自殺意念比例之比值=.182÷.818=.222，勝算數值的自然對數為 3.296×1-1.504=1.792（此數值=3.296-1.504=1.792），勝算數值的自然對數再取其指數＝$e^{(1.792)}$＝2.71828$^{(1.792)}$＝6.001。

若不管生活壓力測量值劃分的組別，全部樣本中有自殺意念與無自殺意念的人數分別為 28、22 人，有自殺意念與無自殺意念的人數比值＝$\frac{28}{22}$＝1.273，1.273 所代表的意義是取樣樣本中有自殺意念的人數是無自殺意念的人數的 1.273 倍，將 1.273 取其數字的自然對數，則 Ln（1.273）=0.241，求出某數字的自然對數的試算表函數運算式為「＝LN（數值）=LN（1.273）」，上述中的 1.273 等於步驟 0 摘要表中的「Exp(B)」變項欄中的數字（$e^{(B)}$），數值 0.241 等於步驟 0 中之常數項之 B 欄數字。

若考量到生活壓力高低的差異後，在高生活壓力組的樣本中，有自殺

意念與無自殺意念人數之比值（勝算）=24÷4=6.000，Ln（6.000）=1.792，在低生活壓力組的樣本中，有自殺意念與無自殺意念人數之比值（勝算）=4÷18=0.222（等於步驟 1 中的常數橫列「Exp(B)欄」的數字），Ln（0.222）=-1.504（等於步驟 1 中的常數項橫列「B 欄」中的數字），將6.000÷0.222=27.000（等於步驟 1 中的生活壓力變數橫列「Exp(B)」欄中的數字），Ln（27.000）=3.296（等於步驟 1 中的生活壓力橫列「B 欄」的數字），27.000 表示的是高生活壓力組中有自殺意念與無自殺意念人數的勝算（比值），是低生活壓力組中有自殺意念與無自殺意念人數的勝算（比值）的 27.000 倍，數值 27.000 稱為勝算比（odds ratio；簡稱OR）。可見，以生活壓力的高低可以有效預測樣本是否有自殺意念的傾向。

勝算比的概念再以下列 2×2 列聯表說明，在一個資訊技能檢定中，非資訊相關科系參加的人數有 24 位，未通過的人數有 15 位、通過的人數有 9 位；資訊相關科系參加的人數有 155 位，未通過的人數有 5 位、通過的人數有 150 位，列聯表的細格人數如表 13-8。

表 13-8

		科系	
		非資訊相關科系	資訊相關科系
資訊技能檢定結果	未通過	15	9
	通過	5	150

勝算比值等於 $\dfrac{\dfrac{15}{5}}{\dfrac{9}{150}}=\dfrac{3}{0.06}=50$，或勝算比值等於 $\dfrac{\dfrac{9}{150}}{\dfrac{15}{5}}=\dfrac{0.06}{3}=0.02$，

在 SPSS 的輸出報表中，以依變項水準數值編碼等於 1 者的勝算為分子，第一個勝算比值的分子為非資訊相關科系樣本中「未通過」與「通過」的機率（比值）=15÷5=3，其分母為為資訊相關科系樣本中「未通過」與「通過」的機率（比值）=9÷150=0.02，二個勝算的比值即為勝算比。勝算比值為 50 表示資訊相關科系樣本參加資訊技能檢定，通過與非通過的機率為非資訊相關科系樣本參加資訊技能檢定，通過與非通過機率的 50 倍。

$$\text{相對風險比值（relative risk ratio；簡稱為 RR）} = \frac{\dfrac{15}{(15+5)}}{\dfrac{9}{(9+150)}} = \frac{0.75}{0.57} = 13.16$$

在邏輯斯迴歸分析中勝算比的內涵接近效果值（effect size），當勝算比值愈接近 1，表示效果值愈小，效果值的計算如下：

$$d = \frac{\ln(\text{odds\_ratio})}{1.81} = \frac{\ln(50)}{1.81} = \frac{3.91}{1.81} = 2.16$$

$$\eta^2 = \frac{d^2}{d^2+4} = \frac{2.16^2}{2.16^2+4} = \frac{4.67}{8.67} = .54$$

二、預測變項為連續變項之邏輯斯迴歸分析

使用邏輯斯迴歸分析的摘要結果

表 13-9　變數在方程式中

		B	S.E.	Wald	自由度	顯著性	Exp(B)
步驟 0	常數	.241	.285	.717	1	.397	1.273

表 13-10

		B	S.E.	Wald	自由度	顯著性	Exp(B)
步驟 1(a)	生活壓力(1)	.237	.067	12.678	1	.000	1.268
	常數	-7.028	2.063	11.600	1	.001	.001

a 在步驟 1 中選入的變數：生活壓力_1

當預測變項未進迴歸模式時，常數項 B 欄的數值為 0.241，標準誤為 0.285，常數項的指數值為 $e^{(0.241)} = 1.273$（以試算表運算式函數表示為「=EXP（0.241）」）。代表有自殺意念的樣本數（28 位）為沒有自殺意念樣本數（22 位）的 1.273 倍，當所有預測變項未投入迴歸方程式前，調查樣本中若無自殺樣本人數有 100 人，則有自殺樣本人數有 127.3 人。

「生活壓力_1」預測變進迴歸模式後，邏輯斯迴歸式為：

$$\ln\left(\frac{p}{1-p}\right)=\ln\left(\frac{\text{有自殺意念之勝算}}{\text{無自殺意念}}\right)=.237\times \text{生活壓力\_1}-7.028$$（「生活壓力_1」為計量的預測變數）

其中 p 為有自殺意念的機率，此式可寫成如下：

$$P(X)=\frac{e^{(.237\times \text{生活壓力}|_1-7.028)}}{1+e^{(.237\times \text{生活壓力\_1}-7.028)}}$$

若是樣本的生活壓力測量值總分為 29，則 $P(X)=\dfrac{e^{(.237\times 29-7.028)}}{1+e^{(.237\times 29-7.028)}}=\dfrac{0.8564}{1.8564}$ =0.4613，表示有自殺意念的機率為 0.4613，因為 P(X)的機率值小於 0.50，要進行預測的話，要預測這些樣本觀察值的自殺意念為「沒有自殺意念傾向」者；相對的，若是樣本的生活壓力測量值總分為 30，則 $P(X)=$ $\dfrac{e^{(.237\times 30-7.028)}}{1+e^{(.237\times 30-7.028)}}=\dfrac{1.0855}{2.0855}=0.5205$，表示有自殺意念的機率為 0.5205，因為 P(X)的機率值已大於 0.50，要進行預測的話，要預測這些樣本觀察值的自殺意念為「有自殺意念傾向」者。

當樣本觀察值在生活壓力測量值得分為 29 分，有自殺意念的機率為 0.4613，沒有自殺意念的機率為 1-0.4613=0.5387，二者的比例值為 $\dfrac{0.4613}{0.5387}$ =0.8563，勝算小於 1.000；當樣本觀察值在生活壓力測量值得分為 30 分，有自殺意念的機率為 0.5205，沒有自殺意念的機率為 1-0.5205=0.4795，二者的比例值為，勝算大於 1.000，勝算比（OR 值）$=\dfrac{1.0855}{0.8563}=1.268$，勝算比值為步驟 1 表中之「生活壓力_1」列最後一欄「Exp(B)」中的數值。勝算比值 1.268 也表示當樣本觀察值在生活壓力量表中的得分每增加 1 分時，則有自殺意念與沒有自殺意念機率的勝算，就會增加 0.268 倍或 26.8%（=1.268 -1=0.268=26.8%），若是樣本在生活壓力量表中的得分每增加 10 分時，則有自殺意念與沒有自殺意念機率的勝算，就會增加 2.68 倍。

邏輯斯迴歸分析中的係數，代表個別預測變項相鄰一個單位間，效標變項是 1（水準數值為 1）與 0（水準數值為 0）勝算的比率，此比率即為勝算比。當迴歸係數的值為正數時，則 $e^{\text{正數}}>1$，表示預測變項的數值愈大，則效標變項水準數值為 1 的機率就會增加；相對的，當迴歸係數的值為負數時，則 $e^{\text{負數}}<1$，表示預測變項的數值愈小，則效標變項水準數值為 1 的機率就會減少（陳正昌等，2005）。

在邏輯斯迴歸分析中所得到的預測值是機率值，因而會以一個機率值為分割點劃分成 0 與 1，若是研究者沒有界定，一般均以機率值 0.500 作為分割點，之後再與實際蒐集的資料進行比較，以得到下列的交叉表。

表 13-11

實際值	預測值		邊緣總數
	0（機率值≤0.500）	1（機率值>0.500）	
水準數值 0	A（分類正確值）	B（分類錯誤值）	A+B
水準數值 1	C（分類錯誤值）	D（分類正確值）	C+D
邊緣總數	A+C	B+D	

上述交叉表中，細格 A 表示以迴歸模式預測樣本在效標變項中，其水準數值為 0，而樣本實際值的水準數值也為 0，因而是分類正確值，細格 D 表示以迴歸模式預測樣本在效標變項中，其水準數值為 1，而樣本實際值的水準數值也為 1，因而是分類正確值，分類正確的總數為（A+D），樣本觀察值總人數為（A+B+C+D），因而整體分類正確率為[(A+D)÷(A+B+C+D)]×100%，數值愈高，表示迴歸模式的預測力愈大，迴歸分析的效度愈好；相對的，數值愈低，表示迴歸模式的預測力愈小，自變項與效標變項間的關聯程度愈低，迴歸分析的效度愈差。預測項目分割點（cutoff point）的預設值為機率值 0.50，當機率值小於 0.50 時，被歸於「低」機率樣本，其水準數值編碼為 0；當機率值大於 0.50 時，被歸於「高」機率樣本，其水準數值編碼為 1。

在上述表中，實際值的水準數值為 0，而預測值水準數值也歸於 0 者為細格 A 的人數，細格 A 的人數占實際值的水準數值為 0 總人數（細格 A＋細格 B）的百分比等於 $\frac{A}{A+B} \times 100\%$，此百分比稱為「特異性」（specificity），特異性即正確分類的未發生事件數（A）與實際事件未發生的總數（A+B）之比值；當實際值的水準數值為 1，而預測值水準數值也歸於 1 者為細格 D 的人數，細格 D 的人數占實際值的水準數值為 1 總人數（細格 C＋細格 D）的百分比等於 $\frac{D}{C+D} \times 100\%$，此百分比稱為「敏感性」（sensitivity），敏感性即正確預測事件「發生」的樣本數（D）與實際事件發生的總樣本數（C+D）的比值。「特異性」與「敏感性」是分類交叉表中預測正確的部分。

相對的，若樣本實際值水準數值為 0，而預測值水準數值則歸於 1 者為細格 B 的人數，此細格的人數占預測值為 1 總人數（=B+D）的百分比為

$\dfrac{B}{B+D} \times 100\%$，此百分比值稱為「偽陽性率」（false positive rate），「偽陽性率」為錯誤分類未發生的事件為發生事件的案例（B）與預測事生發生總數（B+D）的比值；如果樣本是實際值水準數值為 1，而預測值水準數值則歸於 0 者為細格 C 的人數，此細格的人數占預測值為 0 總人數（＝A+C）的百分比為 $\dfrac{C}{A+C} \times 100\%$，此百分比值稱為「偽陰性率」（false negative rate），「偽陰性率」為錯誤分類發生的事件為未發生事件的案例（C）與預測事生未發生總數（A+C）的比值。「偽陽性率」與「偽陰性率」是事件預測錯誤的部分。當分割點的機率值愈高，敏感性會愈來愈低、特異性會愈來愈高，「偽陽性率」與「偽陰性率」均會愈來愈大，因而整體預測的準確率會愈來愈低。

三、邏輯斯迴歸分析範例

【研究問題】

某位心理輔導學者想探究技職院校學生的性別、人際壓力、情感壓力、學習壓力、家庭壓力、其他壓力等六個變項是否可以有效預測及解釋技職院校學生的自殺意念。經隨機取樣方法，抽取 100 名受試者填寫生活壓力量表及自殺意念傾向量表，根據受試者自殺意念傾向量表得分的高低，將 100 名受試者分成「有自殺意念」（42 人）、「無自殺意念」（58 人），若根據學生性別及生活壓力五個面向等六個預測變數是否能解釋及預測技職院校學生的自殺意念。

　　上述問題中生活壓力五個面向均為計量變項，其變數名稱分別人際壓力、情感壓力、學習壓力、家庭壓力、其他壓力，此外，技職院校學生性別變數是二分類別變數，水準數值 0 為女生、水準數值 1 為男生，生活壓力五個面向的測量值愈高，表示其相對應的生活壓力愈高。依變項為「自殺意念」，是二分名義變項，二個水準分別為「無自殺意念」，水準數值編碼為 0、「有自殺意念」水準數值編碼為 1，因而可採用 Logistic 迴歸分析，以探究六個自變項對技職院校學生自殺意念預測及分類的正確性。

㈠操作程序

執行功能列「分析(A)」／「迴歸分法(R)」／「二元 Logistic(G)...」程序，出現「Logistic 迴歸」對話視窗。

→將依變項「自殺意念」選入右邊「依變數(D)」下之方格中，將六個自變項「性別」、「人際壓力」、「情感壓力」、「學習壓力」、「家庭壓力」、「其他壓力」選入右邊「共變量(C)」下的方格中，在「方法(M)」右邊下拉式選單選取「輸入」法（Enter）。

→按『儲存(S)』鈕，開啟「Logistic 迴歸:儲存」次對話視窗，勾選「☑機率(P)」、「☑各組成員(G)」選項→按『繼續』鈕，回到「Logistic 迴歸」對話視窗。

→按『選項(O)』鈕，開啟「Logistic 迴歸:選項」次對話視窗，勾選「☑分類圖(C)」、「☑Hosmer-Lemeshow 適合度(H)」、「☑估計值相關性(R)」、「☑疊代過程(I)」四項→按『繼續』鈕，回到「Logistic 迴歸」對話視窗→按『確定』鈕。

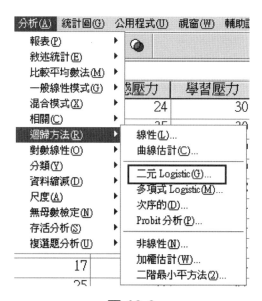

圖 13-3

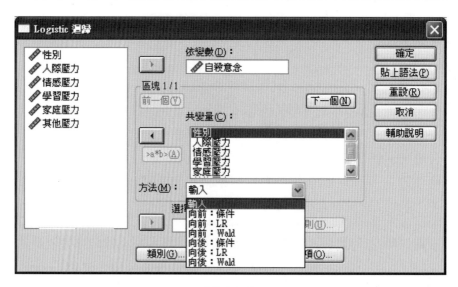

圖 13-4

在「Logistic 迴歸」（Logistic Regression）對話視窗中，右邊「共變量(C)」下的方盒為迴歸模式中的自變數（預測變數），在範例中為「性別」、「人際壓力」、「情感壓力」、「學習壓力」、「家庭壓力」、「其他壓力」等六個，「共變量(C)」的方盒中至少要選取一個以上自變數。

「方法(M)」右邊的下拉式選單中，包括七種Logistic迴歸分析逐步法：

1. 「輸入法」（Enter 法），全部自變項均納入迴歸模式中，在一般複迴歸中為強迫輸入變數法。

2. 「向前：條件法」（Forward: conditional），此法乃根據Score檢定與條件參數估計逐步選擇模式中顯著自變項，在一般複迴歸分析程序中類似逐步多元迴歸分析法。

3. 「向前：LR 法」（Forward: LR），此法乃根據 Score 檢定與概似比參數估計逐步選擇模式中顯著的自變項。

4. 「向前：Wlad 法」（Forward: Wlad），此法乃根據 Score 檢定與 Wald 檢定逐步選擇顯著的自變項。

5. 「向後：條件法」（Backward: conditional），此法乃根據條件參數估計逐一剔除在模式中不顯著的自變項，在一般複迴歸分析程序中類似逐步多元迴歸分析法。

6. 「向後：LR 法」（Backward: LR），此法乃根據概似比逐一剔除在模式中不顯著的自變項。

7. 「向後：Wald 法」（Backward: Wald），此法乃根據 Wald 檢定估計值剔除在迴歸模式中不顯著的自變項。

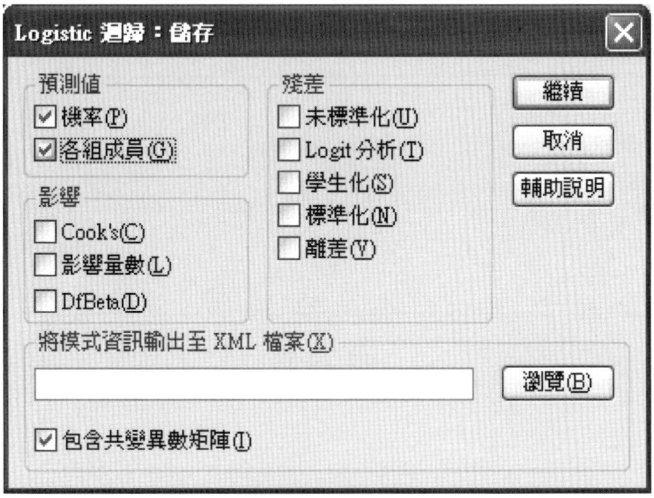

圖 **13-5**

在「Logistic 迴歸：儲存」的次對話視窗中，包括三個方盒選項：

1. 「預測值」（Predicted Values）方盒：內有「機率(P)」（Probabilities）及「各組成員」（Group membership）二個選項。

2. 「影響」（Influence）方盒：內有「Cook's(C)」距離值、「影響量數(L)」（Leverage values）、「DfBeta(D)」（迴歸係數差異量值）三個選項。

3. 「殘差」（Residual）方盒中包括五種殘差值：未標準化殘差值（Unstandardized）、Logit 分析殘差值、t 化殘差值（Studentized）、標準化殘差值（Standardized）、離差值（Deviance）。

在「將模式資訊輸出至 XML 檔案(X)」方格中，可將模式以檔案方式將相關資訊儲存。

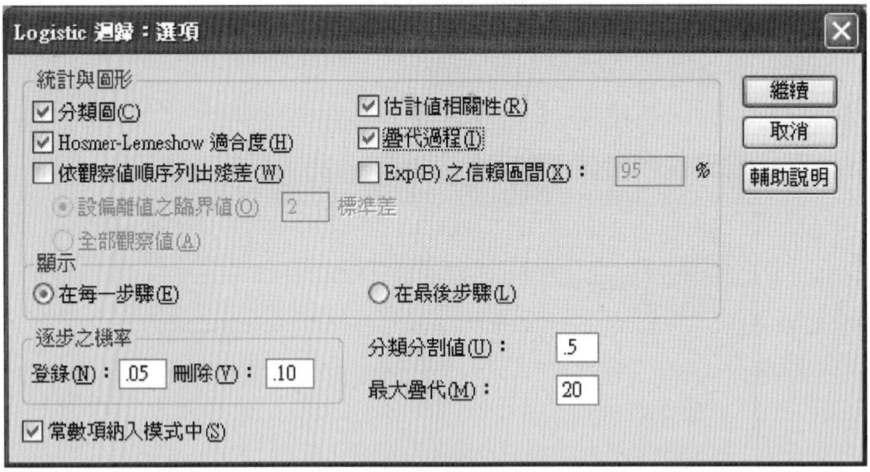

圖 13-6

(二)輸出結果

次數分配表

表 13-12 為依變項自殺意念的編碼情形,變數「自殺意念」為二分類別變數,水準數值 0 為「無自殺意念」、水準數值 1 為「有自殺意念」,100 位樣本觀察值中實際有無自殺意念者有 58 位、自殺意念者有 42 位。

表 13-12　自殺意念

		次數	百分比	有效百分比	累積百分比
有效的	無自殺意念	58	58.0	58.0	58.0
	有自殺意念	42	42.0	42.0	100.0
	總和	100	100.0	100.0	

表 13-13 為預測變項性別的水準數值標記,性別變數中水準數值等於 0 者為女生、水準數值等於 1 者為男生,全部有效樣本觀察值有 100 位。

表 13-13　性別

		次數	百分比	有效百分比	累積百分比
有效的	女生	43	43.0	43.0	43.0
	男生	57	57.0	57.0	100.0
	總和	100	100.0	100.0	

表 13-14 為五個計量的預測變項與效標變項間的相關矩陣，由於效標變項為二分類別變數，五個生活壓力面向為連續變項，因而其相關方法為點二系列相關，點二系列相關適用於一個變項為等距或比率變項，另一個變項為真正的名義二分變項。上表中自殺意念與五個生活壓力面向的點二系列相關均達顯著正相關，由於自殺意念水準數值編碼中，1 為有自殺意念、0 為無自殺意念，點二系列相關為顯著正相關，表示與無自殺意念樣本（水準數值為 0）相較之下，有自殺意念的樣本（水準數值為 1）有較高的人際壓力、情感壓力、學習壓力、家庭壓力與其他壓力。

表 13-14　相關

		自殺意念	人際壓力	情感壓力	學習壓力	家庭壓力	其他壓力
自殺意念	Pearson 相關	1	.314(**)	.401(**)	.488(**)	.393(**)	.619(**)
	顯著性（雙尾）		.001	.000	.000	.000	.000
	個數	100	100	100	100	100	100
人際壓力	Pearson 相關	.314(**)	1	.124	.324(**)	.027	.224(*)
	顯著性（雙尾）	.001		.219	.001	.788	.025
	個數	100	100	100	100	100	100
情感壓力	Pearson 相關	.401(**)	.124	1	.173	.326(**)	.383(**)
	顯著性（雙尾）	.000	.219		.086	.001	.000
	個數	100	100	100	100	100	100
學習壓力	Pearson 相關	.488(**)	.324(**)	.173	1	.226(*)	.453(**)
	顯著性（雙尾）	.000	.001	.086		.024	.000
	個數	100	100	100	100	100	100
家庭壓力	Pearson 相關	.393(**)	.027	.326(**)	.226(*)	1	.388(**)
	顯著性（雙尾）	.000	.788	.001	.024		.000
	個數	100	100	100	100	100	100
其他壓力	Pearson 相關	.619(**)	.224(*)	.383(**)	.453(**)	.388(**)	1
	顯著性（雙尾）	.000	.025	.000	.000	.000	
	個數	100	100	100	100	100	100

** 在顯著水準為 0.01 時（雙尾），相關顯著。
* 在顯著水準為 0.05 時（雙尾），相關顯著。

表 13-15「觀察值處理摘要表」為樣本基本資料訊息，包括有效觀察值（100 位）、遺漏值（0 位），未被選取的個數（0 位）及總樣本數（100 位）。

表 13-15　觀察值處理摘要

未加權的觀察值(a)		N	百分比
所選的觀察值	包含在分析中	100	100.0
	遺漏觀察值	0	.0
	總和	100	100.0
未選的觀察值		0	.0
總和		100	100.0

a　如果使用加權的話，觀察值總數請參閱分類表。

　　表 13-16 為依變項的水準編碼值及其數值標記，依變項的二個水準編碼值分別為 0、1（系統執行時的內部編碼），0 表示無自殺意念組、1 表示有自殺意念組。在資料建檔時二分類別變數之依變項的編碼水準要編為 0、1，1 表示發生的事件，0 表示未發生的事件。

表 13-16　依變數編碼

原始值	內部值
無自殺意念	0
有自殺意念	1

區塊 0:開始區塊

　　表 13-17 為疊代過程，包括疊代步驟、概似比之對數值及常數項之估計值。疊代過程在運算時，如果常數項係數估計值之差異小於.001 時，則停止疊代運算過程（註 c 說明）。上表中常數項在第三次疊代之估計值等於-.323 與第一次疊代之估計值（等於-.323）差異小於.001，表示達到聚斂標準，因此不用下一階段的疊代過程。上表中第二欄為概似比之對數值、第三欄為其常數項（Constant）之估計值。

　　表 13-18 為邏輯斯迴歸初步分類結果，未分類前無自殺意念的樣本有 58 位、有自殺意念的樣本有 42 位，無自殺意念的樣本占總數的 58.0%。因為無自殺意念的樣本數較多，只用常數項預測時，事件發生的機率全部預測為「有」自殺意念者，其預測正確性為 58.0%。由於此表只是以常數項為預測變項，並不是迴歸模型對依變項正確的預測分類情形，因而其實質意義不大。

表 13-17　疊代過程（a,b,c）

疊代		-2 對數概似	係數
			Constant
步驟 0	1	136.059	-.320
	2	136.058	-.323
	3	136.058	-.323

a 模式中包含常數。

b 起始的 -2 對數概似：136.058

c 因為參數估計值變化小於 .001，所以估計工作在疊代數 3 時終止。

表 13-18　分類表（a,b）

觀察			預測		
			自殺意念		百分比修正
			無自殺意念	有自殺意念	
步驟 0	自殺意念	無自殺意念	58	0	100.0
		有自殺意念	42	0	.0
	概要百分比				58.0

a 模式中包含常數。

b 分割值為 .500

表 13-19　變數在方程式中

		B	S.E.	Wald	自由度	顯著性	Exp(B)
步驟 0	常數	-.323	.203	2.538	1	.111	.724

　　表為只包括常數項之邏輯斯迴歸模式，常數項之估計值為-.323、估計標準誤為.203，Wald檢定值等於 2.538，在自由度等於 1 時，未達.05 的顯著水準，勝算比值為.724。當所有預測變數皆未進入迴歸模式，只以常數項來預測時，勝算值 = $e^{(-.323)}$ = .724 = $\frac{42}{58}$，表示「有自殺意念」與「無自殺意念」的勝算為.724，有自殺意念的比例為（事件發生比率）：

$$\frac{e^{(-.323)}}{1+e^{(-.323)}} = 0.420 = \frac{42}{100} = 42.0\%$$

無自殺意念樣本的比例為（事件未發生比率）：

$$1 - \frac{e^{(-.323)}}{1+e^{(-.323)}} = 0.580 = \frac{58}{100} = 58.0\%$$

【備註】：$e^{(-.323)}$ 以試算表函數計算爲「=EXP（-.323）」，其數值結果等於 0.72397。

　　表 13-20 爲僅包括常數項模式之初步邏輯斯迴歸模式，未納入模式中自變項之 1 分數（Score）檢定值結果。進行邏輯斯迴歸分析時，一開始所有自變項都不會納入迴歸模式中，此時若以 Score 檢定對每一自變項參數估計值進行顯著性檢定，若所有自變項之係數值都未達顯著水準，就表示全部自變項對依變項都不具有解釋與預測的效果，如此則停止邏輯斯迴歸分析工作，當至少有一個自變項之係數值達到顯著水準，就進一步將該自變項選入迴歸模式中，並進行邏輯斯迴歸之參數估計（王保進，2004）。並進一步根據研究者界定的方法，逐一挑選或剔除自變項，直到進入迴歸模式之自變項的估計值均是顯著爲主。由於本範例採用強迫進入法（Enter 法），因而不管 Score 檢定值是否達到顯著，自變項均會納入迴歸模式中，由表中知悉，六個自變項之 Score 檢定值分別爲 28.045、9.839、16.112、23.797、15.474、38.279，由於是初步邏輯迴歸分析，進行運算前檢定之「分數」值均會達到顯著。

表 13-20　變數不在方程式中

			分數	自由度	顯著性
步驟 0	變數	性別	28.045	1	.000
		人際壓力	9.839	1	.002
		情感壓力	16.112	1	.000
		學習壓力	23.797	1	.000
		家庭壓力	15.474	1	.000
		其他壓力	38.279	1	.000
	概要統計量		51.383	6	.000

區塊 1:方法 = 輸入

　　表 13-21 爲自變項投入迴歸模式之疊代過程，由於採用 Enter 法進行參數估計，因而六個自變項皆投入疊代過程。其中步驟六常數項與六個自變項的係數估計值就是最後所建立之 Logistic 迴歸模式的係數值。當六個預測變項進入迴歸模式後，「-2 對數概似」（-2LL）的數值爲 72.029、常數項

爲-9.456，性別、人際壓力、情感壓力、學習壓力、家庭壓力、其他壓力六個預測變項的係數分別爲-.678、.037、.041、.072、.050、.071。

表 13-21　疊代過程（a,b,c,d）

疊代		-2 對數概似	係數						
			Constant	性別	人際壓力	情感壓力	學習壓力	家庭壓力	其他壓力
步驟 1	1	79.530	-4.727	-.664	.023	.017	.031	.028	.042
	2	72.861	-7.544	-.730	.033	.030	.054	.041	.062
	3	72.050	-9.121	-.691	.036	.039	.069	.048	.070
	4	72.029	-9.446	-.678	.037	.041	.072	.050	.071
	5	72.029	-9.456	-.678	.037	.041	.072	.050	.071
	6	72.029	-9.456	-.678	.037	.041	.072	.050	.071

a 方法：選入

b 模式中包含常數。

c 起始的 -2 對數概似：136.058

d 因爲參數估計值變化小於 .001，所以估計工作在疊代數 6 時終止。

　　表 13-22 爲整體模式係數顯著性之檢定結果。六個自變項所建立的迴歸模式之整體模式適配度檢定之卡方值等於 64.030，p=.000<.05，達到顯著水準，表示在投入的六個自變項：「性別」、「人際壓力」、「情感壓力」、「學習壓力」、「家庭壓力」、「其他壓力」，至少有一個自變項可以有效地解釋與預測樣本在自殺意念「有」、「無」之分類結果，至於是哪幾個自變項，則需要進行個別參數係數顯著性之估計結果方能得知。若是採取向前逐步迴歸法或向後逐步迴歸法則進入迴歸模式的自變項均會達到顯著。

表 13-22　模式係數的 Omnibus 檢定

		卡方	自由度	顯著性
步驟 1	步驟	64.030	6	.000
	區塊	64.030	6	.000
	模式	64.030	6	.000

　　表 13-23「模式摘要」表爲自變項與依變項間之關聯強度檢定結果，關聯強度的性質與多元迴歸分析中的 R^2 值（決定係數）類似，但 Logistic 迴歸分析中的關聯強度旨在說明迴歸模式中的自變項與依變項關係之強度，無法說明依變項的變異量可以被自變解釋百分比（因 Logistic 迴歸分析中的

依變項不是連續變項，不能以解釋變異量來解釋）。Cox － Snell R^2 與 Nagelkerke R^2 值分別爲.473、.636，表示所投入的六個自變項與自殺意念效標變項間有中強度的關聯。「-2 對數概似」（-2LL）的數值爲 72.029 與上述疊代過程中的最後一列數值相同。

表 13-23　模式摘要

步驟	-2 對數概似	Cox & Snell R 平方	Nagelkerke R 平方
1	72.029(a)	.473	.636

a 因爲參數估計值變化小於 .001，所以估計工作在疊代數 6 時終止。

　　表 13-24 爲迴歸模式之整體適配度檢定結果，採用 Hosmer-Lemeshow 檢定法，如果 Hosmer-Lemeshow 檢定值未達顯著水準，表示模式適配度佳（此解釋與上述採用卡方檢定正好相反）。表中 Hosmer-Lemeshow 檢定值等於 15.012、p=.057>.05，未達顯著水準，整體迴歸模式的適配度良好，表示自變項可以有效預測依變項。此處「Hosmer-Lemeshow」卡方檢定統計量的性質與結構方程模式中適配度檢定的卡方值性質十分接近，當卡方值未達顯著時，表示模式的適配度或契合度佳。在邏輯斯迴歸模式的假設驗證方面，「Hosmer-Lemeshow」檢定之卡方統計量愈小愈好，卡方值愈小愈不會達到顯著，表示迴歸模式愈佳。

表 13-24　Hosmer 和 Lemeshow 檢定

步驟	卡方	自由度	顯著性
1	15.102	8	.057

　　Hosmer-Lemeshow 的適配度考驗，在交叉表的細格中有觀察次數與期望次數，根據觀察次數與期望次數的數值，採用 $\Sigma \frac{(F_0 - F_E)^2}{F_E}$ 公式，可以計算上述的卡方值（=15.102）。

表 13-25 Hosmer 和 Lemeshow 檢定的列聯表格

		自殺意念 = 無自殺意念		自殺意念 = 有自殺意念		總和
		觀察	期望	觀察	期望	
步驟 1	1	9	9.723	1	.277	10
	2	10	9.512	0	.488	10
	3	10	9.212	0	.788	10
	4	10	8.832	0	1.168	10
	5	9	8.298	1	1.702	10
	6	3	5.576	7	4.424	10
	7	4	3.593	6	6.407	10
	8	1	2.203	9	7.797	10
	9	1	.931	9	9.069	10
	10	1	.120	9	9.880	10

表 13-26 為邏輯斯迴歸模式的分類預測結果，此表與區別分析中的分類結果表（classification results）類似。原先 58 位無自殺意念的觀察值，根據邏輯斯迴歸模式進行分類預測，有 51 位被歸類於無自殺意念組（分類正確）、7 位被歸類於有自殺意念組（分類錯誤）；原先 42 位有自殺意念的觀察值，根據邏輯迴歸模式進行分類預測，有 5 位被歸類於無自殺意念組（分類錯誤）、37 位被歸類於有自殺意念組（分類正確）。整體分類正確的百分比為(51+37)÷100=88.0%。分類的正確性愈高，表示所建立的邏輯斯迴歸模式的整體適配性愈佳，自變項對依變項的影響愈大。

表 13-26　分類表(a)

觀察			預測		百分比修正
			無自殺意念	有自殺意念	
步驟 1	自殺意念	無自殺意念	51	7	87.9
		有自殺意念	5	37	88.1
	概要百分比				88.0

a 分割值為 .500

從上述分類表中可以計算出敏感性、特異性、偽陽性、偽陰性四個數值：

$$敏感性 = \frac{D}{C+D} = \frac{37}{5+37} = 0.881 \; ; \; 特異性 = \frac{A}{A+B} = \frac{51}{51+7} = 0.879$$

$$偽陽性 = \frac{B}{B+D} = \frac{7}{7+37} = 0.159 \;;\; 偽陰性 = \frac{C}{A+C} = \frac{5}{51+5} = 0.089$$

表 13-27

	預測值	
實際值	無自殺意念	有自殺意念
無自殺意念	51(A)	7(B)
有自殺意念	5(C)	37(D)

　　表 13-28 為迴歸模式中個別自變項顯著性的參數估計。第一直行為投入變項名稱共有六個自變項、第二直行為自變項係數估計值、第三直行為係數估計標準誤（S. E.）、第四直行為個別參數檢定之 Wald 值、第五直行為自由度、第六直行為顯著性機率值、第七直行為勝算比（odd ratio）。由表中可知，在投入的六個自變項中，只有「學習壓力」與「其他壓力」二個變項之 Wald 檢定值達顯著，其餘四個自變項性別、人際壓力、情感壓力、家庭壓力的 Wald 檢定值係數均未達.05 顯著水準，因而技職院校學生的「學習壓力」與「其他壓力」二個變項可以是預測與解釋技職院校學生有無自殺意念的重要預測變項。

表 13-28　變數在方程式中

		B	S. E.	Wald	自由度	顯著性	Exp(B)
步驟 1(a)	性別	-.678	.769	.778	1	.378	.508
	人際壓力	.037	.028	1.771	1	.183	1.037
	情感壓力	.041	.032	1.700	1	.192	1.042
	學習壓力	.072	.031	5.429	1	.020	1.075
	家庭壓力	.050	.042	1.401	1	.237	1.051
	其他壓力	.071	.026	7.249	1	.007	1.073
	常數	-9.456	2.729	12.003	1	.001	.000

a 在步驟 1 中選入的變數：性別，人際壓力，情感壓力，學習壓力，家庭壓力，其他壓力。

　　所謂勝算比（odd ratio；OR），乃在說明自變項與依變項間之關聯，若有一個虛擬自變項 X 之勝算比為 3，表示在該自變項上測量值為 1 的觀察值，它在依變項 Y 上為 1 的機率是在 X 之測量值為 0 的觀察值的 3 倍，勝算比值愈高，表示自變項與依變項之關聯程度愈強。上述「學習壓力」變

數的勝算比為 1.075，表示樣本在學習壓力測量值增高 1 分，技職院校學生「有自殺意念與無自殺意念的勝算」之機率就增加.075（7.5%）；「其他壓力」變數的勝算比為 1.073，表示樣本在其他壓力測量值增高 1 分，技職院校學生「有自殺意念與無自殺意念的勝算」之機率就增加.073（7.3%）。五個計量生活壓力預測變項迴歸係數均為正數，取其相對應的指數值後數值均大於 1，表示預測變項的測量值愈高，有自殺意念與無自殺意念的勝算也愈大；相對的，若是計量預測變項迴歸係數為負數，取其相對應的指數值後數值會小於 1，表示預測變項的測量值愈高，有自殺意念與無自殺意念的勝算值會愈小。

表 13-29 為變項參數估計值的相關矩陣，此相關矩陣並不是變項間的積差相關係數矩陣。

表 13-29　相關矩陣

		Constant	性別	人際壓力	情感壓力	學習壓力	家庭壓力	其他壓力
步驟 1	Constant	1.000	-.548	-.349	-.624	-.551	-.407	-.275
	性別	-.548	1.000	.003	.480	.051	.216	.321
	人際壓力	-.349	.003	1.000	.013	-.152	.144	-.086
	情感壓力	-.624	.480	.013	1.000	.269	-.060	.023
	學習壓力	-.551	.051	-.152	.269	1.000	.007	-.085
	家庭壓力	-.407	.216	.144	-.060	.007	1.000	-.013
	其他壓力	-.275	.321	-.086	.023	-.085	-.013	1.000

圖 13-7 為 SPSS 輸出之樣本預測機率散布圖，SPSS 預設的切割點（cutoff point）為 0.50，當預測機率大於 0.50 時，樣本就被歸類於效標變項水準數值為 1 者，即被歸類於「有自殺意念」組；當預測機率小於 0.50 時，樣本就被歸類於效標變項水準數值為 0 者，即被歸類於「無自殺意念」組，在機率值.50 右邊標示為 1 者表示迴歸模式分類為「有自殺意念」組，而樣本在依變項的水準編碼實際上也是為 1（有自殺意念），因而標示為 1 者表示分類正確，而標示為 0 者表示迴歸模式分類為「有自殺意念」組，而樣本在依變項的水準編碼實際上卻為 0（無自殺意念），因而標示為 0 者表示分類錯誤；在機率值.50 左邊標示為 0 者表示迴歸模式分類為「無自殺意念」組，而樣本在依變項的水準編碼實際上也是為 0（無自殺意念），因而標示為 0 者表示分類正確，而標示為 1 者表示迴歸模式分類為「無自殺意念」組，而樣本在依變項的水準編碼實際上卻為 1（有自殺意念），因而標示為

1 者表示分類錯誤。

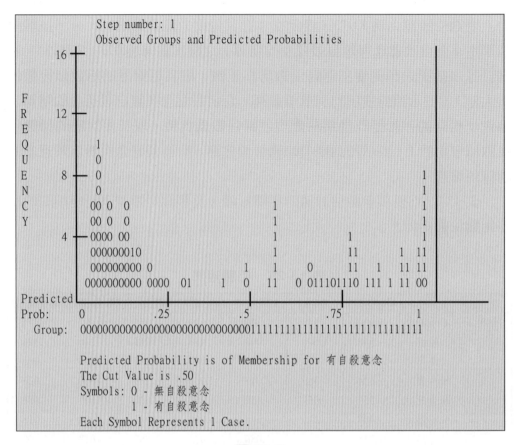

圖 13-7

　　從上述預測分類圖中可以看出，橫座標機率值 0.50 右邊標示為 0 者有七個，表示分類錯誤的樣本有 7 位，此 7 位實際上無自殺意念，但以迴歸模式預測卻歸類為「有自殺意念」；橫座標機率值 0.50 左邊標示為 1 者有五個，表示分類錯誤的樣本有 5 位，此 5 位實際上有自殺意念，但以迴歸模式預測卻歸類為「無自殺意念」。

【 表格範例 】

　　上述 Logistic 迴歸分析的報表可整理如表格 13-31、13-32：

從表 13-30 可以發現：「性別」、「人際壓力」、「情感壓力」、「學習壓力」、「家庭壓力」、「其他壓力」六個自變項對有無自殺意念組別預測之迴歸模型，其整體模式顯著性考驗的 $\chi^2 =64.030$（p=.000<.05），達到.05顯著水準；而 Hosmer-Lemeshow 檢定值為 15.102（p>.05）未達顯著水準，表示「性別」、「人際壓力」、「情感壓力」、「學習壓力」、「家庭壓力」、「其他壓力」六個自變項所建立的迴歸模式適配度（goodness of fit）非常理想。從關聯強度係數而言：Cox-Snell 關聯強度值為.473、Nagelkerke 關聯強度指標值為.636，顯示自變項與依變項間有中度的關係存在，六個自變項可以解釋自殺意念變數總變異的 47.3%、63.6%。

表 13-30　整體模式之適配度檢定及個別參數顯著性之檢定摘要表

投入變項名稱	B	S. E.	Wald 值	Df	關聯強度
性別	-.678	.769	.778	1	Cox — Snell R^2=.473
人際壓力	.037	.028	1.771	1	Nagelkerke R^2 =.636
情感壓力	.041	.032	1.700	1	
學習壓力	.072	.031	5.429*	1	
家庭壓力	.050	.042	1.401	1	
其他壓力	.071	.026	7.249*	1	
常數	-9.456	2.729	12.003	1	
整體模式適配度檢定	$\chi^2 =64.030$***				
	Hosmer-Lemeshow 檢定值=15.102 n.s.				

*p<.05　***p<.001　n.s. p>.05

再從個別參數之顯著性指標來看，學習壓力、其他壓力二個自變項的 Wald 指標值分別為 5.429、7.249，均達.05 顯著水準，表示學習壓力、其他壓力二個自變項與有無自殺意念組別間有顯著關聯，這二個變項可以有效預測與解釋「有」、「無」自殺意念組別，二個變數的勝算比值分別 1.075、1.073，表示樣本在學習壓力測量值增高 1 分，技職院校學生「有自殺意念與無自殺意念的勝算」之機率就增加.075（7.5%）；樣本在其他壓力測量值增高 1 分，技職院校學生「有自殺意念與無自殺意念的勝算」之機率就增加.073（7.3%）。

從表 13-31 預測分類正確率交叉表來看，原先 58 位無自殺意念的觀察值，根據邏輯斯迴歸模式進行分類預測，有 51 位被歸類於無自殺意念組（分類正確）、7 位被歸類於有自殺意念組（分類錯誤）；原先 42 位有自

殺意念的觀察值，根據邏輯斯迴歸模式進行分類預測，有 5 位被歸類於無自殺意念組（分類錯誤）、37 位被歸類於有自殺意念組（分類正確）。整體分類正確的百分比為 (51+37)÷100=88.0%。

表 13-31　預測分類正確率交叉表

實際值	預測值		
	無自殺意念	有自殺意念	正確百分比
無自殺意念	51	7	87.9
有自殺意念	5	37	88.1
總預測正確率			88.0

(三)採用「向前:條件法」法之輸出結果

區塊 1:方法 = 向前逐步迴歸分析法（條件的）

表 13-32　疊代過程（a,b,c,d,e）

疊代		-2 對數概似	係數			
			Constant	其他壓力	情感壓力	家庭壓力
步驟 1	1	94.689	-2.797	.082		
	2	91.841	-3.732	.111		
	3	91.742	-3.944	.118		
	4	91.742	-3.954	.119		
	5	91.742	-3.954	.119		
步驟 2	1	88.081	-4.079	.067	.038	
	2	83.130	-5.924	.094	.060	
	3	82.786	-6.590	.103	.069	
	4	82.783	-6.655	.104	.069	
	5	82.783	-6.655	.104	.069	
步驟 3	1	84.130	-4.883	.057	.038	.031
	2	77.248	-7.604	.079	.067	.051
	3	76.465	-8.951	.087	.082	.062
	4	76.449	-9.185	.088	.085	.063
	5	76.449	-9.191	.088	.085	.063
	6	76.449	-9.191	.088	.085	.063

a 方法：向前逐步迴歸分析法（條件的）。

b 模式中包含常數。

c 起始的 -2 對數概似：136.058

d 因為參數估計值變化小於 .001，所以估計工作在疊代數 5 時終止。

e 因為參數估計值變化小於 .001，所以估計工作在疊代數 6 時終止。

步驟 3 為最後一組的迴歸模式，經過六次的疊代過程，「-2 對數概似」收斂於 76.449，進入迴歸模式的自變項有其他壓力、情感壓力、家庭壓力三個。

表 13-33　模式係數的 Omnibus 檢定

		卡方	自由度	顯著性
步驟 1	步驟	44.317	1	.000
	區塊	44.317	1	.000
	模式	44.317	1	.000
步驟 2	步驟	8.958	1	.003
	區塊	53.275	2	.000
	模式	53.275	2	.000
步驟 3	步驟	6.334	1	.012
	區塊	59.610	3	.000
	模式	59.610	3	.000

因為迴歸模式中有達到顯著的自變項有三個，故模式會出現三個步驟，步驟 1 被挑選至迴歸模式的自變項為「其他壓力」，整體模式的卡方值為 44.317（p=.000<.05），達到顯著；步驟 2 被挑選至迴歸模式的自變項為「學習壓力」，卡方值增加量為 8.958（p=.003<.05），整體模式的卡方值為 53.275（=8.958+44.317）（p=.000<.05），達到顯著；步驟 3 被挑選至迴歸模式的自變項為「情感壓力」，卡方值增加量為 6.334（p=.012<.05），整體模式的卡方值為 59.610（=6.334+53.275）（p=.000<.05），達到顯著。由於迴歸分析採取的是「向前逐步迴歸分析法」，因而被挑選至迴歸模式的自變項，其個別迴歸係數均會達到顯著。

表 13-34　模式摘要

步驟	-2 對數概似	Cox & Snell R 平方	Nagelkerke R 平方
1	91.742(a)	.358	.482
2	82.783(a)	.413	.556
3	76.449(b)	.449	.604

a 因為參數估計值變化小於 .001，所以估計工作在疊代數 5 時終止。
b 因為參數估計值變化小於 .001，所以估計工作在疊代數 6 時終止。

步驟 3 中的「-2 對數概似」為 76.449，「Cox & Snell R 平方」值為.449、「Nagelkerke R 平方」值為.604，三個達到顯著的自變項與樣本有無自殺意念傾向間有中度之關聯。

表 13-35　Hosmer 和 Lemeshow 檢定

步驟	卡方	自由度	顯著性
1	18.532	6	.005
2	47.745	8	.000
3	32.039	8	.000

「Hosmer 和 Lemeshow 檢定」表為迴歸模式適配度檢定統計量，HL 統計量的卡方值為 32.039，顯著性機率值 p=.000<.05，達到顯著水準，表示其他壓力、學習壓力、情感壓力所構成的之邏輯斯迴歸模式的適配度不佳。

表 13-36　分類表(a)

觀　　　察			預測		
			自殺意念		百分比修正
			無自殺意念	有自殺意念	
步驟 1	自殺意念	無自殺意念	51	7	87.9
		有自殺意念	12	30	71.4
	概要百分比				81.0
步驟 2	自殺意念	無自殺意念	51	7	87.9
		有自殺意念	6	36	85.7
	概要百分比				87.0
步驟 3	自殺意念	無自殺意念	51	7	87.9
		有自殺意念	5	37	88.1
	概要百分比				88.0

a 分割值為 .500

在步驟 3 的交叉表中，以「其他壓力」、「學習壓力」、「情感壓力」所組成的之邏輯斯迴歸模式對效標變項的分類結果，在無自殺意念組樣本中分類正確的樣本數有 51 位、在無自殺意念組樣本中分類正確的樣本數有 37 位，整體分類正確的百分比為(51+37)÷100=88.0%。

Chapter

邏輯斯迴歸與區別分析

表 13-37　變數在方程式中

		B	S.E.	Wald	自由度	顯著性	Exp(B)
步驟 1(a)	其他壓力	.119	.023	26.278	1	.000	1.126
	常數	-3.954	.748	27.917	1	.000	.019
步驟 2(b)	學習壓力	.069	.025	7.447	1	.006	1.072
	其他壓力	.104	.024	19.412	1	.000	1.109
	常數	-6.655	1.351	24.256	1	.000	.001
步驟 3(c)	情感壓力	.063	.026	5.907	1	.015	1.066
	學習壓力	.085	.029	8.324	1	.004	1.089
	其他壓力	.088	.024	13.326	1	.000	1.093
	常數	-9.191	1.942	22.387	1	.000	.000

a 在步驟 1 中選入的變數：其他壓力。
b 在步驟 2 中選入的變數：學習壓力。
c 在步驟 3 中選入的變數：情感壓力。

在步驟 1 被選入的迴歸模式的自變項為「其他壓力」、步驟 2 被選入的迴歸模式的自變項為「學習壓力」、步驟 3 被選入的迴歸模式的自變項為「情感壓力」，各勝算比值分別為 1.093、1.089、1.066，由於勝算比值大於 1，表示三個壓力變項測量值的分數愈高，愈有可能被歸於有自殺意念的組別。由於各迴歸係數均為正數，取其相應的指數後會大於 1，表示的是「其他壓力」、「學習壓力」、「情感壓力」自變項的得分愈高，有自殺意念與無自殺意念的勝算也愈大。邏輯斯迴歸模式為：

$$\log(\frac{p}{1-p}) = .063 \times 情感壓力 + .085 \times 學習壓力 + .088 \times 其他壓力 - 9.191$$

$$p = \frac{e^{(.063 \times 情感壓力 + .085 \times 學習壓力 + .088 \times 其他壓力 - 9.191)}}{1 + e^{(.063 \times 情感壓力 + .085 \times 學習壓力 + .088 \times 其他壓力 - 9.191)}}$$

若是預測值 p 的機率大於 0.5，則樣本被歸於有自殺意念組；相對的，若是預測值 p 的機率小於 0.5，則樣本被歸於無自殺意念組。

13-2　區別分析

區別分析（discriminant analysis）與邏輯斯迴歸分析常用來進行對觀察體的預測與分類。其自變項為連續變項（計量變數），依變項為間斷變項，

如果依變項是二分名義變項則可採用區別分析或邏輯斯迴歸分析，若是依變項為三分以上類別變數則要採用區別分析。

一、理論基礎

區別分析的主要目的在於計算一組「預測變項」（自變項）的線性組合，對依變項（間斷變項）加以分類，並檢查其再分組的正確率，自變項間的線性組合，即為區別函數。

在迴歸分析中，預測變項（predictor variable）與效標變項（criterion variable）通常是連續變項，自變項（預測變項）如果是間斷變項，要投入迴歸模式要轉化為虛擬變項。如果依變項是間斷變項且為二分名義變項，則可使用「邏輯斯迴歸」方析法，邏輯斯迴歸分析法，自變項仍是等距或比率變項，而依變項則是二分之類別變項。如果依變項為間斷變項且為三分以上名義變項，則可使用區別分析法（discriminant analysis 或譯為判別分析）。區別分析之自變項（預測變項）為連續變項（等距或比率變項）；而依變項（一般稱為分組變項）則是間斷變項（名義變項或次序變項）。

在行為科學領域中，區別分析應用的實例很多，如某教育學者根據高中畢業生的在學成績、社經地位、投入動機、家長支持度等變項作為自變項，以探究學生是否考上大學的預測變項，此時的依變項分為「考取國立大學」、「考取私立大學」、「未錄取」等三類，此三類為三分類別變項；如果依變項只分為二個水準：「錄取」與「未錄取」，則除了採用區別分析方法外，也可用邏輯斯迴歸分析法；此外，再如以員工的工作承諾、工作滿意、組織氣氛等變項來預測組織的績效表現，此時的依變項為組織的績效表現，分為「高績效」、「中績效」、「低績效」等三類。依變項如果是間斷變項，研究者若再以迴歸分析進行預測，以探究自變項對依變項的解釋變異量，則會出現嚴重的錯誤。

區別分析與多變項變異數分析及多元迴歸分析有密切關係，開始之初依研究者根據的分類標準，將觀察體或受試者劃分成二個以上的群組，接著使用區別分析程序，來辨認計量性預測變項的一個線性組合，以能最適切展現群體間差異的特徵。預測變項的線性組合類似多元迴歸方程式右邊乘積和，區別分析中它是變項與區別函數係數的乘積總和（加權總和）。區別分析與MANOVA的基本原理相近，二者的計算過程也相當類似，都是在使組間的變異量與組內變異量的比值最大化，但MANOVA目的在了解各組樣本究竟在哪幾個依變項之平均數差異值達到顯著水準；而區別分析則

是透過得到觀察值在自變項（此自變項在MANOVA中爲依變項）之線性組合方程式函數，以能了解觀察值在依變項上分類之正確性，進而知悉究竟是哪幾個預測變項可以有效區分（differentiation）觀察值在依變項上之分類（王保進，*2004*）。

　　就預測的效用而言，區別分析有二種取向：一是預測取向的區別分析（predictive discriminant analysis; PDA）；一是描述區向的區別分析（descriptive discriminant analysis; DDA）（*Huberty, 1994*）。預測取向的區別分析其功用與迴歸分析類似，主要在於解釋與預測。其概念基礎與迴歸分析有許多相同的地方，它的主要目的在計算一組預測變項（或稱區別變項）的線性組合，以對另一個分組變項重新加以分類，並檢查其分組的正確性。預測取向的區別分析與迴歸分析概念相似之處在於：兩者都是在求得一組自變項（預測變項）的線性組合，其加權值在迴歸分析中稱爲迴歸係數，在區別分析中則稱爲「區別函數係數」，兩者都有原始的係數（未標準化的係數）與標準化的係數。不過，區別分析通常會計算單一預測變項與線性組合分數（實際上就是效標變數的預測值）的相關係數。不過，許多學者建議在進行迴歸分析時，仍應留意結構係數（傅粹馨，*1996*）。描述取向的區別分析主要使用分組變項，或稱爲解釋變項（explanatory variable）以了解它與預測變項，或稱爲反應變項（response variable）的關係，此種描述取向的區別分析與多變量變異數分析（multivariate analysis of variance）的關係較爲密切（陳正昌等，*2003*）。

　　區別分析的基本原理與單因子多變量變異數分析十分類似，二者計算的過程也相似，都是在使組間的變異量與組內變異量的比值極大化，因而在單因子多變量變異數分析的檢定顯著後，進一步可以採用區別分析法（林清山，*1988*）。但二者間也有差異存在，MANOVA檢定的目的在了解各組樣本究竟在哪幾個依變項上之平均數差異達到顯著水準；而區別分析則是在透過得到觀察值在自變項（這些自變項在MANOVA檢定中爲依變項——計量資料）之線性組合函數，以了解觀察值在依變項（MANOVA檢定中爲自變項——分組變項）上分類之正確性，進而了解究竟是哪幾個自變項可以有效區分觀察值在依變項之分類（王保進，*2004*）

　　區別分析的自變項（預測變項）必須是連續變項（等距／比率變項），而依變項則屬間斷變項，如果預測變項爲非連續變項，也應轉化爲虛擬變項。部分學者主張爲探討集群分析（cluster）後之群組劃分的正確性，認爲研究者在使用集群分析法後，可進一步以區別分析法加以考驗。由於區別

分析與多變量變異數分析中的變項屬性剛好相反，多變量變異數分析中，自變項是名義或次序變項，而依變項則為連續變項，因而也有學者提出：在多變量變異數分析中，如果整體考驗顯著，也可以區別分析作為其追蹤考驗，以找出最能區辨依變項的自變項。

區別分析適用的變數屬性關係圖如圖 13-8、13-9：

自變項有三個、依變項為三分類別變數：

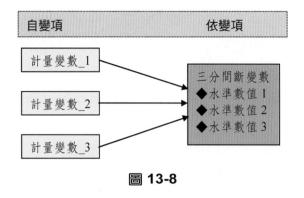

圖 13-8

自變項有五個、依變項為四分類別變數：

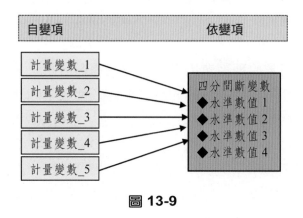

圖 13-9

【研究問題】

> 高職學生的學業成就、人際關係、考試焦慮是否可以有效區別學生不同的生活壓力程度。

在上述研究問題中，研究者根據抽樣樣本在「生活壓力量表」的測量

值高低，將學生的生活壓力感受分爲「高度生活壓力組」、「中度生活壓力組」、「低度生活壓力組」，其水準數值編碼分別爲1、2、3，變數名稱爲「生活壓力」，此變數爲三分類別變數。學業成就、人際關係、考試焦慮三個自變項均爲計量變數（連續變數），研究問題中的自變項爲計量變數，而依變項爲分組變數，採用的統計分析方法爲區別分析。

二、操作程序

(一)步驟1

執行功能列「分析(A)」／「分類(Y)」／「判別(D)」程序，開啓「判別分析」對話視窗。

圖 13-10

(二)步驟2

在左邊變數清單中將依變項「生活壓力」選入右邊「分組變數(G)」下方格中，將自變數選入右邊「自變數(I)」下的方盒中，勾選「⊙一同輸入自變數」選項。

圖 13-11

(三)步驟 3

選取「分組變數(G)」下方格之「生活壓力(? ?)」選項，按『定義範圍(D)...』鈕，開啟「判別分析：定義範圍」次對話視窗，在「最小值(I)」的右邊方格中輸入依變數最小的水準數值編碼 1，在「最大值(A)」的右邊方格中輸入依變數最大的水準數值編碼 3→按『繼續』鈕，回到「判別分析」對話視窗。

圖 13-12

(四)步驟 4

按『統計量(S)』鈕，開啟「判別分析：統計量」次對話視窗，在「描述性統計量」方盒中勾選「☑平均數(M)」、「單變量 ANOVA(A)」（比較每一變數中各分組的平均數差異是否達到顯著）「Box'Sm 共變異數相等性檢定(B)」（進行多變量料的常態性檢定）選項。在「判別函數係數」方盒

中勾選「Fisher's 線性判別函數係數(F)」及「未標準化(U)」（使用區別變數的原始數值來計算非標準化區別係數）選項。在「矩陣」方盒中勾選「☑組內相關矩陣(R)」、「☑組內共變異數矩陣(V)」、「☑各組共變異數矩陣(E)」選項→按『繼續』鈕，回到「判別分析」對話視窗。

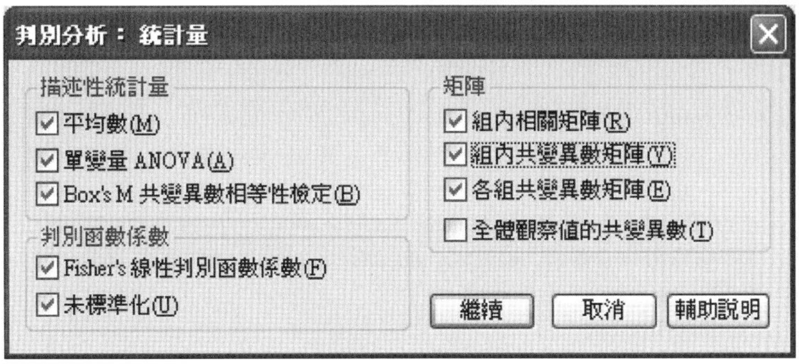

圖 13-13

(五)**步驟 5**

按『分類(C)...』鈕，開啟「判別分析：分類結果摘要」次對話視窗。在「事前機率」方盒中選取「⦿所有組別大小均等(A)」選項，在「使用共變異數矩陣」方盒中選取「組內變數(W)」選項，在「顯示」方盒中勾選「逐觀察值的結果(E)」（呈現每筆觀察值實際編碼、預測組別編碼、機率及區別分數）、「摘要表(U)」（呈現分類結果交叉表），勾選最下方「☑用平均數置換遺漏值(R)」選項→按『繼續』鈕，回到「判別分析」對話視窗。

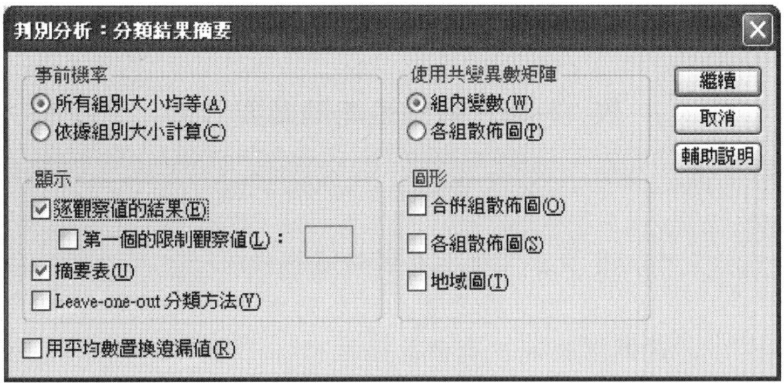

圖 13-14

(六)步驟 6

按『儲存(A)』鈕，開啓「判別分析：儲存」次對話視窗，此視窗的選項功能可將每筆觀察值區別分析的結果數據以相對應的變數存於原先資料檔中，以便之後進一步的分析。對話視窗內包含「預測的組群(P)」、「區別分數(D)」、「各組別成員的事後機率(R)」三個選項，在範例中勾選「☑預測的組群(P)」、「☑區別分數(D)」→按『繼續』鈕，回到「判別分析」對話視窗→按『確定』鈕。

圖 13-15

三、輸出結果

判別

表 13-38 爲樣本的相關訊息──觀察值處理摘要表，包括有效樣本數、依變項的遺漏值或超出範圍的的組別碼、至少一個遺漏值區別變數（自變項）等。若樣本於自變項上的遺漏值太多，則於「判別分析：分類結果摘要」次對話視窗，提供一個「☑用平均數置換遺漏值(R)」選項。

表 13-38　觀察值處理摘要分析

未加權的觀察值		個數	百分比
有效的		50	100.0
排除	遺漏值或超出範圍的組別碼	0	.0
	至少一個遺漏值區別變數	0	.0
	遺漏值或超出範圍的組別碼，以及 至少一個遺漏值區別 變數	0	.0
	總和	0	.0

表 13-39 為自變項的描述性統計量,上述描述性統計量乃以原分組變數(依變項)作為自變項,而以原先計量變數為依變項所輸出的描述性統計量。範例中為高生活壓力組、中生活壓力組、低生活壓力組的高職學生在學業成就、人際關係、考試焦慮等三個計量變項的平均數、標準差及其原先實際被劃分的組別數,其中高度生活壓力組的樣本數有 14 位、中度生活壓力組的樣本數有 19 位、低度生活壓力組的樣本數有 17 位、總樣本觀察值有 20 位。

表 **13-39**　組別統計量

生活壓力		平均數	標準差	有效的 N(列出)	
				未加權	加權
高度生活壓力	學業成就	65.21	11.130	14	14.000
	人際關係	27.36	9.920	14	14.000
	考試焦慮	55.07	5.327	14	14.000
中度生活壓力	學業成就	70.58	7.321	19	19.000
	人際關係	42.58	6.406	19	19.000
	考試焦慮	42.32	6.065	19	19.000
低度生活壓力	學業成就	86.24	8.850	17	17.000
	人際關係	53.88	13.110	17	17.000
	考試焦慮	30.41	7.575	17	17.000
總和	學業成就	74.40	12.510	50	50.000
	人際關係	42.16	14.410	50	50.000
	考試焦慮	41.84	11.627	50	50.000

　　表 13-40 為各組平均數的相等性檢定,即三組各預測變項的平均數差異考驗。以高、中、低生活壓力三組為自變項,而以學業成就、人際關係、考試焦慮三個計量變數為依變項所執行單變量變異數分析,F 值愈大(Wilks' Λ值愈小),平均數的差異值就愈大。由上表可知,不同生活壓力組樣本在學業成就、人際關係、考試焦慮的 F 值均達顯著差異,其 F 值分別為 23.573（p=.000<.05）、26.652（p=.000<.05）、56.371（p=.002<.05）,表示不同生活壓力組的樣本在「學業成就」上有顯著的不同、表示不同生活壓力組的樣本在「人際關係」知覺上有顯著的不同、表示不同生活壓力組的樣本在「考試焦慮」感受上有顯著的不同。

表 13-40　各組平均數的相等性檢定

	Wilks' Lambda 值	F 檢定	分子自由度	分母自由度	顯著性
學業成就	.499	23.573	2	47	.000
人際關係	.469	26.652	2	47	.000
考試焦慮	.294	56.371	2	47	.000

表 13-41 爲合併組內矩陣，共變數矩陣有 47 個自由度。上半部的聯合組內共變數是由 3 組的組內共變異數矩陣相加而成。而下半部的聯合組內相關矩陣，是由聯合組內共變數轉換而得。如「學業成就」與「人際關係」變數的相關爲 $0.690 = \dfrac{62.724}{\sqrt{81.448}\sqrt{101.439}} = \dfrac{62.724}{90.896}$，此計算式和積差相關（全體相關矩陣）不同，積差相關的求法雖然也與上述類似，不同的是積差相關是由全體共變異數矩陣求得。

表 13-41　合併組內矩陣(a)

		學業成就	人際關係	考試焦慮
相關	學業成就	81.448	62.724	-9.943
	人際關係	62.724	101.439	-8.575
	考試焦慮	-9.943	-8.575	41.471
相關	學業成就	1.000	.690	-.171
	人際關係	.690	1.000	-.132
	考試焦慮	-.171	-.132	1.000

a　共變數矩陣有 47 個自由度。

表 13-42 爲各組內及全體的共變數矩陣。如果將全體的共變異數矩陣乘於其自由度，即是全體的 SSCP 矩陣。要出現全體的共數數矩陣及其自由度，於「判別分析：統計量」次對話視窗勾選「☑全體觀察值的共變異數 (T)」選項即可。各矩陣中對角線的數字爲變異數，餘爲二個變數間的共變數。將最後一大列之總和變異數共變數矩陣的每一細格數值減去上述合併後組內變異數共變數矩陣相對應的細格數值可得到組間變異數共變數矩陣，根據組間變異數共變數矩陣與組內變異數共變數矩陣可以求出區別分析中的區別方程式。

表 13-42　共變數矩陣

生活壓力		學業成就	人際關係	考試焦慮
高度生活壓力	學業成就	123.874	90.995	-11.709
	人際關係	90.995	98.401	5.434
	考試焦慮	-11.709	5.434	28.379
中度生活壓力	學業成就	53.591	8.868	-5.249
	人際關係	8.868	41.035	-13.693
	考試焦慮	-5.249	-13.693	36.784
低度生活壓力	學業成就	78.316	100.342	-13.790
	人際關係	100.342	171.860	-14.199
	考試焦慮	-13.790	-14.199	57.382
總和	學業成就	156.490	146.527	-91.894
	人際關係	146.527	207.647	-110.586
	考試焦慮	-91.894	-110.586	135.198

a 總共變數矩陣有 49 個自由度。

分析 1

表 13-43　Box 共變數矩陣相等性檢定
對數行列式

生活壓力	等級	對數行列式
高度生活壓力	3	11.317
中度生活壓力	3	11.129
低度生活壓力	3	12.130
合併組內	3	12.068

列印出的行列式之等級與自然對數 屬於組別共變數矩陣。

　　SPSS 所輸出的分組變數（依變項）各組組內變異數共變數矩陣與組內變異數共變數矩陣之對數行列式值（Log Determinants）與等級階數（rank）。在區別分析中若是計量變數（自變項）間有高度的多元共線性問題，對數行列式值會接近 0，且等級欄的數值不會等於自變項的個數。表中顯示「高度生活壓力」組、「中度生活壓力」組、「低度生活壓力」組的對數行列式值分別為 11.317、11.129、12.130，與數值均遠大於 0，此外等級欄數值為 3 與 1 自變項的數目相同，所以區別分析中自變項之間沒有高度多元共線性問題。

　　表 13-44 為各組內共變異數矩陣相等性的假設考驗，Box's M 值=25.659，轉換成 F 值為 1.934，p=.026<.05，達到顯著水準，拒絕虛無假設，接受對立

假設，表示各組的組內共變異數矩陣不相等，此時應使用個別組內共變異矩陣進行分析，此稱為二次區別分析；相對的，若是 Box's M 值統計量未達.05 顯著水準，表示符合區別分析的假定，可以使用聯合組內共變異矩陣為分析的基礎。區別分析是個富有相當「強韌性」（robust）的統計方法，因此違反同質性假定仍可進行統計分析，不過在解釋時要謹慎些（*Sharma, 1996*；陳正昌等人，*2003*）。而 SPSS 手冊中也建議：如果 N/p 的比率很大，很容易就違反同質性的假定，此時較佳處理方法，即是將第一類型的錯誤值α設小一點，如由.05 改為.01（*SPSS, 2000*）。

表 13-44　檢定結果

Box's M 共變數相等性檢定		25.659
F 檢定	近似值	1.934
	分子自由度	12
	分母自由度	9160.617
	顯著性	.026

相等母群共變數矩陣的虛無假設檢定。

典型區別函數的摘要

　　表 13-45 為典型區別函數摘要表，第一欄為區別方程（函數）的編號、第二欄為特徵值（Eigenvalue）、第三欄為解釋變異量（% of Variance）、第四欄為累積解釋變異量（Cumulative）、第五欄為典型相關係數值（Canonical Correlation），此值是把分類變項化為一組虛擬變項，而把預測變項當成另一組變項而求得的線性組合。區別函數數目 q=min（p,g-1），本例中有三個自變項(p)、三個組別(g)，因此 q=min（3,2），可以得到二個區別函數，其中第一個區別函數的特徵值=3.169、可解釋依變項 92.7%的變異量；第二個區別函數的特徵值=.251、可解釋依變項 7.3%的變異量。第三直欄的解釋變異量為每個區別函數的特徵值與總特徵值的比值，如：

$$0.927=3.169\div(3.169+.251)=3.169\div3.420=92.7\%$$
$$0.073=.251\div(3.169+.251)=.251\div3.420=7.3\%$$

表 13-45　特徵值

函數	特徵值	變異數的%	累積%	典型相關
1	3.169(a)	92.7	92.7	.872
2	.251(a)	7.3	100.0	.448

a 分析時會使用前 2 個 典型區別函數。

每個區別函數的特徵值乃由其典型相關求得：$\lambda = \dfrac{\rho^2}{1-\rho^2}$，以第二條區別方式之特徵值為例，特徵值等於$\lambda = \dfrac{.448^2}{1-.448^2} = \dfrac{0.2007}{0.7993} = 0.2511$。

此摘要表中有二個典型區別函數，特徵值愈大，表示此函數愈有區別力。典型相關係數表示區別分數與組別間關聯的程度，相當於變異數分析中的 eta 值平方（效果值）（以組別為自變數，以區別分數為依變數）。

表為 13-46 向度縮減分析，亦即在考驗區別函數的顯著性。區別分析對區別函數顯著性的檢定是採用逐一剔除法。首先，先考驗所有的區別函數，如表中 Wilks' Lambda 值=.192、卡方值=75.964，自由度等於6，顯著性 p=.000<.05，已經達到顯著水準，表示二個區別函數中，第一個區別函數對依變項有顯著的預測力，第一區別函數顯著；其次，剔除第一區別函數的影響後，第二區別函數的 Wilks' Lambda 值=.800、卡方值=10.289，自由度等於2，p=.006<.05，達到顯著水準，表示第二個區別函數對依變項的解釋力也達顯著。

表 13-46　Wilks' Lambda 值

	Wilks' Lambda 值	F 檢定	自由度	顯著性
1 到 2	.192	75.964	6	.000
2	.800	10.289	2	.006

二個典型區別函數值的顯著性考驗，二個典型區別函數均達顯著。第一欄中「1 到 2」表示二個區別函數（函數 1、函數 2）的平均數（形心）在三個組別的差異情形，卡方值為Wilks' Λ值的轉換，藉以考驗其差異是否達到顯著，這裡值為 75.964，p=.000<.001，達到顯著水準。「2」表示在排除第一個函數（典型變項）後，函數 2 在三個組別間形心之差異考驗，由於p=.006<.01，因而函數 2 也達到顯著。二個典型區別函數的檢定結果均達顯著，表示二條區別方程皆能有效解釋樣本在依變項上之變異量。

第一個典型區別函數的 Wilks' Λ 值
　　=[1/(1+λ₁)]×[1/(1+λ₂)]
　　=[1/(1+3.169)]×[1/(1+.251)]=0.2399×0.7994=0.1917≒0.192
第二個典型區別函數 Wilks' Λ 值
　　= 1/(1+λ₂)= 1/(1+.251)=.7994≒0.800
第一個典型區別函數的自由度

＝p(g-1)＝自變項×（組別數－1）＝3×2＝6

第二個典型區別函數的自由度

　　＝(p-1)(g-2)＝（自變項－1）×（組別數－2）＝2×1＝2

表 13-47　標準化的典型區別函數係數

	函數	
	1	**2**
學業成就	-.117	1.373
人際關係	-.411	-1.089
考試焦慮	.796	.100

　　此為二個典型區別函數的標準化係數（稱為標準化典型區別函數係數——Standardized Canonical Discriminant Function Coefficients），標準化區別係數代表各自變項在各區別函數上之相對重要性，係數值愈大，代表該自變項在區別函數的重要性愈大。從標準化典型區別函數（Standardized Canonical Discriminant Function）值中，可以看出預測變項在組別區別函數時之相對的貢獻度。二個標準化典型區別函數分別為：

第一個典型區別函數

D_1＝.796×考試焦慮－.117×學業成就－.411×人際關係

第二個典型區別函數

D_2＝1.373×學業成就－1.089×人際關係＋.100×考試焦慮

　　從標準化典型區別函數值大小可以看出，「考試焦慮」變項與第一個典型區別函數關係較密切；「學業成就」與「人際關係」變項與第二個典型區別函數關係較密切。標準化典型區別函數係數計算是由未標準化區別函數係數乘於聯合組內共變異矩陣主對角線的平方根而得，如第一區別函數上學校組織文化的原始加權係數為.124（看下面典型區別函數係數報表），而聯合組內共變異矩陣對角線組織文化係數值為 41.471（看合併組內矩陣表格），其標準化典型區別函數係數＝.124×$\sqrt{41.471}$＝.796，標準化典型區別函數係數的絕對值有可能大於 1。

　　表 13-48 為結構矩陣（Structure Matrix）。結構矩陣係數為預測變項與典型區別函數的聯合組內相關係數，此係數為聯合組內相關係數矩陣乘上標準化區別函數係數矩陣而得。「*」號表示區別變項與標準化典型區別函

數的相關值（含正／負相關）較大者。相關係數的絕對值愈大者，表示此變數與區別函數的相關愈高，對區別函數的影響力愈大。從此結構矩陣中可以看出，「考試焦慮」變項、「人際關係」變數對第一個區別函數的影響力較大；而「學業成就」變項對第二個區別函數的影響較大。其結果與上述用標準化典型區別函數呈現的結果相同，根據結構係數負荷量的值，進一步可為每個區別函數命名。運用結構係數的優點有二：一為可以避免共線性問題；二是在小樣本的分析時會比較穩定（*SPSS, 2000*）。

表 13-48　結構矩陣

	函數	
	1	**2**
考試焦慮	.870(*)	.009
人際關係	-.597(*)	-.155
學業成就	-.536	.605(*)

區別變數和標準化典型區別函數之間的 合併後組內相關。

變數係依函數內相關的絕對大小 加以排序。

* 在每個變數和任一區別函數 之間的最大絕對相關

　　表 13-49 為未標準化的區別函數係數。SPSS 內定選項中不列出未標準化的區別函數係數，因為在實際報表分析時，這個係數的實用性不大，尤其是區別函數不只一組時（*SPSS, 2000*）。

表 13-49　典型區別函數係數

	函數	
	1	**2**
學業成就	-.013	.152
人際關係	-.041	-.108
考試焦慮	.124	.015
（常數）	-2.489	-7.409

未標準化係數

　　表 13-50 為分類變項（依變項）各組樣本在區別函數之形心（centroid）。形心係數值由未標準化區別函數係數乘上各組平均數而得。形心的意函與平均數相同，它是計算得出每一觀察值在區別函數之區別分數後，依變項各組樣本在區別分數之平均數。當二組樣本之形心差異值愈大，表示二組

間在該區別函數上的差異愈大（王保進，2004）。由上表可知，三組的第一區別函數平均明顯不同（2.358、.091、-2.043），因此第一區別函數可以明顯區分三組；而第二區別函數平均亦有差異（.408、-.619、.357），因此第二區別函數也可以明顯區分三組，第二區別函數雖可區分生活壓力高中低三組，但其區別差異性明顯不如第一區別函數。

表 13-50　各組重心的函數

生活壓力	函數	
	1	2
高度生活壓力	2.358	.408
中度生活壓力	.091	-.619
低度生活壓力	-2.043	.357

未標準化的典型區別函數，以組別平均數加以評估。

分類統計

表 13-51 為分類統計摘要表，有效分類的樣本數為 50、遺漏值為 0。

表 13-51　分類處理摘要

處理過		50
排除	遺漏值或超過範圍的組別碼	0
	至少一個遺漏區別變數	0
用於輸出中		50

表 13-52　組別的事前機率

生活壓力	事前	分析中使用的觀察值	
		未加權	加權
高度生活壓力	.333	14	14.000
中度生活壓力	.333	19	19.000
低度生活壓力	.333	17	17.000
總和	1.000	50	50.000

　　表為區別分析之組別的事前機率值，如果沒有理論基礎為根據，通常會假設分發到各組的機率均相等。事前機率的界定方式會影響常數項及事後機率的計算，也會影響分類結果的正確性，但對於其他係數則無顯著影響。由於在「判別分析：分類結果摘要」次對話視窗中，「事前機率」方盒選取「⊙所有組別大小均等(A)」選項，因而三組事前的機率都是.333。

表 13-53　分類函數係數

	生活壓力		
	高度生活壓力	中度生活壓力	低度生活壓力
學業成就	1.301	1.174	1.350
人際關係	-.403	-.200	-.218
考試焦慮	1.557	1.261	1.012
（常數）	-80.877	-64.958	-68.833

Fisher's 線性區別函數

分類函數係數可將觀察值分類，分類時採用 Fisher 方法，特稱為 Fisher's 線性區別函數，每一群組均有一組係數，如：

1. 第一群組分類函數

   $F_1 = 1.301 \times 學業成就 - .403 \times 人際關係 + 1.557 \times 考試焦慮 - 80.877$

2. 第二群組分類函數

   $F_2 = 1.174 \times 學業成就 - .200 \times 人際關係 + 1.261 \times 考試焦慮 - 64.958$

3. 第三群組分類函數

   $F_3 = 1.350 \times 學業成就 - .218 \times 人際關係 + 1.012 \times 考試焦慮 - 68.833$

觀察值分類時，將每一個觀察值代入三個群組的分類函數，以其分類函數值大小來比較，函數值最大者，代表是觀察值所屬的群組。

表 13-54 為每一觀察值的實際分組摘要表（Casewise Statistics），包括觀察值編號（Case Number）、實際組別（Actual Group）、預測組別（Predicted Group）、條件機率。實際組別為研究者依生活壓力量表高低標準實際劃分的組別（原依變項分組變數的水準數值編碼），而預測組別為根據樣本學業成就、人際關係與考試焦慮三個計量變項，所預測區分的生活壓力組別，「**」符號表示實際劃分組別與預測區分的組別不符合。根據此表，研究者可以發現，編號為 23 的學生樣本，依區別分析結果，最有可能分類為第二組（高度生活壓力組），但在實際測量劃分上，卻分類為第二組（中度生活壓力組），因而在其列上預測組別 1 的旁邊出現二個「**」號。從上述樣本觀察值的計算統計量摘要表可以得知以學業成就、人際關係與考試焦慮三個計量變數來區別樣本學生生活壓力組別時，區別預測錯誤的樣本數有 6 位，實際值組別與預測值組別符合者有 44 位。

表 13-54 依觀察值計算統計量

	觀察值個數	實際組別	最高組別					第二高組別			區別分數	
			預測組別	P(D>d | G=g)		P(G=g | D=d)	到重心的 Mahala-nobis 距離平方	組別	P(G=g | D=d)	到重心的 Mahala-nobis 距離平方	函數 1	函數 2
				p	自由度							
原始的	1	1	1	.405	2	.990	1.808	2	.010	11.064	3.412	-.427
	2	1	1	.198	2	.955	3.235	2	.045	9.323	3.081	-1.239
	3	1	1	.537	2	.784	1.243	2	.212	3.856	1.351	.887
	4	1	1	.371	2	.964	1.984	2	.035	8.600	1.855	1.723
	5	1	1	.457	2	.966	1.566	2	.034	8.232	2.959	-.690
	6	1	1	.425	2	.966	1.711	2	.034	8.409	2.988	-.738
	7	1	1	.540	2	.829	1.231	2	.171	4.388	2.185	-.688
	8	1	1	.901	2	.984	.210	2	.016	8.501	2.815	.420
	9	1	1	.952	2	.969	.099	2	.031	6.970	2.365	.722
	10	1	1	.895	2	.974	.222	2	.026	7.469	2.377	.879
	11	1	1	.578	2	.996	1.096	2	.004	11.963	3.023	1.216
	12	1	1	.709	2	.992	.689	2	.008	10.436	2.833	1.088
	13	1	1	.433	2	.672	1.673	2	.319	3.165	1.133	.823
	14	1	1	.093	2	.589	4.740	2	.342	5.828	.631	1.734
	15	2	2	.577	2	.616	1.099	1	.375	2.088	1.012	-.120
	16	2	2	.608	2	.763	.995	1	.232	3.376	1.052	-.885
	17	2	2	.611	2	.848	.985	1	.146	4.498	.925	-1.157
	18	2	2	.641	2	.748	.890	1	.208	3.452	.508	.226
	19	2	2	.575	2	.755	1.105	1	.164	4.159	.318	.407
	20	2	2	.433	2	.656	1.676	1	.293	3.292	.552	.590
	21	2	2	.962	2	.874	.078	3	.074	5.003	.082	-.341
	22	2	2	.255	2	.629	2.730	1	.241	4.645	.291	1.020
	23	2	1(**)	.471	2	.872	1.506	2	.128	5.350	2.395	-.819
	24	2	2	.763	2	.786	.541	3	.208	3.203	-.633	-.746
	25	2	2	.674	2	.946	.788	1	.042	7.028	.449	-1.432
	26	2	2	.717	2	.739	.665	3	.236	2.945	-.352	.065
	27	2	2	.691	2	.677	.739	3	.313	2.281	-.611	-.123
	28	2	2	.038	2	.923	6.562	3	.076	11.546	-1.075	-2.900
	29	2	2	.003	2	.988	11.816	3	.012	20.671	-.659	-3.974
	30	2	3(**)	.641	2	.639	.888	2	.359	2.040	-1.131	.120
	31	2	3(**)	.577	2	.575	1.099	2	.422	1.716	-1.048	.027
	32	2	2	.905	2	.835	.201	3	.138	3.806	-.198	-.278
	33	2	2	.688	2	.945	.749	3	.045	6.857	-.149	-1.451
	34	3	3	.654	2	.770	.849	2	.228	3.287	-1.178	.675
	35	3	3	.918	2	.858	.171	2	.142	3.770	-1.643	.255
	36	3	3	.976	2	.923	.049	2	.076	5.033	-1.862	.485
	37	3	2(**)	.458	2	.644	1.561	1	.317	2.977	.635	.505
	38	3	2(**)	.625	2	.627	.940	3	.364	2.028	-.669	-.018
	39	3	3	.955	2	.961	.091	2	.039	6.493	-2.314	.222

表 13-54　依觀察值計算統計量（續）

觀察值個數	實際組別	最高組別					第二高組別			區別分數	
		預測組別	P(D>d | G=g)		P(G=g | D=d)	到重心的 Mahala-nobis 距離平方	組別	P(G=g | D=d)	到重心的 Mahala-nobis 距離平方	函數 1	函數 2
			p	自由度							
原始的 40	3	3	.638	2	.939	.899	2	.061	6.351	-2.427	-.510
41	3	3	.670	2	.965	.800	2	.035	7.417	-2.617	-.330
42	3	3	.695	2	.983	.728	2	.017	8.862	-2.820	.003
43	3	3	.811	2	.977	.418	2	.023	7.873	-2.627	.078
44	3	3	.200	2	.995	3.221	2	.005	13.683	-2.399	2.116
45	3	3	.259	2	.994	2.703	2	.006	12.908	-2.411	1.959
46	3	3	.177	2	.996	3.464	2	.004	14.664	-3.733	-.423
47	3	3	.788	2	.797	.475	2	.202	3.224	-1.359	.440
48	3	2(**)	.525	2	.713	1.288	3	.230	3.549	-.164	.486
49	3	3	.471	2	.995	1.506	2	.005	12.029	-3.266	.252
50	3	3	.163	2	.998	3.624	2	.002	16.025	-3.883	-.134

** 分類錯誤的觀察值

　　表 13-55 為分類結果摘要表，分類結果摘要表之對角線為正確分類的個數，其餘為錯誤分類的個數。左邊的項目為原始的分類結果（實際生活壓力量表測得的結果），高度生活壓力組樣本有 14 位、中度生活壓力組樣本有 19 位、低度生活壓力組樣本有 17 位。直行為重新分類之組別及百分比，即以學業成就、人際關係、考試焦慮三個自變項來區別預測樣本生活壓力高低組別的情形。以 19 位中度生活壓力組樣本而言，經區別函數區別預測結果，1 位被歸於高度生活壓力組、16 位被歸於中度生活壓力組、2 位被歸於低度生活壓力組，因而分類正確的樣本數有 16 位，分類錯誤的樣本數有 3 位。全部正確分類的百分比為 88.0%。整體分類正確性的求法如下：

表 13-55　分類結果(a)

生活壓力			預測的各組成員			總和
			高度生活壓力	中度生活壓力	低度生活壓力	
原始的	個數	高度生活壓力	14	0	0	14
		中度生活壓力	1	16	2	19
		低度生活壓力	0	3	14	17
	%	高度生活壓力	100.0	.0	.0	100.0
		中度生活壓力	5.3	84.2	10.5	100.0
		低度生活壓力	.0	17.6	82.4	100.0

a 88.0% 個原始組別觀察值已正確分類。

(14+16+14)÷50=0.880=88.0%

【表格範例】

由以上報表解析，可以將區別分析結果整理成以下二個表格

表 13-56　學生學業成就、人際關係、考試焦慮對不同生活壓力程度組之區別分析摘要表

自變項	標準化典型區別係數		結構係數		未標準化區別函數	
	第一函數	第二函數	第一函數	第二函數	第一函數	第二函數
學業成就	-.117	1.373	-.536	.605	-.013	.152
人際關係	-.411	-1.089	-.597	-.155	-.041	-.108
考試焦慮	.796	.100	.870	.009	.124	.015
截距					-2.489	-7.409
第一個區別函數： λ=3.169　Wilks' Λ=.192　卡方值=75.964***						
第二個區別函數： λ=.251　Wilks' Λ=.800　卡方值=10.289**						

** p<.01　*** p<.001

表 13-57　分類正確率交叉表

生活壓力	實際分類樣本	區別預測結果分類		
		高度生活壓力	中度生活壓力	低度生活壓力
高度生活壓力	14	14 100.0%	0 0.0%	0 0.0%
中度生活壓力	19	1 5.3%	16 84.2%	2 10.5%
低度生活壓力	17	0 0.0%	3 17.6%	14 82.4
總預測正確率=88.0%				

　　從上表 13-57 中可以發現學生學業成就、人際關係與考試焦慮三個自變項可以有效區別高職學生生活壓力高、中、低三個組別，有二個區別函數達到顯著，第一個區別函數的 Wilks' Λ為.192（p<.001）、第二個區別函數的 Wilks' Λ為.800（p<.01）。從標準化典型區別係數值而言，與第一區別函數相關較密切者為考試焦慮變項；與第二個區別函數相關較密切者為學業成就與人際關係變項，因而第一區別函數主要藉由考試焦慮而有效區別不

同生活壓力程度的學生樣本;以第二區別函數來看,對不同生活壓力程度組的區別分析中,則以學業成就與人際關係二個變項的區別力較高。

　　此外,從分類正確率交叉表來看,在 14 位高度生活壓力組樣本中被三個自變項區別分類正確的樣本有 14 位,分類正確預測率為 100.0%;在 19 位中度生活壓力組樣本中被三個自變項區別分類正確的樣本有 16 位,分類正確預測率為 84.2%;在 17 位低度生活壓力組樣本中被三個自變項區別分類正確的樣本有 14 位,分類正確預測率為 82.4%。就全體總預測率而言,三個自變項區別不同生活壓力組樣本的百分比為 88.0%,其區別力甚佳。

第十四章

探索性因素分析
實例解析

　　因素分析的操作程序一般分為探索性因素（exploratory factor analysis；EFA）與驗證性因素分析（confirmatory factor analysis；CFA），就探索性因素分析而言，就是檢核各量表的建構效度。探索性因素分析中的「探索」（exploratory）表示研究者在因素分析程序中可能要經由多次的因素分析程序，才能求出量表最佳的因素結構，此因素結構中，各因素是一個有意義的構面（或稱向度、面向或層面），構面包含的題項所測得的潛在特質或行為構念是十分相似的。一般在量表編製時，研究者會根據文獻或相關理論，將量表所要測得的構念分為幾個構面，再根據各構面的屬性編製 5 至 10 題的測量指標項目（題項），之後再經學者專家審核，建立專家效度，由於研究者在編製各測量題項時，其所歸屬的構面較為明確，因而在進行因素分析時可作為因素命名的主要依據。

　　編製完問卷初稿，經學者專家審核後研究問卷便已具有專家效度，專家效度也是內容效度的一種，主要是由專家學者及該領域實務工作者就各構面所包含測量題項的適切性加以檢核，包括測量題項表達的意涵、題項詞句的通順與完整、題項所要測得的構面潛在特質是否適宜等。研究者統整專家學者的提供的意見後，對量表構面的測量題項進行適度的修正，修正完後問卷會較之前研究者編製的問卷更為周延，此時研究者必須進行問卷預試程序。在問卷預試樣本的選取上，若是研究者要進行探索性因素分析，且研究的母群體為一般群體，預試樣本的人數最好為量表測量題項總數的 5 倍以上，預試樣本人數若是為量表測量題項數的 5 至 10 倍間，則探索性因素分析結果之因素結構會較為穩定，即因素分析程序萃取之共同因素及因素構面所包含的測量題項會與原先研究者編製的架構較為接近。

　　多數的探索性因素分析均必須多次的「探索」與「試探」程序，才能發掘較佳的因素結構。較適宜的因素結構即測量題項萃取的共同因素構面名稱與原先研究者編製的大致相同；此外，萃取共同因素保留的測量題項與原先研究者編製的題項歸類（歸於那個構面）的內容差異最小，探索性因素中的最佳分析結構研究者必須經多次試探比較後才能找出，而非是進行一、二次因素分析即可獲得。預試問卷分析中，研究者首應進行「項目分析」，項目分析即個別題項的適切性分析，就測驗與評量的觀點而言，量表的項目分析類似成就測驗的鑑別度分析，一個良好的評量試題必須具有高的鑑別度（即高分組在測量試題答對的百分比必須顯著地高於低分組在測量試題答對的百分比）。量表項目分析的程序即從統計分析的觀點，篩選較為適切性的測量題項，篩選出的測量題項再納入因素分析的程序，

這些經項目分析保留的測量題項並不一定全部是正式問卷的題項，因為在因素分析與信度考驗中均有可能再將測量題項刪除，尤其是因素分析的程序。

　　量表問卷預試過程分析流程如下：在項目分析與因素分析的程序，研究者可能會刪除部分的測量題項，在信度考驗時有時研究者會再從各構面中刪除少數的測量題項。一般而言，在項目分析程序中，若研究者也把測量題項刪除後的內部一致性α係數的變化情形作為項目分析的指標之一，則在信度考驗時再刪題的機會就很低。信度檢核時，研究者除進行量表各構面（共同因素）的內部一致性α係數考驗外，也要同時考驗各構面加總後之總量表的內部一致性α係數，構面（向度／層面）信度指標的判別方面，較適宜的指標值為α係數大於.70 以上，較為寬鬆的指標值為α係數在.60 以上。

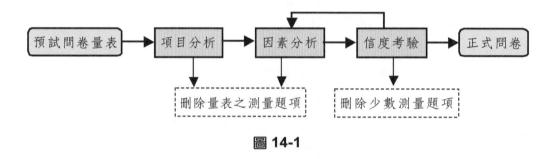

圖 14-1

　　預試問卷分析的三個階段中，對多數研究者而言最感困擾與不易的是第二階段因素分析的程序（項目分析與信度考驗較為簡易），因為多數研究者對探索性因素分析程序的內涵沒有真正了解，以為探索性因素分析只要進行一次或二次即可求出量表的建構效度，結果多數研究者會發現量表的因素結構雖然出現，但萃取共同因素包含的測量題項與研究者原先編製者並未完全符合，有些共同因素由於包含測量題項的差異過大，甚至無法命名，或是共同因素包含的測量題項變數並未與研究者之前歸類的題項相同等，此種現象，在預試樣本對象不多或量表題項變數較多的情況下愈容易出現。其實，此種現象在探索性因素分析程序中是常見的輸出結果，因為預試樣本個數在非大樣本的情況下，因素結構會較不穩定，為發掘較適宜的因素結構，研究者必須不斷地試探與嘗試，反覆地增刪測量題項變數，才能找出一個具最佳建構效度的因素結構。

　　在探索性因素分析程序中，如果研究者經由反覆試探與嘗試還是無法找出一個與研究者原先編製量表構面符合的因素結構，此時，研究者可改為以量表各因素構面所包含的測量題項變數進行單一構面的因素分析，此

種程序中研究者可將萃取共同因素的個數限定為「1」，之後，再依因素結構中測量題項因素負荷量的高低值，保留因素負荷量較高的測量題項，每個構面可保留 3 至 6 個測量題項，總量表的測量題項保留在 20 至 25 題間較為適宜。

探索性因素分析的流程如下：

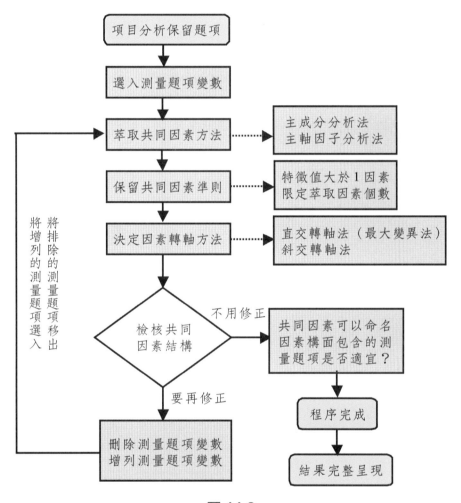

圖 14-2

探索性因素分析的程序中，研究者必須將未符合項目分析指標的測量題項排除，之後再將符合項目分析指標值的題項變數納入因素分析中。在因素分析程序中，研究者首要考量的是萃取共同因素的方法，其中常用的二種方法為主成分分析法與主軸因素分析法，第二要考量的是決定保留共同因素的準則，二種常用的方法一為保留特徵值大於 1 的因素（此為因素分析內定選項）；二為限定萃取共同因素的個數，如研究者在量表編製之

初，很明確地將量表劃分爲四個構面向度，則進行因素分析時，可直接限定共同因素的個數爲 4 個；第三要考量的是決定因素轉軸的方法，二種轉軸法分別爲直交轉軸法與斜交轉軸法，如果因素構面間沒有相關，或因素構面的相關很低，或因素間的夾角大致呈直角，則研究者可採直交轉軸法，在直交轉軸法的方法中最常用者爲最大變異法，若是研究者認定因素構面間有某種程度的相關，則必須採用斜交轉軸法；第四要考量的是因素結構的檢核，各共同因素包含的題項變數是否與原先研究者編製的測量題項相同，若是一個共同因素包含不同構面向度的題項變數，則研究者必須逐題刪除測量題項，再進行因素程序，重新檢核新的因素結構，由於每增刪一個題項變數，整個因素結構均會改變，因而研究者必須再進行因素分析程序，否則無法得知新的因素結構中共同因素所包含的測量題項。

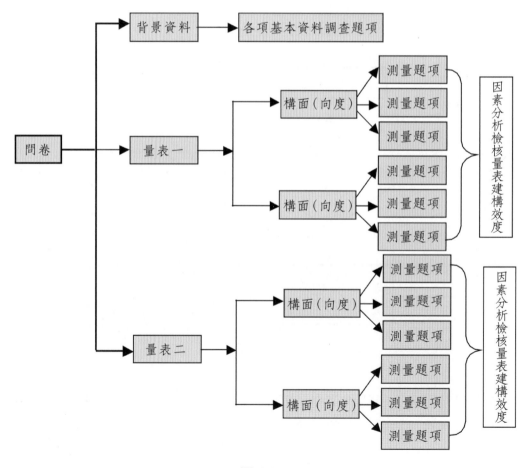

圖 14-3

　　問卷、量表、構面及測量題項的架構圖下，一份問卷中可能包含二至四種不同的量表，這些量表彼此間是獨立的，因而量表因素分析的進行與量表建構效度的檢核必須是以「量表」為分析單位，而量表中經項目分析保留的測量題項均可作為因素分析的題項變數，研究者不能將問卷中所包含的不同量表之測量題項變數一次同時納入因素分析的程序中。

　　下列為一份校長情境領導量表，研究者根據相關理論，建構的校長情境領導構念及四個構面向度如下（測量題項取自葉東興之預試問卷，2009）：

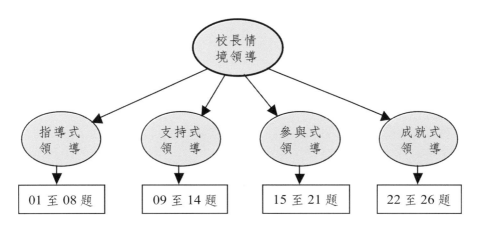

圖 **14-4**

表 **14-1**　校長情境領導量表

	非常不同意	少部分同意	一半同意	大部分同意	非常同意
1. 校長具有強烈的動機及責任感。	☐	☐	☐	☐	☐
2. 校長對教師教學任務的要求有明確的規範與準則	☐	☐	☐	☐	☐
3. 校長的理念能讓教師們充分了解他對教師的期望	☐	☐	☐	☐	☐
4. 校長能預見學校未來發展的藍圖，並提出能完成發展藍圖的計畫時間表	☐	☐	☐	☐	☐
5. 校長為了學校，會努力改善學校現況	☐	☐	☐	☐	☐
6. 校長為了學校並提出前瞻性的計畫需求	☐	☐	☐	☐	☐
7. 校長會主動分享學校未來發展願景的做法與想法	☐	☐	☐	☐	☐
8. 校長會明確地說明學校的行政決策	☐	☐	☐	☐	☐
9. 校長待人親切和氣，給人好感	☐	☐	☐	☐	☐

表 14-1　校長情境領導量表（續）

	非常不同意	少部分同意	一半同意	大部分同意	非常同意
10. 校長時時關心全校師生的福利措施與需求⋯⋯⋯⋯⋯	☐	☐	☐	☐	☐
11. 校長對工作認真的同仁，給予支持與鼓勵⋯⋯⋯⋯⋯	☐	☐	☐	☐	☐
12. 校長對教師在教學工作上的良好表現，會給予實質獎勵 ⋯⋯⋯⋯⋯⋯⋯⋯⋯⋯⋯⋯⋯⋯⋯⋯⋯⋯⋯⋯⋯⋯⋯	☐	☐	☐	☐	☐
13. 校長對教師的需求，會儘量給予幫忙⋯⋯⋯⋯⋯⋯⋯	☐	☐	☐	☐	☐
14. 校長真誠待人，能得到同仁的認同⋯⋯⋯⋯⋯⋯⋯⋯	☐	☐	☐	☐	☐
15. 校長會讓教師參與討論，接納不同意見並彙整，以形成共識	☐	☐	☐	☐	☐
16. 校長會兼顧各方面的需求，建立一個共同參與、透明平等的校風	☐	☐	☐	☐	☐
17. 校長常關懷教師對教育工作積極參與⋯⋯⋯⋯⋯⋯⋯	☐	☐	☐	☐	☐
18. 校長常鼓勵有專長的教師，積極參與校務的決定⋯⋯	☐	☐	☐	☐	☐
19. 無論是課程教學或是各項行政事務，校長總是會徵求同仁的意見 ⋯⋯⋯⋯⋯⋯⋯⋯⋯⋯⋯⋯⋯⋯⋯⋯⋯	☐	☐	☐	☐	☐
20. 校長讓同仁參與表達出學校的共同目標與願景⋯⋯⋯	☐	☐	☐	☐	☐
21. 校長能充分授權並分層負責，讓教師有專業自主的空間 ⋯⋯⋯⋯⋯⋯⋯⋯⋯⋯⋯⋯⋯⋯⋯⋯⋯⋯⋯⋯⋯⋯⋯	☐	☐	☐	☐	☐
22. 校長會設定目標，鼓勵教師以積極進取的態度來完成 ⋯⋯⋯⋯⋯⋯⋯⋯⋯⋯⋯⋯⋯⋯⋯⋯⋯⋯⋯⋯⋯⋯⋯	☐	☐	☐	☐	☐
23. 校長常有創意的想法，引導教師多元角度思考問題⋯⋯	☐	☐	☐	☐	☐
24. 校長會透過各種學習機會，讓教師了解自己的潛能發揮長才	☐	☐	☐	☐	☐
25. 校長在教學上或行政上，鼓勵教師勇於挑戰與創新⋯⋯	☐	☐	☐	☐	☐
26. 校長本身會不斷地吸取新知，並鼓勵教師在有效教學中獲得自我實現。⋯⋯⋯⋯⋯⋯⋯⋯⋯⋯⋯⋯⋯⋯⋯	☐	☐	☐	☐	☐

表 14-2　校長情境領導量表測量題項之描述性統計量摘要表

	個數	最小值	最大值	平均數	標準差	偏態		峰度	
	統計量	統計量	統計量	統計量	統計量	統計量	標準誤	統計量	標準誤
AA01 指導式	123	1	5	3.58	1.159	-.592	.218	-.508	.433
AA02 指導式	123	1	5	3.48	1.104	-.412	.218	-.659	.433
AA03 指導式	123	1	5	3.49	1.066	-.421	.218	-.608	.433
AA04 指導式	123	1	5	3.29	1.114	-.350	.218	-.555	.433
AA05 指導式	123	1	5	3.54	1.125	-.394	.218	-.671	.433
AA06 指導式	123	1	5	3.36	1.117	-.353	.218	-.679	.433
AA07 指導式	123	1	5	3.39	1.164	-.237	.218	-.917	.433
AA08 指導式	123	1	5	3.44	1.146	-.462	.218	-.697	.433
AB09 支持式	123	1	5	3.75	1.157	-.817	.218	.002	.433
AB10 支持式	123	1	5	3.38	1.083	-.222	.218	-.665	.433
AB11 支持式	123	1	5	3.56	1.049	-.380	.218	-.421	.433
AB12 支持式	123	1	5	3.28	1.098	-.097	.218	-.833	.433
AB13 支持式	123	1	5	3.49	1.035	-.057	.218	-.787	.433
AB14 支持式	123	1	5	3.43	1.095	-.240	.218	-.657	.433
AC15 參與式	123	1	5	3.46	1.081	-.358	.218	-.575	.433
AC16 參與式	123	1	5	3.47	1.027	-.130	.218	-.767	.433
AC17 參與式	123	1	5	3.40	1.046	-.250	.218	-.619	.433
AC18 參與式	123	1	5	3.22	1.037	-.139	.218	-.515	.433
AC19 參與式	123	1	5	3.29	1.061	-.444	.218	-.260	.433
AC20 參與式	123	1	5	3.35	1.032	-.201	.218	-.610	.433
AC21 參與式	123	1	5	3.64	1.041	-.653	.218	.016	.433
AD22 成就式	123	1	5	3.34	.948	-.208	.218	-.362	.433
AD23 成就式	123	1	5	3.16	1.112	-.255	.218	-.699	.433
AD24 成就式	123	1	5	3.15	1.022	-.112	.218	-.595	.433
AD25 成就式	123	1	5	3.29	1.061	-.361	.218	-.355	.433
AD26 成就式	123	1	5	3.37	1.118	-.444	.218	-.579	.433

探索性因素分析實例解析

表 14-3　變數間的相關矩陣摘要表 I

	AA01 指導	AA02 指導	AA03 指導	AA04 指導	AA05 指導	AA06 指導	AA07 指導	AA08 指導	AB09 支持
AA01 指導	1	.877	.844	.820	.781	.814	.810	.751	.513
AA02 指導	.877	1	.844	.764	.778	.790	.784	.765	.545
AA03 指導	.844	.844	1	.810	.774	.809	.810	.796	.652
AA04 指導	.820	.764	.810	1	.787	.863	.821	.752	.541
AA05 指導	.781	.778	.774	.787	1	.815	.763	.792	.642
AA06 指導	.814	.790	.809	.863	.815	1	.900	.798	.546
AA07 指導	.810	.784	.810	.821	.763	.900	1	.847	.597
AA08 指導	.751	.765	.796	.752	.792	.798	.847	1	.665
AB09 支持	.513	.545	.652	.541	.642	.546	.597	.665	1
AB10 支持	.704	.703	.732	.715	.709	.692	.720	.735	.693
AB11 支持	.655	.721	.706	.679	.690	.695	.672	.673	.624
AB12 支持	.610	.651	.623	.689	.703	.758	.746	.708	.515
AB13 支持	.638	.647	.703	.692	.727	.713	.752	.730	.685
AB14 支持	.661	.648	.738	.662	.720	.684	.697	.756	.805
AC15 參與	.626	.640	.745	.685	.684	.706	.731	.744	.755
AC16 參與	.678	.688	.784	.717	.705	.745	.750	.756	.688
AC17 參與	.681	.713	.765	.708	.671	.677	.720	.721	.693
AC18 參與	.664	.659	.733	.746	.677	.710	.751	.725	.669
AC19 參與	.641	.705	.727	.696	.661	.720	.736	.722	.682
AC20 參與	.686	.744	.745	.758	.646	.751	.766	.735	.658
AC21 參與	.566	.607	.683	.607	.601	.625	.610	.641	.762
AD22 成就	.654	.688	.750	.727	.646	.720	.732	.758	.655
AD23 成就	.652	.664	.686	.736	.728	.712	.742	.715	.695
AD24 成就	.627	.671	.709	.682	.693	.693	.689	.729	.635
AD25 成就	.661	.684	.742	.724	.682	.727	.729	.709	.621
AD26 成就	.626	.660	.729	.663	.687	.662	.677	.679	.693

表 14-4　變數間的相關矩陣摘要表 II

	AB10 支持	AB11 支持	AB12 支持	AB13 支持	AB14 支持	AC15 參與	AC16 參與	AC17 參與	AC18 參與
AA01 指導	.704	.655	.610	.638	.661	.626	.678	.681	.664
AA02 指導	.703	.721	.651	.647	.648	.640	.688	.713	.659
AA03 指導	.732	.706	.623	.703	.738	.745	.784	.765	.733
AA04 指導	.715	.679	.689	.692	.662	.685	.717	.708	.746
AA05 指導	.709	.690	.703	.727	.720	.684	.705	.671	.677
AA06 指導	.692	.695	.758	.713	.684	.706	.745	.677	.710
AA07 指導	.720	.672	.746	.752	.697	.731	.750	.720	.751
AA08 指導	.735	.673	.708	.730	.756	.744	.756	.721	.725
AB09 支持	.693	.624	.515	.685	.805	.755	.688	.693	.669
AB10 支持	1	.834	.721	.754	.724	.747	.788	.827	.750
AB11 支持	.834	1	.757	.727	.716	.734	.787	.736	.655
AB12 支持	.721	.757	1	.714	.661	.691	.723	.657	.701
AB13 支持	.754	.727	.714	1	.797	.767	.777	.735	.717
AB14 支持	.724	.716	.661	.797	1	.817	.788	.780	.740
AC15 參與	.747	.734	.691	.767	.817	1	.868	.759	.766
AC16 參與	.788	.787	.723	.777	.788	.868	1	.793	.780
AC17 參與	.827	.736	.657	.735	.780	.759	.793	1	.788
AC18 參與	.750	.655	.701	.717	.740	.766	.780	.788	1
AC19 參與	.715	.668	.695	.727	.758	.783	.797	.758	.805
AC20 參與	.767	.711	.707	.721	.729	.789	.818	.773	.839
AC21 參與	.747	.665	.527	.726	.712	.700	.742	.681	.673
AD22 成就	.718	.688	.678	.697	.773	.743	.776	.746	.782
AD23 成就	.772	.659	.687	.721	.750	.716	.744	.712	.766
AD24 成就	.727	.664	.657	.684	.742	.689	.738	.727	.759
AD25 成就	.708	.683	.645	.727	.751	.762	.782	.743	.783
AD26 成就	.743	.711	.596	.744	.761	.743	.755	.799	.722

表 14-5　變數間的相關矩陣摘要表 III

	AC19 參與	AC20 參與	AC21 參與	AD22 成就	AD23 成就	AD24 成就	AD25 成就	AD26 成就
AA01 指導	.641	.686	.566	.654	.652	.627	.661	.626
AA02 指導	.705	.744	.607	.688	.664	.671	.684	.660
AA03 指導	.727	.745	.683	.750	.686	.709	.742	.729
AA04 指導	.696	.758	.607	.727	.736	.682	.724	.663
AA05 指導	.661	.646	.601	.646	.728	.693	.682	.687
AA06 指導	.720	.751	.625	.720	.712	.693	.727	.662
AA07 指導	.736	.766	.610	.732	.742	.689	.729	.677
AA08 指導	.722	.735	.641	.758	.715	.729	.709	.679
AB09 支持	.682	.658	.762	.655	.695	.635	.621	.693
AB10 支持	.715	.767	.747	.718	.772	.727	.708	.743
AB11 支持	.668	.711	.665	.688	.659	.664	.683	.711
AB12 支持	.695	.707	.527	.678	.687	.657	.645	.596
AB13 支持	.727	.721	.726	.697	.721	.684	.727	.744
AB14 支持	.758	.729	.712	.773	.750	.742	.751	.761
AC15 參與	.783	.789	.700	.743	.716	.689	.762	.743
AC16 參與	.797	.818	.742	.776	.744	.738	.782	.755
AC17 參與	.758	.773	.681	.746	.712	.727	.743	.799
AC18 參與	.805	.839	.673	.782	.766	.759	.783	.722
AC19 參與	1	.878	.718	.780	.737	.761	.855	.765
AC20 參與	.878	1	.728	.798	.779	.759	.819	.741
AC21 參與	.718	.728	1	.698	.653	.651	.711	.768
AD22 成就	.780	.798	.698	1	.826	.769	.780	.747
AD23 成就	.737	.779	.653	.826	1	.823	.737	.769
AD24 成就	.761	.759	.651	.769	.823	1	.807	.771
AD25 成就	.855	.819	.711	.780	.737	.807	1	.821
AD26 成就	.765	.741	.768	.747	.769	.771	.821	1

　　若是研究者以「校長情境領導量表」所有的題項進行因素分析，經多次探索刪題結果，量表的因素構面還是無法合理命名，或因素構面所包含的測量題項與原先的差異很大，研究者可採用以各因素構面的測量題項進行單因素構面的因素分析，此種單因素構面因素分析的圖示如下：

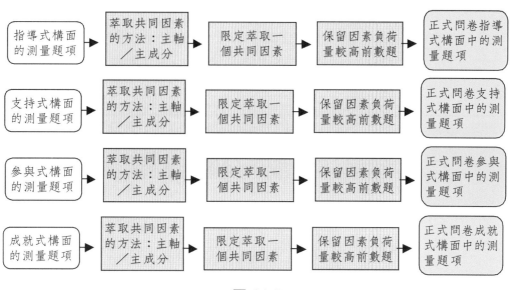

圖 14-5

上述問卷題項的編碼共有四種：以第一題測量題項的變數編碼爲例：「AA01 指導式」，其中第一個字母 A「表示」問卷中的第一份量表（校長情境領導量表），第二個字「A」表示此測量題項爲量表中的第一個構面（指導式領導向度），數字「01」表示量表預試之測量題項的編號（第一題），「指導式」爲構面名稱，便於因素結構的解讀，最後加註之文字向度名稱也可以省略，變數名稱可簡化爲「AA01」。再以「AD22 成就式」變數爲例，此測量題項爲校長情境領導量表（編碼 A）的第四個構面向度（編碼 D），變數相對應的測量題項編號爲第 22 題，此向度名稱爲「校長成就式領導」。

14-1 探索性因素分析的步驟

1. 執行功能列「分析(A)」／「資料縮減(D)」／「因子(F)」程序，開啓「因子分析」對話視窗→在左邊變數清單中將校長情境領導 26 個題變數選入右邊「變數(V)」下的方格中。

2. 按『描述性統計量(D)』鈕，開啓「因子分析：描述性統計量」次對話視窗，勾選「☑KMO 與 Bartlett 的球形檢定(K)」與「☑反映像(A)」選項→按『繼續』鈕，回到「因子分析」對話視窗。

3. 按『萃取(E)』鈕，開啓「因子分析：萃取」次對話視窗，在「萃取」方盒中選取「⊙因子個數(N)」選項，後面空格輸入 4（限定抽取四個

共同因素）→按『繼續』鈕，回到「因子分析」對話視窗。

4. 按『轉轉法(T)』鈕，開啓「因子分析：轉軸法」次對話視窗，在「方法」方盒中選取「⊙最大變異法(V)」選項→按『繼續』鈕，回到「因子分析」對話視窗。

按『選項(O)』鈕，開啓「因子分析：選項」次對話視窗，在「係數顯示格式」，方盒中勾選取「☑依據因素負荷排序(S)」選項→按『繼續』鈕，回到「因子分析」對話視窗→按『確定』鈕（若沒有勾選「☑依據因素負荷排序(S)」選項，則依題項變數被選入的順序輸出結果）。

一、全部題項均納入

表 14-6　KMO 與 Bartlett 檢定

Kaiser-Meyer-Olkin 取樣適切性量數。		.952
Bartlett 球形檢定	近似卡方分配	4232.968
	自由度	325
	顯著性	.000

取樣適當性量數 KMO 值爲.952，指標值大於.900，表示變項間有共同因素存在，量表題項適合進行因素分析。

表 14-7　解說總變異量

成分	初始特徵值			平方和負荷量萃取			轉軸平方和負荷量		
	總和	變異數的%	累積%	總和	變異數的%	累積%	總和	變異數的%	累積%
1	19.061	73.312	73.312	19.061	73.312	73.312	6.795	26.135	26.135
2	1.238	4.763	78.074	1.238	4.763	78.074	6.057	23.298	49.432
3	.666	2.563	80.637	.666	2.563	80.637	5.681	21.851	71.283
4	.608	2.340	82.977	.608	2.340	82.977	3.040	11.694	82.977
萃取法：主成分分析。									

限定萃取四個共同因素時，轉軸前四個共同因素的特徵值分別爲 19.061、1.238、.666、.608，採用直交轉軸之最大變異法後，四個共同因素的特徵值分別爲 6.795、6.057、5.681、3.040，四個共同因素可以解釋測量題項82.977%的變異量。

表 14-8　轉軸後的成分矩陣(a)

	成分			
	1	2	3	4
AA01 指導式	.855	.264	.273	.159
AA02 指導式	.787	.313	.305	.194
AA06 指導式	.738	.396	.212	.366
AA03 指導式	.728	.364	.447	.136
AA04 指導式	.721	.436	.221	.285
AA05 指導式	.699	.240	.397	.324
AA07 指導式	.698	.424	.253	.356
AA08 指導式	.630	.377	.396	.311
AD25 成就式	.390	.710	.393	.191
AC19 參與式	.352	.703	.406	.254
AC20 參與式	.403	.688	.363	.302
AD24 成就式	.373	.676	.373	.229
AC18 參與式	.379	.667	.367	.306
AD22 成就式	.394	.660	.392	.251
AD23 成就式	.389	.616	.396	.299
AB09 支持式	.242	.301	.819	.151
AC21 參與式	.296	.397	.730	.122
AB14 支持式	.362	.417	.658	.290
AD26 成就式	.347	.549	.598	.160
AC15 參與式	.331	.455	.577	.399
AB13 支持式	.384	.351	.558	.452
AB10 支持式	.410	.354	.554	.465
AC17 參與式	.407	.466	.549	.302
AC16 參與式	.385	.486	.519	.425
AB12 支持式	.394	.388	.186	.757
AB11 支持式	.400	.246	.504	.594

萃取方法：主成分分析。

　　第二個共同因素中，包含「成就式領導」與「參與式領導」測量題項，共同因素二中由於第 25 題（AD25）的因素負荷量最大，因而考慮先將之刪除。在一個因同因素中若是包含不同向度的測量題項，研究者可保留測量題項較多的構面，而刪除非歸屬於這個構面的測量題項，刪除時最好刪除非歸屬於原構面中因素負荷量最大的測量題項，因為因素負荷量最大表示此測量題項與此共同因素關係最為密切，若將此種測量題項刪除後，整個共同因素的因素結構會重新調整。範例中共同因素二包含成就式領導構面四個測量題項，參與式領導構面三個測量題項，依照上述刪題原則研究者可刪除第 19 題（AC19），但第三個共同因素中也有成就式領導構面的測量

題項，研究者在探索中也可刪除第 25 題（AD25）。

在刪題過程中，不同的刪題程序或刪除之題項變數不同，所獲得的因素結構可能也會不同，因而若是研究者刪除某個測量題項變數後，發現因素結構的解釋更為不易，可把原來被刪除的題項變數重新納入，再刪除別的題項變數。此外，若是一個測量題項在二個共同因素轉軸後的共同因素負荷量均大於.45，此題項變數是否刪除，研究者可自行判別，若是將此題項變數歸之於其中一個共同因素，而符合研究者原先編製的理論架構，則此測量題項也可保留。

二、刪除題項第 25 題（AD25）

表 14-9　轉軸後的成分矩陣(a)

	成分			
	1	2	3	4
AA01 指導式	.856	.283	.240	.168
AA02 指導式	.789	.321	.282	.207
AA06 指導式	.739	.225	.388	.363
AA03 指導式	.731	.466	.325	.147
AA04 指導式	.722	.239	.429	.278
AA05 指導式	.701	.396	.225	.326
AA07 指導式	.699	.264	.429	.342
AA08 指導式	.630	.401	.383	.294
AB09 支持式	.243	.820	.288	.140
AC21 參與式	.302	.757	.329	.147
AB14 支持式	.366	.671	.390	.289
AD26 成就式	.355	.641	.471	.186
AC15 參與式	.335	.594	.423	.404
AC17 參與式	.409	.571	.435	.309
AB13 支持式	.387	.567	.317	.464
AB10 支持式	.410	.560	.334	.473
AC16 參與式	.388	.541	.451	.435
AC18 參與式	.380	.399	.666	.283
AC20 參與式	.406	.404	.666	.294
AD22 成就式	.396	.424	.661	.226
AC19 參與式	.359	.455	.654	.259
AD24 成就式	.378	.414	.652	.216
AD23 成就式	.388	.417	.642	.259
AB12 支持式	.392	.184	.413	.743
AB11 支持式	.403	.507	.201	.626

第二個共同因素中，包含「支持式領導」、「成就式領導」與「參與式領導」三個構面的測量題項，第四個共同因素均為「支持式領導」題項。共同因素二中「支持式領導」構面測量題項有四題、「參與式領導」構面測量題項有四題、「成就式領導」構面測量題項有一題，共同因素的因素結構和之前完全不同，共同因素二中因素負荷量最大的測量題項為第 9 題，由於第 9 題（AB9）的因素負荷量最大，因而考慮將之刪除。

三、刪除題項第 9 題（AB09）

表 14-10　轉軸後的成分矩陣(a)

	成分			
	1	2	3	4
AA01 指導式	.853	.249	.313	.138
AA02 指導式	.789	.281	.370	.155
AA06 指導式	.728	.397	.226	.382
AA03 指導式	.726	.364	.464	.106
AA04 指導式	.716	.431	.248	.277
AA07 指導式	.688	.451	.237	.373
AA05 指導式	.686	.285	.350	.353
AA08 指導式	.615	.442	.338	.327
AD22 成就式	.387	.690	.390	.214
AC18 參與式	.376	.688	.365	.276
AD23 成就式	.380	.687	.342	.282
AD24 成就式	.368	.682	.379	.206
AC19 參與式	.354	.679	.432	.232
AC20 參與式	.405	.668	.413	.253
AC21 參與式	.293	.407	.742	.058
AD26 成就式	.343	.519	.656	.101
AB11 支持式	.393	.192	.640	.512
AB10 支持式	.403	.347	.635	.378
AC17 參與式	.403	.458	.613	.221
AB14 支持式	.347	.489	.588	.286
AC16 參與式	.373	.478	.579	.372
AB13 支持式	.363	.375	.573	.432
AC15 參與式	.319	.487	.564	.381
AB12 支持式	.378	.386	.247	.749

第二個共同因素中，包含「成就式領導」與「參與式領導」二個構面的測量題項，共同因素二中由於第 22 題（AD22）的因素負荷量最大，因而考慮先將之刪除。（此步驟中由於共同因素四只包含支持式領導一個測量題項，研究者也可以考慮先將共同因素四中的第 12 題刪除）。

四、刪除題項第 22 題（AD22）

表 14-11　轉軸後的成分矩陣(a)

	成分			
	1	2	3	4
AA01 指導式	.854	.320	.228	.147
AA02 指導式	.792	.380	.251	.167
AA03 指導式	.730	.479	.329	.120
AA06 指導式	.730	.230	.393	.382
AA04 指導式	.719	.259	.418	.279
AA07 指導式	.690	.243	.450	.370
AA05 指導式	.684	.347	.284	.356
AA08 指導式	.620	.351	.417	.334
AC21 參與式	.298	.759	.368	.075
AD26 成就式	.347	.677	.488	.112
AB10 支持式	.405	.641	.319	.394
AB11 支持式	.396	.639	.147	.540
AC17 參與式	.406	.627	.432	.231
AB14 支持式	.352	.606	.453	.300
AC16 參與式	.376	.589	.455	.381
AB13 支持式	.363	.570	.368	.439
AC15 參與式	.321	.570	.476	.386
AC18 參與式	.379	.385	.687	.269
AC19 參與式	.357	.450	.678	.225
AD24 成就式	.374	.410	.661	.206
AC20 參與式	.409	.434	.660	.249
AD23 成就式	.388	.378	.648	.289
AB12 支持式	.379	.243	.384	.751

第二個共同因素中，包含「支持式領導」、「成就式領導」與「參與式領導」三個構面的測量題項，共同因素無法命名，共同因素二中由於第

21 題（AC21）的因素負荷量最大，因而考慮先將之刪除。

五、刪除題項第 21 題（AC21）

表 14-12　轉軸後的成分矩陣(a)

	成分			
	1	2	3	4
AC19 參與式	.752	.359	.286	.258
AC18 參與式	.734	.380	.261	.289
AD24 成就式	.724	.382	.292	.180
AC20 參與式	.723	.410	.285	.284
AD23 成就式	.691	.390	.285	.283
AD26 成就式	.661	.357	.515	.020
AC15 參與式	.590	.310	.517	.310
AB14 支持式	.588	.348	.537	.197
AC17 參與式	.585	.407	.570	.075
AC16 參與式	.574	.367	.533	.305
AA01 指導式	.285	.852	.297	.116
AA02 指導式	.325	.792	.352	.116
AA03 指導式	.438	.732	.390	.074
AA06 指導式	.381	.716	.213	.450
AA04 指導式	.428	.713	.217	.319
AA07 指導式	.444	.677	.219	.424
AA05 指導式	.325	.674	.371	.315
AA08 指導式	.456	.611	.319	.334
AB11 支持式	.283	.378	.742	.335
AB10 支持式	.456	.400	.634	.251
AB13 支持式	.477	.349	.539	.377
AB12 支持式	.349	.348	.392	.710

　　共同因素四中只包含一個測量題項（AB12），共同因素包含的測量指標項目少於三題，因而第 12 題（AB12）可考慮刪除（在因素分析中每個構面最少的測量題項要有三題以上）。

六、刪除題項第 12 題（AB12）

表 14-13　轉軸後的成分矩陣(a)

	成分			
	1	2	3	4
AA01 指導式	.839	.315	.240	.166
AA02 指導式	.779	.372	.301	.141
AA06 指導式	.769	.264	.332	.323
AA04 指導式	.736	.262	.372	.300
AA07 指導式	.723	.277	.393	.329
AA03 指導式	.704	.424	.360	.216
AA05 指導式	.687	.374	.107	.501
AA08 指導式	.632	.360	.318	.414
AB11 支持式	.424	.775	.230	.182
AB10 支持式	.414	.669	.346	.300
AC17 參與式	.380	.612	.480	.265
AC16 參與式	.393	.606	.507	.279
AC15 參與式	.336	.596	.504	.309
AB13 支持式	.382	.584	.282	.477
AB14 支持式	.335	.573	.350	.506
AD26 成就式	.301	.534	.409	.500
AC20 參與式	.428	.374	.730	.245
AC19 參與式	.366	.368	.708	.316
AC18 參與式	.392	.338	.674	.355
AD23 成就式	.383	.313	.433	.655
AD24 成就式	.351	.314	.471	.622

　　第二個共同因素中主要的題項為「支持式領導」構面，第三個共同因素全部為「參與式領導」構面的測量題項，因而共同因素二中之「參與式領導」構面的題項可考慮刪除，其中第 17 題（AC17）的因素負荷量最大，因而考慮將之刪除。

七、刪除題項第 17 題（AC17）

表 14-14　KMO 與 Bartlett 檢定

Kaiser-Meyer-Olkin 取樣適切性量數。		.956
Bartlett 球形檢定	近似卡方分配	3182.041
	自由度	190
	顯著性	.000

取樣適當性量數 KMO 值為.952，指標值大於.900，表示變項間有共同因素存在，量表題項適合進行因素分析，刪除題項變數「AD25 成就式」、「AB09 支持式」、「AD22 成就式」、「AC21 參與式」、「AB12 支持式」、「AC17 參與式」六個題項後，保留之二十個題項變數間有共同因素存在。

表 14-15　共同性

測量題項	初始	萃取
AA1 指導式	1.000	.885
AA2 指導式	1.000	.840
AA3 指導式	1.000	.846
AA4 指導式	1.000	.839
AA5 指導式	1.000	.846
AA6 指導式	1.000	.873
AA7 指導式	1.000	.866
AA8 指導式	1.000	.791
AB10 支持式	1.000	.818
AB11 支持式	1.000	.861
AB13 支持式	1.000	.784
AB14 支持式	1.000	.803
AC15 參與式	1.000	.873
AC16 參與式	1.000	.880
AC18 參與式	1.000	.844
AC19 參與式	1.000	.872
AC20 參與式	1.000	.897
AD23 成就式	1.000	.884
AD24 成就式	1.000	.877
AD26 成就式	1.000	.809

最後二十題的共同性，其數值介於.784 至.897 中間，表示每個測量變項對共同因素的影響均十分重要。

表 14-16　解說總變異量

成分	初始特徵值			平方和負荷量萃取			轉軸平方和負荷量		
	總和	變異數的%	累積%	總和	變異數的%	累積%	總和	變異數的%	累積%
1	14.975	74.873	74.873	14.975	74.873	74.873	6.178	30.890	30.890
2	1.017	5.083	79.956	1.017	5.083	79.956	4.112	20.559	51.449
3	.542	2.712	82.668	.542	2.712	82.668	3.672	18.362	69.811
4	.455	2.273	84.942	.455	2.273	84.942	3.026	15.130	84.942

　　限定萃取四個共同因素時，轉軸前四個共同因素的特徵值分別為14.975、1.017、.542、.455，採用直交轉軸之最大變異法後，四個共同因素的特徵值分別為6.178、4.112、3.672、3.026，四個共同因素可以解釋二十個測量題項84.942%的變異量。

表 14-17　轉軸後的成分矩陣(a)（依據因素負荷量大小排序）

測量題項	成分			
	1	2	3	4
AA1 指導式	.844#	.287	.217	.207
AA2 指導式	.783#	.331	.252	.232
AA6 指導式	.772#	.280	.364	.257
AA4 指導式	.743#	.250	.360	.310
AA7 指導式	.728#	.285	.431	.262
AA3 指導式	.711#	.396	.358	.238
AA5 指導式	.699#	.409	.119	.420
AA8 指導式	.641#	.379	.360	.327
AB11 支持式	.424	.764#	.221	.222
AB10 支持式	.425	.631#	.295	.390
AB13 支持式	.391	.622#	.350	.350
AC15 參與式	.336	.610	.583#	.218
AC16 參與式	.394	.602	.547#	.251
AB14 支持式	.348	.592#	.394	.419
AC20 參與式	.427	.334	.700#	.337
AC19 參與式	.367	.342	.696#	.368
AC18 參與式	.400	.302	.647#	.417
AD24 成就式	.366	.306	.378	.712#
AD23 成就式	.396	.323	.363	.701#
AD26 成就式	.318	.509	.349	.572#

第 15 題與第 16 題（AC15 參與式、AC16 參與式）在共同因素二與共同因素三的因素負荷量均大於.45，這二個題項原先編製歸屬於「參與式領導」構面，因而研究者可優先將之歸於共同因素三（其因素負荷量分別爲.583、.547），若是共同因素三（參與式領導構面）的測量題項較多，這二個題項變數也可以考慮刪除，範例中，研究中要保留二十題的測量題項，因而這二個測量題項保留。第 26 題（AD26 成就式）題項變數在共同因素二與共同因素三的因素負荷量也均大於.45（在共同因素二的因素負荷量爲.509、在共同因素三的因素負荷量爲.572），此題項變數是否刪除，研究者也可自行決定。表中的輸出結果爲依照各共同因素之因素負荷量的大小排序出現。

表 14-18　轉軸後的成分矩陣(a)（依照題項順序排列）

測量題項	成　　分			
	1	2	3	4
AA1 指導式	.844	.287	.217	.207
AA2 指導式	.783	.331	.252	.232
AA3 指導式	.711	.396	.358	.238
AA4 指導式	.743	.250	.360	.310
AA5 指導式	.699	.409	.119	.420
AA6 指導式	.772	.280	.364	.257
AA7 指導式	.728	.285	.431	.262
AA8 指導式	.641	.379	.360	.327
AB10 支持式	.425	.631	.295	.390
AB11 支持式	.424	.764	.221	.222
AB13 支持式	.391	.622	.350	.350
AB14 支持式	.348	.592	.394	.419
AC15 參與式	.336	.610	.583	.218
AC16 參與式	.394	.602	.547	.251
AC18 參與式	.400	.302	.647	.417
AC19 參與式	.367	.342	.696	.368
AC20 參與式	.427	.334	.700	.337
AD23 成就式	.396	.323	.363	.701
AD24 成就式	.366	.306	.378	.712
AD26 成就式	.318	.509	.349	.572

　　「因子分析：選項」次對話視窗，在「係數顯示格式」方盒中取消勾選「☑依據因素負荷排序(S)」選項，則輸出結果會依題項順序輸出結果，

表中的數字為因素負荷量大小，一般因素負荷量大小的取捨標準為.45 以上，較為寬鬆的標準為因素負荷量數值在.40 以上，若一個測量題項在二個共同因素的因素負荷量均大於.45 以上，研究者可依據原先測量題項歸屬的構面將之歸類，如果測量題項足夠，則此種跨因素構面的測量題項也可以考慮將之刪除。

【表格範例】

表 14-19　校長情境領導量表探索性因素分析結果摘要表

測量題項	指導式領導	支持式領導	參與式領導	成就式領導	共同性
AA1 指導式	.844#	.287	.217	.207	.885
AA2 指導式	.783#	.331	.252	.232	.840
AA3 指導式	.711#	.396	.358	.238	.846
AA4 指導式	.743#	.250	.360	.310	.839
AA5 指導式	.699#	.409	.119	.420	.846
AA6 指導式	.772#	.280	.364	.257	.873
AA7 指導式	.728#	.285	.431	.262	.866
AA8 指導式	.641#	.379	.360	.327	.791
AB10 支持式	.425	.631#	.295	.390	.818
AB11 支持式	.424	.764#	.221	.222	.861
AB13 支持式	.391	.622#	.350	.350	.784
AB14 支持式	.348	.592#	.394	.419	.803
AC15 參與式	.336	.610	.583#	.218	.873
AC16 參與式	.394	.602	.547#	.251	.880
AC18 參與式	.400	.302	.647#	.417	.844
AC19 參與式	.367	.342	.696#	.368	.872
AC20 參與式	.427	.334	.700#	.337	.897
AD23 成就式	.396	.323	.363	.701#	.884
AD24 成就式	.366	.306	.378	.712#	.877
AD26 成就式	.318	.509	.349	.572#	.809
特徵值	6.178	4.112	3.672	3.026	
解釋變異量%	30.890	20.559	18.362	15.130	
累積解釋變異量%	30.890	51.449	69.811	84.942	

註：採用主成分分析，配合直交轉軸之最大變異法進行因素軸間的轉軸

最後因素分析結果測量題項保留二十題，指導式領導構面八題、支持式領導構面四題、參與式領導構面五題、成就式領導構面三題。

上述因素結構由原先校長情境領導量表26個測量題項中，採用探索性因素分析程序之逐題刪除法所獲得，其測量題項變數刪除的順序如下：「AD25成就式」（第25題）→「AB09支持式」（第9題）→「AD22成就式」（第22題）→「AC21參與式」（第21題）→「AB12支持式」（第12題）→「AC17參與式」（第17題）。經因素分析刪除的題項共有6題，最後保留的測量題項有20題。

14-2 信度考驗

執行功能列「分析(A)」／「尺度(A)」／「信度分析(R)」程序，開啟「信度分析」對話視窗→將共同因素一「指導式領導」測量指標題項變項「AA1指導式」至「AA8指導式」選入右邊「項目(I)」下的方格中，在「模式(M)：」下拉式選單中選取內定「Alpha值」。

按『統計量(S)』鈕，開啟「信度分析：統計量」對話視窗，在「敘述統計量對象」方盒中勾選「刪除項目後之量尺摘要(A)」→按『繼續』鈕，回到「信度分析」對話視窗，按『確定』鈕。

一、指導式領導構面

表 14-20　可靠性統計量

Cronbach's Alpha 值	項目的個數
.971	8

指導式領導構面八個題項的內部一致性α係數為.971。

表 14-21　項目總和統計量

測量題項	項目刪除時的尺度平均數	項目刪除時的尺度變異數	修正的項目總相關	項目刪除時的Cronbach's Alpha 值
AA1 指導式	23.99	51.057	.892	.966
AA2 指導式	24.09	52.017	.876	.967
AA3 指導式	24.08	52.305	.891	.966
AA4 指導式	24.28	51.841	.879	.967
AA5 指導式	24.02	52.024	.856	.968
AA6 指導式	24.21	51.365	.910	.965
AA7 指導式	24.18	50.886	.900	.966
AA8 指導式	24.13	51.721	.858	.968

　　表中最後一欄爲該測量題項刪除後，構面內部一致性α係數的改變情形，若是某一個刪除後，內部一致性α係數的數值比原先的α係數高出許多，則該測量題項也可以考慮刪除。如果在之前項目分析中，研究者也採用此一量數作爲題項適切性的指標判別之一，則因素分析後的信度考驗，較不會出現再刪題的情形。

二、支持式領導構面

表 14-22　可靠性統計量

Cronbach's Alpha 值	項目的個數
.926	4

　　支持式領導構面四個題項的內部一致性α係數爲.926。

三、參與式領導構面

表 14-23　可靠性統計量

Cronbach's Alpha 值	項目的個數
.956	5

　　參與式領導構面五個題項的內部一致性α係數爲.956。

四、成就式領導構面

表 14-24　可靠性統計量

Cronbach's Alpha 值	項目的個數
.916	3

　　成就式領導構面三個題項的內部一致性α係數爲.916。

14-3 校長情境領導量表第二種探索性因素分析結果

一、全部 29 題作為因素分析變數

表 14-25 轉軸後的成分矩陣(a)

測量題項	成分			
	1	2	3	4
AA01 指導式	.855	.264	.273	.159
AA02 指導式	.787	.313	.305	.194
AA06 指導式	.738	.396	.212	.366
AA03 指導式	.728	.364	.447	.136
AA04 指導式	.721	.436	.221	.285
AA05 指導式	.699	.240	.397	.324
AA07 指導式	.698	.424	.253	.356
AA08 指導式	.630	.377	.396	.311
AD25 成就式	.390	.710	.393	.191
AC19 參與式	.352	.703	.406	.254
AC20 參與式	.403	.688	.363	.302
AD24 成就式	.373	.676	.373	.229
AC18 參與式	.379	.667	.367	.306
AD22 成就式	.394	.660	.392	.251
AD23 成就式	.389	.616	.396	.299
AB09 支持式	.242	.301	.819	.151
AC21 參與式	.296	.397	.730	.122
AB14 支持式	.362	.417	.658	.290
AD26 成就式	.347	.549	.598	.160
AC15 參與式	.331	.455	.577	.399
AB13 支持式	.384	.351	.558	.452
AB10 支持式	.410	.354	.554	.465
AC17 參與式	.407	.466	.549	.302
AC16 參與式	.385	.486	.519	.425
AB12 支持式	.394	.388	.186	.757
AB11 支持式	.400	.246	.504	.594

　　共同因素二中包含四題「成就式領導」構面、三題「參與式領導」構面，從保留較多測量題項的構面觀點而言，可將參與式領導構面的測量題

項刪除，在參與式領導構面的測量題項以第 19 題的因素負荷量最大（＝.703），因而將第 19 題（AC19 參與式）題項變數刪除。

二、刪除測量題項第 19 題（AC19 參與式）

表 14-26　轉軸後的成分矩陣(a)

測量題項	成　　分			
	1	2	3	4
AA01 指導式	.855	.278	.253	.166
AA02 指導式	.793	.318	.282	.205
AA06 指導式	.738	.223	.381	.375
AA03 指導式	.730	.458	.342	.145
AA04 指導式	.717	.228	.438	.290
AA07 指導式	.698	.265	.408	.364
AA05 指導式	.695	.391	.244	.322
AA08 指導式	.629	.402	.368	.315
AB09 支持式	.245	.825	.276	.153
AC21 參與式	.302	.748	.358	.132
AB14 支持式	.362	.666	.400	.294
AD26 成就式	.344	.608	.543	.164
AC15 參與式	.337	.599	.410	.412
AB13 支持式	.384	.567	.329	.457
AC17 參與式	.407	.561	.448	.309
AB10 支持式	.405	.556	.351	.466
AC16 參與式	.388	.540	.449	.437
AD24 成就式	.364	.378	.699	.227
AD25 成就式	.396	.423	.672	.207
AD22 成就式	.389	.404	.666	.254
AD23 成就式	.376	.392	.655	.291
AC18 參與式	.379	.388	.649	.315
AC20 參與式	.412	.398	.636	.321
AB12 支持式	.393	.197	.369	.764
AB11 支持式	.399	.509	.227	.598

共同因素二包含支持式領導構面四題、參與式領導構面四題、成就式領導構面一題，若保留支持式領導構面，則非屬於支持式領導構面的測量題項中，以第 21 題的因素負荷量最大（AC21 參與式題項變數，其因素負荷量為.748），因而刪除第 21 題（AC21 參與式）之測量題項變數。

三、刪除測量題項第 21 題（AC21 參與式）

表 14-27　轉軸後的成分矩陣(a)

測量題項	成	分		
	1	2	3	4
AA01 指導式	.850	.270	.261	.180
AA02 指導式	.786	.306	.285	.231
AA06 指導式	.741	.388	.184	.391
AA03 指導式	.725	.374	.433	.160
AA04 指導式	.716	.450	.188	.308
AA07 指導式	.700	.414	.248	.364
AA05 指導式	.697	.253	.410	.302
AA08 指導式	.632	.378	.408	.297
AD24 成就式	.365	.714	.347	.223
AD25 成就式	.393	.704	.356	.234
AD22 成就式	.390	.688	.356	.263
AC18 參與式	.378	.668	.348	.322
AC20 參與式	.409	.668	.319	.358
AD23 成就式	.379	.667	.373	.278
AD26 成就式	.338	.591	.547	.192
AB09 支持式	.245	.326	.824	.139
AB14 支持式	.361	.428	.686	.264
AC15 參與式	.332	.441	.595	.402
AC17 參與式	.396	.484	.543	.315
AB13 支持式	.382	.362	.539	.464
AC16 參與式	.382	.485	.496	.455
AB12 支持式	.393	.364	.185	.759
AB11 支持式	.386	.267	.467	.629
AB10 支持式	.396	.395	.498	.500

　　共同因素三包含支持式領導構面題項變數三題、參與式領導構面題項變數三題，由於共同因素四主要為支持式領導構面的測量題項，因而共同因素三最好保留參與式領導構面測量題項。在共同因素三中歸屬於支持性領導構面的第 9 題（AB09 支持式）之因素負荷量最大（因素負荷量為.824），因而將題項變數第 9 題（AB09 支持式）刪除。

四、刪除測量題項第 09 題（AB09 支持式）

表 14-28　轉軸後的成分矩陣(a)

測量題項	成分			
	1	2	3	4
AD24 成就式	.748	.357	.284	.207
AD25 成就式	.730	.391	.347	.150
AD22 成就式	.725	.378	.298	.257
AD23 成就式	.718	.360	.268	.330
AC18 參與式	.695	.368	.320	.302
AD26 成就式	.674	.345	.513	.021
AC20 參與式	.670	.408	.357	.279
AB14 支持式	.580	.338	.547	.207
AA01 指導式	.290	.850	.299	.117
AA02 指導式	.317	.794	.363	.111
AA03 指導式	.440	.728	.400	.071
AA06 指導式	.384	.709	.229	.447
AA04 指導式	.441	.701	.224	.325
AA07 指導式	.432	.669	.248	.429
AA05 指導式	.332	.667	.360	.329
AA08 指導式	.455	.600	.329	.349
AB11 支持式	.283	.380	.738	.311
AB10 支持式	.434	.396	.647	.258
AC17 參與式	.549	.405	.604	.080
AC16 參與式	.540	.365	.576	.292
AC15 參與式	.544	.309	.572	.297
AB13 支持式	.453	.345	.562	.374
AB12 支持式	.324	.345	.421	.704

　　共同因素四只包含一個測量題項（第 12 題），無法單獨成為一個構面，因而將第 12 題（AB12 支持式）題項變數刪除。

五、刪除測量題項第 12 題（AB12 支持式）

表 14-29　轉軸後的成分矩陣(a)

測量題項	成分			
	1	2	3	4
AA01 指導式	.827	.282	.143	.337
AA06 指導式	.771	.380	.355	.157
AA02 指導式	.766	.333	.097	.430
AA04 指導式	.735	.444	.238	.215
AA07 指導式	.726	.415	.396	.154
AA05 指導式	.693	.303	.415	.253
AA03 指導式	.688	.403	.271	.370
AA08 指導式	.634	.414	.466	.192
AD24 成就式	.367	.756	.230	.254
AD23 成就式	.401	.723	.303	.212
AD22 成就式	.398	.720	.304	.236
AD25 成就式	.381	.711	.302	.280
AC18 參與式	.397	.696	.318	.257
AC20 參與式	.428	.684	.263	.335
AD26 成就式	.295	.642	.322	.442
AB13 支持式	.376	.395	.653	.339
AC15 參與式	.321	.481	.625	.360
AB14 支持式	.329	.505	.602	.332
AC16 參與式	.375	.508	.512	.435
AB11 支持式	.384	.312	.361	.703
AB10 支持式	.392	.456	.313	.633
AC17 參與式	.361	.538	.306	.566

共同因素二包含「成就式領導」構面題項變數五題、「參與式領導」構面題項變數二題，因而以保留成就式領導構面測量題項為主，在參與式領導構面中以第 18 題（AC18 參與式）的因素負荷量最大（數值等於.696），因而將此題項變數刪除。

六、刪除測量題項第 18 題（AC18 參與式）

表 14-30　轉軸後的成分矩陣(a)

測量題項	成 分			
	1	2	3	4
AA01 指導式	.828	.265	.150	.345
AA06 指導式	.774	.361	.365	.164
AA02 指導式	.766	.326	.102	.433
AA04 指導式	.740	.413	.256	.232
AA07 指導式	.732	.382	.413	.167
AA05 指導式	.695	.306	.402	.247
AA03 指導式	.691	.382	.285	.377
AA08 指導式	.638	.397	.474	.196
AD24 成就式	.371	.768	.237	.255
AD23 成就式	.405	.728	.312	.215
AD22 成就式	.403	.705	.327	.246
AD25 成就式	.386	.698	.324	.288
AD26 成就式	.296	.654	.327	.437
AC20 參與式	.436	.632	.305	.362
AB13 支持式	.380	.374	.659	.339
AC15 參與式	.327	.436	.653	.372
AB14 支持式	.333	.494	.609	.330
AC16 參與式	.379	.468	.539	.447
AB11 支持式	.383	.299	.368	.700
AB10 支持式	.395	.427	.329	.643
AC17 參與式	.366	.497	.332	.584

　　共同因素三包含支持式領導構面題項變數二題、參與式領導構面題項變數二題，共同因素四包含支持式領導構面題項變數二題、參與式領導構面測量題項一題，共同因素四主要為「支持式領導」構面，因而共同因素三必須保留「參與式領導」構面的測量題項，共同因素三中支持式領導的測量題項以第 13 題（AB13 支持式）的因素負荷量最大（因素負荷量等於.659），因而將此題項刪除。

七、刪除測量題項第 13 題（AB13 支持式）

表 14-31　轉軸後的成分矩陣(a)

測量題項	成分			
	1	2	3	4
AA01 指導式	.831	.251	.338	.153
AA06 指導式	.785	.348	.169	.355
AA02 指導式	.767	.304	.415	.131
AA04 指導式	.747	.399	.227	.260
AA07 指導式	.745	.366	.166	.408
AA05 指導式	.711	.365	.325	.213
AA03 指導式	.695	.342	.359	.341
AA08 指導式	.649	.389	.220	.444
AD24 成就式	.376	.779	.282	.203
AD23 成就式	.415	.753	.255	.238
AD26 成就式	.308	.666	.461	.279
AD25 成就式	.394	.665	.271	.386
AD22 成就式	.407	.660	.228	.414
AC20 參與式	.441	.562	.311	.450
AB11 支持式	.395	.293	.716	.335
AB10 支持式	.407	.432	.665	.279
AC17 參與式	.374	.470	.577	.364
AC15 參與式	.341	.382	.367	.720
AC16 參與式	.391	.415	.433	.613
AB14 支持式	.352	.500	.373	.540

　　共同因素二主要為「成就式領導」構面，此構面的測量題項共有五題，其中非歸屬於成就式領導構面的測量題項為第 20 題（AC20 參與式），因而在共同因素二中必須把第 20 題（AC20 參與式）之題項變數刪除，如此共同因素二可簡化為成就式領導構面之題項變數。

八、刪除測量題項第 20 題（AC20 參與式）

表 14-32　轉軸後的成分矩陣(a)

測量題項	成分			
	1	2	3	4
AA01 指導式	.831	.248	.345	.145
AA06 指導式	.787	.344	.177	.347
AA02 指導式	.769	.296	.429	.114
AA04 指導式	.750	.393	.242	.244
AA07 指導式	.748	.362	.176	.399
AA05 指導式	.705	.371	.297	.251
AA03 指導式	.695	.343	.364	.337
AA08 指導式	.649	.389	.211	.460
AD24 成就式	.377	.779	.278	.210
AD23 成就式	.417	.751	.252	.244
AD26 成就式	.306	.670	.456	.287
AD25 成就式	.399	.660	.286	.368
AD22 成就式	.411	.658	.239	.402
AB11 支持式	.393	.292	.719	.333
AB10 支持式	.406	.429	.670	.275
AC17 參與式	.375	.468	.584	.357
AC15 參與式	.344	.379	.370	.719
AC16 參與式	.394	.411	.443	.603
AB14 支持式	.350	.505	.352	.568

　　共同因素四中的第 14 題（AB14 支持式）非歸屬於「參與式領導」構面，且此題在共同因素二的因素負荷量也高達.505，因而可將測量題項第 14 題（AB14 支持式）從因素結構中刪除。

九、刪除測量題項第 14 題（AB14 支持式）

表 14-33 轉軸後的成分矩陣(a)

測量題項	成分 1	2	3	4
AA01 指導式	.840	.255	.347	.099
AA02 指導式	.776	.303	.429	.064
AA06 指導式	.774	.353	.195	.366
AA04 指導式	.740	.397	.247	.260
AA07 指導式	.732	.374	.202	.415
AA05 指導式	.714	.385	.317	.182
AA03 指導式	.695	.358	.391	.285
AA08 指導式	.645	.409	.254	.416
AD24 成就式	.377	.787	.293	.159
AD23 成就式	.414	.756	.267	.209
AD26 成就式	.308	.681	.483	.210
AD25 成就式	.388	.672	.317	.339
AD22 成就式	.403	.670	.274	.370
AB11 支持式	.395	.297	.739	.273
AB10 支持式	.406	.433	.684	.223
AC17 參與式	.380	.481	.616	.271
AC15 參與式	.333	.405	.444	.663
AC16 參與式	.379	.430	.499	.568

　　共同因素三中的第 17 題非歸屬於「支持式領導」構面的指標變項，因而將測量題項第 17 題（AC17 參與式）從因素結構中刪除。

十、刪除測量題項第 17 題（AC17 參與式）

表 14-34　轉軸後的成分矩陣(a)

測量題項	成　　分			
	1	2	3	4
AA01 指導式	.843#	.266	.316	.127
AA02 指導式	.777#	.318	.400	.101
AA06 指導式	.776#	.355	.170	.364
AA04 指導式	.745#	.403	.208	.269
AA07 指導式	.741#	.376	.146	.422
AA05 指導式	.710#	.395	.321	.181
AA03 指導式	.704#	.369	.326	.328
AA08 指導式	.652#	.415	.202	.426
AD24 成就式	.378	.797#	.255	.178
AD23 成就式	.413	.766#	.244	.212
AD26 成就式	.316	.699#	.408	.263
AD25 成就式	.393	.679#	.252	.376
AD22 成就式	.411	.677#	.207	.393
AB11 支持式	.385	.328	.748#	.311
AB10 支持式	.410	.463	.646#	.265
AC15 參與式	.340	.417	.376	.695#
AC16 參與式	.385	.446	.438	.604#

　　經過以上探索性因素分析結果，四個共同因素（構面）包含的測量題項均與原先研究者編製修訂的大致相同，共同因素一為「指導式領導」構面、共同因素二為「成就式領導」構面、共同因素三為「支持式領導」構面、共同因素四為「參與式領導」構面。雖然以最大變異法進行直交轉軸萃取的四個共同因素均可以合理命名，且與原先研究者編製的構面相同，但共同因素三「支持式領導」與共同因素四「參與式領導」構面的測量指標變項各只有二題，構面或因素的測量指標項太少，一般在量表構念之各構面的指標變項數目中，每個構面或因素的測量指標數最好在三題以上，因而研究者必須從原先刪除的測量指標中再逐題重新選入二個構面的測量指標，看是否構面中可以包含三個測量指標題項。

十一、增列測量題項第 19 題（AC19 參與式）

表 14-35　轉軸後的成分矩陣(a)

測量題項	成分			
	1	2	3	4
AA01 指導式	.844	.247	.181	.282
AA06 指導式	.784	.325	.357	.183
AA02 指導式	.772	.295	.211	.338
AA04 指導式	.751	.382	.273	.220
AA07 指導式	.751	.341	.407	.168
AA05 指導式	.715	.390	.173	.339
AA03 指導式	.712	.314	.394	.299
AA08 指導式	.664	.380	.397	.238
AD24 成就式	.376	.770	.269	.255
AD23 成就式	.416	.761	.214	.294
AD26 成就式	.319	.641	.391	.381
AD22 成就式	.418	.630	.437	.227
AD25 成就式	.391	.604	.547	.195
AC15 參與式	.360	.331	.702	.399
AC16 參與式	.402	.369	.627	.452
AC19 參與式	.388	.531	.625	.189
AB11 支持式	.398	.291	.329	.750
AB10 支持式	.418	.445	.271	.667

在之前中最先刪除的第 19 題（AC19 參與式）題項變數，再將其重新納入因素分析的程序變數中，結果其歸屬的構面與原先編製者相同，因而再將測量題項第 19 題（AC19 參與式）保留，此時共同因素三「參與式領導」構面的測量指標變項有三題。

十二、增列測量題項第 13 題（AB13 支持式）

表 14-36　轉軸後的成分矩陣(a)

測量題項	成分			
	1	2	3	4
AA01 指導式	.846	.265	.158	.286
AA02 指導式	.777	.329	.161	.340
AA06 指導式	.775	.330	.376	.180
AA04 指導式	.747	.384	.277	.223
AA07 指導式	.738	.344	.438	.167
AA03 指導式	.711	.361	.351	.289
AA05 指導式	.704	.354	.223	.357
AA08 指導式	.655	.385	.418	.233
AD24 成就式	.380	.782	.211	.272
AD23 成就式	.414	.738	.208	.315
AD22 成就式	.419	.670	.377	.222
AD25 成就式	.388	.665	.470	.195
AD26 成就式	.313	.664	.346	.396
AC19 參與式	.383	.601#	.553	.178
AC15 參與式	.346	.379	.701	.369
AC16 參與式	.392	.417	.611	.427
AB13 支持式	.397	.374	.543#	.440
AB11 支持式	.393	.303	.331	.739
AB10 支持式	.413	.437	.281	.668

在「支持式構面」刪除的題項中，逐一增列測量題項至因素分析變數方格中，以增列第 13 題（AB13 支持式）題項的因素結構較為符合原先研究者編製的架構，雖然此測量題項在共同因素三的因素負荷量為.543，但在共同因素四的因素負荷量為.440，因而若歸屬於共同因素四亦可。

表 14-37　解說總變異量

成分	平方和負荷量萃取			轉軸平方和負荷量		
	總和	變異數的%	累積%	總和	變異數的%	累積%
1	14.218	74.830	74.830	6.093	32.069	32.069
2	.995	5.237	80.067	4.546	23.924	55.993
3	.551	2.899	82.966	3.033	15.963	71.956
4	.433	2.278	85.245	2.525	13.288	85.245

四個共同因素轉軸後的特徵值分別為 6.093、4.546、3.033、2.525，其解釋變異量分別為 32.069%、23.924%、15.963%、13.288%，累積的解釋變異量為 85.245%。上述因素結構刪題的程序：「AC19 參與式」→「AC21 參與式」→「AB09 支持式」→「AB12 支持式」→「AC18 參與式」→「AB13 支持式」→「AC20 參與式」→「AB14 支持式」→「AC17 參與式」，共刪除九題，之後再重新增加題項變數：增列「AC19 參與式」→增列「AB13 支持式」→最後因素結構。

【表格範例】

表 14-38　校長情境領導量表探索性因素分析結果摘要表

測量題項	指導式領導	成就式領導	參與式領導	支持式領導	共同性
AA01 指導式	.846#	.265	.158	.286	.892
AA02 指導式	.777#	.329	.161	.340	.852
AA03 指導式	.711#	.361	.351	.289	.843
AA04 指導式	.747#	.384	.277	.223	.832
AA05 指導式	.704#	.354	.223	.357	.798
AA06 指導式	.775#	.330	.376	.180	.884
AA07 指導式	.738#	.344	.438	.167	.882
AA08 指導式	.655#	.385	.418	.233	.806
AB10 支持式	.413	.437	.281	.668#	.886
AB11 支持式	.393	.303	.331	.739#	.902
AB13 支持式	.397	.374	.543	.440#	.786
AC15 參與式	.346	.379	.701#	.369	.891
AC16 參與式	.392	.417	.611#	.427	.883
AC19 參與式	.383	.601	.553#	.178	.846
AD22 成就式	.419	.670#	.377	.222	.816
AD23 成就式	.414	.738#	.208	.315	.858
AD24 成就式	.380	.782#	.211	.272	.873
AD25 成就式	.388	.665#	.470	.195	.850
AD26 成就式	.313	.664#	.346	.396	.816
特徵值	6.093	4.546	3.033	2.525	
解釋變異量%	32.069	23.924	15.963	13.288	
累積解釋變異量%	32.069	55.993	71.956	85.245	

上述探索性因素分析程序為逐題刪除，之後再從原刪除變數中逐一增列題項變數，重新檢核因素結果，由於研究者刪除之題項不同，因而最後保留的因素結構可能不同，研究者必須從數個不同因素結構中，選取一個

最簡約、最適宜的因素結構，所謂最簡約表示量表總題項變數最少，但萃取的共同因素可以解釋題項變數最大的解釋變異量；最適宜表示各因素構面的測量題項差異不致太大，且測量題項數在 4 至 6 題中間。

14-4 校長情境領導量表第三種探索性因素分析結果

研究者在因素分析程序的進行中，若是依下列順序逐一刪除測量題項：AB12（第 12 題）、AD25（第 25 題）、AC21（第 21 題）、AB11（第 11 題）、AC15（第 15 題）、AC17（第 17 題），則最後的因素結構中各構面所包含的測量題項與原先研究者編製者也大致相同。刪除測量題項變數的順序如下：「AB12 支持式」（第 12 題）→「AD25 成就式」（第 25 題）→「AC21 參與式」（第 21 題）→「AB11 支持式」（第 11 題）→「AC15 參與式」（第 15 題）→「AC17 參與式」（第 17 題），共刪除的題項變數有六個，最後保留的題項變數有二十題。

表 14-39　轉軸後的成分矩陣(a)（依題項變數順序排列）

測量題項	成分			
	1	2	3	4
AA01 指導式	.853#	.236	.243	.198
AA02 指導式	.789#	.249	.315	.224
AA03 指導式	.722#	.395	.359	.210
AA04 指導式	.749#	.199	.358	.345
AA05 指導式	.725#	.459	.070	.366
AA06 指導式	.787#	.243	.346	.275
AA07 指導式	.740#	.308	.398	.241
AA08 指導式	.654#	.455	.312	.273
AB09 支持式	.229	.827#	.269	.244
AB10 支持式	.464	.500#	.375	.388
AB13 支持式	.447	.634#	.347	.251
AB14 支持式	.377	.715#	.340	.312
AC16 參與式	.444	.511	.558#	.255
AC18 參與式	.403	.366	.630#	.370
AC19 參與式	.375	.406	.695#	.293
AC20 參與式	.432	.319	.727#	.319
AD22 成就式	.400	.351	.533	.505#
AD23 成就式	.390	.387	.344	.695#
AD24 成就式	.371	.344	.378	.687#
AD26 成就式	.348	.516	.368	.516#

最後的因素結構中萃取四個共同因素，四個共同因素分別命名為「指導式領導」、「支持式領導」、「參與式領導」與「成就式領導」，「指導式領導」構面包含八個測量題項、「支持式領導」構面包含四個測量題項、「參與式領導」構面包含四個測量題項、「成就式領導」構面包含四個測量題項，校長情境領導最後保留的測量題項共有 20 題。

表 14-40　解說總變異量

成分	平方和負荷量萃取			轉軸平方和負荷量		
	總和	變異數的%	累積%	總和	變異數的%	累積%
1	14.883	74.413	74.413	6.423	32.117	32.117
2	1.091	5.454	79.867	4.049	20.247	52.364
3	.570	2.851	82.718	3.644	18.219	70.583
4	.404	2.021	84.739	2.831	14.156	84.739

校長情境領導量表從 20 個測量題項中萃取四個共同因素，四個共同因素未轉軸前的特徵值分別為 14.883、1.091、.570、.404，轉軸後四個共同因素的特徵值分別為 6.423、4.049、3.644、2.831，四個共同因素可以解釋所有測量題項 84.739%的變異量。

【表格範例】

表 14-41　校長情境領導量表探索性因素分析結果摘要表

因素構面 測量題項	指導式領導	支持式領導	參與式領導	成就式	共同性
AA01 指導式	.853#	.236	.243	.198	.882
AA02 指導式	.789#	.249	.315	.224	.835
AA03 指導式	.722#	.395	.359	.210	.850
AA04 指導式	.749#	.199	.358	.345	.848
AA05 指導式	.725#	.459	.070	.366	.876
AA06 指導式	.787#	.243	.346	.275	.874
AA07 指導式	.740#	.308	.398	.241	.858
AA08 指導式	.654#	.455	.312	.273	.807
AB09 支持式	.229	.827#	.269	.244	.867
AB10 支持式	.464	.500#	.375	.388	.756
AB13 支持式	.447	.634#	.347	.251	.785
AB14 支持式	.377	.715#	.340	.312	.866
AC16 參與式	.444	.511	.558#	.255	.835

表 14-41　校長情境領導量表探索性因素分析結果摘要表（續）

因素構面 測量題項	指導式領導	支持式領導	參與式領導	成就式	共同性
AC18 參與式	.403	.366	.630#	.370	.830
AC19 參與式	.375	.406	.695#	.293	.875
AC20 參與式	.432	.319	.727#	.319	.918
AD22 成就式	.400	.351	.533#	.505#	.823
AD23 成就式	.390	.387	.344	.695#	.903
AD24 成就式	.371	.344	.378	.687#	.871
AD26 成就式	.348	.516	.368	.516#	.789
特徵值	6.423	4.049	3.644	2.831	
解釋變異量%	32.117	20.247	18.219	14.156	
累積解釋變異量%	32.117	52.364	70.583	84.739	

　　若是研究者認為「指導式領導」構面所包含的測量題項太多（總問卷題項數儘量達到簡約原則），可考慮先刪除此構面中因素負荷量較低的第八題（AA08 指導式，因素負荷量為.654），刪除第 8 題後再檢核新的因素結構，其中第 5 題的因素負荷量最低，且此測量題項在第二個共同因素的因素負荷量也大於.450，因而若要再刪除測量題項可考慮刪除第 5 題（AA05 指導式），測量題項「AA05 指導式」在共同因素一的因素負荷量為.722、在共同因素二的因素負荷量為.466，也具有跨因素效度的屬性。刪除第 8 題（AA08）後的因素結構如下：

表 14-42　轉軸後的成分矩陣(a)（依題項變數順序排列）

測量題項	成　分			
	1	2	3	4
AA01 指導式	.857	.250	.241	.189
AA02 指導式	.790	.261	.316	.215
AA03 指導式	.722	.405	.359	.203
AA04 指導式	.751	.211	.354	.345
AA05 指導式	.722	.466	.070	.365
AA06 指導式	.783	.245	.347	.283
AA07 指導式	.728	.302	.405	.255
AB09 支持式	.223	.829	.269	.238
AB10 支持式	.463	.513	.372	.377
AB13 支持式	.445	.640	.342	.249
AB14 支持式	.371	.718	.341	.310

表 14-42　轉軸後的成分矩陣(a)（依題項變數順序排列）（續）

測量題項	成　　分			
	1	2	3	4
AC16 參與式	.441	.517	.557	.252
AC18 參與式	.399	.372	.629	.371
AC19 參與式	.371	.412	.695	.291
AC20 參與式	.429	.327	.725	.316
AD22 成就式	.389	.351	.538	.512
AD23 成就式	.388	.397	.341	.693
AD24 成就式	.362	.349	.381	.688
AD26 成就式	.350	.535	.362	.500

　　刪除指導式構面中的第 8 題及第 5 題後，校長情境領導量表只保留 18 題題項變數的因素結構如下：

表 14-43　解說總變異量

成分	平方和負荷量萃取			轉軸平方和負荷量		
	總和	變異數的%	累積%	總和	變異數的%	累積%
1	13.408	74.486	74.486	5.346	29.703	29.703
2	1.043	5.797	80.283	3.835	21.307	51.010
3	.514	2.856	83.139	3.274	18.189	69.199
4	.385	2.139	85.279	2.894	16.080	85.279

　　「校長情境領導量表」從 18 個測量題項中只萃取四個共同因素，四個共同因素未轉軸前的特徵值分別為 13.048、1.043、.514、.385，轉軸後四個共同因素的特徵值分別為 5.346、3.835、3.274、2.894，四個共同因素可以解釋所有測量題項 85.279% 的變異量，四個共同因素個別的解釋變異量分別為 29.703%、21.307%、18.189%、16.080%。

【表格範例──最後的因素分析結果】

表 14-44　校長情境領導量表探索性因素分析結果摘要表

因素構面 測量題項	指導式 領導	支持式 領導	成就式 領導	參與式 領導	共同性	正式問 卷題號
AA01 指導式	.870#	.266	.256	.152	.917	01
AA02 指導式	.803#	.268	.338	.179	.863	02
AA03 指導式	.736#	.420	.312	.232	.869	03
AA04 指導式	.735#	.220	.319	.396	.848	04
AA06 指導式	.759#	.254	.242	.426	.880	05
AA07 指導式	.717#	.323	.232	.445	.870	06
AB09 支持式	.216	.827#	.311	.194	.866	07
AB10 支持式	.466	.525#	.426	.299	.764	08
AB13 支持式	.418	.653#	.198	.424	.820	09
AB14 支持式	.365	.724#	.358	.287	.867	10
AC16 參與式	.429	.526#	.326	.515#	.832	11
AC18 參與式	.380	.373	.436	.607#	.842	12
AC19 參與式	.357	.410	.417	.622#	.856	13
AC20 參與式	.426	.336	.438	.636#	.891	14
AD22 成就式	.400	.364	.593#	.425	.824	15
AD23 成就式	.380	.395	.680#	.318	.864	16
AD24 成就式	.362	.341	.730#	.301	.872	17
AD26 成就式	.356	.536	.572#	.253	.805	18
特徵值	5.346	3.835	3.274	2.894		
解釋變異量%	29.703	21.307	18.189	16.080		
累積解釋變異量%	29.703	51.010	69.199	85.279		

　　上表因素結構之因素分析程序中，刪除測量題項變數的順序如下：「AB12 支持式」（第 12 題）→「AD25 成就式」（第 25 題）→「AC21 參與式」（第 21 題）→「AB11 支持式」（第 11 題）→「AC15 參與式」（第 15 題）→「AC17 參與式」（第 17 題）→「AA08 指導式」（第 8 題）→「AA05 指導式」（第 5 題），共刪除題項變數有 8 題，最後保留的測量題項共 18 題。其中「指導式領導」構面保留 6 題、「支持式領導」構面保留 4 題、「參與式領導」構面保留 4 題、「成就式領導」構面保留 4 題。

在上述三種不同的探索性因素分析程序中，以最後建構的因素結構較為適宜，因為此因素結構中，各構面保留的測量題項差距最少，而每個構面的測量題項均在三題以上，且與原先研究者編製劃分的構面相同，此外，萃取保留的四個因素可以解釋校長情境領導量表 18 題測量題項的總變異高達 85.279%，表示量表的建構效度良好。

14-5 組織溝通量表探索性因素分析解析

以下再以一份有 19 個題項的組織溝通量為例，假定經項目分析結果，19 個測量題項均加以保留，因而在因素分析程序，19 個題項變數均作為因素分析的變數。

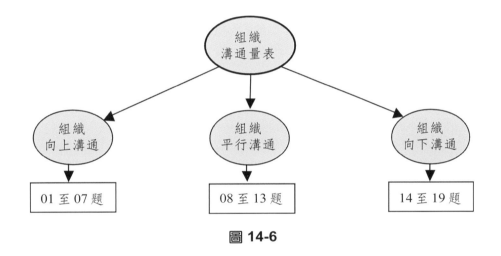

圖 **14-6**

表 14-45

組織溝通量表

	非常不同意	少部分同意	一半同意	大部分同意	非常同意
1. 我對學校教師有意見反應時，校長或主任接納的程度，感到滿意	□	□	□	□	□
2. 對學校教師遭遇問題而能向上反應的管道，我感到滿意..	□	□	□	□	□
3. 學校教職員會很樂意主動找校長、主任、組長，溝通意見	□	□	□	□	□
4. 當提出相反意見時，校長（主任）所表現的態度，我感到滿意	□	□	□	□	□
5. 校長（主任）和我討論問題時，會徵詢我的意見和感受..	□	□	□	□	□
6. 有效地向上溝通有助於提升學校的整體效率	□	□	□	□	□
7. 當我權益受損時，向學校反應校長所處理的態度，我感到滿意	□	□	□	□	□
8. 我與同事互動，在溝通時彼此對訊息了解的速度，感到滿意	□	□	□	□	□
9. 本校教職員彼此間，會樂意主動地找對方相互溝通意見..	□	□	□	□	□
10. 我與別學年或不同領域教師和諧的程度，我感到滿意	□	□	□	□	□
11. 各處室的溝通均能彼此尊重對方感受，我感到滿意	□	□	□	□	□
12. 各處室彼此訊息傳送管道，能得到配合，我感到滿意	□	□	□	□	□
13. 各處室其他會辦或協辦事項，都能配合執行，我感到滿意	□	□	□	□	□
14. 校長或主任做決策時，都會向教師詳細說明新措施的內容	□	□	□	□	□
15. 校長或主任很樂意主動找教職員溝通意見	□	□	□	□	□
16. 校長或主任推展校務發展時，尊重參與者之意見	□	□	□	□	□
17. 校長向下溝通的方式，有助於提升學校的整體效率與效能	□	□	□	□	□
18. 學校主管都會事先告知工作如何完成，使我了解	□	□	□	□	□
19. 學校主管對工作完成後的獎賞說到做到，令我滿意	□	□	□	□	□

表 14-46　組織溝通量表測量題項的相關矩陣 I

	BA01 向上	BA02 向上	BA03 向上	BA04 向上	BA05 向上	BA06 向上	BA07 向上	BB08 平行	BB09 平行
BA01 向上	1	.830	.665	.741	.669	.374	.679	.363	.410
BA02 向上	.830	1	.681	.706	.713	.366	.611	.325	.408
BA03 向上	.665	.681	1	.615	.645	.326	.490	.301	.391
BA04 向上	.741	.706	.615	1	.725	.303	.666	.348	.402
BA05 向上	.669	.713	.645	.725	1	.338	.655	.278	.417
BA06 向上	.374	.366	.326	.303	.338	1	.349	.537	.485
BA07 向上	.679	.611	.490	.666	.655	.349	1	.362	.401
BB08 平行	.363	.325	.301	.348	.278	.537	.362	1	.673
BB09 平行	.410	.408	.391	.402	.417	.485	.401	.673	1
BB10 平行	.461	.437	.432	.374	.439	.620	.341	.650	.773
BB11 平行	.508	.484	.477	.474	.501	.224	.394	.456	.568
BB12 平行	.484	.477	.483	.464	.489	.198	.355	.399	.481
BB13 平行	.545	.539	.486	.420	.447	.286	.346	.464	.533
BC14 向下	.721	.674	.635	.694	.702	.322	.653	.339	.460
BC15 向下	.681	.685	.645	.719	.708	.282	.622	.426	.482
BC16 向下	.696	.587	.563	.643	.723	.228	.651	.383	.436
BC17 向下	.626	.641	.600	.562	.680	.454	.604	.305	.405
BC18 向下	.591	.499	.526	.579	.541	.144	.535	.331	.303
BC19 向下	.679	.633	.585	.609	.574	.344	.592	.378	.427

表 14-47　組織溝通量表測量題項的相關矩陣 II

	BB10 平行	BB11 平行	BB12 平行	BB13 平行	BC14 向下	BC15 向下	BC16 向下	BC17 向下	BC18 向下	BC19 向下
BA01 向上	.461	.508	.484	.545	.721	.681	.696	.626	.591	.679
BA02 向上	.437	.484	.477	.539	.674	.685	.587	.641	.499	.633
BA03 向上	.432	.477	.483	.486	.635	.645	.563	.600	.526	.585
BA04 向上	.374	.474	.464	.420	.694	.719	.643	.562	.579	.609
BA05 向上	.439	.501	.489	.447	.702	.708	.723	.680	.541	.574
BA06 向上	.620	.224	.198	.286	.322	.282	.228	.454	.144	.344
BA07 向上	.341	.394	.355	.346	.653	.622	.651	.604	.535	.592
BB08 平行	.650	.456	.399	.464	.339	.426	.383	.305	.331	.378
BB09 平行	.773	.568	.481	.533	.460	.482	.436	.405	.303	.427
BB10 平行	1	.562	.447	.537	.479	.446	.416	.388	.314	.405
BB11 平行	.562	1	.838	.726	.488	.502	.483	.386	.451	.474
BB12 平行	.447	.838	1	.810	.553	.524	.540	.353	.516	.547
BB13 平行	.537	.726	.810	1	.598	.513	.517	.394	.487	.553
BC14 向下	.479	.488	.553	.598	1	.787	.749	.638	.709	.708
BC15 向下	.446	.502	.524	.513	.787	1	.753	.671	.678	.673
BC16 向下	.416	.483	.540	.517	.749	.753	1	.652	.642	.623
BC17 向下	.388	.386	.353	.394	.638	.671	.652	1	.476	.586
BC18 向下	.314	.451	.516	.487	.709	.678	.642	.476	1	.676
BC19 向下	.405	.474	.547	.553	.708	.673	.623	.586	.676	1

一、全部題項納入因素分析

表 14-48　轉軸後的成分矩陣(a)

測量題項	成　　分		
	1	2	3
BA01 向上	.808	.235	.226
BA05 向上	.806	.195	.192
BA04 向上	.802	.196	.165
BC14 向下	.795	.340	.173
BC15 向下	.794	.304	.195
BA02 向上	.782	.211	.230
BA07 向上	.775	.055	.233
BC16 向下	.765	.322	.141
BC17 向下	.765	.028	.299
BC19 向下	.704	.344	.188
BA03 向上	.699	.261	.200
BC18 向下	.675	.412	-.010
BB12 平行	.325	.865	.153
BB11 平行	.295	.801	.283
BB13 平行	.325	.786	.279
BA06 向上	.262	-.119	.822
BB10 平行	.234	.339	.800
BB08 平行	.163	.305	.757
BB09 平行	.231	.390	.743

　　共同因素一同時包含「向上溝通」構面及「向下溝通」構面，研究者以保留「向上溝通」構面的測量題項為主，因而將「向下溝通」構面測量題項刪除，在「向下溝通」構面測量題項中，以第 14 題（BC14 向下）的因素負荷量最大（因素負荷量數值為.795），因而先將測量題項第 14 題（BC14 向下）刪除。將符合項目分析準則之題項變數全部納入因素分析程序中，出現的因素結構通常較為凌亂，若是逐題刪除後的因素結構之共同因素無法合理命名，研究者可能要從第一次輸出之因素結構中從新選擇刪除題項的程序，因為不同的刪題程序，會導致之後因素結果的不同。

二、刪除第 14 題（BC14 向下）

表 14-49　轉軸後的成分矩陣(a)

測量題項	成 分		
	1	2	3
BA01 向上	.811	.245	.222
BA05 向上	.808	.205	.187
BA04 向上	.804	.205	.160
BA02 向上	.788	.221	.223
BC15 向下	.786	.311	.196
BA07 向上	.776	.063	.230
BC17 向下	.769	.036	.295
BC16 向下	.759	.330	.142
BA03 向上	.702	.269	.195
BC19 向下	.699	.351	.189
BC18 向下	.662	.418	-.006
BB12 平行	.318	.869	.153
BB11 平行	.296	.805	.280
BB13 平行	.313	.788	.283
BA06 向上	.265	-.119	.821
BB10 平行	.227	.339	.803
BB08 平行	.165	.305	.756
BB09 平行	.227	.390	.745

　　在共同因素三中包含「向上溝通」構面題項變數一題、「平行溝通」構面題項變數三題，因而嘗試將「向上溝通」構面的測量題項第 6 題（BA06向上）刪除，其因素負荷量為.821。

三、刪除第 06 題（BA06 向上）

表 14-50　轉軸後的成分矩陣(a)

測量題項	成分		
	1	2	3
BA01 向上	.809	.267	.197
BA05 向上	.808	.212	.178
BA04 向上	.804	.201	.167
BC15 向下	.787	.276	.245
BA07 向上	.786	.043	.230
BA02 向上	.786	.252	.188
BC17 向下	.776	.065	.230
BC16 向下	.758	.291	.203
BA03 向上	.697	.301	.168
BC19 向下	.692	.380	.169
BC18 向下	.649	.419	.038
BB12 平行	.292	.885	.207
BB13 平行	.295	.797	.320
BB11 平行	.281	.776	.363
BB09 平行	.251	.255	.841
BB10 平行	.251	.256	.826
BB08 平行	.192	.188	.817

共同因素二與共同因素三的因素構面均為「平行溝通」向度，二個因素各包含三題測量題項，因素結構的變化最好是能於一個共同因素中刪除一個題項變數後，讓此共同因素中的原先題項變數與其餘另一共同因素的測量題項歸屬於同一個共同因素。在共同因素二中由於第 12 題（BB12 平行）的因素負荷量最高（數值為.885），因而將測量題項第 12 題（BB12 平行）刪除。之所以刪除第 12 題（BB12 平行）乃是因為此題項變數的因素負荷量最高，題項變數第 13 題（BB13 平行）與題項變數第 11 題（BB11 平行）可能受到此題項變數的影響，而單獨成一共同因素，因而若將題項變數第 12 題（BB12 平行）刪除，可能題項變數第 13 題（BB13 平行）與第 11 題（BB11 平行）會與共同因素三的題項變數合併為一個因素構面。

四、刪除第 12 題（BB12 平行）

表 14-51　轉軸後的成分矩陣(a)

測量題項	成 分		
	1	2	3
BA05 向上	.817	.204	.177
BA04 向上	.804	.180	.200
BA07 向上	.799	.239	.013
BA01 向上	.789	.195	.325
BC17 向下	.782	.234	.059
BC15 向下	.777	.253	.295
BA02 向上	.771	.191	.293
BC16 向下	.758	.226	.272
BA03 向上	.677	.169	.352
BC19 向下	.664	.168	.448
BC18 向下	.613	.036	.511
BB09 平行	.253	.857	.202
BB10 平行	.240	.829	.246
BB08 平行	.189	.818	.160
BB13 平行	.263	.365	.800
BB11 平行	.270	.429	.709

共同因素三與共同因素二的因素名稱重疊，因素構面名稱均為「組織平行溝通」，共同因素三只包含 2 題測量題項，其中第 13 題（BB13 平行）的因素負荷量較高（數值等於.800），因而將測量題項第 13 題（BB13 平行）刪除。

五、刪除第 13 題（BB13 平行）

表 14-52　轉軸後的成分矩陣(a)

測量題項	成　分		
	1	2	3
BA02 向上	.849	.229	.182
BA05 向上	.803	.211	.276
BA01 向上	.771	.243	.353
BA03 向上	.747	.242	.203
BC17 向下	.737	.200	.255
BA04 向上	.718	.199	.398
BC15 向下	.620	.292	.551
BA07 向上	.616	.192	.454
BC16 向下	.581	.251	.571
BB09 平行	.250	.869	.106
BB10 平行	.294	.860	.036
BB08 平行	.049	.818	.289
BB11 平行	.361	.602	.253
BC18 向下	.326	.155	.847
BC19 向下	.494	.256	.632

　　共同因素一主要為「向上溝通」構面的測量題項，因而須將其餘構面之測量題項刪除，其中非屬於「向上溝通」構面之測量題項中以第 17 題（BC17 向下）的因素負荷量（因素負荷量等於.737）最高，因而將測量題項第 17 題（BC17 向下）刪除。原先與題項變數第 8 題（BB08 平行）、第 9 題（BB09 平行）、第 10 題（BB10 平行）分離的題項變數第 11 題（BB11 平行），由於將第 12 題（BB12 平行）及第 13 題（BB13 平行）題項變數刪除後，四個題項聚合成一共同因素（組織平行溝通向度）。

六、刪除第 17 題（BC17 向下）

表 14-53　轉軸後的成分矩陣(a)

測量題項	成	分	
	1	2	3
BA02 向上	.848	.244	.220
BA05 向上	.762	.363	.206
BA01 向上	.761	.405	.234
BA03 向上	.747	.248	.235
BA04 向上	.710	.444	.188
BA07 向上	.544	.541	.189
BC18 向下	.277	.845	.152
BC19 向下	.443	.664	.254
BC16 向下	.500	.648	.251
BC15 向下	.556	.616	.291
BB09 平行	.229	.142	.869
BB10 平行	.296	.062	.858
BB08 平行	.014	.307	.819
BB11 平行	.400	.226	.595

　　將測量題項第 17 題（BC17 向下）刪除後，新的因素結構之共同因素所包含的測量題項與研究者原先編製者相同，共同因素一的構面名稱為「組織向上溝通」、共同因素二的構面名稱為「組織向下溝通」、共同因素三的構面名稱為「組織平行溝通」，三個共同因素的測量題項各包含 6 題、4 題、4 題。若是研究者認為共同因素一包含的測量題項太多，此時可刪除第 07 題（BA07 向上），因為此題在共同因素一的因素負荷量最低（=.544），此外，此測量題項在共同因素二的因素負荷量也高達.541，表示測量題項第 7 題（BA07 向上）測得的構面特質有跨因素構面的特性。

七、刪除第 07 題（BA07 向上）

表 14-54　轉軸後的成分矩陣(a)

測量題項	成　　分		
	1	2	3
BA02 向上	.859	.220	.212
BA05 向上	.777	.209	.323
BA01 向上	.777	.236	.367
BA03 向上	.750	.227	.253
BA04 向上	.732	.192	.402
BB09 平行	.236	.872	.123
BB10 平行	.299	.855	.057
BB08 平行	.030	.824	.288
BB11 平行	.398	.588	.242
BC18 向下	.306	.146	.858
BC19 向下	.466	.252	.658
BC16 向下	.529#	.253	.618
BC15 向下	.583#	.288	.601

　　刪除測量題項第 07 題（BA07 向上）後，三個共同因素所包含的測量題項與原先研究者編製者相同。共同因素一的因素構面名稱為「組織向上溝通」，包含的測量題項有 5 題，共同因素二的因素構面名稱為「組織平行溝通」，包含的測量題項有 4 題，共同因素三的因素構面名稱為「組織向下溝通」，包含的測量題項有 4 題。共同因素三中的測量題項第 16 題（BC16 向下）、第 15 題（BC15 向下）的因素負荷量分別為.618、.601，這二個測量題項在共同因素一的因素負荷量分別為.529、.583，也均大於.50，表示這二個測量題項也有跨因素構面的特質，若是共同因素三還有其他的測量題項，將來要刪除題項時可依序刪除第 16 題（BC16 向下）及第 15 題（BC15 向下）。共同因素三包含的測量題項之因素結構雖然不是最理想的因素結構，但就探索性因素分析結果而言，亦屬一個尚佳的因素結構。

表 14-55　共同性

測量題項	萃取
BA01 向上	.795
BA02 向上	.831
BA03 向上	.679
BA04 向上	.734
BA05 向上	.752
BB08 平行	.762
BB09 平行	.830
BB10 平行	.824
BB11 平行	.563
BC15 向下	.784
BC16 向下	.726
BC18 向下	.852
BC19 向下	.714

十三個測量題項的共同性界於.563 至.852 間，其數值均大於.50。

表 14-56　解說總變異量

成分	平方和負荷量萃取			轉軸平方和負荷量		
	總和	變異數的%	累積%	總和	變異數的%	累積%
1	7.554	58.110	58.110	4.279	32.918	32.918
2	1.596	12.275	70.385	2.983	22.949	55.868
3	.695	5.349	75.734	2.583	19.866	75.734
萃取法：主成分分析。						

三個共同因素未轉軸前的特徵值分別為 7.554、1.596、.695，轉軸後的特徵值分別為 4.279、2.983、2.583，從 13 個測量題項中萃取的三個共同因素共可解釋原測量題項總變異的 75.734%。

【表格範例】

表 14-57　組織溝通量表探索性因素分析結果摘要表

因素構面 測量題項	向上溝通	平行溝通	向下溝通	共同性	正式問 卷題號
BA01 向上	.777#	.236	.367	.795	01
BA02 向上	.859#	.220	.212	.831	02
BA03 向上	.750#	.227	.253	.679	03
BA04 向上	.732#	.192	.402	.734	04
BA05 向上	.777#	.209	.323	.752	05
BB08 平行	.030	.824#	.288	.762	06
BB09 平行	.236	.872#	.123	.830	07
BB10 平行	.299	.855#	.057	.824	08
BB11 平行	.398	.588#	.242	.563	09
BC15 向下	.583	.288	.601#	.784	10
BC16 向下	.529	.253	.618#	.726	11
BC18 向下	.306	.146	.858#	.852	12
BC19 向下	.466	.252	.658#	.714	13
特徵值	4.279	2.983	2.583		
解釋變異量%	32.918	22.949	19.866		
累積解釋變異量%	32.918	55.868	75.734		

上表之因素結構從原先 19 題的題項變數，經逐題刪除法後保留 13 題的測量題項，其刪題的順序為：第 14 題「BC14 向下」→第 6 題「BA06 向上」→第 12 題「BB12 平行」→第 13 題「BB13 平行」→第 17 題「BC17 向下」→第 7 題「BA07 向上」→確定的因素結構。

14-6　教師工作投入量表探索性因素分析範例解析

在一項教師工作投入量表中，研究者依據理論文獻依「教師工作專注」、「教師工作認同」、「教師工作參與」、「教師工作樂趣」四個構面編製 29 個測量題項，構面及其測量題項如下：

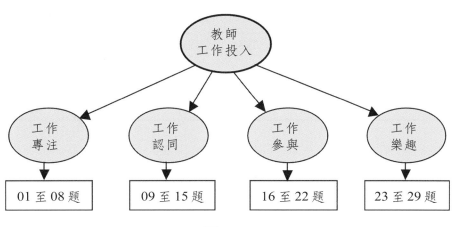

圖 **14-7**

表 **14-58**

國民中學教師工作投入量表	非常不同意	少部分同意	一半同意	大部分同意	非常同意
01.我把大部分的時間與精力投注在我的工作上	□	□	□	□	□
02.我通常會事前會做好準備好的教材、教具並預習教學進度	□	□	□	□	□
03.下班後即使沒有加班費,我仍會將未完成的事情做完或帶回家繼續做	□	□	□	□	□
04.我會為指導或引導學生課業而廣泛蒐集有關資料或自編補充教材	□	□	□	□	□
05.對於工作上遭遇的難題,我會請教他人,力求解決	□	□	□	□	□
06.下班後,我仍然會專注構思學校的工作	□	□	□	□	□
07.若有需要,我會配合學校的安排,擔任各項職務,並且盡力完成	□	□	□	□	□
08.我經常在下班後仍和家長討論學生在校的學習情形	□	□	□	□	□
09.我能認同學校的教育目標	□	□	□	□	□
10.我樂意配合學校行政措施推行各項教學工作	□	□	□	□	□
11.我常和別人分享我的教學經驗	□	□	□	□	□
12.我喜歡目前服務的學校,樂於向人介紹學校的特色與目標	□	□	□	□	□
13.我覺得教師應具備教師專業自律,才能受人尊重	□	□	□	□	□

表 14-58（續）

國民中學教師工作投入量表

	非常不同意	少部分同意	一半同意	大部分同意	非常同意
14. 我對本校教學或行政工作體制認同 …………………………	☐	☐	☐	☐	☐
15. 參與學校工作事務對達成目標認同具有正面影響 …………	☐	☐	☐	☐	☐
16. 我經常在參加學校召開的各項會議中，提供改進意見……	☐	☐	☐	☐	☐
17. 我致力於教學或行政工作，毫無怨言 ………………………	☐	☐	☐	☐	☐
18. 我會主動參與學校社團舉辦的各項活動…………………	☐	☐	☐	☐	☐
19. 我會主動參加與教學相關主題的進修活動，以提升教學績效 ……………………………………………………………………	☐	☐	☐	☐	☐
20. 我會主動提供學校在教學或行政教育的興革意見…………	☐	☐	☐	☐	☐
21. 我會主動利用課餘時間，盡心指導學生課業增進學習能力 ……………………………………………………………………	☐	☐	☐	☐	☐
22. 我會主動關心校務工作與發展 ………………………………	☐	☐	☐	☐	☐
23. 我和同仁們及學生相處得很融洽，且對教育環境感到滿意 ……………………………………………………………………	☐	☐	☐	☐	☐
24. 我喜歡我學校的同仁和學生 …………………………………	☐	☐	☐	☐	☐
25. 能和學生們一起教學相長，讓我感到很快樂 ………………	☐	☐	☐	☐	☐
26. 每天到學校上班讓我感到很愉快……………………………	☐	☐	☐	☐	☐
27. 我常和朋友討論我的教學工作和學校中的趣聞 ……………	☐	☐	☐	☐	☐
28. 我盡力做好份內的工作，負責盡職，樂在其中 ……………	☐	☐	☐	☐	☐
29. 沒有其他工作比學校教職更讓我滿意…………………………	☐	☐	☐	☐	☐

表 14-59　教師工作投入量表測量題項之描述性統計量摘要表

	個數	最小值	最大值	平均數	標準差	偏態		峰度	
	統計數	統計量	統計量	統計量	統計量	統計量	標準誤	統計量	標準誤
CA01 專注	123	3	5	4.23	.687	-.329	.218	-.860	.433
CA02 專注	123	3	5	4.28	.631	-.295	.218	-.642	.433
CA03 專注	123	1	5	4.17	.912	-1.270	.218	1.685	.433
CA04 專注	123	2	5	4.21	.692	-.458	.218	-.248	.433
CA05 專注	123	3	5	4.41	.570	-.299	.218	-.787	.433
CA06 專注	123	1	5	3.77	.998	-.531	.218	-.095	.433
CA07 專注	123	1	5	4.11	.838	-.883	.218	.903	.433
CA08 專注	123	1	5	3.41	1.085	-.166	.218	-.768	.433
CB09 認同	123	2	5	3.89	.818	-.350	.218	-.386	.433
CB10 認同	123	2	5	4.15	.674	-.346	.218	-.138	.433
CB11 認同	123	2	5	4.01	.945	-.490	.218	-.847	.433
CB12 認同	123	1	5	3.95	.913	-.691	.218	.099	.433
CB13 認同	123	2	5	4.50	.606	-1.029	.218	1.221	.433
CB14 認同	123	1	5	3.78	.883	-.425	.218	-.092	.433
CB15 認同	123	2	5	4.13	.757	-.568	.218	-.028	.433
CC16 參與	123	1	5	3.29	1.054	.028	.218	-.821	.433
CC17 參與	123	1	5	3.80	.947	-.423	.218	-.424	.433
CC18 參與	123	2	5	3.60	.894	.108	.218	-.811	.433
CC19 參與	123	2	5	3.92	.785	-.165	.218	-.675	.433
CC20 參與	123	1	5	3.50	.987	-.041	.218	-.789	.433
CC21 參與	123	2	5	3.91	.820	-.286	.218	-.555	.433
CC22 參與	123	2	5	3.68	.961	-.112	.218	-.967	.433
CD23 樂趣	123	2	5	4.13	.701	-.331	.218	-.399	.433
CD24 樂趣	123	3	5	4.20	.720	-.311	.218	-1.021	.433
CD25 樂趣	123	2	5	4.36	.691	-.761	.218	.036	.433
CD26 樂趣	123	1	5	4.03	.849	-.635	.218	.269	.433
CD27 樂趣	123	3	5	4.18	.747	-.304	.218	-1.147	.433
CD28 樂趣	123	3	5	4.38	.659	-.601	.218	-.638	.433
CD29 樂趣	123	1	5	4.05	.922	-.736	.218	.023	.433

表 14-60　教師工作投入量表相關矩陣摘要表 I

	CA01 專注	CA02 專注	CA03 專注	CA04 專注	CA05 專注	CA06 專注	CA07 專注	CA08 專注	CB09 認同	CB10 認同
CA01 專注	1	.610	.435	.570	.619	.518	.428	.424	.437	.512
CA02 專注	.610	1	.359	.522	.414	.322	.425	.337	.327	.347
CA03 專注	.435	.359	1	.267	.307	.493	.341	.319	.365	.439
CA04 專注	.570	.522	.267	1	.445	.367	.399	.321	.213	.302
CA05 專注	.619	.414	.307	.445	1	.293	.458	.314	.462	.420
CA06 專注	.518	.322	.493	.367	.293	1	.401	.653	.382	.379
CA07 專注	.428	.425	.341	.399	.458	.401	1	.538	.483	.597
CA08 專注	.424	.337	.319	.321	.314	.653	.538	1	.400	.501
CB09 認同	.437	.327	.365	.213	.462	.382	.483	.400	1	.564
CB10 認同	.512	.347	.439	.302	.420	.379	.597	.501	.564	1
CB11 認同	.502	.436	.388	.398	.526	.419	.465	.460	.510	.526
CB12 認同	.397	.308	.394	.263	.385	.410	.446	.401	.619	.491
CB13 認同	.372	.319	.288	.193	.399	.259	.298	.135	.373	.380
CB14 認同	.299	.169	.322	.224	.244	.250	.309	.256	.558	.496
CB15 認同	.431	.370	.466	.322	.408	.376	.599	.334	.578	.621
CC16 參與	.405	.346	.383	.285	.319	.477	.364	.504	.445	.528
CC17 參與	.384	.214	.438	.364	.300	.490	.429	.485	.555	.508
CC18 參與	.456	.357	.336	.442	.320	.403	.440	.540	.446	.424
CC19 參與	.536	.542	.558	.439	.349	.436	.524	.414	.599	.503
CC20 參與	.509	.449	.452	.373	.411	.490	.472	.553	.492	.531
CC21 參與	.560	.365	.284	.423	.464	.415	.432	.483	.401	.410
CC22 參與	.520	.430	.240	.385	.417	.428	.571	.541	.447	.465
CD23 樂趣	.466	.326	.440	.348	.441	.242	.423	.329	.496	.445
CD24 樂趣	.472	.403	.473	.311	.404	.381	.400	.380	.536	.498
CD25 樂趣	.552	.354	.358	.337	.564	.214	.302	.307	.430	.556
CD26 樂趣	.437	.350	.406	.309	.396	.241	.399	.422	.595	.594
CD27 樂趣	.527	.538	.400	.402	.501	.407	.559	.385	.514	.485
CD28 樂趣	.476	.453	.313	.270	.477	.320	.475	.354	.455	.519
CD29 樂趣	.422	.287	.361	.330	.398	.288	.322	.308	.518	.477

探索性因素分析實例解析

表 14-61　教師工作投入量表相關矩陣摘要表 II

	CB11 認同	CB12 認同	CB13 認同	CB14 認同	CB15 認同	CC16 參與	CC17 參與	CC18 參與	CC19 參與	CC20 參與
CA01 專注	.502	.397	.372	.299	.431	.405	.384	.456	.536	.509
CA02 專注	.436	.308	.319	.169	.370	.346	.214	.357	.542	.449
CA03 專注	.388	.394	.288	.322	.466	.383	.438	.336	.558	.452
CA04 專注	.398	.263	.193	.224	.322	.285	.364	.442	.439	.373
CA05 專注	.526	.385	.399	.244	.408	.319	.300	.320	.349	.411
CA06 專注	.419	.410	.259	.250	.376	.477	.490	.403	.436	.490
CA07 專注	.465	.446	.298	.309	.599	.364	.429	.440	.524	.472
CA08 專注	.460	.401	.135	.256	.334	.504	.485	.540	.414	.553
CB09 認同	.510	.619	.373	.558	.578	.445	.555	.446	.599	.492
CB10 認同	.526	.491	.380	.496	.621	.528	.508	.424	.503	.531
CB11 認同	1	.475	.365	.297	.445	.409	.423	.411	.454	.462
CB12 認同	.475	1	.415	.627	.567	.458	.634	.438	.520	.509
CB13 認同	.365	.415	1	.285	.464	.255	.330	.162	.294	.250
CB14 認同	.297	.627	.285	1	.644	.545	.498	.366	.423	.399
CB15 認同	.445	.567	.464	.644	1	.558	.459	.392	.583	.517
CC16 參與	.409	.458	.255	.545	.558	1	.551	.612	.495	.766
CC17 參與	.423	.634	.330	.498	.459	.551	1	.615	.574	.657
CC18 參與	.411	.438	.162	.366	.392	.612	.615	1	.596	.644
CC19 參與	.454	.520	.294	.423	.583	.495	.574	.596	1	.624
CC20 參與	.462	.509	.250	.399	.517	.766	.657	.644	.624	1
CC21 參與	.509	.399	.306	.312	.441	.514	.453	.588	.600	.542
CC22 參與	.499	.449	.150	.342	.452	.635	.526	.644	.585	.747
CD23 樂趣	.419	.586	.346	.603	.431	.436	.607	.450	.511	.487
CD24 樂趣	.479	.650	.411	.506	.389	.399	.513	.427	.507	.405
CD25 樂趣	.472	.392	.388	.358	.396	.362	.346	.365	.371	.351
CD26 樂趣	.562	.520	.414	.491	.465	.466	.518	.449	.533	.480
CD27 樂趣	.683	.470	.488	.309	.480	.339	.409	.390	.570	.435
CD28 樂趣	.534	.494	.581	.371	.524	.380	.449	.302	.472	.462
CD29 樂趣	.404	.480	.601	.416	.461	.399	.481	.392	.492	.397

表 14-62　教師工作投入量表相關矩陣摘要表 III

	CC20 參與	CC21 參與	CC22 參與	CD23 樂趣	CD24 樂趣	CD25 樂趣	CD26 樂趣	CD27 樂趣	CD28 樂趣	CD29 樂趣
CA01 專注	.509	.560	.520	.466	.472	.552	.437	.527	.476	.422
CA02 專注	.449	.365	.430	.326	.403	.354	.350	.538	.453	.287
CA03 專注	.452	.284	.240	.440	.473	.358	.406	.400	.313	.361
CA04 專注	.373	.423	.385	.348	.311	.337	.309	.402	.270	.330
CA05 專注	.411	.464	.417	.441	.404	.564	.396	.501	.477	.398
CA06 專注	.490	.415	.428	.242	.381	.214	.241	.407	.320	.288
CA07 專注	.472	.432	.571	.423	.400	.302	.399	.559	.475	.322
CA08 專注	.553	.483	.541	.329	.380	.307	.422	.385	.354	.308
CB09 認同	.492	.401	.447	.496	.536	.430	.595	.514	.455	.518
CB10 認同	.531	.410	.465	.445	.498	.556	.594	.485	.519	.477
CB11 認同	.462	.509	.499	.419	.479	.472	.562	.683	.534	.404
CB12 認同	.509	.399	.449	.586	.650	.392	.520	.470	.494	.480
CB13 認同	.250	.306	.150	.346	.411	.388	.414	.488	.581	.601
CB14 認同	.399	.312	.342	.603	.506	.358	.491	.309	.371	.416
CB15 認同	.517	.441	.452	.431	.389	.396	.465	.480	.524	.461
CC16 參與	.766	.514	.635	.436	.399	.362	.466	.339	.380	.399
CC17 參與	.657	.453	.526	.607	.513	.346	.518	.409	.449	.481
CC18 參與	.644	.588	.644	.450	.427	.365	.449	.390	.302	.392
CC19 參與	.624	.600	.585	.511	.507	.371	.533	.570	.472	.492
CC20 參與	1	.542	.747	.487	.405	.351	.480	.435	.462	.397
CC21 參與	.542	1	.713	.391	.418	.390	.452	.495	.519	.461
CC22 參與	.747	.713	1	.451	.434	.394	.475	.434	.477	.295
CD23 樂趣	.487	.391	.451	1	.729	.546	.627	.456	.512	.498
CD24 樂趣	.405	.418	.434	.729	1	.616	.606	.559	.566	.578
CD25 樂趣	.351	.390	.394	.546	.616	1	.721	.447	.597	.538
CD26 樂趣	.480	.452	.475	.627	.606	.721	1	.547	.651	.616
CD27 樂趣	.435	.495	.434	.456	.559	.447	.547	1	.726	.499
CD28 樂趣	.462	.519	.477	.512	.566	.597	.651	.726	1	.616
CD29 樂趣	.397	.461	.295	.498	.578	.538	.616	.499	.616	1

一、因素分析刪題步驟

(一) 29 題全部納入因素分析

表 14-63　轉軸後的成分矩陣(a)

測量題項	成分			
	1	2	3	4
CD26 樂趣	.744	.294	.287	.084
CD23 樂趣	.710	.358	.163	.103
CD24 樂趣	.692	.243	.270	.194
CD25 樂趣	.689	.161	.454	-.088
CD29 樂趣	.682	.115	.288	.202
CB14 認同	.634	.334	-.174	.362
CD28 樂趣	.613	.089	.494	.223
CB12 認同	.584	.327	.058	.453
CB09 認同	.547	.297	.147	.443
CB13 認同	.530	-.209	.349	.381
CB10 認同	.463	.306	.267	.444
CC18 參與	.231	.771	.230	.104
CC22 參與	.204	.765	.370	.087
CC20 參與	.239	.727	.245	.309
CC16 參與	.300	.695	.080	.301
CA08 專注	.052	.590	.298	.363
CC17 參與	.448	.583	.032	.360
CC21 參與	.255	.568	.477	.075
CC19 參與	.322	.483	.343	.408
CA02 專注	.098	.189	.694	.237
CA01 專注	.243	.314	.692	.206
CA05 專注	.352	.142	.643	.102
CD27 樂趣	.403	.095	.617	.372
CA04 專注	.070	.337	.613	.077
CB11 認同	.346	.246	.545	.287
CB15 認同	.426	.244	.177	.627
CA06 專注	-.044	.404	.313	.613
CA03 專注	.254	.179	.219	.574
CA07 專注	.176	.321	.416	.497

　　共同因素一中包含「工作樂趣」與「工作認同」二個構面，其中工作樂趣構面的測量題項有六題、工作認同構面的測量題項有五題，以保留工作樂趣構面為主，因而優先刪除工作認同構面的測量題項，在工作認同構

面的測量題項中以第 14 題的因素負荷量最大（因素負荷量等於.634），因而將第 14 題（CB14 認同）刪除。將符合項目分析的題項變數全部納入因素分析變數中，由於測量題項數目較多，因而第一次出現的因素結構會較為凌亂，此時在決定刪除題項時並沒有所謂的對錯，若是研究者刪除題項後，之後的因素結構之共同因素還是無法合理命名，研究者應重新刪除不同的題項變數。

(二)刪掉第 14 題（CB14）

表 14-64　轉軸後的成分矩陣(a)

測量題項	成 分			
	1	2	3	4
CD26 樂趣	.762	.333	.193	.115
CD25 樂趣	.734	.179	.378	-.053
CD29 樂趣	.711	.156	.176	.239
CD24 樂趣	.701	.279	.191	.219
CD23 樂趣	.685	.390	.133	.109
CD28 樂趣	.666	.113	.387	.267
CB13 認同	.578	-.178	.233	.422
CB12 認同	.543	.367	.020	.455
CB09 認同	.524	.333	.098	.453
CC18 參與	.214	.775	.238	.104
CC22 參與	.200	.757	.386	.090
CC20 參與	.223	.738	.236	.312
CC16 參與	.244	.708	.107	.287
CC17 參與	.418	.626	-.023	.368
CA08 專注	.059	.592	.271	.378
CC21 參與	.275	.557	.472	.090
CC19 參與	.320	.493	.322	.416
CA02 專注	.146	.152	.712	.250
CA01 專注	.282	.285	.704	.220
CA04 專注	.089	.290	.685	.072
CA05 專注	.403	.124	.624	.126
CD27 樂趣	.462	.098	.538	.411
CB11 認同	.391	.247	.486	.319
CA06 專注	-.039	.403	.292	.624
CB15 認同	.375	.259	.194	.615
CA03 專注	.260	.203	.161	.588
CA07 專注	.189	.320	.396	.510
CB10 認同	.456	.329	.223	.458

共同因素二的八個測量題項中，「工作參與」構面的測量題項有 7 題，「工作專注」構面的測量題項只有 1 題，因而就共同因素二而言，主要爲工作參與構面的向度，因而應將不是工作參與構面的指標變數第 8 題（CA08專注）刪除，第 8 題的因素負荷量爲.592。

(三)刪掉第 8 題（CA08）

表 14-65　轉軸後的成分矩陣(a)

測量題項	成分 1	2	3	4
CD26 樂趣	.768	.336	.178	.133
CD25 樂趣	.754	.186	.356	-.046
CD29 樂趣	.706	.160	.163	.262
CD24 樂趣	.698	.280	.181	.242
CD28 樂趣	.677	.109	.375	.269
CD23 樂趣	.662	.408	.124	.153
CB13 認同	.571	-.177	.221	.430
CB12 認同	.515	.367	.025	.489
CB09 認同	.502	.330	.102	.479
CC18 參與	.189	.772	.254	.141
CC22 參與	.184	.755	.402	.115
CC20 參與	.187	.733	.258	.352
CC16 參與	.210	.706	.126	.325
CC17 參與	.382	.626	-.009	.411
CC21 參與	.269	.553	.480	.106
CC19 參與	.271	.497	.338	.466
CA02 專注	.142	.136	.717	.258
CA01 專注	.284	.270	.708	.226
CA04 專注	.084	.282	.691	.085
CA05 專注	.416	.118	.618	.122
CD27 樂趣	.469	.083	.537	.407
CB11 認同	.408	.225	.488	.307
CB15 認同	.332	.260	.207	.649
CA03 專注	.225	.190	.175	.618
CA06 專注	-.022	.340	.317	.602
CA07 專注	.194	.284	.411	.502
CB10 認同	.457	.309	.228	.462

共同因素三包含「工作專注」構面4題、「工作樂趣」構面1題、「工作認同」構面 1 題，共同因素中主要包含「工作專注」的構面，因而非歸屬於「工作專注」構面的測量題項可考慮刪除，其中第27題（CD27樂趣）的因素負荷量（數值等於.537）大於第11題（CB11認同）的因素負荷量，因而先將第27題（CD27樂趣）題項變數刪除。

㈣刪掉第 27 題（CD27）

表 14-66　轉軸後的成分矩陣(a)

測量題項	成 分			
	1	2	3	4
CD26 樂趣	.771	.345	.160	.113
CD25 樂趣	.755	.162	.369	-.037
CD29 樂趣	.715	.156	.157	.249
CD24 樂趣	.698	.275	.166	.243
CD28 樂趣	.693	.158	.331	.211
CD23 樂趣	.658	.392	.120	.165
CB13 認同	.594	-.173	.217	.402
CB12 認同	.527	.364	.012	.478
CB09 認同	.518	.339	.085	.456
CB10 認同	.477	.300	.230	.452
CC22 參與	.195	.779	.381	.095
CC18 參與	.188	.775	.240	.149
CC20 參與	.197	.731	.248	.356
CC16 參與	.217	.694	.126	.333
CC17 參與	.386	.618	-.021	.417
CC21 參與	.281	.579	.459	.083
CC19 參與	.284	.505	.318	.462
CA01 專注	.297	.243	.725	.253
CA02 專注	.158	.140	.711	.261
CA04 專注	.089	.260	.704	.118
CA05 專注	.431	.109	.627	.122
CB11 認同	.425	.268	.448	.267
CA03 專注	.234	.146	.189	.660
CB15 認同	.360	.254	.208	.633
CA06 專注	-.006	.323	.318	.624
CA07 專注	.221	.313	.387	.467

共同因素三主要爲「工作專注」構面的測量題項，共同因素四包括「工作專注」及「工作認同」的測量題項，由於共同因素三主要爲「工作專注」構面的測量題項，因而共同因素四中「工作專注」構面的題項變數可考慮刪除，其中第 3 題（CA03 專注）的因素負荷量最大（因素負荷量等於.660），因而將第 3 題（CA03 專注）題項變數刪除。

㈤刪掉第 3 題（CA03）

表 14-67　轉軸後的成分矩陣(a)

測量題項	成　分			
	1	2	3	4
CC20 參與	.775	.192	.260	.229
CC18 參與	.769	.245	.265	-.008
CC22 參與	.736	.180	.391	.105
CC16 參與	.732	.204	.135	.242
CC17 參與	.691	.408	-.004	.254
CC19 參與	.591	.277	.329	.309
CC21 參與	.535	.252	.466	.137
CA06 專注	.490	-.024	.316	.382
CD26 樂趣	.304	.759	.181	.207
CD25 樂趣	.088	.758	.393	.086
CD24 樂趣	.300	.735	.193	.175
CD23 樂趣	.391	.714	.152	.085
CD29 樂趣	.167	.663	.164	.361
CD28 樂趣	.140	.584	.326	.445
CB12 認同	.450	.482	.015	.450
CA01 專注	.276	.286	.735	.202
CA04 專注	.277	.125	.718	.005
CA02 專注	.188	.132	.713	.217
CA05 專注	.087	.359	.625	.272
CB11 認同	.284	.356	.448	.345
CB15 認同	.371	.207	.185	.715
CB13 認同	-.109	.445	.195	.625
CA07 專注	.388	.090	.366	.554
CB10 認同	.362	.372	.222	.533
CB09 認同	.408	.434	.080	.512

共同因素一包含 7 題「工作參與」構面的測量題項，除外，也包含 1 題「工作專注」構面的測量題項，由於共同因素一主要為「工作參與」構面題項，因而非歸屬於「工作參與」構面的第 6 題（CA06 專注）題項變數可考慮刪除，其因素負荷量等於.490。

(六)刪掉第 6 題（CA06）

表 14-68　轉軸後的成分矩陣(a)

測量題項	成 分			
	1	2	3	4
CC18 參與	.777	.214	.278	.015
CC20 參與	.773	.172	.267	.256
CC22 參與	.738	.128	.401	.166
CC16 參與	.727	.193	.139	.260
CC17 參與	.688	.438	.001	.212
CC19 參與	.592	.260	.336	.328
CC21 參與	.534	.226	.474	.163
CD24 樂趣	.302	.761	.202	.123
CD25 樂趣	.099	.730	.406	.096
CD26 樂趣	.319	.724	.196	.229
CD23 樂趣	.410	.696	.170	.075
CD29 樂趣	.171	.685	.170	.321
CD28 樂趣	.139	.581	.329	.447
CB12 認同	.448	.516	.017	.409
CA01 專注	.262	.307	.733	.178
CA04 專注	.273	.126	.723	-.007
CA02 專注	.185	.115	.716	.236
CA05 專注	.086	.345	.628	.287
CB11 認同	.275	.360	.447	.347
CB15 認同	.363	.198	.181	.748
CA07 專注	.377	.068	.362	.603
CB13 認同	-.118	.497	.188	.569
CB10 認同	.356	.358	.222	.564
CB09 認同	.405	.440	.082	.510

在共同因素四中包含「工作認同」構面 4 個測量題項，除外也包含「工作專注」構面 1 個測量題項，由於共同因素三主要包含較多的「工作專注」構面題項，因而共同因素四中的「工作專注」構面的單一測量題項第 7 題

（CA07 專注）可考慮將之刪除，讓共同因素四中的題項變數皆為「工作認同」構面的測量題項。

(七)刪掉第 7 題（CA07）

表 14-69　轉軸後的成分矩陣(a)

測量題項	成　　　分			
	1	2	3	4
CC20 參與	.804	.154	.272	.196
CC16 參與	.767	.132	.146	.253
CC18 參與	.743	.280	.287	-.051
CC22 參與	.739	.176	.401	.057
CC17 參與	.674	.475	.015	.180
CC19 參與	.623	.252	.341	.265
CC21 參與	.550	.165	.479	.192
CD24 樂趣	.243	.781	.227	.215
CD23 樂趣	.339	.764	.194	.115
CD26 樂趣	.297	.669	.218	.357
CD25 樂趣	.058	.658	.431	.283
CB12 認同	.469	.509	.031	.392
CA01 專注	.274	.243	.744	.226
CA04 專注	.250	.162	.728	-.044
CA02 專注	.224	.057	.717	.225
CA05 專注	.111	.276	.633	.329
CB11 認同	.309	.302	.454	.361
CB13 認同	-.021	.240	.192	.775
CB15 認同	.490	.088	.172	.672
CD28 樂趣	.184	.430	.337	.584
CD29 樂趣	.190	.518	.188	.532
CB10 認同	.422	.309	.221	.513
CB09 認同	.457	.402	.090	.480

　　共同因素二主要為「工作樂趣」構面，共同因素二之五個題項變數中前四個題項變數均為「工作樂趣」構面的測量題項，第五個題項變數則歸屬於「工作認同」構面的測量題項，因而在此步驟中將共同因素二中的最後一個題項變數第 12 題（CB12 認同）刪除。

(八)刪掉第 12 題（CB12）

表 14-70 轉軸後的成分矩陣(a)

測量題項	成分			
	1	2	3	4
CC20 參與	.810	.149	.258	.203
CC16 參與	.776	.132	.120	.261
CC18 參與	.754	.279	.268	-.043
CC22 參與	.748	.180	.382	.062
CC17 參與	.677	.450	.016	.180
CC19 參與	.626	.244	.339	.270
CC21 參與	.560	.178	.455	.199
CD24 樂趣	.251	.768	.224	.211
CD23 樂趣	.351	.754	.182	.117
CD25 樂趣	.085	.691	.376	.293
CD26 樂趣	.322	.686	.167	.366
CA01 專注	.278	.255	.740	.229
CA04 專注	.249	.168	.737	-.043
CA02 專注	.219	.063	.731	.225
CA05 專注	.113	.288	.632	.329
CB11 認同	.313	.306	.449	.361
CB13 認同	-.020	.243	.186	.775
CB15 認同	.484	.073	.180	.671
CD28 樂趣	.197	.446	.305	.590
CD29 樂趣	.208	.531	.150	.541
CB10 認同	.434	.316	.192	.520
CB09 認同	.457	.383	.094	.479

　　共同因素二所包含的測量題項均為「工作樂趣」構面，而在共同因素四中包含「工作認同」與「工作樂趣」二個構面的測量題項，由於共同因素四主要在測得教師的工作認同，因而「工作樂趣」構面的測量題項必須刪除，其中第28題（CD28 樂趣）的因素負荷量（＝.590）高於第29題（CD29 樂趣）（因素負荷量等於.541），因而將第 28 題（CD28 樂趣）之題項變數刪除。

(九)刪掉第 28 題（CD28）

表 14-71　轉軸後的成分矩陣(a)

測量題項	成　　分			
	1	2	3	4
CC20 參與	.810	.152	.254	.210
CC22 參與	.766	.181	.373	.035
CC16 參與	.765	.142	.120	.285
CC18 參與	.754	.275	.257	-.017
CC17 參與	.670	.448	.012	.201
CC19 參與	.617	.248	.340	.287
CC21 參與	.573	.190	.453	.159
CD24 樂趣	.249	.774	.226	.187
CD23 樂趣	.351	.754	.179	.107
CD25 樂趣	.084	.704	.383	.251
CD26 樂趣	.319	.699	.173	.334
CD29 樂趣	.192	.553	.165	.518
CA01 專注	.273	.264	.744	.222
CA02 專注	.225	.067	.735	.199
CA04 專注	.251	.162	.733	-.033
CA05 專注	.103	.302	.641	.316
CB11 認同	.307	.321	.456	.342
CB13 認同	-.045	.276	.213	.746
CB15 認同	.452	.092	.197	.699
CB10 認同	.407	.332	.204	.543
CB09 認同	.424	.396	.106	.524

　　共同因素三主要為「工作專注」構面的測量題項，第 11 題題項變數則歸屬於「工作認同」構面，因而必須將共同因素三中第 11 題（CB11 認同）刪除。而原先歸屬於共同因素四的第 29 題（CD29 樂趣），由於刪除第 28 題（CD28 樂趣）後，變回到共同因素二「工作樂趣」構面中，此乃由於第 29 題題項變數與第 28 題題項變數間的相關較高，研究者將 28 題題項變數刪除後，29 題題項變數反而與共同因素二之「工作樂趣」構面之指標變項間的關係較為密切，因而回到共同因素二，此種結果與研究者原先編製的構面大致符合。

(十)刪除第 11 題（CB11）

表 14-72　轉軸後的成分矩陣(a)（依因素負荷量大小排序）

測量題項	成分			
	1	2	3	4
CC20 參與	.813	.155	.248	.207
CC22 參與	.772	.189	.357	.023
CC16 參與	.768	.144	.114	.281
CC18 參與	.755	.274	.253	-.018
CC17 參與	.671	.444	.004	.199
CC19 參與	.619	.248	.342	.293
CC21 參與	.580	.196	.440	.152
CD24 樂趣	.252	.775	.218	.185
CD23 樂趣	.351	.753	.177	.108
CD25 樂趣	.091	.716	.373	.243
CD26 樂趣	.327	.706	.151	.320
CD29 樂趣	.193	.551	.169	.527
CA01 專注	.279	.273	.746	.226
CA02 專注	.230	.072	.738	.208
CA04 專注	.254	.163	.737	-.022
CA05 專注	.114	.317	.627	.307
CB13 認同	-.042	.278	.215	.755
CB15 認同	.457	.098	.194	.700
CB10 認同	.416	.343	.186	.530
CB09 認同	.431	.403	.087	.512

　　刪除第 11 題（CB11 認同）後，四個共同因素所包含的測量題項和原先研究者編製的相同，其中教師「工作參與」構面保留 7 題、教師「工作樂趣」構面保留 5 題、教師「工作專注」構面保留 4 題、教師「工作認同」保留 4 題，全部測量題項有 20 題。若是研究者想再刪除測量題項，可優先刪除第 21 題（CC21 參與），因為在共同因素一中第 21 題（CC21 參與）題項變數的因素負荷量最低（因素負荷量等於.580）。在因素結構中若是共同因素所包含的題項變數與原先研究者編製的構面及其包含的測量題項之歸類相同，研究者必須刪除因素負荷量最低的題項變數，而非是因素負荷量最高的題項變數。

表 14-73　轉軸後的成分矩陣(a)（依題項變數順序排序）

	工作參與	工作樂趣	工作專注	工作認同
CA01 專注	.279	.273	.746#	.226
CA02 專注	.230	.072	.738#	.208
CA04 專注	.254	.163	.737#	-.022
CA05 專注	.114	.317	.627#	.307
CB09 認同	.431	.403	.087	.512#
CB10 認同	.416	.343	.186	.530#
CB13 認同	-.042	.278	.215	.755#
CB15 認同	.457	.098	.194	.700#
CC16 參與	.768#	.144	.114	.281
CC17 參與	.671#	.444	.004	.199
CC18 參與	.755#	.274	.253	-.018
CC19 參與	.619#	.248	.342	.293
CC20 參與	.813#	.155	.248	.207
CC21 參與	.580#	.196	.440	.152
CC22 參與	.772#	.189	.357	.023
CD23 樂趣	.351	.753#	.177	.108
CD24 樂趣	.252	.775#	.218	.185
CD25 樂趣	.091	.716#	.373	.243
CD26 樂趣	.327	.706#	.151	.320
CD29 樂趣	.193	.551#	.169	.527

　　最後確定的因素結構中，各共同因素中之測量題項的因素負荷量均在 .500 以上（一般取捨標準爲因素負荷量的數值大於 .45）。教師工作投入量表探索性因素分析程序中，因素結構之題項變數刪除的順序如下：第 14 題（CB14 認同）→第 8 題（CA08 專注）→第 27 題（CD27 樂趣）→第 3 題（CA03 專注）→第 6 題（CA06 專注）→第 7 題（CA07 專注）→第 12 題（CB12 認同）→第 28 題（CD28 樂趣）→第 11 題（C114 認同）→確定因素結構，保留 20 個指標變項。經由逐題刪除法，教師工作投入量表在因素分析程序中共刪除 9 題的測量題項，保留 20 題的測量題項。

表 14-74 共同性

	萃取
CA01 專注	.760
CA02 專注	.646
CA04 專注	.635
CA05 專注	.601
CB09 認同	.619
CB10 認同	.607
CB13 認同	.695
CB15 認同	.746
CC16 參與	.702
CC17 參與	.686
CC18 參與	.710
CC19 參與	.647
CC20 參與	.789
CC21 參與	.592
CC22 參與	.760
CD23 樂趣	.733
CD24 樂趣	.746
CD25 樂趣	.719
CD26 樂趣	.730
CD29 樂趣	.647

　　最後二十題的共同性，其數值介於.601 至.760 中間，表示每個測量指標變項對共同因素的影響均十分重要。

表 14-75 解說總變異量

成分	平方和負荷量萃取			轉軸平方和負荷量		
	總和	變異數的%	累積%	總和	變異數的%	累積%
1	9.751	48.754	48.754	4.702	23.510	23.510
2	1.683	8.414	57.167	3.507	17.533	41.044
3	1.377	6.885	64.052	3.009	15.047	56.091
4	.956	4.782	68.834	2.549	12.743	68.834

限定萃取四個共同因素時，轉軸前四個共同因素的特徵值分別為 9.751、1.683、1.377、.956，採用直交轉軸之最大變異法後，四個共同因素的特徵值分別為 4.702、3.507、3.009、2.549，四個共同因素個別的解釋變異量分別 23.510%、17.533%、15.047%、12.742%，因個共同因素共可解釋二十個測量題項 68.834%的變異量。

【表格範例—確定的因素結構】

表 14-76　教師工作投入量表因素分析結果摘要表

因素構面 測量題項	工作參與	工作樂趣	工作專注	工作認同	共同性	正式問卷題項
CA01 專注	.279	.273	.746#	.226	.760	01
CA02 專注	.230	.072	.738#	.208	.646	02
CA04 專注	.254	.163	.737#	-.022	.635	03
CA05 專注	.114	.317	.627#	.307	.601	04
CB09 認同	.431	.403	.087	.512#	.619	05
CB10 認同	.416	.343	.186	.530#	.607	06
CB13 認同	-.042	.278	.215	.755#	.695	07
CB15 認同	.457	.098	.194	.700#	.746	08
CC16 參與	.768#	.144	.114	.281	.702	09
CC17 參與	.671#	.444	.004	.199	.686	10
CC18 參與	.755#	.274	.253	-.018	.710	11
CC19 參與	.619#	.248	.342	.293	.647	12
CC20 參與	.813#	.155	.248	.207	.789	13
CC21 參與	.580#	.196	.440	.152	.592	14
CC22 參與	.772#	.189	.357	.023	.760	15
CD23 樂趣	.351	.753#	.177	.108	.733	16
CD24 樂趣	.252	.775#	.218	.185	.746	17
CD25 樂趣	.091	.716#	.373	.243	.719	18
CD26 樂趣	.327	.706#	.151	.320	.730	19
CD29 樂趣	.193	.551#	.169	.527	.647	20
特徵值	4.702	3.507	3.009	2.549		
解釋變異量%	23.510	17.533	15.047	12.743		
累積解釋變異量%	23.510	41.044	56.091	68.834		

二、信度考驗結果

(一)教師「工作認同」構面

表 14-77　可靠性統計量

Cronbach's Alpha 值	項目的個數
.798	4

教師工作認同構面四個測量題項的內部一致性α係數為.798。

(二)教師「工作專注」構面

表 14-78　可靠性統計量

Cronbach's Alpha 值	項目的個數
.818	4

教師工作專注構面四個測量題項的內部一致性α係數為.818。

(三)教師「工作參與」構面

表 14-79　可靠性統計量

Cronbach's Alpha 值	項目的個數
.913	7

教師工作參與構面七個測量題項的內部一致性α係數為.913。

(四)教師「工作樂趣」構面

表 14-80　可靠性統計量

Cronbach's Alpha 值	項目的個數
.880	5

教師工作樂趣構面五個測量題項的內部一致性α係數為.880。

參考書目

一、英文部分

Afifi, A. A., & Clark, V. (1990). *Computer-aided multivariate analysis.*(2ⁿᵈ ed.). New York: Chapman & Hall.

Agresti, A., & Finlay, B. (1986). *Statistical Methods for the Social Sciences* (2ⁿᵈ ed.). New York: Chpman & Hall.

Ahmanan, J. S., & Glock, M. D. (1981). *Evaluating student progress: Principles of tests and measurement.* (6ᵗʰ ed.). Boston: Allyn and Bacon.

Airasian, P. W., & Gay, L. R. (2003). *Educational research: Competencies analysis and application* (7ᵗʰ ed.) Englewood Cliffs, N. J.: Prentice-Hall.

Anastasi, A. (1988). *Psychological testing.*(6ᵗʰ ed.). New York: Macmillan Publishing.

Bartlett, M. S. (1951). The goodness of fit of a single hypothetical discriminant function in the case of several groups. *Annuals of Eugenics, 16,*199-214.

Benton, R. L. (1991, January). *The redundancy index in canonical correlation analysis.* Paper presented at the annual meeting of the Southwest Educational Research Association. San Antonio. (ERIC Document Reproduction Service No. ED 334 215).

Bird, K. D. (1975). Simultaneous contrast testing procedures for multivariate experiments. *Multivariate Behavioral Research, 10,* 343-351.

Black, T. H. (1993). *Evaluation and social science research.* London: Sage Publications.

Borg, W. R., & Gall, M . D. (1983). *Educational Research: An introduction*(4ᵗʰ ed.). New York: Longman.

Borgen, F., & Seling, M. (1978). Uses of discriminant analysis following MANOVA: Multivariate statistics for multivariate purposes. *Journal of Applied Psychology, 63,* 689-697.

Bray, J. H., & Maxwell, S. E. (1985). *Multivariate analysis of variance.* Newbury Park: Sage.

Bryman, A., & Cramer, D. (1997). *Quantitative Data Analysis with SPSS for Win-

dows. London: Routledge.

Camines, E. G., & Zeller, R. A. (1979). *Reliability and validity assessment*. Beverly Hills, CA: Sage.

Campo, S. F. (1990, January). *Canonical correlation as the most general parametric method: Implication for educational research*. Paper presented at the annual meeting of the Southwest Educational Research Association. Austin. (ERIC Document Reproduction Service No. ED 315 440).

Chase, C. I. (1978). *Measurement for educational evaluation*. (2nd ed.). Reading, Massachusetts: Addison-Wesley.

Clark-Cater, D. (1997). The account taken of statistical power in research published in the British Journal of Psychology. *British Journal of Psychology, 88*, 71-83.

Cliff, N. (1988). The eigenvalue-greater-than-one rule and the reliability of components. *Psychological Bulletin, 103*, 276-279.

Comrey, A. L. (1973). *A first course in factor analysis*. New York: Academic Press.

Comrey, A. L., (1988). Factor analytic methods of scale development in personality and clinical psychology. *Journal of Consulting and Clinical Psychology, 56*, 754-761.

Conover, (1980). *Practical Nonparametric Statistics*(2nd ed.). New York: Wiley & Sons.

Cortina, J. M. (1993). What is coefficient Alpha? An examination of theory and applications. *Journal of Applied Psychology, 78*(1), 98-104.

Cowles, M., & Davis, C. (1982). On the origins of the .05 level of statistical significant. *American Psychologist, 37*, 553-558.

Creswell, J. W. (2002). *Educational research: Planning conducting, and evaluating quantitative and qualitative research*. Upper Saddle River, N.J.: Pearson Education, Inc.

Crocker, L., Algina, J. (1986). *Introduction to classical and modern test theory*. Chicago: Holt, Rinehart and Winston.

Cronbach, L. (1951). Coefficient alpha and the internal structure of tests. *Psychometrika, 16*, 297-334.

Cronbach, L. J. (1990). *Essentials of psychological testing*(5th ed.). New York: Happer Collins.

Cureton, E. E. (1957). The upper and lower twenty-seven percent rule, *Psychomet-*

rika, *22*, 293-296.

DeVellis, R. F. (1991). *Scale Development Theory and Applications*. London: SAGE.

Ebel, R. L. (1979). *Essentials of educational measurement.*(3rd ed.). Englewood Cliffs, NJ: Prentice Hall.

Ebel, R. L., & Frisbie, D. A. (1991). *Essentials of educational measurement.*(5th ed.). Englewood, NJ: Prentice Hall.

Fan, C. T. (1952). *Item analysis table*. Princeton, NJ: Educational Testing Service.

Fan, X., & Thompson, B. (2001). Confidence intervals about score reliability coefficient please: An EPM guidelines editorial. *Educational and Psychological Measurement*, *61*(4), 517-531.

Ford, J. K., MacCllum, R. C., & Tait, M. (1986). The application of exploratory factor analysis in applied psychology: A critical review and analysis. *Personnel Psychology*, *39*, 291-314.

Gardner, P. L. (1995). Measuring attitudes to science: Unidimensionality and internal consistency revisited. *Research in Science Education*, *25*(3), 283-289.

Gay, L. R. (1992). *Educational Research Competencies for Analysis and Application*. New York: Macmillan.

Girden, E. R. (1992). *ANOVA: Repeated measures*. Newbury Park: Sage Publication.

Gorsuch, R. L. (1983). *Factor Analysis*. Hillsdale, NJ: Lawrence Erlbaum.

Gorsuch, R. L. (1988). *Exploratory factor analysis*. In J. Nesselroade & R. B. Cattell (Eds.), Handbook of multivariate experimental psychology(pp. 231-258). New York: Plenum Press.

Greenhouse, S. W., & Geisser, S. (1959). On methods in the analysis of profile data. *Psychometrika*, *24*, 95-122.

Gulliksen, H. (1987). *Theory of mental test*. Hillsdale, NJ: Lawrence Erlbaum Associates.

Haberman, S. J. (1978). Analysis of dispersion of multinomial responses. *Journal of the American Statistical Association*, *77*, 568-580.

Hair, J. F., Anderson, R. E., Tatham, R. L., & Black, W. C. (1998). *Multivariate data analysis*(5th ed.). Englewood Cliffs, NJ: Prentice-Hall.

Hardy, M. A. (1993). *Regression with dummy variable*. Newbury Park: Sage.

Harman, H. H. (1960). *Modern factor analysis*. Chicago: The University of Chicago Press.

Harman, H. H. (1976). *Modern factor analysis* (3rd ed.). Chicago: The University of Chicago Press.

Harris, R. J. (1975). *A primer multivariate statistics*. NY: Academic.

Hays, W. L. (1988). *Statistics for Psychologist*. New York: Holt, Rinehart & Winston.

Hays, W. L. (1994). *Statistics*. (5th ed.). Orlando, FL: Holt, Rinehart and Winston.

Henson, R. K. (2001). Understanding internal consistency reliability estimates: A conceptual primer on coefficient alpha. *Measurement and Evaluation in Counseling and Development, 34*, 177-189.

Hinkle, D. E., & Oliver, J. D. (1983). How large should the sample be? A question with no simple answer? Or.... *Educational and Psychological Measurement, 43*, 1041-1060.

Hosmer, D. W., & Lemeshow, S. (2000). *Applied logistic regression.* (2nd ed.). New York: John Wiley & Sons.

Howell, D. C. (1987). *Statistical Methods for Psychology* (2nd ed.). Boston: Duxbury Press.

Huberty, C. J. (1993). Historical origins of statistical testing practices: The treatment of Fisher versus Neyman-Pearson views in textbooks. *Journal of experimental education, 6*, 317-333.

Huberty, C. J. (1994). *Applied dicriminant analysis*. New York: John Wily.

Huynh, H., & Feldt, L. (1976). Estimation of the Box correction for degrees of freedom from sample data in the randomized block and split plot designs. *Journal of Educational Statistics, 1*, 69-82.

Jennings, D. E. (1986). Judging inference adequacy in logistic regression. *Journal of the American Statistical Association, 81*, 987-990.

Johnson, D. E. (1998). *Applied multivariate methods for data analysis*. Pacific Grove, CA: Duxbury Press.

Judd, C. M., Smith, E. R., & Kidder, L. H. (1991). *Research methods in social relations*. Fort Worth, TX: Halt, Rinehart and Winston.

Kaiser, H. F. (1960). The application of electronic computers to factor analysis. *Educational and Psychological Measurement, 20*, 141-151.

Kaiser, H. F. (1970). A second-generation Little Jiffy. *Psychological*, *35*, 401-415.

Kaiser, H. F. (1974). Little Jiffy, Mark IV. *Educational and Psychological Measurement*, *34*, 111-117.

Kazdin, A. E., & Bass, D. (1989). Power to detect differences between treatments in comparative psychotherapy outcome research. *Journal of Consulting and Clinical Psychology*, *57*, 138-147.

Kelley, T. L. (1939). The selection of upper and lower groups for the validation of test items. *Journal of Educational Psychology*, *30*, 17-24.

Kenny, D. A. (1987). *Statistics for social and behavioral science*. Boston: Little, Brown and Company.

Kiess, H. O. (1989). *Statistical concepts for the behavioral science*. Boston: Allyn & Bacon.

Kim, T. S., & Mueller(1978). *Factor analysis: Statistics methods and practical issues*. Newbury Park, CA: Sage.

Kirk, R. E. (1982). *Experimental Design Procedures for the Behavior Sciences*. Belmont, CA: Brooks-Cole.

Kirk, R. E. (1995). *Experimental Design Procedures for the Behavior Sciences*(3rd ed.). Pacific Grove, CA: Brooks/Cole.

Klecka, W. R. (1980). *Discriminant analysis*. CA: Sage Publications, Inc.

Kleinbaum, D. G, Kupper, L. L., & Muller K. E. (1988). *Applied Regression Analysis and Other Multivariable Methods*(2nd ed.). Boston: PWS-KENT.

Lewis-Beck, M. S. (1993). *Regression Analysis*. London: SAGE.

Loo, R. (2001). Motivational orientations toward work: An evaluation of the Work Preference Inventory (Student form). *Measurement and Evaluation in Counseling and Development*, *33*, 222-233.

MacDonald, R. P. (1999). *Test theory: A unified treatment*. Mahwah, NJ: Lawrence Erlbaum.

Menard, S. (1995). *Applied logistic regression analysis*. Thousand Oaks, CA: Sage.

Merrian, S. B. (1988). *Case study research in education: A qualitative approach*. San Francisco & London: Jossey-Bass Publishers.

Meyer, G. E. (1993). *SPSS A Minimalist Approach*. Orlando: Holt, Rinehart and Winston.

Neuman, W. L. (2003). *Social research methods: Qualitative and quantitative ap-*

proaches(5th ed.). Boston: Allyn & Bacon.

Noll, V. H., Scannell, D. P., & Craig, R. C.(1979). *Introduction to educational measurement*. (4th ed.). Boston: Houghton Mifflin.

Nunnally, J. C. (1978). *Psychometric Theory*(2nd ed.). New York: McGraw-Hill.

Olson, C. L. (1976). On choosing a test statistic in multivariate analysis of variance. *Psychological Bulletin*, *83*(4), 579-586.

Pedhazur, E. J. (1982). *Multiple regression in behavior research: Explanation and prediction* (2nd ed.). New York: Holt, Rinehart & Winston.

Pedhazur, E. J. (1997). *Multiple regression in behavioral research: Explanation and prediction*.(3rd ed.). New York: Harcourt Brace College Publishers.

Reinhart, B. (1996). *Factors affecting coefficient alpha: A mini Monte Carlo study*. In B. Thompson(Ed.), Advanced in Social Science Methodology(Vol. 4, pp. 3-20). Greenwich, CT: JAI Press.

Reise, S. P., Waller, N. G., & Comery, A. L. (2000). Factor analysis and scale revison. *Psychological Assessment*, *12*(3), 287-297.

Rossi, J. (1990). Statistical power of psychological research: What have we gained in 20 years? *Journal of Consulting and Clinical Psychology*, *58*, 646-656.

Sadlmeier, P., & Gigerenzer, G. (1989). Do studies of statistical power have an effect on power of studies? *Psychological Bulletin*, *105*, 309-316.

Sax, G., & Newton, J. W. (1997). *Principles of educational and psychological measurement*(4th ed .). Belmont, CA: Wadsworth.

Spicer, J. (2005). *Making sense of multivariate data analysis*. London: Sage.

SPSS Inc.(1998).*SPSS BASE 8.0-Applications Guide*. Chicago: SPSS Inc.

SPSS Inc.(1999).*SPSS BASE 10.0 使用者指南*. Chicago: SPSS Inc.

SPSS(1999). *SPSS Base 10.0 Applications guide*. Chicago: Editor.

SPSS(2000). *Advanced statistical analysis using SPSS*. Chicago: Editor.

Stevens, J. (1979). Comment on Olson: Choosing a test statistic in multivariate analysis of variance. *Psychological Bulletin*, *86*(2), 355-360.

Stevens, J. (1992). *Applied Multivariate Statistics for the Social Sciences*(2nd ed.). Hillsdale, NJ: Lawrence Erlbaum.

Stevens, J. (1996). *Applied multivariate statistics for the social science*. Mahwah, NJ: Lawrence Erlbaum.

Stevens, J. (2002). *Applied multivariate statistics for the social science*(4th Ed.). Mahwah, NJ: Lawrence Erlbaum.

Sudman, S. (1976). *Applied Sampling*. New York: Academic Press.

Tabachnick, B. G., & Fidell, L. S. (1989). *Using Multivariate Statistics* (2nd ed.). New York: Harper & Row.

Tabachnick, B. G., & Fidell, L. S. (2007). *Using multivariate statistics* (5th Ed.) Needham Heights, MA: Allyn and Bacon.

Tacq, J. (1997). *Multivariate Analysis Techniques in Social Science Research*. London: SAGE.

Thompson, B. (1984). *Canonical correlation analysis: Uses and interpretation*. Newbury Park: Sage.

Thompson, B. (1994). Guideline for authors. *Educational and Psychological Measurement, 54*, 837-847.

Thompson, B. (1996). Variable important in multiple regression and canonical correlation. *Advances in Social Science Methodology, 4*, 107-135.

Tinsley, H. E. A., & Tinsley, D. J. (1987). Uses of factor analysis in counseling psychology research. *Journal of Counseling Psychology, 34*, 414-424.

Tzeng, O. S. (1992). On reliability and number of principal components jojinder with Cliff and Kaiser. *Perceptual and Motor Skill, 75*, 929-930.

Widaman, K. F. (1990). Bias in pattern loading represented by common factor analysis and component analysis. *Multivariate Behavioral Research, 25*(1), 89-95.

Zwick, W. R., & Velicer, W. F. (1986). A comparison of five rules for determining the number of factors to retain. *Psychological Bulletin, 99*, 432-442.

二、中文部分

內田治（2007）。《SPSS 使用手冊意見調查的統計分析》。台北：鼎茂。

王文中（2000）。《統計學與 Excel 資料分析之實習應用》。台北：博碩。

王文科（1991）。《教育研究法》。台北：五南。

王保進（2002）。《視窗版 SPSS 與行為科學研究》。台北：心理。

王保進（2004）。《多變量分析：套裝程式與資料分析》。台北：高等教育。

王國川（2002）。《圖解 SAS 在變異數分析上的應用》。台北：五南。

王國川（2004）。《圖解 SAS 視窗在迴歸分析上的應用》。台北：五南。

王瑞安（1998）。《公立非正規成人教育機構員工工作壓力、工作倦怠與學習需求之關係研究》。高師大成人教育研究所碩士論文（未出版）

王濟川、郭志剛（2004）。《Logistic 迴歸模型——方法與應用》。台北：五南。

余民寧（1997）。《心理與教育統計學》。台北：三民書局。

余民寧（2002）。《教育測驗與評量——成就測驗與教學評量》。台北：心理。

吳冬友、楊玉坤（2003）。《統計學》。台北：五南。

吳宗正（1996）。《迴歸分析》。台北：三民書局。

吳忠武、陳立信、陳明輝、劉應興譯（2004）。《應用統計學》。台北：華泰。

吳明清（1991）。《教育研究》。台北：五南。

吳明隆（1997）。《國小學生數學學習行為與其電腦焦慮、電腦態度關係之研究》。國立高雄師範大學教育學系博士論文（未出版）。

吳明隆（2002）。《SPSS 統計應用實務》。台北：松崗。

吳齊殷譯（DeVellis, R. F. 著）（1998）。《量表發展：理論與應用》。台北：弘智。

沈明來（1998）。《實用多變數分析》。台北：九州。

周文欽（2004）。《研究方法實徵性研究取向》。台北：心理。

林生傳（2002）。《教育研究法》。台北：心理。

林邦傑（1979）。〈因素分析及其應用〉。輯於陳定國、黃俊英編著：《企業研究應用技術大全》（第二冊，19-1~19-37）。台北：大世紀。

林師模、陳苑欽（2006）。《多變量分析》。台北：雙葉。

林清山（1992）。《心理與教育統計學》。台北：東華書局。

林清山（2003）。《多變項分析統計法》（五版）。台北：東華書局。

邱皓政（2000）。《量化研究與統計分析——SPSS 中文視窗版資料分析範例解析》。台北：五南。

邱皓政（2005）。《量化研究法㈡統計原理與分析技術》。台北：雙葉。

邱皓政（2006）。《量化研究與統計分析——SPSS 中文視窗版資料分析範例解析》。台北（第三版）：五南。

馬信行（1999）。《教育科學研究法》。台北：五南。

張春興（1989）。《張氏心理學辭典》。台北：東華書局。

張郁雯（2000）。〈信度〉。載於王文中等人編著：《教育測驗與評量——教室學習觀點》（頁 77-99）。台北：五南。

張紹勳（1998）。《SPSS For Windows 多變量統計分析》。台北：松崗。

張紹勳、張紹評、林秀娟（2004a）。《SPSS For Windows（上冊）統計分析——初等統計與高等統計》。台北：松崗。

張紹勳、張紹評、林秀娟（2004b）。《SPSS For Windows（下冊）統計分析——初等統計與高等統計》。台北：松崗。

張漢宜（2003）。《教學實驗中的考驗力分析。國立高雄師範大學教育學系博士論文》（未出版）。

郭生玉（1987）。《心理與教育測驗》。台北：精華書局。

郭生玉（1988）。《心理與教育測驗》。台北：精華書局。

陳正昌（2002）。《行為及社會科學統計學》。台北：巨流。

陳正昌、程炳林（1994）。《SPSS、SAS、BMDP 統計軟體在多變量統計上的應用》。台北：五南。

陳正昌、程炳林、陳新豐、劉子鍵（2005）。《多變量分析方法——統計軟體應用》（四版）。台北：五南。

陳李綢譯（2000；T. Kubiszyn & G. Borich 著）。《教育測驗與評量》。台北：五南。

陳明華（2004）。《高中職學校行政主管時間管理現況及其策略運用之研究》。國立高雄師範大學成人教育研究所組織發展與領導專班碩士論文（未出版）。

陳英豪、吳裕益（1991）。《測驗與評量》（修訂一版）。高雄：復文。

陳順宇（2004）。《多變量分析》。台北：華泰。

傅粹馨（1996）。《多元迴歸分析中之結構係數與逐步迴歸。教育資料與研究》，11，24-35。

傅粹馨（1997）。〈多變量變異數分析的顯著性考驗〉。《教育與研究》，5，1-14。

傅粹馨（1998）。《典型相關分析：與其他統計方法之關係》。高雄師大學報，9，173-186。

傅粹馨（1998a）。〈影響積差相關係數與信度係數之因素〉。《教育學刊》，14，193-206。

傅粹馨（1998b）。〈典型相關分析簡介〉。《教育研究》，6，25-40。

傅粹馨（2004a）。〈主成分分析和共同因素分析相關議題之探究〉。《教育與社會研究》，3，107-132。

傅粹馨（2002b）。〈信度、Alpha 係數與相關議題之探究〉。《教育學刊》，18，163-184。

彭仁信（1994）。《李克特式量表中選項問題之探究—以學生在疏離量表上的反應為研究案例》。國立高雄師範大學教育研究所碩士論文（未出版）。

黃俊英（2004）。《多變量分析》。台北：華泰。

儲全滋（1992）。《抽樣方法》。台北：三民書局。

謝季宏、涂金堂（1998）。〈t 考驗的統計考驗力之研究〉。《教育學刊》，14，93-114。

國家圖書館出版品預行編目資料

SPSS操作與應用：問卷統計分析實務／吳明隆
著．--二版．--臺北市：五南圖書出版股份有
限公司，2009.03
面；　公分
　　ISBN 978-957-11-5537-1（平裝附光碟片）

1.統計套裝軟體　2.統計分析

512.4　　　　　　　　　　　98000579

1H51

SPSS操作與應用——問卷統計分析實務

作　　者 — 吳明隆（60.2）

編輯主編 — 侯家嵐

責任編輯 — 吳靜芬　唐坤慧

封面設計 — 盧盈良

出 版 者 — 五南圖書出版股份有限公司

發 行 人 — 楊榮川

總 經 理 — 楊士清

總 編 輯 — 楊秀麗

地　　址：106臺北市大安區和平東路二段339號4樓

電　　話：(02)2705-5066　　傳　　真：(02)2706-6100

網　　址：https://www.wunan.com.tw

電子郵件：wunan@wunan.com.tw

劃撥帳號：01068953

戶　　名：五南圖書出版股份有限公司

法律顧問　林勝安律師

出版日期　2007年 9 月初版 一 刷
　　　　　2009年 3 月二版 一 刷
　　　　　2025年 3 月二版十三刷

定　　價　新臺幣850元

經典永恆・名著常在

五十週年的獻禮 —— 經典名著文庫

五南，五十年了，半個世紀，人生旅程的一大半，走過來了。

思索著，邁向百年的未來歷程，能為知識界、文化學術界作些什麼？

在速食文化的生態下，有什麼值得讓人雋永品味的？

歷代經典・當今名著，經過時間的洗禮，千錘百鍊，流傳至今，光芒耀人；

不僅使我們能領悟前人的智慧，同時也增深加廣我們思考的深度與視野。

我們決心投入巨資，有計畫的系統梳選，成立「經典名著文庫」，

希望收入古今中外思想性的、充滿睿智與獨見的經典、名著。

這是一項理想性的、永續性的巨大出版工程。

不在意讀者的眾寡，只考慮它的學術價值，力求完整展現先哲思想的軌跡；

為知識界開啟一片智慧之窗，營造一座百花綻放的世界文明公園，

任君遨遊、取菁吸蜜、嘉惠學子！